UTB **8409**

Eine Arbeitsgemeinschaft der Verlage

Böhlau Verlag · Köln · Weimar · Wien
Verlag Barbara Budrich · Opladen · Farmington Hills
facultas.wuv · Wien
Wilhelm Fink · München
A. Francke Verlag · Tübingen und Basel
Haupt Verlag · Bern · Stuttgart · Wien
Julius Klinkhardt Verlagsbuchhandlung · Bad Heilbrunn
Lucius & Lucius Verlagsgesellschaft · Stuttgart
Mohr Siebeck · Tübingen
C. F. Müller Verlag · Heidelberg
Orell Füssli Verlag · Zürich
Verlag Recht und Wirtschaft · Frankfurt am Main
Ernst Reinhardt Verlag · München · Basel
Ferdinand Schöningh · Paderborn · München · Wien · Zürich
Eugen Ulmer Verlag · Stuttgart
UVK Verlagsgesellschaft · Konstanz
Vandenhoeck & Ruprecht · Göttingen
vdf Hochschulverlag AG an der ETH Zürich

Norbert F. Schneider (Hrsg.)

Lehrbuch Moderne Familiensoziologie

Theorien, Methoden,
empirische Befunde

Verlag Barbara Budrich
Opladen & Farmington Hills 2008

Bibliografische Informationen der Deutschen Nationalbibliothek
Die Deutsche Nationalbibliothek verzeichnet diese Publikation in der Deutschen
Nationalbibliografie; detaillierte bibliografische Daten sind im Internet über
http://dnb.d-nb.de abrufbar.

Gedruckt auf säurefreiem und alterungsbeständigem Papier.

Verlags-ISBN 978-3-86649-966-9
www.budrich-verlag.de

UTB-ISBN 3-8252-8409-1

Satz: Susanne Rosenkranz, Opladen
Umschlaggestaltung: Atelier Reichert, Stuttgart
Druck: CPI – Ebner & Spiegel GmbH, Ulm
Printed in Germany

Inhalt

Vorwort

Die Idee zu diesem Lehrbuch und seiner Konzeption als Sammelband, in dem namhafte Soziologen und Soziologinnen, Psychologen und Historiker einen einführenden Überblick über die Themen und empirischen Befunde der zeitgenössischen, vornehmlich deutschsprachigen, Familienforschung geben, entstand am Rande einer Sitzung der Herausgeber der Zeitschrift für Familienforschung im Frühjahr 2006. Ermutigende Reaktionen von Kollegen und Kolleginnen auf einer Konferenz, die von derselben Zeitschrift kurze Zeit später in Bamberg durchgeführt worden ist, haben schließlich dazu geführt, das Vorhaben in Gang zu setzen.

Ziel des Bandes ist es, die gegenwärtige Lage „der" Familie in Deutschland zu analysieren und sie im Kontext ihrer geschichtlichen Entwicklung und der aktuellen gesellschaftlichen Situation zu erklären. Geleitet werden die Betrachtungen von der Erkenntnis, dass es „die Familie" nicht gibt und historisch wie gegenwartsbezogen von einer Vielfalt ihrer Erscheinungsformen auszugehen ist. Die Pluralität von Familie und ihre kulturellen, regionalen und sozialstrukturellen Differenzierungen stehen daher im Fokus vieler der hier versammelten Aufsätze.

Die Konzeption mit insgesamt vierzehn Beiträgen ist an einem üblichen Semesterturnus orientiert und basiert auf der Auffassung, dass die Breite und Vielgestaltigkeit der sozialwissenschaftlichen Familienforschung mit ihren unterschiedlichen theoretischen Perspektiven und methodischen Ansätzen am besten durch verschiedene Autoren und Autorinnen vermittelt werden kann.

Der Band gliedert sich in drei Teile. Zunächst werden die wesentlichen Grundlagen der Familiensoziologie erarbeitet. Dies erfolgt in den einführenden Betrachtungen durch eine kritische Diskussion der Entwicklung und des Standes der Familienforschung in Deutschland sowie in den folgenden vier Kapiteln durch eine ausführliche Gegenstandsbestimmung, Darstellungen der empirischen Methoden und der maßgeblichen Theorien sowie über die Behandlung der sozialhistorischen Entwicklung von der vorindustriellen über die industrielle zur Familie der Gegenwart. In den Kapiteln sechs bis neun, dem zweiten Teil des Bandes, werden mittels differenzierter empirischer Analysen die wesentlichen Wandlungstendenzen der Verbreitung von Familie und Lebensformen in West- und Ostdeutschland, des biografischen Timings und der Prävalenz relevanter Übergänge im Familienentwicklungsprozess (Gründung einer Partnerschaft, Heirat, Übergang zur Elternschaft und Scheidung) sowie die Beziehungen zwischen den Familienmitgliedern untersucht. Im dritten Teil, der die Kapitel zehn bis dreizehn umfasst, stehen spezielle Fami-

lienprobleme, sozialstrukturelle und geschlechtstypische Variationen der Familienentwicklung und des Familienlebens sowie Strategien zur sozialpolitischen Steuerung von
Familie im Blickpunkt. Der Band schließt, für ein Lehrbuch durchaus unüblich, mit dem
Versuch, den Blick zu öffnen und Szenarien der zukünftigen Entwicklung von Familie zu
skizzieren.

Der Band ist an Studierende der Familiensoziologie und ihrer Nachbardisziplinen ad-
ressiert, richtet sich aber auch an ein breiteres Fachpublikum, an Praktiker und an allgemein an der Entwicklung der Familie Interessierte.

Trotz der breit angelegten Konzeption des Bandes werden einige Themen, die in der
aktuellen deutschsprachigen Familienforschung durchaus bedeutsam sind, aus Platzgründen nur am Rande behandelt. Dazu gehören unter anderem die Generationenbeziehungen
zwischen Großeltern, Kindern und Enkeln, die gesellschaftspolitisch sehr bedeutsamen
Interdependenzen von Familie und Erwerbsarbeit sowie die Rolle von Reproduktions-
technologie und Gentechnik für die Zukunft von leiblicher und sozialer Elternschaft.

An der Realisierung dieses Projektes waren zahlreiche Personen beteiligt. Danken
möchte ich den Autorinnen und Autoren für die unkomplizierte Zusammenarbeit in einem engen zeitlichen Rahmen, den Mitherausgebern der Zeitschrift für Familienforschung für ihre wohlwollende Unterstützung, Katrin Mengel und Ekatarina Yakusheva
für die Bearbeitung des Literaturverzeichnisses, Katharina Becker für die Mitwirkung bei
der Endkorrektur und für die Erstellung des Sach- und Personenverzeichnisses sowie
Barbara Budrich für ihr spontanes Interesse an diesem Band und für die engagierte
Betreuung durch den Verlag.

Mein ganz besonderer Dank gilt meiner Mitarbeiterin Monika Stegmann M.A., die in
der Rolle der Lektorin maßgeblich zum Gelingen dieses Lehrbuchs beigetragen hat.

Norbert F. Schneider
Mainz, im April 2008

1 Grundlagen der sozialwissenschaftlichen Familienforschung – Einführende Betrachtungen

Norbert F. Schneider

1 Familie als Thema der Sozialwissenschaften – Entwicklung und gegenwärtiger Stand

Drei Sachverhalte bestimmen das Denken über Familie: Unsere eigenen Erfahrungen mit Familie, die scheinbar unauslöschlichen Mythen und immer wieder neu belebten Klischees über Familie und die verbreitete Verbrämung der Familie als Hort von Harmonie und Glück. Es hat den Anschein, als seien die meisten Menschen Experten, wenn es um Familie geht. Nahezu jeder lebte oder lebt in einer Familie und viele glauben zu wissen, wie es um die Familie steht. Aber Alltagserfahrungen und Alltagswissen bilden keine geeignete Grundlage für ein objektives und reflektiertes Wissen über Familie und ihre Entwicklung. Ebenso wenig sind ideologische Positionen zur Beurteilung der Lage der Familie geeignet. Das gilt für konservative Standpunkte, die in der Familie eine ständig bedrohte, unverrückbare Konstante menschlichen Miteinanders und eine um jeden Preis zu schützende Grundlage jedweder gesellschaftlicher Ordnung sehen, wie für kritische, die Ehe und Familie per se als Institutionen zur Unterdrückung der Menschen deuten, die es daher abzuschaffen gilt (z.B. Haensch 1974).

Die Ursprünge der wissenschaftlichen Beschäftigung mit dem Thema Familie liegen in der zweiten Hälfte des 19. Jahrhunderts. Georg Schwägler (1970) hat in seinem Buch „Soziologie der Familie" die Entwicklung der Familiensoziologie dargelegt und ihren Ursprung auf die Werke von Wilhelm Heinrich Riehl und Frédéric Le Play datiert, die unabhängig voneinander im Jahr 1855 erschienen sind. Andere Autoren wie René König (1946) rechnen diese Werke – wohl zu Recht – noch nicht zur Familiensoziologie und sehen diese erst in den Arbeiten und Vorlesungen von Emile Durkheim (1888) begründet.

Die Soziologie als Wissenschaft entwickelte sich nicht zuletzt auch durch die Beschäftigung mit dem Gegenstand Familie. Beispiele sind die Arbeiten von Friedrich Engels (1884), Emile Durkheim (1888) oder später Max Horkheimer (1936), René König (1946), Helmut Schelsky (1953) sowie die in Deutschland viel rezipierten Werke von Talcott Parsons (1955). Die weitere Entwicklung der Familiensoziologie in Deutschland nach dem Zweiten Weltkrieg (vgl. dazu Schmidt 2002) ist aus heutiger Sicht durch eine bemerkenswerte Ambivalenz gekennzeichnet: Professionspolitisch hat die Familiensoziologie an Bedeutung eingebüßt. Gegenwärtig hat sie im Hinblick auf ihre institutionelle Verankerung an deutschen Universitäten einen eher geringen Stellenwert. Gleichzeitig erscheinen zahlreiche sozialwissenschaftliche Veröffentlichungen zum Thema Familie. Auch in den einschlägigen Fachzeitschriften wurden in den letzten Jahren viele familiensoziologische Beiträge publiziert und es entsteht der Eindruck, Familie habe in der soziologischen Forschung Konjunktur. Das gilt jedoch nur für die empirische Forschung. Tatsächlich gibt es wenige sozialwissenschaftliche Gegenstandsbereiche, zu denen so viele empirische Daten und Analysen vorliegen wie zur Familie. Weniger prominent als in der empirischen Forschung ist das Thema Familie in der soziologischen Theoriebildung. Ausnahmen bilden hier vor allem die Individualisierungsthese (z.B. Beck/Beck-Gernsheim 1989) und nutzenorientierte Handlungstheorien (exemplarisch Esser 2002a).

Insgesamt ist zu konstatieren, dass Familie in der Soziologie gegenwärtig kein bedeutendes Themenfeld repräsentiert. Die Familiensoziologie selbst ist eine fragmentierte Teildisziplin ohne theoretisches Paradigma, in die vielfältige Gegenstandsbereiche und Forschungsthemen integriert sind. Zu den wichtigsten gehören der Strukturwandel der Familie, die Prozesse der Familienentwicklung, die Veränderungen der Beziehungen zwischen den Familienmitgliedern sowie das Verhältnis von Familie und Gesellschaft.

Familie als Gegenstand der Psychologie hat dagegen eine andere Entwicklung genommen. Lange Zeit weitgehend ignoriert, ist der Gegenstand Familie in der psychologischen Forschung und besonders in der klinischen Psychologie zunehmend etabliert. Aber eine explizite Familienpsychologie ist noch wenig konturiert (Ausnahmen sind Schneewind 1999 und Petzold 1999) und es sind auch gegenwärtig kaum Anzeichen einer breiteren Institutionalisierung in den Universitäten erkennbar, auch wenn einige Hochschulen mittlerweile eine Schwerpunktsetzung in Familienpsychologie im Masterstudiengang anbieten. Ähnlich verhält es sich mit der Geschichtswissenschaft, die zwar einige sehr bedeutende Studien über die historische Entwicklung der Familie hervorgebracht (z.B. Mitterauer/Sieder 1980; Rosenbaum 1982; Gestrich/Krause/Mitterauer 2003) und dabei mit einigen lieb gewonnenen und auch heute noch sehr beständigen Mythen aufgeräumt hat, etwa dem Mythos der Dominanz der harmonischen Dreigenerationenfamilie in der vorindustriellen Zeit. Aber auch hier gibt es kaum nennenswerte Anzeichen für einen Ausbau. Im Hinblick auf die Erziehungswissenschaft, die hier als letzte Disziplin angesprochen wird, ist zu konstatieren, dass sie trotz einer relativ intensiven Beschäftigung mit Familie bisher kaum eigenständige Beiträge zur Familienforschung vorgelegt hat. Einen Überblick über ihre aktuellen Themen und Perspektiven gibt Jutta Ecarius 2007.

2 Familie, private Lebensformen und private Lebensführung – Explikationen des Gegenstandes der Familienforschung

Auch wenn die Bezeichnung etwas anderes nahe legt: Die Familiensoziologie, ähnliches gilt auch für die Familienpsychologie, befasst sich nicht nur mit dem Studium der ehelichen Familie. Gegenstände sind ebenfalls die so genannten nichtkonventionellen Lebensformen, also die Lebensformen jenseits der traditionellen Kernfamilie (zusammenfassend Schneider/Rosenkranz/Limmer 1998), sowie die *private Lebensführung*, d.h. die Prozess orientierte Betrachtung der Partnerschaftsbiografie und der Familienentwicklung mit ihren verschiedenen Statuspassagen. Dazu gehören vor allem die Gründung und Auflösung von Partnerschaften, Heirat, Scheidung, Wiederheirat, der Übergang zur Elternschaft, der Auszug der Kinder aus dem Elternhaus und die Verwitwung. Zusammen mit dem in Deutschland bislang nur wenig entwickeltem Forschungsthema „persönliche Beziehungen" (Lenz 2006) ergibt sich daraus ein sehr umfangreicher und differenzierter Gegenstandsbereich der Familiensoziologie, den Turner (2005: 136) mit den Begriffen „Intimate Relationships, Family and Life Course" charakterisiert. Im Kern geht es um die Analyse der Gestaltungsmodi der sozialen Nahbeziehungen im Privatbereich und ihrer gesellschaftlichen Durchdringung. Trotz dieses vielfältigen und soziologisch durchaus bedeutsamen Forschungsfeldes haftet dem Begriff Familiensoziologie etwas Konservatives und Traditionelles an und dem Gegenstandsbereich angemessen, wäre es besser, von der „Soziologie der Familie und der privaten Lebensformen" zu sprechen.

Die private *Lebensform* einer Person bezeichnet die Art der Institutionalisierung der sozialen Nahbeziehungen. Institutionalisierung führt zur relativen Dauerhaftigkeit der Beziehungen und wird hergestellt durch gesellschaftliche Regelungen (z.B. Rechte und Pflichten im Hinblick auf den Ehepartner oder im Rahmen von Elternschaft) und durch Absprachen zwischen den Partnern (z.B. Arbeitsteilung in einer Partnerschaft). Eine wichtige Teilmenge von Lebensformen bilden *„familiale Lebensformen"*, deren spezifisches Merkmal das Vorhandensein von Eltern-Kind-Beziehungen ist. Der Begriff „Lebensform" wird in der Familiensoziologie erst seit kurzem verwendet und dabei durchaus unterschiedlich definiert (vgl. dazu die Beiträge von Huinink, Abraham/Kopp, Wagner und Hradil/Masson in diesem Band). Im Kern ähneln die meisten Definitionen der oben vorgestellten, jedoch gibt es einen bedeutsamen Unterschied. Manche Autoren, wie etwa Hradil (1992), verwenden den Begriff analog zu Haushaltstypen. Lebensformen können jedoch über den Haushaltskontext hinausreichen. So sind etwa zwei alleinwohnende Personen, die miteinander in einer Partnerschaft leben, familiensoziologisch sinnvollerweise *nicht* als zwei Singles oder zwei Einpersonenhaushalte zu begreifen, sondern als eine Lebensform mit eigenständigem Charakter, die als Fernbeziehung bezeichnet wird. Lebensformen repräsentieren also *haushaltsübergreifend* relativ stabile Beziehungsmuster im Privatbereich.

Lebensformen sind kulturelle Symbole, um deren Deutung gesellschaftliche Gruppen und Institutionen fortlaufend bemüht sind – man denke nur an die öffentlichen Diskurse über die Bedeutung der Ehe oder über die Eingetragene (gleichgeschlechtliche) Lebenspartnerschaft. Lebensformen repräsentieren aber auch subjektiv konstruierte Wirklichkeiten, die durch alltägliches Handeln und reflexive Anpassung an sich verändernde Lebenssituationen beständig erzeugt werden.

Das Arrangement sozialer Nahbeziehungen und ihre individuellen Institutionalisierungen sind im Lebensverlauf vieler Menschen sehr dynamisch und durch das Hinzu- und Heraustreten von Personen und die Gründung und Auflösung von Lebensformen gekennzeichnet. Lebensverläufe in der Moderne sind nicht als verbindliche Abfolgen aufeinander bezogener Zustände zu denken, wie noch verbreitet in den 1960er Jahren, sondern als zum Teil zufällige, zum Teil individuell geplante, zum Teil milieuspezifisch vorstrukturierte Aneinanderreihung. Die biografische Abfolge von Lebensformen sowie der *Verlauf der privaten Lebensführung,* also die Statuspassagen in der Partnerschaftsbiografie und in der Familienentwicklung, sind in modernen Gesellschaften häufig abgestimmt auf die Übergänge in der Ausbildungs- und in der Berufsbiografie. So erfolgt die Familiengründung verbreitet nach dem Erreichen einer als angemessen erachteten beruflichen Position und damit recht traditionell erst dann, wenn gesicherte ökonomische Verhältnisse vorliegen.

Eine auf den ersten Blick leicht anmutende Frage ist die, was unter *Familie* verstanden werden kann. Bei genauerem Hinsehen wird jedoch schnell deutlich, dass diese Frage

nicht einfach und auch nicht eindeutig zu beantworten ist. Karl Lenz (2003) hat darauf
hingewiesen, dass der Begriff „Familie" unter anderem aufgrund seiner starken Ideologi-
sierung und wegen seiner unterschiedlichen historischen Bedeutungsgehalte für wissenschaftliche Betrachtungen nur bedingt geeignet ist. Auch im Alltagsverständnis scheint
nicht immer klar zu sein, worum es sich bei Familie handelt. Oft finden sich diffuse Vorstellungen und es fehlen klare und benennbare Kriterien. Prägnant auf den Punkt bringt
Sten Nadolny diesen Umstand in seinem Roman über die jüdische Verlegerdynastie Ullstein. „Familie – was ist das?", fragt er und gibt sogleich die Antwort: „Jeder weiß es, außer man fragt ihn" (2003: 12). Versuchen wir dennoch eine Annäherung.

Im traditionellen Verständnis ist Familie ein Ehepaar, das zusammen mit seinen Kindern in einem Haushalt wohnt. Fünf Merkmale sind danach konstituierend für Familie:
Das Vorhandensein von zwei Generationen, zwei Geschlechtern, der Ehe, verwandtschaftlicher Beziehungen zwischen den Familienmitgliedern und einer Haushalts- und
Wirtschaftsgemeinschaft. Diese Auffassung ist noch immer weit verbreitet, stimmt aber
mit der Lebenspraxis einer wachsenden Zahl von Menschen nicht mehr überein. In den
letzten Jahrzehnten haben sich zahlreiche Lebensformen neben der klassischen Familie
etabliert. Beispiele sind etwa Alleinerziehende, nichteheliche Lebensgemeinschaften mit
ihren Kindern, gleichgeschlechtliche Paare, die mit dem Kind eines Partners oder einer
Partnerin zusammenleben und Paare ohne Kinder, die nicht zusammen wohnen, aber so-
lidarisch verbunden sind und füreinander sorgen. Sind das Familien? Welche Merkmale
sind zur Bestimmung geeignet? Gibt es überhaupt geeignete Merkmale?

Aus soziologischer Perspektive handelt es sich bei Familie um einen sozialen Sachverhalt mit Doppelcharakter. Familie kann als eine soziale Institution gesehen werden,
die in ihren vielfältigen historischen Erscheinungsformen durch die jeweiligen gesellschaftlichen Verhältnisse geprägt ist. Gleichzeitig ist Familie aber auch ein individuell
gestaltetes soziales Beziehungsnetz und damit eine wandelbare Konstruktion, die subjektiv mit Sinn versehen wird, wobei die kollektive Gestaltung des Familienlebens Einfluss
auf die gesellschaftlichen Strukturen nehmen kann. Ein Beispiel dafür ist die rasch erfolgte Verbreitung nichtehelicher Lebensgemeinschaften in den 1970er und 80er Jahren. Mithin ist von einer interdependenten Beziehung zwischen Familie und Gesellschaft auszugehen.

In der aktuellen gesellschaftspolitischen Diskussion, was Familie ist oder sein soll,
sind drei unterschiedliche Positionen erkennbar: Die erste Position, die dem traditionellen
Verständnis weitgehend verpflichtet ist, ist sehr stark *Ehe zentriert*: Familie ist nur dort,
wo ein Ehepaar mit oder ohne Kinder in einem Haushalt zusammenlebt. Nur diese Lebensform ist sozial legitimiert, keine andere darf ihr gleichgestellt werden. Die zweite Position rückt die *Eltern-Kind-Beziehung* in den Mittelpunkt: Familie ist eine Verantwor-
tungsgemeinschaft zwischen Eltern und Kindern bzw. zwischen Kindern und Eltern.
Oder, prägnanter ausgedrückt: Familie ist überall dort, wo Kinder sind. Ehe und Haushaltsgemeinschaft sind für eine Familie aus dieser Sicht nicht länger konstitutiv. Damit
konturiert sich ein neuer, weiter gefasster Familienbegriff, der sich zunehmend im öffentlichen Diskurs durchsetzt und das derzeitige Bild von Familie mehr und mehr prägt. Die
dritte Position ist noch offener gefasst. Sie fokussiert auf das Vorliegen von Solidarbezie-
hungen. Familienartig ist jede exklusive Solidargemeinschaft zwischen zwei oder mehr
Personen, die auf relative Dauer ausgerichtet ist. Familie ist also auch dort gegeben, wo

keine Kinder sind. Das mag für manchen befremdlich klingen, aber in einigen europäischen Ländern, z.B. in Schweden oder in Frankreich mit dem „Pacte civil de solidarité", gibt es seit 1999 bereits entsprechend angelegte Rechtsinstitute.

Der Frage, was Familie ist, kommt gesellschaftlich eine große Bedeutung zu, weil mit der Antwort Lebensformen gesellschaftlich diskriminiert oder legitimiert werden und damit aus Sicht des Staates als schutz- und förderungswürdig angesehen werden oder nicht. Im Hinblick auf Art. 6, Abs. 1 des Grundgesetzes – „Ehe und Familie stehen unter dem besonderen Schutze der staatlichen Ordnung" – können alle Lebensformen als schutz- und förderungswürdig gelten, die im gegenseitigen Eintreten der Partner füreinander gründen, auf längere Dauer ausgerichtet sind und daneben weitere Lebensformen ähnlicher Art ausschließen. Mit anderen Worten: *Familie ist eine exklusive Solidargemeinschaft, die auf relative Dauer angelegt ist.* Die drei Merkmale Solidarität, Exklusivität und relative Dauerhaftigkeit bilden ein angemessenes Fundament für moderne Vorstellungen von Familie und sind geeignet, die Grundlage des deutschen Familienrechtes, die bislang auf dem Kirchenrecht und auf dem bürgerlichen Recht basiert, zu erweitern.

3 Untersuchungsdimensionen und Methoden familienwissenschaftlicher Studien

Sozialwissenschaftliche Analysen der Familie erfolgen vornehmlich im Hinblick auf eine oder mehrere der folgenden fünf Dimensionen. Am häufigsten untersucht wird (1) *die Morphologie,* d.h. die äußeren Strukturmerkmale von Lebensformen. Dazu gehören die Haushaltsgröße, der Familienstand und die personelle Zusammensetzung des Haushalts. Verbreitet sind daneben auch Studien, die auf (2) *die Binnenstrukturen der Familie* gerichtet sind. Zu unterscheiden sind hier Analysen, die (2a) die Beziehungen zwischen den Partnern sowie zwischen Eltern und Kindern oder zwischen Großeltern und Enkeln zum Gegenstand haben, wozu Analysen der partnerschaftlichen Arbeitsteilung ebenso zu rechnen sind wie Studien über Macht und Autorität in der Familie, sowie Studien, die sich (2b) mit der Hetero- bzw. der Homogamie von Partnern im Hinblick auf Merkmale wie Alter, Bildung, ethnische Zugehörigkeit oder, in psychologischen Studien, Persönlichkeitsmerkmale befassen.

In jüngerer Zeit stark an Bedeutung gewonnen haben Untersuchungsdesigns, die sich auf (3) *die Prozesse der Familienentwicklung* beziehen und davon ausgehen, dass Familie nicht nur als relativ stabile Strukturform, sondern auch als dynamischer und vielschichtiger Entwicklungsprozess zu begreifen und zu verstehen ist. Zu dieser Untersuchungsdimension gehören Analysen des Wandels *familialer Übergänge.* Hierbei geht es (3a) um Fragen der *Inklusion* der Bevölkerung in diese Übergänge, also beispielsweise um das Thema, wie viele Menschen mindestens einmal in ihrem Leben heiraten und wie viele zeitlebens ledig bleiben. Daneben stehen Fragen im Hinblick (3b) auf das *Timing* der familiendemografischen Übergänge im Blickpunkt, also etwa die Frage nach dem durchschnittlichen Alter der Mütter bei der ersten Geburt. Schließlich wird auch (3c) die biografische *Abfolge* von Übergängen untersucht. Fragen wären hier zum Beispiel ob die Heirat üblicherweise vor dem Übergang zur Elternschaft erfolgt oder ob Paare in der Regel vor oder nach der Heirat einen gemeinsamen Haushalt gründen. Arbeiten zur Familienentwicklung haben die klassischen Untersuchungen zum starren Konzept des „Familienzyklus" abgelöst (vgl. dazu Höhn 1982).

Seltener sind dagegen Studien, die sich auf (4) *die subjektiven Sinnzuschreibungen,* die von den individuellen Akteuren und auf *die Erwartungen,* die von Staat und Gesellschaft an Familie und ihre Leistungen herangetragen werden, richten. Ebenfalls wenig verbreitet sind Studien (5) *des gesellschaftlichen und gesellschaftspolitischen Stellenwertes* von Ehe, Familie und nichtkonventionellen Lebensformen. Grundlage hierfür bilden etwa die öffentlichen und politischen Diskurse über die aktuelle Situation und die zukünftige Entwicklung der Familie. Die *Familienrhetorik* (Lüscher/Wehrspaun/Lange 1989), also die öffentlichen Diskurse über Familie und ihre Aufgaben und Leistungen sowie die, häufig Interessen geleitete Deutung ihres Wandels, z.B. als krisenhaft, bildet einen eigenständigen Beitrag zur gesellschaftlichen Konstruktion von Familie und zur, oftmals entstellten, kollektiven Repräsentation des Verhältnisses von Familie und Gesellschaft.

Methodisch arbeiten familiensoziologische Studien hauptsächlich mit quantitativen Verfahren. Dabei dominieren standardisierte (Telefon-)Befragungen repräsentativer Zufallsstichproben. Die meisten dieser Studien sind als Querschnittsbefragungen angelegt, Paneldesigns und Kohortenanalysen werden aber immer wichtiger. In der quantitativen Forschung werden Hypothesen getestet und verallgemeinerbare Aussagen über Wirkungszusammenhänge und zahlenmäßige Ausprägungen angestrebt.

Eine beachtliche Rolle haben in der Familienforschung mittlerweile auch qualitative Forschungsverfahren erlangt, wobei Themen zentrierte und biografische Interviews häufiger zur Anwendung gelangen. Dagegen spielen qualitative Inhalts- und Diskursanalysen sowie Beobachtungen nur eine randständige Rolle. In der qualitativen Familienforschung werden typische Handlungs- und Deutungsmuster über die intensive Auseinandersetzung mit wenigen Fällen rekonstruiert und interpretiert. Im Forschungsprozess wird versucht, anhand exemplarischer Handlungs- und Deutungskonstellationen allgemeine Sinnzusammenhänge zu verstehen, zu typologisieren und Hypothesen zu generieren.

Wenig Einzug gehalten haben in der Familienforschung bislang Forschungsdesigns, die auf der Kombination unterschiedlicher Methoden gründen. Durch die geschickte Verbindung qualitativer und quantitativer Methoden, auch Across-method-Triangulation genannt, kann man im Forschungsprozess zu einem tieferen Verständnis des Forschungsgegenstandes und zu einer valideren Erfassung gelangen.

4   Familie in Deutschland – Wandel nach 1955 und gegenwärtige Situation

Die Entwicklung der Familie in den letzten fünf Jahrzehnten in Deutschland und in den meisten anderen europäischen Ländern ist durch das Nebeneinander von Wandel und Konstanz gekennzeichnet. Die Konstanz der Familie wird vor allem durch die fortbestehende ausgeprägte „Paarorientierung" der Gesellschaft hergestellt. Die meisten Menschen wollen nicht alleine leben, aber auch nicht polygam. Als sehr beständig erweist sich daneben auch die Bedeutung eines erfüllten Familienlebens für die allgemeine Lebenszufriedenheit. Nach Gesundheit beeinflusst die Zufriedenheit in und mit Partnerschaft bzw. Familie das subjektive Wohlbefinden am nachhaltigsten und nicht etwa Erfolg im Beruf oder ökonomischer Wohlstand (Statistisches Bundesamt 2002, 455ff.).

Der Wandel der Familie in Westdeutschland verlief seit den 1950er Jahren nicht kontinuierlich. Auch waren und sind nicht alle Regionen und sozialen Milieus in gleicher Weise betroffen. Ausmaß, Tempo, Beginn und Niveau, nicht aber die Richtung des Wandels, weisen regionale und milieuspezifische Unterschiede auf. Bei einer allgemeinen Betrachtung des familiendemografischen Wandels in Westdeutschland wird erkennbar, dass die Entwicklung bis heute in zwei bis drei Phasen, je nach betrachteten Merkmalen, verlaufen ist. Mitte der 1960er Jahre setzte ein erster intensiver Wandlungsschub ein, der um 1980 endete. In diesem Zeitraum kam es zu einem starken Absinken der Geburtenrate (1965-1975), einem Rückgang der Heiratsneigung (1963-1978) und einem raschen Anstieg der Scheidungshäufigkeit (1969-1984). Daran schloss sich eine Phase relativer Stabilität an, die bis Anfang der 1990er Jahre andauerte und im Fall der Geburtenraten noch andauert. Die Geburtenrate ist seit 1975 in Westdeutschland nahezu konstant. Im Fall der Eheschließungen und Scheidungen waren nach 1992 ein rascher weiterer Anstieg der Scheidungen und ein erneutes Absinken der Heiratsneigung erkennbar. Entwicklungen, die in den letzten Jahren wiederum zum Stillstand gekommen sind.

In der DDR verlief der familiendemografische Wandel in vieler Hinsicht in vergleichbarer Form, wenn auch zum Teil mit unterschiedlichem Tempo und Niveau. Die Scheidungsrate stieg rascher als in der Bundesrepublik, die Heiratsneigung ging langsamer zurück und die Geburtenrate sank ähnlich stark wie in Westdeutschland. Neben vielen Parallelen gab es mehrere markante Unterschiede in der Familienentwicklung. Besonders auffällig waren die höhere Erwerbsbeteiligung der Mütter und der weitaus größere Anteil der in öffentlichen Institutionen betreuten Kinder. Ebenfalls different waren der größere Anteil nichtehelicher Geburten und die früh erfolgende Familiengründung. Junge Paare heirateten in der DDR im Durchschnitt in ihrem 23. Lebensjahr und bekamen in diesem Alter auch ihre ersten Kinder. Der Wandel der Familie in der DDR war ab Mitte der 1970er Jahre kurzfristig durch die Einführung umfangreicher sozialpolitischer Unterstützungsmaßnahmen der Familien beeinflusst. Insbesondere erfolgte in dieser Zeit ein deutlicher Anstieg der Geburtenrate, die jedoch nicht mit einer bedeutsamen Erhöhung der Kohortenfertilität einherging, sondern vor allem auf der Vorverlagerung von Geburten beruhte. Der vielleicht wichtigste Unterschied bestand in der relativ geringen Pluralität von Lebensformen und Lebensverlaufsmustern in der DDR. Orientiert am expliziten Leitbild der sozialistischen Familie und durch ein engmaschiges familienpolitisches Unterstützungssystem beeinflusst, dominierten bis in die 1980er Jahre Normalbiografie und Normalfamilie. Erst kurz vor der politischen Wende setzten nennenswerte Differenzierungsprozesse ein, die sich nach 1990 rasch beschleunigt haben.

Im Kern des Wandels der Familie in Deutschland stehen die Prozesse der De-Institutionalisierung der Ehe (Tyrell 1988) und, damit verbunden, der Bedeutungsrückgang sozialer Normierungen und sozialer Kontrollen des Familienlebens. Im Prozess der gesellschaftlichen Modernisierung hat sich die Institution der Ehe von einer auf Schutz und Unterdrückung basierenden Sozialform (Giddens 1993), die sozial intensiv kontrolliert war und auf gesellschaftlich gesetzten starren Regeln beruhte, zu einer individuell gestaltbaren Partnerschaft gewandelt, die mit bestimmten Pflichten, Rechten und Privilegien verbunden ist.

Im Zuge dieser Entwicklung hat sich die ehemals enge Verknüpfung von Ehe, Familie, Elternschaft, Sexualität und Haushalt zum Teil aufgelöst. Was noch in den 1960er Jahren kaum möglich und mit erheblichen Diskriminierungen verbunden war, zum Beispiel unverheiratetes Zusammenwohnen, ledige Elternschaft oder Sexualität außerhalb der Ehe, ist heute Normalität und weitgehend frei von sozialen Bewertungen. Als eine wesentliche Folge der De-Institutionalisierung der Ehe hat die Vielfalt der Lebensformen und die Kontingenz und Dynamik der Familienentwicklung *in moderatem* Umfang zugenommen. Ein weiterer markanter Wandel betrifft die soziale und die rechtliche Position der Frau und der Kinder und in der Folge die Beziehungsstrukturen innerhalb von Lebensformen. Die Partner- und die Eltern-Kind-Beziehung haben sich nachhaltig von hierarchisch strukturierten, auf Abhängigkeit, Befehl und Gehorsam basierenden zu egalitären, partnerschaftlich organisierten Beziehungen gewandelt. Zusammengefasst wurde der Wandel der Binnenstrukturen als Übergang vom „Befehls- zum Verhandlungshaushalt" interpretiert (Beck/Beck-Gernsheim 1989).

Ein weiteres relevantes Merkmal des Wandels der Lebensformen bleibt bei den in der Amtsstatistik üblicherweise vorgenommenen haushaltsbezogenen Betrachtungen unerkannt – die erhebliche Verbreitung so genannter Fernbeziehungen. Fernbeziehungen sind längerfristig bestehende Partnerschaften, in denen die Partner nicht zusammen wohnen. Knapp acht Prozent der 25- bis 45-Jährigen lebten im Jahr 2000 seit mehr als einem Jahr in einer solchen Beziehung (Schneider/Ruckdeschel 2003). Damit wird ein neuzeitliches Partnerschaftsmodell repräsentiert, das sich aufgrund moderner, stärker auf individuelle Autonomie ausgerichteter Partnerschaftsideale und infolge erhöhter beruflicher Mobilitätserfordernisse für beide Geschlechter neben den klassischen Modellen der partnerschaftlichen Haushalts- und Wirtschaftsgemeinschaft etabliert hat. Haushaltsbezogene Betrachtungen ignorieren zudem die Tatsache, dass Familie und Familienbeziehungen nach einer Scheidung nicht zwingend enden. Falls Kinder vorhanden sind, besteht die Familie als Nachscheidungsfamilie über ein gemeinsames Sorgerecht der leiblichen Eltern, umgangsrechtliche Regelungen und Unterhaltszahlungen an die Kinder und evtl. den früheren Ehepartner durchaus fort, auch wenn die Eltern an verschiedenen Orten leben.

Ein Überblick über die Vielfalt der Lebensformen der 25- bis unter 45-Jährigen in Deutschland verweist auf den Bedeutungsverlust der ehelichen Kernfamilie, die zwar mit einem Anteil von 47,7 Prozent nach wie vor die weitaus häufigste Lebensform in dieser Altersgruppe darstellt, aber mehr als die Hälfte der Menschen in diesem Alter leben in einer dazu alternativen Lebensform, wobei alleinwohnende Personen ohne Partner und kinderlose Ehepaare die häufigsten Alternativen repräsentieren (vgl. Tab. 1). Erkennbar sind einige markante Unterschiede zwischen Männern und Frauen. Ledige Männer verbleiben deutlich länger im elterlichen Haushalt, Frauen leben weit öfter mit Kindern zusammen und der Anteil alleinwohnender Männer ist in dieser Altersgruppe mehr als drei Mal so hoch. Schließlich kann festgehalten werden, dass weniger als 12 Prozent der Menschen in der Altersgruppe der 25- bis unter 45-Jährigen als „Single", d.h. ohne Partner und ohne Kinder allein in einem Haushalt leben.[1]

---

1   Der Begriff „Single" ist in der Alltagssprache und im wissenschaftlichen Sprachgebrauch sehr uneinheitlich bestimmt, dies zeigen auch die leichten Variationen des Begriffs in den verschiedenen Beiträgen die-

Im Hinblick auf das Zusammenleben mit einem Partner oder mit mindestens einem Kind ist zusammenfassend zu konstatieren, dass von den 25- bis unter 45-Jährigen 57 Prozent mit mindestens einem Kind und 69 Prozent mit einem Partner im Haushalt wohnen.

Tab. 1: Lebensformen der 25- bis unter 45-Jährigen in Deutschland im Jahr 2003 nach Geschlecht (in %)

Lebensform	Männer	Frauen	Insges.
ledige Kinder, bei den Eltern lebend	10,3	4,0	7,2
verheiratete Elternteile mit Kindern im Haushalt	43,3	52,3	47,7
nicht verheiratete Elternteile mit Kindern im Haushalt	4,1	4,4	4,2
Alleinerziehende	1,2	9,2	5,1
darunter: mit Partner in Fernbeziehung			(1,8)
kinderlose Ehepartner	9,3	10,5	10,0
kinderlose nicht verheiratete Partner	7,5	6,7	6,9
kinderlose homosexuelle Partner	0,3	0,2	0,2
Alleinwohnende ohne Partner	17,1	5,5	11,6
Alleinwohnende mit Partner in Fernbeziehung	5,1	6,2	5,7
Sonstige Lebensformen	1,8	1,0	1,4
Insgesamt	100	100	100
N (in Mio.)	12.043	11.821	23.864

Quelle: Mikrozensus 2003 und eigene Berechnungen

Bedeutsame Veränderungen sind auch bei der Familienentwicklung zu beobachten. Die Heiratsneigung sinkt, mehr als jeder Fünfte bleibt derzeit dauerhaft ledig, und das durchschnittliche Alter bei der ersten Heirat steigt kontinuierlich, seit 1975 um über sechs Jahre. Männer heirateten im Jahr 2006 im Durchschnitt im Alter von 32,6 Jahren zum ersten Mal und damit drei Jahre später als Frauen. Der Aufschub der Heirat korrespondiert mit der immer später erfolgenden Familiengründung. Maßgeblich dafür ist die insgesamt längere Verweildauer im Bildungssystem und die damit oftmals gegebene ökonomische Unselbstständigkeit bis weit in das dritte Lebensjahrzehnt. In Verbindung mit dem weit verbreiteten Verhaltensmuster, eine Familie erst nach dem Erreichen einer sicher erscheinenden beruflichen Position zu gründen, werden Familien immer häufiger erst im vierten Lebensjahrzehnt gegründet, bei Akademikerinnen nicht selten sogar erst zu Beginn des fünften Lebensjahrzehnts. So haben die in Deutschland geborenen Kinder relativ alte Eltern. Das durchschnittliche Alter der Mütter zum Zeitpunkt der Geburt ihres ersten Kindes ist zwischenzeitlich (2006) auf annähernd 29 Jahre angestiegen (destatis 2007b). Die erste Geburt erfolgte damit durchschnittlich fast vier Jahre später im Leben als noch vor zwanzig Jahren.

Im Zuge gesellschaftlicher Modernisierung wurde die Familienentwicklung individuell gestaltbarer, aber auch brüchiger. Dadurch entfaltet sich Familie im Lebensverlauf

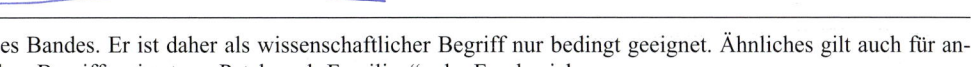
ses Bandes. Er ist daher als wissenschaftlicher Begriff nur bedingt geeignet. Ähnliches gilt auch für andere Begriffe wie etwa „Patchwork-Familien" oder Fernbeziehungen.

immer häufiger zu einem komplexen Beziehungsgeflecht, in dem Teile aktueller und früherer familialer Lebensformen zusammengefügt werden. Familie ist Haushaltsgemeinschaft, konstituiert sich daneben aber immer mehr als Beziehungsnetz, als „multilokale Mehrgenerationenfamilie" (Bertram 2002), in der die Beziehungen zwischen den Generationen, im Vergleich zur Partnerbeziehung, immer stärker an Bedeutung erlangen und sich zum tragenden Bestandteil von Familie entwickeln.

In der Gesamtschau kann von einer besonderen Unübersichtlichkeit von Familie und Lebensführung jedoch nicht gesprochen werden. Die oft zitierten „Patchwork-Familien" sind meist nichts anderes als herkömmliche Stieffamilien, in denen infolge von Scheidung oder, weit seltener, Tod ein leibliches Elternteil durch einen Stiefvater oder eine Stiefmutter ersetzt wird. Ebenso wenig kann die Entwicklung der Familie in den letzten Jahrzehnten als krisenhaft gedeutet werden. In historischer Perspektive handelt es sich um die Wiederkehr altbekannter Vielfalt und Dynamik. Verstärkt hat sich dagegen sicherlich der Druck auf junge Menschen zu Beginn ihrer beruflichen Laufbahn die Familienkarriere an die erhöhten beruflichen Anforderungen anzupassen. Relativ eindeutig ist die Befundlage dahingehend, dass ein intensiver Wandel vor allem in der Phase zwischen 25 und 35 Jahren stattgefunden hat (Marbach 2003). Danach ist, abgesehen von der erheblichen Scheidungsdynamik und ihren Folgen für die Familienentwicklungen, eher von Konstanz als von grundlegendem Wandel auszugehen.

Eine erstaunliche Konstanz ist im Falle Westdeutschlands auch im Hinblick auf die Einstellungen zur Mutter- und Vaterrolle zu erkennen. Im Unterschied zu Ostdeutschland und vielen europäischen Ländern bleibt der Mutter nach wie vor die Zuständigkeit und Hauptverantwortung für die Kindererziehung übertragen, während umgekehrt dem Vater verbreitet die Ernährerrolle zugeschrieben bleibt.

Die in Tab. 2 ausgewiesenen Befunde zeigen hoch signifikante Unterschiede zwischen West- und Ostdeutschland und verweisen gleichzeitig darauf, dass die Einstellungen zu den Geschlechterrollen in Westdeutschland im europäischen Vergleich neben Polen besonders konservativ sind.

Tab. 2: Einstellungen zu Geschlecherrollen in Deutschland und weiteren ausgewählten europäischen Ländern (durchschnittliche Zustimmung)[2]

	Deutschland West	Deutschland Ost	Schweden	Spanien	Polen
Ein Vorschulkind leidet, wenn seine Mutter berufstätig ist	2,69	3,36	3,50	2,84	2,66
Die Aufgabe des Mannes ist es Geld zu verdienen, die der Frau, sich um Haushalt und Kinder zu kümmern	3,55	3,90	4,15	3,61	2,76
N	903	416	1059	2437	1221

Datenquelle: International Social Survey Programme (ISSP) 2002; den Werten liegen die Antworten auf einer 5-Punkt-Skala zugrunde: ‚1' heißt „stimme voll zu" und ‚5' „stimme überhaupt nicht zu". Je niedriger der ausgewiesene Wert, desto traditioneller die Einstellungen.

---

2   Weitere Analysen und Interpretationen dieser Daten finden sich im Beitrag von Ostner in diesem Band.

Die traditionellen Einstellungen spiegeln sich auch im Verhalten wider. Darauf verweisen Befunde wie die folgenden: Die Höhe des Anteils, den verheiratete Frauen durchschnittlich zum Familieneinkommen beitragen, beträgt in Deutschland 18 Prozent, und 42 Prozent der Paare mit einem Kind unter 6 Jahren praktizieren in Deutschland, nach einer OECD-Statistik aus dem Jahr 2001 (ebd.: 135), die klassische Aufgabenteilung: Der Mann arbeitet Vollzeit, die Frau ist Hausfrau. Hinzu kommen weitere 26 Prozent, bei denen der Mann Vollzeit arbeitet und in Ehefrau in der Rolle der hinzuverdienenden Teilzeitbeschäftigten ist.

5   Besonderheiten der Familie in den neuen Bundesländern

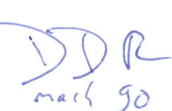

Die Gestaltung der Familie und der privaten Lebensführung in den neuen Bundesländern weist einige Spezifika auf, die wesentlich durch den gesellschaftlichen Transformationsprozess im Zuge der Wiedervereinigung der beiden deutschen Staaten geprägt worden sind. Zum einen wirken Leitbilder und Erfahrungen aus der DDR-Vergangenheit nach, zum anderen ist das Erleben des grundlegenden Umbruchs nahezu aller gesellschaftlichen Verhältnisse bis heute ein Faktor, der tief in das persönliche Empfinden und Erleben der Menschen hineinragt. Historisch beispiellos war der drastische Rückgang der Heirats-, Scheidungs- und der Geburtenrate nach 1989. Innerhalb von drei Jahren ist die Zahl der Eheschließungen um fast zwei Drittel, die der Scheidungen um über 80 Prozent und die der Geburten um annähernd 60 Prozent gesunken. Zwar ist in allen Bereichen ein Wiederanstieg zu verzeichnen, aber alle Raten liegen weiterhin unter den Werten in den alten Bundesländern.

Der markanteste Unterschied zwischen alten und neuen Bundesländern betrifft die fortgeschrittene Entkoppelung von Ehe und Elternschaft im Osten. Schon zu Zeiten der DDR wurde jedes dritte Kind nichtehelich geboren. Gegenwärtig (2006) sind es etwa 60 Prozent, in den alten Bundesländern dagegen nur etwa 24 Prozent (Statistisches Bundesamt 2007: 10).

Bedeutsam sind auch die unterschiedlichen Anteile kinderloser Frauen. Während in der Geburtskohorte 1967-71, also den im Jahr 2006 35- bis 39-jährigen Frauen, in den alten Bundesländern etwa 28 Prozent noch kinderlos sind, sind es in den neuen Bundesländern nur etwa 16 Prozent (Statistisches Bundesamt 2007: 29).

Ein anderer, ebenfalls sehr auffälliger Unterschied betrifft die Vereinbarung von Mutterschaft und Erwerbstätigkeit. Mutterschaft und Erwerbstätigkeit waren in der DDR für Frauen nahezu obligatorisch und bis heute sind, wie Ergebnisse des Mikrozensus zeigen, Mütter mit minderjährigen Kindern in den neuen Bundesländern häufiger erwerbstätig als Mütter in den alten Bundesländern. Im Jahr 2003 waren 46 Prozent der Mütter mit Kindern unter 18 Jahren in den neuen Bundesländern voll erwerbstätig und weitere 21,7 Prozent waren teilzeitbeschäftigt. In den alten Bundesländern sind Mütter insgesamt weniger erwerbstätig und die erwerbstätigen sind häufiger teilzeitbeschäftigt. 2003 waren im Westen nur 17,1 Prozent der Mütter mit minderjährigen Kindern voll erwerbstätig und weitere 41 Prozent waren teilzeitbeschäftigt (destatis 2007a).

Die bedeutsamste Angleichung seit der Wiedervereinigung hat beim Familiengründungsalter stattgefunden. Betrug das durchschnittliche Erstgeburtsalter 1985 in der DDR noch weniger als 23 Jahre, haben sich die Unterschiede im Vergleich zum Westen stark verringert. Insgesamt scheint sich in den neuen Bundesländern, trotz einiger Tendenzen zur Angleichung an westliche Muster, ein divergentes, ostdeutsches Muster etabliert zu haben.

6 Ursachen des Wandels der Familie und mögliche weitere Entwicklungen

Die Ursachen des Wandels sind vielschichtig, wobei nicht von eindeutigen Kausalbeziehungen, sondern von komplexen Interdependenzbeziehungen auszugehen ist. Ein wichtiger Motor des Wandels der Familie liegt in den Veränderungen der Rolle der Frau und ihrer stärkeren Bildungsbeteiligung. Die Frau ist heute ökonomisch selbstständig und zur Sicherung ihrer sozialen Position nicht mehr auf Ehe und Mutterschaft verwiesen. Eine zweite bedeutsame Ursache steht im Zusammenhang mit dem Rückgang der Verbindlichkeit und der Eindeutigkeit normativer Verhaltenserwartungen und dem Bedeutungsverlust gesellschaftlicher Kontrollinstanzen wie Verwandtschaft und Nachbarschaft. Damit einhergehend nahmen potenzielle Handlungsoptionen zu. Die Abkehr von relativ starren und einheitlichen Verhaltensvorschriften eröffnete erst die Möglichkeit zu einer stärkeren Ausrichtung der privaten Lebensführung an individuellen Bedürfnissen und Zielen. Ging es in der Vergangenheit mehr um den Erhalt von Strukturen und Institutionen, in die sich das Individuum möglichst reibungslos einzupassen hatte, hat sich heute die Selbstverwirklichung als legitimer Bezugsrahmen individueller Handlungsziele weitgehend durchgesetzt, wodurch eine größere Gestaltungsvielfalt entstanden ist. Von einem „anything goes" kann jedoch nicht gesprochen werden, da Handlungsrestriktionen, etwa im Zusammenhang mit den Bedingungen auf dem Arbeitsmarkt, fortbestehen oder sogar neu entstanden sind. Ein Beispiel wären etwa forcierte berufliche Mobilitätsanforderungen, die die Gestaltung der Lebensformen der Menschen nachhaltig beeinflussen können (vgl. Schneider/Limmer/Ruckdeschel 2002a, b). Hinzu kommt, dass normative Zwänge in vielen sozialen Milieus und mit ihnen die Monopolstellung eines gesellschaftlichen Leitbildes zwar weitgehend verschwunden sind, relevante Bestandteile eines traditionellen bürgerlichen Familienleitbildes aber weiterhin bedeutsam sind, wie an den Beispielen des Ehegattensplittings oder der beitragsfreien Mitversicherung nicht erwerbstätiger Ehegatten in der Krankenversicherung erkennbar ist. Damit bestehen mächtige Anreizsysteme fort, die die Entscheidungen der Akteure für die eine oder andere Lebensform durchaus erheblich beeinflussen können.

Neben dem Bedeutungsrückgang normativer Regelungen sind auch Veränderungen der Sozialstruktur für den Wandel der Familie mitverantwortlich. Im Unterschied zu den vorgenannten Ursachenkomplexen sind hierbei Verhaltens- und Einstellungsänderungen von untergeordneter Bedeutung. Stattdessen sind so genannte Kompositionseffekte maßgeblich. Das heißt, die Zu- und Abnahme der zahlenmäßigen Größe unterschiedlicher sozialer Milieus (z.B. die Verbreitung des städtisch-akademischen Milieus und die Schrumpfung des traditionellen Arbeitermilieus) hat unmittelbare Auswirkungen auf familiendemografische Indikatoren, ohne dass Veränderungen des milieuspezifischen Verhaltens stattgefunden haben.

Zum Teil damit zusammenhängend ist der Wandel von Familie und Lebensführung zudem durch Kohorteneffekte beeinflusst. Zahlreiche empirische Befunde verweisen darauf, dass sich die jüngeren Geburtskohorten hinsichtlich ihres familiendemografischen Verhaltens von den jeweils älteren Kohorten unterscheiden (vgl. z.B. Huinink 1995) und diese Unterschiede in vielen relevanten sozialen Gruppierungen nachweisbar sind.

Welche weitere Entwicklung die Familie nehmen wird, ist schwer vorhersehbar. Es gibt jedoch gegenwärtig keine Hinweise darauf, dass sich die Familie der Zukunft wesentlich von der der Gegenwart unterscheiden wird. Eine Auflösung der Familie ist ebenso wenig zu erwarten wie eine ausgeprägte Retraditionalisierung im Sinne einer Wiederkehr der Situation der frühen 1960er Jahre. Anzeichen deuten darauf hin, dass es mittelfristig zu einer gesellschaftlichen Neugestaltung der Schnittstelle von Familie und Erwerbsarbeit kommen wird. Deutschland wird familienfreundlicher werden, indem die Wahlfreiheit der Lebensführung durch den Ausbau familienexterner Kinderbetreuungsangebote und durch die fortschreitende Entwicklung einer stärker familienorientierten Erwerbsarbeit erleichtert wird. Männer werden zukünftig intensiver in die Familienarbeit integriert sein als dies heute der Fall ist. Jedoch ist nicht zu erwarten, dass der viel beschworene „Neue Vater", der sich weniger als Ernährer, sondern als Erzieher seiner Kinder begreift, in Zukunft dominieren wird. Eher ist mit einem stärkeren Rückzug der Frauen aus der Erziehungsarbeit zu rechnen als mit einer ausgeprägten Integration der Männer in diese.

Wahrscheinlicher als im jungen und im mittleren sind Veränderungen des Familienlebens im späteren Erwachsenenalter. Zu erwarten ist die Herausbildung neuer solidarischer Wohnformen im Alter. Hervorgerufen durch den Umstand, dass eine wachsende Zahl älter werdender Menschen keine Kinder hat oder die Kinder weit entfernt leben und auch die Zahl derer zunehmen wird, die keinen festen Partner haben, dürften sich neue Lebensformen etablieren, in der ältere Menschen aus unterschiedlichen Generationen nach dem Prinzip der Wahlverwandtschaft zusammen wohnen und wirtschaften und sich gegenseitig unterstützen.

Die traditionellen Fundierungen von Familie, Blutsverwandtschaft und Verschwägerung, werden damit in Zukunft aufgrund der niedrigen Heiratsneigung, der fortgeschrittenen Entkoppelung von leiblicher und sozialer Elternschaft sowie der neu sich etablierenden Solidargemeinschaften im Alter tendenziell weiter an Bedeutung einbüßen und zunehmend von individuell gewählten Bindungen abgelöst werden.

2 Gegenstand der Familiensoziologie

Johannes Huinink

[handwritten: Was ist grundlegende Fragestellung, mit was beschäftigt sich Familiensoziologie]

1 Einführung

Womit beschäftigt sich die Familiensoziologie, was sind ihre Forschungsthemen und Fragestellungen? Bevor man sich intensiver mit den Theorien und empirischen Untersuchungen der Familiensoziologie beschäftigt, ist es sinnvoll, sich zunächst einmal einen Überblick über ihren gesamten Gegenstandsbereich zu verschaffen. Das soll in diesem Beitrag geschehen. Die Hauptthemen der Familiensoziologie werden auf der Grundlage einer sinnvollen Systematik vorgestellt und erläutert. Dabei werden auch einige aktuelle Thesen präsentiert und punktuelle Einblicke in die Praxis der familiensoziologischen Forschung gegeben.

1.1 Was ist eine Familie?   *[handwritten: Def: Eltern + Kind (auch durch Adoption)]*

Will man den Gegenstand der Familiensoziologie bestimmen, muss man zunächst klären, welche sozialen Phänomene mit dem Begriff der Familie bezeichnet werden.[1] Die Zahl der Familienkonzepte und Definitionsvorschläge ist groß (vgl. etwa Nave-Herz 2004; Lenz 2003; vgl. den Beitrag von Schneider in diesem Band). Für den Zweck der Gegenstandsbestimmung der Familiensoziologie in diesem Beitrag schlage ich pragmatisch und relativ formal eine Charakterisierung der Familie als eine besondere Form sozialer Beziehungsstrukturen vor.

Für die Familie als soziale Beziehungsstruktur ist konstitutiv *[handwritten: festgelegt]*, dass ihre Mitglieder direkt oder vermittelt über Eltern-Kind-Beziehungen miteinander verbunden sind. Die wichtigste Verbindung ist die Elternschaftsbeziehung selbst, eine besondere soziale Beziehung zwischen in der Regel erwachsenen Personen und „ihrem" Kind, die grundsätzlich immer auch sozialrechtlich bestimmt ist. Dabei stellt die leibliche Elternschaft weder eine notwendige noch eine hinreichende Voraussetzung für deren Existenz dar. Die Elternschaft qua Adoption, Stiefelternschaft oder Pflegeelternschaft (soziale Elternschaft) gehören ebenfalls dazu. Weitere, aber nicht notwendig vorhandene soziale Beziehungen in einer Familie sind: die Paarbeziehung zwischen den Elternteilen, die Beziehungen zwischen (Ur-)Großeltern und (Ur-)Enkeln und die Geschwisterbeziehungen. Diese sozialen Beziehungen sind indirekt über eine oder mehrere Eltern-Kind-Beziehungen vermittelt: Eltern stehen in einer Eltern-Kind-Beziehung zum selben Kind, Großeltern sind die Eltern der Eltern der Enkel, Geschwister stehen in einer Eltern-Kind-Beziehung zu denselben Eltern.

---

[1] Eine kurze Version dieser Systematik findet sich in Huinink/Konietzka (2007).

Eine Familie ist also eine Beziehungsstruktur oder auch soziale Gruppe, deren Mitglieder durch eine Eltern-Kind-Beziehung oder durch eine der genannten, indirekt über Eltern-Kind-Beziehungen vermittelten Formen sozialer Beziehungen miteinander verbunden sind, unabhängig davon, ob sie in einem gemeinsamen Haushalt leben oder nicht.[2] Sie kann sich, etwa im Fall einer Familie, deren Mitglieder drei Generationen (Großeltern, Eltern, Kinder und Enkelkinder) angehören, aus Teilstrukturen zusammensetzen, die ihrerseits schon eine Familie darstellen. Die Eltern der mittleren Generation (zweite Generation), die selber noch Eltern haben (erste Generation), bilden mit ihren Kindern (dritte Generation) eine solche (Teil-)Familie. Wenn sie mit den Kindern in einem Haushalt zusammenleben, spricht man dann auch von einer Kernfamilie. Allgemein bezeichnen wir als Haushaltsfamilie den Teil einer Familie, der in einem Haushalt zusammen lebt.

Diese einfache Konstruktion eines Familienbegriffs erlaubt es, sehr komplexe Konstellationen von Familienformen und Mitgliedschaftsverhältnissen zu erfassen.[3] Je nach der personellen Zusammensetzung der Familie, dem Familienstand und der Lebensform der Eltern sowie der Art der Eltern-Kind-Beziehung kann man eine Vielzahl von Familienformen unterscheiden und begrifflich benennen, wie Zwei- oder Dreigenerationenfamilien, Alleinerziehende, Stieffamilien, nichteheliche Familien oder auch „multilokale Mehrgenerationenfamilien" (Bertram 2002). Sie werden hier aber nicht im Einzelnen vorgestellt. Es sei nur erwähnt, dass Familienformen als eine Teilmenge der Lebensformen von Menschen anzusehen sind, die allgemeiner als „relativ stabile Beziehungsmuster der Bevölkerung im privaten Bereich", die „allgemein mit Formen des Alleinlebens oder Zusammenlebens (mit oder ohne Kinder) beschrieben werden können" verstanden werden (Niemeyer/Voit 1995: 437).

Familienbeziehungen und Mitgliedschaften in einer Familie sind nicht unveränderlich oder unauflöslich. Elternschaftsbeziehungen etwa können formal enden – z.B. durch Adoption eines Kindes durch andere Personen, womit dieses in eine andere Familie wechselt. Der soziale Kontakt zu ihm muss dann nicht unbedingt unterbrochen sein. Familienmitgliedschaften und -strukturen verändern sich aber häufiger dadurch, dass die Paarbeziehung der Eltern wegen einer Trennung und Scheidung endet. Der eine oder andere Elternteil kann danach eine neue Paarbeziehung beginnen. Die Beziehung zwischen einem Kind und den beiden Elternteilen, die sich getrennt haben, bleibt in der Regel als Elternschaftsbeziehung bestehen. Je nach Verlauf des Trennungsprozesses können die sozialen Beziehungen zwischen Elternteilen und dem Kind oder zwischen den Eltern erhalten bleiben oder aufgelöst werden, neue Konstellationen sozialer Elternschaft können entstehen. Das Kind, so könnte man schließen, gehört nun unter Umständen gleichzeitig mehreren Familien an – immerhin eine sehr treffende Metapher zur Beschreibung der mitunter schwierigen Lebenssituation von Scheidungskindern. Doppelmitgliedschaften in Familien sind durchaus eine Normalität, wenn man sich nicht auf Haushaltsfamilien beschränkt. Man denke an Großeltern mit zwei und mehr Kindern, die von diesen Enkelkinder haben.

---

2 Wir sprechen von einer Verwandtschaftsfamilie, wenn weitere, mehr oder weniger weit reichende verwandtschaftliche Beziehungen als zulässige Beziehungstypen einbezogen werden. Wir fassen die Verwandtschaftsfamilie nicht unter den hier verwendeten Familienbegriff.

3 Mit dem hier vorgeschlagenen Familienbegriff werden nicht alle Familienformen, die historisch aufgetreten sind, erfasst. So galten in vormodernen Zeiten oft auch nichtverwandte Personen im Haushalt (Sklaven, Gesinde) als Familienmitglieder (Gestrich/Krause/Mitterauer 2003).

Man erkennt, dass angesichts der sehr komplizierten Konstellationen, die durch die Dynamik und den Wandel von Familienbeziehungen hervorgerufen werden, das hier eingeführte Verständnis von Familie(nzugehörigkeit) in der Forschung weiter ausdifferenziert werden muss. So wird explizit zwischen den konkreten sozialrechtlichen und sozialen Kriterien bei der Bestimmung von Familienbeziehungen zu unterscheiden sein. Es ist dann eine Sache der Fragestellung, wie die sozialrechtlichen Aspekte sozialer Beziehungen innerhalb einer Familie, die tatsächlich gelebten Interaktionsbeziehungen („gelebte Familie") und das Verhältnis dieser beiden Dimensionen zueinander zu einem adäquaten Familienverständnis integriert werden. Die damit zusammenhängenden Fragen können in diesem Beitrag nicht weiter erörtert werden.

1.2 Eine Systematik für die familiensoziologischen Forschungsfelder

Die Familiensoziologie beschäftigt sich mit der Herstellung, Ausgestaltung und Auflösung von Familienbeziehungen (Paarbeziehung der Eltern, Eltern-Kind-Beziehungen, (Ur-)Großeltern-, (Ur-)Enkelkind-Beziehungen, Geschwisterbeziehungen) und den sozialen Strukturen und Verhaltensmustern, welche die soziale Interaktion zwischen den Familienmitgliedern prägen. Sie untersucht das Wechselverhältnis der Familien mit wirtschaftlichen, politischen, sozialen und kulturellen Teilsphären in der Gesellschaft, ihren sozialen Institutionen, den lokalen Lebensbedingungen und den individuellen Lebensläufen der Menschen. „Die Familiensoziologie trägt damit zu einer umfassenden Diagnose über den Zustand eines zentralen Lebensbereichs der Menschen bei und kann darauf aufbauend Vorschläge zur Gestaltung gesellschaftlicher Bedingungen machen, um den Bedürfnissen der Menschen in Bezug auf die Ausgestaltung ihrer Lebensformen sowie den Anforderungen des Familienlebens besser gerecht zu werden" (Huinink/Konietzka 2007: 12). Traditionell sind auch kinderlose Paarbeziehungen, die nach unserer Definition nicht als Familien gelten, Forschungsgegenstand der Familiensoziologie.[4]

Für eine detaillierte Systematik zum Gegenstand der Familiensoziologie werden in der Literatur unterschiedliche *Betrachtungsperspektiven* vorgeschlagen. In der Tradition der deutschen Familiensoziologie der Nachkriegszeit hebt René König zwei „Grundbetrachtungsweisen der Familie" (König 1976: 27ff.) hervor. Erstens kann man Familie danach aus der makroanalytischen Perspektive gleichsam als soziologischen Tatbestand oder als soziale Institution untersuchen. Das ist das Programm einer „Makrosoziologie der Familie". Sie beschäftigt sich mit der Rolle der Familie in der Gesellschaft und mit der Beziehung der Familie zum Staat mit seinen sozialrechtlichen Regelungen, die zum Teil für die Familie konstitutiv sind, sowie zu anderen Bereichen der Gesellschaft (Gemeinde, Wirtschaft, Öffentlichkeit, Kultur). Der Wandel von Familien und Familienformen wird als Teil des gesellschaftlichen Wandels erforscht. Zweitens kann man, so König, die Familie auch als die soziale Interaktionsstruktur von Individuen analysieren, als die ich sie eingangs charakterisiert habe. König spricht hier von der „Mikrosoziologie der Familie". Sie beschäftigt sich mit den Beziehungs- und Rollenmustern innerhalb der Familie.

Die Systematik von König kann als Ausgangspunkt dienen, ist aber zu ergänzen. Die *Perspektive des Individuums*, das in eine Familie hineingeboren wird, sich darin orientiert

---

4   Allerdings zeichnet sich die Ausdifferenzierung einer eigenständigen (Zweier-)Beziehungssoziologie ab (Lenz 1998).

und sich im Verlauf seines Lebens begründet dafür oder dagegen entscheidet, eigene Kinder zu haben, wird von König unterbelichtet. Während er – ohne die Bedeutung der individuellen Akteure zu leugnen – denn auch meint, dass die Beschäftigung mit der „Person und der Persönlichkeitsdynamik in ganz andere Wissenschaftsgebiete ableitet" (ebd.: 27), scheint es gerechtfertigt, ja notwendig zu sein, die Familie auch aus der Perspektive des Individuums und seines Lebenslaufs zu thematisieren. Familienbeziehungen und deren Gestaltung nehmen einen zentralen Stellenwert in den Lebensläufen der Menschen ein und sind eng mit der Dynamik der persönlichen Entwicklung und des Engagements der Menschen in verschiedenen Lebensbereichen verknüpft.

Bei der Beschreibung und Analyse von familienbezogenen Prozessen wird heute stärker, als König dieses getan hat, die Wechselbeziehung hervorgehoben, in der Familie zu den verschiedenen Ebenen gesellschaftlicher und individueller Entwicklung steht. Es wird ein *Mehrebenenansatz* verfolgt. Eine gesellschaftliche Analyse des Wandels der Familie kann nicht ohne Bezug auf das Handeln und Verhalten der beteiligten Menschen zu vollständigen Erklärungen führen (Mikrofundierung).

Die innerfamiliale Beziehungsdynamik ist nicht ohne Bezug auf gesellschaftliche, institutionelle oder auch regionale Rahmenbedingungen einerseits und die Berücksichtigung der Ressourcen und Motivstrukturen der Individuen andererseits sinnvoll zu erforschen. Der Familienverlauf als ein Bereich komplexer, individueller Lebensverläufe von Beziehungspartnern ist wiederum nicht ohne Bezug auf die gesellschaftlichen Rahmenbedingungen, die lokalen sozialen Beziehungskontexte der Menschen und ihr partnerschaftliches Miteinander ausreichend zu verstehen.

Des Weiteren wird heute deutlicher als bei König der *kontingente Prozesscharakter* des sozialen Phänomens Familie betont. Es ist zwar ein Ziel familiensoziologischer Forschung, Muster von familialen Entwicklungsverläufen in Form von typischen Abfolgen des Aufbaus und der Auflösung von Familienbeziehungen, die mit jeweiligen gesellschaftlichen Verhältnissen korrespondieren, zu identifizieren und zu erklären. Dabei ist aber zu bedenken, dass man der Vielfalt von Verläufen der Familienentwicklung nur eingeschränkt gerecht werden kann, wenn man sich auf typische Ablaufschemata beschränken wollte. In der familiensoziologischen Literatur wurden Modelle des Familienzyklus vorgeschlagen, die einen regulären Verlauf der Familienentwicklung unterstellten, indem sie verschiedene Phasen des Familienverlaufs mit ihren charakteristischen Veränderungen und spezifischen Anforderungen an die Familienmitglieder vorgaben (Glick 1989). Sollen sie als realistische Beschreibung der Familienentwicklung bedeutsam sein, sind sie aber den sich verändernden Verhältnissen und der sich wandelnden Vielfalt bzw. Komplexität familialer Phänomene anzupassen.

Schließlich sei betont, dass der *internationale Vergleich* in der Familiensoziologie stark an Bedeutung gewonnen hat – und zwar nicht nur im Bereich der makrosoziologischen Familienforschung, sondern in Bezug auf alle genannten Analyseebenen. Mehr noch, mit den entsprechenden methodischen Instrumentarien ist die Modellierung der Wechselwirkungen zwischen der Mikro- und Makroebene möglich geworden. Die international vergleichende Perspektive ist daher in der folgenden Systematik immer mitzudenken, auch wenn sie an manchen Stellen nicht explizit erwähnt wird. An dieser Stelle sollte die besondere Verantwortung der Familiensoziologie für die *Forschung zu ausländischen Familien* bzw. Familien mit Migrationshintergrund in Deutschland hervorgehoben werden, die man mit einer gewissen Berechtigung als eigenes Forschungsfeld hätte vorstellen können.

Wenn wir Themen und Forschungsfelder der Familiensoziologie danach unterscheiden, ob sie auf die gesellschaftliche Makroebene, die Ebene der familialen Beziehungsstrukturen oder die Ebene der individuellen Akteure fokussiert sind, dann also vor dem Hintergrund, dass Bestandteile eines umfassenden dynamischen Mehrebenenzusammenhangs untersucht werden, in dessen Zentrum wir die Familie setzen. Auf der Makroebene erforschen wir den demografischen, sozialstrukturellen Wandel der Familie und der Lebensformen sowie den sozialen Wandel der strukturellen und institutionellen Einbettung der Familie in die Gesellschaft und ihre Teilsphären. Auf der familialen Beziehungsebene betrachten wir die Dynamik der sozialen Beziehungsstruktur und Interaktionen zwischen den Familienmitgliedern in unterschiedlichen Familienformen. Die intergenerationalen Beziehungen verschränken dabei die individuell sedimentierten Erfahrungen der Eltern- und Kindergeneration miteinander (Transmissionseffekte). Auf der Individualebene nehmen wir das familienbezogene Handeln und die dahinter stehenden Motivstrukturen der Menschen, die sich in ihrem Lebenslauf entfalten, in den Blick. Es ist dieses Handeln, auf das letztendlich der makrostrukturelle Wandel von Familienverläufen und Lebensformen in der Gesellschaft zurückzuführen ist, der mit einem Wandel der Einbettung von Familien in und ihrer (re-)produktiven Bedeutung für die Teilbereiche der Gesellschaft einhergeht. Damit schließt sich der Kreis.

Aus der Perspektive dieser drei Ebenen, die mehr als reine Betrachtungsebenen darstellen, stelle ich im Folgenden die wichtigsten Felder oder Themen familiensoziologischer Forschung vor und erläutere einige ausgewählte aktuelle Fragestellungen dazu. Wie sich zeigen wird, sind die unterschiedlichen Bereiche nicht immer streng voneinander abzugrenzen, aber doch hinreichend klar differenziert.

2 Die makrosoziologische Perspektive der Familiensoziologie

Die Beschäftigung mit der Familie aus der makrosoziologischen Perspektive, so habe ich formuliert, gilt dem demografischen Wandel von Familie und privaten Lebensformen und dem Wandel der strukturellen und institutionellen Einbettung der Familie in die Gesellschaft mit ihren Teilsphären. Darin ist das Studium des soziologisch-historischen Wandels der Familie über die Jahrhunderte und Jahrtausende hin implizit einbegriffen. Ich betrachte die Geschichte der Familie, auch wenn es sinnvoll sein könnte, nicht als eigenes Forschungsfeld der Familiensoziologie. Dadurch grenze ich die Familiensoziologie von dem Teil der Geschichtswissenschaften, der sich mit Familie beschäftigt, und auch von der Anthropologie ab. Die Verzahnung der Soziologie der Familie mit diesen Disziplinen ist aber groß.

2.1 Die Demografie der Familienformen

Die Erforschung der Strukturen und Dynamik von Familienformen sowie ihres Wandels ist Teil einer deskriptiven, familiendemografisch orientierten Familiensoziologie. Untersucht werden zum einen die Zusammensetzung, Größe und Vielfalt von Lebens-, Familien- und

Haushaltsformen sowie deren Verteilung in der Bevölkerung unterschiedlichen Alters und Geschlechts. Wir betrachten damit einen speziellen Bereich der *Bevölkerungsstruktur*. Zum anderen beschäftigt sich die demografisch orientierte Familiensoziologie mit den Ereignissen, die die Reproduktion und den Wandel der Verteilung der Familienformen in einer Gesellschaft bewirken. In der Gesamtbevölkerung oder in verschiedenen Teilgruppen (Altersgruppen, Frauen und Männer, Bewohner verschiedener Regionen) untersucht sie die Häufigkeiten, Verteilung und Auftretensraten von familienrelevanten Ereignissen, wie die Bildung von Paarbeziehungen, das Zusammenziehen von Partnern, Eheschließungen, Trennungen und Scheidungen von Partnern, Wiederverheiratungen und die Geburt von ersten und weiteren Kindern. Im weiteren Sinne kann man auch Formen der *räumlichen Mobilität* einbeziehen, wie das Verlassen des Elternhauses durch die Kinder, die zu einer Veränderung, wenn nicht immer der Familienform, so doch der Struktur des Familienhaushalts führen.

Der Wandel der Familienformen und -verläufe ist demografisch und sozialstrukturell gut beschrieben (Peuckert 2005). Die demografisch orientierte Familiensoziologie ist allerdings immer noch recht stark auf konventionelle Familienformen fokussiert. Sowohl die amtliche Statistik als auch die sozialwissenschaftliche Familienforschung hinken mit der adäquaten Erfassung unkonventioneller Lebens- und Familienformen der aktuellen Entwicklung hinterher. Die Erfassung von Familienformen ist in der Regel nicht differenziert genug, um die Vielgestaltigkeit und Komplexität diesbezüglich angemessen darstellen zu können.

Die dominante These zum aktuellen Wandel der Familienformen behauptet eine *Pluralisierung der Lebens- und Familienformen.* Es wird postuliert, dass im Zuge der fortschreitenden Modernisierung eine immer größere Vielfalt von Lebens- und Familienformen entsteht. Pluralisierung kann bedeuten, dass neue Familienformen entstehen oder dass die Verteilung der existenten Familienformen weniger stark auf bestimmte Formen konzentriert ist und zuvor weniger häufig anzutreffende Familienformen an statistischer Bedeutung gewinnen. Auch wenn das oft wie selbstverständlich behauptet wird, lehrt die historische Familienforschung, dass neue Familienformen wohl nicht in Sicht sind. Doch scheint sich die Pluralisierungsthese in dem Sinne moderat zu bestätigen, dass bisher dominante Familienformen Anteile in der Bevölkerung verlieren und andere Familienformen Anteile gewinnen (Wagner/Franzmann 2000). Vor allem kann ein Zuwachs der Eltern-Kind-Gemeinschaften mit unverheiratet zusammenlebenden Eltern und der Alleinerziehenden seit den 1960er Jahren festgestellt werden. Wenn man eine Lebenslaufperspektive einnimmt, wird darüber hinaus deutlich, dass auch die Vielfalt von Lebensformen in verschiedenen Phasen des Lebenslaufs und die Vielfalt der Abfolgen verschiedener Lebensformen im Lebenslauf zunimmt (Brüderl/Klein 2003).

Man muss allerdings bedenken, dass die These von der Pluralisierung nur im Vergleich zur Situation in einer Zeit belegt ist, die der heutigen Entwicklung unmittelbar vorausgeht und die man als *Golden Age of Marriage* bezeichnet. Sie markiert den Endpunkt eines Institutionalisierungs- und Standardisierungsprozesses, der seit Beginn der zweiten Hälfte des letzten Jahrhunderts für wenige Jahrzehnte die Dominanz der modernen bürgerlichen Familie hervorgebracht hat. Die Pluralisierung ist demnach nur eine Rückkehr zur historischen Normalität familialer Vielfalt – auch wenn sich die Ursachen für die Entstehung und Auflösung von Familienformen durchaus verändert haben. Die These von der Pluralisierung verschweigt auch einen anderen Sachverhalt, der für demografischen Wandel durchaus häufiger zutrifft. Eine größere Heterogenität in den Familienformen und ihrer altersspezifischen Verteilung könnte nur ein Übergangsphänomen sein, das im Zuge des Wandels vom *Golden Age of Marriage* zu einem anderen standardisierten Muster der Familienentwicklung auftritt. Ein Beispiel dafür ist der Sachverhalt, dass in der Bundesrepublik Deutschland mittlerweile fast alle jungen Leute, bevor sie, wenn überhaupt, heiraten, mit einem Partner oder einer Partnerin in einer nichtehelichen Lebensgemeinschaft zusammenleben. Als eine bemerkenswerte Alternative zur Pluralisierung können schließlich Polarisierungstendenzen beobachtet werden (Huinink 2002; Strohmeier 1993). Sie lassen darauf schließen, dass sich unter den spezifischen gesellschaftlichen Bedingungen der Bundesrepublik Deutschland zwei Typen von Lebensformen, ein familialer Typ mit Kindern und ein nicht familialer Typ ohne Kinder, herausbilden und etablieren, was nicht mit Pluralisierung verwechselt werden darf.

Eine andere, im internationalen Kontext prominentere These zum Wandel der Familienformen ist die *These des Zweiten demografischen Übergangs* (Lesthaeghe 1992; van de Kaa 2004). Sie geht davon aus, dass die entwickelten Industrienationen sich in einem Prozess der Abkehr von dem traditionellen Regime der Familienentwicklung befinden, der von einem Wandel hin zu postmaterialistischen Wertorientierungen begleitet wird. Damit geht einher, dass – auch im Fall einer Elternschaft – seltener und später geheiratet wird, dass die Familien, wenn überhaupt, später im Lebenslauf gegründet werden, dass weniger Kinder geboren werden, dass die Paarbeziehungen instabiler werden und dass sich die Lebensführung der Geschlechter und die damit verbundenen Rollenbilder angleichen. Verschiedene Länder sind in diesem Prozess unterschiedlich weit fortgeschritten, aber letztendlich werden alle davon erfasst, so die These. Dieser Ansatz mag als grobes Orientierungsschema hilfreich sein, spiegelt aber die internationale Realität nur recht undifferenziert wider.

2.2 Sozialstruktur und Familie

Ein anderer Bereich der strukturellen Analyse von Familienentwicklung beschäftigt sich mit der Wechselbeziehung zwischen der Familie(nform) und sozialer Ungleichheit (vgl. auch den Beitrag von Hradil/Masson in diesem Band). Eine erste wichtige Forschungsfrage, die zu diesem Forschungsfeld gehört, ist das Studium der Ursachen einer Vererbung von sozialer Ungleichheit von der Eltern- auf die Kindergeneration oder der *intergenerationalen sozialen Mobilität*. Sie wurde traditionellerweise nicht in der Familiensoziologie untersucht, sondern war national und international ein genuiner Gegenstand der Mobilitätsforschung in der Sozialstrukturanalyse (Shavit/Blossfeld 1993; Erikson/Goldthorpe 1992). Je mehr und je differenzierter aber innerfamiliale Ursachen, etwa Auswirkungen des elterlichen Entscheidungsverhaltens und der innerfamilialen Interaktion für die Bildungschancen von Kindern, in den Blick genommen werden, desto mehr ist es zu einem Thema der Familiensoziologie geworden. Im deutschen Sprachraum gibt es dazu bislang nur wenige Studien (Becker 2000). Mit dem Einfluss des Elternhauses auf die beruflichen Karrierechancen der Kinder setzt sich die Familiensoziologie noch weniger auseinander. Cohen und MacCartney betrachten aber zu Recht die *Familie als Ort, in dem soziale Ungleichheit generiert* wird (Cohen/MacCartney 2004). Sie verweisen zusätzlich auf die Konsequenzen innerfamilialer Arbeitsteilung und von Beziehungsarrangements (Familienformen), die für die Familienmitglieder zu einer unterschiedlichen Chancenstruktur führen. Cohen und MacCartney betonen auch, dass die Familie der Ort sei, in dem die Folgen von ökonomischer und sozialer Deprivation abgefedert werden können. Diese Überlegungen verweisen auf Aspekte der innerfamilialen Beziehungen, die im nächsten Kapitel als eigenes Forschungsfeld vorgestellt werden.

Grundsätzlich stehen Dimensionen sozialer Ungleichheit in einem Wechselverhältnis zur Familienentwicklung im Lebenslauf. Die Lebenslage von Menschen wirkt sich auf deren Lebens- und Familienform sowie die Bereitschaft zur Elternschaft aus. Umgekehrt hat die Familienentwicklung Folgen für die Lebenslage der Menschen. Dieser Wechselwirkungszusammenhang ist nur für klassische Dimensionen sozialer Ungleichheit relativ gut beschrieben. Dazu gehören die Einkommenssituation von Partnern vor und nach der Familiengründung, der Zusammenhang des Armutsrisikos mit der Familienform sowie Kinderarmut (Klocke/Hurrelmann 2001). Weniger umfassend beantwortet ist die Frage, wie sich der Familienstatus auf andere Dimensionen sozialer Ungleichheit auswirkt: die Bedingungen der Freizeitgestaltung, das Wohnumfeld, Arbeitslosigkeitsrisiken, Gesundheit, gesellschaftliche Teilhabe, soziale Netzwerke, Diskriminierung etc. (Bien/Weidacher 2004).

Familienbeziehungen selbst stellen als Teil des sozialen Kapitals von Individuen auch eine eigene Dimension sozialer Ungleichheit dar. Wir wissen, dass sie sich durch eine spezifische Qualität auszeichnen, die nicht ohne weiteres in anderen sozialen Beziehungen zu realisieren ist (Huinink 1995). Dazu gehört, wie schon erwähnt, auch der Sachverhalt, dass Familie die Folgen von ökonomischer und sozialer Deprivation abfedern kann. Familienlosigkeit ist daher als ein spezifischer Aspekt sozialer Ungleichheit zu betrachten und zu analysieren. Wir wissen, dass Männer ohne Berufsausbildung und mit schlechten Erwerbs- bzw. Einkommenschancen eine vergleichsweise schlechte Position auf dem Partnermarkt haben. Sie können erst später eine Familie gründen und bleiben zu einem höheren Anteil ehe- und kinderlos. Es gibt Anzeichen dafür, dass sich ein ähnliches Muster auch bei den Frauen in vergleichbarer Lebenslage ausbildet (Schütze 1992). Wenn wir die Realisierung gelingender Elternschaft als ein erstrebenswertes Lebensziel und damit als einen Aspekt der sozialen Dimension sozialer Ungleichheit ansehen, könnte man die These eines „Matthäus-Effektes" formulieren, wonach materielle und familiale Deprivation in einem Steigerungsverhältnis zueinander stehen und ihre Nachteile kumulieren.

2.3 Familien als soziale Institution

Die soziokulturelle Dimension von Familie und deren Wandel ist ein zentrales Forschungsfeld der makro-orientierten Familiensoziologie. Die Familie wird zum einen als gesellschaftliche Institution untersucht, deren innere Struktur durch kulturelle Leitbilder, soziale Normen und typische Muster einer Rollendifferenzierung unter ihren Mitgliedern charakterisiert ist. Damit wird die Analyse der ihr zugewiesenen „Aufgaben" bzw. der von ihr erwarteten Leistungen verbunden, die sie für die Gesellschaft erfüllen soll (Kaufmann 1995). Diese Fragestellungen beziehen sich also auf die Art der *institutionellen Verankerung der Familien* in der Gesellschaft. Des Weiteren wird untersucht, in welcher Weise institutionelle Regelungen und soziale Normen in Bezug auf das Leben in der Herkunftsfamilie und in einer eigenständigen Lebens- und Familienform den Lebenslauf von Menschen in typischer Weise strukturieren. Kulturelle und institutionelle Aspekte des Wandels der Familie haben in der Familiensoziologie zeitweise an Bedeutung verloren. In der Euphorie der strukturell orientierten Forschung der 1980er und 1990er Jahre ist die kulturelle Dimension in der makrosoziologischen Familiensoziologie vernachlässigt worden.

Eine zentrale These in diesem Forschungskontext postuliert die zunehmende *De-Institutionalisierung von Ehe und Familie* in unserer Gesellschaft. Hartmann Tyrell hat den Begriff der De-Institutionalisierung genauer bestimmt. Er fasst darunter drei Aspekte zusammen: den Verlust der selbstverständlichen Legitimität von Ehe und Familie, den Verlust ihrer exklusiven Monopolstellung und den Verlust ihrer Rolle als Orientierungs- und Verweisungsrahmen für den Lebenslauf (Tyrell 1988). Die empirische Forschung dazu hat sich stark auf deskriptive Studien zur Einstellungs- und Werteforschung konzentriert. Befragungen, die Einstellungen zu Ehe und Familie erheben, belegen immer noch eine hohe Akzeptanz von Ehe und Familie in Deutschland, während die Alleinerziehenden immer noch überwiegend kritisch bewertet werden. Gleichzeitig sind nichteheliche partnerschaftliche Lebensformen akzeptiert und die traditionellen Geschlechtsrollenbilder sind auf dem Rückzug. Die Wertschätzung von Elternschaft ist nahezu unbeeinträchtigt. Der enge Verweis von Ehe und Familie aufeinander ist aber, abhängig von regionalen und anderen Faktoren, unterschiedlich stark aufgebrochen. Immerhin etwa die Hälfte der bundesrepublikanischen Bevölkerung dürfte den engen Zusammenhang von Ehe und Elternschaft noch befürworten (Dorbritz 2004). Es mag schließlich in der Tendenz unabweisbar sein, dass Ehe und Familie ihre Orientierungsfunktion für individuelle Lebensläufe verlieren. In welchem Ausmaß das geschieht, ist aber nicht eindeutig bestimmt. Wir können heute feststellen, dass traditionelle Ablaufmuster mit der zentralen Bedeutung von Ehe und Familie für den Übergang in das Erwachsenenalter der Vergangenheit angehören und neuen Ablaufmustern weichen (Brüderl/Klein 2003; Konietzka/Huinink 2003). Das klassische Modell des Familienzyklus, das man als familienbezogenes Korrelat zum institutionalisierten Lebenslauf ansehen konnte, kann diese nicht mehr korrekt beschreiben.

Die kulturvergleichende Forschung zur Familie als Institution ist vergleichsweise schwach entwickelt (Nauck/Schönpflug 1997). Als einer von wenigen hat der Mitbegründer des Ansatzes des „Zweiten Demografischen Übergangs", Ron Lesthaeghe, die Bedeutung eines familienbezogenen Wertewandels in fortgeschrittenen Industrieländern hervorgehoben und in empirischen Analysen auch nachweisen können (Lesthaeghe 1992). Einen anderen kulturvergleichenden Zugang, der auf eine lange Forschungstradition zurückblicken kann, wählen die Vertreter der *Value of Children*-Forschung (Trommsdorff/Nauck 2005). Sie können nachweisen, dass gesellschaftliche Entwicklung, Familienentwicklung und die Gründe für die Motivation zu einer Elternschaft (materielle Vorteile, psychisch-emotionale Befriedigung und Generativität, soziale Anerkennung) in einem engen Wechselverhältnis zueinander stehen.

2.4 Familie und gesellschaftliche Teilsysteme

Als viertes Forschungsfeld einer makroanalytisch orientierten Familiensoziologie, das sich an die institutionelle Analyse anschließt, ist die Wechselbeziehung der Familie mit Einheiten und Akteuren gesellschaftlicher Teilsysteme (Markt, Staat und Öffentlichkeit, intermediäre Instanzen, lokale Lebensbedingungen) zu nennen. Mindestens vier Aspekte sind zu unterscheiden:

– die faktischen Leistungen der Familien für die Wohlfahrtsproduktion zugunsten der Gesellschaft und ihrer Mitglieder;
– die Zumutungen staatlicher und nicht staatlicher, insbesondere auch wirtschaftlicher Strukturen den Familien gegenüber;
– die Leistungen staatlicher und nicht staatlicher Instanzen für Familien und Familienpolitik;
– die regionalen Opportunitäten und Beeinträchtigungen für Familien und ihre Mitglieder.

Häufig wird auf die *These von der strukturellen Rücksichtslosigkeit* verwiesen, die Franz-Xaver Kaufmann formuliert und erörtert hat (Kaufmann 1995: 174ff.). Er meint damit, dass in allen Bereichen der Gesellschaft eine „mangelnde Rücksichtnahme" auf die Familie nachzuweisen ist, die sich darin äußert, dass sie in ihren Regelungen und Verfahren grundlegende Erfordernisse eines gelingenden Familienlebens missachten. Sie schränken die faktische Leistungsfähigkeit der Familie ein – und „schaden" sich damit letztendlich selbst, da die Familie für die Reproduktion der Gesellschaft und ihrer Teilbereiche eine wichtige Funktion hat.

Die familiensoziologische Forschung hat nur partiell einen profunden Wissensstand zu diesen Fragen erreicht. Sie konzentriert sich auf relativ wenige, wenn auch sehr wichtige Aspekte, wie das Verhältnis von Familie und Berufswelt. Dabei müsste man umfassender die konkreten Anforderungen und Zumutungen erforschen, denen sich die Mitglieder von Familien in unserer Gesellschaft gegenübersehen und die das Familienleben in unterschiedlicher Weise tangieren. Dazu müssen alle Bereiche der Gesellschaft in den Blick genommen werden, von der Wirtschaft über die Verbände, dem Bildungswesen bis schließlich hin zur Politik.

Im Rahmen der international vergleichenden Forschung dürfte das auch dazu beitragen, dass die Diskussion um die Bedeutung von Familialismus und De-Familialisierung in verschiedenen Ländern klarer und gehaltvoller geführt werden könnte (Esping-Andersen 1999). Der Grad des Familialismus in einer Gesellschaft ist dadurch bestimmt, inwieweit die Familie für die individuelle Wohlfahrt der Menschen verantwortlich ist und diese zu sichern hat. De-Familialisierung bedeutet, dass der Staat und andere Institutionen zunehmend Aufgaben von der Familie übernehmen, z.B. die existenzielle, materielle Absicherung der Bürger durch Sozialversicherungen oder die Bereitstellung von Kinderbetreuung. De-Familialisierung bedeutet somit zum einen eine Entlastung von Familie, zum anderen aber auch, dass die Familie sukzessive an „Funktionen" verliert. Die internationale Forschung zeigt, dass im Zuge des Abbaus der Geschlechtersegregation in der Gesellschaft De-Familialisierung die Familie zu stärken scheint und die Bereitschaft eine Familie zu gründen erhöht. Unklar ist dennoch, wie sich das Verhältnis von Familien zu den Institutionen verändert, welche Instanzen zunehmend in Kernbereiche der Erziehung und Kompetenzvermittlung eintreten und wie sich eine Kooperation zwischen Eltern, Kindern und diesen Institutionen gestalten wird.

3 Die beziehungssoziologische Perspektive der Familiensoziologie

Untersuchungsgegenstand

Auf der Beziehungsebene beschäftigt sich die Familiensoziologie unter verschiedenen Gesichtspunkten mit der Dynamik sozialer Beziehungen in unterschiedlichen Familienformen und unterschiedlichen Phasen der Familienentwicklung. Die Familie wird zunächst als besondere Form einer sozialen Gruppe untersucht. Zum einen werden dabei die innerfamilialen Beziehungs- und Interaktionsprozesse als Bestandteile eines gemeinsamen Handlungszusammenhangs studiert, in dem die Familienmitglieder den Alltag miteinander gestalten, Freizeit verbringen und Freude haben, aber auch Konflikte austragen, sich streiten oder gar, von der Öffentlichkeit relativ abgeschottet und von ihr oft unbemerkt, physisch und psychisch verletzen können. Davon kann man zum anderen eine instrumentelle Dimension der innerfamilialen Alltagsorganisation unterscheiden, in der es um das gemeinsame Wirtschaften und eine effiziente Verteilung von Aufgaben und Zuständigkeiten in der „Haushaltsproduktion" der Familie geht. Diese beiden Sichtweisen auf die innerfamiliale Beziehungsstruktur hängen eng miteinander zusammen und sind in der Realität schwer voneinander zu trennen (Huinink/Röhler 2005). In der familiensoziologischen Forschung stehen sie aber bislang recht unabhängig nebeneinander.

Ein besonderes Augenmerk der beziehungssoziologischen Familienforschung richtet sich zusätzlich auf die Eltern-Kind-Beziehung, die deshalb besonders hervorgehoben wird. Hier lassen sich relativ klar zwei Forschungsfelder voneinander abgrenzen: die Sozialisations- und Erziehungsforschung, die sich mit den Beziehungen der Eltern zu ihren Kleinkindern beschäftigt, und die Forschung zu Intergenerationenbeziehungen, die auf Beziehungen der Eltern zu ihren älteren Kindern bezogen ist. Während die Sozialisationsforschung in der Familiensoziologie in den Hintergrund geraten ist, hat die Forschung zu den Intergenerationenbeziehungen stark an Bedeutung gewonnen (Bertram 2002; Lauterbach 2004).

3.1 Soziale Beziehungs- und Interaktionsprozesse in der Familie

Paargemeinschaften und Familien können als besondere soziale Gruppen verstanden werden, in denen Menschen sich ihre eigene, persönliche Welt erschaffen und ihre Handlungen und Perspektiven aufeinander abstimmen (Berger/Kellner 1965). Erwartungen an persönliche Anerkennung und Unterstützung machen diese Lebensformen für die Menschen attraktiv. Damit ist hier die wichtige *„psychosoziale" Dimension* des Interaktionsgeschehens zwischen den Mitgliedern einer Familie angesprochen. Als soziale Primärgruppe bietet diese einen Raum für ein intimes, emotional möglichst befriedigendes Miteinander von Menschen. Doch geht es darin nicht immer harmonisch zu. Es gibt typischerweise Konflikte und Auseinandersetzungen, die auch gewaltsam sein können (vgl. den Beitrag von Klocke in diesem Band). Zudem spielen, durch gesellschaftliche Verhaltenserwartungen gestützt, soziales Rollenverhalten und persönliche Abhängigkeiten zwischen den Familienmitgliedern eine bedeutsame Rolle.

Konflikte

Man kann dieses Forschungsfeld nach verschiedenen Kriterien untergliedern. So beschäftigen sich Untersuchungen mit bestimmten innerfamilialen Beziehungstypen, wie die Beziehung zwischen Partnern oder Eltern, zwischen Kindern und Eltern, zwischen Geschwistern oder zwischen (Ur-)Enkeln und (Ur-)Großeltern. Auch kann man potenzielle Besonderheiten der Beziehungsprozesse in unterschiedlichen Familienformen, wie Ein- oder Mehr-Kind-Familien, Alleinerziehende, oder Scheidungs- und Stieffamilien, analysieren und miteinander vergleichen (Nave-Herz 2007a). Dabei werden verschiedene gruppen- und beziehungssoziologische Konzepte und Theorien verwendet, die die Dynamik und Qualität innerfamilialer Beziehungen charakterisieren oder begründen. So wird zum Beispiel das Machtverhältnis zwischen den Beziehungspartnern untersucht und die Kommunikations- und Konfliktstile, welche die Beziehung zwischen Familienmitgliedern prägen, erforscht.

Aus soziologischer Sicht spielt die *These der Emotionalisierung der Ehe* in diesem Forschungsfeld eine große Rolle (ebd.). Diese These lässt sich auf die anderen Paar- und Familienbeziehungen erweitern (Huinink 1995). Damit ist dann gemeint, dass Familienbeziehungen wegen ihrer sehr persönlichen Natur eine steigende psychische Bedeutung für die Menschen haben, während der Aspekt der materiellen Versorgung und Absicherung relativ an Relevanz verloren hat. Für die Eltern-Kind-Beziehungen belegt das auch die schon erwähnte *Value of Children*-Forschung.

Innerfamiliale Beziehungs- und Interaktionprozesse haben als Forschungsfeld in der heutigen Familiensoziologie keinen besonders hohen Stellenwert. In seiner Einführung in einen Sammelband zur sozialwissenschaftlichen Erforschung partnerschaftlicher Alltagsinteraktion bemerkt Paul Hill, dass die Familiensoziologie sich bislang vornehmlich auf die Analyse der „harten Entscheidungen und deren Kosten-Nutzen-Struktur" konzentriert und dabei versäumt habe, die damit einhergehenden Interaktions- und Kommunikationsprozesse in Paarbeziehungen und insbesondere die zugrunde liegenden Interaktions- und Kommunikationsstile zu untersuchen (Hill 2004: 8). Wie er auch betont, beherrscht die Sozialpsychologie diesen Teil der Forschungslandschaft.

3.2 Innerfamiliale Alltagsorganisation

Die arbeitsteilige Organisation des Familienalltags und Erledigung der Hausarbeit stellen eine sehr wichtige „*instrumentelle*" *Dimension* des Interaktionsgeschehens in der Familie dar. Hausarbeit umfasst Arbeiten, die für die Reproduktion der in einer Paarbeziehung bzw. in einem Familienhaushalt lebenden Menschen und Schaffung möglichst angenehmer Lebensverhältnisse wichtig sind. Dazu gehören güterbezogene Leistungen und Aufgaben (Waschen, Kochen, Putzen, Einkaufen, Beschaffungen, Behördengänge; handwerkliche Arbeit wie Reparaturen und Gartenarbeit), aber auch die Geldverwaltung sowie Konsum- und Kaufentscheidungen. Schließlich kann man personenbezogene Dienstleistungen (Betreuungs- und Pflegeleistungen) dazurechnen (Berger/Hinrichs 1999). Die Forschung zur innerfamilialen Arbeitsteilung hat sich auf Lebenspartner und Eltern konzentriert. Die Beteiligung der Kinder am Haushalt hat wenig Aufmerksamkeit gefunden.

Allgemein würde man erwarten, dass infolge der *These des Abbaus von Geschlechtsrollennormen* in der Bevölkerung eine Egalisierung der Beteiligung der Lebenspartner an der Hausarbeit zu erwarten ist. Die empirischen Befunde widersprechen dem allerdings. In Deutschland hat sich relativ wenig daran geändert, dass Frauen mehr Zeit mit Haushaltsarbeit und Kindererziehung verbringen als Männer und dass sich die Aufteilung der Hausarbeiten zwischen den Geschlechtern kaum verändert hat (Koppetsch/Burkart 1999; Künzler et al. 2001; Huinink/Röhler 2005). Gleichzeitig gibt es Unterschiede zwischen

den Lebens- und Familienformen; nichteheliche Paarbeziehungen sind egalitärer als eheliche, Paare ohne Kinder egalitärer als Paare mit Kindern. Geschlechterasymmetrien sind auch in Bezug auf bislang in der soziologischen Familienforschung weniger untersuchte haushaltsbezogene Entscheidungen im Geld- und Konsumbereich zu beobachten (Allmendinger et al. 2001). Diese stabil traditionelle Arbeitsteilung stellt eine theoretische Herausforderung für die Familiensoziologie bzw. für die Forschung zur geschlechtstypischen Arbeitsteilung dar.

3.3 Erziehung und Sozialisation *– komplexe Prozess*

Die Eltern-Kind-Beziehungen im jungen Alter der Kinder werden unter dem Gesichtspunkt von Erziehung und Sozialisation spezifisch von der Entwicklungsperspektive des Kindes her thematisiert. Sozialisation bezeichnet allgemein den Prozess der Entwicklung der Persönlichkeit eines Menschen und seines Hineinwachsens in die Gesellschaft. Die Definition von Klaus Hurrelmann lautet: „Sozialisation bezeichnet ... den Prozess, in dessen Verlauf sich der mit einer biologischen Ausstattung versehene menschliche Organismus zu einer sozial handlungsfähigen Persönlichkeit bildet, die sich über den Lebenslauf hinweg in Auseinandersetzung mit den Lebensbedingungen weiterentwickelt." (Hurrelmann 2002: 15). Der Begriff der Erziehung wird als Unterbegriff der Sozialisation definiert. Er umfasst „alle gezielten und bewussten Einflüsse auf den Bildungsprozess", mit dem „Menschen versuchen, auf die Persönlichkeitsentwicklung anderer Menschen Einfluss zu nehmen" (Hurrelmann 2002: 17).

An der Sozialisation der Kinder haben in erster Linie die Eltern, die die Aufgabe der Erziehung der Kinder übernommen haben, aber auch die Geschwister einen großen Anteil. Die Familie wird daher als wichtigste, als primäre Sozialisationsinstanz verstanden. Nach dem heutigen Verständnis des Sozialisationsprozesses ist aber nicht nur die Familie daran beteiligt. Zudem wird die Sozialisation in der Familie selbst von außerfamilialen sozialen Kontexten und Institutionen beeinflusst. Sozialisation wird daher als komplexer Prozess begriffen, in dem die Wechselbeziehung zwischen kindlicher Entwicklung und inner- sowie außerfamilialen Entwicklungskontexten besonders betont wird (Grundmann/Lüscher 2000). Die empirische Umsetzung eines solchen *Programms der „sozialökologischen Sozialisationsforschung"* ist zumindest in Deutschland bislang kaum erfolgt. Auch für die Sozialisation gilt, dass die entwicklungs- und sozialpsychologische Forschung dominiert (Schuster/Kuhn/Uhlendorff 2005). Die Sozialisationsforschung, die in den 1970er Jahren ein dominantes Forschungsfeld der Familiensoziologie war, hat seitdem in der Soziologie stark an Bedeutung verloren (Schmidt 2006).

3.4 Intergenerationenbeziehungen

Eltern-Kind-Beziehungen sind auch mit dem Erwachsenwerden der Kinder und ihrem Auszug aus dem Elternhaus nicht beendet. Familie endet nicht an den Haushaltgrenzen. Die Beziehungen zwischen Eltern und ihren erwachsenen Kindern begleiten die Beteiligten über ihr Leben hinweg. Sie bilden daher einen zentralen Untersuchungsgegenstand der Familiensoziologie. Die Forschung dazu hat in den letzten Jahrzehnten deutlich an Bedeutung gewonnen (Lüscher/Liegle 2003), und das (sozial-)strukturelle Wissen darüber ist erheblich vergrößert worden (Kohli/Szydlik 2000; Hoff 2006). Dabei werden der

Austausch von ökonomischen sowie zeitlichen Ressourcen und persönlicher Zuwendung, die räumliche Nähe und die Kontakthäufigkeit untersucht und die Bedeutung der Generationenbeziehungen für die Transmission von Werten und Orientierung thematisiert. Auch die soziologische Forschung zu Vererbung und Vermögenstransfers von der älteren auf die jüngere Generation hat sich verstärkt (Lettke 2003).

Die Befunde dieser Forschung widerlegen die *Thesen vom Zerfall der Familie* (Nave-Herz 1998) – wenn man bestimmte unbezweifelbare Wandlungserscheinungen korrekt bewertet. Zu diesen Erscheinungen gehört, dass heute im Vergleich zur Mitte des letzten Jahrhunderts der Anteil von Haushalten mit mehr als zwei Generationen geringer ist. Doch das bedeutet nicht „eine Aufkündigung der familialen Mehr-Generationen-Solidargemeinschaft", wie Nave-Herz es formuliert (ebd.: 298). Die Forschung konnte die Thesen vom drohenden Zerfall von Intergenerationensolidarität – auch über mehr als zwei Generationen hinweg – nachhaltig widerlegen (Bengtson/Biblarz/Roberts 2002). Aus empirischer Sicht wäre es wünschenswert, eine aussagekräftige Bilanzierung des Beitrags der Familien zum Erhalt des Humanvermögens einer Gesellschaft und ihrer Leistungen für die Gesellschaft zu erstellen. Eine solche Analyse würde noch stärker verdeutlichen, dass alle Zerfallsthesen in Bezug auf die Familie auf absehbare Zeit falsch sind.

4   Die lebenslaufsoziologische Individualperspektive der Familiensoziologie

Auf der Mikroebene nimmt man das Handeln und die dahinter stehenden Motivstrukturen der Menschen in den Blick, die mit der Ablösung vom elterlichen Haushalt, der Aufnahme, Gestaltung und Auflösung von Paarbeziehungen sowie der Geburt eigener Kinder und ihrer Erziehung zu tun haben. Inhaltlich werden in der mikrosoziologischen Familienforschung insbesondere alle Ereignisse untersucht, die sich auf makrostruktureller Ebene im familiendemografischen Wandel einer Gesellschaft niederschlagen. Sie stellt damit einen unverzichtbaren Teil der Erklärung familialen Wandels im makroskopischen Maßstab bereit.

Die *Längsschnittorientierung* hat sich in diesem Bereich der Familienforschung durchgesetzt.[5] Wesentlich ist der Verweis auf den Lebenslauf, den die Menschen gestalten und planen, um individuelle Wohlfahrt zu fördern und erhalten. Es wird nicht nur das „Ob", sondern auch das „Wann" familienrelevanter Ereignisse im Lebenslauf untersucht. Die folgenden Ausführungen verweisen aber auch vor allem auf eines: Die Individualanalyse von Ereignissen der Familienentwicklung muss den gesamten Lebenslauf in den Blick nehmen, sie kann die anderen Lebensbereiche nicht außer Acht lassen. Die Beziehungs- und Familienentwicklung ist ein Lebensbereich neben anderen, Menschen haben ihr Engagement für eine Familie mit dem Handeln in anderen Lebensbereichen in Ein-

---

5   Die Möglichkeiten der Längsschnittanalyse von Familienverläufen und familieninternen Prozessen sind datenanalytisch erheblich gewachsen. Die Datenlage ist allerdings sowohl in Bezug auf die längsschnittliche Familienberichterstattung als auch bezogen auf die erklärende Analyse familialer Prozesse noch unzureichend.

klang zu bringen oder zu halten. Alle Bereiche stehen in enger Wechselwirkung zueinander. Das macht die Analyse schwierig, denn man muss mit Wirkungsketten und daraus resultierenden Pfadabhängigkeiten rechnen, ohne deren Verständnis die Dynamik von Lebensläufen im Allgemeinen und ihrer familialen Dimension im Speziellen nicht zu begreifen ist.

4.1 Paarbildung, Familiengründung und -erweiterung im Lebenslauf

Den ersten Komplex der lebenslaufbezogenen Familienforschung markieren die Ereignisse der Familiengründung und -erweiterung, beginnend mit der Aufnahme von Paarbeziehungen und Bildung von Paargemeinschaften unterschiedlicher Art und der Geburt von Kindern bzw. der Aufnahme von Adoptiv- und Pflegekindern. Man untersucht, wie sich Paarbeziehungen über die Zeit verfestigen, warum Partner zusammenziehen und schließlich mitunter heiraten und wie dieses mit der Geburt von ersten und weiteren Kindern zusammenhängt. Damit einher geht die Erforschung der potenziellen Motivstrukturen der Akteure, die diesen Ereignissen, den damit verbundenen Handlungen oder ihrer Vermeidung zugrunde liegen.

Zahlreiche Ursachen des Wandels des individuellen Verhaltens zur Paar- und Familienentwicklung sind mittlerweile beschrieben bzw. identifiziert worden. Dazu gehören die zunehmende Homogamie in Paarbeziehungen, der stetige Aufschub der Ehe und Familiengründung im Lebenslauf der Frauen und Männer, die Zunahme von Ehe- und Kinderlosigkeit, die sinkende Bereitschaft, mehr als zwei Kinder zu haben oder die zunehmende Relevanz unkonventioneller Lebensformen (Bien/Marbach 2003 Bien/Schneider 1998, Blossfeld/Timm 2003, Peuckert 2005). Vor allem die Bedeutung der Bildung und Erwerbsbeteiligung von Frauen und Männern für die Wahl von Lebensformen, die Familiengründung und Familienerweiterung wird hervorgehoben. Die Zusammenhänge zwischen dem Bildungsniveau, der Lebensform und der Familienentwicklung sind in der bevölkerungssoziologischen und familienökonomischen Literatur als Beleg für die These betrachtet worden, dass mit steigendem Bildungs- und beruflichem Qualifikationsniveau der Frauen grundsätzlich ihre Bereitschaft zur Eheschließung und zur Elternschaft zurückgehe. Bei den Männern war bislang eher das Gegenteil zu belegen. Doch die Rolle der Männer ist heute unklar und insgesamt zu wenig untersucht (Tölke/Hank 2005). Auch wird in der Familiensoziologie bislang die Vielfalt der unkonventionell gestalteten Lebensformen vergleichsweise wenig erforscht (Schneider/Limmer/Ruckdeschel 2002a). Generell ist die empirische Analyse auf der Individualebene sehr (sozial-)strukturlastig. Über die Entscheidungsprozesse im Lebenslauf weiß man aus soziologischer Perspektive daher noch relativ wenig. Die Ursachenforschung ist noch recht grob angelegt und eine differenziertere, aus theoretischer Sicht befriedigend umgesetzte Beobachtung von familienbezogenen Entscheidungs- und Verhaltsverläufen im Rahmen quantitativer und qualitativer Empirie steht noch aus.

4.2 Die Familienauflösung und „-erneuerung" im Lebenslauf

Zur Familienauflösung tragen unterschiedliche Ereignisse bei, die mehr oder weniger auf ein Scheitern der Beziehungen hinweisen können oder als Teil eines „normalen" Ablösungsprozesses von Familienmitgliedern voneinander zu betrachten sind. *Tren-*

[handwritten note: weniger Tradition, aber höhere Ansprüche an eine Beziehung fördern eine Trennung]

nungen und Scheidungen von Partnern oder Eltern gehören offensichtlich in die erste Kategorie. Auch hier geht es darum, die Ursachen dafür zu untersuchen, dass Partner mit oder ohne Kinder, die sich einmal als Paar zusammengefunden haben, ihr zukünftiges Leben nicht mehr gemeinsam gestalten wollen. Die Stabilität von Ehen ist in den letzten Jahrzehnten, wenn auch mit immer geringerer Geschwindigkeit, zurückgegangen. Dies hat mit veränderten Lebensbedingungen der Menschen und mit einem gewandelten Verständnis von Paarbeziehungen zu tun, das nicht nur auf eine Bedeutungsabnahme der Rolle traditioneller Beziehungsnormen zurückzuführen ist (Wagner 1997; Engelhardt 2002). Gemäß der *Emotionalisierungsthese* sind die individuellen Ansprüche an persönlich stark bindende Beziehungen gestiegenen (Nave-Herz 2007a), was die Bereitschaft, unbefriedigende Beziehungen zu verlassen, erhöht.

[handwritten note: Gründe →]

Zu der Kategorie der eher normalen Geschehnisse, die überdies eher zu einer Veränderung als zu einer Auflösung von Familienstrukturen führen, gehört der *Auszug der Kinder* aus dem elterlichen Haushalt. Sie verlassen zwar die Haushalts- oder Kernfamilie, damit in der Regel aber nicht die Familie selbst. Dennoch ist dies ein wichtiger Schritt auf ihrem eigenen Weg zum Erwachsenendasein, der sich einer regen nationalen und internationalen Forschung innerhalb der Familiensoziologie erfreut (Konietzka/Huinink 2003).

Mit dem Begriff der *Familienerneuerung* ist schließlich gemeint, dass geschiedene Ehepartner oder Elternteile neue Beziehungen eingehen können und ihre Kinder, soweit diese mit ihnen zusammen leben, in die neuen Beziehungen „mitnehmen". Der Schritt zur Wiederheirat oder das unverheiratete Zusammenleben mit neuen Partnern und womöglich auch deren Kindern sind daher wichtige Forschungsthemen. Es wird in der Soziologie bislang aber noch recht stiefmütterlich behandelt.

4.3 Auswirkungen von Familienverlauf und Familienalltag auf den Lebenslauf von Eltern und Kindern

[handwritten note: v. eles hat einfluss auf Lebensalltag, wie z.B. ch Beruf]

Die unterschiedlichen Auswirkungen des Familienverlaufs und des Familienalltags auf den Lebenslauf der Familienmitglieder begründen eine ganze Reihe eigener Untersuchungsfelder, die man nicht immer zur Familiensoziologie im engeren Sinne zählen muss. Dazu gehören zum Beispiel die *Auswirkung der Familienentwicklung auf das Handeln und Erleben in anderen Lebensbereichen*. Ich habe erwähnt, dass man zur Erklärung der privaten Lebensplanung von Frauen und Männern auch deren Engagement in anderen Lebensbereichen, etwa dem Beruf, untersuchen muss; da wir es dabei nicht mit einem unidirektionalen Wirkungszusammenhang zu tun haben, ist es auch notwendig zu analysieren, welche Auswirkungen intendierte oder nicht intendierte Ereignisse und Entwicklungen im Bereich der Familie für andere Dimensionen des Lebenslauf zeitigen, die ihrerseits dann wieder auf die Bedingungen der privaten Lebensgestaltung zurückwirken.

Ein anderer Themenkomplex ist die Folge deprivierter und privilegierter individueller Lebenslagen von Familien auf die Entwicklung der Kinder (Becker/Lauterbach 2002; Bien/Weidacher 2004). Auch die Frage, welchen Einfluss die Familienform und deren Veränderung haben, ist von großer Bedeutung. Die *Auswirkungen einer Trennung oder Scheidung von Eltern* auf die Lebensläufe der Kinder und Erwachsenen sind von besonderer Bedeutung. Die soziologische Forschung hat sich vor allem mit wirtschaftlichen Folgen von Scheidungen beschäftigt und diese untersucht. Es ist belegt, dass Scheidun-

Scheidung auswirkung auf kinder

gen häufig mit Verschlechterungen der materiellen Situation der Betroffenen einhergehen
(Andreß et al. 2003). Das gilt vor allem für die Mütter und die in den meisten Fällen bei
ihnen verbleibenden Kinder. Die wirtschaftliche Notlage hat negative Konsequenzen für
die Entwicklungsbedingungen, das Wohlbefinden und den Bildungserfolg der Kinder.
Umstritten ist, wie stark die Scheidung und die nachfolgenden Familienverhältnisse (Alleinerziehende, Stieffamilien) als solche die Entwicklung der Kinder beeinträchtigen. Soziologische Studien gibt es dazu nicht viele. Sie legen nahe, dass über die Effekte der
wirtschaftlichen Situation und des sozialstrukturellen Hintergrunds der Eltern hinaus eher
keine negativen Auswirkungen zu erwarten sind (Dronkers 1999). Andere Studien zeigen,
dass viel davon abhängt, ob der Scheidungsprozess hoch konflikthaft war oder ihm ein
längerer Prozess familieninterner Konflikte voranging (Hetherington/Kelly 2002).

5 Ein abschließendes Anliegen

Die Familiensoziologie steht im Hinblick auf jedes ihrer Forschungsfelder in direkter
Konkurrenz zu anderen Disziplinen, die sich wissenschaftlich mit der Familie beschäftigen: zu Demografie und Ökonomie im Bereich der strukturellen Makro- und hand-
lungsbezogenen Individualanalysen und zu Psychologie und Pädagogik in Bezug auf die
familiale Beziehungsebene. Die Bedeutung dieser Fächer scheint gegenüber der Familiensoziologie gestiegen zu sein. Was ist zukünftig also die genuine Aufgabe der Familiensoziologie?

Darauf kann man zwei Antworten geben. Erstens ist die Familiensoziologie in besonderer Weise dafür prädestiniert, den komplexen Zusammenhang zwischen Beziehungs-
und Familienentwicklung als Teil individueller Lebensgestaltung einerseits und sozialem
und institutionellem Wandel in Gesellschaften andererseits zu entschlüsseln und zwischen Gesellschaften zu vergleichen. Sie positioniert dazu die Familie in einen interdependenten, gesellschaftlichen Mehrebenenzusammenhang, dessen Facetten sich mit ihrem theoretischen Instrumentarium erfolgreich zu einem Modell vereinen lassen.

Zweitens sollte die Familiensoziologie weniger in Konkurrenz zu anderen Disziplinen
stehen, als ihren Beitrag zu einer interdisziplinären Familienwissenschaft leisten. Geboten
ist die Entwicklung hin zu einer Familienforschung, die zu einem umfassenderen Verständnis von Familie gelangt, als es eine Familiensoziologie, aber auch eine Familienpsychologie, -ökonomie oder -demografie allein könnte – einfach, weil die familiale Wirklichkeit es verlangt. Die wissenschaftliche Forschung zur Familie wird der Komplexität
ihres Untersuchungsgegenstandes nur gerecht, wenn sie Disziplinen übergreifend angelegt ist. Disziplinen wie die Anthropologie, Biologie/Genetik, Demografie, Geschichtswissenschaft, Kulturwissenschaft, Ökonomie, Pädagogik, Philosophie, Politologie, Psychologie, Rechtswissenschaft u.a. sind hier zu nennen. Wie allgemein, so ist auch in der
Familienforschung eine zu geringe Durchlässigkeit und Kompatibilität der disziplinären
Ansätze zu beklagen, die eine integrierte Forschung ermöglichen könnte. Daran sollte
grundlegend etwas geändert werden. Das Gebot zur Interdisziplinarität bezieht mit ein,
dass die Familiensoziologie selbst mit zahlreichen anderen speziellen Soziologien und der
Allgemeinen Soziologie verknüpft sein muss.

Trotz des beträchtlichen Forschungsstandes und der Gewissheit, dass die Familie auf absehbare Zeit nicht untergeht, sind differenziertere Szenarien zur Zukunft der Familie nicht besonders zahlreich (vgl. jedoch den Beitrag von Burkart in diesem Band). Die Vorstellung, dass es stabile Familienformen gebe, die nicht dem traditionellen bürgerlichen Familienbild entsprechen, scheint für viele noch so abwegig zu sein, dass die Phantasie in Bezug auf Szenarien zukünftiger Entwicklungen begrenzt und sehr ungenau bleibt. Den oft auch innerhalb der Soziologie allzu einfach vorgetragenen Trendhypothesen sollte ein profundes familienwissenschaftliches und praxistaugliches Wissen entgegengestellt werden. Die Familiensoziologie ist grundsätzlich gerüstet, ihren Beitrag dazu zu leisten.

3   Methoden der Familiensoziologie

Martin Abraham und Johannes Kopp

1   Vorbemerkung: Familienforschung und empirische Methoden

Auf den ersten Blick mag es verwundern, in einem Lehrbuch der Familiensoziologie einen eigenständigen Beitrag zu Methoden zu finden, denn selbstverständlich unterliegen
auch familiensoziologische Untersuchungen den normalen Regeln und Problemen empirischer Sozialforschung – und hier existiert bereits eine Fülle ein- und weiterführender
Lehrbücher (vgl. beispielsweise Schnell/Hill/Esser 2005; Diekmann 2003). Allerdings
sehen sich empirische Studien innerhalb der Familienforschung immer wieder bestimmten, typischen methodischen Problemen gegenüber gestellt – und genau diese Probleme
sollen hier systematisch diskutiert und Lösungsmöglichkeiten vorgestellt werden. Wie
viele andere spezielle Soziologien unterliegen familiensoziologische Fragestellungen gewissen (wissenschafts-)konjunkturellen oder modischen Schwankungen, die zu neuen
methodischen und teilweise eben auch methodologischen Fragen führen. In den letzten
zwei oder drei Jahrzehnten lässt sich beispielsweise für die Bundesrepublik eine Entwicklung dahingehend beobachten, dass sich der Schwerpunkt der Arbeiten auf die Beantwortung einzelner empirischer Fragen und den Test konkreter, theoretisch abgeleiteter Fragen
verschoben hat und die Diskussion allgemeiner Gesellschaftstheorien in ihrer Anwendung auf die Familie in den Hintergrund geraten ist. Trotz dieser Entwicklung sind die
nun vorherrschenden Arbeiten selbstverständlich auch von allgemeiner theoretischer und
gesellschaftspolitischer Bedeutung. Damit schließen sie nahtlos an die empirischen Ursprünge der Familienforschung an.
   Diese frühen Forschungen lassen sich als Reaktion auf die krisenhaften Folgen der
Industrialisierung und der damit verbundenen sozialen Problematik verstehen. Die Familienforschung hatte von „Anfang an den Charakter einer Krisenwissenschaft, was einmal
eine enge Verbindung mit der Sozialpolitik nahe legt, dann aber auch natürlicherweise
zahlreiche Wertungen herausfordert über das, was ‚gut‘ oder ‚schädlich‘ ist für die Entwicklung der Familie" (König 1958: 63; vgl. auch Schwägler 1970). Dies zeigt sich sowohl in den Studien in der Mitte des 19. Jahrhunderts von Wilhelm Heinrich Riehl (1978)
als auch von Fréderic Le Play (vgl. Silver 1982). Auch die gelegentlich als eigentlicher
Ausgangspunkt der Familienforschung (König 1976: 7) betrachtete Studie „Introduction à
la sociologie de la famille" von Emile Durkheim (1981) aus dem Jahre 1888 ist hier einzuordnen. Wenn man die erste Hälfte des zwanzigsten Jahrhunderts als Phase der „emerging science" (Christensen 1964: 8) innerhalb der Familienforschung bezeichnen will, so
stehen hier vor allem die rasche Veränderungen der Sozialstruktur und hierbei besonders
die sich wandelnde soziale Rolle der Frau und das allgemeine Aufkommen der Sozialpoli-

tik im Mittelpunkt (Komarovsky/Waller 1945: 444; Schwägler 1970: 67ff.). Hier finden sich dann auch die ersten groß angelegten empirischen Studien (Christensen 1964: 8).[1] Spätestens seit den 1970er Jahren hat sich dann die Familienforschung mehr oder weniger vollständig der Beantwortung empirischer Fragen zugewandt. Theoretisch werden dabei – ausgehend von dem Konzept des Familienzyklus – die hier zu findenden Prozesse als abhängige Variable betrachtet (Diekmann/Weick 1993; vgl. allgemeiner George 1993) und nach Erklärungen für die entsprechenden Übergänge gesucht.

Um die mit diesen Fragen beschäftigten empirischen Studien besser verstehen und vor allem auch deren methodische Grundlagen kritisch beurteilen zu können, soll im Folgenden zuerst auf die Anforderungen an die Daten(-struktur) und die methodischen Besonderheiten familiensoziologischer Fragestellungen eingegangen werden. Von besonderem Interesse ist dabei, dass die hier im Mittelpunkt stehenden Entscheidungen und Entwicklungen meist von mehreren Akteuren beeinflusst werden. So ist weder die Partnerwahl ein einseitiger Prozess noch entscheidet in der Regel ein Ehepartner allein über die Realisierung von Kinderwünschen. Mit diesen Besonderheiten gehen einige Ansprüche an die benötigte Datenstruktur einher. In einem dritten Kapitel wird dann auf die aus diesen Besonderheiten abzuleitenden Schwierigkeiten des Untersuchungsdesigns eingegangen. Das vierte Kapitel dient der Darstellung spezifischer Operationalisierungen und Messverfahren und das fünfte Kapitel der Darstellung der entsprechenden Auswertungsverfahren. In einem gesonderten sechsten Kapitel wird eine kursorische Übersicht über qualitative Verfahren in der Familienforschung gegeben. In der empirischen Familienforschung hat sich in der Zwischenzeit eine durchaus beeindruckende Menge anspruchsvoller Studien und vor allem auch entsprechender Datensätze kumuliert. Trotz der Fülle von publizierten Arbeiten bieten diese Daten durchaus immer wieder die Möglichkeit zu neuen Analysen und Einsichten. Da viele dieser Datensätze in der Zwischenzeit relativ problemlos für weitere Untersuchungen zur Verfügung stehen, werden in einem Anhang die wichtigsten dieser Datenquellen für die Bundesrepublik sowie deren Bezugsquellen kurz vorgestellt. Wie bereits erwähnt, kann und soll dieser Beitrag keine eigenständige und grundlegende Einführung in die Methoden der empirischen Sozialforschung ersetzen. Es kann auch nicht als handwerkliche „how-to-do"-Anweisung für eine eigenständige Erhebung verstanden werden (vgl. hier etwa Greenstein 2006). Er soll vielmehr für die Prob-

---

1 So beschäftigten sich mehrere Arbeiten in den Vereinigten Staaten mit der Vorhersage des Erfolgs von Ehen, wie etwa Terman (1938) oder Burgess und Cottrell (1936). In Europa finden sich Studien über Autorität und Familie, die auch Teilerhebungen über die psychische Struktur der Arbeiter und Angestellten sowie die Sexualmoral umfassten (Horkheimer 1936), die später zu dem bekannten Werk „The Authoritarian Personality" ausgearbeitet wurden (Adorno et al. 1950). Kinsey und seine Mitautoren (1948; 1953) gehörten mit ihrer Aufsehen erregenden Studie über das Sexualverhalten zu den ersten Forschern, die diese Thematik auf eine ernsthafte und empirische Weise angingen. Goode (1949; 1956) untersuchte in einer Studie die Anpassungsprozesse von Frauen nach einer Scheidung sowie deren soziale Situation und die subjektiv perzipierten Gründe der Ehescheidung. Die Dynamik ehelicher Interaktion stand im Mittelpunkt von Blood und Wolfe (1960). Bahr (1992) skizziert 25 der wichtigsten familiensoziologischen Studien in den USA. In den vier von David Cheal (2003) herausgegebenen Bänden mit dem Titel „Family: Critical Concepts in Sociology" werden wichtige klassische, aber auch aktuelle empirische und theoretische Studien wieder abgedruckt. Wurzbacher (1987) gibt einen kurzen Überblick über die Entstehung der bundesdeutschen Familienforschung in den Nachkriegsjahren. Schmidt (2002) versucht, die Entwicklung der deutschen Familiensoziologie bis in die neuere Zeit hinein zu analysieren.

Kapitel soll Probleme bei der Forschung auf zeigen.

leme der empirischen Forschung in einem bestimmten Bereich sensibilisieren und einen Führer durch die entsprechende Literatur darstellen.

2 Über den Zusammenhang theoretischer Mechanismen und einem bestimmten methodischen Vorgehen

Warum überhaupt empirische Familienforschung? Diese Frage wird ab und an von außen an die beteiligten Disziplinen herangetragen. Begründet wird diese Skepsis meist mit dem Argument, dass man das meiste ohnehin schon wisse – oder dass andernfalls die Ergebnisse unplausibel seien, da sie ja nicht mit den eigenen Überlegungen übereinstimmen (vgl. zu hierzu auch Greenstein 2006: 2). Die Quelle dieses „Wissens" ist in der Regel die eigene Erfahrung, da (fast) jeder in einer Familie aufgewachsen ist und die überwiegende Anzahl auch selbst in einer – überwiegend „traditionell" geprägten – Partnerschafts- oder Familienform lebt. Da zudem im Bekanntenkreis die gleichen Muster zu erkennen sind, erscheint eine Verallgemeinerung der eigenen subjektiven Erfahrung unproblematisch und gerechtfertigt.

Gerade die Familiensoziologie zeigt jedoch, dass diese Wahrnehmung trügerisch und selektiv ist (vgl. hierzu schon Goode 1982: 4f.). Allzu häufig befinden wir uns in Strukturen, die unser Leben prägen, ohne dass wir uns dessen bewusst sind. Wie die empirische Forschung zeigt, tendieren wir beispielsweise sowohl bei der Partnerwahl als auch der Auswahl unserer Freunde und Bekannten dazu, Gleichartigkeit im Hinblick auf Alter, Bildung, berufliche Stellung und vieles mehr zu bevorzugen. Wir sind uns aber nicht der Mechanismen bewusst, die an diese Strukturen geknüpft sind. Die Herkunftsfamilie bestimmt die Lebenschancen der Menschen genauso wie die selbst gewählte Lebens- und Familienform. Dies übersetzt sich wiederum in strukturell bedingte Ungleichheit.

Empirische Forschung kann also unter bestimmten Bedingungen dazu beitragen, unser Wissen über Familien jenseits unserer individuellen Erfahrungen zu erweitern oder es gegebenenfalls auf eine (relativ) sichere empirische Basis zu stellen. Um diesem wissenschaftlichen Anspruch gerecht zu werden, muss die empirische Forschung jedoch bestimmten Kriterien genügen. Insbesondere muss sie in der Lage sein, die Beschränkung subjektiver Erfahrung zu überwinden und die Ergebnisse in allgemeine Zusammenhänge zu stellen. Letzteres ist die Aufgabe der Theorie, ohne die empirische Forschung nur eine unstrukturierte und relativ willkürliche Ansammlung von Daten bleibt. Theorie und Empirie stellen somit eine unauflösbare Einheit dar – wobei auch dies den Gesetzmäßigkeiten der allgemeinen empirischen (Sozial-)Forschung entspricht (Schnell/Hill/Esser 2005): Wir brauchen empirisches Wissen um relevante Fragen und entsprechende Theorien zu entwickeln, letztere müssen dann wiederum an neuen Daten überprüft und weiterentwickelt werden.

Wie in den weiteren Beiträgen dieses Buches deutlich werden wird, steuern demnach die Art der Forschungsfragen die Inhalte der entsprechenden Theorien und somit auch die Art der Daten, die zur Überprüfung benötigt werden. Trotz einer erheblichen Theorienpluralität lassen sich in der Familienforschung bestimmte grundlegende Datenbedürfnisse ableiten, die aus dem gemeinsamen Gegenstandsbereich – nämlich Paare und Familien –

resultieren. Erstens handelt es sich bei diesem Gegenstand bereits um „emergente" oder „kollektive" – das heißt mehr als ein Individuum umfassende – Einheiten, dementsprechend müssen Informationen über die Mitglieder und deren Beziehungsstruktur vorliegen. Häufig werden diese im Rahmen von so genannten Proxyinterviews erhoben, das heißt, nur eine Person wird über die Haushalts- und Familienstrukturen befragt. Dieses Vorgehen ist jedoch nicht selten unbefriedigend und führt zu einem Defizit an validen *Daten über Paare und Familien.* Zweitens ist die Familienforschung häufig an der Entwicklung von Partnerschaft und Familie – wie beispielsweise dem Zusammenziehen von Paaren, der Heirat, dem „Timing" von Geburten im Lebensverlauf, den Veränderungen der Hausarbeitsteilung oder der Scheidung – interessiert. Dies erfordert *Information über die Zeit,* wie zum Beispiel biografische Lebensverlaufsdaten, die am besten in Längsschnittstudien und hier insbesondere Panelstudien erhoben werden können. Drittens rückte vor allem in den letzten Jahren immer mehr das soziale Umfeld der Familie in den Mittelpunkt. Familien- und Beziehungsnetzwerke stellen einerseits wichtige Ressourcen zu Bewältigung spezifischer Lebenslagen dar, andererseits sind sie Quelle sozialer Normen und Kontrolle. Die Verfügbarkeit von *Netzwerkdaten* für die Familienforschung stellt jedoch gerade in Deutschland immer noch ein großes Defizit dar. Viertens ist insbesondere im Rahmen einer familienpolitischen Anwendung die Frage nach der Wirkung unterschiedlicher Institutionen – wie z.B. unterschiedlicher Regeln für die Scheidung oder wohlfahrtstaatlicher Transfers – auf die Familie zentral. Dies erfordert jedoch *Daten mit institutioneller Varianz,* das heißt Daten, die den Vergleich verschiedener Regelungen erlauben. Da Institutionen in der Regel für eine größere Population homogen ausgestaltet sind, stellt dies die empirische Forschung vor besondere Probleme. Institutionelle Varianz ist meist nur durch internationale Vergleiche oder durch Änderung einer Institution im Zeitablauf möglich, beides wirft jedoch schwerwiegende methodische Probleme auf.[2] Nur mit Hilfe derartiger Informationen und Daten ist es darüber hinaus möglich, den in letzter Zeit vielfältig zu beobachtenden politischen Ansprüchen an eine empirisch orientierte Familienforschung gerecht zu werden.[3]

An dieser Stelle soll betont werden, dass diese sich aus den theoretischen Grundfragen der Familienforschung ergebenden generellen Datenerfordernisse und -probleme

---

2 Internationale Vergleiche beruhen meist aufgrund der geringen Verfügbarkeit nationaler Daten auf wenigen Fällen. Dies erschwert die Kontrolle weiterer Faktoren, die jenseits der institutionellen Unterschiede zwischen den Ländern variieren werden (vgl. generell zu der Problematik des internationalen Vergleiches Lee/Hass 1993, Sussman/Hanks 1997). Bei einer Veränderung einer Institution innerhalb einer Population im Zeitablauf wie sie beispielsweise die Abschaffung des Schuldprinzips im Scheidungsrecht darstellt (vgl. Grossbard-Shechtman 1995), stellt sich das Problem, dass keine „natürliche" Vergleichsmöglichkeit existiert: Die Entwicklung der Scheidungszahlen ohne die entsprechende Änderung ist nicht beobachtbar. Teilweise wird hier versucht, mit der Methode der Zeitreihenanalyse näherungsweise eine Schätzung zu erhalten (für die Grundlagen vgl. Enders 2004; Neusser 2006).

3 Entgegen zumindest einiger fachinterner Diskussionen über den (Zu-)Stand der Soziologie (vgl. etwa Buroway 2005 und die daran anschließende Debatte), scheint in der allgemeinen Diskussion der Bedarf an verallgemeinerbaren und das heißt nun einmal in aller Regel quantitativ empirisch basierten sozialwissenschaftlichen Erkenntnissen immer deutlicher zu werden. Dies zeigt sich unter anderem in der breiten Diskussion im Anschluss an die PISA-Studie oder eben an den in der Zwischenzeit vielfältigen Berichten der Bundesregierung über einzelne soziale Gruppen wie Familien, Alte, Arme oder die Jugend (vgl. hierzu BMFJ 1968; BMJFG 1975, 1979; BMJFFG 1986; BMFuS 1994; BMFSFJ 2000, 2006).

letztlich für jede Art empirischer Forschung gelten – unabhängig von ihrer Klassifikation in quantitative oder qualitative Methoden. Dass bestimmte theoretische Überlegungen eher mit dem einen oder anderen Ansatz einhergehen, liegt wohl vor allem an den unterschiedlichen Fragen, die mit den verschiedenen Theorien beantwortet werden sollen. Allerdings werden die Möglichkeiten und Chancen unterschiedlicher methodischer Zugriffe für bestimmte Fragestellungen – und damit ist nicht nur, aber auch die Trennung in qualitative und quantitative Verfahren gemeint – häufig zu wenig beachtet. Darüber hinaus hat auch jede einzelne Methode ihre Vor- und Nachteile, daher sollte man wohl den Ergebnissen einer einzigen Studie nie allein trauen. Wissenschaftlicher Fortschritt beruht auf dem Prinzip von – theoretisch geleitetem – Versuch und Irrtum und ist nur kumulativ durch unterschiedliche Perspektiven und damit wohl in der Regel auch mit Hilfe unterschiedlicher Methoden langfristig zu erreichen.

3   Untersuchungsdesign

Als Design wird meist ein Plan bezeichnet, der angibt, welche Daten von wem wie erhoben werden sollen. In der Literatur wird der Begriff des Untersuchungsdesigns meist nicht sehr systematisch für unterschiedliche Dimensionen dieses Plans verwendet. Wir schlagen im Folgenden vor, vier Dimensionen des allgemeinen Untersuchungsdesigns klar zu unterscheiden. Das *Erhebungsdesign* gibt an, welche Datenpunkte *wann gemessen* werden sollen. Zentrale Dimensionen dieses Plans sind damit in der Regel die zeitliche Ordnung der Messpunkte. Davon ist das *Datendesign* zu unterscheiden, das angibt, *welche Informationen* zu einer Analyseeinheit zu welchem Zeitpunkt vorliegen. Wir werden zuerst die gängigen Erhebungsdesigns knapp beschreiben, um dann den Unterschied zu Datendesigns deutlich zu machen. Das *Auswahldesign* umfasst die Frage, wer wozu befragt werden soll, wichtigster Teil ist hier der Stichprobenplan. Das *Varianzdesign* gibt an, wie sichergestellt werden kann, dass die unabhängige Variable hinreichend variiert, so dass Zusammenhänge auch wirklich messbar werden (Varianzkontrolle). Wir werden im Folgenden kurz diese vier Dimensionen beschreiben und diskutieren, welche besonderen Anforderungen sich für die Familienforschung jeweils ergeben.[4]

In den Methodenlehrbüchern werden in der Regel drei klassische Formen des *Erhebungsdesigns* unterschieden: Das Querschnittsdesign, das Trend- und das Paneldesign, die zwei letzteren werden auch zusammenfassend als Längsschnittdesign bezeichnet.[5] Im

---

4   Wir gehen im Folgenden von dem Standardfall einer Befragung aus, wobei die Ausführungen grundsätzlich natürlich auch für andere Erhebungsformen wie die Beobachtung gelten. Da der Einsatz von anderen Erhebungsformen vielfachen Beschränkungen unterliegt, wird von einer Diskussion dieser Sonderfälle abgesehen. Eine Ausnahme bilden so genannte qualitative Verfahren, die allerdings – wie im letzten Abschnitt dieses Beitrages zu diskutieren sein wird – in der Regel ein grundlegend anderes Erkenntnisinteresse verfolgen.

5   Als vierter Typ wird hier häufig noch das so genannte Kohortendesign aufgeführt: Wie weiter unten deutlich werden wird, handelt es sich dabei jedoch eigentlich um ein Auswahl- oder Varianzdesign: Entweder werden Kohorten, das heißt Gruppen mit einem jeweils gemeinsamen Startzeitpunkt (z.B. Heirats- oder Geburtskohorten) nachträglich gebildet und miteinander verglichen (Varianzdesign) oder es werden

Mittelpunkt der Diskussion über das Erhebungsdesign steht das Verhältnis von Erhebungsaufwand und Datenertrag. Der am häufigsten anzutreffende Fall stellt das einfache Querschnittsdesign dar, in dem Daten einer Stichprobe zu einem Zeitpunkt erhoben werden. Der zentrale Vorteil besteht vor allem in dem – relativ zu Längsschnitterhebungen – geringen Erhebungsaufwand. Insbesondere die Befragung mehrerer Personen eines Haushaltes (wie beispielsweise Paarbefragungen) ist in Querschnittserhebungen deutlich einfacher zu realisieren. Trenderhebungen umfassen die Befragung mehrerer unterschiedlicher Stichproben zu unterschiedlichen Zeitpunkten und werden vor allem zur Beschreibung der Veränderung von Populationsparametern eingesetzt. Sie unterscheiden sich hinsichtlich der Anforderung und des Aufwandes nicht von einer Querschnittserhebung, die einfach nur in der gewünschten Anzahl zu den gewünschten Zeitpunkten wiederholt werden muss. Panelerhebungen erfordern schließlich die wiederholte Befragung derselben Person zu verschiedenen Zeitpunkten (den so genannten Panelwellen), wobei die Person über alle Wellen identifizierbar bleiben muss (vgl. Diekmann 2003: 266ff.). Paneluntersuchungen verursachen den größten Aufwand durch die häufige Befragung und die Pflege der Stichprobe, zudem verlieren Panelstudien durch selektive Panelausfälle über die Zeit ihren Repräsentativitätscharakter. Panelstudien sind eben meist nur für die Bevölkerung zum Zeitpunkt der ersten Stichprobenziehung repräsentativ – Veränderungen in der Population etwa durch Migrationsströme sind nur schwer nachzuvollziehen.[6] Trotz dieser Probleme gewinnen Panelstudien in der Familienforschung zunehmend an Bedeutung, da mit diesem Design Familienprozesse im Zeitablauf am Besten abgebildet werden können.

Vom Erhebungsdesign muss das *Datendesign* unterschieden werden, das angibt, für welche Person nun welche Informationen zu welchem Zeitpunkt vorliegen. Diese – auf den ersten Blick verwirrende – Unterscheidung wird notwendig, da mit fast allen Erhebungsdesigns auch mehr oder weniger alle Datendesigns realisiert werden können. Möglich wird dies durch so genannte retrospektive Erhebung von Daten, das heißt Informationen über frühere Zeitpunkte können im Nachhinein erfragt werden. Beispielsweise können mit einer Querschnittserhebung durch die Frage nach dem Einkommen in den letzten 10 Jahren Panelinformationen für jeden Befragten erzeugt werden.

Tab. 1 zeigt die logische Struktur der Kombination von Erhebungs- und Datendesigns. Letztere werden unterschieden in Querschnittsdaten (Daten für eine Person nur zu einem Zeitpunkt verfügbar), Trenddaten (verschiedene Personen zu verschiedenen Zeitpunkten), Paneldaten (Informationen zur gleichen Person über mehrere Zeitpunkte) sowie schließlich so genannte Zeitverlaufsdaten. Diese liegen vor, wenn für jede Person die Zeit von einem gegebenen Startzeitpunkt (z.B. Datum der Heirat) bis zu einem bestimmten Ereignis (Zeitpunkt der Scheidung) bekannt ist.

Welcher Datentyp nun benötigt wird, hängt vor allem von der Fragestellung des Forschers ab. Generell gilt natürlich, dass Querschnittsdaten weniger Informationen beinhalten als Längsschnittdaten und letztere daher zu bevorzugen sind. Der zentrale Nachteil von Querschnittsdaten besteht vor allem in den stark eingeschränkten Möglichkeiten, kausale

---

eine oder mehrere Kohorten im Rahmen einer Längsschnitterhebung (z.B. Panel) befragt (wie z.B. die Lebensverlaufsstudien des MPI für Bildungsforschung, vgl. hierfür Mayer 1990, 1995).

6   Allerdings können Panelstudien durch neue Stichproben ergänzt werden, die z.B. gezielt spezifische Gruppen abbilden.

Beziehungen messen zu können. Da Kausalität nicht direkt beobachtbar ist, schließen wir in der Regel aus der zeitlichen Abfolge zweier Variablen auf deren kausalen Zusammenhang: Die Scheibe geht zu Bruch, weil vorher in einer bestimmten Art und Weise gegen den Ball getreten wurde. In Querschnittsanalysen können Korrelationen nur aufgrund von Plausibilitätsannahmen als kausal gedeutet werden: Nur weil wir wissen, dass in der Regel Bildung vor dem ersten Einkommen erworben wird, nehmen wir an, dass letzteres durch Bildung beeinflusst wird. Da wir häufig dieses Wissen jedoch nicht besitzen, sind Querschnittsanalysen für die Testung von Theorien nur eingeschränkt zu verwenden. Allerdings ist auch die alleinige Beobachtung einer zeitlichen Abfolge von Ereignissen kein Garant für Kausalität: Schließlich wird es nicht Weihnachten, weil die Menschen eine Woche vorher Christbäume kaufen.

Dieser Umstand sowie das oben bereits beschriebene Erfordernis der Beschreibung und Erklärung von Familienprozessen über die Zeit lassen Längsschnittdaten zur dominanten Grundlage empirischer Familienforschung werden (vgl. etwa Feldhaus/Huinink 2005).[7] Dabei spielen Trenddesigns, die auf einer wiederholten Messung der gleichen Information in zeitlich auseinander liegenden, unterschiedlichen Stichproben beruhen, nur eine untergeordnete Rolle, da hier nur die Veränderung von Populationsparametern beschrieben werden kann. Um kausale Verhaltensmodelle zu testen, benötigen wir jedoch Angaben, ob dieselbe Person zwischen zwei Zeitpunkten ihr Verhalten aufgrund eines Ereignisses geändert hat. Panelerhebungen wie etwa das SOEP spielen dagegen eine zentrale Rolle in der Familienforschung, da hier für jedes Familien- oder Haushaltsmitglied Daten über die Zeit hinweg gesammelt und so Familienprozesse nachvollzogen werden können.

Tab. 1: Zusammenhang zwischen Erhebungs- und Datendesigns

Erhebungs-design	Datendesign			
	Quer	Trend	Panel	Zeitverlauf
Quer	klassische Querschnitts-studie	*unsinnig*	retrospektives Panel einer Stichprobe	retrospektiv
Trend	jede Trendwelle liefert Querschnittsdaten zu einem Zeitpunkt	Klassische Trendstudie	retrospektives Panel mehrerer Stichproben	retrospektiv
Panel	Verwendung einer Welle als Querschnittsanalyse	*aufgrund der Panel-selektivität nicht sinnvoll*	prospektives Panel	retrospektiv und prospektiv

Quelle: Eigene Darstellung

Allerdings stellen Panelerhebungen (so genannte prospektive Panels) auch eine der kostenintensivsten Erhebungsformen dar, die die empirische Sozialforschung zu bieten hat. Zudem ist man häufig an spezifischen Subgruppen interessiert, die in großen, auf Repräsentativität angelegten Panelstudien nur wenige Fälle ausmachen. In einzelnen Fällen ist

7 Diese Entwicklung geht mit der Verbreitung entsprechender Analyseverfahren und deren Implementierung in die gängigen Analysesoftwareprogramme einher.

dann ein oversampling der entsprechenden Gruppen sinnvoll, etwa wenn man bestimmte Migrantengruppen analysieren will. Retrospektiverhebungen bestimmter Informationen können hier eine kostengünstigere Alternative darstellen, da unter Umständen mit nur einer Querschnittserhebung Informationen zu relativ langen Zeiträumen erhoben werden können. Doch gerade retrospektive Fragen können im Hinblick auf Reliabilität und Validität erhebliche Probleme mit sich bringen. Je länger die Ereignisse zurückliegen, je subjektiver die Information und je emotionaler die Einstellung zu diesen Ereignissen, desto größer werden die Verzerrungen bei der Erhebung sein. Das Heiratsdatum für die erste Ehe wird auch nach 20 Jahren einigermaßen zuverlässig zu erheben sein, die Ehezufriedenheit im ersten Ehejahr hängt aber in hohem Maße davon ab, wie die Ehe zum Zeitpunkt der Befragung eingeschätzt wird (vgl. Peters 1988).

Getrennt von der Frage nach den Erhebungs- und Datenstrukturen im Hinblick auf die zeitliche Ordnung ist die Frage zu diskutieren, wer wozu befragt werden soll. Wir schlagen hierfür den Terminus *Auswahldesign* vor, der als Überbegriff des Stichprobendesigns verstanden werden sollte. Stichprobenpläne geben an, wie Erhebungseinheiten im Hinblick auf eine durch den Forscher zu definierende Grundgesamtheit ausgewählt werden sollen. Soll eine Aussage über diese Grundgesamtheit mit Hilfe induktiv statistischer Verfahren getroffen werden, so muss eine – einfache oder geschichtete – Zufallsauswahl realisiert werden. An dieser Stelle wird nur selektiv auf spezifische Probleme verwiesen, mit denen Familienforscher bei der Ausarbeitung von Stichprobenplänen konfrontiert sind. Sind nämlich Familien die Aussageeinheit, so können diese in der Regel nicht direkt ausgewählt werden, da es kein Verzeichnis aller Familien in Deutschland gibt und zudem der Familienbegriff an sich sehr unpräzise und schillernd ist und stark von subjektiven Gegebenheiten abhängt (vgl. hierzu schon Bien/Marbach 1991: 19ff.). In der Regel handelt es sich um eine Auswahl von Haushalten, die jedoch nicht unbedingt deckungsgleich mit Familien sein müssen: Nicht jeder Haushalt umfasst eine Familie, hier sei nur an Einpersonenhaushalte oder Wohngemeinschaften gedacht, und nicht jede Familie lebt in nur einem Haushalt, wobei hier neben Pendler- und so genannten „Patchwork-Familien" vor allem auch Paare mit schon erwachsenen und aus dem gemeinsamen Haushalt ausgezogenen Kindern gezählt werden müssen. Hier muss der Forscher sehr sorgfältig überlegen, ob ein gegebener Stichprobenplan von Haushalten tatsächlich zu einer Zufallsauswahl der ihn interessierenden Familien führt. Dies gilt in noch größerem Maße für die Verwendung von „repräsentativen" Individualdatensätzen für die Familienforschung.[8] Des Weiteren zeigt die empirische Praxis, dass sich gerade bei Befragungen aus dem Familien- und

---

8   Häufig findet sich in „Repräsentativstudien" eine leicht überproportionale Vertretung von Frauen, die aus der besseren Erreichbarkeit von nicht erwerbstätigen Frauen in Haushalten resultiert. Diese geringfügige Verzerrung mag für viele Fragestellungen (wie z.B. die Konsumgewohnheiten von Haushalten) vollkommen unproblematisch sein – für die Familienforschung ist aber Vorsicht geboten, da damit ein bestimmter, eher traditionell orientierter Familientypus überrepräsentiert ist. Dies kann unter Umständen ein Grund sein, warum in Scheidungsanalysen für Männer und Frauen einzelne Variable unterschiedliche Effekte auf das Scheidungsverhalten besitzen. Eigentlich sind Scheidungen auf Paare bezogen, die jeweils aus Männern und Frauen bestehen, so dass sich die Effekte „objektiver" Variablen (wie z.B. Haushaltseinkommen) eigentlich unabhängig davon einstellen sollten, wer befragt wurde. Darüber hinaus ist noch anzumerken, dass es „Repräsentativität" im statistischen Sinne eigentlich gar nicht gibt, sondern nur Zufallsstichproben von Grundgesamtheiten, die unter bestimmten Umständen für bestimmte Tatbestände Rückschlüsse auf die Grundgesamtheit zulassen.

Beziehungsbereich deutliche Geschlechterunterschiede in der Teilnahmebereitschaft zeigen (Hill 2005). Offensichtlich verstehen sich Frauen immer noch als „kin-keeper" und Männer erklären sich für diese Bereiche nicht zuständig und verweigern deshalb die Teilnahme an entsprechenden Untersuchungen.

Zum Auswahldesign gehört jedoch nicht nur die Stichprobenziehung der Erhebungseinheit. Wenn – wie in der Familienforschung häufig der Fall – nicht nur Aussagen über Individuen, sondern über Kollektive wie den Haushalt, die Familie oder das Ehepaar getroffen werden sollen, stellt sich die Frage, wer Auskunft innerhalb des Kollektivs geben soll. Die beste Alternative wäre natürlich, alle Familien- oder Haushaltsmitglieder zu befragen, wie dies in einigen Studien auch realisiert oder zumindest geplant wird. Ein derartiges multi-actor-Design ist jedoch nicht nur mit selektiven Ausfällen behaftet, sondern bedeutet auch den höchsten Aufwand, da sich nicht nur die Interviews, sondern unter Umständen auch die eingesetzten Instrumente multiplizieren.[9] Deswegen kommen häufig so genannte Proxy-Interviews zum Einsatz, in denen eine Person Informationen über andere oder das Kollektiv insgesamt geben soll. Beispielsweise existiert im SOEP ein Haushaltsbogen, in dem „objektive" Gegebenheiten erhoben werden, die dann allen Haushaltsmitgliedern zugeschrieben werden. In der Mannheimer Scheidungsstudie wurden die Befragten gebeten, die Anzahl der vorehelichen Beziehungen ihres Ehepartners anzugeben. Solche Proxyangaben sind natürlich immer nur die zweitbeste Alternative und nur dann zu rechtfertigen, wenn die zusätzliche Befragung des Partners einen unverhältnismäßigen Aufwand bedeutet (vgl. als Überblick Hill 2005: 175ff.).

Aufgrund der Probleme, die Proxy-Interviews verursachen können, ist insbesondere für die Analyse von Paarbeziehungen die Paarbefragung zu präferieren. Sie gestattet es, auch die subjektive Sichtweise beider Akteure auf die eigene Beziehung zu berücksichtigen und gegebenenfalls zu vergleichen. Neben dem erhöhten Erhebungsaufwand ist jedoch auch zu berücksichtigen, dass dieses Auswahldesign Effekte auf die Zusammensetzung der Stichprobe haben kann. Werden nur Paare mit abgeschlossenen Interviews von Mann und Frau in die faktische Stichprobe aufgenommen, können beispielsweise Paare mit einem höheren Konfliktniveau beziehungsweise niedrigerer Zufriedenheit unterrepräsentiert sein, da die Partizipationsbereitschaft beider Partner geringer sein wird.

Als letzte Dimension des Untersuchungsdesigns soll die Frage der Varianzkontrolle diskutiert werden, hierzu schlagen wir den Begriff des *Varianzdesigns* vor. Grundlage dieses Verfahrens ist der Versuch, einen (kausalen) Zusammenhang zwischen einer unabhängigen und einer abhängigen Variable zu messen. Das idealtypische Modell der Varianzkontrolle stellt das Experiment dar:[10] Hier wird durch eine zufällige Aufteilung von Versuchspersonen auf zwei Gruppen versucht, alle systematischen Unterschiede zwischen den beiden Gruppen zu vermeiden. Dann wird eine Gruppe einem Stimulus ausgesetzt und danach der Unterschied (z.B. des Verhaltens) beider Gruppen gemessen. Da

---

9   Beispielsweise werden bereits die Ehepartner unterschiedliche Fragebögen bekommen, wenn es um geschlechtsspezifische Themen wie Familienplanung und Verhütung geht. Sollen Kinder befragt werden, sind in der Regel wiederum ganz andere Instrumente und Befragungsformen notwendig.

10 In vielen Lehrbüchern wird das Experiment als eigenständiger Typus des Untersuchungsdesigns erläutert. Dies ist insofern nicht korrekt, als einerseits mit einem experimentellen Varianzdesign genauso Panel- oder Trenddaten erzeugt und andererseits Experimente in Quer- und Längsschnitterhebungsdesigns integriert werden können.

sich beide Gruppen aufgrund der Randomisierung nur noch durch den Stimulus unterscheiden, kann der Verhaltensunterschied kausal auf den Stimulus zurückgeführt werden. Die Varianzkontrolle findet generell durch zwei Schritte statt: Die Eliminierung unerwünschter Varianz (hier durch die Randomisierung) und die Sicherstellung erwünschter Varianz der unabhängigen Variable (hier der Stimulus).

Experimente sind daher in hohem Maße geeignet, Theorien und Hypothesen in den Sozialwissenschaften zu testen. Allerdings finden sie in der neueren Familienforschung – unserer Meinung zu Unrecht – nur sehr selektiv Anwendung (vgl. hierzu auch Abraham 2006). Experimente werden vor allem in der Familienpsychologie mit ihrer Tradition der Laborforschung durchgeführt. Allerdings haben Experimente auch in der klassischen Familienforschung eine lange Tradition (vgl. als Übersicht Howe/Reiss 1993; als neuere Arbeiten Gottman 1994a, 1994b). Eine stärkere Verbreitung experimenteller Methoden wurde wohl einerseits durch den Trend zu repräsentativen Beschreibungen von Populationen, andererseits durch das Problem der Stimuluskontrolle verhindert. Beispielsweise lassen sich scheidungsfördernde Faktoren aus praktischen wie ethischen Gründen nicht randomisiert auf Paare verteilen.

Auch in nicht experimentellen Designs muss für die Testung von kausalen Beziehungen eine Varianzkontrolle erfolgen. Die Eliminierung unerwünschter Varianz unabhängiger Variablen geschieht in der Regel mit dem Instrumentarium der multivariaten Statistik. Die Erzeugung erwünschter Varianz der unabhängigen Variable (das heißt des „Stimulus") wird in der Regel ex post facto vorgenommen, das heißt die Gruppen (beispielsweise wohlhabende und arme Haushalte) werden im Nachhinein so gebildet dass genügend Varianz vorliegt und dann im Hinblick auf die Ausprägung der abhängigen Variable (z.B. Scheidungsrisiko) verglichen. Dies gelingt allerdings nur, wenn das Instrument bei der Erhebung genügend Varianz produziert – was in einem Pretest unbedingt getestet werden sollte.

Die Varianz von Variablen hängt jedoch nicht nur von dem Frageinstrument, sondern auch von der Zusammensetzung der Stichprobe ab. Soll beispielsweise der Effekt der Unfruchtbarkeit von Mann oder Frau auf die Ehezufriedenheit bestimmt werden, so werden in einer einfachen Zufallsstichprobe der Bevölkerung nur sehr wenige Personen beobachtet werden können, die zu Beginn einer Beziehung zeugungs- oder gebärunfähig waren – es existiert also zu wenig Varianz dieser Variable in der Stichprobe. Die Varianzkontrolle der unabhängigen Variable kann in diesem Fall durch ein Oversampling der unfruchtbaren Personen ausgeübt werden, das heißt es wird bewusst ein größerer Anteil derartiger Männer bzw. Frauen in die Stichprobe aufgenommen, als dies real in der Grundgesamtheit der Fall ist. Ist das Ausmaß des Oversamplings bekannt (das heißt unfruchtbare Personen sind zehnmal so stark als real in der Stichprobe vertreten), können die entsprechenden Verzerrungen durch Gewichtungen korrigiert werden. Diese Art der Varianzkontrolle kann auch für die abhängige Variable ausgeübt werden, ein typisches Beispiel stellt das gezielte Oversampling geschiedener Erstehen in der Mannheimer Scheidungsstudie dar, um Scheidungen und deren Gründe besser beobachten zu können (Klein/Kopp 1999). Ein derartiges Oversampling ist jedoch aufwändig und wird in der Regel nur im Hinblick auf ein oder zwei Variablen durchführbar sein.

In gewisser Weise einen Mittelweg zwischen experimenteller Varianzkontrolle und dem ex-post-facto-Design quantitativer Analysen stellen so genannte quasi-experimentelle Verfahren dar. Der Stimulus wird hier nicht randomisiert, sondern gezielt an bestimmte Personen vergeben, alternativ können auch verschiedene Stimuli auf alle Untersuchungseinheiten verteilt werden. Verfahren wie das mehrfaktorielle Design (synonym auch Vignettenstudien genannt, vgl. Hox et al. 1991; Beck/Opp 2001) beruhen beispielsweise auf fiktiven Situationen, die im Hinblick auf die interessierenden Stimuli systematisch variieren und den Personen zur Bewertung vorgelegt werden. Hierdurch lassen sich – auf Kosten der Validität – Situationen erzeugen, die in der Realität nur selten vorkommen. Ein Beispiel wäre eine Situation, in der eine Frau mit niedriger Bildung ein im Vergleich zu ihrem Mann wesentlich besser bezahltes Arbeitsangebot erhält und dadurch ein Umzugsanreiz für den Haushalt besteht (vgl. Auspurg/Abraham 2007).

4   Messungen und Operationalisierung von theoretischen Konzepten in der Familienforschung

Familiensoziologische Studien stehen – wie alle anderen Felder der Sozialwissenschaften – natürlich vor dem Problem, ihre Begriffe und theoretischen Konstrukte hinreichend präzise definieren und dann empirisch operationalisieren zu müssen. Auch hier existieren keine gesonderten Regeln und Verfahren, vielmehr sollen in diesem Kapitel anhand einiger Beispiele die allgemeinen Probleme deutlich gemacht werden (für eine allgemeine Diskussion vgl. Wampler/Halverson 1993).

Einige Ergebnisse der Familienforschung sind heute fast zum Allgemeinplatz geworden: Die traditionelle Familie sei zum Auslaufmodell geworden, stattdessen könne man eine Pluralisierung und Etablierung neuer und vor allem sehr unterschiedlicher Lebensformen beobachten, der Weg in die Partnerschaft habe sich deutlich verändert, da heute bereits früh Partnerschaften eingegangen werden und beispielsweise mindestens eine Phase der nichtehelichen Lebensgemeinschaft zur Standardbiografie gehört, die Geburtenzahlen sinken, allerdings bleibt die Arbeitsteilung innerhalb der Ehe nahezu unverändert und die Instabilität von Ehen und Partnerschaften nimmt zu. Am Beispiel dieser Thesen soll aufgezeigt werden, wie voraussetzungsreich einzelne dieser Aussagen sind und wie problematisch eine entsprechende empirische Überprüfung sein kann.

Erster Ausgangspunkt ist eine Diskussion, die sich mit den Verschiebungen zwischen den Lebensformen beschäftigt und die im Rahmen der so genannten Individualisierungsthese auch als *Pluralisierung von Lebens- und Familienformen* bezeichnet werden kann. Hierbei wird einerseits die These vertreten, dass die Pluralisierung von Lebens- und Familienformen der charakteristische Trend in modernen Gesellschaften sei (Herlth/Kaufmann 1982; Beck 1986; Zapf et al. 1987; Wehrspaun 1988; vgl. als Überblick Huinink/Wagner 1998; Wagner/Franzmann 2000 sowie Brüderl/Klein 2003). Andererseits wird die These von der Pluralisierung angezweifelt oder zumindest eingeschränkt und relativiert (Strohmeier 1993; Nave-Herz 1997; Wagner/Franzmann 2000). Die gesamte Debatte über die vermeintlich neue beziehungsweise zunehmende Vielfalt der Lebens- und Familienformen krankt vor allem an der Tatsache, dass die zentralen Begriffe nicht klar definiert sind und explizite, empirisch quantifizierende Untersuchungen lange Zeit fehlten.

In diesem Zusammenhang sollte zuerst der Begriff der Pluralisierung genauer bestimmt werden (vgl. Huinink/Wagner 1998: 88). Im engeren Sinne bedeutet er eine Zunahme der empirisch relevanten Typen, also das Auftreten neuer Ausprägungen. In einem weiteren Sinne bedeutet Pluralisierung eine Zunahme der Ungleichheit, also der Heterogenität, hinsichtlich der Verteilung über die vorhandenen Typen. In empirischen Analysen kann dies über verschiedene, teilweise in der Ungleichheitsforschung entwickelte Maße der Diversifikation oder der Entropie gemessen werden (vgl. Wagner/Franzmann 2000: 156ff.). Zumindest hinsichtlich der ersten Konzeption macht ein Blick auf die Ergebnisse der historischen Sozial- und Familienforschung schnell klar, dass sich so gut wie alle Familienformen in fast allen geschichtlichen Epochen finden lassen – wenn natürlich auch in unterschiedlicher Häufigkeit und aufgrund unterschiedlicher verursachender Mechanismen. Die These der Pluralisierung, also eines Anstiegs der Pluralität, kann somit sinnvollerweise nur hinsichtlich der zweiten Konzeption, der Heterogenität, aufrechterhalten werden.

Analysiert man die verschiedenen Beiträge zu dieser Thematik, dann scheint es sinnvoll, den Begriff Lebensform als „Struktur der privaten Beziehungen" (Huinink/Wagner 1998: 88) zu definieren und als Typologie mit den Dimensionen Familienstand und Haushaltstyp zu operationalisieren. Lebensformen sind dann Ein- oder Mehrpersonenhaushalte, wobei die Mehrpersonenhaushalte nach dem Familienstand und den Generationen differenziert werden können.[11]

Untersucht man nun, wie viele Personen jeweils in den verschiedenen Konstellationen leben und wie sich diese Anteile verändert haben, dann lässt sich die Frage nach der Pluralisierung differenzierter beantworten. Vergleicht man beispielsweise die Verteilungen zu Beginn der 1970er Jahre mit den entsprechenden Werten aus dem Jahr 1995, lässt sich empirisch eine Zunahme der Heterogenität feststellen (ebd.: 99). Die Verteilung weicht heute also weniger stark von einer Gleichverteilung ab als 1972, sie ist homogener (vgl. auch Brüderl/Klein 2003; Brüderl 2004). Dieser Trend ist deutlich erkennbar und im Wesentlichen auf die Zunahme von nichtehelichen Eltern-Kind-Gemeinschaften und kinderlosen Haushalten zurückzuführen (vgl. auch Strohmeier 1993: 16f). Es kann also „ein genereller, wenn auch nur geringer Anstieg der Pluralität im weiteren Sinne ausgewiesen" werden (Huinink/Wagner 1998: 99; für Hinweise auf die Entwicklung in Europa vgl. Brüderl 2004: 8f). Zudem lässt sich zeigen, dass die steigende Vielfalt auch mit der Bildung, dem Alter und der Urbanität korreliert.[12] Die-

---

11 Konkret werden dann acht Formen unterschieden: Haushalte ohne Kinder mit den Merkmalsausprägungen Ehepaare (1), nichteheliche Lebensgemeinschaft (2) und Einpersonenhaushalt (3), Zweigenerationenhaushalte mit den Ausprägungen Ehepaar mit Kind(ern) (4), nichteheliche Lebensgemeinschaft mit Kind(ern) (5), Alleinerziehende (6), Haushalte mit verheirateten Kindern (7) sowie die Kategorie der Drei- und Mehrgenerationenhaushalte (8). Diese Aufzählung umfasst nur die empirisch relevanten Typen, logisch ist eine weit größere Vielfalt rekonstruierbar.

12 Insgesamt ist die Debatte um die Pluralisierung erstaunlich, denn in ihrem Kern handelt es sich um eine Diskussion um Definitionen und empirische Verteilungen. Sie beinhaltet keinen expliziten Test von theoretischen Hypothesen. Letztere sind in den meisten Einlassungen zu dieser These gar nicht zu finden – und auch die immer wieder an dieser Stelle genannten Überlegungen zur Differenzierungs- und Individualisierungsthese können selbst im weiteren Sinne nicht als Theorie eingestuft werden (Hill 1999). Eine komplexere Modellierung der verschiedenen familialen Entscheidungen, die dann aber die entsprechenden familialen Lebensformen zur Folge haben, wäre hier erforderlich.

ses Beispiel zeigt, dass erst die exakte Operationalisierung von Begriffen eine fundierte empirische Messung und damit eine Überprüfung der zugrunde liegenden Hypothese ermöglicht.

Als ein zweites Beispiel soll hier die Diskussion über sich wandelnde Institutionalisierungsprozesse und die zunehmende Verbreitung von *nicht- oder vorehelichen Lebensgemeinschaften* dienen. Mit Hilfe der amtlichen Statistik lassen sich entsprechende Entwicklungen aufgrund der meist eng vorgegebenen gesetzlichen Regelungen nur schwer erfassen. Beispielsweise gingen die in diesem Bereich vorliegenden Untersuchungen lange Zeit davon aus, dass gegengeschlechtliche Personen, die einen gemeinsamen Haushalt bewohnen, als in nichtehelicher Lebensgemeinschaft lebende Personen gezählt werden können. Wie problematisch diese „ad hoc"-Definition jedoch ist, zeigt der Rückgriff auf detailliertere Umfragedaten (vgl. Knab 2005; Knab/McLanahan 2007). So sind sehr unterschiedliche Messungen der Kohabitation möglich; beispielsweise kann man die entsprechende Zielperson einer Befragung direkt nach ihrem Partnerschaftsstatus fragen und hier die Antwortmöglichkeit „nichteheliche Lebensgemeinschaft" anbieten. Ein zweiter Weg ist es, mit Hilfe eines so genannten „household roosters" die Mitglieder des betreffenden Haushaltes abzufragen, wobei zusätzlich dann die Beziehung der Zielperson zu den einzelnen Haushaltsmitgliedern erhoben werden muss und hierbei eine Möglichkeit eben wiederum „Partner/Partnerin" ist. Des Weiteren wird in einzelnen Surveys auch nach Personen gefragt, die gewöhnlich die gleiche Adresse haben oder „who live and sleep here most of the time" (ebd.: 22). Wie nicht anders zu erwarten, ergeben diese unterschiedlichen Definitionen dann auch – teilweise deutlich – unterschiedliche Ergebnisse. Auch hier wird wieder klar, dass man zuerst theoretisch klären muss, an welchem Phänomen man eigentlich interessiert ist. So ist eben der langsame Institutionalisierungsprozess einer Partnerschaft in den meisten Fällen mit so etwas wie einer nichtehelichen Lebensgemeinschaft verbunden. Was jedoch genau damit gemeint ist, sollte man im Vorfeld einer Erhebung klären, denn es zeigt sich, dass es sich hier häufig um einen langsamen Übergang, „a slide into cohabitation" (Manning/Smock 2005) handelt. Es erscheint deshalb sinnvoll, hier beispielsweise die einzelnen Schritte – die Partner haben gegenseitig Gegenstände wie Wäsche oder Zahnbürste in der Wohnung des anderen oder sie besitzen einen Schlüssel für die jeweils andere Wohnung – zu erfassen und die Definition, ab wann in diesem Prozess man von einer nichtehelichen Lebensgemeinschaft spricht, theoretisch festzulegen.

Auch in anderen Bereichen ist die Messung bestimmter, relativ klarer theoretischer Konstrukte mit großen praktischen Schwierigkeiten verbunden (als ersten Überblick Touliatos/Perlmutter/Straus 1990). Dies soll kurz an drei weiteren kleinen Beispielen gezeigt werden. Erstens wollen wir dabei auf die Teilung der *Hausarbeit* eingehen, ein Thema, das die Familiensoziologie seit langem beschäftigt, weil damit ein wichtiger Teil familialen Alltags abgebildet wird (vgl. beispielsweise Klaus/Steinbach 2002). Die gängige Praxis besteht hier darin, einzelne häusliche Tätigkeitsbereiche in standardisierten Umfragen aufzulisten, um danach zu fragen, wer diese Tätigkeiten in der Regel ausübt. Derartige task-participation-Indizes liegen etwa der klassischen Studie von Blood und Wolfe (1960) zugrunde. Neben Zweifeln an der Validität der entsprechenden Angaben ist die Gewichtung der einzelnen Tätigkeiten meist nur recht willkürlich möglich. Neben der direkten Abfrage der Arbeitsteilung mit einer damit verbundenen wohl recht vagen Schätzung besteht eine Alternative in dem Einsatz so genannter Zeitbudgetstudien, in denen die genaue Zeitverwendung erfasst werden soll. Obwohl ein derartiges Verfahren sicherlich die genaueren Angaben liefert, ist der damit verbundene Aufwand in einfachen Studien in der Regel nicht durchzuführen (vgl. aber Schulz/Grunow 2007).

Als ein weiteres Beispiel soll die Messung *innerfamilialer Gewalt* erwähnt werden. Obwohl dieses Thema leider eine wichtige Rolle bei der Analyse familialer Interaktionen spielt, ist die entsprechende Forschung vor allem in der Bundesrepublik noch in ihren Anfängen. Dies ist sicherlich auch durch die mit der Erhebung der familialen Gewalt verbundenen methodischen Schwierigkeiten bedingt. In den Vereinigten Staaten hat sich trotz aller Probleme ein eigenständiger sozialwissenschaftlicher Forschungszweig zur familialen Gewalt entwickelt, dessen Ergebnisse auch eine Antwort auf die Frage nach der Inzidenz familialer Gewalt geben können (Busby 1991; Emery 1989; Gelles/Conte 1990; Gelles 1995). Zur Erfassung der Gewalt wird dabei unter anderem auf die so genannten Conflict Tactics Scales zurückgegriffen (vgl. Straus 1990 sowie Straus/Gelles 1990). Hierbei werden verschiedene Reaktionen beschrieben, die bei familialen oder ehelichen Problemen auftreten können. Die entsprechende Liste reicht von „discussed an issue calmly" bis hin zu „threw something" oder „used a knife or fired a gun". Dabei wird jeweils danach gefragt, ob und wie häufig die entsprechenden Handlungen aufgetreten sind. Auch wenn es sicherlich bei diesen oder anderen sensiblen Themen keine einfachen Operationalisierungen geben kann, so zeigt sich anhand dieser Beispiele eben doch, dass auch hier Messungen durchaus möglich sind.

Als letzter Punkt sei hier schließlich auf die Messung der *ehelichen Zufriedenheit* mit Hilfe von Umfragedaten eingegangen (vgl. Amato 2007). Die eheliche Zufriedenheit in einer Beziehung stellt sicherlich einen der wichtigsten Mechanismen bei der Erklärung von Trennung oder Scheidung dar. Empirische Forschungen, die sich näher mit diesem Mechanismus beschäftigen, sind jedoch eher Beobachtungsstudien (Gottman 1994a, 1994b). „Although the results of observational studies are intriguing, these data are difficult, time-consuming, and expensive to collect" (Amato 2007: 57) – allein die Schulung der entsprechenden Coder kann zwischen einem halben und einem Jahr in Anspruch nehmen. Darüber hinaus sind die entsprechenden Samples relativ selektiv. Aus diesen Gründen wäre es wünschenswert, entsprechende Instrumente auch für die Umfrageforschung zu entwickeln. Amato (2007) stellt eine derartige Skala vor und kann zeigen, dass sich mit Hilfe dieser Skala etliche Korrelationen zwischen demografischen Faktoren und der ehelichen Stabilität gut erklären lassen und man somit einen weiteren Schritt bei der ursächlichen Erklärung sozialer Phänomene machen kann.

5   Auswertungsverfahren

Für die in der Familienforschung verwendeten Auswertungsverfahren gilt natürlich in besonderem Maße, dass die in der allgemeinen Sozialforschung üblichen Methoden auch hier zur Anwendung kommen. Allerdings haben sich einige Verfahren und Modelle herauskristallisiert, die in der Familienforschung aufgrund der Datenanforderungen besonders häufig Verwendung finden.

Deskriptive und explorative Verfahren spielen in der Familienforschung sicherlich eine hervorgehobene Rolle. Die Verteilung von Familienformen, die Familiengröße, die Zahl der geborenen Kinder pro Frau, die durchschnittliche Ehedauer, die Entwicklung der Ehequalität im Laufe der Zeit oder im Lebenslauf, die Zahl der Scheidungen oder das Scheidungsrisiko, sei es nun generell oder in Abhängigkeit vom Lebensalter – all dies und noch vieles mehr sind Größen und Entwicklungen, die innerhalb der Familienforschung immer wieder thematisiert und diskutiert werden. Hierfür sind deskriptive Verfahren ein erster wichtiger Schritt. Bei diesen Analysen sollten die allgemeinen Regeln grafischer Darstellungsverfahren (vgl. einleitend Schnell 1994) Berücksichtigung finden. Viele veröffentlichte Grafiken sind eher verwirrend und letztlich nur schwer zu interpretieren. Es ist dabei erstaunlich, wie gerade in der öffentlichen Diskussion mit entsprechenden deskriptiven Größen umgegangen wird. So findet sich hier etwa unter dem Verweis auf die in einem Jahr registrierten Eheschließungen und die in diesem Jahr erfolgten Ehescheidungen die Folgerung, dass jede dritte Ehe geschieden wird. Um das Ehescheidungsrisiko zu berechnen, ist dies jedoch natürlich ein vollkommen ungeeignetes Verfahren. Eine Schätzung des Scheidungsrisikos sollte sich immer auf bestimmte Eheschließungsjahre beziehen. So lässt sich beispielsweise mit Hilfe der amtlichen Statistik näherungsweise bestimmen, wie viele der 1990 geschlossenen Ehen nach 15 Jahren geschieden wurden und dies mit den entsprechenden Zahlen der Eheschließungsjahrgänge oder -kohorten 1980 und 1970 vergleichen. Prognosen des weiteren Scheidungsrisikos der Kohorte 1990 aufgrund der Entwicklungen der Jahrgänge 1980 oder gar 1970 beruhen auf theoretisch teilweise heroischen Annahmen.

Explorative Verfahren werden schließlich auch in der Familienforschung häufig eingesetzt, um bei einer Fülle von Variablen die Informationskomplexität zu reduzieren beziehungsweise eine Typologie von einzelnen Fällen herauszuarbeiten (vgl. beispielsweise Amato/Hohmann-Marriott 2007; Matjasko/Grunden/Ernst 2007). Letzteres ist meist auch das Ziel vieler qualitativer Ansätze, die in der Familieforschung eine lange Tradition haben und im letzten Kapitel dieses Beitrages ausführlicher behandelt werden. Neben diesen deskriptiven und explorativen Verfahren finden sich selbstverständlich auch in der Familienforschung vor allem *erklärende oder kausale Modelle*. Ein Blick in entsprechende Zeitschriften zeigt, dass hier die gesamte Bandbreite entsprechender Analysemethoden zu finden ist – von einfachen Regressionsanalysen (Manning/Longmore/Giordano 2007), Pfad- und Strukturgleichungsmodellen (Padilla-Walker 2007), logistischen Regressionen (Longest/Shanahan 2007), multinomialen Regressionsanalysen (Amato/Hohmann-Marriott 2007; Matjasko/Grunden/Ernst 2007) bis hin zu entsprechenden Metaanalysen (Proulx/Helms/Buehler 2007). Nicht nur aus Platzgründen kann hier auf diese Analyseverfahren nicht weiter eingegangen werden – hier finden sich zudem eine Reihe entsprechender ein- und weiterführender Bücher (Agresti 1990; Andreß/Haagenars/Kühnel 1997; Brüderl 2000; Long 1997).

Stattdessen sollen im Folgenden zwei Klassen statistischer Modelle erläutert werden, die aufgrund der besonderen Fragestellungen und der daraus resultierenden Datenstruktur in der quantitativen Familienforschung besondere Bedeutung besitzen. Dabei handelt es sich erstens um Verfahren, die zeitbezogene Prozesse modellieren können, sowie zweitens um Modelle für dyadische Datenstrukturen.

Verfahren für die Analyse zeitbezogener Daten und Zusammenhänge umfassen einerseits Panelmodelle, andererseits ereignisanalytische Modelle. *Panelmodelle* setzen die

Messung zu mindestens zwei Zeitpunkten voraus, wobei die abhängigen Variablen zum zweiten Zeitpunkt, die unabhängigen möglichst in der vorhergehenden Welle erhoben werden. Dies erlaubt es, Kausaleffekte besser identifizieren zu können, da die „ursächliche Variable" der „Wirkungsvariable" zeitlich vorgelagert ist. Allerdings bringt dieses „einfache" Panelmodell eine Reihe von Problemen mit sich (für eine kritische Diskussion vgl. Menaghan/Godwin 1993), die zu einer immer weiteren Verfeinerung von Panelmodellen geführt haben (vgl. z.B. Finkel 1995). Mit der zunehmenden Verfügbarkeit von Paneldatensätzen haben die Panelmodelle in der Familienforschung inzwischen einen festen Platz erobert.

Als zurzeit vielleicht am weitesten verbreitete Methoden zur Analyse zeitbezogener Prozesse in der Familienforschung sind besonders so genannte *ereignisdatenanalytische Verfahren* zu nennen (vgl. Blossfeld/Rohwer 1995; Kleinbaum/Klein 2005). Gerade in Bezug auf Partnerschaft und Familie spielt der Übergang zwischen verschiedenen „Zuständen" eine wichtige Rolle: So lässt sich sinnvollerweise ein großer Teil der familiensoziologischen Forschung in das Modell des Familienzyklus (Diekmann/Weick 1993; Hill/Kopp 2006) einordnen: Welche Faktoren spielen bei dem Übergang in eine Partnerschaft eine wichtige Rolle? Wird überhaupt, und wenn ja, wann wird ein gemeinsamer Haushalt gegründet und geheiratet? Werden Kinder geboren und wann geschieht dies im Verlauf einer Partnerschaft? Und schließlich: Wie stabil ist eine Partnerschaft oder Ehe und welche soziologischen Gründe beeinflussen das Trennungs- oder Scheidungsrisiko? All diese Fragen besitzen eine gemeinsame Grundstruktur: Es werden das Risiko eines Statusübergangs und entsprechende Determinanten dieser Prozesse untersucht. Gemeinsam ist diesen Fragen zudem die Tatsache, dass bei mindestens einigen Personen die entsprechenden Ereignisse nie eintreten. Ereignisdatenanalytische Verfahren sind nun in der Lage, entsprechende Schätzungen der Übertrittswahrscheinlichkeit in einen anderen Zustand und deren Abhängigkeit von mehreren Variablen zu machen (vgl. als aktuelles Beispiel etwa Clarkwest 2007).

Die zweite hier etwas näher vorzustellende Analyseklasse betrifft die Analyse so genannter dyadischer Daten (vgl. Gonzalez/Griffin 1997; Kenny 1996; Kenny/Cook 1999; Maguire 1999; Neyer 1998). Schon oben wurde darauf hingewiesen, dass viele für die Familiensoziologie interessante Prozesse und Ereignisse sich dadurch auszeichnen, dass die eigentlich interessierende Einheit bereits ein soziales, emergentes Phänomen darstellt (vgl. Kap. 1). Eine Konsequenz ist die Erhebung von Daten mit einer Paar- oder Familienperspektive, bei der eben mehrere Personen, die gemeinsam ein Paar beziehungsweise eine Familie darstellen, interviewt werden (multi-actor-design, vgl. für ein aktuelles Beispiel Feldhaus/Huinink 2005). Selbstverständlich müssen die entsprechenden Daten dann aber auch mit Hilfe geeigneter Analyseinstrumente ausgewertet werden. So muss beispielsweise berücksichtigt werden, dass sich die Personen in einer Beziehung eben ähnlicher sind als Fremde. Grundlegend ist die Einsicht, dass die Partner eben keine Teile einer unabhängigen Stichprobe sind und dass man dies in den entsprechenden Schätzverfahren berücksichtigen muss (Gonzalez/Griffin 1997: 272f.). Es gibt nun eine Reihe entsprechender Verfahren (Maguire 1999), am weitreichendsten scheint jedoch die Überlegung zu sein, dass hier Verfahren der Mehrebenen- oder Kontextanalyse Berücksichtigung finden sollten (vgl. Engel 1998; Snijders/Bosker 1999). Die jeweiligen Partner stellen den Kontext der Handelnden dar, gegenseitige Beeinflussungsprozesse sind zu berücksichtigen. Allein aus Platzgründen

2 Zügle betrachtet

kann hier nicht auf weitere Details der entsprechenden Analysetechniken eingegangen werden, es erscheint jedoch unumgänglich, dass eine dyadische oder bei manchen Prozessen eine noch mehr Akteure umfassende Perspektive im gesamten Forschungsprozess Berücksichtigung finden muss: Sowohl bei der Formulierung theoretischer Ideen, wie bei der Umsetzung in konkrete Forschungsvorhaben und der Datenerhebung, aber eben auch bei der Datenanalyse sollte diese Tatsache beachtet werden.

6 Qualitative Methoden in der Familienforschung

Abschließend soll hier noch auf eine Forschungstradition eingegangen werden, die häufig unter dem Label „qualitative" Familienforschung firmiert und die einige sehr interessante und weiterführende Studien umfasst (vgl. für einführende Übersichten Gubrium/Holstein 1993; Greenstein 2006: 85-96). Dabei lässt sich trotz der enormen Heterogenität der entsprechenden Arbeiten derselben Logik folgen, wie sie bislang für die so genannte quantitative Forschung verwendet wurde.

Ausgangspunkt vieler Diskussionen in diesem Zusammenhang ist der Bezug zu bestimmten theoretischen Überlegungen, die sich meist dem Bereich des symbolischen Interaktionismus und der Betonung der subjektiven Bedeutung von Sinnprozessen und Sinnproduktion in sozialen Interaktionen zuordnen lassen. Folgerung dieser Überlegungen ist dann oft, dass sich derartige Prozesse nicht mit Hilfe standardisierter Verfahren abbilden und untersuchen lassen. An deren Stelle müssen Verfahren treten, die die subjektiven Sinnwelten rekonstruieren und somit verstehbar machen. Ähnlich wie in der quantitativen Forschung hat sich im Lauf der Zeit eine Vielzahl unterschiedlicher Methoden entwickelt, auf die hier auch nicht ansatzweise eingegangen werden kann.[13] Grundsätzlich gilt jedoch, dass ein Untersuchungsdesign gewählt wird, Daten erhoben und danach ausgewertet werden. Allerdings sind diese Schritte stark miteinander verwoben und interdependent. Selbstverständlich wird auch in der so genannten quantitativen Sozialforschung iterativ vorgegangen und einmal aufgetretene Probleme spiegeln sich in neuen Forschungsvorhaben wider. Innerhalb der qualitativen Forschung wird diese starke gegenseitige Beeinflussung deutlich stärker in den Mittelpunkt gestellt.

Ein wichtiger Unterschied zwischen quantitativer und qualitativer Forschung liegt jedoch in der zumindest teilweise unterschiedlichen Zielsetzung der Forschung. Während das Ziel normaler quantitativer Sozialforschung in der Deskription und Erklärung familialer Ereignisse liegt – wie haben sich die Geburtenzahlen entwickelt und warum ist das so? – lässt sich das Ziel qualitativer Forschung nicht so einfach umreißen. Hier stehen nicht Verteilungen bestimmter familialer Handlungsmuster im Mittelpunkt, vielmehr wird versucht, einzelne Handlungen prototypisch verstehbar und nachvollziehbar zu machen. Ziel ist also die Entwicklung von Verstehensmustern und nicht deren empirische Verteilung

---

13 Einen ersten Überblick bieten verschiedene Beiträge in Flick/von Kardorff/Steinke (2003). Hier finden sich beispielsweise Ausführungen zu Struktur- und Dilemma-Interviews, klinischen Interviews, fokussierten Interviews, Leitfadeninterviews, episodischen Interviews, teilstandardisierten Interviews, narrativen Interviews, Gruppendiskussionen, Film- und Fotoanalysen oder verschiedenen Formen der Beobachtung.

beispielsweise in der Bundesrepublik. So wird hier etwa gefragt, wie die Entscheidung zur Elternschaft vonstatten geht (Burkart 1994) oder welche möglichen Interaktionsmuster in einer Beziehung im status nascendi „am morgen danach" zu beobachten sind (Kaufmann 2004). In der Praxis ergibt sich in der Regel ein sich gegenseitig ergänzendes Verhältnis der beiden Orientierungen, wobei für konkrete sozialpolitische Steuerungen auf eine quantitative Überprüfung der wie auch immer gewonnenen Ideen nicht verzichtet werden kann, während der qualitative Ansatz vor allem für die therapeutische und sozialpädagogische Arbeit interessante Erkenntnisse verspricht.

Wie aus der groben Beschreibung von Forschungszielen schon hervorgeht, wird in der qualitativen Sozialforschung gar nicht der Anspruch erhoben, repräsentative Untersuchungen durchzuführen, deren Ergebnisse mit Hilfe statistischer Verfahren sinnvoller Weise Aussagen über Verteilungen in der Gesamtbevölkerung zulassen. Dies hat natürlich Konsequenzen für die Auswahl der zu untersuchenden Einheiten. Anstelle einer auf Zufallsprozessen beruhenden Auswahl stehen hier vielmehr Versuche, wichtige, zuvor vermutbare Unterschiede in der Konstruktion sozialer Prozesse durch die Auswahl der zu untersuchenden Personen zu erfassen. Dies auch als „theoretical sampling" bezeichnetes Verfahren versucht beispielsweise, Personen aus verschiedenen sozialen Schichten und mit unterschiedlichem familialen Hintergrund zu untersuchen, um eine gewisse Varianzheterogenität zu erzeugen – auch wenn dies natürlich nicht die hier Verwendung findende Terminologie ist. Problem bei dieser Vorgehensweise ist es, dass bereits starke theoretische Vorannahmen vorliegen müssen, da diese ja die Auswahl der zu untersuchenden Personen bestimmt. Ein erster Lösungsansatz liegt wiederum in einem iterativen Vorgehen, bei dem eben nicht von vornherein feststeht, was die wirklich bedeutsamen Faktoren sind, sondern hier im Forschungsprozess eine gewisse Variabilität erhalten bleibt.

Hinsichtlich der Erhebung der entsprechenden Daten lassen sich in dieser Forschungstradition drei grundsätzliche Formen unterscheiden (Rosenblatt et al. 1993): die Beobachtung, die Inhaltsanalyse von Dokumenten und verschiedene Formen des Interviews. Bei aller eher anekdotischen Wichtigkeit der anderen Verfahren hebt auch die qualitative Familienforschung hauptsächlich auf das Interview als Datenerhebungsform ab. Hier findet sich die gesamte Palette nicht standardisierter Verfahren, beginnend vom Leitfadeninterview über das so genannte problemzentrierte bis hin zum narrativen Interview (vgl. einführend Flick/von Kardorff/Steinke 2003). Gemeinsam ist all diesen Formen die Tatsache, dass den Interviewten vielfältige Möglichkeiten geboten werden, den Verlauf des Gespräches zu bestimmen oder zumindest zu beeinflussen. Ein strenger Interviewverlauf und die Beschränkung der Antwortvorgaben sind nicht vorgesehen. Nun stellen diese unterschiedlichen Formen der Datenerhebung nicht nur verschiedene Werkzeuge in einem geordneten Handwerkskoffer dar – mit ihnen sind auch immer ganz bestimmte theoretische Ideen und Überzeugungen verbunden. Während man etwa beim teilstandardisierten Leitfadengespräch den Interviewpartner einfach nicht durch allzu viele Vorgaben einschränken will, den Verlauf des Gespräches aber durchaus vorab festgelegt hat, sind entsprechende narrative Interviews und deren Verlauf vorab relativ wenig festgelegt: Es bleibt dem Befragten überlassen, welche Aspekte er in welcher Reihenfolge erzählt. Theoretischer Hintergrund ist zwar, dass dabei ein gewisser Erzählzwang zu einem in sich geschlossenen Bericht führt. Es erscheint jedoch vorab nicht bestimmbar, welche Bereiche hier vorgestellt, aber auch weggelassen werden.

Technisch werden die meisten dieser Interviews dann transkribiert, also verschrift-licht. Auch hier finden sich sehr unterschiedliche Techniken. So ist es ein durchaus übli-ches Verfahren Dialektfärbungen, vor allem aber auch Pausen und Unterbrechungen des Erzählflusses zu dokumentieren (vgl. beispielsweise Keppler 1994). Analysegegenstand ist damit letztlich fast immer ein Textkorpus. Zumindest denkbar ist es, dieses entspre-chende Material mit entsprechenden Videoaufzeichnungen zu koppeln, um auch nicht verbale Ausdrucksmöglichkeiten zu erfassen. Die weitere Analyse der so erhobenen und aufbereiteten Daten kann sich dann sehr unterscheiden: Häufig – und dies ist auch ein Kritikpunkt innerhalb der entsprechenden Forschungstraditionen – werden einzelne Text-passagen nahezu willkürlich als Beleg für bestimmte Behauptungen mehr oder weniger unverändert eingefügt. Qualitative Forschung in diesem Sinne ist dann meist nicht mehr als ein mehr oder weniger gutes Essay zu einer bestimmten Problematik. Dem gegenüber zu stellen sind beispielsweise Verfahren wie die so genannte objektive Hermeneutik, bei der versucht wird, die objektive Sinnstruktur eines Textes möglichst klar herauszuarbei-ten (vgl. einführend Kleemann/Krähnke/Matuschek 2008; für weitere Analysetechniken vgl. ebenfalls hier oder die Beiträge in Flick/von Kardorff/Steinke 2003).

Es ist sicherlich schwer, die Vielfalt der Praxis qualitativer Familienforschung zusam-menfassend darzustellen – dafür sind die vorhandenen Studien einfach zu unterschiedlich. Es sollen abschließend jedoch drei unterschiedliche Studien vorgestellt werden, die sich in diese Tradition einordnen lassen. Hier ist zuerst die heute klassische Studie von Wil-liam I. Thomas und Florian W. Znaniecki über „polish peasant in Europe and America" zu nennen (vgl. einführend Weymann 2001). Ein wichtiger Bestandteil dieser Studie ist die Analyse der Briefwechsel zwischen den in die Vereinigten Staaten emigrierten Perso-nen und ihren in der Heimat verbliebenen Familienangehörigen, anhand dessen sich Fa-milienkonflikte und Generationenbeziehungen (ders. 1995) exemplarisch veranschauli-chen lassen. Zudem sei auf die vielfältigen Studien von Jean-Claude Kaufmann hinge-wiesen (Kaufmann 1994, 2004). In der ersten Studie wird anhand des Umgangs von Paa-ren mit ihrer jeweiligen Schmutzwäsche die Konstruktion einer gemeinsamen Identität abgeleitet (ders. 1994), so scheint das gemeinsame Waschen der Schmutzwäsche ein wichtiger Schritt in der Paarentwicklung. Datengrundlage sind Informationen von rund 20 Paaren, die im Laufe von zwei Jahren erhoben wurden. Die zweite Studie (ders. 2004) beschäftigt sich mit dem Beginn der Beziehung. Hier wurden Verhaltensweisen nach der „ersten gemeinsamen Nacht" und deren Folgen für die Entstehung beziehungsweise Nichtentstehung einer Partnerschaft näher betrachtet. All diesen – und vielen anderen Studien – ist gemein, dass ihre Fragestellung und Vorgehensweisen innerhalb des For-schungsprozesses in den Entdeckungszusammenhang einzuordnen sind. Sie versuchen, grundlegende Informationen und Überlegungen über soziale familiale Prozesse zu ge-winnen. Aus diesem Grunde kann die Datenauswahl auch auf theoretisch viel verspre-chende Fälle beschränkt werden. Aussagen über Verteilungen sind ebenso wenig ange-strebt wie der Versuch, theoretische Positionen allgemeingültig zu testen.

Abschließend sei angemerkt, dass die auf den ersten Blick strikt erscheinende Trennung zwischen qualitativer und quantitativer Sozialforschung in der Praxis meist nicht zu finden ist. Häufig finden sich auch in eher qualitativen Studien Versuche, die dort entwickelten Überlegungen wirklich zu testen und in so gut wie allen quantitativen empirischen Studien finden sich Phasen der qualitativen Forschung (vgl. die Beiträge in Kopp 1997). Wie unseres Erachtens jedoch Greenstein zu Recht anmerkt, fehlt in der qualitativen Forschung ein Kanon von Standards im Hinblick auf die Frage, was eine gute qualitative Untersuchung und Analyse ausmacht (vgl. Greenstein 2006: 93).

7   Fazit

Ziel dieses Beitrags war es, einerseits die Bedeutung angemessener Methoden für die Familienforschung als empirische Teildisziplin der Sozialwissenschaften herauszuarbeiten und andererseits spezifische Probleme und ihre Lösung zu benennen. Dabei sollte deutlich geworden sein, dass eine fundierte Ausbildung in empirischer Sozialforschung die unabdingbare Grundlage darstellt, um mit den in der Familieforschung notwendigen Verfahren und Modellen umgehen zu können. Was nun die Zukunft der empirischen Familienforschung anbelangt, so scheint schon aufgrund der Entwicklung in den letzten Jahren die Prognose nicht gewagt, dass sowohl die Vielfalt der Daten als auch der Auswertungsverfahren zunehmen wird. Wie in vielen anderen sozialwissenschaftlichen Themenfeldern zeigt sich auch hier, dass gerade die statistischen Verfahren immer weiter verfeinert und neue Modelle und methodische Zugriffe entwickelt werden. Vor diesem Hintergrund soll aber nochmals daran erinnert werden, dass ein noch so ausgefeiltes statistisches Modell keine Theorie ersetzen kann. Hier muss sich erst noch zeigen, ob die Entwicklung theoretischer Konzepte mit dem methodischen Fortschritt mithalten kann.

Original Beispiele

Anhang: Datenquellen für die Familienforschung in Deutschland

Im Folgenden sollen einige der in Deutschland erhobenen empirischen familiensoziologischen Studien und die Möglichkeiten der Datenbeschaffung kurz vorgestellt werden. Wir beschränken uns dabei aus Platzgründen auf Datensätze mit deutschen (Teil-) Stichproben.

Sozioökonomisches Panel

Das SOEP ist eine repräsentative Wiederholungsbefragung privater Haushalte in Deutschland, die im jährlichen Rhythmus seit 1984 bei denselben Personen und Familien in der Bundesrepublik durchgeführt wird, und stellt eine der wichtigsten Datenquellen über Haushalte und Familien in Deutschland dar. Angelegt als Haushaltpanel werden alle Erwachsenen (ab 16J.) eines Haushaltes jährlich befragt. Die erste Welle wurde 1984 mit 5.921 Haushalten bzw. 12.290 Personen durchgeführt, 2007 befindet sich die 24. Welle in Arbeit. Bereits 1990 wurde das SOEP auf die neuen Bundesländer mit einer Samplegröße von 2.179 Haushalten bzw. 4.453 Personen ausgeweitet. Die Panelmortalität wurde im Lauf der Jahre durch verschiedene Ergänzungsstichproben korrigiert, dazu kommen eine Reihe von selektiven Zusatzstichproben z.B. über Zuwanderer, Ausländer oder Hochverdiener.

Zentrale Inhalte des Datensatzes sind u.a. Erwerbs- und Familienbiografien; Erwerbsbeteiligung und berufliche Mobilität; Einkommensverläufe; Gesundheit; Lebenszufriedenheit; gesellschaftliche Partizipation und Zeitverwendung; Persönlichkeitsmerkmale; Haushaltszusammensetzung, Wohnsituation.

Für vergleichende Studien existiert ein Datensatz mit begrenzter Variablenanzahl, der verschiedene nationale Haushaltspanels zusammenführt.

Relevante Internetadressen

Allgemeine Informationen: http://www.diw.de/deutsch/sop/
Informationen zum Bezug der Daten: http://www.diw.de/deutsch/sop/data/index.html
Informationen zur Feldarbeit durch TNS-Infratest-München: http://www.tns-infratest-sofo.com/arbeitsber/2520/index.html und http://www.leben-in-deutschland.info/

Lebensverlaufsstudie des Max-Planck-Instituts Berlin

Zu Beginn der 1980er Jahre wurde vor allem durch Karl-Ulrich Mayer am Max-Planck-Institut für Bildungsforschung in Berlin ein Forschungsprogramm initiiert, um die soziale Strukturierung von Lebensverläufen zu untersuchen. Kennzeichnend für diese „German Live History Study (GLHS)" war die Befragung von spezifischen Geburtskohorten, die dann mit Panelstudien über die Zeit verfolgt wurden. Dabei wurden etwa 8500 Frauen und Männer aus 20 Geburtsjahrgängen (8 Geburtskohorten) in Westdeutschland und gut 2900 Männer und Frauen aus 13 Geburtsjahrgängen (5 Geburtskohorten) in Ostdeutschland erfasst. Die aus repräsentativen Stichproben gezogenen Personen wurden in Individualinterviews retrospektiv zu ihren Lebensverläufen befragt. Insgesamt wurden seit dem Jahre 1981 acht Studien durchgeführt.

Insgesamt liegen die inhaltlichen Schwerpunkte in den Bereichen Bildungs-, Erwerbs-, Familien-, und Wohngeschichte sowie der Situation in der Herkunftsfamilie. Den einzelnen Studien liegen unterschiedliche thematische Schwerpunkte, Grundgesamtheiten und Stichprobeziehungsverfahren zugrunde, auf die hier nicht weiter eingegangen werden kann.

Webseite des Projektes:
http://www.mpib-berlin.mpg.de/de/forschung/bag/projekte/lebensverlaufsstudie/index.htm

Der Bezug der anonymisierten Daten ist durch das Zentralarchiv in Köln möglich:
http://www.gesis.org/ZA/index.htm

Familiensurvey des Deutschen Jugendinstituts

Der sog. Familiensurvey ist die Datengrundlage des Projektes „Wandel und Entwicklung familialer Lebensformen" des Deutschen Jugendinstituts (DJI) im Auftrag des Bundesfamilienministeriums. Zentraler Gegenstand des Projektes ist die Sozialberichterstattung über das Familienleben in Deutschland, gestützt auf Daten der amtlichen Statistik und eigene Primärerhebungen. Letztere umfassen vor allem drei Erhebungen, die 1988 mit rund 10.000 standardisierten mündlichen Interviews mit 18- bis 55-jährigen Personen deutscher Staatsangehörigkeit in den alten Bundesländern gestartet und durch Nacherhebungen in den neuen Bundesländern ergänzt wurden. In einer zweiten Erhebung wurden 1994 rund 11.000 Personen in den alten und neuen Bundesländern befragt, wobei für die alten Bundesländer ein Paneldesign realisiert wurde. Die im Jahr 2000 erhobene und derzeit in der Auswertung befindliche dritte Welle des Familiensurveys umfasst eine weitere Panelwelle mit nunmehr 30- bis 67-jährigen Deutschen (N = 2.000) und einen replikativen Survey, der wie die früheren Wellen 18- bis 55-Jährige im Blick hat (N = 8.000). Auf die alten Bundesländer entfallen N = 6.200, auf die neuen N = 1.800 Interviews.

Die Inhalte der Datensätze richten sich im Schwerpunkt auf Vielfalt und Wandel von Familienformen, auf die Netzwerkstruktur von Familie und Verwandtschaft sowie auf die Dynamiken von Partnerbeziehungen, von Geburten und Aufwachsen von Kindern und von Berufskarrieren mit ihren Auswirkungen auf das Familienleben. Um diesen Kern von Fragestellungen sind Zusatzuntersuchungen zu speziellen Themen angesiedelt.

Internetauftritt des Projektes:
http://www.dji.de/cgi-bin/projekte/output.php?projekt=41

Dort sind auch Informationen über den Datenbezug erhältlich.

Mannheimer Scheidungsstudie

Die Mannheimer Scheidungsstudie stellt die Datengrundlage des von Hartmut Esser initiierten Projektes „Determinanten der Ehescheidung" dar, in dem die Auflösung bzw. die Stabilität der ersten Ehe von Personen in der Bundesrepublik Deutschland im Mittelpunkt stand. Ein wesentliches Motiv für die Erhebung eines speziellen „Scheidungsdatensatzes" stellt der Umstand dar, dass in den bisher verfügbaren Datensätzen zum einen Scheidungen in nicht ausreichender Zahl oder nur sehr selektiv erfasst wurden, zum anderen der Eheverlauf in vielen Punkten zu unvollständig abgebildet wurde. Die Mannheimer Scheidungsstudie bietet sowohl eine ausführliche retrospektive Erfassung des Eheverlaufs als auch eine hohe Anzahl von Scheidungen im Sample. Letzteres wird durch ein Oversampling geschiedener Ehen erreicht, in dem im Rahmen einer disproportional geschichteten Zufallsauswahl 2.504 verheiratet bzw. verwitwete und 2.516 in erster Ehe geschiedene Personen befragt wurden. Die 1996 erhobenen Daten umfassen hierbei sowohl in der DDR als auch in der BRD bzw. im ehemaligen Reichsgebiet geschlossene Ehen.

Internetauftritt des Projektes:
http://www.mzes.uni-mannheim.de/projekte/pro_zeig_d.php?Recno=143

Der Bezug der anonymisierten Daten ist durch das Zentralarchiv in Köln möglich:
http://www.gesis.org/ZA/index.htm

Das Bamberger Ehepanel

Diese Datensatz wurde durch die Sozialwissenschaftliche Forschungsstelle der Universität Bamberg in den Jahren von 1988 bis 1996 im Rahmen zweier Längsschnittstudien erhoben. Beide Studien haben junge Paare über sechs Jahre hinweg in ihrer Beziehungs- bzw. Familienentwicklung begleitet. Es handelt sich somit um eine Längsschnittstudie, die eine Eheschließungskohorte über 14 Jahre hinweg beobachtete. Die Grundgesamtheit bestand aus Erstehen aus den Bundesländer Bayern, Hessen, und Niedersachsen mit einer Ehedauer zwischen 3 und 8 Jahren (Eheschließungskohorte), dabei durften die Frauen nicht älter als 35 Jahre sein. Die Stichprobengröße der ersten Welle lag bei 1.528 Paaren, die der fünften und letzten Welle (2002) bei 566 Paaren.

Zentrale Inhalte der Untersuchung: Wünsche und Realitäten bezüglich Familiengründung und -entwicklung allgemein sowie speziell Entwicklung von Kinderlosigkeit; Entwicklung und Situation großer Familien.

Internetseite zur Erhebung:
http://www.ifb.bayern.de/forschung/2004_bep.html

Weitere Angaben zu Methode, Stichprobe und Wellen:
http://www.ifb.bayern.de/imperia/md/content/stmas/ifb/materialien/mat_2003_6.pdf

Die Daten können teilweise durch das Zentralarchiv in Köln bezogen werden (Titel der Datensätze „Optionen der Lebensgestaltung junger Ehen und Kinderwunsch"):
http://www.gesis.org/ZA/index.htm

Family and Fertility Survey

Der Family and Fertility Survey (FFS) ist die Grundlage eines 1988 initiierten Projektes, das mit finanzieller Unterstützung des Bevölkerungsfonds der Vereinten Nationen (UNFPA) in den Mitgliedsländern der Wirtschaftskommission der Vereinten Nationen für Europa (UN/ECE) durchgeführt und vom Referat für Bevölkerungsfragen der UN/ECE (PAU) koordiniert wird. Im Mittelpunkt stehen die demografische Entwicklung und damit die Fertilitätsentscheidung von Frauen in den teilnehmenden Ländern. In Deutschland wurde die Erhebung durch das Bundesinstitut für Bevölkerungsforschung konzipiert und durchgeführt. Getrennt für die alten und die neuen Bundesländer wurden 1992 je 5.000 Deutsche (3.000 Frauen und 2.000 Männer) im Alter von 20 bis 39 Jahren befragt. Der Datensatz eignet sich in besonderer Weise für die international vergleichende Analyse von Familien- und Fertilitätsprozessen.

Zentrale Inhalte: Haushaltszusammensetzung, Herkunftsfamilie, Partnerschaftsbiografie, Biografien der Kinder, Schulbildung, beruflicher Werdegang, Wanderungsbiografie, Kinderwunsch, Bewertung familienpolitischer Maßnahmen, generatives Verhalten, ökonomische Situation.

Internetseite des Projektes:
http://www.bib-demographie.de/projekte/ffs/index.html

Datenbezug durch das Zentralarchiv in Köln (ZA-Studie 3400)
(http://www.gesis.org/ZA/index.htm)

Pairfam-Minipanel

Im Rahmen des DFG-Schwerpunktprogramms „Panel Analysis of Intimate Relationships and Family Dynamics (PAIRFAM)" wird im Moment eine repräsentative Längsschnittstudie zur Beziehungs- und Familienentwicklung in der Bundesrepublik Deutschland vorbereitet. Dieses Beziehungs- und Familienentwicklungspanel (BFP) soll ab 2008 jährlich eine repräsentative Wiederholungsbefragung im Bereich der Beziehungs- und Familienforschung beinhalten. Thematische Schwerpunkte liegen in Fragen der Partnerschaftsgründung und -gestaltung, der Familiengründung und -erweiterung, der Ausgestaltung intergenerationaler Beziehungen sowie der Instabilität von Partnerschaften und deren Folgen.

Zur Entwicklung geeigneter Instrumente und Erhebungsformen geht ein auf drei Erhebungswellen beschränktes „Mini-Panel" der Hauptuntersuchung voraus, deren Datenerhebungsphase 2007 abgeschlossen wurde. Diese Vorbereitungsstudie umfasst 600 Befragungspersonen aus 3 Alterskohorten (15-17 Jahre; 25-27 Jahre; 35-37 Jahre) und befragt sowohl Paare als auch Kinder und die Eltern der Zielpaare (Drei-Generationen-Design). Die Daten sind zurzeit nur auf Anfrage beim Projektteam zugänglich.

Relevante Internetadressen:
http://www.pairfam.uni-bremen.de/
http://www.mzes.uni-mannheim.de/fs_projekte_d.html

4 Theorien der Familiensoziologie

Paul B. Hill und Johannes Kopp

Vorbemerkung

[handwritten: Studie bereits in 19 Jhdt]

Die Familiensoziologie ist sicherlich eine der ältesten und gut institutionalisierten Teilbereiche der Sozialwissenschaften – entsprechende Studien finden sich schon im 19. Jahrhundert. Mit der Etablierung der Soziologie hat auch die Familienforschung ihren festen Platz im modernen Wissenschaftsbetrieb eingenommen. Dabei spiegeln sich in den entsprechenden Arbeiten natürlich die Entwicklungen der allgemeinen soziologischen Theorie wider und wenn man die in der familiensoziologischen Literatur verwendeten Theorieansätze systematisieren will, so ist es nahe liegend sich an den vier Paradigmen der allgemeinen Soziologie zu orientieren: Strukturfunktionalismus, symbolischer Interaktionismus, Austauschtheorien sowie Theorien der rationalen Wahl beziehungsweise ökonomische Theorien (vgl. für die allgemeine Soziologie Collins 1994; für die Übertragung auf die Familiensoziologie vgl. Klein/White 1996: XIIff.; Hill/Kopp 2006).

Wenn man die zeitliche Perspektive jedoch ein wenig verändert und anstelle eines allgemeinen Überblicks über die Entwicklung der Familienforschung die letzten zwei oder drei Jahrzehnte genauer betrachtet, so wird deutlich, dass mit der gerade skizzierten groben Einteilung viele der neueren und vor allem empirischen Arbeiten nur unzureichend oder zumindest unbefriedigend zu erfassen sind. Nach fast endlosen und meist nur wenig gewinnbringenden allgemeinen theoretischen Diskussionen hat in der Zwischenzeit ein gewisser Forschungspragmatismus Oberhand gewonnen, der die Beantwortung konkreter empirischer Fragen in den Mittelpunkt stellt und dabei – natürlich unter Bezugnahme auf allgemeine Theoriekonstrukte – auch viele Ideen verwendet, die sich wohl eher als „Theorien mittlerer Reichweite" (Merton 1968: 39ff.) denn als „global theories" begreifen lassen.[1] Um gerade diesen Facetten mehr Beachtung schenken zu können, wird

---

1   Eine derartige Einschätzung ist durchaus strittig und muss nicht geteilt werden. Wenn man beispielsweise neuere und vor allem auch US-amerikanische Überblicksarbeiten betrachtet (vgl. hier beispielsweise Bengtson et al. 2005), so könnte man durchaus zu dem Schluss kommen, dass die Familiensoziologie sich noch in den Traditionen der frühen Jahre gefangen sieht und immer noch über Definitionen und Konzepte streitet. Es lässt sich jedoch ein eklatanter Unterschied zwischen diesen allgemeinen Darstellungen und der empirischen Familiensoziologie feststellen. Die hier proklamierte Einschätzung beruht auf einer Analyse entsprechender Zeitschriften. So finden sich beispielsweise in den Jahrgängen 2001-2006 der Kölner Zeitschrift für Soziologie und Sozialpsychologie etwa 12 eigenständige Beiträge, die dem Bereich der Familiensoziologie zugeschrieben werden können. Nur ein einziger Beitrag beschäftigt sich dabei nicht zentral mit dem empirischen Test theoretisch abgeleiteter Hypothesen. Dieser Beitrag (Becker 2005) behandelt die Frage, inwieweit die Liebessemantik für die soziale Reproduktion im Feld der Macht Ursache oder Folge sei – und dies übrigens mit Hilfe empirischer Daten. In den entspre-

hier eine Perspektive übernommen, die die Verwendung theoretischer Konstrukte in einer eher historischen Sichtweise darstellt.[2] Auch die hierzu notwendige Einteilung der Entwicklung der Familienforschung ist diskutierbar und kann sicher nicht alle Entwicklungen detailliert abbilden (vgl. jedoch White 2005: 14ff. und die dort zitierte Literatur für eine ähnliche Einschätzung).

Ausgangspunkt der Diskussion bilden die Anfänge der Familienforschung, die vor allem durch eine deskriptive Neugier gekennzeichnet sind. Gerade die viel Beachtung findenden frühen anthropologischen Arbeiten, aber auch die Veränderungen der (bei den entsprechenden Studien im Mittelpunkt stehenden amerikanischen) Familie benötigten ein Beschreibungs- und Analyseschema, das die Vielfalt interessanter Facetten handhabbar reduziert. Funktionalistische und vor allem strukturfunktionalistische Ansätze waren hier ausgesprochen hilfreich (Kap. 1). Mit diesen theoretischen Orientierungen ging jedoch eine gewisse Starre einher – vor allem konnten sie wichtige theoretische Fragen und Probleme nicht lösen. Als Manifestation dieser Kritiken haben sich einerseits interaktionistische Ansätze entwickelt, die die Konstruktion des Sozialen in der alltäglichen Interaktion in den Mittelpunkt stellen und andererseits austauschtheoretische Modelle, die einen klaren erklärenden Mechanismus besitzen. Innerhalb der familiensoziologischen Theoriediskussion entwickelten sich beide Ansätze parallel und mündeten in den Versuch, formale Theoriegebäude zu konstruieren (vgl. Burr et al. 1979) (Kap. 2). „The 'normal' science of the 1980s increasingly became quantitative, empirical studies" (White 2005: 21). Dabei stützen sich die entsprechenden Arbeiten natürlich immer auch auf theoretische Überlegungen. Anstelle eines einheitlichen Ansatzes kann man mit Blick auf die Arbeiten der letzten zwei oder drei Jahrzehnte jedoch von einer gewissen Pluralität – oder je nach Perspektive sogar von einer theoretischen Beliebigkeit[3] – sprechen, deren einzelne Komponenten kurz skizziert werden sollen (Kap. 3). Unsere These lautet dabei, dass sich diese, auf den ersten Blick sehr unterschiedlichen, Überlegungen zwanglos zu einem einheitlichen Konzept integrieren lassen (Kap. 4).

---

chenden Ausgaben des Journal of Marriage and the Family finden sich bei aller Heterogenität der hier publizierten Beiträge nur in zwei Heften Beiträge unter der Rubrik „Theory".

2 Damit soll aber nicht der Anspruch erhoben werden, eine Geschichte der deutschen oder gar der internationalen Familienforschung zu skizzieren. Selbst ein Prolegomenon soll hier nicht angestrebt werden. Dies erscheint auch nicht notwendig, da in diesem Feld eine Reihe sehr ordentlicher Einführungen existieren (vgl. Christensen 1964; Schwägler 1970; Howard 1981; Nave-Herz 1989, 1999; Bahr 1992; Thomas/ Wilcox 1987; Schmidt 2002 sowie verschiedene Beiträge in Boss et al. 1993).

3 So ist es sicherlich nicht nur zufällig, dass etwa Klein und White (1996: XII) in Hinblick auf die Behandlung von Theorien in anderen Lehrbüchern schreiben: „It is interesting to note, however, that the theories covered in these books are never identical. Each of the major surveys has viewed the topography of family theories differently, although not radically so. Indeed, the numbers of theories surveyed has ranged from 4 to 16."

1 Vom Beginn bis zur Etablierung: Familienforschung als Systematisierung des Beobachtbaren

Sicherlich gibt es eine Fülle an Möglichkeiten, die Geschichte der Familienforschung zu referieren. In nahezu allen Darstellungen stehen jedoch zwei Entwicklungen im Mittelpunkt: einerseits die teilweise dramatische Veränderung (auch) des familialen Lebens in Folge der gesellschaftlichen Wandlungs- oder Modernisierungsprozesse und andererseits die „Entdeckung" anderer Lebens- und Familienformen in der aufblühenden anthropologischen Forschung.[4]

Hier sei ebenso an die Arbeiten von Bachofen über das Mutterrecht und die damit einhergehende Diskussion über den Ursprung der Familien erinnert (vgl. Bachofen 1975; Wesel 1999 oder Engels 1984) wie an die reichhaltige anthropologische und kulturdeskriptive Forschung (Morgan 1966; 1987; Fourier 1978; Riehl 1978; Silver 1982). Selbst in der Gegenwart erfreuen sich die Beschreibungen so genannter „fremder Kulturen" häufig großem Interesse.

Theoretisch ist die reine Deskription von Vielfalt immer unbefriedigend, denn letztlich fehlt jedes Kriterium, um wichtige Details von eher Randständigem zu trennen. Es ist sicherlich kein Zufall, dass hier vor allem funktionalistische Ansätze schnell das Feld besetzen konnten, denn hier wurde versucht, die Funktion und damit die Notwendigkeit bestimmter Institutionen oder Regulierungen zu untersuchen und damit zumindest implizit ihr Bestehen zu erklären (vgl. zu diesen funktionalen Erklärungen Hempel 1968). Aus diesem Grund ist es auch verständlich, wenn die Zurückführung auf bestimmte funktionale und überschaubare Erfordernisse auf großes Interesse und theoretische Akzeptanz gestoßen ist. Bei diesen Überlegungen lassen sich wiederum zwei prinzipiell verschiedene Muster unterscheiden: Einerseits diente das funktionale Erklärungsschema als beschreibende Folie, um die Vielfalt der Beobachtungen zu bündeln und systematisch darzustellen. Gleich ob hiermit Familien in Middletown oder Gesellschaften in Polynesien analysiert wurden, die Beschreibung ihrer grundlegenden Institutionen mit Hilfe des AGIL-Schemas erfasst und verbindet die wichtigsten Aspekte – und man kann auch festhalten, dass mit der Beschreibung der wirtschaftlichen Ordnung (A), des politischen Systems (G), des Familiensystems (I) und der religiösen Praktiken (L) auch bislang unbekannte Gesellschaftsformen und ihr Funktionieren soziologisch sinnvoll beschrieben werden.[5]

Andererseits – und dies betrifft dann vor allem die Analyse moderner Gesellschaften – wurde versucht, hier implizite Entwicklungsgesetze zu formulieren. Genannt seien das so genannte Kontraktionsgesetz der Familie (Durkheim 1921) oder die These des Funktionswandels beziehungsweise des Funktionsverlustes der Familie. Wie schon René König in seinem Beitrag zum Handbuch der empirischen Sozialforschung (König 1969: 176) zu Recht festhielt, lag das Hauptaugenmerk auf Fragen nach dem Ursprung beziehungsweise der Entwicklung(sdynamik) der Familie. In den empirischen Studien wurden dann konse-

---

4 Dabei ist es fast unerheblich, darüber zu diskutieren, ob und wann die entsprechenden Prozesse realiter stattgefunden oder welche Konnotationen die entsprechenden Arbeiten hervorgerufen haben.

5 Eng damit einher geht dabei auch die Suche nach den so genannten gesellschaftlichen Universalien (vgl. beispielsweise die auch noch heute ausgesprochen lesenswerte Arbeit von Murdock 1949; siehe hierzu auch Eikelpasch 1974).

quenterweise die einzelnen Funktionen der Familie, wie beispielsweise die Reproduktion, die Statuszuweisung, vor allem aber die der Sozialisierung und sozialen Kontrolle untersucht (vgl. für eine genauere Darstellung Hill/Kopp 2006: 72ff.; Schulze/Tyrell/Künzler 1989).

So untersucht beispielsweise Morris Zelditch (1955) die Rollendifferenzierung in der Kernfamilie und betont dabei, dass bei aller strukturellen Ähnlichkeit Familien sich eben deutlich von Kleingruppen unterscheiden, da sie hauptsächlich entlang einer Alters- und einer Geschlechterdimension differenziert werden müssen. Dadurch ergeben sich bestimmte Funktionsmöglichkeiten: „The allocation of the instrumental leadership to the husband-father rests on two aspects of this role. The role involves, first, a manipulation of the external environment, and consequently a good deal of physical mobility" (Zeltditch 1955: 314). Um die grundlegenden Argumentationsmuster zu verstehen, muss die Analyse nicht weiter vorgestellt werden.

Diese teilweise stark definitorischen und klassifizierenden Arbeiten wurden jedoch zunehmend kritisiert. Die lange Zeit nahezu einzige theoretische Perspektive stieß an die Grenze ihrer Leistungsfähigkeit, die Zahl der Anomalien oder theoretisch überhaupt nicht angehbaren Fragen wurde größer und aus diesen Gründen – ganz im Sinne des Kuhnschen Paradigmenwechsels – fanden theoretische Alternativen eine immer größere Resonanz. Dabei lassen sich zwei Richtungen der Kritik unterscheiden.

2   „Bringing men back in" – zur Kritik an einer strukturfunktionalistischen Familienforschung

Einerseits wurde versucht, die beschreibende Perspektive durch einen erklärenden Ansatz mindestens zu ergänzen, andererseits verstärkte man die Bemühungen, die konkrete subjektive Lebenswelt der Familie detaillierter und auch in gänzlich anderen Facetten zu erfassen, als dies bislang aus der strukturfunktionalistischen Perspektive üblich war. Während die erste Alternative vor allem ein Verdienst der austauschtheoretischen Schule ist, wurde die zweite Perspektive innerhalb des interaktionistischen und ethnografischen Ansatzes formuliert.

Die Austauschtheorie wurde Ende der 1950er Jahre vor allem von Homans sowie von Thibaut und Kelley vorangetrieben (vgl. als Einführung Ekeh 1974; Bohnen 2000). Obwohl durchaus Differenzierungen zwischen den einzelnen Ansätzen auszumachen sind, stimmen sie doch in den zentralen Grundannahmen überein. Aus heutiger Sicht kann man in diesen durchaus einen Markstein für die Entwicklung der Rational-Choice-Theorie sehen. Gesellschaft wird aus dieser Perspektive vor allem als ein Netzwerk von Beziehungen zwischen Individuen gesehen, die jeweils mit bestimmten, individuell variierenden sozialen, kognitiven und materiellen Ressourcen ausgestattet sind. Durch den Austausch von Ressourcen versuchen die Akteure ganz allgemein ihre Lebenssituation zu verbessern, beziehungsweise ihre Bedürfnisse zu befriedigen, oder zumindest ihre Not zu lindern. Das zentrale Vehikel ist dabei der reziproke Tausch. Der Austausch von Ressourcen kommt dann zustande, wenn beide Akteure sich einen Vorteil von einer entsprechenden Interaktion versprechen. Der Entscheidung für (oder gegen) einen Tausch liegt eine Kosten-Nutzen-Kalkulation zugrunde, bei der die erwarteten Vorteile mit dem Aufwand beziehungsweise den Kosten für jede sich bietende Handlungsalternative verglichen werden. Akteure entscheiden sich für die Handlungsalternative, von der sie den höchsten individuellen Nutzen erwarten. Nach Thibaut und Kelley ist die Wertschätzung der Handlungsalternativen vor allem erfahrungsgeleitet. Das Vergleichsniveau (comparison level) entspricht dem Nutzen beziehungsweise den Belohnungen, die wir in einer gegebenen Interaktionssituation für angemessen halten. Die zweite Größe, das Vergleichsniveau der Alternativen (comparison level for alternatives), entspricht der besten aktuell wahrgenommenen Handlungsalternative. Die Analyse der Handlungssituation anhand dieser theoretischen Terme kann nach Thibaut und Kelley bereits erklären, warum Menschen zum Beispiel Beziehungen nicht abbrechen, obwohl sie nicht zufriedenstellend verlaufen, oder aber warum Menschen Beziehungen verlassen, die durchaus belohnend für sie sind. Beides ist Resultat der Konstellation der jeweils verfügbaren Alternativen, die noch schlechter oder aber noch besser sein können. Bei der Analyse von Thibaut und Kelley steht eine Perspektive im Vordergrund, die in der Familiensoziologie (leider) etwas in Vergessenheit geraten ist. Sie analysieren vor allem die Interdependenzmuster zwischen (zwei) Akteuren. So hat das Verhalten des einen (Ehe-)Partners und dessen Entscheidung für eine bestimmte Handlungsalternative einen starken Effekt auf die Handlungswahl und das Verhalten des anderen. Bei der so genannten Verhaltenskontrolle beeinflussen die Partner wechselseitig ihre Tausch- und Handlungsoptionen, man muss sich also an den Präferenzen des Partners orientieren, wenn man ein „gutes" Ergebnis erreichen will. Bei der so genannten Schicksalskontrolle kann ego allein über das Handlungsergebnis von alter bestimmen. Während der nutzentheoretische Kern der Austauschtheorie in der (Familien-) Soziologie immer wieder betont wurde, ist die Analyse der Interdependenz zwischen Akteuren aber von mindestens ebenso großer Bedeutung.

Neben der Austauschtheorie hat sich als zweite Schule der Symbolische Interaktionismus (Blumer 1973; Berger/Kellner 1965; Nock 1987) gegen die kollektivistische und holistische Tradition des Funktionalismus gestellt (Vanberg 1975; Hill/Kopp 2006). Wenn man nach Gemeinsamkeiten zwischen der Austauschtheorie und dem Symbolischen Interaktionismus sucht, dann findet man diese am ehesten in der merklichen Distanz beider Richtungen[6] zum Funktionalismus und zur Systemtheorie. Wissenschaftstheoretisch betrachtet steht die Austauschtheorie eindeutig dem Ideal einer deduktiv-nomologischen Argumentation nahe. Das Bestreben nach präzisen Begriffen, explizit formulierten Verhaltensmechanismen und empirischen Hypothesen ist unübersehbar und hat die Entwicklung – insbesondere der amerikanischen Familiensoziologie – nachhaltig geprägt. Die Differenzen zur Schule des Symbolischen Interaktionismus beginnen bereits bei diesem Wissenschaftsverständnis. Für den Symbolischen Interaktionismus ist eine solche Orientierung nur in den Naturwissenschaften brauchbar. Die Erforschung der sozialen Realität muss sich hingegen auf die Methodik des Verstehens beschränken. Da menschliches Handeln symbolisch geleitet, sinnhaft, sowie individuell und historisch variabel ist, erscheint dem Symbolischen Interaktionismus die Suche nach Handlungsgesetzen und die Prüfung von empirischen Hypothesen als völlig unangemessene wissenschaftliche Strategie (vgl. Blumer 1973; Wilson 1973; kritisch zu dieser Debatte Schnell/Hill/Esser 2005: 85-109). Sieht man – wie der Symbolische

---

6   Wobei allerdings in der Austauschtheorie das Mikro-Makro-Problem durchaus gesehen und bearbeitet wurde (vgl. Blau 1994).

Interaktionismus – in der Soziologie eine kategorial anders verfahrende Wissenschaft, dann ist auch eine eigenständige wissenschaftstheoretische Zielsetzung zwangsläufig. Früher, wie auch heute noch, liegt dieses Ziel in der möglichst detaillierten Beschreibung von Lebenswelten und dem nachvollziehenden Verstehen von individuellen Sinnhorizonten, Weltinterpretationen und Verhalten. Die entsprechenden Studien sind einerseits lebensnah (vgl. Keppler 1994), instruktiv und lehrreich, aber andererseits fehlt es ihnen an explanativem Gehalt, empirischer Generalisierbarkeit und folglich an Prognosefähigkeit. Mit dem Verharren auf der Rekonstruktion der subjektiven Weltsicht der Akteure wird der symbolische Interaktionismus zwar der Notwendigkeit des Verstehens gerecht, aber er verliert das mindestens gleichwertige Ziel der Soziologie, das Erklären, aus den Augen.

Diese Bemühungen, sich vom strukturfunktionalistischen Ansatz abzugrenzen, mündeten dann Ende der 1970er Jahre in den Versuch, formale Theorien mehr oder weniger induktivistisch aus bisherigen Forschungsarbeiten abzuleiten (vgl. Burr et al. 1979). Dieser, fast als heroisch zu bezeichnende Versuch, den bisherigen Stand des Wissens zu vereinheitlichen, hatte jedoch erstaunlich wenige Konsequenzen. Einzelne Beiträge (vgl. etwa Lewis/Spanier 1979) dienten als Folie vielfältiger weiterer empirischer Arbeiten (Booth/Johnson/Edwards 1983; Booth/Johnson/White/Edwards 1985, 1986). Das gesamte Projekt kann jedoch als mehr oder weniger gescheitert angesehen werden.

3   Empirische Studien und vielfältige theoretische Grundlagen

Das ab Ende der 1970er Jahre erkennbare Bemühen, die bisherigen familiensoziologischen Forschungsergebnisse zu systematisieren, ist also in der heutigen Perspektive bemerkenswert erfolglos geblieben. Anstelle eines kumulativen Fortschrittes traten zwei – zumindest auf den ersten Blick gegenläufige – Entwicklungen. Einerseits wurde im Jahr 1981 eine kurze Studie mit dem Titel „A treatise on the family" (Becker 1981) veröffentlicht, in der versucht wurde, mit Hilfe des in der Ökonomie bewährten Theorie- und Modellierungsinstrumentariums auch soziologische und hier vor allem eben familiensoziologische Fragestellungen zu beantworten. Diese Überlegungen haben sich in den folgenden Jahren als ausgesprochen erfolgreich erwiesen, indem sie den theoretischen Hintergrund für eine Vielzahl von empirischen Forschungsarbeiten lieferten. Häufig dienten diese familienökonomischen Ansätze nur als negative Abgrenzung zu eigenen Überlegungen – und gewannen auch dadurch an Bedeutung. Der empirische Gehalt der entsprechenden Thesen ist dabei allerdings sehr unterschiedlich.[7] Im Folgenden sollen die Grundüberlegungen dieses Ansatzes kurz skizziert werden.

Die ökonomische Theorie betrachtet Familien als Firmen, die Güter erstellen (Becker 1976, 1981; Schultz 1974a, 1986). Diese spezifischen Güter werden innerhalb der Ehe und

---

[7] Es ist hier nicht möglich, auch nur ansatzweise einen Überblick über die entsprechenden Untersuchungen zu geben (vgl. für einen relativ selektiven Versuch Hill/Kopp 2006). Es scheint aber so, als ob die Erklärungskraft bei den verschiedenen Fragen der Familienforschung auch recht unterschiedlich sei. So ergibt sich im Rahmen der Scheidungsforschung ein recht positives Ergebnis (vgl. nochmals Hill/ Kopp 2006), während etwa hinsichtlich der Erklärung der ehelichen Arbeitsteilung die Thesen der Familienökonomie letztlich widerlegt scheinen (Schulz/Blossfeld 2006).

Familie produziert. Nach Becker sind dies in der Regel keine marktgängigen Produkte, sondern Fürsorge, Zuwendung, Kinder oder auch Liebe, also zumeist „Güter" oder „Zustände" die nicht käuflich erwerbbar sind. Die Beteiligten versuchen nun unter Einsatz von Humankapital, Zeit und Marktgütern ein Optimum an diesen Gütern, den so genannten commodities, und damit an Familienwohlfahrt herzustellen. Jede Familie sucht dann die für sie optimale Kombination aus verschiedenen Produkten und den effizientesten Weg, diese bereitzustellen. Das entsprechende Handlungskalkül stellt die Nutzenmaximierung dar, wobei allerdings nicht der individuelle Nutzen, sondern der (kollektive) Familiennutzen maximiert wird. Vor diesem Hintergrund werden dann typische familiensoziologische Fragen wie Partnerwahl und Familiengründung, das Timing und Spacing von Geburten, Arbeitsteilung oder Scheidung analysiert. Ganz allgemein zeigt sich dabei, dass je nach Ausstattung der Akteure, beispielsweise hinsichtlich ihrer Bildung und ihres Einkommens, unterschiedliche Strategien beziehungsweise Entscheidungen sinnvoll oder ökonomisch rational sind. Beispielsweise lässt sich – ceteris paribus – erwarten, dass Frauen mit hoher Bildung später heiraten und Kinder bekommen, die Arbeitsteilung in entsprechenden Ehen eher egalitär ist und Scheidungen öfter und früher erfolgen als bei weniger gut ausgebildeten Frauen (zur einschlägigen Befundlage vgl. Hill/Kopp 2006).

Gerade auch in Abgrenzung zu diesen familienökonomischen Überlegungen haben sich in der Familienforschung dann auf der anderen Seite eine ganze Reihe so genannter Theorien mittlerer Reichweite etabliert, die eine große Anzahl empirischer Forschungsarbeiten angeleitet haben und die im Folgenden jeweils kurz dargestellt werden sollen.[8]

Hierbei ist zuerst auf eine – vor allem in Deutschland zu findende – Diskussion einzugehen, die familiale Veränderungen mit Hilfe allgemeiner soziologischer Entwicklungsthesen erfassen will. Ausgangspunkt ist dabei ein differenzierungstheoretisches Argument: „The family unit has (…) been coming to be more sharply differentiated from other units and agencies of the society, and hence coming to be more specialized in its functions than has been true of the family in our own past and in other known societies" (Parsons/Bales 1955: 353f). Es erscheint nun nur folgerichtig, dass diese *funktionale Differenzierung* sich im Modernisierungsprozess weiter entwickelt und aus diesem Grunde neue Familienformen an Bedeutung gewinnen (Meyer 1993). Die Entstehung neuer Lebensformen und generell die *Pluralisierung* von Lebens- und Familienformen wird als Reflex auf die hoch dynamische und komplexe Gesellschaft verstanden und stellt somit die Folge einer umweltinduzierten Anpassung des Systems Familie dar. Das Teilsystem Familie differenziert sich in unterschiedlichste private Lebensformen mit einer ihnen jeweils eigenen Rationalität oder Systemlogik (Meyer 1993: 27).[9] Dieser differenzierungstheoretische Ansatz wirft jedoch sogleich die Frage auf, was die diesen Prozess vorantreibenden Kräfte sind. Während dies etwa noch bei Emile Durkheim relativ eindeutig auf die Steigerung der sozialen Dichte als

---

8   Die Darstellung dieser Theorien ist allein aus Platzgründen stark eingeschränkt. Zielsetzung ist es, hier die wesentlichen Charakteristika herauszuarbeiten. Auslassungen, Lücken und eine idiosynkratische Schwerpunktsetzung sind dabei notwendig. Für eine wesentlich ausführlichere Darstellung sei auf die jeweils zitierten Originalarbeiten sowie auf die sehr übersichtliche und informative Darstellung bei Klein/White (1996) verwiesen.

9   Vor allem die Diskussion über die Pluralisierung von Lebens- und Familienformen hat zu einer Fülle empirischer Arbeiten geführt, die letztlich einen leichten Anstieg der Pluralität anzeigen (vgl. Huinink/ Wagner 1998; Wagner/Franzmann 2000; Brüderl 2004).

Folge der demografischen Entwicklung zurückzuführen ist, sind die neueren Ansätze hier weniger klar: Einerseits hat der evolutionäre Wandel der Frauenrolle die traditionelle Arbeitsteilung als Basis der Kernfamilie erodiert. „Das veränderte weibliche Bildungs- und Erwerbsverhalten wird von den meisten Studien als vorantreibendes Element des Wert- und Normwandels der Familie angesehen" (Meyer 1993: 34). Andererseits entsprechen die veränderten Ansprüche der Arbeitswelt und die damit einhergehende Flexibilisierung nicht mehr der Kleinfamilie. Andere Lebensformen sind hier funktional angepasster (Beck 1986: 161ff.). Es ist jedoch stark anzuzweifeln, ob gerade nichteheliche Lebensgemeinschaften diese funktionalen Vorteile wirklich bieten.[10] In den gleichen Argumentationskontext wie die gerade geschilderte Differenzierungstheorie lässt sich die so genannte *Individualisierungsthese* einordnen. Hier wird ein zunehmendes Konfliktpotenzial zwischen den Geschlechtern diagnostiziert (ebd.: 161ff.). Dieser Konflikt liegt dem Aufbrechen der traditionalen Formen des familialen Zusammenlebens zugrunde. Bis in die 1960er Jahre besaß die Familie als „Bündelung von Lebensplänen, Lebenslagen und Biografien weitgehend Verbindlichkeit" (ebd.: 163). Gesellschaftliche Differenzierung ermöglichte sogar erst die Familie in ihrer teilweise auch idealisierten Vorstellung. Parallel zur Differenzierung des Wirtschaftssystems, der Säkularisierung und Urbanisierung der Gesellschaft und der Zunahme sozialer und individueller Mobilität verlief ein Funktionswandel der Familie: Ständische Bindungen wurden obsolet, die Einheit von Familie und Wirtschaftsgemeinschaft zerbrach, die Familie wurde funktional reduziert auf eine „Gefühlsgemeinschaft" (Beck-Gernsheim 1986: 212). Familie als Hort der Privatheit und Intimität sowie die Ehegemeinschaft auf der Grundlage romantischer Liebe im modernen Sinne wurden so erst möglich. Diese Reduktion der Bedeutung der Familie ist jedoch keineswegs gleichzusetzen mit ihrer funktionalen Irrelevanz. Die Sinnentleerung marktmäßig organisierter (Arbeits-)Beziehungen wurde in der Familie kompensiert, sie wurde zu der identitätsstiftenden Institution schlechthin. Durch die weitere gesellschaftliche Entwicklung – die bei Beck eben mit dem Schlagwort der Individualisierung zu fassen versucht wird – scheint sich diese Standardbiografie danach aufzulösen. Da andererseits jedoch auch noch keine Anarchie oder totale Bindungsflucht die Beziehungen prägt, sondern Treue und Partnerschaft auch von Jugendlichen geschätzt werden, wird die Frage, ob Ehe und Familie vor dem Ruin stehen, zunächst „mit einem klaren Jein" beantwortet (Beck 1986: 165). Je nach Konstellation sieht Beck drei sich nicht ausschließende Möglichkeiten für die Zukunft der Familie: ein Wiedererstarken der Kleinfamilie, die Entwicklung einer Single-Gesellschaft und die Verstärkung neuer Formen des Zusammenlebens (ebd.: 194-204). Auch wenn die entsprechenden Arbeiten letztlich zu keinen klaren Vorhersagen kommen, so dienten sie dennoch vielfach als Ausgangspunkt empirischer Analysen und sind allein deshalb verdienstvoll.

Einen wichtigen Beitrag zum Verständnis innerfamilialer Interaktion und Kommunikation, aber auch zu familialen Handlungen liefert der so genannte *family system approach* (Klein/White 1996: 149ff.; Chibucos/Leite/Weis 2005: 279ff.). In diesem vor al-

---

10 Die meisten dieser modernitätstheoretischen Betrachtungen sind vor dem Hintergrund wissenschaftstheoretischer Standards wohl nur als Reformulierungen des interessierenden Sachverhalts selbst in einem bestimmten theoretischen Jargon zu betrachten. Mit derartigen Neubeschreibungen ist jedoch noch nichts gewonnen. Weder wird damit ein Verständnis für die die Entwicklung vorantreibenden Prozesse erzeugt, noch ist es möglich, konkrete und empirisch prüfbare Hypothesen aus diesen Analysen zu gewinnen (vgl. genauer Hill 1999).

lem auch in der Familientherapie verwendeten Ansatz steht der Gedanke im Mittelpunkt, dass die einzelnen Familienmitglieder als (Teil-)Systeme zu verstehen sind, die sich gegenseitig als Umwelt wahrnehmen und auf diese – aber eben auch nur auf diese – Art sich gegenseitig beeinflussen und zusammen wiederum das Familiensystem bestimmen. Auch wenn diese Hypothesen sicherlich eng an die strukturfunktionalistische Tradition sowie an die so genannte general system theory und damit an große Theoriegebilde anschließen, gewinnen sie ihre Bedeutung doch eher in der kleinräumlichen Analyse von alltäglichen familialen Interaktionen und Ereignissen. Aus den Grundannahmen der allgemeinen Systemtheorie – alle Teile eines Systems sind verbunden, für ein Verständnis der interessierenden Prozesse muss das ganze System betrachtet werden, innerhalb eines Systems existieren feed-back-Prozesse – und einem konstruktivistischen Verständnis von Systemen werden nun konkrete Familien untersucht. Dabei sind natürlich auch die Systemgrenzen – wer gehört zur Familie und wer nicht? – sowie die internen Routinen, Kommunikations- und Interaktionsstile zu berücksichtigen. Vereinzelt wurde nun versucht, hier allgemeine Regeln etwa über den Zusammenhang von Anpassungsfähigkeiten und Krisenanfälligkeit zu formulieren, ihre Stärke gewinnen diese Überlegungen jedoch bei der Analyse von Einzelfällen: Warum misslingt systematisch die Kommunikation zwischen zwei Ehepartnern? Werden hier unterschiedliche Codesysteme verwendet, Routinen verschieden interpretiert und Systemgrenzen unterschiedlich wahrgenommen (vgl. für entsprechende Arbeiten Gottman 1979; Olson et al. 1989 sowie Broderik 1993)?

Eine große Ähnlichkeit zu diesen Überlegungen weist nicht nur auf den ersten Blick der so genannte *ecological framework* auf (vgl. als Überblick auch Bubolz/Sontag 1993). Unter diesem Label werden unterschiedliche Ansätze zusammengefasst, die aber alle die Gemeinsamkeit haben, dass sie die Gesamtheit der Lebensumstände bei der Erklärung von Entwicklungsprozessen im Auge behalten (wollen). Theoretischer Ausgangspunkt sind in der Ökologie entwickelte Überlegungen, die auch für die Soziobiologie und die Evolutionsbiologie zentral sind (vgl. für eine knappe Darstellung dieser historischen Wurzeln Klein/White 1996: 214ff.). Als theoretisches Primat kann man die Idee betrachten, dass alles Handeln und alle Entwicklungen nur kontextualisiert zu verstehen und erklären sind. So wird die kindliche Entwicklung selbstverständlich vom familialen System und dieses wiederum vom Kontext der Gemeinde und der allgemeinen Gesellschaft beeinflusst (vgl. Chibucos/Leite/ Weis 2005: 303ff.). Dabei ist der proklamierte Einfluss keineswegs einseitig – Individuen beeinflussen Familien und diese wiederum den größeren gesellschaftlichen Kontext. Im Einzelnen wird zwischen dem Mikrosystem der Akteure, d.h. ihrem direkten Umfeld wie etwa Familie oder Schule, dem Mesosystem, also deren institutioneller Verflechtung, dem Exosystem und damit nicht direkt mit der Person verbunden, aber sie indirekt beeinflussende Größen wie etwa dem Arbeitsplatz der Eltern, dem Makrosystem, hier also beispielsweise der allgemeinen Gesellschaft und schließlich dem so genannten Chronosystem unterschieden, wobei hierunter die zeitliche Verortung der einzelnen Einflussgrößen im Lebensverlauf verstanden wird (vgl. Bronfenbrenner 1979). Ein gelungenes Beispiel liefert die Arbeit über die soziale Ökologie der Ehe und anderer intimer Gemeinschaften (vgl. Huston 2000). Um partnerschaftliche Interaktionen angemessen zu analysieren, müssen folgende Ebenen berücksichtigt werden: „(a) the society, characterized in terms of both macrosocietal forces and the ecological niches within which particular spouses and couples function; (b) the individual spouses, including their psychosocial and physical attributes, as well as the attitudes and beliefs they have about each other and their relationships; and (c) the marriage relationship, viewed as a behavioral system embedded within a larger network of close relationships" (ebd.: 298).

Insbesondere die Berücksichtigung des so genannten Chronosystems macht die Nähe dieser Überlegungen zu *Familienentwicklungsmodellen* deutlich. Es ist hier kaum möglich, die verschiedenen Ansätze und Überlegungen auch nur aufzuzählen, die allesamt die Idee proklamieren, dass die Verortung von Ereignissen im Lebens- und Familienverlauf eine ausgesprochen bedeutsame Rolle spielt: Die grundlegende Idee ist dabei recht einfach: „Family development concentrates on how families change over their lifetimes" (Aldous 1996: 3). Beziehungsweise: „One of the enduring puzzles in family studies is the description and explanation of changes in roles and relationships among family members over time. Here, too, the metaphor of 'development' has been used, along with notions of 'family cycle', (…), 'life cycle', and 'life span development'" – Ideen, die sich alle als „life course perspective" zusammenfassen lassen und die, beginnend mit den Überlegungen zum Familienzyklus (Glick 1947), eine lange Tradition aufweisen (vgl. Bengtson/Allen 1993: 469; White 2005: 115ff.). Diese Berücksichtigung einer diachronen, zeitverlaufsorientierten Perspektive geht einher mit der theoretischen und methodisch-statistischen Trennung von Alters-, Perioden- und Kohorteneffekten und damit der Trennung von ontogenetischen Alterungsprozessen, historischen Ereignissen und dem sozialen Wandel zwischen den Generationen oder Kohorten (vgl. Mayer/Huinink 1990). Gerade in der empirischen Forschung wurde diese theoretische Perspektive durch die (Weiter-)Entwicklung und Verbreitung so genannter ereignisorientierter Analysemethoden unterstützt. Zentral ist dabei, dass es (starke) Interdependenzen zwischen dem Lebenslauf und sich verändernden historischen Umständen und den verschiedenen Entscheidungen im Lebenslauf gibt – frühere Entscheidungen haben somit Effekte auf spätere Prozesse. Entwicklungen sind immer in ihrer Pfadabhängigkeit zu interpretieren. Ein klassisches Beispiel stellt hier etwa die Studie von Glen Elder Jr. über „Children of the Great Depression" (1974) dar. Dabei wurde untersucht, welchen Einfluss ein derartig schwerwiegendes Ereignis wie die Weltwirtschaftskrise auf die soziale und psychische Entwicklung von Kindern hat (vgl. auch Elder/Caspi 1990: 27f).[11]

Eine weitere, in der klassischen Diskussion der Familiensoziologie häufig nicht deutlich genug herausgearbeitete theoretische Perspektive lässt sich als *feminist theory* (Chibucos/Leite/Weis 2005: 209ff.) bezeichnen. Es ist nicht einfach, in der Fülle an Publikationen allgemein akzeptierte gemeinsame Grundlagen zu finden, aber man kann sicher festhalten, dass die meisten Vertreterinnen und Vertreter der „feminist theory" familiale Ereignisse als Konsequenz der Geschlechter- und Machtverhältnisse betrachten.[12] Ein Ausgangspunkt ist dabei, die weibliche Sicht familialer Interaktionen und Prozesse und die zentrale Rolle des Geschlechterkonzeptes als Organisationskriterium in den Mittelpunkt des Interesses zu stel-

---

11 Bei derartigen Überlegungen spielen auch immer Konzepte und Aspekte der Entwicklungspsychologie (vgl. als Überblick Berk 2005) eine große Rolle.

12 Im Rahmen dieser Diskussionen finden sich auch häufig Forderungen nach aktivem Handeln. „The basic goal of feminist theory is to inform and encourage change in social structures that will ultimately empower women. Feminist theory is focused on empowering women and other disenfranchised groups" (Chibucos/Leite/Weis 2005: 209). Derartige Überlegungen lassen sich nun jedoch wissenschaftstheoretisch nicht halten und sollen hier deshalb auch nicht weiter diskutiert werden.

len (vgl. Osmond/Thorne 1993). Machtfragen – bis hin zur Gewalt gegen Frauen – finden hier besondere Berücksichtigung. So lässt sich beispielsweise zeigen, dass die Teilung der häuslichen Arbeit nicht nur von der Produktivität und den relativen Ressourcen, sondern offensichtlich auch von traditionellen Rollenvorstellungen bestimmt und damit ungleichgewichtigen Belastungen Vorschub geleistet wird (vgl. Schulz/Blossfeld 2006) oder dass es deutliche, nur auf das Geschlecht zurückführbare Einkommensunterschiede, also geschlechtsspezifische Diskriminierungen, gibt (England/Farkas 1986). Wenn man diese Prozesse theoretisch erfassen will, zeigt sich, dass die Familie keine, wie etwa in den New Home Economics vermutet, einheitliche Handlungseinheit darstellt, sondern dass hier (mindestens) zwei Akteure interagieren und miteinander verhandeln und dass dabei selbstverständlich auch strukturell bedingte Machtunterschiede eine wichtige Rolle spielen (vgl. etwa Ott 1989). Ohne Berücksichtigung dieser Prozesse lassen sich aber familiale Entwicklungen, wie etwa die Verschiebungen im Heiratsalter und der Heiratsneigung oder Veränderungen im Fertilitätsniveau nicht angemessen erklären. Wenn man diese Perspektive auf die gerade skizzierte Art versteht, ist die Berücksichtigung einer „weiblichen" Perspektive unverzichtbar für die Familienforschung.[13]

Ebenfalls noch keine in der Familiensoziologie vollständig etablierte Theorierichtung ist die *Bindungstheorie* beziehungsweise die *attachment theory* (vgl. Bowlby 1975; Ainsworth/Blehar/Waters/Wall 1978; Ahnert 2004). In der Soziologie wird sie nur in wenigen Beiträgen überhaupt wahrgenommen (vgl. Arranz Becker/Hill/Rüssmann 2004; Hill 2004), innerhalb der stärker sozialpsychologisch oder psychologisch ausgerichteten Forschung ist sie hingegen von zentraler Bedeutung. Ihr liegt eine alte und wohlbekannte Argumentation zugrunde, die aber eine theoretische Neuinterpretation erhalten hat. Man geht davon aus, dass die grundlegenden Verhaltensmuster beziehungsweise konkreten Bindungsstile, die sich insbesondere in engen, intimen Beziehungen auch im Erwachsenenalter zeigen, bereits in der frühkindlichen Sozialisation erworben werden. Kinder haben zunächst ein genetisch disponiertes Bindungsverhalten, dass in bestimmten (Ausnahme-)Situationen virulent wird. Sie suchen die Nähe zur Bezugsperson und reagieren deutlich emotional geprägt, etwa durch Weinen oder Lächeln. Ab etwa einem knappen Jahr beginnen Kinder verstärkt ihre Umwelt zu erkunden und zeigen somit das so genannte explorative Verhalten. Dabei entfernen sie sich sukzessive weiter und länger von der Bindungsperson, aber brauchen diese als sichere Rückzugsbasis. Die Erfahrungen des Kindes mit den Reaktionen der Bezugsperson (liebevolle Aufnahme, Abweisung, Strafe etc.) auf das Rückzugsverhalten generieren dann den grundlegenden Bindungstyp. Für das Bindungsverhalten wird ein „inner working model" entwickelt, das langfristig das Verhalten insbesondere in engen Sozialbeziehungen steuert. Eine einfache Typologie geht von drei Typen aus: sichere Bindung, ängstlich-ambivalente Bindung und unsichere Bindung (vgl. Shaver/Hazan 1987). Die Bindungstheorie ist ohne Zweifel potenziell auf eine Reihe von Problemstellungen – wie etwa der Partnerwahl, dem Konfliktverhalten, der Partnerschaftsentwicklung und der Partnerschaftsqualität und -stabilität – anwendbar (vgl. Hill 2004). Bei der Diskussion dieser Theorie sollte man nicht aus dem Auge verlieren, dass sie zwar eine deutliche Nähe zur Psychoanalyse

---

13 Es kann an dieser Stelle nicht diskutiert werden, warum eine derartige Perspektive lange Zeit nicht berücksichtigt wurde – aber auch nicht, warum entsprechende Überlegungen meist versuchen, ohne einen Erklärungsanspruch auszukommen und sich mit begrifflichen Klärungen begnügen.

hat, aber auch kompatibel zur kognitiven Psychologie ist. Zudem ist das Kernargument der Theorie keineswegs einseitig „psychologisch", sondern durchaus „soziologisch", da das Verhalten und Handeln eben nicht in stabilen „Charaktermerkmalen" gründet, sondern als Resultat einer sozialen Interaktion im frühkindlichen Entwicklungsprozess modelliert ist. Methodisch stellt die Theorie ebenfalls eine Herausforderung dar, weil ihr Test aufwendige Langzeitstudien notwendig macht.

Zwei weitere neuere Theorieentwicklungen sind noch zu nennen, das *Investitionsmodell*, das auf Rusbult (1980) zurückgeht und das *Framingmodell* von Esser (2001). Beide haben einen ähnlichen Ausgangspunkt und verwandte theoretische Grundannahmen. Ausgangspunkt ist die Frage nach der Stabilität von partnerschaftlichen Beziehungen und gemeinsam ist beiden die Grundannahme des subjektiv rationalen Akteurs. Das Investitionsmodell geht der Frage nach, warum Beziehungen nicht sofort beim Absinken des Ehenutzens beziehungsweise Ehegewinns oder bei Existenz einer besseren Handlungsalternative zerbrechen. Rusbult (vgl. Rusbult 1980; Rusbult/Buunk 1993; Hill 1992; Rusbult/Agnew/Foster 1999) macht dafür das Commitment verantwortlich, eine Handlungsorientierung, die Gefühle der Gebundenheit an den Partner und den Wunsch nach Aufrechterhaltung der Beziehung im Guten und im Schlechten umfasst (vgl. Rusbult 1983; Kelley 1983). „Commitment is generally increased over time by the investment of resources in a relationship, but it is also a function of the relationship and alternative outcome values" (Rusbult 1980: 175). Für die Stabilität beziehungsweise das Commitment einer Beziehung können somit verschiedene Konstellationen verantwortlich sein: geringe positive Erträge und Investitionen und keine Alternativerwartungen oder etwa keine positiven Erträge, aber hohe Investitionen und geringe Erwartungen. Das Framing-Konzept verweist inhaltlich auch auf die Bedeutung subjektiver Überzeugungen für die Stabilität von Beziehungen. Das Modell versucht eine problematische Annahme der bekannten nutzentheoretisch basierten Theorien zu beseitigen, die darin gesehen werden kann, dass gerade in Liebes- und Familienbeziehungen keine (kalte) kalkulierende Rationalität, sondern eine spezifische – auch gesellschaftlich geprägte und somit auf Werten und Normen beruhende – Handlungslogik herrscht (Esser 2002a: 28f, 2002b). Das Modell der Frameselektion proklamiert eine Handlungslogik beziehungsweise einen Frame, der von emotionaler Zuwendung, Fürsorglichkeit und auch Altruismus geprägt ist. Dieses Modell ist in einer gesellschaftlich-normativen Definition von Liebesbeziehungen begründet (Esser 2002a: 34). Der zweite Handlungsmodus entspricht dann dem gängigen Bild der Nutzenmaximierung. Bei Trennungen oder Scheidungen wird nun nicht zwischen verschiedenen Handlungsalternativen gewählt, sondern vielmehr wird der (komplette) Frame, also das kognitive kulturelle handlungsleitende Modell, gewechselt; aus Liebenden werden streitende Konfliktparteien, die einander schaden (wollen). Es kann nun proklamiert werden, dass die Hypothesen, die von der Austauschtheorie und der Familienökonomie entwickelt wurden, immer dann zur Geltung kommen, wenn die Akteure ihre Situationsdefinition beziehungsweise ihren Frame „glückliche Ehe" infrage stellen, also mit zunehmenden Beziehungsproblemen. Damit kann dann auch wieder an die einschlägigen Modelle der Austauschtheorie und Familienökonomie angeschlossen werden: Denn diese Krisen sind beispielsweise von der Homogamie, beziehungsweise allgemeiner vom Matching der Partner abhängig, wirken sich auf das ehespezifische Kapital aus, bewirken eine aktive Suche nach Alternativen und so weiter. Verbleiben die Akteure andererseits in ihrem Ausgangsframe – etwa glückliche Ehe –, dann orientieren sich auch ihre Handlungen automatisch unreflektiert an den kulturell tradierten Handlungsmustern. Aus dieser Sicht bleiben also die oben genannten theoretischen Argumente alle in Kraft, aber ihre Geltung wird auf bestimmte Bedingungen spezifiziert.

4 Theoretische Perspektiven der Familienforschung: ein Ausblick

Lässt man die Ausführungen zu den familiensoziologischen Ansätzen Revue passieren, kann leicht der Eindruck entstehen, die Familiensoziologie stehe vor einem bunten Korb unterschiedlicher Theorien, die mehr oder weniger frei verfügbar und einsetzbar sind und über deren Verwendung – und dies ist der entscheidende Punkt – keinerlei Kriterien vorliegen.[14] Eklektizismus oder theoretische Idiosynkrasien sind damit vorbestimmt und unvermeidbar. Diesem Eindruck soll hier abschließend deutlich widersprochen werden: So unterschiedlich die verschiedenen Ideen auf den ersten Blick auch vielleicht sein mögen, die wichtigsten Ideen lassen sich recht mühelos in ein einheitliches Modell integrieren, das im folgenden kurz skizziert werden soll.

Ausgangspunkt der Überlegungen ist dabei eine modifizierte Form des familienökonomischen Ansatzes: Menschen versuchen, unter gegebenen Restriktionen das Beste aus (sozialen) Situationen zu machen – wie immer man diesen theoretischen Kern auch nennen mag. Erklärungskraft und damit Tragfähigkeit gewinnen diese Überlegungen durch die spezifische Formulierung von prüfbaren empirischen Hypothesen. Ein wichtiger Aspekt der Familienökonomie ist dabei die Tatsache, dass mit Hilfe dieser Modellierungsidee gezeigt werden kann, dass die längerfristige Bündelung von Ressourcen und das jeweilige Commitment in einer Beziehung sinnvoll ist. Dabei gilt das Prinzip der abnehmenden Abstraktion: Zuerst sollte man versuchen, mit möglichst einfachen Ideen soziale Phänomene zu erklären. Wenn dies nicht erfolgreich ist, kann man diese einfachen theoretischen Annahmen spezifizieren und entsprechend ergänzen.

In den vorhergehenden Ausführungen wurden die wichtigsten theoretischen Zugänge vorgestellt: So sind eingespielte und kulturell erprobte Routinen sicherlich eine wesentliche Erleichterung in alltäglichen Entscheidungssituationen. Entscheidungen treffen ist selbst eine unter Umständen nicht einfache Übung und deshalb kann man mit Niklas Luhmann (1983) ein „Lob der Routine" formulieren. Dass innerhalb des Rational-Choice-Ansatzes auch Werte und Normen recht mühelos integriert werden können, wurde in der Zwischenzeit vielfach gezeigt (Esser 2002a). Ebenfalls evident und belegt ist die theoretische Prämisse, dass sich familiale Prozesse nur mit Hilfe eines so genannten mul-

---

14 Es sei noch einmal darauf hingewiesen, dass die Familiensoziologie – wie auch die allgemeine Soziologie – sicherlich eine doppelte Rolle in einer modernen Gesellschaft zu spielen hat. Einerseits dient sie dazu, im Rahmen einer umfassenden Sozialberichterstattung die relevanten Informationen für eine rationale Politikgestaltung zu liefern. Wer nicht auf die notwendigen Informationen über die Realität zurückgreifen kann, kann nicht geplant handeln. Andererseits – und dies ist der Mittelpunkt der in diesem Abschnitt zu findenden Überlegungen – wollen die beschriebenen empirischen Tatbestände auch erklärt werden und hierzu bedarf es nun einmal trotz aller hier zu findender Unklarheiten theoretischer Modelle, denn nur wer die (gültigen) Mechanismen kennt, kann Veränderungen sinnvoll und nicht nur erratisch gestalten.

ti-actor-Ansatzes und damit eben auch nur durch Berücksichtigung der Interaktionen und Machtdifferenzen analysieren und erklären lassen. Genau auf diese Art ist eine Gender-Perspektive unumgänglich. Es ist zwingend, dass familiale Prozesse nicht ex nihilo zu verstehen sind und in den jeweiligen Lebenskontext eingebunden werden müssen. Sozial-ökologische Eingebundenheit ist hier ebenso wichtig wie die ontogenetische Verortung im Lebenslauf. Ob man diese verschiedenen Aspekte und Hinweise jeweils gleich als Theorien klassifizieren muss, ist eine müßige Frage, die zu keinem Ergebnis kommen muss, da Namensgebungen letztlich wenig fruchtbar – wenn auch ab und an folgenreich – sind.

5 Sozialgeschichte der Familie in der Neuzeit

Andreas Gestrich

Die Familie ist eines der wirkungsmächtigsten sozialen Ordnungsmodelle europäischer Gesellschaften. Als solches war sie besonders in Zeiten gesellschaftlichen Umbruchs oder beschleunigten sozialen Wandels auch immer Gegenstand politischer Auseinandersetzungen und Einflussnahmen. Reformation, Französische Revolution, aber auch die Durchsetzung industrieller Produktionsformen im 19. und 20. Jahrhundert waren von intensiven innergesellschaftlichen Auseinandersetzungen um die Strukturen und Funktionen der Familie begleitet. Diesem Zusammenhang ist auch der Beginn der Familiensoziologie zuzurechnen. Sie ist in ihrer Formationsphase in der zweiten Hälfte des 19. Jahrhunderts als ein (zumeist konservativ inspirierter) Versuch der Erfassung der Veränderungsdynamik der europäischen Familienstrukturen zu sehen. Trotz dieser die vorindustriellen Familienstrukturen idealisierenden Anfangsphase gingen von der Familiensoziologie außerordentlich wichtige Impulse für die historische Forschung aus. Diese begann sich erst seit den 1970er Jahren im Rahmen der allgemeinen Hinwendung zur Sozialgeschichte mit dem Thema Familie auseinanderzusetzen. Dabei bildeten zunächst besonders makrosoziologische Arbeiten, die die Familie aus einer evolutionstheoretischen, auf die großen Veränderungstendenzen gerichteten Perspektive analysierten, einen wichtigen Ausgangspunkt. In den folgenden Jahrzehnten hat sich die historische Familienforschung jedoch im Kontext des allgemeinen Richtungswechsels der Sozialgeschichte auch Themen der Alltagsgeschichte und Kulturanthropologie zugewandt. In diesem Zusammenhang hat sich die historische Familienforschung zu einem intensiven interdisziplinären Forschungsfeld entwickelt. Der folgende Beitrag greift besonders Fragestellungen wie Struktur- und Funktionswandel der Familie, Veränderung des Heiratsverhaltens, des emotionalen Binnenklimas und der Familienkonflikte, des Wohnens, Erbens und Vererbens und der staatlichen Familienpolitik auf, da sich zu diesen Themenbereichen ein solcher, auch für die moderne Familiensoziologie interessanter interdisziplinärer Dialog entwickelt hat.

1 Größe und Struktur von Familie und Haushalt im Wandel

Einer der Ausgangspunkte sozialhistorischer Familienforschung war die Überprüfung einer These, von der die Familiensoziologie bis in die 1970er Jahre hinein ausgegangen war. Sie besagte, dass sich die Familien im Zuge des Übergangs von einer ländlich-bäuerlich geprägten Lebens- und Arbeitswelt zu einer städtisch-industriellen aufgrund gewandelter ökonomischer Funktionen des Familienhaushalts ständig verkleinert hätten (Durkheim 1921: 14; Schelsky 1967: 18; ebd.: 250; Neidhardt 1970: 31; ebd.: 256). Ein Vorläufer dieser These war in Deutschland die Arbeit des Pioniers der Volkskunde, Wilhelm Heinrich Riehl (1823-1897). Er entwarf als Gegenbild besonders zur modernen Arbeiterfamilie das Ideal einer vorindustriellen bäuerlichen Großfamilie. In ihr hätten nicht nur mehrere Generationen, sondern auch Herrschaft und Gesinde zusammengewohnt. Die verschiedenen Gruppen des Hauses seien nicht nur durch ein Lohnverhältnis verbunden gewesen, sondern durch Sitte und Brauch, das hieß für Riehl: durch religiös legitimierte patriarchalische Strukturen. Riehl bezeichnete diese Form des patriarchalisch strukturierten Großhaushaltes als „ganzes Haus" – ein Begriff, der auch von der historischen Familienforschung zum Teil aufgegriffen wurde. An ihm lässt sich zumindest verdeutlichen, dass es wichtig ist genau zu unterscheiden, ob man von Haushalt oder Familie spricht. Im 20. Jahrhundert wurden die aus einer einzigen Kernfamilie bestehenden Haushalte zur Norm, weshalb die beiden Begriffe austauschbar scheinen. Das gilt für frühere Zeiten jedoch nicht. Historische Familienforschung befasst sich primär mit der Analyse der umfassenderen Einheit, den Haushalten.

Mehr als um die Qualität der internen Sozialbeziehungen, ging es der historischen Familienforschung zunächst um die Bestimmung der Größen vorindustrieller Haushalte. Diese schien durch zwei Faktoren bestimmt: zum einen durch eine höhere Kinderzahl der Ehepaare, zum anderen durch die Erweiterung der Familien zu Mehrgenerationenhaushalten bzw. auch durch die Hereinnahme von unverheirateten Geschwistern und Gesinde, wie Riehl es beschrieben hat. Die historische Familienforschung spricht dabei in Anlehnung an die von dem britischen Historiker Peter Laslett entwickelte englische Terminologie von erweiterten (Kernfamilie plus weitere ledige Mitglieder) oder multiplen (um die Kernfamilien von Großeltern oder verheirateten Geschwistern erweiterte) Haushalten.[1] Beide Typen werden unter dem Oberbegriff der komplexen Haushalte zusammengefasst. Die Kontraktion der Familie hätte demnach zwei Prozesse umfasst, die analytisch voneinander zu trennen sind: den Rückgang der Geburtenzahl pro Ehe, also eine Verkleinerung der Kernfamilien, und/oder den Rückgang erweiterter Familienhaushalte bzw. die Durchsetzung der aus Eltern und Kindern bestehenden Kernfamilie zur „normalen" Haushaltseinheit (Laslett 1972).

Mit beiden Aspekten hat sich die sozialhistorische Familienforschung kritisch auseinandergesetzt. Die Verbindung zwischen dem Kinderreichtum vorindustrieller Kernfamilien und der Haushaltsgröße erwies sich als problematische, da die hohe Kindersterblichkeit die Größen der Kernfamilien drastisch senkte. Bis ins ausgehende 19. Jahrhundert

---

1   Die geläufigen englischen Fachtermini sind nuclear family (Kernfamilie), extended family household (erweiterter Haushalt), multiple family household (multipler, aus mehreren Kernfamilien bestehender Haushalt).

starben – mit z.T. erheblichen regionalspezifischen Unterschieden – etwa 30 Prozent der Neugeborenen noch im ersten Lebensjahr, und nur etwas mehr als die Hälfte der Kinder erreichte das Erwachsenenalter (Geißler 1992: 289; Knodel 1988: 355; ebd.: 371). Als Folge dieser hohen Kindersterblichkeit lag in England der Mittelwert der Haushaltsgrößen vom 16. bis ins 18. Jahrhundert ziemlich konstant bei 4,75 Personen (Laslett 1972: 130ff.) Diese Zahl schloss Eltern, Kinder und Bedienstete ein. Auch am Ende des 19. Jahrhunderts, in den 1890er Jahren, betrug die durchschnittliche Haushaltsgröße in England immer noch 4,65 Personen. Im Deutschen Reich lag sie im Jahr 1900 bei 4,49 – bei einer durchschnittlichen Zahl von 4,89 lebend geborenen Kindern pro Ehe im Jahr 1899. Dass die sinkende Säuglingssterblichkeit am Ende des 19. Jahrhunderts (im Jahr 1910 überlebten bereits über 80 Prozent der neugeborenen Jungen das erste und annähernd 75 Prozent das 15. Lebensjahr) nicht zu einer Zunahme der durchschnittlichen Haushaltsgröße führte, lag an dem parallel einsetzenden Rückgang der Geburtenraten (Ehmer: 2004, 42-46).

In Bezug auf den zweiten Aspekt, die abnehmende Komplexität von Haushalten, wurde von der sozialhistorischen Forschung herausgearbeitet, dass multiple Haushalte, in denen drei und mehr Generationen oder auch mehrere verheiratete Geschwister zusammenlebten, in Nordwest- und Mitteleuropa in vorindustrieller Zeit nicht die Norm darstellten. Als dominante Typen erscheinen besonders die auch mehrere verheiratete Geschwister umfassenden Haushalte nur in wenigen Regionen und nur unter ganz besonderen Bedingungen. Häufiger waren sie dagegen in Osteuropa und auch in Teilen Italiens (z.B. im Friaul) anzutreffen. Auch Dreigenerationenhaushalte waren keineswegs dominant. Daher können die von der frühen Familiensoziologie oft undifferenziert als „vorindustrielle Großfamilien" bezeichneten multiplen Haushalte keineswegs als „die" typische vorindustrielle Haushaltsform in Europa angesehen werden (Wall 1997: 257-262). Allerdings fehlten besonders die Dreigenerationenhaushalte auch in West- und Nordeuropa nicht völlig, sondern stellten häufig eine (meist kurze) Phase im Lebenszyklus besonders bäuerlicher Familien bzw. Haushalte dar. Im bäuerlichen Bereich konnten Kinder oft erst heiraten, wenn sich die Elterngeneration von der aktiven Leitung des Hofes zurückzog und diesen ganz oder teilweise an eines der Kinder gegen die Zusicherung des Wohnrechts im Haus und einer Altersversorgung übergab. In diesem Zusammenhang kam es dann für einige Jahre zu einem so genannten Dreigenerationenhaushalt. Dies traf jedoch nur auf den Haushalt des zur Hoffolge bestimmten Kindes zu und dauerte wegen der oft sehr späten Hofübergabe in der Regel nur wenige Jahre.

Die Berechnung durchschnittlicher Haushaltsgrößen, wie sie vor allem im Rahmen der Forschungen der Cambridge Group for the History of Population and Social Structure um Peter Laslett vorgenommen worden war, wurde deshalb als zu statisch kritisiert und stattdessen eine Analyse von Familien- oder Haushaltszyklen gefordert (Berkner 1972). Eine solche Analyse von Familienzyklen führt auch für Haushalte, die um ledige Personen – in der Regel Gesinde oder unverheiratete Geschwister – erweitert waren, zu differenzierteren Ergebnissen. Kleinere und mittlere Höfe konnten Gesinde in der Regel nur in bestimmten Phasen des Familienzyklus einstellen (und damit auch in den Haushalt integrieren). Dies war besonders der Fall, wenn die eigenen Kinder klein und noch nicht arbeitsfähig waren und bestimmte Tätigkeiten daher nicht durch Familienmitglieder selbst erledigt werden konnten. Auch verminderte Arbeitsfähigkeit aufgrund von Krankheit und

Alter musste in bäuerlichen Betrieben durch Gesinde ausgeglichen werden, wenn diese nicht durch die eigenen Kinder kompensiert werden konnte. Erst die Mechanisierung der Landwirtschaft seit dem ausgehenden 19. und frühen 20. Jahrhundert führte zu einem generellen Rückgang des landwirtschaftlichen Gesindedienstes und zu einer grundlegenden Veränderung der agrarischen Haushaltszyklen.

Für den städtischen Bereich ist für die Zeit vor der Industrialisierung vor allem zwischen den Haushalten der (kleinbürgerlichen) Handwerker und denen des Wirtschafts- und Bildungsbürgertums zu unterscheiden, ab dem 19. Jahrhundert kommt dann als signifikante neue Schicht noch die städtische Industriearbeiterschaft hinzu. Im Handwerk finden sich Dreigenerationenhaushalte vor dem 20. Jahrhundert noch seltener als im bäuerlichen Bereich, denn Handwerksbetriebe waren traditionell durch eine sehr geringe innerfamiliale Betriebsfolge gekennzeichnet (Mitterauer 1979a: 98-122). Die Institution der Wanderschaft führte dazu, dass Handwerkersöhne sich oft an anderen Orten niederließen, selbst wenn sie das gleiche Handwerk gelernt hatten wie der Vater. Der Bedarf an männlichen Arbeitskräften musste in Handwerkerhaushalten daher weitgehend durch familienfremde Lehrlinge und Gesellen gedeckt werden. Diese waren in Regionen und Gewerben, in denen eine Zunftorganisation vorherrschte, bis in die zweite Hälfte des 19. Jahrhunderts hinein noch in den Meisterhaushalt integriert. In Branchen wie dem Baugewerbe oder dem Bergbau stellte dies jedoch schon im 17. und 18. Jahrhundert eher die Ausnahme dar. In bildungs- und wirtschaftsbürgerlichen Haushalten war die Einstellung von Hausangestellten keine Frage der Arbeitsfähigkeit der eigenen Kinder, sondern ein Statusmerkmal. Hier finden sich daher bis ins 20. Jahrhundert die meisten um familienfremde Personen erweiterten Haushalte. Entgegen der Hypothese der frühen Familiensoziologie haben sich multiple Haushaltsformen schließlich gerade im Zuge der Industrialisierung als Überlebensstrategien der städtischen Arbeiterschaft verbreitetet. Arbeiterfamilien lebten aus Kosten- und Versorgungsgründen vielfach in Mehrgenerationenhaushalten, zum Teil auch in erweiterten Haushalten mit mehreren ledigen verwandten oder auch familienfremden Inwohnern (Anderson 1972: 219ff.; Schomerus 1981).

Zusammenfassend lässt sich somit feststellen: Aufgrund der hohen Kindersterblichkeit war der Umfang der das Zentrum der Haushalte bildenden Kernfamilien auch in vorindustrieller Zeit in der Regel auf wenige Kinder beschränkt. Multiple Haushaltsformen wie die Dreigenerationenfamilie waren in Nordwest- und Mitteleuropa selten und stellten besonders bei Bauernfamilien meist nur eine kurze Phase im Familienzyklus der Hoferben dar. Im städtischen Handwerk traten sie kaum auf. Die Erweiterung der Haushalte um Gesinde war besonders bei den kleinen bäuerlichen Betrieben in der Regel ebenfalls auf eine bestimmte Phase im Familienzyklus beschränkt. Nur große Betriebe benötigten kontinuierlich zusätzliches Personal. Ähnlich verhielt es sich im Handwerk. Eine kontinuierliche Erweiterung des Haushalts um familienfremdes Gesinde findet sich lediglich im gehobenen städtischen Wirtschafts- und Bildungsbürgertum. Die pauschale Redeweise von der vorindustriellen Großfamilie erfasste daher weder die Struktur noch den Umfang vorindustrieller Haushalte korrekt. Die These von der zunehmenden Kontraktion der Familien im Zuge der Industrialisierung lässt sich gerade für die Arbeiterfamilien des 19. Jahrhunderts kaum bestätigen. Erst mit der Wende zum 20. Jahrhundert trat über den rasch voranschreitenden Geburtenrückgang eine deutliche Verkleinerung der Kernfamilien auf. Zugleich führte der Rückgang an Gesinde in den Haushalten aller Schichten im

[handschriftlich am oberen Rand: Person die Zusammenleben]

20. Jahrhundert zu einem weitgehenden Verschwinden erweiterter Haushalte. Außerdem machte die steigende Lebenserwartung, der gestiegene allgemeine Wohlstand sowie die erhöhte Mobilität bis ins hohe Alter eine ausschließlich auf die Koresidenz fixierte Analyse von Haushaltsformen wenig aussagekräftig, da besonders das System gegenseitiger Aushilfe zwischen den Generationen auch über eine gewisse Distanz oft einen fast täglichen Kontakt und eine enge Kooperation umfasst.

2   Funktionswandel der Familie

Mit der Kontraktionsthese verband die Familiensoziologie ursprünglich die These eines zunehmenden Funktionsverlustes der Familie in industrialisierten Gesellschaften. Im Zuge der funktionalen Differenzierung moderner Gesellschaften habe die Familie Funktionen und Kompetenzen – besonders im wirtschaftlichen Bereich – an andere, spezialisierte Institutionen abgegeben (Parsons 1955: 10ff.; Tyrell 1976: 394). Dabei wurde besonders auf die zunehmende Trennung von gewerblicher Produktion und Familie bzw. Haushalt hingewiesen. Auch über diese These hat sich eine breite Diskussion zwischen der Familiensoziologie und der Sozialgeschichte der Familie ergeben (Rosenbaum 1982: 17ff.; ebd.: 263; Tyrell 1976: 395f.). Von der Historischen Familienforschung wurde früh vorgeschlagen, den wertenden Begriff des Funktionsverlustes durch neutralere Begriffe wie Funktionsentlastung oder Funktionswandel zu ersetzen. Außerdem wurde die kausale Zuordnung dieses Prozesses zur Herausbildung moderner Industriegesellschaften abgelehnt (Mitterauer/Sieder 1977: 95). Denn zum einen setzte die Abgabe von Funktionen an andere Institutionen nicht erst mit der Industrialisierung im 19. Jahrhundert ein. Militärische oder gerichtliche Aufgaben und wichtige Teile der Ausbildung waren z.B. schon lange an dafür spezialisierte Institutionen übergegangen. Zum anderen hatte die Familie nicht nur Funktionen abgegeben, sondern auch neue Aufgaben hinzugewonnen. Besonders im Bereich der Primärsozialisation, der Freizeitgestaltung und der Kommunikation waren ihr während der letzten zwei Jahrhunderte zahlreiche neue Aufgaben zugekommen (Mitterauer 1979b: 35-97).

Die These von der zunehmenden Abkoppelung der modernen Familie vom Bereich der Produktion wurde besonders auch von feministischen Ansätzen in der Familienforschung kritisiert, denn sie verdecke die weiter bestehenden Abhängigkeiten und Interdependenzen (Rosenbaum 1982: 482). Hausarbeit müsse daher auch als eine im ökonomischen Sinn Wert schaffende Arbeit angesehen werden (Beer 1990: 49). Sie schaffe konkrete ökonomische Werte, die bezahlt werden müssten, wenn sie in Lohnarbeit erbracht würden. Dieser Lohn werde den Frauen aber vorenthalten, die deshalb einer gewissermaßen doppelten Ausbeutung unterworfen wären – durch ihre Ehemänner wie durch deren Arbeitgeber. Das Neue der modernen kernfamilialen Haushalte liege daher weniger in ihrer Trennung von der Arbeitswelt, als in der spezifischen Weise, auf die sie mit dieser verbunden sind.

Mit der Analyse des Funktionswandels der Familie war die Vermutung verbunden, dass sich dies auch auf die personalen Beziehungen zwischen den Mitgliedern der Familie bzw. des Haushalts ausgewirkt haben müsse. Die besonders von den ökonomischen

Reproduktionsaufgaben entlastete Kernfamilie sei zum Ort des Gefühls, der Intimität und Liebe zwischen den Partnern bzw. auch den Eltern und Kindern geworden. Dies habe sich unter anderem in einer Abkehr von der traditionellen Auffassung von Ehe als einem Vertrag zwischen Familien und von einer an der Maximierung von materiellen Ressourcen orientierten Partnerwahl gezeigt. Grundlage für Partnerwahl und Eheschließung sei nun die gegenseitige Liebe der Partner geworden. Gleichzeitig habe dies auch eine deutlich stärkere emotionale Bindung der Eltern an ihre Kinder zur Folge gehabt.

In der soziologischen und sozialhistorischen Forschung entstand zunächst eine Diskussion darüber, welche soziale Schicht der „Trendsetter" dieser neuen Familienkultur gewesen sei. Weil kleine, auf eine Kernfamilie beschränkte Haushaltsformen in den gewerblichen Unter- und Mittelschichten bereits vor der Industrialisierung die Regel waren und das Gattenpaar die zentrale und einzig permanente Zone der Familie darstellte, folgerte René König, dass sich hier auch der Charakter der Ehe zuerst geändert habe und zu einer intimen und persönlichen Übereinkunft der beiden Partner geworden sei (König 1976: 70ff.). Die Auffassung Königs, dass die moderne, gattenzentrierte Kernfamilie eine Folge der „Universalisierung des Familientyps der Unterklassen" gewesen sei, wurde von dem amerikanischen Historiker Edward Shorter aufgegriffen und radikalisiert (Shorter 1977; König 1966: 15; Tyrell 1977: 684f). Er stellte die These auf, dass sich aufgrund der Freisetzung der Arbeiter von allen Eigentumsbindungen die moderne „romantische Liebe" als Grundlage der Partnerwahl und ein neues, affektbetontes Ehemodell zuerst in den frühindustriellen Unterschichten hätte durchsetzen können (Shorter 1977: 292ff.). Ein Kriterium für die neuen Liebesbeziehungen stellten für Shorter die seit der Mitte des 18. Jahrhunderts sprunghaft angestiegenen Illegitimitätsquoten dar, die er als Ausdruck dafür nahm, dass junge Erwachsene ihre emotionalen Beziehungen über Eigentums- und Familieninteressen stellten. Shorter sprach in diesem Zusammenhang von einer ersten „sexuellen Revolution", die der zweiten in den 1960er Jahren um fast 200 Jahre vorausgegangen sei (Shorter 1977: 99ff.). Dagegen wurde jedoch vor allem von historisch-demografisch arbeitenden Historikern vorgebracht, dass dieser Anstieg der Illegitimitätsraten aufgrund seiner außerordentlich starken regionalen Varianzen eher auf wirtschaftliche und rechtliche Faktoren, besonders auf die in manchen Regionen sehr strikten Ehehindernisse für arme oder armutsgefährdete Paare zurückzuführen sei und nicht auf einen allgemeinen Mentalitätswandel hindeute (Mitterauer 1983).

Von anderen Forschern wurde gegen Shorters These betont, dass der moderne Typ der privatisierten und intimen Kernfamilie „bis in die ihn bestimmende Begrifflichkeit hinein ganz entschieden bürgerlichen Ursprungs" sei (Tyrell 1977: 685). Der Aufstieg der Liebesheiraten, so argumentierte der britische Historiker Lawrence Stone, sei zuerst im 17. Jahrhundert bei den gebildeten Mittelschichten Englands festzustellen. Die auf individuelle Seelenprüfung ausgerichtete Religiosität des Puritanismus habe auch die Entwicklung einer weltlichen Gefühlskultur nachhaltig befördert (Stone 1977: 149ff.). Andere Forscher suchten und fanden Belege für Liebesheiraten in noch früheren Zeiten. Alan Macfarlane verband die in England bereits für das 14. Jahrhundert nachweisbaren engen emotionalen Partnerbeziehungen mit der Entstehung eines modernen Individualismus in dieser Periode (Macfarlane 1986; ders. 1978). Blickt man auf die Praxis der Partnerwahl in den europäischen Ländern aus einer interkulturell vergleichenden Perspektive, so wird deutlich, dass durch den Einfluss der christlichen Kirchen in Europa schon seit dem 12. Jahrhundert die

Diskutiert sind: Wann beginnt Liebesehe und von wem (Unter-, Mittelschicht) [handwritten]

Bedeutung des freien Konsens der Partner für den Abschluss einer (kirchen-)rechtlich gültigen Ehe zugenommen hatte (Brooke 1989: 129). Für das Eheverständnis war dieser Wandel revolutionär, denn er verwandelte die Ehe „von einer sozialen, zwei Familien vorübergehend miteinander verbindenden Institution in eine von Grund auf intime, zwei Personen auf ewig einende Beziehung" (Otis-Cour 2000: 120). Die neuere Forschung lässt deshalb den Aufstieg stärker partnerschaftlich ausgerichteter Ehen und die Intensivierung der Partnerbeziehungen bereits im Mittelalter beginnen und betont inzwischen mehr die Kontinuitäten als die Unterschiede zwischen Mittelalter und Neuzeit.

3   Das „European Marriage Pattern"

hohes Heiratsalter [handwritten]

Eine sehr interessante und mit der Frage der Haushaltsgrößen verbundene Debatte entstand in der historischen Familienforschung um den von John Hajnal in den 1960er Jahren festgestellten Befund, dass sich in West-, Mittel- und Nordeuropa seit dem Spätmittelalter ein außerordentlich hohes durchschnittliches Heiratsalter bei Erstehen durchgesetzt habe. Westlich einer Linie St. Petersburg–Triest habe die weltweit einzigartige Sitte vorgeherrscht, dass Männer und Frauen bei der Erstheirat bereits Ende 20 waren. Ein hoher Prozentsatz (in manchen Regionen bis zu 30 Prozent) der Bevölkerung sei sogar dauerhaft ledig geblieben (Hajnal 1965: 101; ebd.: 130ff.). Die Kombination dieser beiden Faktoren – hohes Heiratsalter und hohe Ledigenquote – bezeichnete Hajnal als „European Marriage Pattern". *oder dauerhaft ledig* [handwritten]

Hajnal erklärte diesen Befund mit der Tatsache, dass in den vorindustriellen europäischen Gesellschaften die Heirat mit der Übernahme oder Neugründung eines eigenen Haushalts verbunden gewesen sei. Voraussetzung einer Eheschließung sei mithin die Verfügbarkeit der notwendigen ökonomischen Ressourcen zum Erhalt einer Familie gewesen (Hajnal 1983). In der Tat war bis ins 19. Jahrhundert hinein die Eheschließung in vielen Regionen nicht nur an die Zustimmung der Eltern gebunden, sondern auch an die der Gemeinden, die zur Prävention des Anwachsens der verarmten Unterschichten vor der Eheschließung den Nachweis eines ausreichenden „Nahrungsstandes" verlangten (Matz 1980). *frühe* [handwritten]

Hajnals Beobachtungen und Erklärungsmuster wurden zunächst allgemein akzeptiert, und die Bezeichnung „European Marriage Pattern" avancierte zu einem der gängigsten Begriffe der historischen Demografie und Familienforschung. In den letzten Jahren wurde jedoch zunehmend Kritik an diesem Modell geübt. Sie kam vor allem von Forschern, die historisch-demografische Mikroanalysen zu einzelnen Dörfern oder Regionen durchführten. Denn die von Hajnal erhobenen Durchschnittszahlen verbargen die zum Teil erheblichen schicht- und berufsspezifischen Unterschiede beim Heiratsalter und den Ledigenquoten. So war zum Beispiel in Regionen mit verdichteter, für den Export produzierender ländlicher Hausindustrie die Familiengründung schon in der Frühen Neuzeit nicht an die Übergabe einer Hofstelle gebunden, denn der Erhalt einer Familie war über die eigene Arbeitskraft möglich. Für solche Gegenden konnten daher ein niedrigeres Heiratsalter, eine höhere Kinderzahl und zum Teil auch komplexere Haushaltsstrukturen charakteristisch sein. In dem stark proto-industriell geprägten Ort Belm im Osnabrücker Land war *Kritik an These* [handwritten] das Heiratsalter keineswegs durchgehend hoch, sondern schichtspezifisch sehr unterschiedlich und außerdem stark von der Entwicklung der Konjunktur abhängig. Auch die Annahme einer hohen Anzahl von Ledigen ließ sich für diese proto-industrielle Gemeinde nicht bestätigen. Die Ledigenquote lag hier bei unter 10 Prozent (Schlumbohm 1994, 96ff.). In Krefeld, einem Zentrum frühindustrieller Seidenproduktion, war das durchschnittliche Heiratsalter der Unterschichten zwar deutlich höher als in Belm, das der Seidenarbeiter und Seidenarbeiterinnen jedoch deutlich niedriger als das der restlichen Bevölkerung (Kriedte 1992, 177ff.).

Allerdings lässt sich der hier aufscheinende Zusammenhang zwischen Industrialisierung und sinkendem Heiratsalter auch nicht problemlos generalisieren. In einem breit angelegten internationalen Vergleich zeigte sich, dass die Durchsetzung der kapitalistischen Produktionsweise im Laufe des 19. Jahrhunderts keineswegs in allen Ländern einheitlich zu einer Ablösung des europäischen Heiratsmusters führte. Während in England das durchschnittliche Heiratsalter mit der zunehmenden Entwicklung kapitalistischer Produktionsverhältnisse sank, wurde an der deutschen Entwicklung im 19. Jahrhundert deutlich, dass lokale und soziale Traditionen ökonomische Strukturen durchaus überlagern konnten. Hier war eine hohe regionale Inhomogenität der demografischen Muster Folge des Industrialisierungsprozesses (Ehmer 1991, 230).

Im 20. Jahrhundert haben sich diese regionalen und schichtspezifischen Unterschiede allmählich verwischt. Es wird ein allgemeiner Trend zu einem niedrigeren Heiratsalter deutlich erkennbar. Bis 1972 sank das durchschnittliche Heiratsalter bei Erstehen für Männer auf 25,5 Jahre. Seit 1972 stieg es allerdings wieder kontinuierlich an und hat nun fast den Stand vom Beginn des Jahrhunderts erreicht. Das durchschnittliche Heiratsalter lediger Männer betrug 1995 in der BRD 29,0 Jahre, das lediger Frauen 27,3 Jahre. Dieser erneute Anstieg des Heiratsalters und der Ledigenquote stellt aber keine Reaktionen auf wirtschaftliche Veränderungen mehr dar, sondern ist Ausdruck der zunehmenden Attraktivität alternativer Lebensformen.

4   Eltern – Kinder – Geschwister

Das Thema der Qualität der persönlichen Bindungen in Familie und Haushalt beschäftigte die Familienforschung nicht nur im Hinblick auf die Partnerwahl und Ehe, sondern auch auf die Beziehungen zwischen Eltern und Kindern sowie zwischen Geschwistern. Eine der frühesten Arbeiten dieser Richtung war das bereits 1960 von dem französischen Historiker Philippe Ariès veröffentlichte Werk „L'enfant et la vie familiale sous l'ancien régime", das allerdings erst seit den späten 1970er Jahren international breit diskutiert wurde (Ariès 1975). Die Hauptthese dieses Buches war, dass es im Mittelalter in Europa keine wirkliche Vorstellung von Kindheit als eigenständiger Lebensphase gegeben habe. Diese habe sich als sozial signifikantes Phänomen erst im 16. und 17. Jahrhundert ausgebreitet. Ariès verband mit dieser These die Vermutung, dass Eltern ihren Kindern deshalb früher emotional weniger verbunden gewesen seien. Dazu habe außerdem die hohe Kindersterblichkeit beigetragen. Eine allzu enge Bindung besonders an Kleinkinder wäre für Eltern emotional zu belastend gewesen.

Im Anschluss an Ariès' These wurde von Elisabeth Badinter in Zweifel gezogen, dass Mutterliebe als die spontane emotionale Hinwendung der Mutter zum neugeborenen Kind eine natürliche Disposition sei (Badinter 1981). Es handele sich dabei vielmehr um das Ergebnis einer historischen Entwicklung, das an den Aufstieg der intimisierten bürgerlichen Kernfamilie gebunden sei. Als Indikatoren für die soziale und kulturelle Formbarkeit der Mutter-Kind-Beziehung wurde besonders die Verbreitung von Praktiken wie die Abgabe von Kindern an Ammen sowie die Aussetzung oder Fehlernährung von Kindern angeführt. Das Ammenwesen hatte sich in Europa seit dem Mittelalter von Süden her zunächst in den Oberschichten ausgebreitet. In der Frühen Neuzeit findet es sich auch in den städtischen Mittelschichten und im 19. Jahrhundert zumindest in Frankreich und in Deutschland auch in der städtischen Arbeiterschaft. Es sind zwei Arten des Ammenwesens zu unterscheiden: Man konnte eine Amme ins Haus kommen lassen oder man konnte die Kinder zu einer Amme weggeben. Während in den Oberschichten der Frühen Neuzeit in der Regel die erste Variante praktiziert wurde, setzte sich besonders im Frankreich des 18. Jahrhunderts in den Mittel- und Unterschichten die zweite Variante durch. Kinder wurden zu Ammen auf das Land gegeben. Meist nahm eine Amme parallel mehrere Säuglinge an. Die Sterblichkeit dieser Kinder war überdurchschnittlich hoch. Dieses erhöhte Lebensrisiko der Kinder wurde von den Eltern jedoch hingenommen (Badinter 1981, 159ff.).

Eine breite Debatte über das Stillen als Mutterpflicht setzte erst in der Mitte des 18. Jahrhunderts ein und ging vom Bürgertum aus, das die Aufzucht und Erziehung von Kindern nun in einer ganz besonderen Weise thematisierte und vor allem zur Aufgabe von Frauen machte. Bürgerliche Frauen wurden nun über ihre „natürliche" Zuständigkeit für die Kinder und ihr Wohl auf neue Weise moralisch an das Haus gebunden und für dessen emotionales Binnenklima zuständig (Donzelot 1979: 34). Das Stillen durch Ammen dagegen wurde im Laufe des 19. Jahrhunderts eher ein Unterschichtenphänomen. Arbeiterfrauen mussten ihre Kinder weggeben, um ihren Lebensunterhalt in der Fabrik zu verdienen. Erst im Rahmen der großen bevölkerungspolitischen Debatten an der Wende vom 19. zum 20. Jahrhundert, als man aufgrund der rückläufigen Geburtenziffern um den Erhalt der Wehrfähigkeit fürchtete, wurden die Möglichkeiten für verheiratete Frauen, ihre Kinder während der Arbeitszeit zu stillen, verbessert (Segalen 1998: 37).

Eine zweiter „Testfall" für mangelnde Mutterliebe war die Kindesaussetzung. In fast allen großen Städten Europas gab es seit dem späten Mittelalter Findelhäuser. In den Agrarkrisen seit der Mitte des 18. Jahrhunderts scheint die Kindesaussetzung sogar noch einmal stark zugenommen zu haben. Für Frankreich wurde dabei eine deutliche Parallelität zwischen dem Anstieg der Getreidepreise und der Zunahme der Zahl und des Alters der ausgesetzten Kinder festgestellt. Das deutet darauf hin, dass sich vermutlich nicht nur ledige Mütter, sondern auch verheiratete Eltern in Krisenzeiten selbst von älteren Kleinkindern auf diese Weise trennten. Bei Findelkindern waren die Überlebenschancen ähnlich gering wie bei den zu Ammen gegebenen Säugekindern.

Schließlich gab es noch die Fehlernährung von Kindern. Bis ins 20. Jahrhundert hinein wurden Säuglinge oft trotz ausführlicher medizinischer Warnungen besonders in den Unterschichten nicht gestillt, sondern mit unverdünnter Kuhmilch oder Mehlbrei ernährt. Das führte bei den Kindern häufig zu tödlichen Verdauungsstörungen. Manche Historiker vermuten, dass hier – bewusst oder unbewusst – der Tod von Kindern herbeigeführt oder zumindest in Kauf genommen wurde. Andere bestreiten solche Schlüsse. Denn es ist schwierig, solche oft aus quantitativen demografischen Untersuchungen gewonnene Befunde zu interpretieren oder gar zu verallgemeinern. Zum einen gibt es bei der Kindersterblichkeit ganz generell sehr große regionale Unterschiede. Zum anderen stehen den direkten oder indirekten Hinweisen auf eine gewisse Gefühlskälte von Eltern vielfältige Zeugnisse eines großen Einfühlungsvermögens in kindliche Bedürfnisse und vor allem großer Trauer beim Tod von Kindern gegenüber. Solche Zeugnisse finden sich in allen sozialen Schichten. Es ist dennoch zu vermuten, dass die modernen Möglichkeiten der Empfängnisverhütung und die sinkende Kinderzahl pro Ehe das Verhältnis von Eltern zu ihren „Wunschkindern" – zumindest im Kleinkindalter – deutlich veränderten und dazu beitrugen, die häufig aus der materiellen Not der Eltern resultierenden emotionalen Ambivalenzen gegenüber den Neugeborenen zu verringern.

5   Ehekonflikte und Ehescheidungen

Die Zunahme von Ehescheidungen ist eines der markantesten Merkmale der europäischen Familiengeschichte des 20. und 21. Jahrhunderts. Die höchsten Werte verzeichneten hier lange Zeit Belgien, die skandinavischen Länder, Großbritannien und Deutschland, inzwischen stehen nach Liberalisierungen im Scheidungsrecht die Tschechische Republik und vor allem Spanien an der Spitze der europäischen Scheidungsstatistik. In allen Ländern haben die Scheidungsraten ein Niveau erreicht, das auf einen deutlichen Wandel der Einstellung zur Ehe bzw. zu Ehekonflikten hindeutet. Ehekonflikte werden heute sehr viel rascher durch Scheidungen beendet als früher (Phillips 1988: 632). Allerdings wurde zu Recht vor einer Dramatisierung dieser Ergebnisse gewarnt. Zum einen lassen sich im interkulturellen Vergleich viele Gesellschaften mit traditionell hohen Scheidungsraten finden. Es gibt „stable high divorce rate systems" wie Japan oder arabische Gesellschaften, wo Scheidung immer als ein mögliches Ende einer Ehe angesehen wurde (Goode 1993: 214ff.; ebd.: 251ff.). Zum anderen wurde auf die hohen Wiederverheiratungsquoten verwiesen, die darauf deuten, dass die Bedeutung der Ehe in Europa auch für Geschiedene weiterhin hoch ist. Schließlich wurde vorgebracht, dass trotz hoher Scheidungsraten aufgrund der steigenden Lebenserwartung noch nie in der Geschichte Europas „derart viele Menschen eine so lange Zeit ihres Lebens mit demselben Ehepartner zusammen[lebten] wie heute" (Nave-Herz 1988: 75). Aufgrund hoher Sterblichkeitsquoten gehörten Wiederverheiratungen und „Patchwork"-Familien mit Stiefeltern und Stiefgeschwistern bis weit ins 19. Jahrhundert hinein zur Lebenserfahrung eines Großteils der Bevölkerung.

Man sollte allerdings über die Parallelen die historischen und interkulturellen Unterschiede nicht übersehen. Der Tod eines Partners ist ein „von außen" kommendes Ereignis. Eine Scheidung dagegen ist Ausdruck der Krise einer Ehe, ein Zeichen nachhaltig enttäuschter Erwartungen an den Partner und die Form des Zusammenlebens. In außereuropäischen Gesellschaften finden hohe Ehescheidungsraten in einem anderen religiösen sowie familien- und geschlechterstrukturellen Kontext statt. Besonders der Status und die Versorgung der geschiedenen Frau waren dort in der Regel schon immer klar geregelt. Insofern ist der Anstieg der Scheidungszahlen in Europa im 20. Jahrhundert durchaus als ein wichtiger Veränderungsprozess anzusehen. Ein bedeutender Aspekt, den es bei jeder Behandlung von Ehescheidungen zu berücksichtigen gilt, ist die Tatsache, dass niedrige Scheidungsraten keineswegs auf eine höhere Harmonie oder Stabilität der Ehen deuten. Das heißt, eine Geschichte der Ehescheidung muss immer auch die Geschichte der Ehekonflikte, der Vermittlungsversuche und -instanzen und schließlich auch der informellen Trennungen einbeziehen.

Ehekonflikte sind immer häufiger als Ehescheidungen. Dennoch ist auch bei den Konflikten auffällig, dass in der Frühen Neuzeit zumindest die Zahl der öffentlich, d.h. vor einem kirchlichen oder weltlichen Gericht ausgetragenen Streitigkeiten, relativ gering war. In einer der wenigen Lokalstudien, in der die Zahl der vor einem Ehegericht verhandelten Konfliktfälle einmal auf die Anzahl der im Ort lebenden Ehepaare umgerechnet wurde, ergab sich, dass es bis ins 19. Jahrhundert hinein durchgehend weniger als fünf Prozent der Ehen waren, die irgendwann einmal eine amtliche Konfliktlösung beantragten – die im übrigen keineswegs immer auf eine Scheidung abzielen musste (Häußermann 1995). Fragt man danach, welche Konflikte vor allem dazu angetan waren, dass sie nicht mehr von den Partnern selbst gelöst werden konnten, so stößt man in den frühneuzeitlichen Gerichtsakten vor allem auf vier besonders häufig genannte und nicht immer klar voneinander trennbare Konfliktbereiche: Misshandlung, Verletzung von Geschlechtsrollen, Konflikte mit angeheirateten Kindern, Alkoholismus bzw. Verschwendung (Beck 1992). Meist überlagerten sich mehrere dieser Konfliktursachen.

Beim Scheidungsrecht selbst sind bis zur Einführung der Zivilehe in den europäischen Ländern jeweils besonders die konfessionellen Unterschiede zu beachten. So bedeutet Scheidung im katholischen Sinn des Wortes nicht die Auflösung einer Ehe, sondern nur die offizielle Anerkennung der „Trennung von Bett und Tisch". Denn die Ehe ist nach katholischer Auffassung ein Sakrament und kann durch Menschen nur aufgelöst werden, wenn sie unter Nichtbeachtung gravierender Ehehindernisse zustandegekommen war. Dann galt sie als nicht geschlossen. Die einzige Art und Weise, auf die eine gültig geschlossene Ehe rechtmäßig endete (und damit die Möglichkeit zur Wiederverheiratung eröffnete), war somit der Tod des Ehepartners. Durch den Sakramentscharakter der Ehe liegt nach der Auffassung des katholischen Kirchenrechts die primäre Zuständigkeit für katholische Ehen bzw. Ehekonflikte daher bei kirchlichen Instanzen. Die Einführung der Zivilehe – zunächst im revolutionären Frankreich, dann in Deutschland unter Bismarck – wurde von der katholischen Kirche daher auch als schwerer Eingriff in ihre Rechte aufgefasst.

Im Protestantismus wird die Ehe nicht als Sakrament angesehen. Daher kann sie mit einem Recht auf Wiederverheiratung geschieden werden (Phillips 1988: 40ff.) Im Luthertum galten neben dem Ehebruch vor allem drei Gründe als legitime Ursachen für die Auflösung einer Ehe: die „bösliche Verlassung", Impotenz oder Verweigerung der „ehelichen Pflicht", Unglauben oder Konfessionswechsel und schließlich – allerdings mit starken Einschränkungen – andere Ursachen, die man zusammenfassend als Zerrüttung der Ehe bezeichnen könnte, wobei körperliche Gewalttätigkeit vor allem des Mannes gegen die Frau allein noch kein hinreichender Scheidungsgrund war (Schorn-Schütte 1997: 97f.). Ehebruch und böswilliges Verlassen eines Ehepartners waren in der Frühen Neuzeit in der Regel die häufigsten Scheidungsgründe (Gestrich 2003: 544-547). Ehebrechern wurde in protestantischen Ländern in der Regel die Wiederverheiratung gestattet, zugleich war Ehebruch aber ein Delikt, das bestraft wurde.

Genaue quantitative Übersichten über offizielle Trennungen von Bett und Tisch bzw. Scheidungen liegen für die Frühe Neuzeit und auch für das 19. Jahrhundert nur für wenige Städte, Regionen oder gar Staaten vor, noch seltener finden sich Untersuchungen zu „wilden Scheidungen" durch Verlassen des Partners. Deutlich wird aus den wenigen Arbeiten allerdings, dass es sich zumindest bei den offiziellen Trennungen um vergleichsweise seltene Maßnahmen handelte. Für Frankreich gibt es einige Regionalstudien, die zeigen, dass die Trennung von Tisch und Bett im Ancien Régime außerordentlich rar war. In der Diözese Cambrai z.B., die etwa 400.000 Seelen umfasste, gab es in der ersten Hälfte des 18. Jahrhunderts durchschnittlich 5,4 Ehetrennungen pro Jahr mit leicht steigender Tendenz in der zweiten Jahrhunderthälfte (Phillips 1988: 162). In England lagen die Scheidungszahlen noch niedriger. In Frankreich hatte jedoch bereits die im Jahr 1792 im Rahmen der Revolution eingeführte Zivilehe mit Scheidungsrecht zumindest in den Städten zunächst sprunghaft steigende Scheidungszahlen zur Folge. Insgesamt wurden zwischen 1792 und 1804 in Paris über 13.000 Ehen geschieden, in Lyon und Rouen jeweils gut 1.000, wobei die ersten Jahre besonders hohe Zahlen zeigten (Phillips 1988: 258f; ders. 1980: 44ff.). Das sehr liberale Scheidungsrecht der Revolution wurde jedoch bereits in Napoleons Code civil von 1804 wieder eingeschränkt und nach der Restauration völlig zugunsten des alten kanonischen Eherechts aufgehoben, d.h. in Frankreich wurde lediglich eine Trennung von Bett und Tisch akzeptiert, aber keine Scheidung mit Wiederverheiratungsmöglichkeit. Erst 1884 kehrte die französische Gesetzgebung im Scheidungsrecht zu den Bestimmungen des Code civil zurück.

In Deutschland brachte an der Wende vom 18. zum 19. Jahrhundert vor allem in Preußen das aufgeklärte allgemeine Landrecht von 1792 eine deutliche Erleichterung der Scheidungsmöglichkeiten. Es ergänzte die traditionellen Scheidungsgründe (Ehebruch etc.) durch Ansätze des Zerrüttungsprinzips. Aufgrund dieser Scheidungsbestimmungen wurden in Preußen allein im Jahr 1810 insgesamt 631 Ehen getrennt, die Tendenz war dabei steigend: Zwischen 1817 und 1822 wurden in Preußen fast 18.000 Ehen geschieden, annähernd 3.000 pro Jahr – eine im internationalen Vergleich enorme Zahl (Blasius 1997: 663). Dies führte auch zu Reaktionen von Seiten der Kirchen und Justizverwaltungen, die durch Verfahrensvorschriften im Laufe des 19. Jahrhunderts die Scheidungsneigung deutlich eindämmten. Das Gros der Scheidungsprozesse in Preußen, etwa 75 Prozent, wurde von Frauen angestrengt, meist von solchen aus den Unterschichten oder dem Kleinbürgertum. Vielfach waren es Reaktionen auf innereheliche Gewalt und Alkoholismus der Männer (Blasius 1997: 666).

Reformen des Ehescheidungsrechts waren im 19. und 20. Jahrhundert in allen europäischen Staaten ein intensiv diskutiertes Thema. In den meisten Staaten führte dies in der zweiten Hälfte des 19. Jahrhunderts auch zu ersten Reformen, die letztlich alle darauf basierten, dass der Staat im Bereich der Eheregulierung kirchliche Kompetenzen übernahm und nicht nur Ehescheidungen, sondern auch die Wiederverheiratung ermöglichte. In Deutschland dehnte bereits das Personenstandsgesetz von 1875 die preußischen Regelungen auf alle Staaten des Reiches aus, auch auf die katholischen. Grundlage des Scheidungsrechts blieb jedoch in den meisten Ländern weiterhin das Schuldprinzip. Das deutsche BGB verknüpfte damit auch die Regelung der Unterhaltszahlungen. Die schuldig oder mitschuldig geschiedene Frau hatte nach dem BGB keinen Anspruch auf Versorgung, die schuldlos geschiedene nur insoweit, als sie ihren Unterhalt nicht aus ihrem Vermögen oder ihrer Arbeit selbst bestreiten konnte. Musste ein Mann bezahlen, dann nur so viel, dass sein standesgemäßer Unterhalt nicht gefährdet war. Das führte vor den Gerichten zu erbitterten Auseinandersetzungen um die Schuldzuschreibung, allerdings nur kurzfristig zu einem Rückgang der Scheidungsraten. Sie erlebten seit dem frühen 20. Jahrhundert international einen kontinuierlichen, durch die politischen Umbrüche und Kriege des 20. Jahrhunderts allenfalls kurzfristig unterbrochenen säkularen Anstieg (Phillips 1988). Insgesamt wird man diese internationale Tendenz zu hohen Scheidungszahlen sicher dahingehend interpretieren können, dass die religiöse Dimension der Ehe weniger wichtig wurde, die Erwartungen an die eheliche Partnerschaft und die Qualität des Zusammenlebens dagegen gestiegen und die Toleranzgrenzen gesunken sind, weil die sozialen Konsequenzen einer Scheidung für die Partner wie für die Kinder weniger stigmatisierend und belastend wurden.

6 Wohnen

Häuser sind eine wichtige Quelle der Familiengeschichte. Denn Gesellschaften und Gruppen passen ihre Wohnformen langfristig dem Wandel ihrer sozialen Beziehungen und Bedürfnisse an. Umbauten und Umnutzungen von Häusern sind daher besonders interessant und lassen oft einen klar datierbaren Bedürfniswandel bezüglich der Raumstrukturen des familialen Zusammenlebens erkennen. Der wichtigste Wandel in diesem Bereich war in der Neuzeit die zunehmende Differenzierung der Räume. In Nordeuropa waren im städtischen wie im ländlichen Bereich ursprünglich Einraumhäuser weit verbreitet, seit dem späten Mittelalter zeigt sich jedoch eine Tendenz zur Trennung zwischen Wohnen und Wirtschaften und zur räumlichen Absonderung der einzelnen Gruppen des Hauses. Herrschaft und Gesinde haben eigene Räume, für die Alten gibt es ein Altenteil, für die Kinder in adeligen Haushalten, und seit dem 18. Jahrhundert auch in bürgerlichen, zunehmend gesonderte Kinderzimmer. Die Multifunktionalität des einen Raumes wurde aufgegeben zugunsten der Monofunktionalität vieler Räume (Meiners 1987: 190). Soziale Schranken innerhalb eines Haushaltes wurden so akzentuiert, auch ein erhöhtes Bedürfnis nach Intimität, nicht zuletzt im sexuellen Bereich, kam dadurch zum Ausdruck.

Allerdings zeigten sich bei der Möglichkeit zur Befriedigung dieser Bedürfnisse deutliche soziale Schranken: Wohnen, Essen, Arbeiten, Schlafen waren in den Haushalten der städtischen wie der ländlichen Unter- und Mittelschichten noch bis ins 19. oder sogar 20. Jahrhundert hinein oft völlig gemischt. Die rapide Verstädterung der Bevölkerung in Europa während des letzten Drittels des 19. Jahrhunderts hatte eine akute Wohnungsnot, auf jeden Fall aber eine ganz erhebliche Wohndichte zur Folge. Noch um 1900 konnten in Berlin in einer Wohnung mit zwei Zimmern bis zu acht Personen wohnen, ohne dass die Wohnung als überbesetzt eingestuft wurde. 43 Prozent aller Haushaltungen in Berlin waren in diesem Jahr in einräumigen Wohnungen untergebracht (Treue 1969). Ein besonders typisches Phänomen der Arbeiterfamilien waren zudem die so genannten Schlafgänger. Besaß eine Familie eine Wohnung in der eine extra Kammer war, dann wurde diese oft untervermietet, um das schmale Familienbudget vor allem in der ersten Zeit der Familie aufzubessern. Im Jahr 1880 hatten gut 22 Prozent der Berliner Haushaltungen so genannte Schlafgänger oder Untermieter. Im Ruhrgebiet waren über 20 Prozent der Bergleute auf eine solche Unterkunft angewiesen. Bei dem Schichtbetrieb der Zechen waren viele Betten sogar mehrfach vermietet. Diese offenen oder halb offenen Wohnformen der Arbeiterschaft waren nicht auf die deutschen Industrieviere beschränkt, sondern ein gemeineuropäisches Phänomen, das sich in Glasgow ebenso findet wie in Wien oder Mailand (Rodger 1985: 319ff.; Ehmer 1980; Jackson 1981). Der Drang zur Privatisierung des Familienlebens war dennoch auch in der Arbeiterschaft nicht zu übersehen: Die Zahl dieser Schlafgänger ging überall um die Jahrhundertwende deutlich zurück, es begann nun die große Phase des kommerziellen, aber auch des sozialen Wohnungsbaus und der Siedlungsgenossenschaften.

Im Gegensatz zu den städtischen unter- und kleinbürgerlichen Mittelschichten, die praktisch keinen Zuwachs an Wohnraum und Wohnkomfort erhielten, setzte sich europaweit in den städtischen Oberschichten seit dem 18. Jahrhundert das durch, was man als bürgerlichen Lebensstil bezeichnen kann. Eine neue Wohnkultur war eines seiner wesentlichen Kennzeichen. Die Zahl der Wohnräume und die Binnendifferenzierung der bürgerlichen Haushalte nahmen zu, es setzte sich besonders in den großbürgerlichen Wohnverhältnissen der Städte eine noch deutlichere Trennung von Kernfamilie und Gesinde durch. Die bürgerliche Familie zog sich in eine Sphäre der Privatheit zurück, zu der den Dienstboten der Zutritt nur auf Verlangen gestattet war. Mit diesem Rückzug der Kernfamilie war zugleich eine Verstärkung der Intimsphäre der einzelnen Personen verbunden.

Die Ausdifferenzierung der Raumfunktionen wurde ergänzt durch die „Verhäuslichung" der Körperhygiene. Aborte, die (wenn überhaupt vorhanden) ursprünglich außerhalb des Hauses gelegen hatten, bekamen nun einen eigenen Raum zunächst innerhalb des Hauses oder Mietshauses, schließlich innerhalb der Wohnung. Auch Badezimmer waren eine neue Einrichtung, setzten sich allerdings langsamer durch als die Toiletten in der Wohnung. In England waren 1951 noch 37 Prozent aller Wohnungen ohne festes Bad, in der Bundesrepublik 1950 vermutlich noch fast 80 Prozent, 1989 waren dies nur noch 4 Prozent (DDR 18 Prozent). Es gibt allerdings gerade bei der Ausstattung der Wohnungen mit Badezimmern noch große Unterschiede zwischen den europäischen Ländern (Gleichmann 1982; Brunhöber 1983: 189; Burnett 1978: 278).

Ein weiterer Aspekt dieses Rückzugs der Familie in einen Bereich des Privaten und Intimen war im Bürgertum schließlich die immer deutlichere Beschränkung des Aktionsfeldes von Frauen auf den innerhäuslichen Bereich. Die Familiarisierung der Frauen in den bürgerlichen Mittel- und Oberschichten während des 19. und frühen 20. Jahrhunderts sollte zwar nicht überbetont werden, denn diese Zeit sah zugleich den Aufstieg der weiblichen Angestellten, den Beginn des Frauenstudiums und vor allem der ehrenamtlichen Tätigkeit von Frauen im Wohlfahrtsbereich (Gestrich 1999, 94ff.). Dennoch scheint die Verräumlichung von Geschlechtsdifferenzen im bürgerlichen Milieu im 19. Jahrhundert eher zu- als abgenommen zu haben. Dies lässt sich bei den bürgerlichen Haushalten besonders an einer innerhäuslichen Differenzierung nach getrennten Gesellschaftsräumen für Männer und Frauen feststellen.

7 Erben

Bis in die Gegenwart vollzieht sich ein nicht unerheblicher Teil der Reproduktion der sozialen Schichtung der europäischen Gesellschaften über die Vermögensübertragung im Erbgang. Moderne Gesellschaften sind zwar sozial durchlässiger als die Ständegesellschaften der Frühen Neuzeit, Erben spielt jedoch auch in Industriegesellschaften für die Bildung wirtschaftlicher Oberschichten eine sehr viel größere Rolle als der Aufstieg über Qualifikation und Leistung. Selbst in den unteren Gesellschaftsschichten entscheidet das bescheidene Erbe vielfach über Lebenschancen und Sozialstatus von Personen und Familien. Form und Umfang des Erbes besitzen einen deutlichen Einfluss auf Haushaltsstrukturen und soziale Beziehungen in der Familie. Die Entwicklung des Erbrechts und der Vererbungspraxis sind für die Geschichte der Familie daher von zentraler Bedeutung.

Die Art, auf die das Vermögen einer Familie an die nächste Generation weitergegeben wird, ist nicht beliebig, sondern abhängig von Erbsitten und Erbrechtskodifikationen. Hier lassen sich in Europa historisch zum Teil große Regionen gleichen Erbrechts unterscheiden, zum Teil konnten die Gewohnheiten allerdings auch sehr kleinräumig von Herrschaft zu Herrschaft wechseln. Von besonderer Bedeutung waren diese Erbrechtsregulierungen für die Weitergabe von Höfen. In den Regionen mit so genanntem Realteilungsrecht erbten im Prinzip alle Kinder gleichmäßig. Der Hof wurde geteilt. Von Geschwistern wurde jedoch oft erwartet, auf das Erbe zu verzichten bzw. ledig zu bleiben, um einem de facto-Alleinerben die Übernahme und Weiterführung des elterlichen Hofes zu ermöglichen (Howell 1976: 154). Bei dem Anerbenrecht, das die ungeteilte Weitergabe des Hofes vorsah, gab es große Unterschiede in der Frage, welches Kind die Hoffolge antrat und wie die anderen entschädigt werden konnten oder mussten. In aller Regel wurden sie über Mitgiftregelungen oder Zahlungen in Geld oder Naturalien am Erbe beteiligt (Spufford 1976: 158).

Von sehr grundsätzlicher Bedeutung für die europäische Familiengeschichte war die Besitz- und Erbfähigkeit von Frauen bzw. die Möglichkeit, dass Kinder beiderlei Geschlechts von beiden Elternteilen schon zu Lebzeiten Vermögen übertragen bekommen oder erben konnten. Ethnologen verweisen auf die weitgehende Einheitlichkeit Europas (und weiter Teilen Asiens) in diesem Punkt und betonen vor allem den Gegensatz zu Afrika, wo Vermögen in der Regel nur innerhalb des gleichen Geschlechts weitergegeben wurde (Goody 1976: 13; ebd.: 35f). Bis auf Teile des Mittelmeerraums hatte sich in Europa zumindest die Möglichkeit eines gleichberechtigten Erbrechts von Männern und Frauen allgemein durchgesetzt. Dies wird auch mit der Tatsache zusammenhängen, dass sich in Nordwest- und Mitteleuropa im Mittelalter und der Neuzeit eine spezifische Form der Verwandtschaftskonstruktion durchgesetzt hat, die inhaltlich und sprachlich nicht mehr zwischen männlicher und weiblicher Verwandtschaftslinie unterscheidet (Mitterauer 2003: 168-174). Allerdings finden sich bei genauerer Untersuchung immer wieder Beispiele, in denen Frauen im Erbrecht doch deutlich benachteiligt und vor allem von Land- und sonstigem Immobilienbesitz ausgeschlossen wurden (Klapisch-Zuber 1995: 52-55, ebd.: 90ff.; Bastl 2000: 50ff.). Wo dies der Fall war, stellte die Mitgift bei der Eheschließung einen gewissen (meist nicht wirklich äquivalenten) Ausgleich dar, gewissermaßen ein vorgezogenes Erbe. Testamente, Heiratsverträge von Kindern und Ausgedingeverträge zwischen den Generationen bildeten daher in der Regel einen sehr komplexen Zusammenhang, der die un-

terschiedlichen Interessen der Erhaltung des Anwesens in der männlichen Linie, der Gleichbehandlung der Kinder und der Eigenversorgung der Elterngeneration auszutarieren hatte.

Das 19. Jahrhundert brachte in weiten Teilen Europas deutliche Veränderungen im
Erbrecht und in der Vererbungspraxis. Den Vorstellungen der Zeit vom Recht auf Eigentum
entsprechend verfügte der 1804 eingeführte Code civil (Art. 826) die freie Teilbarkeit der
bäuerlichen Güter und installierte in Frankreich das Realteilungsrecht als allgemeine
Grundlage. Durch die Expansion Frankreichs unter Napoleon fand der Code civil rasche
Verbreitung in Europa. Die neuen Regelungen griffen jedoch in den Städten besser als auf
dem Land. Die prinzipielle Gleichstellung der Erben, wie sie außer dem Code Napoléon
auch das 1900 in Kraft getretene Bürgerliche Gesetzbuch Deutschlands vorsah, war hier
einfacher zu überwachen als auf dem Land, wo sich lokale Praktiken zumindest auf Umwe-
gen besser halten konnten. Allerdings muss man auch im städtischen Kontext beachten,
dass private Großbetriebe und Banken, aber auch einfache Geschäfte ebenfalls ein Interesse
daran haben konnten, eine Erbteilung zu vermeiden, um die Kapazität der Firma zu erhalten. Bürgerliche Vererbungspraktiken im 19. Jahrhundert sind jedoch bislang kaum untersucht. Eine Sonderform des Erbrechts hatte sich schließlich beim Adel herausgebildet. Zum
Zweck des ungeteilten Erhalts des Familienguts hat sich hier europaweit die Institution des
Fideikommisses etabliert, durch den ein Familiengut ganz oder zu großen Teilen unteilbar
und unveräußerbar erklärt wurde. Adelige Fideikommisse entstanden vielfach erst im 18.
Jahrhundert aufgrund der Erfahrung des Niedergangs mächtiger Häuser durch die Folgen
der Erbteilung. In Deutschland wurden sie 1919 in der Verfassung der Weimarer Republik
als Symbol und Garant adeliger Sonderrechte für ungültig erklärt (Reif 1979: 80ff.).

8   Familie und Sozialpolitik

Seit dem ausgehenden 19. Jahrhundert sind Familien in Europa nicht nur eingebunden in
soziale Netzwerke von Verwandten, Freunden oder lokalen Unterstützungsorganisationen.
Sie sind in zunehmenden Maß auch Ziel der „Zuwendung" von Politikern, Vertretern staatlicher Bürokratien, öffentlicher und privater Beratungs- und Unterstützungsorganisationen
und ihrer professionellen Helfer. Es ist außerdem unübersehbar, dass die Familien heute
eng in das Regelwerk des modernen Verwaltungsstaats eingespannt sind. Über Hilfestellungen für die Familien oder einzelne Mitglieder hat der Staat starken Einfluss auf deren
Alltagsleben gewonnen. Familienpolitik ist heute eine Aufgabe, der sich alle Parteien in Europa stellen müssen und die von hoher Bedeutung für die Akzeptanz von Regierungen ist.

Der Begriff der Familienpolitik kam in Deutschland zwar erst in den Jahren um den
Ersten Weltkrieg auf. Er zielte zunächst vor allem auf bevölkerungspolitische Maßnahmen, da der starke Geburtenrückgang vor und besonders nach dem Ersten Weltkrieg als
„nationale Katastrophe" empfunden wurde. Das Phänomen jedoch ist älter. Vor allem in
Frankreich wurde bereits um die Mitte des 19. Jahrhunderts die Unterstützung der Familie als zentrale bevölkerungspolitische Aufgabe des Staates angesehen. In Deutschland
ergab sich eine Erweiterung des Begriffs besonders in den 1930er Jahren. Die Frauen-
rechtlerin Gertrud Bäumer verfasste 1933 ein kleines Buch mit dem Titel „Familienpolitik", in dem sie Familienpolitik im Sprachgebrauch der Zeit als „Volkspolitik" entwickel-

te, die über die reine quantitative Anhebung der Geburtenziffern hinausgehen müsse. Ihr Ansatzpunkt war eine bürgerliche Kritik der Missstände der modernen industriellen Gesellschaft, ihr Ziel „ein in allen Schichten gesundes, kraftvolles, daseinsfrohes, seelisch und geistig lebendiges Volk" (Bäumer 1933: 32).

Bäumers Zitat zeigt gut die Ambivalenz der Familienpolitik als eines vielfach gesellschaftspolitisch-ideologisch stark aufgeladenen Unterstützungs- und Kontrollmechanismus. Heute integriert Familienpolitik in Europa alle Familien mehr oder weniger weit reichend in staatlich kontrollierte Verteilungs- und Transfersysteme und moduliert dadurch auch deren „Innenleben": Kindergeld, Ehestandsdarlehen, Steuerbegünstigung für Verheiratete, staatlich verordnete und garantierte Alters- und Pflegeversicherungen sind Formen, über die der Staat massiv nicht nur in die wirtschaftlichen Belange, sondern auch in die persönlichen Beziehungen der Familienmitglieder eingreift.

Unterstützung für Notleidende durch Kirche, Kommune oder Staat hat es natürlich schon lange gegeben. Die traditionelle Armenpflege orientierte sich jedoch nicht an der Familie als ganzer, sondern an der Linderung extremer Notlagen Einzelner in Fällen von Krankheit, Alter, Arbeitslosigkeit. Nur wenn die Familie oder Verwandtschaft nicht selbst zur Hilfeleistung in der Lage war, trat die Herkunfts- oder die Wohnsitzgemeinde in die Unterstützung ein. Als neue Perspektive der Familienpolitik im 19. und vor allem im 20. Jahrhundert kam hinzu, dass nun die Familie als solche, als gesellschaftliche Institution, geschützt und ihre Handlungsfähigkeit gestärkt werden sollte. Dies wurde in Deutschland erstmals mit der Weimarer Verfassung (Art. 119ff.) als Staatsaufgabe definiert. Eine systematische Familienpolitik folgte daraus jedoch noch nicht. Die einzelnen familienpolitischen Maßnahmen auch der Weimarer Regierungen blieben stark bevölkerungspolitisch orientiert. In diesem Sinne der Steigerung der Geburtenraten wurde 1919 die bereits im Rahmen der Bismarckschen Krankenversicherung ansatzweise verwirklichte „Wochenhilfe" für schwangere Frauen gesetzlich verankert und 1926 ausgedehnt. Die eugenischen Bestrebungen der Zeit führten zu einer erstaunlichen Ausdehnung der Gesundheitsfürsorge und -vorsorge von Kindern und zur Einrichtung von Eheberatungsstellen. Außerdem gab es Witwen- und Waisenrenten sowie Erziehungsbeihilfen für besonders begabte Kinder (Art. 146 Reichsverfassung). Zu einer wirklichen Unterstützung von Familien im Sinne einer die Kosten der Versorgung und Ausbildung der Kinder durch staatliche Transferleistungen mildernden Finanzpolitik kam es in der Weimarer Republik ebenso wenig wie später dann im Nationalsozialismus. Besonders an der deutschen Entwicklung lässt sich gut zeigen, wie sehr Familienpolitik als Teil der allgemeinen Sozialpolitik dazu angetan ist, unter bestimmten Konzepten von Staat und Gesellschaft Einfluss auf die Gestaltung der Familie zu nehmen (Sieder 1987: 235f.).

Sozial- und Familienpolitik ist nie „geschlechtsneutral". Über die Steuerung sozialer Prozesse mit staatlich-fiskalischen Mitteln werden auch bestimmte Strukturen des Geschlechterverhältnisses verstärkt oder verändert: Die Ausschließung der Frauen vom Arbeitsmarkt, ihre „Familiarisierung" durch Ehestandsdarlehen und Erziehungsgeld oder die finanzielle und soziale Prämierung von Geburten sind Elemente einer solchen geschlechtsspezifischen Familienpolitik. Das zeigte sich in den Anfängen der nationalsozialistischen Familienpolitik sehr deutlich. Diese Mittel wurden jedoch auch sonst von konservativen Regierungen in Europa im 20. Jahrhundert zur Beförderung ihrer Vorstellung von Familie als Bollwerk gegen sozialistische Bestrebungen und zur Befestigung der bestehenden Formen geschlechtsspezifischer Arbeitsteilung eingesetzt. Auch heute noch werden diese Strategien in vielen europäischen Ländern zur Gestaltung von Ehe, Familie und Geschlechterverhältnissen angewandt.

Die finanziellen Aufwendungen der europäischen Staaten für die Familienpolitik sind daher bis in die Gegenwart erstaunlich unterschiedlich. Sehr deutlich lässt sich hier ein hoher Anteil der Familienunterstützung an den allgemeinen Sozialausgaben in den nordeuropäischen und ein geringer Anteil in den südeuropäischen Ländern feststellen. Dies verweist auf langfristig wirksame, auch durch die katholische Kirche geprägte Traditionen in der Auffassung von Familie als einer eher staatsfernen oder sogar antistaatlichen Institution, die ihren eigenen Regeln folgt und ihre eigenen vor allem verwandtschaftlichen Netzwerke zur Unterstützung in Alter und Not ausbaut und aufrechterhält.

9   Ausblick

Die Geschichte der westlichen Familie in der Neuzeit folgte nicht den geradlinigen Entwicklungspfaden, die die von der Modernisierungstheorie der 1950er und 1960er Jahre beeinflusste Familiensoziologie aus einer relativ engen zeitlichen Beobachtungsperspektive heraus in die Vergangenheit projiziert hatte. Es gab weder eine Entwicklung von einer vorindustriellen Groß- zu einer modernen Kleinfamilie, noch einen progressiven Funktionsverlust der Familie. Die präzise Differenzierung zwischen Haushalt und Kernfamilie zeigte zunächst, dass die kernfamilialen Einheiten aufgrund der hohen Kindersterblichkeit nicht so hoch waren, wie dies lange vermutet wurde. Aber auch die Haushalte waren keineswegs durchgehend so groß und so komplex, wie dies eine eher sozialromantische Projektion auf vorindustrielle agrarische Haushaltsstrukturen angenommen hatte. Im Gegenteil, in West- und Nordwesteuropa waren einfache, nur aus einer Kernfamilie bestehende Haushalte auch in vorindustrieller Zeit die Regel. Erweiterungen durch Gesinde oder das Zusammenleben mehrerer Generationen unter einem Dach traten meist nur in begrenzten Phasen des Familien- bzw. Haushaltszyklus auf.

Auch in anderen Bereichen hat die historische Familienforschung inzwischen traditionelle Sichtweisen korrigiert: Die Ehe war im europäischen Bereich schon seit dem Mittelalter primär ein auf freier Zustimmung der Partner beruhender Bund und kein Pakt zwischen Familien. Das war zumindest die christliche Auffassung von Ehe. Die Realität mag häufig anders ausgesehen haben, die kirchliche Norm war aber immer ein wichtiges Korrektiv gegen Zwangsehen. Insofern hat der Aufstieg von Liebesheiraten eine längere Vorgeschichte, als dies häufig von den Forschern angenommen wurde, die dies mit dem Aufstieg des modernen Bürgertums oder mit dem Einfluss neuzeitlicher religiöser Strömungen wie dem Puritanismus verbanden. Eine ähnliche Debatte wie um den Aufstieg der Liebesheiraten ergab sich auch um die Qualität der emotionalen Beziehungen der Eltern zu ihren Kindern, besonders um die Mutterliebe. Auch hier zeigte sich, dass die einfache Konstruktion einer zunehmenden Empathie den komplexen Zusammenhängen historischer Eltern-Kind-Verhältnisse nicht gerecht wird.

Ein relativ klarer Trend zeigte sich dagegen beim Wohnen. Die Entwicklung ging hier – mit großen sozialen Unterschieden und Verzögerungen – von relativ einfachen Raumstrukturen hin zu einer zunehmenden Differenzierung der Wohnungen und Häuser. Die Kernfamilien trennten sich vom Gesinde. Den Individuen wurde mehr Eigenraum zugestanden, nicht nur Erwachsenen, sondern auch Kindern und Jugendlichen. Diese Rückzugsräume zeugen von einem zunehmenden Bedürfnis nach Privatheit. Das lässt sich auch deutlich an der Verhäuslichung der Körperhygiene beobachten. Badezimmer und Toiletten werden in das Innere der Wohnung verlegt und zu besonders privaten Räumen. Dieses Bedürfnis nach mehr Privatheit und individuellen Freiräumen in der Familie mag auch ein Faktor sein, der zu einer anderen, relativ klaren Entwicklung zumindest des 20. Jahrhunderts beigetragen hat: der Zunahme der Ehescheidungen.

Die Ehescheidungen sind schließlich jedoch auch ein Beispiel dafür, dass sich die Entwicklungen von Haushalt und Familie in der Geschichte der Neuzeit nicht unabhängig von kirchlichen und zunehmend auch von staatlichen Regulierungen und Eingriffen vollziehen. Dies gilt für den Bereich der Erziehung und des Umgangs mit Kindern, die unter stärkeren staatlichen Schutz und damit auch unter zunehmende Kontrolle gestellt werden. Es gilt aber auch für die Partnerbeziehungen. Die Gestaltung des Familien- und besonders des Scheidungsrechts übt einen großen Einfluss auf die Entwicklung der Scheidungsfrequenzen aus. Familien- und Scheidungsrecht waren lange ausschließlich am Schutz der Interessen und der Dominanz des Mannes und Familienvaters orientiert. In dem Maße, in dem sich dies änderte, nahm auch die Möglichkeit für Frauen zu, sich aus bestimmten Abhängigkeits- und familialen Ausbeutungsverhältnissen zu befreien. Die Mehrzahl der Scheidungsgesuche wurde im 20. Jahrhundert von Frauen eingereicht. Allerdings sollte man von der Zunahme der Ehescheidungen auch nicht vorschnell auf den Zerfall der Familie schließen, wie dies manche konservative Kritiker tun. Demografen machen darauf aufmerksam, dass trotz der zunehmenden Scheidungsquoten aufgrund der steigenden Lebenserwartung wohl noch nie zuvor so viele Menschen so lange zusammengelebt haben. Vor allem aber wäre es ein Fehler, den kernfamilialen Haushalt als eine unverrückbare Norm des Zusammenlebens zu nehmen: Formen familialer Zuwendung und Solidarität zwischen Generationen und zwischen Geschwistern sind – nicht zuletzt in Zeiten erhöhter geografischer Mobilität – auch in anderen Formationen des Zusammenlebens möglich.

6   Entwicklung und Vielfalt der Lebensformen

Michael Wagner

1   Problem

In welchem Ausmaß hat die Vielzahl der Lebensformen zu genommen

In diesem Beitrag werden Themen aufgegriffen, zu denen insbesondere in der deutschen Familiensoziologie zahlreiche Arbeiten vorliegen und die intensiv diskutiert wurden. Es geht um den Begriff der Lebensform, um die Frage, in welchem Ausmaß die Vielfalt oder Pluralität von Lebensformen in Deutschland zugenommen hat und darum, diese Entwicklungen zu erklären (sofern sie überhaupt stattgefunden haben). Bemerkenswert an diesen Debatten ist zweierlei. Erstens fanden sie vor allem in Deutschland statt. Weder in anderen europäischen Ländern noch in den USA wurden vergleichbare Diskussionen über die Vielfalt der Lebensformen geführt. Zweitens wurden diese Debatten häufig ohne wirkliche Problemlösungen beendet. Gegenwärtig hat das Pluralisierungsthema weniger „Konjunktur", dabei geht es hier um eine grundlegende These zum Wandel der Familie, die einen wichtigen gesellschaftlichen Teilbereich darstellt.

Dieser Wandel wird oft dramatisiert, wie die folgenden zwei Beispiele zeigen. Erstens bedeutet „Pluralisierung der Lebensformen" nicht, dass die traditionelle Familie zunehmend zerfällt und nur noch eine Minderheit diesbezügliche Lebensziele verfolgt. Dies lässt sich empirisch leicht widerlegen. Zweitens wurde in der „Pluralisierungsdebatte" eine größere Vielfalt von Lebensformen häufig gleichgesetzt mit einem Zuwachs an Wahlfreiheit zwischen Lebensformen. Auch diese beiden Sachverhalte müssen strikt getrennt werden. Zum einen ist eine Veränderung der Lebensform einer Person nicht immer Folge *ihrer* Entscheidung. Man denke daran, dass der Partner sterben kann, die Paarbeziehung aufkündigt oder das letzte Kind das Elternhaus verlässt. Zum anderen bedeutet die Tatsache, dass eine große Anzahl verschiedener Lebensformen in einer Gesellschaft existiert, noch lange nicht, dass man zu gleichen Kosten oder mit gleichem Ressourceneinsatz zwischen ihnen wählen kann und es dann nur noch auf persönliche Präferenzen ankäme. Es hat einen Wandel der Familie gegeben. Die Frage ist aber, ob dieser Wandel als Pluralisierung der Lebensformen beschrieben werden kann.

2   Der Begriff Lebensform   *Def*

Um den Begriff der Lebensform zu präzisieren, soll im Folgenden zunächst skizziert werden, in welchem historischen Kontext sich dieser Begriff in der Familiensoziologie entwickelte. Es werden dann einige allgemeine Definitionen des Begriffs vorgestellt und diskutiert. In einem letzten Schritt geht es um Klassifikationen von Lebensformen. Ziel dieser Klassifikationen ist es, durch eine Kombination theoretisch und empirisch aussagekräftiger Dimensionen konkrete Lebensformen zu bestimmen und voneinander abzugrenzen.

2.1 Definitionen

Man kann besser verstehen, warum der Begriff der Lebensform in der Familiensoziologie aufkam und sich mittlerweile etabliert hat, wenn man etwas genauer die ersten Nachkriegsjahrzehnte in Westdeutschland betrachtet. Es besteht Einigkeit in der Familiensoziologie, dass nach Überwindung der unmittelbaren Kriegsfolgen dem Leitbild der bürgerlichen Familie eine hohe Durchsetzungskraft zukam. Man heiratete relativ früh und ließ sich nur selten scheiden, es wurden viele Familien gegründet und viele Kinder (ehelich) geboren. Frauen sollten Hausfrau und nicht erwerbstätig sein: „In West-Deutschland galt weiterhin nach dem Zweiten Weltkrieg das bürgerliche Familienmodell mit nicht erwerbstätiger Mutter als einziges Ideal" (Nave-Herz 2004: 56).

Dieses änderte sich mit der Studenten- und Frauenbewegung der späten 1960er und 1970er Jahre. Diese Bewegungen betonten nicht nur Ziele gesellschaftlicher Veränderungen, sondern hatten durchaus den Anspruch, mit diesen Veränderungen im eigenen Alltag zu beginnen. Das betraf auch die private Lebens- und Wohnsituation, die gerade nicht mehr der bürgerlichen Kleinfamilie entsprechen sollte. So wurde der Familie die Kommune gegenüber gestellt (z.B. Berndt 1969), Wohngruppen wurden als neue Formen des Zusammenlebens beschrieben (z.B. Kentler 1970), das Zusammenleben in Wohngemeinschaften, Wohnkollektiven oder Kommunen wurde von manchen sogar als Merkmal einer sozialen Bewegung, Sub- oder Gegenkultur angesehen (Brückner 1970). Obwohl die Kommunen und Wohngemeinschaften ihre historischen Vorläufer hatten, kann kein Zweifel daran bestehen, dass sie am Ende der 1960er Jahre das Leitbild der bürgerlichen Familie grundsätzlich in Frage stellten und sich deshalb auch viele Westdeutsche verunsichert oder sogar provoziert fühlten.

Die demografischen Entwicklungen unterstützten die Kritiker des traditionellen Familienmodells. So gingen in Westdeutschland die Eheschließungszahlen seit Anfang der 60er Jahre zurück. Zu Recht wurde vermutet, dass nichteheliche Lebensgemeinschaften auf dem Vormarsch waren (Höhn/Mammey/Schwarz 1980). Gesicherte Erkenntnisse über die Verbreitung von nichtehelichen Lebensgemeinschaften in Westdeutschland liegen allerdings erst seit Beginn der 70er Jahre vor. Demnach kann kein Zweifel daran bestehen, dass sich diese Lebensgemeinschaften in den letzten 30 Jahren immer mehr verbreitet haben. Während es 1972 etwa 137.000 nichteheliche Lebensgemeinschaften gab und Schwarz (1981: 466) die Zahl der „freien Lebensgemeinschaften" für die Jahre 1979/1980 auf „nahezu" 500.000 schätzt, waren es im Jahr 2000 1,6 Millionen (Engstler/Menning 2003: 44) und im Jahr 2004 1,9 Millionen (Statistisches Bundesamt/WZB/Zuma 2006: 37). Die Geburtenzahlen gingen seit Mitte der 1960er Jahre unerwartet rapide zurück und fielen bald dauerhaft unter das Bestandhaltungsniveau. Die Scheidungsraten waren um 1960 herum auf einem Nachkriegstief, begannen aber schon einige Jahre später nahezu unaufhörlich zu steigen. Das Leitbild der bürgerlichen Kleinfamilie wurde in einer Zeit in Frage gestellt, die von einigen Demografen als Zweiter demografischer Übergang bezeichnet wird.

[handschriftliche Notiz am oberen Rand: Oberbegriff für verschiedene Organisationsformen des privaten Lebens]

Ungeachtet der Frage, in welchem Ausmaß tatsächlich neben der bürgerlichen Klein-familie „alternative" oder wenigstens „neue" Formen des Zusammenlebens entstanden, verwendete die Familiensoziologie den Begriff der „Lebensform" erstmals in den 1980er Jahren. So reagierten Alois Herlth und Franz-Xaver Kaufmann 1982 auf die Thesen vom Plausibilitätsverlust und der De-Institutionalisierung der Familie und sprachen lieber von einer „Pluralisierung der normativ-institutionellen Basis familialer Lebensformen" (Herlth/Kaufmann 1982: 5). Kurt Lüscher referierte auf dem Soziologentag 1984 in Dortmund über „Moderne familiale Lebensformen als Herausforderung für die Soziolo-gie" (Lüscher 1985).

In den USA begann die wissenschaftliche Debatte um eine Abkehr von traditionellen Formen der Familie früher als in Westdeutschland. So publizierte Eleanor Macklin im Journal of Marriage and the Family einen Rückblick auf zehn Jahre Forschung über „nontraditional family forms" (Macklin 1980). In diesen frühen Arbeiten – manchmal wurde auch der Begriff „alternative lifestyle" verwendet (vgl. dazu Spiegel 1983) – ging es vor allem darum, auf die Entstehung neuer Lebensformen aufmerksam zu machen und alte und neue oder traditionelle und nicht traditionelle Lebensformen zu unterscheiden.

Die Suche nach einem Oberbegriff für verschiedene Organisationsformen des priva-ten Lebens ist bis heute nicht abgeschlossen. In den 1990er Jahren wurden die ersten Ver-suche unternommen, „Lebensform" zu definieren. So bezeichnet Hradil (1992: 187) Le-bensform als „die Struktur des unmittelbaren Zusammenlebens mit anderen Menschen (in einer Kernfamilie, als Single, in einer nichtehelichen Lebensgemeinschaft usw.)". Le-bensformen sind nach dieser Definition Haushaltstypen. An dieser Bestimmung hält auch Strohmeier (1993: 13) fest, der jedoch die Klassifikation von Lebensformen zusätzlich um das Merkmal der Erwerbstätigkeit erweitert und damit auch die Arbeitsteilung zwi-schen den Partnern in den Blick nimmt. Niemeyer/Voit (1995: 437) begreifen Lebens-formen als „relativ stabile Beziehungsmuster der Bevölkerung im privaten Bereich", wo-bei sie „allgemein mit Formen des Alleinlebens oder Zusammenlebens (mit oder ohne Kinder) beschrieben werden können".

Andere Untersuchungen erweitern den Begriff der Lebensform in der Weise, dass die Haushaltsgrenzen aufgehoben werden (Schneider/Rosenkranz/Limmer 1998; Neyer 1999). Nach Schneider/Rosenkranz/Limmer (1998: 13) ist eine private soziale Beziehung „die Art und Weise, in der sich eine Person im Prozeß der privaten Lebensführung, also jenseits ihres öffentlichen und geschäftlichen Lebens, zu einer anderen in bezug setzt". Dabei werden prinzipiell fünf Beziehungsarten unterschieden: Partnerschaftliche Bezie-hungen, Eltern-Kind-Beziehungen, Verwandtschaftsbeziehungen, Freundschaftsbezie-hungen und social-support-Beziehungen. Lebensformen bezeichnen nun „das Gesamtar-rangement der privaten sozialen Beziehungen und ihrer individuellen Institutionalisie-rung" (Schneider/Rosenkranz/Limmer 1998: 14). Demnach wäre eine alleinlebende Per-son ohne signifikante Beziehungen – sicherlich ein extremer Fall – einer anderen Lebens-form zuzurechnen als eine, die signifikante Beziehungen unterhält. Und eine Person, die ausschließlich eine partnerschaftliche Beziehung führt, gehört wiederum zu einem ande-ren Lebensformtyp als diejenige, die zusätzlich Freundschafts- oder Verwandtschaftsbe-ziehungen pflegt. Das Problem einer derartigen Vorgehensweise liegt darin, dass sie zu einer sehr großen Anzahl von „Lebensformen" führt und sich diese kaum noch von sozia-len Netzwerken unterscheiden lassen. Zwar geraten so auch Partnerschaften und Familienverhältnisse zwischen Personen in getrennten Haushalten in den Blick, die zweifellos stabile „Lebensformen" und bewusst gewählte Arrangements des privaten Lebens sein können. Dennoch wird man auf der Basis einer detaillierten Unterscheidung von Beziehungsarten, die zu einer großen Anzahl von Beziehungstypen führt, nur dann zu einem praktikablen Lebensformkonzept kommen, wenn man einige Beziehungstypen ausschließt oder sie zu größeren Gruppen zusammenfasst. So werden beispielsweise häufig nur Partnerschaft und Elternschaft als Beziehungsarten betrachtet, nicht jedoch Beziehungen zu weiteren Verwandten oder Freunden. Die Komplexität von sozialen Beziehungsmustern lässt sich auch dadurch verringern, dass Beziehungen über die Haushaltsgrenzen hinaus ausgeschlossen werden.

Auch Huinink/Konietzka (2007) vertreten die Ansicht, dass nicht nur der Haushaltstyp, sondern auch die Art sozialer Beziehungen für eine Festlegung von Lebensformen bedeutsam ist. Sie verwenden einen weiten Begriff der Lebensform, wenn sie darunter „einen *sozialen Beziehungszusammenhang* von Personen" verstehen. Lebensformen sind „Muster der Organisation des alltäglichen Zusammenlebens" (ebd.: 32). Nach welchen Kriterien Lebensformen abgegrenzt werden sollten, wird dabei letztlich zu einer empirischen Frage. Denn es kommen dafür insbesondere solche Faktoren in Frage, die auf die Organisation des alltäglichen Zusammenlebens einen entscheidenden Einfluss ausüben. Merkmale, die Lebensformen konstituieren, sind „Veränderungen in der Beziehungsform, in der Personenkonstellation des Haushalts sowie von Merkmalen bzw. Eigenschaften der in die Lebensform eingebundenen Personen" (ebd.: 32). Bislang fehlen aber Untersuchungen, die darüber informieren, welche Merkmale am erklärungskräftigsten sind.

Obwohl noch definitorische Unklarheiten bestehen, hat das Lebensformkonzept mittlerweile auch Eingang in die amtliche Statistik gefunden. So wird mittlerweile der Mikrozensus als Datenquelle zur Beschreibung der Lebensformen verwendet (Heidenreich/ Nöthen 2002; Nöthen 2005). Erst seit 1996 wird im Erhebungsprogramm des Mikrozensus die (freiwillig zu beantwortende) Frage gestellt, ob die befragte Person Lebenspartner(in) einer anderen Person im Haushalt ist (Lengerer/Janßen/Bohr 2007: 192f). Jedoch bleiben in der amtlichen Statistik Lebensformen an die Haushaltsgrenzen gebunden, d.h. Fernbeziehungen werden mit Daten der amtlichen Statistik nicht erfasst.

2.2 Klassifikationen

Der Begriff der Lebensform wurde offenbar „nötig", um Formen des Zusammenlebens zu bezeichnen, die von der traditionellen Kernfamilie abweichen oder gar eine „Alternative" zu ihr darstellen. So war – wie oben schon angedeutet – in den 1970er und 1980er Jahren häufig von „alternativen" Lebensformen die Rede, wenn man sich bewusst und oft auch politisch oder ideologisch motiviert von traditionellen Lebensformen absetzen wollte. In den 1970er Jahren wurden vor allem Wohnkollektive oder -gemeinschaften als „alternativ" bezeichnet, später kamen die nichtehelichen Lebensgemeinschaften hinzu. Bis heute wurden zahlreiche Studien zu der Frage durchgeführt, ob nichteheliche Lebensgemeinschaften als „Ehe auf Probe" oder als „Alternative zur Ehe" anzusehen sind (vgl. Lauterbach 1999; Peuckert 2008).

Häufig unterscheidet man auch traditionelle, moderne oder gar postmoderne Lebensformen. Hier wird – oft implizit – angenommen, dass dem Stand der Modernisierung einer Gesellschaft jeweils typische Optionen für Lebensformen entsprechen und auch die Beziehungen zwischen den Partnern oder den Familienmitgliedern jeweils charakteristische Merkmale aufweisen. Während als „moderne Familie" die privatisierte „Normal- oder Kernfamilie" verstanden wird (Kaufmann 1988), die im „Golden Age of Marriage", also in den 1950er und 1960er Jahren ihren Höhepunkt hatte, ist durchaus offen, in welchem Sinn man beispielsweise von postmodernen Familien sprechen sollte (vgl. dazu Lüscher 1985; Lüscher/Schultheis/Wehrspaun 1988; Stacey 1991; Nave-Herz 2001). Man könnte zunächst alle Familienformen, die der „modernen Familie" folgten und damit das Spektrum der Familienformen erweiterten, als „postmodern" einstufen (Nave-Herz 2001: 172). Die Gefahr besteht aber darin, dass man eben diese Zeit des „Golden Age of Marriage" als historischen Maßstab verwendet. Nach allem, was wir wissen, gab es auch im 19. Jahrhundert eine beträchtliche Pluralität der Familienformen. Insofern ist es eher verwirrend, die Pluralität der Familienformen selbst als „postmodern" zu bezeichnen. Es kommt hinzu, dass der Begriff Postmoderne unterstellt, dass die gesellschaftliche Entwicklung durch einen Epochenwandel von der Moderne zur Postmoderne gekennzeichnet ist. Dem könnte man unter anderem entgegensetzen, dass die Modernisierung sich einfach fortgesetzt hat und mittlerweile nicht nur die Männer, sondern auch die Frauen betrifft. Dieses hat die Familie verändert: So „(...) wurde (...) im Rahmen (ehelicher und nichtehelicher) Dauerpartnerschaften das *Doppelverdienertum* zur Regel" (Kaufmann 1988: 405). Im Vergleich zur modernen Familie der 1950er und 1960er Jahre, in der Männer die Familie ernähren und die Frauen die Hausarbeit machen sollten, ist die Doppelverdienerfamilie ein weiterer Typ der modernen Familie. Der Begriff der postmodernen Familie ist damit unnötig.

Unterstellt man die Existenz gesamtgesellschaftlicher Normen zur Regelung von Lebensformen, dann kann man mit Schneider/Rosenkranz/Limmer (1998) auch konventionelle und nichtkonventionelle Lebensformen unterscheiden. Zu den nichtkonventionellen Lebensformen gehören historisch neuartige Lebensformen, die „sich nicht zum dominierenden Standardmodell entwickelt haben und gesellschaftlich gegenüber anderen, traditionellen Lebensformen nicht bevorteilt werden" (Schneider/Rosenkranz/Limmer 1998: 983). Nach dieser Definition werden drei Lebensformen als nichtkonventionell bezeichnet: gewollt kinderlose Ehen, gleichgeschlechtliche Lebensgemeinschaften und auf Dauer angelegte Partnerschaften mit getrennten Haushalten.

Vielfach werden auch die Begriffe „alte" (oder auch „traditionelle") und „neue" Lebensformen verwendet (z.B. Spiegel 1983; Galler/Ott 1993; Nöthen 2005). „Neue" Lebensformen sind dann solche, die in Westdeutschland seit den späten 60er Jahren verstärkt auftreten: Wohngemeinschaften, nicht eheliche Lebensgemeinschaften und das Alleinwohnen; Diewald/Wehner (dies. 1996: 125) subsumieren unter den neuen Lebensformen auch die Partnerschaften in getrennten Haushalten, Alleinerziehende sowie kinderlose Partnerschaften. Wenn auch in diesem Beitrag von „neuen" Lebensformen gesprochen wird, dann darf dabei nicht vergessen werden, dass es auch im 19. Jahrhundert und in der ersten Hälfte des 20. Jahrhunderts Kommunen oder unverheiratet zusammenlebende Paare gab. So wird aus der Tatsache, dass es im 19. Jahrhundert noch große soziale und rechtliche Ehehindernisse und damit viele Ledige gab (Gestrich 1999: 29) geschlossen, dass es auch viele Menschen gab, die keine andere Wahl hatten als unverheiratet zusammenzuleben. Zieht man den Vergleich zur Gegenwart, dann kann man – wenn auch über-

Michael Wagner

früher – heute

spitzt formuliert – sagen, dass früher das nichteheliche Zusammenleben Folge sozialer Zwänge war, während heute die geeignete Lebensform zur Verhandlungssache zwischen den Partnern geworden ist.

Kompliziert wird es nun dadurch, dass man genauer anzugeben hat, nach welchen Kriterien Formen des Zusammenlebens zu bestimmen sind. Schon die traditionelle Kernfamilie lässt sich durch eine ganze Reihe unterschiedlicher Merkmale charakterisieren. Einen ersten Versuch, traditionelle und „alternative" Formen des Zusammenlebens systematisch zu vergleichen, nahm Macklin (1980) vor (Tab. 1). Sein Schema wurde von Schneewind (1999) und Peuckert (1991) in leicht modifizierter Weise übernommen. An der Aufstellung von Macklin (1980) lässt sich erkennen, dass zur Beschreibung der traditionellen Kernfamilie und ihrer Alternativen zahlreiche Dimensionen verwendet werden: der *Institutionalisierungsgrad* (legally married versus never-married singlehood oder nonmarital cohabitation), die *Elternschaft* (mit Kindern versus freiwillige Kinderlosigkeit), die Anzahl der Eltern (zwei Eltern versus ein Elternteil), die *Dauerhaftigkeit der Elternbeziehung* (permanent versus Scheidung und daraus folgenden Konstellationen), *geschlechtsspezifische Autoritäts- und Rollenstrukturen* (männliches Erwerbs- und Autoritätsmodell versus eine geschlechtsunspezifische oder androgyne Rollenstruktur), *sexuelle Exklusivität* (Sexuelle Exklusivität versus außerehelichen Sexualbeziehungen), *Heterosexualität* (Hetero- versus Homosexualität), *Anzahl der Erwachsenen im Haushalt* (zwei Erwachsene versus drei und mehr Erwachsene).

Tab. 1: Die traditionelle Kernfamilie und ihre Alternativen (nach Macklin 1980)

Der „traditionelle" Weg	Die „nicht traditionelle" Alternative
verheiratet	ledige Singles; nichteheliche Lebensgemeinschaften
mit Kindern	freiwillige Kinderlosigkeit
zwei Eltern	alleinerziehend (ledig; ehemals verheiratet)
permanent	Ehescheidung und Wiederheirat (einschließlich gemeinsames Sorgerecht und binukleare Familie; Stieffamilie)
Mann als Ernährer und Autorität	androgyne Ehe (einschließlich der „offenen Ehe" nach O'Neill, Doppelverdienerehe, und Ehen in getrennten Haushalten)
sexuell exklusiv	außereheliche Beziehungen (einschließlich sexuell offener Ehe, Partnertausch [swinging] und der intimen Freundschaft nach Ramey)
heterosexuell	homosexuelle Partnerschaften
Haushalt mit zwei Erwachsenen	Haushalte mit mehr als zwei Erwachsenen (einschließlich Partnerschaften zwischen mehr als zwei Personen [„multilateral marriages"], Wohngemeinschaften, verbundene Familien [„affiliated families"], erweiterte Familien [„expanded families"]

Merkmale Lebensform (5)

Es gibt mittlerweile viele Vorschläge, wie Lebensformen klassifiziert werden können. Zapf et al. (1987: 30) konzentrieren sich auf fünf Kriterien: das Vorhandensein eines eigenen Haushaltes (1), die Generationenzusammensetzung des Haushaltes (2), die sozialrechtliche Stellung des Befragten und seines Partners, d.h. seine Stellung als Erwerbstätiger, Hausfrau, Auszubildender, Wehrdienstleistender, Arbeitsloser oder Rentner (3), den

Familienstand (4) und die Kinderzahl des Befragten (5). Mittels dieser Kriterien werden insgesamt 107 (!) verschiedene Lebensformen identifiziert, wobei mit den 25 besetzungsstärksten Kategorien zwei Drittel der Befragten klassifiziert werden können. Eine Auflistung aller identifizierten Lebensformen findet sich im Text jedoch nicht. Zudem ist die Anzahl von 107 identifizierten Lebensformen aus Gründen der Strukturierung und der „Kommunizierbarkeit" sicherlich zu hoch.

Strohmeier (1993) konzentriert sich in seiner Arbeit auf die 25- bis 44-Jährigen. Um die Frage nach der Pluralisierung der Lebensformen beantworten zu können, verwendet er als Datengrundlage für seine Trendanalyse die ALLBUS-Studien (Allgemeine Bevölkerungsumfrage der Sozialwissenschaften) aus den Jahren 1980 und 1988. Er differenziert nach *Kinderzahl* und *Partnerstatus*, wobei innerhalb dieser Differenzierung zusätzlich nach *Erwerbstätigkeit* und *Familienstand* unterteilt wird. Ebenso werden die Arbeitsteilung zwischen den Geschlechtern und das Zusammenleben mit den Eltern angegeben. Für den ALLBUS 1980 können auf diese Weise 76 verschiedene Lebensformen identifiziert werden, für den ALLBUS 1988 sind es 64.[1]

Höhn/Dorbritz (1995: 159) halten sich bei der Konstruktion ihrer Typologie an die Definition von Zapf/Strohmeier, nach der „klassische bevölkerungsstatistische Merkmale mit den Formen von Partnerschaft, Haushaltsführung und Erwerbstätigkeit verknüpft" werden. Konkret wird nach folgenden Variablen differenziert: Beziehungstyp (mit den Ausprägungen Ehe, nichteheliche Lebensgemeinschaft, Partnerschaft mit getrennten Haushalten und Single), Kinder (kinderlos/nicht kinderlos), Geschlecht und Erwerbstätigkeit inkl. der „paarspezifischen Kombinationen der Erwerbstätigkeit als Untergruppen bildende Merkmale" (Höhn/Dorbritz 1995: 160f.). 32 Lebensformen können unterschieden werden und es zeigt sich für die 1980er Jahre eine Dominanz ehelicher Partnerschaftsformen (ebd.: 161). Bei dieser Vorgehensweise fällt zweierlei auf. Zum einen entfernen sich Höhn/Dorbritz mit dem Merkmal der Partnerschaft ein gutes Stück von der Konzeption der Lebensformen entlang privater Haushaltstypen und tragen damit Lebensverhältnissen wie der Fernbeziehung Rechnung. Zum anderen fällt auf, dass die Typologie nicht in jeder Hinsicht eindeutig ist. Personen etwa, die weder in Ehe noch in Partnerschaft leben, aber doch mit anderen Menschen zusammenwohnen, „passen" in keine der 32 Klassen. Diese Personen können auch nicht der Kategorie „Singles" zugerechnet werden, da diese explizit als „Frauen und Männer in Einpersonenhaushalten ohne Partner/in" (ebd.: 160) definiert sind.

3 Die Pluralisierung der Lebensformen

3.1 Was heißt „Pluralisierung der Lebensformen"?

„Pluralisierung" bezeichnet einen Prozess, nämlich eine zunehmende Vielfalt oder Heterogenität von Merkmalsausprägungen. Jede Bestimmung von Vielfalt setzt also die Definition eines Zustandsraums voraus. Die Vielfalt von Zuständen kann sich auf zwei Ar-

---

1   Die Vorgehensweise Strohmeiers ähnelt der von Zapf et al. (1987). Auch hier fassen Tabellen einige Unterkategorien als „sonstige" zusammen, sodass für 1980 insgesamt nur 34 und für 1988 nur 31 Lebensformen konkret benannt werden.

auf 2 Arten verändern.

ten verändern: Die Anzahl möglicher Zustände oder die Verteilung der Elemente über die Zustände verändern sich. Dementsprechend kann man von struktureller und distributiver Vielfalt sprechen (Peet 1974). Unter *struktureller Vielfalt* ist die Anzahl der *tatsächlich* existierenden verschiedenen Typen oder Kategorien einer Größe zu verstehen. Es kommt hier also nicht darauf an, wie Elemente über Kategorien verteilt sind, sondern nur, wie viele (verschiedene) Kategorien es überhaupt gibt. Beispiele für strukturelle Vielfalt sind die Anzahl der (verschiedenen) Parteien oder Religionsgruppen in einem Land. Bei der *distributiven Vielfalt* wird eine Klassifikation vorausgesetzt und die Verteilung der Elemente über die Kategorien betrachtet. Die distributive Vielfalt ist minimal, wenn alle Elemente in eine Kategorie fallen, sie ist maximal, wenn alle Elemente gleichmäßig über die Kategorien verteilt sind. Die folgende Untersuchung von Lebensformen hält sich ausschließlich an die distributive Vielfalt.

Vielfalt lässt sich nicht nur auf der Basis aktueller individueller Zustände betrachten. Vielmehr wechseln Individuen im Lebenslauf die Lebensform und durchlaufen von der Geburt bis zum Tod verschiedene Lebensformen. Auch derartige Verläufe von Lebensformen lassen sich mit bestimmten Parametern beschreiben, dazu zählt wiederum die strukturelle Heterogenität. Im Lebenslauf kann ein Individuum eine unterschiedliche Anzahl verschiedener Lebensformen durchlaufen. Es gibt sehr viele Möglichkeiten, Lebensformverläufe zu beschreiben. Es lässt sich auch hier die Anzahl der in einer Bevölkerung vorhandenen unterschiedlichen Lebensformverläufe betrachten (strukturelle Heterogenität von Lebensformverläufen) sowie die Verteilung der Bevölkerung auf verschiedene Typen von Lebensverläufen (distributive Heterogenität von Lebensformverläufen). Die Pluralisierung von Lebensformen kann sich also auf die Verteilung individueller *Zustände* sowie individueller *Verläufe* richten.

3.2 Messung der Heterogenität

In der Statistik ist statt von Vielfalt oder Heterogenität häufig von qualitativer Varianz die Rede. Die Entropie ist ein weit verbreitetes Maß qualitativer Varianz, das auch in der Physik und in der Informationstheorie Verwendung findet. In der Physik bezieht sich Entropie auf das Ausmaß von Unordnung, Zufälligkeit oder Unvorhersagbarkeit eines physikalischen Systems, in der Informationstheorie auf den Gehalt bzw. die Aussagekraft von Informationen. Je mehr unabhängige Informationen nötig sind, um einen Sachverhalt genau bestimmen zu können, desto größer ist die Unsicherheit oder Heterogenität. Die Entropie H ist wie folgt definiert:

$$H = \sum p_i \log_2(1/p_i)$$

wobei p_i den Anteil der Fälle in der Kategorie (Lebensform) i bedeutet.

Coulter (1989: 101ff.) erläutert das Entropiemaß an dem „Schachbrett-Beispiel": Eine Person hat sich genau ein Schachfeld gemerkt und eine zweite Person soll dieses Feld ermitteln. Es sind genau sechs Fragen notwendig, um das gesuchte Feld herauszubekommen, wobei jede Frage die Anzahl der verbleibenden Feldalternativen um die Hälfte reduzieren muss. Bei 64 Alternativen sind 6 Fragen (Informationen) notwendig, um das gesuchte Feld zu bestimmen. Die entsprechende Unsicherheit oder Entropie beträgt demnach sechs Bits: Ein Bit ist notwendig, um einen Wert bei zwei Alternativen 2^1 zu identifizieren, zwei sind notwendig bei $2^2=4$ Alternativen, sechs bei $2^6=64$ Alternativen. Die Anzahl der binären Schritte ist der Exponent von 2, also $m=2^H$ oder $H=\log_2 m$, wobei m die Zahl der Alternativen und H das Ausmaß der Unsicherheit oder der notwendigen Information beschreibt, um zu einer sicheren Auswahl zu kommen. Wenn alle Alternativen gleich wahrscheinlich sind, ist $m=1/p$, also $H=\log_2(1/p)$, wobei p die Wahrscheinlichkeit darstellt, dass ein Merkmalsträger in eine bestimmte Kategorie einzuordnen ist. Für Fälle mit ungleichen Alternativen lässt sich dieser Zusammenhang zu $h_i=\log_2(1/p_i)$ generalisieren. h_i gibt damit die Anzahl der Informationen an, die notwendig sind, um herauszufinden, dass ein Merkmalsträger in eine bestimmte Kategorie fällt. Gewichtet man nun diese mit der jeweiligen relativen Häufigkeit der Kategorie und summiert über alle Kategorien, so legt man das mittlere Ausmaß an Information fest, die notwendig ist, um die Merkmalsausprägung für einen bestimmten Probanden zu bestimmen. Die Entropie lässt sich standardisieren, indem man sie durch ihren Höchstbetrag $\log_2 K$ dividiert (K=Anzahl der Kategorien).

Ein zweites Maß qualitativer Varianz ist die Diversifikation D (index of diversity). Das Maß gibt die Wahrscheinlichkeit an, dass zwei zufällig ausgewählte Untersuchungseinheiten zwei verschiedenen Kategorien entstammen (Lieberson 1969). Das Diversifikationsmaß D ist definiert $D=1 - \sum p_i^2$. Der Ausdruck $\sum p_i^2$ ist demnach ein Konzentrationsmaß und wird auch als Hirschman- oder Herfindahl-Index bezeichnet (ebd.: 67ff.). Die Entropie und die Diversifikation korrelieren zwar hoch, werden in den nachfolgenden Tabellen aber dennoch getrennt angegeben.

3.3 Empirische Studien zur Heterogenität von Lebensformen

Es gibt eine Reihe empirischer Studien, die Aussagen zur Vielfalt der Lebensform machen, jedoch keine Maße der Heterogenität verwenden. So hält Strohmeier (1993) als Ergebnis seiner empirischen Untersuchung fest, dass die Lebensformen innerhalb des (schrumpfenden) Familiensektors eine erhebliche Stabilität aufweisen mit der „Normalfamilie" als dominantem Typus. Durch die Elternschaft kommt es „zur Reduktion der individuellen Freiheitsgrade schon nach dem ersten Kind" (Strohmeier 1993: 17). Im Gegensatz zum Familiensektor kommt es innerhalb der nicht familialen Lebensformen durch eine deutliche Gewichtsverschiebung zugunsten nichtehelicher Lebensgemeinschaften und Partnerloser und zum Nachteil verheirateter Paare zu einer gewissen Angleichung zwischen den Lebensformen. Die Pluralisierung wird also „nur partiell bei den Lebensformen ohne Kinder vollzogen" (ebd.: 15). Diese partielle, nur im „Nichtfamiliensektor" zu findende Pluralisierung bezeichnet er als Polarisierung der Lebensformen. Dieser Rückzug der familialen Lebensform ist jedoch stark schichtabhängig, verursacht vor allem von „junge(n) Frauen und Männer(n) der mittleren und oberen Schichten" (ebd.: 20), was sich durch eine zusätzlich nach Bildungsgrad differenzierende Panelanalyse belegen lässt.

Höhn/Dorbritz (1995) verwenden zur empirischen Überprüfung der Pluralisierungsthese die Häufigkeiten der Lebensformen 1972 und 1992 anhand der Daten des Mikrozensus. Das Merkmal der Erwerbstätigkeit wird nicht berücksichtigt. Da aufgrund der Datenlage des Mikrozensus auf verschiedene Bevölkerungskonzepte zurückgegriffen werden muss (Bevölkerung in Privathaushalten und Bevölkerung am Familienwohnsitz), kann kein „geschlossener Überblick über die Anteilsverschiebung zwischen den einzelnen Lebensformen erreicht werden" (ebd.: 165). Die Ergebnisse ähneln jenen der Studie von Strohmeier: Ein leichtes Anwachsen des Nichtfamiliensektors verbunden mit einem geringen Rückgang der Prävalenz der Ehe. Höhn/Dorbritz mahnen deshalb zur Vorsicht in der Diskussion um die Pluralisierung der Lebensformen, denn: „man findet zwar eine breite Vielfalt an Lebensformen auf, die deutliche Mehrheit der Bevölkerung lebt aber in einer außerordentlich kleinen Anzahl an Lebensformen" (ebd.: 169). So ergab eine separate Auswertung des Familiensurveys aus dem Jahr 1988 (DJI: Deutsches Jugendinstitut), der auf einer Zufallsauswahl von Personen in Privathaushalten im Alter von 18 bis 55 Jahren beruht, dass zu den fünf häufigsten Lebensformen 76,4 Prozent der Befragten gehören. Bei diesen Lebensformen handelt es sich um (Höhn/Dorbritz 1995: 161):

1 „verheiratet, mit Kind(ern) im Haushalt, Ehemann allein erwerbstätig" (21,0 Prozent);
2 „verheiratet, ohne Kinder im Haushalt, beide Partner erwerbstätig" (19,4 Prozent);
3 „verheiratet, mit Kind(ern) im Haushalt, beide Partner erwerbstätig" (13,8 Prozent);
4 „verheiratet, ohne Kinder im Haushalt, Ehemann allein erwerbstätig" (13,2 Prozent);
5 „Partnerschaft, ohne Kinder, beide Partner erwerbstätig" (8,9 Prozent).[2]

Ähnlich vorsichtig argumentiert Klein (1999) im Hinblick auf die Pluralisierung partnerschaftlicher Lebensformen: „Es gibt keine revolutionierenden Umwälzungen partnerschaftlicher Lebensformen, vielmehr nur sehr erklärbare Veränderungen, in deren Mittelpunkt die Zunahme nichtehelicher Lebensgemeinschaften (…) steht. Dabei lässt sich der Zuwachs nichtehelicher Lebensgemeinschaften als Kompensation abnehmender Heiratsraten interpretieren". Damit kann man sagen, dass mehrere Autoren eher *eine schwache Pluralisierung der Lebensformen vermuten, die vor allem auf einem Rückgang der Ehen und einem Anstieg der nichtehelichen Lebensgemeinschaften beruht. Ferner wird festgestellt, dass die Lebensformen mit Kindern – und hier vor allem die Ehen mit Kindern – zugunsten von Lebensformen ohne Kinder zurückgegangen sind.*

Auf einen weiteren Umstand weisen Diewald/Wehner (1996) hin. Sie argumentieren, dass zwischen 1984 und 1993 beobachtbare „Verschiebungen in der Verteilung von Lebensformen" nicht alle Bevölkerungsgruppen in gleichem Ausmaß getroffen haben. Vielmehr seien es vor allem Personen im jungen Erwachsenenalter sowie Personen im hohen Alter, bei denen ein bedeutsamer Wandel der Lebensformen stattgefunden habe.

Eine quantitative Bestimmung der Heterogenität der Lebensformen in Westdeutschland unter Verwendung der Entropie wurde erstmals von Huinink/Wagner (1998) vorgelegt. Auf der Basis von Mikrozensusdaten wurde eine Klassifikation mit acht Haushaltstypen herangezogen: Ehepaare ohne Kinder (1), nichteheliche Lebensgemeinschaften ohne Kinder (2), Einpersonenhaushalte (3), Ehepaare mit Kindern (4), nichteheliche Lebensgemeinschaften mit Kindern (5), Alleinerziehende (6), Haushalte mit nicht mehr ledigen Kindern (7) sowie Drei- und Mehrgenerationenhaushalte (8). Es konnte nachgewiesen werden, dass es im Vergleich der Jahre 1972 und 1995 zu einem leichten Anstieg der Entropie von 2,05 auf 2,11 gekommen war.

Die Untersuchung von Huinink/Wagner (1998) wurde von Wagner/Franzmann (2000) für die Jahre 1972 und 1996 repliziert. In Tab. 2 werden nun zusätzlich die ent-

---

2 Die genannten Anteilswerte sind nicht mit denjenigen in den Tab. 2 und 3 vergleichbar, da im Familien-survey 1988 keine Personen im Alter von 55 Jahren und darüber enthalten sind.

sprechenden Werte für West- und Ostdeutschland aus dem Mikrozensus für das Jahr 2000 hinzugefügt. Im Einzelnen wird deutlich, dass in Westdeutschland zwischen den Jahren 1972 und 2000 Eingenerationenhaushalte gegenüber den Zwei- und Mehrgenerationenhaushalten stark zugenommen haben. In Ostdeutschland hat sich selbst in dem kurzen Zeitraum vom Jahr 1996 bis zum Jahr 2000 der Anteil der Eingenerationenhaushalte um 4,3 Prozentpunkte erhöht. Für die Bedeutungszunahme der Eingenerationenhaushalte sind vor allem die nichtehelichen Lebensgemeinschaften ohne Kinder sowie die Einpersonenhaushalte verantwortlich – nicht die Ehen ohne Kinder. Der Rückgang der Zweigenerationenhaushalte wird vor allem durch die Ehepaare mit Kindern bedingt, die im Jahr 2000 nur noch etwa ein Viertel aller Haushalte ausmachen. Jedoch sind nicht alle Zweigenerationenhaushalte im Rückgang begriffen: Auf immer noch sehr niedrigem Niveau hat die Verbreitung nichtehelicher Lebensgemeinschaften mit Kindern zwischen den Jahren 1972 und 1996 zugenommen. Dieser Trend hielt allerdings nicht bis zum Jahr 2000 an.

Offensichtlich sind in Westdeutschland die Heterogenitätsmaße leicht angestiegen. Trotz deutlicher Veränderungen in der Verbreitung einzelner Lebensformen nimmt die Heterogenität nur etwas zu, weil die Dominanz einer Lebensform – Ehepaare mit Kindern – durch die Dominanz einer anderen Lebensform – Einpersonenhaushalte – abgelöst wurde. Ferner lässt sich erkennen, dass in den Jahren 1996 und 2000 die Vielfalt der Lebensformen in Ostdeutschland über derjenigen in Westdeutschland liegt.

Tab. 2: Haushaltstypen 1972, 1996 und 2000 (Haushalte in % und Maße der Pluralität)

	1972	1996		2000	
	West	West	Ost	West	Ost
Eingenerationenhaushalte	50,1	64,9	60,1	66,0	64,4
- Ehepaare ohne Kinder (1)	23,1	24,5	25,6	25,0	25,8
- nichtehel. Lebensgemeinschaften o. Kinder (2)	0,5	3,7	3,3	4,0	3,8
- Einpersonenhaushalte (3)	26,4	36,7	31,1	37,0	34,8
Zweigenerationenhaushalte	46,5	34,1	39,0	33,2	34,7
- Ehepaare mit Kindern (4)	39,3	27,1	28,6	25,9	24,2
- nichtehel. Lebensgemeinschaften m. Kindern (5)	0,1	0,9	3,3	0,8	2,2
- Alleinerziehende (6)	5,5	5,1	6,1	5,6	7,3
- Haushalte mit nicht mehr ledigen Kindern (7)	1,6	1,0	1,0	0,9	1,0
Drei- und Mehrgenerationenhaushalte (8)	3,4	1,0	0,9	0,8	0,8
Gesamt	100,0	100,0	100,0	100,0	100,0
Maß der Pluralität					
- Entropie, unstandardisiert	2,06	2,13	2,24	2,13	2,23
- Entropie, standardisiert	0,69	0,71	0,75	0,71	0,74
- Diversifikation, unstandardisiert	0,72	0,73	0,75	0,73	0,75

Quelle: Engstler (1998: 49) und Engstler/Menning (2003: 216) und eigene Berechnungen; ohne sonstige Eingenerationenhaushalte; die Haushaltstypen (1) bis (8) wurden zur Berechnung der Pluralitätsmaße herangezogen.

Zu einer bestimmten Alter [...] ist eine bestimmte Lebensform besonders häufig

Ein leichter Anstieg der Vielfalt der Lebensformen in Westdeutschland und eine höhere Vielfalt in Ost- als in Westdeutschland – zu diesen Befunden kommt mittels der Daten des DJI-Familiensurveys auch Marbach (2003: 178), obwohl er eine andere Klassifikation der Lebensformen als diejenige aus Tab. 2 verwendet. Marbach unterscheidet acht Lebensformen und bezieht dabei auch die Partnerschaften ohne gemeinsame Haushaltsführung („Fernbeziehung") ein.

Es kann kein Zweifel daran bestehen, dass die Vielfalt der Lebensformen in bestimmten Lebensphasen oder Altersgruppen besonders hoch ist. Diese Beobachtung machte bereits Zapf et al. (1987). Er stellte fest, „dass (…) in jeder Lebensphase neben einer breiten Differenzierung ein ganz bestimmtes Muster von Lebensformen" (ebd.: 34) dominiert. Betrachtet man die Heterogenität in Abhängigkeit vom Alter, so stellt man fest, dass die Pluralität der Lebensformen im dritten Lebensjahrzehnt besonders ausgeprägt ist – in diesem Zeitraum finden viele Übergänge zwischen Lebensformen statt (Auszug aus dem Elternhaus, Beginn einer nichtehelichen Lebensgemeinschaft oder Heirat). In der Altersgruppe der 45- bis 59-Jährigen ist die Vielfalt der Lebensformen ebenfalls relativ hoch. Für viele Eltern beginnt in diesem Zeitraum die Phase des „Empty Nest", weil das letzte Kind das Elternhaus verlässt (Huinink/Wagner 1998: 101).

Ebenso ist es recht sicher, dass die Pluralität der Lebensformen mit dem *Urbanisierungsgrad* zunimmt. In den Großstädten sind die Einpersonenhaushalte und neuen Lebensformen stärker verbreitet, daher ist hier die Heterogenität besonders hoch (ebd.: 102).

Es sei ferner die Studie von Brüderl/Klein (2003) (vgl. auch Brüderl 2004) erwähnt, in der allerdings nur die Pluralisierung *partnerschaftlicher* Lebensformen im Kohortendesign mit Längsschnittdaten untersucht wird. Die Daten entstammen dem Familiensurvey 2000, der auf einer Befragung der Wohnbevölkerung im Alter von 18 bis 55 Jahren basiert. Folgende Lebensformen werden unterschieden: „Ledig (d.h. partnerlos vor einer ersten Ehe), Kohabitation (vor einer ersten Ehe), Verheiratet (erste Ehe), Getrennt (partnerlos nach einer Ehe, die durch Trennung beendet wurde), Verwitwet (partnerlos nach einer Ehe, die durch den Tod des Ehepartners beendet wurde), nacheheliche Kohabitation (Kohabitation nach einer Ehe), Wiederverheiratet (zweite oder dritte Ehe). Zwischen den ersten beiden Zuständen kann man wechseln, solange man keine Ehe eingegangen ist. Zwischen den letzten vier Zuständen kann man wechseln, nachdem die erste Ehe beendet ist (durch Trennung oder Verwitwung)" (Brüderl/Klein 2003: 195). Eine derartige Gliederung von Lebensformen ist nicht unproblematisch. Zunächst basiert die Studie nur auf drei Lebensformen: Ledige ohne Partner im Haushalt, nichteheliche Lebensgemeinschaften und Ehen. Die „Pluralisierungsthese" bezieht sich aber in der Regel nicht nur auf partnerschaftliche, sondern auf ein breiteres Spektrum von Lebensformen. Ferner werden hier Lebensformen unter anderem danach unterschieden, welche Lebensformen ihnen im Lebenslauf vorangehen oder folgen. Die Frage ist aber, in welcher Hinsicht Kohabitationen vor einer Ehe von Kohabitationen nach einer Ehe zu unterscheiden sind. Obwohl diese sequenzielle Sichtweise aus der Perspektive des Partnerschaftsverlaufs nachvollziehbar ist, müssten Lebensformen immer auch entlang einer theoretischen Dimension unterschieden werden. Brüderl/Klein (2003) berichten eine Zunahme der Entropie im Kohortenvergleich für die Altersspanne zwischen 22 und 38 Jahren. Ferner wird mit dem Optimal Matching-Verfahren ermittelt, dass sich die Partnerschaftsverläufe immer mehr von einer so genannten Standardbiografie (ledig im Alter zwischen 14 und 23 Jahren, dann verheiratet bis zum Alter 35) entfernen. Diese Distanz nimmt mit der Wohnortgröße, aber nicht mit der Bildung (linear) zu. Die Autoren schließen aus ihren Befunden, dass es in Westdeutschland zu einer Pluralisierung der Lebensformen gekommen ist, wobei dieser Prozess schon mit der Geburtskohorte 1933-45 eingesetzt habe.

Es soll nun eine weitere Analyse zur Pluralisierung vorgestellt werden, bei der es nicht wie in Tab. 2 um Verteilungen von Haushalten, sondern von Personen geht. Diese Analyse verwendet eine feine Klassifikation von Lebensformen und basiert auf dem ALLBUS der Jahre 1980/82, 1990/91, 1998/00 sowie 2004/06. Da bis einschließlich 1990 nur Personen mit deutscher Staatsangehörigkeit befragt wurden, ab 1991 hingegen nur deutschsprachige Personen, werden Personen ohne deutsche Staatsangehörigkeit aus der Analyse ausgeschlossen. Mit den Daten des ALLBUS wird berechnet, wie groß der Anteil von Personen in einer bestimmten Lebensform ist. Es wird nach der *Sozialstruktur der intragenerationalen Beziehungen innerhalb des Haushalts* unterschieden: Ehe, nichteheliche Lebensgemeinschaft (NEL), Wohngemeinschaft (WG) und Einpersonenhaushalt. Ferner spielt eine Rolle, ob eine *Elternschaft* vorliegt. Dieses ist dann der Fall, wenn die Befragten angegeben haben, dass sie mit leiblichen oder adoptierten Kindern in einem Haushalt zusammenleben. Ein drittes Kriterium ist die *Erwerbstätigkeit von Mann oder Frau*. Die Befragten wurden als erwerbstätig eingestuft, wenn sie ganztags oder halbtags hauptberuflich tätig sind. Auf der Basis der genannten Kriterien erhalten wir 26 Lebensformen.

Die Verteilungen in Tab. 3 zeigen, dass zu den drei häufigsten Lebensformen die kinderlosen Ehen gehören, wo beide Partner nicht erwerbstätig sind (Nr. 4) sowie die Ehen mit Kindern, wo nur der Mann oder beide Partner erwerbstätig sind (Nr. 5 und 7). Im Jahr 2004/06 entfallen immerhin 43 Prozent der Befragten auf diese drei Lebensformen. Viele Lebensformen sind aber auch sehr selten. Zu den Lebensformen, die in den Jahren 2004/06 mit weniger als 2 Prozent vertreten sind, gehören Ehen mit Kindern, bei denen allein die Frau erwerbstätig ist (Nr. 6), kinderlose nichteheliche Lebensgemeinschaften, bei denen nicht beide Partner erwerbstätig sind (Nr. 9, 10 und 12), alle nichtehelichen Lebensgemeinschaften mit Kindern (Nr. 13 bis 16), Wohngemeinschaften (Nr. 17) sowie alle Typen von Alleinerziehenden (Nr. 18 bis 21).

Abb. 1 demonstriert die Altersverteilung der Personen, die den 26 Lebensformen zugehören, in Form von Boxplots. Die Lebensformen werden durch die entsprechenden Nummern aus Tab. 3 gekennzeichnet. Die Boxen geben das 25-, 50- und das 75-Prozent-Perzentil an. Das 50-Prozent-Perzentil ist der Median und wird durch einen schwarzen Strich innerhalb der Box symbolisiert. Die Striche neben den Boxen bezeichnen den kleinsten und den größten Wert, der kein Extremwert ist.[3]

Beschreiben wir nun die wichtigsten demografischen Trends. Während 1980/82 ein Viertel der Befragten in einer *Ehe* ohne Kinder lebten, waren es 2004/06 knapp ein Drittel, bei den Ehen mit Kindern ergibt sich dagegen für diesen Zeitraum ein starker Rückgang von 43,8 Prozent auf 29,7 Prozent. Diese Entwicklung wurde bereits oben bei der Betrachtung auf der Ebene der Haushalte deutlich. Wenn wir nun in Tab. 3 weiter nach der Erwerbstätigkeit differenzieren, dann wird weiter erkennbar, dass zu den Lebensformen, die deutlich an Bedeutung verloren haben, die Ehen (mit oder ohne Kinder) gehören, in denen der Mann allein erwerbstätig ist. In diesem „bürgerlichen" Familienmodell

---

3   Extremwerte, die in der Grafik nicht repräsentiert werden, sind Werte, deren Abstand vom 25%-Perzentil nach links beziehungsweise vom 75%-Perzentil nach rechts mehr als das 1,5fache der Boxlänge beträgt.

leben 2004/06 nur noch 16,7 Prozent der Befragten. Nur wenige Personen leben in einer Ehe, in der die Frau allein erwerbstätig ist. Zwischen 1980/82 und 2004/06 hat sich ihr Anteil jedoch kräftig gesteigert. Der Anteil der Befragten in Doppelverdienerehen mit Kindern hat sich – womöglich entgegen den Erwartungen – kaum erhöht. Es ist sogar etwas seltener geworden, dass Personen in einer Doppelverdienerehe ohne Kinder leben. Ebenfalls leben immer mehr Individuen in einer Ehe ohne Kinder im Haushalt, wobei keiner der Partner erwerbstätig ist (in der Regel Rentnerhaushalte).

Zwar haben alle Typen *nichtehelicher Lebensgemeinschaften* in den letzten knapp 30 Jahren deutlich zugenommen. Dennoch lebten in den Jahren 2004/06 nur 5,1 Prozent der Befragten in einer nichtehelichen Lebensgemeinschaft ohne Kinder und nur 1,7 Prozent in einer nichtehelichen Lebensgemeinschaft mit Kindern. Die Befragten in kinderlosen Lebensgemeinschaften sind meistens nicht älter als 35 Jahre. Ist allerdings keiner der Partner erwerbstätig – was nur selten vorkommt – liegt das mittlere Alter zwischen 50 und 60 Jahren. Offenbar haben sich für diese Lebensform auch einige Rentnerpaare entschieden.

Zu den *Wohngemeinschaften* gehören zwei Haushaltstypen: Haushalte, denen nur nicht miteinander verwandte Personen angehören, sofern es sich nicht ausschließlich um ein Partnerpaar handelt (1) sowie Wohngemeinschaften mit einem Familienkern (2). Empirisch ergibt sich, dass Wohngemeinschaften, deren Anteil 1980/82 auch nur bei insgesamt 3,1 Prozent lag, über die Jahre hinweg weiter an Bedeutung verloren haben. Der ALLBUS 2004/06 weist nur noch einen Anteil von 0,8 Prozent aller Befragten aus, die in einer Wohngemeinschaft leben. Dabei ist zu bedenken, dass eine Wohngemeinschaft sowohl objektiv als auch subjektiv nur schwer von einer Wohnung mit mehreren Einpersonenhaushalten abzugrenzen ist.

Der Anteil der *Alleinerziehenden*, also Personen, die ohne Partner, aber mit Kindern zusammenleben, hat sich im historischen Zeitverlauf kaum verändert. Während in den Jahren 1980/82 4,0 Prozent der Westdeutschen in dieser Lebensform lebten, waren es in den Jahren 2004/06 3,7 Prozent. Dieser relativ stabile Anteil an Alleinerziehenden steht im Einklang mit den in Tab. 2 berichteten Befunden, die sich allerdings nicht auf Individuen, sondern auf Haushalte beziehen. Aber auch auf Haushaltsebene ergibt sich für Westdeutschland im Vergleich der Jahre 1972, 1996 und 2000 ein recht stabiler Anteil von Alleinerziehenden, der zwischen 5 und 6 Prozent schwankt. Alleinerziehende Männer sind selten. Aus anderen Quellen ist bekannt, dass deutlich über die Hälfte der Alleinerziehenden geschieden ist (Engstler/Menning 2003: 41).

Einpersonenhaushalte haben deutlich an Bedeutung gewonnen. Jeder fünfte Befragte lebt mittlerweile in dieser Lebensform. Besonders stark ist der Zuwachs bei alleinwohnenden Männern, deren Anteil sich etwa verdoppelt hat. Je nachdem, ob Alleinwohnende erwerbstätig sind oder nicht, erhält man ein relativ niedriges oder hohes Durchschnittsalter (Abb. 1).

Schließlich wurden diejenigen *Befragten, die noch bei ihren Eltern wohnen,* einer separaten Lebensform zugeordnet. Hier haben wir es also auch mit Familienhaushalten zu tun, deren Anteil allerdings etwas zurückgegangen ist.

Beide Maße qualitativer Varianz steigen im historischen Zeitablauf kontinuierlich an. Damit beobachten wir auch bei Berücksichtigung des Kriteriums der Erwerbstätigkeit im Zeitraum von 1980 bis 2006 eine leichte Pluralisierung der Lebensformen in Westdeutschland.

Der Tab. 3 lässt sich nicht entnehmen, warum die Vielfalt der Lebensformen zugenommen hat. Zum einen ist hierfür die Zahl der Lebensformen zu hoch, zum anderen kann man nicht erkennen, wie die jeweils sehr unterschiedlichen Trends bei der Verbreitung einzelner Lebensformen auf der gesellschaftlichen Ebene zusammenwirken und hier ein bestimmtes Ausmaß an Vielfalt generieren.

Tab. 3: Lebensformen in Westdeutschland, 1980-2006 (ohne Ausländer)

Lebensform		Jahr				
		1980/ 82	1990/ 91	1998/ 2000	2004/ 06	Index 2004/6 1980/2 =100
1 Ehe, keine Kinder, Mann allein erwerbstätig	N	403	261	224	149	
	%	6,9	6,0	5,3	3,9	57
2 Ehe, keine Kinder, Frau allein erwerbstätig	N	76	56	90	116	
	%	1,3	1,3	2,2	3,1	238
3 Ehe, keine Kinder, beide erwerbstätig	N	389	299	336	228	
	%	6,7	7,0	8,0	6,1	91
4 Ehe, keine Kinder, beide nicht erwerbstätig	N	605	502	666	661	
	%	10,4	11,6	16,0	17,5	169
5 Ehe, Kind(er), Mann allein erwerbstätig	N	1566	960	641	484	
	%	27,0	22,2	15,3	12,8	47
6 Ehe, Kind(er), Frau allein erwerbstätig	N	54	31	47	59	
	%	0,9	0,7	1,1	1,6	178
7 Ehe, Kind(er), beide erwerbstätig	N	713	564	549	475	
	%	12,3	13,0	13,1	12,6	102
8 Ehe, Kind(er), beide nicht erwerbstätig	N	207	143	102	102	
	%	3,6	3,3	2,4	2,7	75
9 NEL, keine Kinder, Mann allein erwerbstätig	N	5	19	25	24	
	%	0,1	0,5	0,6	0,6	600
10 NEL, keine Kinder, Frau allein erwerbstätig	N	4	16	18	13	
	%	0,1	0,4	0,4	0,3	300
11 NEL, keine Kinder, beide erwerbstätig	N	23	110	112	131	
	%	0,4	2,6	2,7	3,5	875
12 NEL, keine Kinder, beide nicht erwerbstätig	N	5	26	30	26	
	%	0,1	0,6	0,7	0,7	700
13 NEL, Kind(er), Mann allein erwerbstätig	N	8	12	12	17	
	%	0,1	0,3	0,3	0,5	500
14 NEL, Kind(er), Frau allein erwerbstätig	N	1	1	1	4	
	%	0,0	0,1	0,0	0,1	100
15 NEL, Kind(er), beide erwerbstätig	N	15	21	31	37	
	%	0,3	0,5	0,8	1,0	333
16 NEL, Kind(er), beide nicht erwerbstätig	N	1	4	4	5	
	%	0,0	0,1	0,0	0,1	100
17 In WG lebend	N	179	81	49	31	
	%	3,1	1,9	1,2	0,8	26
18 Alleinerziehend, Mann, erwerbstätig	N	16	19	13	10	
	%	0,3	0,4	0,3	0,3	100
19 Alleinerziehend, Mann, nicht erwerbstätig	N	19	17	5	10	
	%	0,3	0,4	0,1	0,3	100
20 Alleinerziehend, Frau, erwerbstätig	N	81	68	66	65	
	%	1,4	1,6	1,6	1,7	121

21 Alleinerziehend, Frau, nicht erwerbstätig	N	109	66	57	54	
	%	2,0	1,5	1,4	1,4	70
22 Einpersonenhaushalt, Mann, erwerbstätig	N	121	133	162	194	
	%	2,1	3,1	3,9	5,2	248
23 Einpersonenhaushalt, Mann, nicht erwerbstätig	N	105	108	122	133	
	%	1,8	2,5	2,9	3,5	194
24 Einpersonenhaushalt, Frau, erwerbstätig	N	120	98	124	141	
	%	2,1	2,3	2,9	3,7	176
25 Einpersonenhaushalt, Frau, nicht erwerbstätig	N	367	226	321	316	
	%	6,3	5,2	7,7	8,4	133
26 Volljähriges Kind, bei Eltern, ohne Kind(er)	N	605	491	390	299	
	%	10,5	11,3	9,3	8,0	76
Gesamt (= 100%)	N	5797	4332	4197	3783	
Entropie, unstandardisiert		3,49	3,69	3,79	3,87	
Entropie, standardisiert		0,72	0,76	0,78	0,79	
Diversifikation, unstandardisiert		0,87	0,89	0,90	0,91	

Quelle: ALLBUS

Abb. 1: Das Alter der Befragten in verschiedenen Lebensformen 2004/06
(nur Westdeutschland, ohne Ausländer)

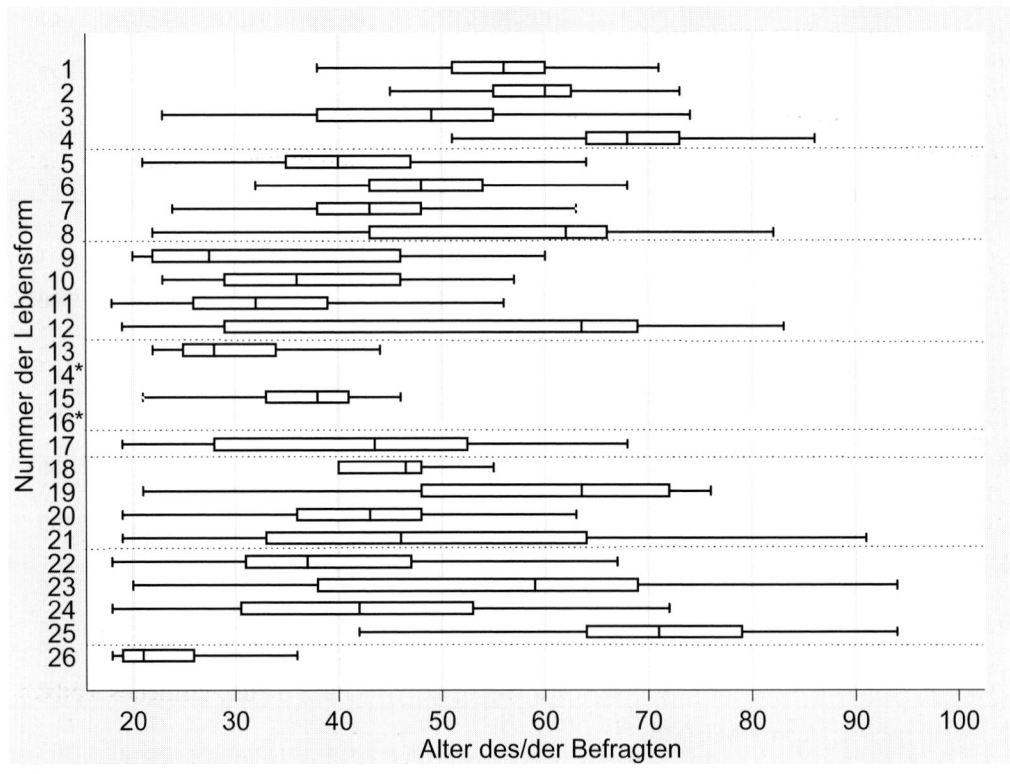

*Die Boxplots in den Kategorien 14 und 16 werden aufgrund zu geringer Fallzahlen (N<10) nicht dargestellt.
Quelle: ALLBUS 2004/06, eigene Berechnungen

4   Erklärungen   *Sehr gut!*

Es ist aus mehreren Gründen schwierig, die Vielfalt der Lebensformen zu erklären. Erstens ist das Ausmaß der Vielfalt von Lebensformen – unabhängig davon, wie sie gemessen wurde – auch *Konsequenz des gewählten Lebensformkonzepts.* Eine Klassifikation der Lebensformen kann mehr oder weniger viele Lebensformen umfassen und es kann „neue" oder „alte" Lebensformen besonders berücksichtigen. Zweitens sind Maße der Pluralität oder Heterogenität grundsätzlich *neutral gegenüber der Art der jeweiligen Lebensformen.* Wenn die Lebensform A mit 60 Prozent und die Lebensform B mit 40 Prozent vertreten ist, dann ist die Heterogenität genauso hoch als wenn 60 Prozent der Fälle auf B und 40 Prozent auf A entfallen. Ein Vergleich der Heterogenitätsmaße zwischen zwei Zeitpunkten informiert auch nicht darüber, welche Lebensformen an Bedeutung gewonnen haben und welche nicht. Drittens können Veränderungen in der Pluralität der Lebensformen durch *mehrere Prozesse* zustande kommen, die nicht unbedingt kausal verknüpft sein müssen. So kann sich die Vielfalt der Lebensformen dadurch verändern, dass immer mehr junge Personen in einer nichtehelichen Lebensgemeinschaft, immer mehr alte Menschen in einem Einpersonenhaushalt leben oder immer mehr Menschen kinderlos bleiben. Es kommt nun noch erschwerend hinzu, dass eine starke Veränderung bei den Teilprozessen nicht unbedingt zu mehr Vielfalt bei den Lebensformen führen muss. Vielmehr können sich auch große Veränderungen in der Verbreitung von Lebensformen wechselseitig aufheben, so dass die Heterogenität gleich bleibt. Ferner ist von großer Bedeutung, welcher *historische Zeitabschnitt* betrachtet wird. Wir dürfen keineswegs davon ausgehen, dass die Vielfalt der Lebensformen grundsätzlich zunimmt oder zumindest in der Nachkriegszeit kontinuierlich zugenommen hat. Die Vielfalt der Lebensformen kann auch abnehmen, beispielsweise dann, wenn traditionelle Lebensformen durch neue Lebensformen verdrängt werden. Schließlich hängt die Partizipation an bestimmten Lebensformen vom *Lebensalter* ab. Da nichteheliche Lebensgemeinschaften zu den neuen Lebensformen zählen und vor allem im dritten Lebensjahrzehnt vorkommen, stellt man besonders dann eine Pluralisierung der Lebensformen fest, wenn man sich genau auf diese Altersgruppe konzentriert.

Die wohl prominenteste Erklärung zum Wandel der Lebensformen stellt eine Anwendung der *Theorie funktionaler Differenzierung* auf den gesellschaftlichen Teilbereich der Familie dar. Der Differenzierungsprozess erfolgte im historischen Zeitablauf in zwei Phasen. Eine erste Phase, die wohl erstmals von Durkheim postuliert wurde (Wagner 2001), führte zur Herausbildung eines gesellschaftlichen Teilsystems Familie und zur Verbreitung der modernen Kernfamilie und ihrer Etablierung als „Normalfamilie" bis in die 1960er Jahre. Diese Familienform wird durch die verheirateten Eltern und ihre minderjährigen Kinder gebildet, wobei dem Vater die instrumentelle Berufsrolle zukommt und die Mutter in ihrer expressiven Rolle für den internen Zusammenhalt der Familie zuständig ist (Parsons/Bales 1964: 45ff.). Ob man die Familie als ein gesellschaftliches Teilsystem ansehen kann, das neben anderen wie der Politik, Wirtschaft, Wissenschaft, Recht, Religion existiert (Tyrell 1979: 17), ist dabei nicht unumstritten. Kaufmann (2007: 326) formuliert immer noch vorsichtig: „Vermutlich bilden die Familien in einer Gesellschaft nicht nur eine unverbundene Menge von partikulären Einzelsystemen, sondern darüber hinaus auch eine gesamtgesellschaftliche Struktur" (vgl. auch Kaufmann 1994).

Vertreter der Theorie sozialer Differenzierung postulieren nun einen zweiten Differenzierungsschub, der das gesellschaftliche Teilsystem Familie erfasst haben soll. Diese zweite Phase der Differenzierung hebt die Monopolstellung der traditionellen Kernfamilie auf. Nach Meyer (1992: 87) wird das Teilsystem „Familie" zu einem Teilsystem „privater Lebensformen". Er spricht auch von Privatheit als einem funktionalen Subsystem der Gesellschaft (ebd.: 89). Dieses Teilsystem Privatheit bildet nun drei Subsysteme oder Privatheitstypen aus, die Meyer (ebd.: 89) individualistisch, partnerschaftsorientiert und kindorientiert nennt. Für den partnerschaftsorientierten Privatheitstyp steht die nichteheliche Lebensgemeinschaft, die auf Liebe und Emotionalität spezialisiert sei (ebd.: 104). Zum kindorientierten Privatheitstyp gehören die Lebensformen mit Kindern und zum individualistischen Privatheitstyp die Alleinwohnenden, die immer wieder missverständlich „Singles" genannt werden, und die Wohngemeinschaften.

Folgt man dieser systemischen Beschreibung, dann stellt sich allerdings die Anschlussfrage, wie die zweite Phase der Differenzierung zu erklären ist. Der Hinweis auf eine De-Institutionalisierung des „bürgerlichen Familienmonopols" (ebd.: 112) genügt sicher nicht, sondern verschiebt das Erklärungsproblem nur auf die normative Ebene: Warum haben kulturelle Leitbilder von der Familie an Bedeutung oder Verbindlichkeit verloren? Warum kam es – wie auch schon Macklin (1980) schreibt – zu einer Abkehr vom Familismus hin zum Individualismus?

Wenn die Beschreibung von Meyer zutrifft, dann ist das gesellschaftliche Teilsystem Familie oder Privatheit komplexer geworden. Diese Zunahme an Komplexität ist aber aus systemtheoretischer Sicht Folge von Veränderungen in der Umwelt der Familie (vgl. Meyer 1992: 120). Durch die Ausbildung bestimmter Subsysteme passt sich das „System Familie" an diese äußeren Veränderungen an.[4] Darüber hinaus kann man aber zumindest die Frage stellen, ob die Konzeption von einem gesellschaftlichen Teilbereich Familie/Privatheit nicht immer weniger gerechtfertigt ist, wenn dessen innere Differenzierung zunimmt.

Nave-Herz (1999: 48) geht bei ihren Überlegungen zur Differenzierungstheorie davon aus, dass sich ein soziales System (auch) deswegen herausbildet, weil es unentbehrliche gesellschaftliche Leistungen gibt, die diesem System „mit einer gewissen Exklusivität zugesprochen werden". Diese Leistungsansprüche resultierten, so Nave-Herz, aus dem Partnerschaftssystem selbst und aus anderen Systemen. Zu den Leistungsansprüchen, die aus dem Partnerschaftssystem resultieren, gehören die gestiegenen Anforderungen an die Partnerschaft und „hohe affektive emotionale Ansprüche an den Partner" (ebd.: 48). Einflüsse, die aus anderen Systemen hervorgehen, sind beispielsweise veränderte Arbeitsbedingungen in den Betrieben oder eine zunehmende gesellschaftliche Anonymität.

Neben der Differenzierung wird auch die Individualisierung mit der Pluralisierung der Lebensformen in einen Zusammenhang gebracht. Während die klassische Soziologie

---

4   Allerdings handelt es sich hier nach Meyer (1992: 122) nicht nur um einen Differenzierungsprozess innerhalb des Teilsystems Privatheit/Familie (Herausbildung von Subsystemen) als Folge von Umweltveränderungen. Es soll auch zu einer Entdifferenzierung zwischen dem Teilsystem Privatheit/Familie und seiner Umwelt gekommen sein. So spricht Meyer (ebd.: 122) von einer Angleichung familialer und außerfamilialer Rationalitätsstandards, da nicht nur außerhalb der Familie nach utilitaristischen Maßstäben gehandelt werde, sondern zunehmend auch innerhalb der Familie. Als Beispiel kann man die Familiengründung anführen, die nicht (mehr) selbstverständlich erfolgt, sondern zu einer Entscheidung unter Kosten- und Nutzengesichtspunkten geworden ist (weitere Beispiele gibt ebd.: 124ff.).

die Industrialisierung und Urbanisierung vor Augen hatte und angenommen hat, dass zunehmende Arbeitsteilung und Differenzierung zur Individualisierung führt, sieht die neuere Individualisierungstheorie die Wohlstandssteigerung und den Ausbau des Wohlfahrtsstaats als Bedingungen der Individualisierung an. Versteht man mit Beck (1983) unter „Individualisierung", dass die Abhängigkeit der Individuen von traditionellen Sozialgebilden wie Familie, Nachbarschaft etc. schwächer wird, die Abhängigkeit der Individuen von Arbeitsmarkt und Wohlfahrtstaat aber zunimmt, dann kann das zum einen zu mehr Entscheidungsautonomie der Individuen führen, zum anderen aber auch zu einer zunehmenden Dominanz der Anforderungen der Arbeitsmarktes über die Privatsphäre. Man kann aus der Individualisierungstheorie die These ableiten, dass der Ausbau des Wohlfahrtsstaates, die zunehmende Integration der Individuen in den Arbeitsmarkt sowie die allgemeine Wohlstandssteigerung die traditionellen Lebensformen schwächen – beispielsweise im Sinn einer De-Institutionalisierung – und die Bindungen der Individuen an diese Lebensformen vermindern. Damit ist noch nicht gesagt, welche neuen Lebensformen an Bedeutung gewinnen und warum dieses der Fall ist.

Für die Differenzierungs- und die Individualisierungsthesen gilt, dass sie bislang unzureichend handlungstheoretisch rekonstruiert wurden. Insbesondere ist kaum reflektiert worden, welche Akteure die Differenzierung in Gang gesetzt haben und wie es dazu kommt, dass sich immer Männer und Frauen für oder gegen bestimmte Lebensformen entscheiden. Obwohl es einige Belege dafür gibt, dass die neuen Lebensformen – die nichtehelichen Lebensgemeinschaften und Wohngemeinschaften – zunächst von den Höhergebildeten, den Großstädtern, den jüngeren und den weniger traditionellen und konservativen Gruppen getragen wurden (vgl. u.a. Meyer/Schulze 1983), so lässt sich doch noch nicht vollständig rekonstruieren, wie sich einzelne Lebensformen historisch entwickelt haben. Es ist zwar eindeutig, dass beispielsweise das Zusammenleben Unverheirateter keine historisch neue Erscheinung ist. Dennoch sind nichteheliche Lebensgemeinschaften als wählbare und gesellschaftlich breit akzeptierte Lebensform eine soziale Neuerung. Ähnliches gilt für Wohngemeinschaften und in abgeschwächter Form auch für das Alleinleben. Man kann also sagen, dass in den letzten Jahrzehnten neue Lebensformen entstanden sind oder an Bedeutung gewonnen haben ohne alte Lebensformen zu verdrängen. Sieht man also in den neuen Lebensformen soziale Innovationen, dann richten sich Diffusionstheorien auf die Frage, nach welchen Regeln sich Innovationen in der Gesellschaft verbreiten. Diese Regeln sind im Hinblick auf die Verbreitung neuer und die Verdrängung traditioneller Lebensformen aber noch nicht bestimmt worden. Welche Bevölkerungsgruppen diese sozialen Innovationen wann adoptiert haben und welche Entscheidungsprozesse diesen Adoptionsprozess ausmachen, lässt sich noch nicht hinreichend aufklären.

Immerhin haben Hill/Kopp (1999) die Wahl von Lebensformen aus handlungstheoretischer Sicht untersucht. Dabei unterscheiden sie zwischen mehreren Entscheidungssituationen: die Entscheidung, eine Partnerschaft einzugehen, einen gemeinsamen Haushalt als nichteheliche Lebensgemeinschaft zu gründen sowie den Partner zu heiraten. Die Zunahme der nichtehelichen Lebensgemeinschaften wird erklärt durch „Veränderungen in den gesellschaftlichen Randbedingungen, unter denen Partnerschaften in den letzten zwanzig Jahren verstärkt eingegangen werden" (ebd.: 27). Zu diesen Randbedingungen gehören „Veränderungen im Bildungsbereich und daraus resultierend im Beschäftigungssystem. Hier hat sich die Partizipation der Frauen drastisch verbessert" (ebd.: 27). Die Folge davon ist, dass die Opportunitätskosten der Hausfrauenrolle oder des Ausstiegs aus dem Arbeitsmarkt, um Kinder zu betreuen, deutlich angestiegen sind.

Auch Cherlin (1992: 33) demonstriert für die USA, dass die Entwicklung der Fertilität und der Erstheiratswahrscheinlichkeiten im 20. Jahrhundert durch steigende Löhne und eine zunehmende Erwerbsbeteiligung der Frauen, die Bildungsexpansion, von der vor allem Frauen profitiert haben, sowie allgemeine Wohlstandssteigerungen erklärt werden kann. Auch einzelne historische Ereignisse – beispielsweise die Wirtschaftskrise in den 1930er Jahren, der Zweite Weltkrieg, die Einführung der Antibabypille Anfang der 1960er Jahre – haben das Ausmaß der Eheschließungen und Geburten beeinflusst.

Cherlin diskutiert die Frage, ob der Wandel von Ehe und Familie – und damit auch die Entwicklung neuer Lebensformen – eher durch Perioden- oder durch Kohorteneffekte erklärbar ist. Periodeneffekte liegen dann vor, wenn bestimmte historische Ereignisse Individuen unabhängig von ihrem Alter (und damit auch ihrer Kohortenzugehörigkeit) beeinflussen. Eine Kohorte ist eine Bevölkerungsgruppe, die ein bestimmtes Ereignis im Lebenslauf (Geburt, Heirat etc.) oder eine bestimmte Phase im Lebenslauf (zum Beispiel die Jugend) in demselben historischen Zeitraum erlebt. Kohorteneffekte liegen dann vor, wenn dieses Zusammentreffen von historischen Ereignissen und Lebenslaufereignissen oder -phasen den nachfolgenden Lebenslauf dauerhaft prägt. Alles in allem vermutet Cherlin, dass in erster Linie periodenspezifische Faktoren den Wandel von Ehe und Familie erklären können[5]. Für die Wirksamkeit von Kohorteneffekten findet er nur wenige Belege. Man muss aber auch sehen, dass es oft schwierig ist, einen beobachteten Wandel in der Abfolge von Kohorten eindeutig auf Perioden- oder Kohorteneffekte zurückzuführen, da beide Effekte häufig konfundiert sind.

5 Diskussion

Gegenstand der Familiensoziologie sind nicht Familien, sondern Lebensformen. Familien bilden eine wichtige Teilgruppe der Lebensformen, die große Mehrheit der Bevölkerung wächst nicht nur in einer Familie auf, sondern gründet auch selbst eine Familie. Aber es gibt – und das in vermehrtem Ausmaß – zahlreiche nicht familiale Lebensformen, Lebensformen also, bei denen keine Elternschaftsbeziehung besteht. Die Querschnittsbetrachtung zeigt, dass mehr als 60 Prozent der über 18-Jährigen nicht mit Kindern in einem Haushalt leben. Nimmt man amtliche Daten und betrachtet die Gesamtbevölkerung, dann lebte im Jahr 2000 jeder zweite Einwohner Deutschlands in einem Haushalt ohne Kinder (Engstler/Menning 2003: 35). Ebenso hat die Wahrscheinlichkeit abgenommen, dass man überhaupt einmal mit Kindern zusammenlebt. So hat die lebenslange Kinderlosigkeit in den letzten Jahrzehnten zugenommen und betrifft (je nach Datenquelle) etwa jede fünfte Frau (Kreyenfeld/Konietzka 2007).

---

5 Cherlin demonstriert beispielsweise, dass in den USA zwischen 1920 und 1990 ein Rückgang der Geburten oder der Eheschließungen meistens mehrere Altersgruppen gleichzeitig betraf und insofern Periodeneffekte wahrscheinlich sind.

Das Konzept der Lebensform wird zwar immer häufiger verwendet, dennoch besteht noch keine Einigkeit darüber, nach welchen Kriterien Lebensformen zu klassifizieren sind. Vermutlich lässt sich diese Frage aus theoretischer Sicht auch nicht sicher beantworten. Viel zu selten wird allerdings analysiert, welche Klassifikation am erklärungskräftigsten ist. Welche Klassifikation ist am besten geeignet, Handlungen, Einstellungen und Werte der Akteure vorherzusagen? Nur durch eine Reihe gezielter empirischer Untersuchungen könnte man einer Standardisierung des Lebensformkonzepts näher kommen.

In den letzten Jahrzehnten haben einige Lebensformen an Bedeutung gewonnen, andere an Bedeutung verloren. Das Ergebnis solcher Veränderungen kann zu mehr oder weniger Vielfalt bei den Lebensformen führen oder sich nicht verändern. Ein allgemeiner Befund aller differenzierten Analysen auf diesem Gebiet ist, dass es in den letzten Jahrzehnten in Westdeutschland zu einer *leichten Pluralisierung der Lebensformen gekommen* ist. Keineswegs wurden traditionelle Lebensformen verdrängt, keineswegs ist erkennbar, dass es keine dominanten oder typischen Konstellationen des privaten Lebens mehr geben würde. Dennoch hat sich der Verbreitungsgrad einiger traditioneller Lebensformen verringert und damit zu etwas mehr Vielfalt bei der Verteilung der Bevölkerung über die Lebensformen beigetragen.

Verwendet man zur Charakterisierung der Lebensformen auch das Merkmal der Erwerbstätigkeit, dann wird deutlich, dass Ehen und nichteheliche Lebensgemeinschaften mit und ohne Kinder an Verbreitung gewonnen haben, bei denen die Frau allein erwerbstätig ist. Gemessen an dem bürgerlichen Familienmodell, das dem Mann die Ernährerrolle zuordnet, sind auch dieses neue Lebensformen, die ein bestimmtes Ausmaß an Pluralität generieren.

Es spricht viel dafür, dass die Vielfalt der Lebensformen ihrerseits zwischen sozialstrukturell abgegrenzten Gruppen variiert. Beispielsweise gibt es bestimmte Altersgruppen, in denen die Vielfalt der Lebensformen besonders hoch ist. Dazu gehören sicher die jungen Erwachsenen, also Personen im Alter zwischen 20 und 35 Jahren. Selten geraten die Älteren und Alten in den Blick. Auch hier gibt es wahrscheinlich typische Lebensphasen, in denen die Vielfalt der Lebensformen relativ hoch ist.

Man kann vermuten, dass Befunde zur Pluralisierung der Lebensformen davon abhängen, wie man Lebensformen kategorisiert und misst. Es ist beispielsweise nicht auszuschließen, dass die Vielfalt der Lebensformen unterschätzt wird, wenn sich diese nur auf Haushaltskonstellationen beziehen. Die Berücksichtigung von Partnerschaften und Elternschaften mit doppelter Haushaltsführung würde das Spektrum der Lebensformen erweitern. Nach Schneider/Ruckdeschel (2003: 249) leben 8 Prozent der 18- bis 61-Jährigen in einer Partnerschaft in getrennten Haushalten. Allerdings zeigt der Beitrag von Marbach (2003), dass sich auch bei Berücksichtigung dieser Partnerschaften nur ein mäßiger Anstieg der Pluralität der Lebensformen feststellen lässt.

Ob sich der Befund einer mäßigen Pluralisierung der Lebensformen auch dann noch halten lässt, wenn man im Bereich der Partnerschaft homo- und heterosexuelle Paarkonstellationen unterscheidet, wenn man berücksichtigt, dass es leibliche Elternschaft und Stiefelternverhältnisse gibt, oder wenn man nicht nur Partnerschaften in getrennten Haushalten einbezieht, sondern dieses auf den Bereich der Elternschaft ausdehnt und genauer nach den Wohnstandorten von Kindern fragt, konnte hier nicht genauer untersucht werden. Ebenso unerwähnt bleiben in der Regel die weiteren Verwandtschaftsverhältnisse, obwohl auch diese – je nach Definition – zum familialen oder zumindest doch privaten Leben dazugehören. Und schließlich beruhen die empirischen Befunde dieses Beitrags fast ausschließlich auf Querschnittsbetrachtungen. Bislang ist eine Längsschnittuntersuchung, die der Mehrdimensionalität der Lebensformen und der Mobilität zwischen Lebensformen im Lebenslauf bis hin in höhere Altersgruppen gerecht wird, noch nicht gelungen.

Abschließend bleibt auch festzuhalten, dass Erklärungen von Differenzierungsprozessen im familialen Teilsystem bislang unzureichend sind. Das betrifft nicht so sehr handlungstheoretische Überlegungen zur Wahl von Lebensformen. Vielmehr sind die historischen Veränderungen der gesellschaftlichen Randbedingungen für die Wahl von Lebensformentscheidungen, sowie die Regeln, nach denen Lebensformen in der Gesellschaft diffundieren, noch nicht hinreichend genau verstanden. Die grundsätzlichen Schwierigkeiten, die Vielfalt der Lebensformen zu erklären, liegen auch darin, dass hier bei der Erklärung und Genese eines Makrophänomens mehrere verschiedenartige Teilprozesse auf der Mikroebene zusammenwirken. Je feiner eine Klassifikation von Lebensformen ist, desto höher ist die Anzahl dieser Teilprozesse.

7 Wandel der Geburten- und Familienentwicklung in West- und Ostdeutschland

Michaela Kreyenfeld und Dirk Konietzka

1 Einleitung

Die Geburten- und Familienentwicklung wurde in den letzten Jahrzehnten durch verschiedene, teilweise miteinander verknüpfte Veränderungen geprägt. Zu diesen zählen der Rückgang der Geburten, die Verschiebung des Alters bei der Familiengründung und -erweiterung, die Pluralisierung der Familienformen sowie, damit eng verbunden, der Wandel der familialen Arbeitsteilung und der Geschlechterrollen. Die Geburten- und Familienentwicklung hat sich in Ost- und Westdeutschland in unterschiedlichem Ausmaß und Tempo gewandelt, jedoch können die Veränderungen in beiden Teilen Deutschlands als Ausprägungen eines umfassenderen familiendemografischen Wandels, der in nahezu allen europäischen Ländern stattgefunden hat, verstanden werden. Dieser Wandel war dadurch gekennzeichnet, dass im Verlauf der 1960er Jahre der Babyboom der Nachkriegsära zu Ende ging und das bürgerliche arbeitsteilige Ehe- und Familienmodell, das in den 1950ern Jahren seine Hochphase erlebt hatte, langsam aber sicher seinen Zenit überschritt.

Die Einsicht, dass in den 1960er Jahren ein mehr als nur temporärer demografischer Wandel eingeleitet wurde, wurde von der Forschung erst vergleichsweise spät realisiert. Lange Zeit schien es in der Demografie nicht vorstellbar, dass die Geburtenziffer dauerhaft unter das Bestandserhaltungsniveau sinken und damit die etablierte Vorstellung eines Gleichgewichts zwischen der Geburten- und Mortalitätsentwicklung hinfällig werden würde. Der demografische Umbruch der 1960er Jahre war aber nicht auf den Bereich der Fertilität beschränkt. Es ging nicht nur das Geburtenniveau zurück, auch stiegen das Alter bei der Familiengründung und der Heirat sowie die Scheidungsziffern. Nichteheliche Lebensgemeinschaften, nichteheliche Geburten und Familienformen jenseits der bürgerlichen Kleinfamilie haben seitdem quantitativ an Bedeutung und sozialer Akzeptanz gewonnen.

In diesem Beitrag geben wir einen Überblick über die Geburten- und Familienentwicklung in Ost- und Westdeutschland in den vergangenen Jahrzehnten. Zunächst umreißen wir zentrale theoretische Ansätze zur Erklärung des Wandels der Geburtenentwicklung und des familialen Verhaltens. Im empirischen Teil vergleichen wir anschließend das Fertilitätsverhalten und die Familienformen in beiden Teilen Deutschlands vor und nach 1990. Wir gehen schwerpunktmäßig der Frage nach, ob sich die Muster und Prozesse der Familienentwicklung in West- und Ostdeutschland zunehmend angleichen, Differenzen zwischen Ost und West fortbestehen, oder sich sogar verstärken.

2   Erklärungsansätze

Für den Wandel der Geburten- und Familienentwicklung in den vergangenen Jahrzehnten werden in der Literatur unterschiedliche Ursachen angeführt. Man kann grob zwischen kulturellen und ökonomischen Erklärungen unterscheiden. Die Theorie des „Zweiten demografischen Übergangs" betrachtet *soziokulturelle* Umwälzungen im Verhältnis von Individuum, Paaridentität und Kind als ursächlich für einen tief greifenden Wandel familialer Prozesse. Dieser Theorie zu Folge sind veränderte Werte und Lebensziele der jüngeren Geburtskohorten eine entscheidende Ursache für veränderte Einstellungen zu Kindern, Familie und Partnerschaft (Van de Kaa 1987; Lesthaeghe 1992). Einen alternativen Erklärungsansatz des Geburtenrückgangs stellt die ökonomische Theorie bereit, die in den veränderten Arbeitsmarktbedingungen, insbesondere in den steigenden Bildungs- und *Erwerbsoptionen* von Frauen, die Ursachen der zu beobachtenden Veränderungen des generativen Verhaltens sieht (Becker 1993: 140). In der aktuellen Diskussion wird zunehmend der Blick auf die Rolle *ökonomischer Unsicherheit* für Fertilitätsentscheidungen gelenkt. Mills/Blossfeld (2005) sehen einen engen Zusammenhang zwischen der im Zuge der Globalisierung zunehmenden ökonomischen Unsicherheit und dem Aufschub von Familienbildungsprozessen und Fertilitätsentscheidungen. Neue Risiken im Übergang von der Schule in den Beruf, insbesondere Arbeitslosigkeit, befristete und prekäre Beschäftigungsverhältnisse, werden als zentrale Ursachen der Niedrigfertilität in modernen Gesellschaften betrachtet.

Während der familiale Wandel in Nord- und Westeuropa, eingeschlossen Westdeutschland, bereits in den 1970er und 1980er Jahren eine zunehmende Dynamik entfaltete, war die Familienentwicklung in Ostdeutschland durch einige besondere, teilweise gegensätzliche Trends geprägt. Auf der einen Seite blieb in der DDR die Tendenz zu einer frühen Heirat und Familiengründung über die Jahrzehnte hinweg unverändert, auf der anderen Seite nahmen nichteheliche Geburten stark zu, und Mütter gingen mehr oder weniger kontinuierlich einer Vollzeiterwerbstätigkeit nach, so dass in den Familien ein Doppelernährerarrangement von Mann und Frau der Normalfall wurde (Schneider 1994; Trappe 1995). Zum Zeitpunkt der Deutschen Einheit trafen damit zwei grundverschiedene Familienmodelle und Verlaufsmuster der Geburten- und Familienentwicklung aufeinander.

Mit dem Zusammenbruch der DDR setzten dramatische Veränderungen des demografischen Verhaltens ein. Insbesondere der Rückgang der jährlichen Geburtenziffer hat in Wissenschaft und Öffentlichkeit große Aufmerksamkeit erweckt. In der Forschung wurden unterschiedliche Hypothesen zur Erklärung des Geburtenrückgangs aufgestellt. Eine erste These betrachtet den Geburtenrückgang als Folge des Systemumbruchs und der ökonomischen Krise der Wiedervereinigung (Eberstadt 1994; Witte/Wagner 1995; Dorbritz 1997; Sackmann 1999; Niephaus 2002; Kreyenfeld 2003). Ähnlich wie in den anderen mittel- und osteuropäischen Ländern gingen in Ostdeutschland mit der Transformation von einem plan- zu einem marktwirtschaftlichen System eine umfassende Restrukturierung des Arbeitsmarkts und ein deutlicher Anstieg der Arbeitslosigkeit einher. Die Zunahme *ökonomischer Unsicherheit* im Leben der Ostdeutschen wurde als zentrale Ursache für einen vorläufigen oder dauerhaften Verzicht auf Kinder in den Transformationsjahren betrachtet. Es wurde von einem „demographic shock", von „Geburtenschock", „Geburtenkrise" und „Geburtenstreik" gesprochen (Eberstadt 1994; Mau 1994; Adler 1997; Beck-Gernsheim 1997; Dölling, Hahn/Scholz 2000). Da im Vergleich zu den alten Bundesländern die Löhne in den neuen Ländern bis heute niedriger, die Arbeitslosigkeit höher und das Gefühl ökonomischer Unsicherheit weiter verbreitet sind, sollten die negativen Effekte auf das generative Verhalten anhalten.

Eine zweite These sieht den Geburtenrückgang in Ostdeutschland als Bestandteil des *Zweiten demografischen Übergangs,* der in den mittel- und osteuropäischen Transformationsländern mit einer Verspätung von rund zwei Jahrzehnten einsetzte. Der Wertewandel, der in den westlichen Ländern seit den 1960er Jahren die Lebensentwürfe der jüngeren Kohorten geprägt hatte, konnte sich demnach in den repressiven sozialistischen Regimen, in denen vorstrukturierte Lebensverläufe die biografischen Spielräume stark einschränkten, nicht in der gleichen Weise entfalten. Die Strukturveränderungen, die den Übergang in das Erwachsenenalter in den westlichen Ländern bereits seit der Mitte der 1960er Jahre zunehmend prägten, haben sich stattdessen in den ehemals sozialistischen Ländern nach 1990 im Zeitraffertempo vollzogen (Kharkova/Andreev 2000; Zakharov 2000; Dorbritz/Philipov 2002; Sobotka/Zeman/Kantorová 2003). Zu diesen zählen neben dem Rückgang der Geburtenziffer die Pluralisierung der Lebensformen sowie die Verschiebung von Entscheidungen über Partnerschaft und Familiengründung auf ein höheres Lebensalter. Als Ursache der umfassenden familiendemografischen Veränderungen gilt demnach weniger der ökonomische Umbruch als die Zunahme von Selbstverwirklichungswerten und individueller Kontrolle über das Reproduktionsverhalten mitsamt einem charakteristischen Wandel „von der Kind- zur Selbstorientierung". Der These des Zweiten demografischen Übergangs zufolge sind also die mittel- und osteuropäischen Transformationsländer dem Entwicklungspfad der westeuropäischen „Niedrigfertilitätsländer" mit Verspätung gefolgt.

Eine dritte Hypothese stellt schließlich die Veränderungen der *institutionellen Rahmenbedingungen* im Zuge der Deutschen Einheit in das Zentrum der Erklärung des Wandels der Familienentwicklung in Ostdeutschland. Mit der Ratifizierung des Einigungsvertrags im Oktober 1990 haben sich die institutionellen und politischen Voraussetzungen in Ostdeutschland umfassend verändert. Der Institutionentransfer veränderte die Rahmenbedingungen von Familie und Lebensformen grundlegend und schuf Anreize im Bereich des familialen Verhaltens, die sich stark von jenen in der DDR unterschieden. Vor diesem Hintergrund wurde eine zunehmende „Angleichung" (Mau 1994: 208), „Anpassung" (Witte/Wagner 1995: 394), „Konvergenz" (Büttner/Lutz 1990: 553) oder „Verwestlichung" (Conrad/Lechner/Werner 1996: 332) der ostdeutschen Verhaltensmuster erwartet. Diese Sichtweise wurde vor allem durch zwei Argumente gestützt. Erstens ging für den Osten mit der rechtlichen Vereinigung der beiden Staaten die Übernahme des westdeutschen Steuer- und Transfersystems und seiner familienpolitischen Regelungen einher, welche stark auf das Familienmodell der männlichen Versorgerehe gerichtet waren (Sainsbury 1997; Dingeldey 2002). Zweitens war der Wechsel zum marktwirtschaftlichen System von gravierenden Umwälzungen auf dem Arbeitsmarkt und einem starken Beschäftigungsabbau begleitet, der insbesondere die Position von Frauen auf dem Arbeitsmarkt schwächte und damit eine vermehrte Hinwendung zum arbeitsteiligen westdeutschen Familienmodell nahe legte.

3   Die Geburten- und Familienentwicklung in West- und Ostdeutschland

In diesem Kapitel stellen wir die Geburten- und Familienentwicklung in West- und Ostdeutschland vor und nach der Deutschen Einheit genauer dar. Nach einer Auseinandersetzung mit der Aussagekraft der jährlichen Geburtenziffern zeichnen wir die Muster der Familiengründung und -erweiterung aus der Lebenslaufperspektive nach. Es folgt eine Übersicht über die Entwicklung der nichtehelichen Geburten und der Lebens- und Familienformen. Schließlich befassen wir uns mit Unterschieden in der Erwerbsbeteiligung von Frauen mit Kindern in Ost- und Westdeutschland nach 1990.

3.1 Die Entwicklung der zusammengefassten Geburtenziffer

Die zur Beschreibung der Geburtenentwicklung meistbenutzte Maßzahl ist die *perioden-spezifische zusammengefasste Geburtenziffer* (Period Total Fertiliy Rate, TFR). Diese ist ein Schätzwert der durchschnittlichen Zahl der Kinder, die eine Frau im Laufe ihres Lebens bekommt. Wie Abb. 1 zeigt, ist die TFR sowohl in der Bundesrepublik als auch in der DDR seit der Mitte der 1960er Jahre zurückgegangen. In der Bundesrepublik pendelte sie sich in der Mitte der 1970er Jahre stabil auf einem Niveau von 1,3 bis 1,4 Kindern pro Frau ein. Daran hat sich bis heute nicht viel geändert. In der DDR erfolgte dagegen nach dem Rückgang der 1960er Jahre in der zweiten Hälfte der 1970er Jahre ein erneuter Anstieg der Geburtenziffer. Dieser wird gemeinhin auf bevölkerungspolitische Maßnahmen, die Anfang und Mitte der 1970er Jahre ergriffen wurden, zurückgeführt (Hille 1985: 61ff.; Obertreis 1986: 287ff.; Frerich/Frey 1993: 414ff.; Cromm 1998; Schneider 1994: 59ff.). Ungeachtet aller Anstrengungen lag die ostdeutsche TFR zum Zeitpunkt des Zusammenbruchs der DDR nur geringfügig über dem Niveau der westdeutschen. Unmittelbar nach der Wende sind die ostdeutschen Geburtenziffern schließlich stark eingebrochen. Im Jahr 1994 erreichte die zusammengefasste Geburtenziffer mit 0,77 einen historischen Tiefstand. Anschließend hat sich die TFR sukzessive erholt. Mittlerweile bewegen sich die ost- und westdeutschen Werte auf annähernd dem gleichen Niveau. Im Jahr 2006 lag die periodenspezifische zusammengefasste Geburtenziffer im Osten bei einem Wert von 1,30 und im Westen bei einem Wert von 1,34.

Abb. 1: Periodenspezifische zusammengefasste Geburtenziffer (TFR)

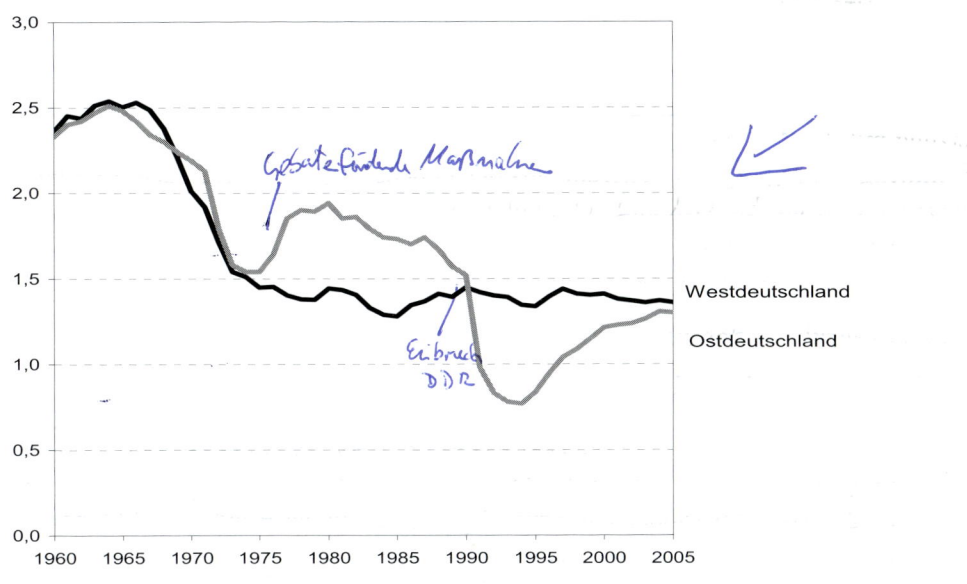

Abb. 2: Kohortenfertilität (CFR)

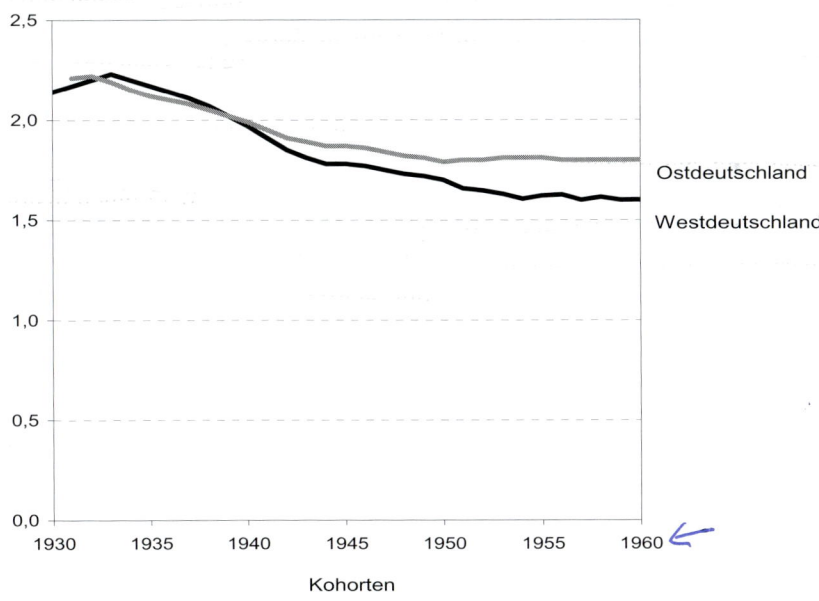

Anmerkung: Ab 2000 ist Berlin in der Darstellung nicht enthalten, da seitdem die standardmäßig veröffent-lichten Bevölkerungsdaten des Statistischen Bundesamts nicht mehr nach Ost- und Westdeutschland unter-scheiden. Die hier verwendeten Daten wurden durch das Statistische Bundesamt auf Anfrage hin bereitge-stellt.

Quelle: Statistisches Bundesamt (1993, 1999, 2001b); Bundesinstitut für Bevölkerungsforschung (1999), so-wie verschiedene Daten, die durch das Statistische Bundesamt bereitgestellt worden sind

Der Verlauf der TFR in Ost und West legt den Schluss nahe, dass das generative Verhalten in Westdeutschland seit den 1970er Jahren mehr oder weniger unverändert einem Niedrigfertilitätsmuster gefolgt ist. Für Ostdeutschland scheint ebenso offensichtlich, dass nach einem „wendebedingten" Einbruch der Geburten anschließend eine allmähliche Erholung und zunehmende Angleichung an das westdeutsche Verhaltensmuster erfolgte. Beide Schlüsse sind jedoch problematisch, da aus einer hoch aggregierten demografischen Maßzahl wie der TFR keine verlässlichen Schlüsse über Verhaltensmuster auf der Individualebene abgeleitet werden können.

Die periodenspezifische zusammengefasste Geburtenziffer ist eine Maßzahl, die sich aus der Summe der altersspezifischen Geburtenziffern eines Kalenderjahres berechnet. Um die TFR als Indikator für die endgültige Kinderzahl interpretieren zu können, bedient man sich des Prinzips der „synthetischen Kohorte". D.h., die perioden- und altersspezifischen Daten werden so betrachtet, als handele es sich um das Verhalten eines realen Geburtsjahrgangs (Preston/Heuveline/Guillot 2001). Die TFR liefert jedoch *nur dann* eine verlässliche Schätzung der durchschnittlichen endgültigen Kinderzahl pro Frau, wenn das Geburtenalter *längerfristig konstant* bleibt. Verändert sich das Alter von Frauen bei der Geburt ihrer Kinder, wird die Aussagekraft der TFR durch *Tempoeffekte* verzerrt (Bongaarts/Griffith 1998; Frejka/Calot 2001; Kohler/Billari/Ortega 2002; Sobotka 2004). Ein durch die Verschiebung von Geburten im Lebenslauf verursachter Tempoeffekt beeinflusst insbesondere die Aussagekraft der TFR in Ostdeutschland nach 1990. Aber auch in Westdeutschland sind aufgrund des kontinuierlichen Anstiegs des mittleren Geburtenalters von Frauen seit Mitte der 1970er Jahre Tempoeffekte wirksam.

Die Probleme der Aussagekraft der TFR lassen sich durch einen Vergleich der kohorten- und periodenspezifischen Geburtenziffern veranschaulichen. Abb. 1 zeigt die periodenspezifische zusammengefasste Geburtenziffer (Period Total Fertility Rate, TFR), Abb. 2 die kohortenspezifische Geburtenziffer (Cohort Fertility Rate, CFR). Während die TFR ein *Schätzwert* der endgültigen Kinderzahl von Frauen ist, handelt es sich bei der CFR um die *tatsächliche* Zahl der Kinder, die Frauen eines jeweiligen Jahrgangs geboren haben. Der Vergleich der beiden Abbildungen macht substanzielle Differenzen deutlich.

In Westdeutschland lag die periodenspezifische Geburtenziffer in der Mitte der 1970er Jahre bei etwa 1,4 Kindern pro Frau. Die Frauen der um 1950 geborenen Kohorten, die das Fertilitätsniveau zu dieser Zeit prägten, haben jedoch im Durchschnitt nicht 1,4 Kinder, sondern 1,7 bis 1,8 Kinder bekommen. Die reale Kinderzahl pro Geburtsjahrgang lag also deutlich über der von der TFR geschätzten. Ähnliche Unterschiede ergeben sich aus dem Vergleich der tatsächlichen Kinderzahl der westdeutschen Frauen, die um 1960 geboren wurden, mit den periodenspezifischen Fertilitätsziffern, die in den 1980er und 1990er Jahren erreicht wurden. Während die TFR um einen Wert von 1,3 bis 1,4 schwankte, lag die Kinderzahl dieser Kohorten bei etwa 1,6. Abgesehen von der Unterschätzung der tatsächlichen Kinderzahl verleitet die TFR zu einem weiteren Fehlschluss. Für Westdeutschland suggeriert sie eine Stabilität des niedrigen Geburtenverhaltens seit den 1970er Jahren, obwohl die tatsächliche Kinderzahl pro Frau auf einen langsamen, aber kontinuierlichen Rückgang verweist.

In Bezug auf Ostdeutschland wird der Wandel des Geburtenverhaltens durch die zusammengefasste Geburtenziffer nicht nur verzerrt abgebildet, sondern wesentlich verfälscht. Die TFR suggeriert, dass in Ostdeutschland nach der Wende die Kinderzahl pro

Frau deutlich unter Westniveau gefallen ist. Die in Abb. 2 dargestellten Kohorten hatten ihre Fertilitätskarriere zum Zeitpunkt der Wende weitgehend beendet, so dass diese nicht zur Klärung der Frage herangezogen werden können, ob es zu einer Ost-West-Angleichung der Kinderzahl gekommen ist. Tab. 1 zeigt daher die durchschnittliche Anzahl der Kinder pro Frau für die Kohorten 1950 bis 1975.

Frauen der Jahrgänge 1962 bis 1975 haben zwar im Jahr 2006 das Ende ihrer fertilen Phase noch nicht erreicht, jedoch lässt sich eine „Zwischenbilanz" der *bisherigen* Kinderzahl ziehen. Die weist aus, dass die Kinderzahl pro Frau bei allen betrachteten Geburtsjahrgängen in Ostdeutschland bislang höher als in Westdeutschland liegt. Trotz der seit der Wende in Ostdeutschland geringeren TFR ist die tatsächliche Kinderzahl pro Frau höher als in Westdeutschland geblieben. Wie hoch die *endgültige* Kinderzahl der heute 25- oder 30-jährigen Frauen in Ost und West einmal sein wird, ob die Kinderzahl der jüngeren ostdeutschen Geburtsjahrgänge höher oder niedriger als die der entsprechenden westdeutschen sein wird, kann man heute nicht vorhersagen. Die außerordentlich niedrige Periodenfertilität in Ostdeutschland in den 1990er Jahren hat aber nicht zu einer geringeren Kinderzahl pro Frau als in Westdeutschland geführt.

Tab. 1: Durchschnittliche Kinderzahl von Frauen

Kohorte	Alter	Kinderzahl						
		West	Ost	1962	44	1,56	1,72
				1963	43	1,54	1,68
1950	45	1,70	1,80	1964	42	1,52	1,63
1951	45	1,66	1,80	1965	41	1,50	1,59
1952	45	1,65	1,81	1966	40	1,46	1,54
1953	45	1,63	1,82	1967	39	1,42	1,51
1954	45	1,61	1,82	1968	38	1,39	1,46
1955	45	1,62	1,84	1969	37	1,36	1,41
1956	45	1,62	1,84	1970	36	1,33	1,35
1957	45	1,60	1,86	1971	35	1,27	1,30
1958	45	1,61	1,87	1972	34	1,21	1,25
1959	45	1,60	1,81	1973	33	1,15	1,19
1960	45	1,60	1,79	1974	32	1,06	1,10
1961	45	1,58	1,76	1975	31	0,95	1,00

Anmerkung: Die hier verwendeten Daten wurden durch das Statistische Bundesamt auf Anfrage hin bereitgestellt.
Quelle: Statistisches Bundesamt (1993, 1999, 2001b); Bundesinstitut für Bevölkerungsforschung (1999), sowie verschiedene Daten, die durch das Statistische Bundesamt bereitgestellt worden sind

Diese Betrachtungen machen deutlich, dass unter den Bedingungen eines Wandels des Timings von Geburten im Lebenslauf die zusammengefasste Geburtenziffer keine verlässlichen Aussagen über die endgültige Kinderzahl pro Frau erlaubt. In Ostdeutschland, wo es nach der Wende zu einem rasanten Anstieg des Alters bei Familiengründung gekommen ist, ist die TFR besonders stark durch Tempoeffekte verzerrt worden. Um die Frage einer Angleichung des Geburtenverhaltens in Ost und West zu beantworten, benötigt man daher kohorten- und möglichst paritätsspezifische Informationen über das Timing von Geburten im Lebenslauf. Da diese Daten nur eingeschränkt durch die Bevölkerungsstatistik bereitgestellt werden, ziehen wir im Folgenden die Scientific-Use-Files des Mikrozensus heran (Schimpl-Neimanns 2002).[1] Der Mikrozensus ist zwar primär ein Querschnittsdatensatz, er kann aber mit bestimmten Einschränkungen für lebenslaufbezogene Analysen der Familiengründung nutzbar gemacht werden.[2]

3.2 Familiengründung im Lebenslauf

In der ehemaligen Bundesrepublik und der DDR haben sich die generativen Verhaltensmuster sehr unterschiedlich entwickelt. Während die Verschiebung des (Erst-)Geburtenalters eines der charakteristischen Merkmale des familiendemografischen Wandels in Westdeutschland ist, lag das Alter bei der Familiengründung in Ostdeutschland auf einem stabil niedrigen Niveau. Um die Familiengründungsmuster in Ost und West darzustellen, zeigt Tab. 2 die Schätzwerte von Überlebensfunktionen, d.h. sie gibt die Anteile der Frauen unterschiedlicher Kohorten wieder, die in einem gegebenen Alter noch kein erstes Kind geboren haben. Zudem ist das Alter abgebildet, bis zu dem die Hälfte eines Jahrgangs Mutter geworden ist (Altersmediane).

In Westdeutschland ist demnach das Alter bei der Familiengründung seit dem Geburtsjahrgang 1950 kontinuierlich gestiegen. Diese Kohorte war bei der Familiengründung im Mittel 25,9 Jahre alt, in der Kohorte 1970 lag das mittlere Alter bei der Erstgeburt dagegen mit 29,6 Jahren um mehr als drei Jahre höher. Zudem sind die Anteile der bis zum Alter von 35 Jahren kinderlosen Frauen im Kohortenvergleich gestiegen. In der DDR blieb dagegen das Alter bei der Familiengründung niedrig. Ostdeutsche Frauen waren zum Zeitpunkt der ersten Mutterschaft um mehrere Jahre jünger als westdeutsche Frauen. In der DDR hatten Frauen häufig bereits im Alter von Anfang 20 eine Familie gegründet und im Alter von Mitte 20 das zweite Kind geboren (Büttner/Lutz 1990; Kreyenfeld 2004; Huinink/Kreyenfeld 2006). Das mittlere Alter bei der ersten Mutterschaft betrug noch in der Kohorte 1965 lediglich 23,4 Jahre. Zugleich blieb der Anteil der kinderlosen Frauen auf einem sehr niedrigen Niveau. Während 27 Prozent der westdeutschen Frauen des Jahrgangs 1960 im Alter von 35 Jahren ohne Kind waren, traf dies in der DDR nur auf 9 Prozent zu.

---

1   Die Bevölkerungsstatistik erlaubte eine paritätsspezifische Betrachtung bisher nicht, da sie Geburten nur nach der Ordnung in der *bestehenden Ehe*, nicht jedoch nach ihrer biologischen Rangfolge unterscheidet. Dies hat zur Folge, dass demografisch so elementare Informationen wie das Alter der Frauen bei der Geburt des ersten Kindes und der Anteil kinderloser Frauen auf der Basis der Bevölkerungsstatistik für Deutschland nicht berechnet werden können. Mit der Novellierung des „Gesetzes über die Statistik der Bevölkerungsbewegung und die Fortschreibung des Bevölkerungsstandes" wird es in Zukunft möglich sein, das Alter bei Erstgeburt nach Kalenderjahren zu generieren. Eine Berechnung des Anteils kinderloser Frauen nach Kohorten auf der Basis der Bevölkerungsstatistik wird jedoch erst in 30 Jahren möglich sein, wenn für eine komplette Kohorte paritätsspezifische Geburtendaten vorliegen.

2   Im Mikrozensus wird bislang nicht die Fertilitätsbiografie, sondern nur die Anzahl der Kinder, die noch im Haushalt leben, erhoben. Auf der Basis der Anzahl und des Alters der im Haushalt lebenden Kinder lässt sich für Frauen, die zum Befragungszeitpunkt nicht älter als 38 Jahre alt sind, die Fertilitätsbiografie relativ problemlos rekonstruieren. Analysen des Übergangs zum ersten Kind sind möglich, da dieser Übergang zum größten Teil bis zum Alter 38 abgeschlossen ist. Da nur jahresgenaue Angaben zum Alter bei der Geburt vorliegen, kommt es bei der Schätzung von Survivorfunktionen nach der Sterbetafelmethode zu einer systematischen Überschätzung des Alters bei der Geburt um ein halbes Jahr. Um derartige Verzerrungen zu vermeiden, wurden in den Analysen auf der Basis eines Zufallsprozesses Geburtsmonate generiert.

Mit der Wende setzte in Ostdeutschland eine massive Verschiebung der Familiengrün- *1950* dung auf ein späteres Alter ein. Dieser Altersanstieg kann auf Basis eines Vergleichs der Geburtsjahrgänge 1965, 1970 und 1972 gut nachvollzogen werden. Die 1965 geborenen Frauen hatten mehrheitlich das erste Kind bis 1990 bekommen, während die Frauen des Jahrgangs 1970 nur in wenigen Fällen schon vor der Wende eine Familie gegründet hatten. Die Kohorte 1972 ist praktisch erst nach 1990 in das reproduktive Alter eingetreten. Der Vergleich des mittleren Alters bei Familiengründung zeigt einen starken Anstieg. Die Frauen des Jahrgangs 1970 hatten die Familiengründung im Vergleich zum Jahrgang 1965 um zwei Jahre verschoben. Im Vergleich der Kohorten 1965 und 1972 ist das Alter bei der Familiengründung sogar um vier Jahre gestiegen.

Trotz des ungewöhnlich starken Anstiegs in einem kurzen Vergleichszeitraum hat das Erstgeburtenalter in Ostdeutschland das westdeutsche Niveau bislang nicht erreicht. Der Vergleich des Medianalters der ost- und westdeutschen Frauen des Jahrgangs 1972 ergibt, dass die ostdeutschen Frauen in dieser Kohorte das erste Kind mit 27½ Jahren und die westdeutschen Frauen der gleichen Kohorte mit 29½ Jahren bekommen haben. Im Alter von 30 Jahren waren 34 Prozent der Frauen im Osten und 48 Prozent der Frauen im Westen noch kinderlos.

Tab. 2:   Anteil kinderloser Frauen nach Alter der Frau (in %) (Survivorfunktionen)

Kohorte	1950	1955	1960	1965	1970	1972
			Westdeutschland			
Alter 15	100	100	100	100	100	100
Alter 20	88	87	92	95	93	92
Alter 25	55	59	64	72	75	73
Alter 30	34	35	39	47	45	48
Alter 35	24	25	27	29		
Medianalter bei Erstgeburt	25,9	26,6	27,6	29,3	29,5	29,6
			Ostdeutschland			
Alter 15	--	100	100	100	100	100
Alter 20	--	77	80	87	82	87
Alter 25	--	27	26	35	53	64
Alter 30	--	11	12	19	28	34
Alter 35	--	7	9	13		
Medianalter bei Erstgeburt	--	22,4	22,2	23,4	25,6	27,5

Quelle: Den Berechnungen liegen unterschiedliche Jahrgänge des Mikrozensus zu Grunde. Für die Kohorte 1950 wurde der Mikrozensus 1989 herangezogen, für die Kohorte 1955 der Mikrozensus 1991, für die Kohorte 1960 der Mikrozensus 1998 und für die Kohorten 1965, 1970 und 1972 der Mikrozensus 2004

Dieses Ergebnis verweist auf zwei Sachverhalte. Erstens hat sich der Altersabstand bei der Familiengründung zwischen Ost und West deutlich verringert, aber nicht aufgelöst. Ostdeutsche Frauen haben im Vergleich zur Vorwendezeit die Familiengründung zwar beträchtlich aufgeschoben, das sehr (hohe) westdeutsche Altersniveau aber bislang nicht erreicht. Sie haben also, ungeachtet der Vorstellung eines „Geburtendefizits", auch in den jüngeren Jahrgängen nicht seltener und später, sondern häufiger und früher als die westdeutschen Frauen das erste Kind bekommen. Vor diesem Hintergrund scheint es wenig plausibel, das ostdeutsche Verhalten als besonders „krisenhaft" zu bezeichnen. Das westdeutsche Verhalten wäre aus dieser Perspektive als noch „krisenbelasteter" zu beurteilen.

Zweitens ist hervorzuheben, dass die zunehmende Diskrepanz zwischen den zusammengefassten Geburtenziffern in Ost und West in den ersten Jahren nach der Wende (vgl. Abb. 1) nur scheinbar auf ein Auseinanderklaffen des Geburtenverhaltens zwischen Ost und West verweist. Die *Vergrößerung* der Fertilitätsunterschiede, wie sie durch die zusammengefasste Geburtenziffer für die Jahre nach der Wende dargestellt wird, ist paradoxerweise Ausdruck einer *Verringerung* der Ost-West-Differenzen des Alters bei der Geburt von Kindern. Nicht zuletzt die Verschiebung der Familiengründung in die Richtung des relativ hohen westdeutschen Erstgeburtenalters hat den Einbruch der Periodenkennziffern der Fertilität nach der Wende bewirkt. In Bezug auf Ostdeutschland wird damit der Wandel des Geburtenverhaltens durch die zusammengefasste Geburtenziffer nicht nur verzerrt abgebildet, sondern wesentlich verfälscht.

3.3 Familienerweiterung im Lebenslauf

In Westdeutschland ist nicht nur die Familiengründung über die Kohorten immer später erfolgt, sondern auch die endgültige Kinderzahl kontinuierlich gesunken (vgl. Abb. 2). Tab. 3 gibt die endgültige Kinderzahl sowie die Verteilung der Kinderzahl im Vergleich der Kohorten 1940 bis 1955 wieder. Der Rückgang der Kinderzahl geht demnach auf zwei Prozesse zurück. Zum einen ist der Anteil zeitlebens kinderloser Frauen gestiegen, zum anderen haben Frauen seltener mehr als zwei Kinder bekommen. Dagegen sind die Anteile der Frauen, die genau zwei Kinder geboren haben, weitgehend unverändert geblieben. Zu einem ähnlichen Schluss kommen Studien, die sich mit dem *Spacing-Verhalten*, also dem Abstand zwischen Geburten im Lebenslauf, auseinandersetzen. Zwar ist das Alter bei der Zweitgeburt im Kohortenvergleich deutlich gestiegen, der Abstand zwischen Geburten hat sich aber nur wenig verändert. Die „Zweitgeburtsintensität" ist am höchsten, wenn das erste Kind drei Jahre alt ist. Spätestens nach vier Jahren hat die Mehrheit der westdeutschen Frauen mit einem Kind ein zweites Kind geboren (Huinink 1989a; Kreyenfeld 2007a).

In der DDR war der Anteil an Frauen mit zwei Kindern besonders hoch. Dies hat zu dem Schluss geführt, dass in der DDR eine „Zwei-Kind-Norm" existierte (Schott 1992: 231; Wendt 1997: 126). Bei genauerer Betrachtung waren die Zweitgeburtenmuster in der alten Bundesrepublik und der DDR allerdings sehr ähnlich. Zum einen gab es nur geringe Unterschiede im Spacing-Verhalten, d.h. der Geburtsabstand zwischen ersten und zweiten Kind betrug typischerweise drei bis vier Jahre. Zum anderen unterschieden sich die *Progressionsraten*, also die bedingten Wahrscheinlichkeiten, ein zweites Kind zu bekommen, in der DDR und der Bundesrepublik kaum. Jeweils etwa 70 Prozent der Mütter mit einem Kind haben sowohl im Osten als auch im Westen ein zweites Kind bekommen. Große Unterschiede bestanden hingegen in Bezug auf den Übergang zum dritten Kind. In der DDR war die Progressionsrate deutlich niedriger. Dieses Resultat ist bemerkenswert, da die pronatalistisch orientierte Politik der DDR auf eine Erhöhung der Drittkinderrate gezielt hatte.

Tab. 3: Kinderzahl von Frauen im Alter von 45 Jahren (in %)

Kohorten	1940	1945	1950	1955
	Westdeutschland			
Verteilung der Kinderzahl				
Kinderlos	11	13	14	19
Ein Kind	26	30	31	27
Zwei Kinder	34	35	35	36
Drei und mehr Kinder	29	22	20	18
Σ	100	100	100	100
Durchschnittliche Kinderzahl	1,97	1,78	1,70	1,62
	Ostdeutschland			
Verteilung der Kinderzahl				
Kinderlos	11	8	7	8
Ein Kind	26	29	30	27
Zwei Kinder	35	42	47	48
Drei und mehr Kinder	28	21	16	18
Σ	100	100	100	100
Durchschnittliche Kinderzahl	1,98	1,87	1,79	1,84

Anmerkung: Die Daten der ostdeutschen Kohorten 1950 und 1955 wurden durch das Bundesinstitut für Bevölkerungsforschung (1999) vervollständigt. Für die westdeutsche Kohorte 1955 beziehen sich die Angaben zur Verteilung der Kinderzahl auf das Alter 40.
Quelle: Bundesinstitut für Bevölkerungsforschung (1999); Kreyenfeld (2002)

Im Hinblick auf die Frage des Wandels des Geburtenverhaltens ostdeutscher Frauen nach der Wende sind die Übergangsmuster zum zweiten Kind und weiteren Kindern besonders relevant. Während die Muster der Familiengründung ausführlich untersucht worden sind, haben sich nur wenige Studien mit der Familienerweiterung im Ost-West-Vergleich nach der Wende befasst. Die vorliegenden Studien verweisen auf eine vergleichsweise geringe Neigung zur Familienerweiterung in Ostdeutschland (Dornseiff/Sackmann 2002; Huinink 2005; Huinink/Kreyenfeld 2006; Kreyenfeld 2007a).

3.4 Neue Lebens- und Familienformen

Die paritäts- und lebenslaufspezifischen Betrachtungen der Übergangsmuster zum ersten und zweiten Kind haben gezeigt, dass, trotz einer Annäherung des Erstgeburtenalters und der durchschnittlichen Kinderzahl, Ost-West-Unterschiede im generativen Verhalten bis in die Gegenwart fortbestehen. Die Annahme einer zunehmenden Angleichung familialer Prozesse in Ost und West wird weiterhin infrage gestellt durch Unterschiede bezüglich der Koppelung von Heirat und Familiengründung – bzw. der „Logik der Eheschließung" – im Lebenslauf. Diese können in einem ersten Schritt anhand der Anteile der nichtehelich geborenen Kinder dargestellt werden.

In Abb. 3 ist die Entwicklung der Anteile nichtehelicher Geburten an allen Geburten im Zeitraum von 1950 bis 2005 dargestellt. Die Nichtehelichenquote war im gesamten Zeitraum in Ostdeutschland höher als in Westdeutschland. Sie stieg in der DDR in den 1970er Jahren stark an und erreichte im Jahr 1989 einen Höchststand von 33 Prozent. Als entscheidender Impuls für diesen Anstieg galten sozialpolitische Maßnahmen, insbesondere die Einführung des „Babyjahres" im Jahr 1976. Dieses räumte verheirateten Frauen ab dem zweiten Kind, unverheirateten Frauen aber bereits ab dem ersten Kind Anspruch

auf einen einjährigen bezahlten Mutterschaftsurlaub ein (Gysi/Speigner 1983; Frerich/
Frey 1993; Trappe 1995; Cromm 1998). Im Jahr 1986 wurde das Babyjahr auf alle Geburten, also auch auf eheliche Erstgeburten ausgedehnt. Diese Maßnahme hat jedoch
nicht zu einem Rückgang des Anteils der nichtehelichen Geburten geführt. Nach 1990
sind die Anteile nichtehelicher Geburten in Ostdeutschland trotz der Übernahme des
westdeutschen Institutionensystems und seiner familienpolitischen Anreizwirkungen weiter gestiegen. Entgegen der Erwartungen hat es keine „engere Verbindung von Ehe und
generativem Verhalten" (Höhn/Dorbritz 1995: 171) gegeben. Im Jahr 2006 waren in Ostdeutschland sogar 60 Prozent aller Geburten nichtehelich. In Westdeutschland ist der Anteil nichtehelich geborener Kinder in den 1990er Jahren ebenfalls deutlich gestiegen, auch
wenn er im Jahr 2006 mit 24 Prozent auf einem Niveau lag, das in der DDR bereits Anfang der 1980er Jahre erreicht worden war.

Abb. 3:   Anteil nichtehelich Geborener an allen Geborenen (in %)

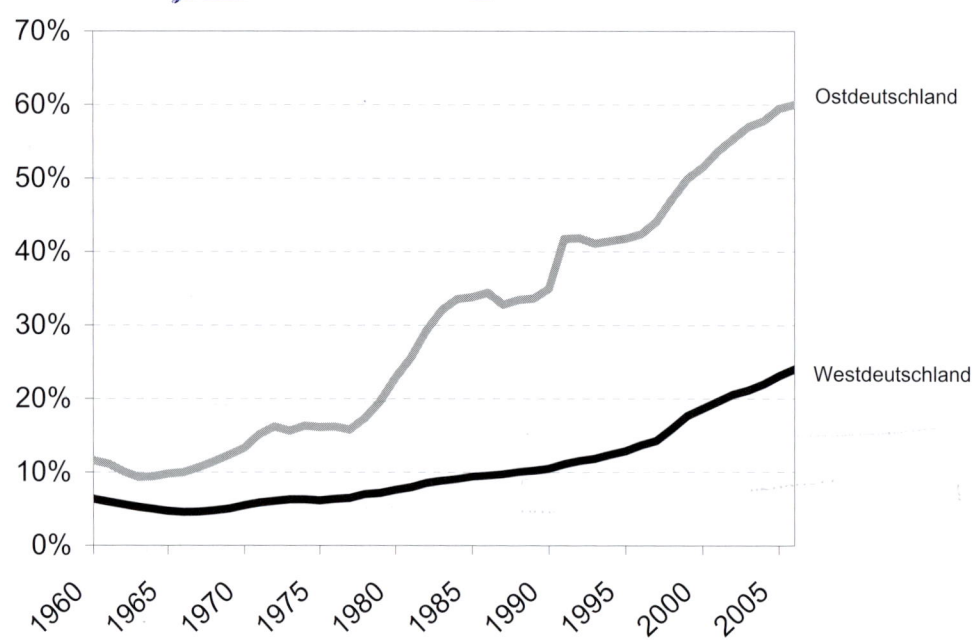

Anmerkung: Ab 2000 ohne Berlin; vgl. auch Anmerkung zu Abb. 1/Abb. 2.
Quelle: Statistisches Bundesamt (2001a) sowie verschiedene Daten, die durch das Statistische Bundesamt bereitgestellt worden sind

Die Nichtehelichenquote ist lediglich ein grober Indikator der Geburtenentwicklung. Sie
gibt keinen Aufschluss darüber, wie dauerhaft nichteheliche Elternschaft ist bzw. in welchem Ausmaß Frauen nach der Geburt eines Kindes heiraten. Auch sagt sie nichts darüber aus, in welcher Lebensform Frauen leben – in nichtehelicher Lebensgemeinschaft,
als Alleinerziehende oder mit dem Partner in einer Fernbeziehung.
Tab. 4 zeigt die Verteilung der Lebensformen von Frauen in Ost- und Westdeutschland in einem Vergleich zwischen 1996 und 2004. Wir unterscheiden zunächst Frauen
mit und ohne Kinder im Haushalt. Erstere werden außerdem danach differenziert, ob sie

verheiratet, geschieden oder verwitwet, ledig und alleinerziehend oder als Ledige in einer nichtehelichen Lebensgemeinschaft leben.

Die Tabelle zeigt eine deutliche Altersabhängigkeit der Lebensform. Mit zunehmendem Alter steigt der Anteil familialer Lebensformen. In Westdeutschland ist die Ehe mit Kind die häufigste Lebensform bei den 31- bis 35-jährigen Frauen. Dies gilt für das Jahr 1996 genauso wie für das Jahr 2004, wenn auch der Anteil lediger Frauen mit Kindern im Vergleichszeitraum angestiegen ist.

Bei der Interpretation der Lebensformen in Ostdeutschland ist zu beachten, dass die Frauen, die im Jahr 1996 zwischen 26 und 35 Jahren alt waren, zu einem großen Teil ihre Fertilitäts- und Partnerschaftsentscheidungen bereits vor 1990 getroffen hatten. Die Frauen, die im Jahr 2004 zwischen 26 und 35 Jahren alt waren, waren dagegen zur Zeit der Wende 21 Jahre und jünger. Sie haben ihre Fertilitäts- und Partnerschaftsentscheidungen mehrheitlich nach der Wende getroffen, so dass deren Lebensformen im Jahr 2004 in erster Linie das „Nachwendeverhalten" reflektieren. Auffallend ist der deutliche Anstieg der Anteile lediger Mütter über die Zeit. Die Tabelle macht zugleich deutlich, dass der Anstieg unverheirateter Elternschaft in Ostdeutschland nicht primär auf eine zunehmende Bedeutung alleinerziehender Elternschaft zurückgeht. In erster Linie haben nichteheliche Lebensgemeinschaften als Familienformen an Verbreitung zugenommen und erst in zweiter Linie Alleinerziehende (vgl. Konietzka/Kreyenfeld 2002; Konietzka/Kreyenfeld 2005b).

Tab. 4: Lebens- und Familienformen von Frauen im Alter von 26-35 Jahren (in %)

| | Westdeutschland 1996 | | Westdeutschland 2004 | |
	26-30 J.	31-35 J.	26-30 J.	31-35 J.
Lebensformen ohne Kind	56	32	58	37
Lebensformen mit Kind(ern)				
Verheiratet	38	60	34	53
Geschieden/verwitwet	2	4	2	5
Ledig, kein Partner im Haushalt	2	2	3	3
Ledig, Partner im Haushalt	2	1	3	3
Σ	100	100	100	100
	Ostdeutschland 1996		Ostdeutschland 2004	
	26-30 J.	31-35 J.	26-30 J.	31-35 J.
Lebensformen ohne Kind	29	10	49	23
Lebensformen mit Kind(ern)				
Verheiratet	49	71	26	46
Geschieden/verwitwet	6	10	2	7
Ledig, kein Partner im Haushalt	6	5	10	9
Ledig, Partner im Haushalt	10	4	14	15
Σ	100	100	100	100

Quelle: Mikrozensus 1996 und 2004 (eigene Berechnungen)

3.5 Erwerbsbeteiligung von Frauen mit Kindern

Ein letzter Aspekt des Wandels der Familienformen betrifft das Erwerbsverhalten von Müttern und das damit verbundene familiale Ernährermodell. Wie bereits in Kap. 2 erwähnt, wurde in den 1990er Jahren zunächst ein deutlicher Rückgang der Erwerbsbeteiligung von Müttern in Ostdeutschland als Folge der ungünstigen ökonomischen Entwicklung mit hoher Arbeitslosigkeit und ökonomischer Unsicherheit vorhergesagt. Es wurde eine Verdrängung der Frauen aus dem Arbeitsmarkt und eine vermehrte Hinwendung zum arbeitsteiligen westdeutschen Familienmodell erwartet.

Rückblickend besteht kein Zweifel, dass sich in Ostdeutschland Frauen, insbesondere Frauen mit Kindern, nicht in dem vorausgesagten Maß aus dem Erwerbsleben zurückgezogen haben. Das Familienmodell der männlichen „Versorgerehe" hat kaum Akzeptanz gewonnen. Zwar wurden die Erwerbsverläufe ostdeutscher Frauen nach der Wende vielfach durch Arbeitslosigkeit und unsichere Beschäftigungsverhältnisse bestimmt, die Erwerbsorientierung von Frauen blieb aber hoch (Dathe 1999; Engelbrech/Reinberg 1997; Rosenfeld/Trappe/Gornick 2004).

In Tab. 5 sind die Veränderungen der Erwerbsbeteiligung von Frauen mit Kindern im Zeitraum von 1991 bis 2004 dargestellt. Zwar sind die Anteile der vollerwerbstätigen Mütter in Ostdeutschland zurückgegangen. Dies war jedoch auch in Westdeutschland der Fall. Im Jahr 2004 waren im Westen 16 Prozent der Mütter vollerwerbstätig, im Osten waren es 48 Prozent. Die Relationen zwischen Ost und West haben sich demnach nicht verändert. Ostdeutsche Mütter waren 1991 genauso wie 2004 dreimal so häufig vollerwerbstätig wie westdeutsche Mütter.

Tab. 5: Erwerbsbeteiligung von Frauen im Alter von 18-45 Jahren mit Kindern
(im Alter von 1 bis 15 Jahren) (in %)

	1991	1996	2000	2004
Westdeutschland				
Vollzeit (≥ 30 h)	21	17	17	16
Teilzeit (15 bis 29 h)	21	20	23	23
Geringfügig (1 bis ≤ 14h)	8	11	16	15
Freistellung/Elternzeit	4	4	4	6
Erwerbslos	2	7	8	8
Nichterwerbsperson	45	40	33	32
Σ	100	100	100	100
Ostdeutschland				
Vollzeit (≥ 30 h)	64	61	52	48
Teilzeit (15 bis 29 h)	8	8	10	10
Geringfügig (1 bis ≤ 14h)	1	1	4	4
Freistellung/Elternzeit	11	18	17	20
Erwerbslos	11	3	6	6
Nichterwerbsperson	6	9	12	12
Σ	100	100	100	100

Anmerkung: Die Stichprobe umfasst Frauen, die zum Interviewzeitpunkt zwischen 18 und 45 Jahre alt waren, in Privathaushalten am Familienwohnsitz leben und ein Kind haben, das in der Familie lebt. Frauen, deren Kinder jünger als ein Jahr sind, haben wir aus den Analysen ausgeschlossen, da sich diese Frauen noch zum Teil im Mutterschutz befinden. Die Einteilung in Vollzeit, Teilzeit, Geringfügig und Freistellung/Elternzeit basiert auf Informationen zur tatsächlichen Wochenarbeitszeit.
Quelle: Kreyenfeld/Geisler (2006) sowie weitere eigene Berechnungen auf Basis des Scientific-Use-Files des Mikrozensus 2004

4 Schlussfolgerungen

Wir haben in diesem Beitrag einen Überblick über den Wandel der Geburten- und Familienentwicklung in West- und Ostdeutschland in den vergangenen Jahrzehnten gegeben. Von besonderem Interesse war die Frage der Entwicklung von Ost-West-Unterschieden des Geburtenverhaltens und der Familienformen nach 1990.

Bis zum Ende der 1980er Jahre unterschied sich das Fertilitätsverhalten in beiden Teilen Deutschlands deutlich voneinander. Während in Westdeutschland seit den 1960er Jahren das Geburtenalter und insbesondere das Ausmaß der Kinderlosigkeit von Frauen gestiegen waren, verharrte das Alter bei der Familiengründung in der DDR auf einem niedrigen Niveau. Noch in den 1980er Jahren bekamen Frauen mit Anfang 20 das erste Kind. Zugleich war die Arbeitsmarktintegration von Müttern in der DDR deutlich höher als in der Bundesrepublik, und die Nichtehelichenquote gehörte in den 1980er Jahren zu den höchsten Europas.

Nach der Wende setzte in Ostdeutschland ein Prozess des Anstiegs des Alters bei der Erstgeburt ein, der bis heute anhält. Der Aufschub der Geburten bewirkte einen drastischen Rückgang der jährlichen Geburtenziffern. Dieser Effekt setzte kurzfristig ein und wurde überwiegend als Fertilitätskrise und Wendeschock gedeutet. Dabei wurde jedoch nicht hinreichend beachtet, dass unter den Bedingungen eines veränderten Timings von Geburten im Lebenslauf Kennziffern der Periodenfertilität keine verlässlichen Rückschlüsse über die endgültige Kinderzahl und die Entwicklung des Geburtenverhaltens auf der Individualebene zulassen. Die Veränderung der TFR in Ost und West nach 1990 sagt insbesondere wenig darüber aus, ob sich das Geburtenverhalten ostdeutscher Frauen zunehmend an das westdeutsche Niveau angeglichen hat, ob ostdeutsche Frauen die Familiengründung über das westdeutsche Altersniveau hinaus verschoben haben oder ob sie zu größeren Anteilen kinderlos geblieben sind. Um Fragen dieser Art zu beantworten, müssen Fertilitätsentscheidungen im Kontext des Lebenslaufs analysiert werden. Die lebenslaufbezogene Analyse spielt für die Analyse von Veränderungen des Geburtenverhaltens nicht nur eine ergänzende Rolle, sie ist in methodischer Hinsicht unerlässlich, denn sie führt zu substanziell anderen Schlussfolgerungen als Betrachtungen, die sich auf periodenspezifische Maßzahlen der Geburtenstatistik, insbesondere auf die zusammengefasste Geburtenziffer, stützen.

Aus der Perspektive des Lebenslaufs betrachtet wird deutlich, dass das Geburtenverhalten nach der Wende *weder* durch eine spezifische Transformationskrise *noch* eine anschließende Ost-West-Angleichung geprägt wurde. Die ostdeutschen Frauen haben zwar nach der Wiedervereinigung von Kohorte zu Kohorte die Familiengründung aufgeschoben, aber nach wie vor früher im Leben das erste Kind bekommen als die westdeutschen Frauen. Aus diesem Grund ist das Auseinanderklaffen der TFR in Ost und West in den Jahren nach der Wende kein Ausweis für ein spezifisches Transformationsphänomen oder eine Fertilitätskrise in Ostdeutschland. Ebenso wenig ist die Trendumkehr der TFR in Ost und West in späteren Jahren ein Zeichen dafür, dass sich das ostdeutsche Verhaltensmuster nach anfänglichen Verwerfungen immer mehr dem westdeutschen Muster angeglichen hat.

Insgesamt haben Ost-West-Differenzen in verschiedener Hinsicht bis heute Bestand. Ostdeutsche Frauen sind bei der Familiengründung weiterhin jünger als westdeutsche

Frauen, außerdem bleiben sie seltener kinderlos. Zugleich weisen empirische Studien darauf hin, dass ostdeutsche Frauen mit einem Kind eine geringere Neigung zur Familienerweiterung haben als westdeutsche Frauen. Inwiefern die niedrigere Zweitgeburtenrate ein Übergangsphänomen darstellt oder auf eine „Krise des zweiten Kindes" (Huinink 2005) in Ostdeutschland hinausläuft, kann zum jetzigen Zeitpunkt noch nicht beurteilt werden. Deutliche Ost-West-Unterschiede bestehen weiterhin in der Heiratsneigung. In Ostdeutschland sind Familiengründung und Eheschließung im Lebenslauf bestenfalls noch locker miteinander verbunden. Ostdeutsche Frauen sind in ihrer Mehrheit unverheiratet, wenn sie ihr erstes Kind bekommen, während westdeutsche Frauen nach wie vor überwiegend die zeitliche Sequenz der Heirat mit anschließender Familiengründung befolgen. Im Querschnitt schlagen sich diese Unterschiede in einer ungleichen Verteilung der Lebensformen nieder. So stellt die nichteheliche Lebensgemeinschaft in Ostdeutschland mittlerweile eine weit verbreitete Familienform dar. Während nichteheliche Lebensgemeinschaften mit Kindern in Westdeutschland weiterhin selten anzutreffen sind, haben sie in Ostdeutschland Normalitätsstatus erreicht. Schließlich unterscheiden sich Familien in Ost und West deutlich im Hinblick auf das Ernährerarrangement – das heißt insbesondere das Erwerbsverhalten von Müttern.

Die empirischen Befunde zum Wandel der Geburten- und Familienentwicklung in West- und Ostdeutschland verweisen in ihrer Gesamtheit auf unterschiedliche Trends, die schwerlich ein neues „gesamtdeutsches" Muster ergeben. Die Muster der Familiengründung und des Heiratsverhaltens sind durch anhaltende Differenzen geprägt, von denen einige im Verlauf des letzten Jahrzehnts sogar zugenommen haben. Gerade im Bezug auf die Verbreitung unterschiedlicher Familienformen kann man nicht von einer Ost-West-Angleichung sprechen.

Mit der teilweise überraschenden Familienentwicklung der letzten 15 Jahre in Ostdeutschland wird auch die begrenzte Erklärungskraft der Theorien des zweiten demografischen Übergangs, des Institutionentransfers und des ökonomischen Wendeschocks deutlich.

Ein Verzicht auf Kinder als Folge eines Wendeschocks lässt sich auf der Basis eines Kohortenvergleichs empirisch nicht belegen. Die These des zweiten demografischen Übergangs leidet darunter, dass sie die erheblichen Unterschiede der Familienentwicklung und die teilweise zunehmenden Differenzen in der Familienentwicklung in den neuen und alten Ländern konzeptuell nicht befriedigend erfassen kann. Die These der Anpassung der Familienentwicklung im Zuge der Institutionenübertragung scheitert insbesondere bei dem Versuch einer Erklärung der weiter steigenden Anteile nichtehelicher Geburten und der geringen Akzeptanz des westdeutschen Ernährermodells in Ostdeutschland.

Vor diesem Hintergrund verweisen die aktuellen Entwicklungstrends der Geburten- und Familienentwicklung in Ost- und Westdeutschland auf einen erheblichen zukünftigen Forschungsbedarf. Hervorzuheben ist insbesondere, dass die Ursachen, die hinter der anhaltenden Verschiebung von Geburten im Lebenslauf stehen, weder für Ost- noch Westdeutschland abschließend aufgeklärt wurden. Ebenso bleibt die Frage offen, ob in Ostdeutschland das Muster der Ein-Kind-Familie dauerhaft eine zunehmende Verbreitung gewinnt. Darüber hinaus wirft die starke Zunahme der nichtehelichen Geburten vor allem in Ostdeutschland neue Fragen im Hinblick auf den Stellenwert von Ehe und nichtehelicher Lebensgemeinschaft als Familienformen auf. Nicht zuletzt rückt die Frage der Vereinbarkeit von Familie und Beruf und der Erwerbsbeteiligung von Müttern immer stärker in das Zentrum der Aufmerksamkeit. Mit dieser eng verbunden ist ein komplexes Gefüge von Fertilitätsentscheidungen, Familienleitbildern, Ernährermodellen und Kinderbetreuungsmöglichkeiten, welches für die zukünftige Entwicklung von Familie und Lebensformen von großer Relevanz sein dürfte.

8 Familiale Übergänge: Eintritt in nichteheliche Lebensgemeinschaften, Heirat, Trennung und Scheidung, Elternschaft

Marina Rupp und Hans-Peter Blossfeld

1 Einführung

Zeitdiagnosen wie „Pluralisierung" oder „neue Vielfalt" der Lebens- und Familienformen erwecken den Eindruck eines Nebeneinanders familialer und nicht familialer Lebensformen. Verbunden mit dem Begriff der Optionalität oder Wahlfreiheit entsteht leicht das Bild eines „Supermarktes" mit einer breiten Palette von Alternativen und Akteuren, die eine Auswahl treffen. Daraus, so scheint es, resultiere das zunehmend bunte Bild von Familie, das wir aktuell in nahezu allen Industrienationen beobachten können. Giddens schreibt beispielsweise: „Mögen die Details sich von Gesellschaft zu Gesellschaft unterscheiden, so sind die Trends doch beinahe in allen industrialisierten Ländern dieselben. Nur eine Minderheit lebt heute noch in Familien, die dem Standard der 50er Jahre entsprechen: Beide Elternteile wohnen in einem Haushalt mit ihren ehelichen Kindern, die Mutter als Ganztags-Hausfrau, der Vater als Ernährer." (Giddens 2001: 76). Trotz dieser gemeinsamen Trends sind in modernen Industriestaaten heute allerdings bedeutsame Variationen in verschiedenen Dimensionen des Familienlebens zu beobachten, so z.B. in der Mitgliederstruktur, dem Institutionalisierungsgrad der Ehe, der Bedeutung der männlichen Ernährerrolle und der familialen Aufgabenteilung sowie der Größe der Familie. In diesem Beitrag kann kein vollständiger Überblick über diese Vielfalt des Familienlebens in verschiedenen Ländern gegeben werden, weil die relevanten Parameter in den vorliegenden Statistiken nur teilweise systematisch erfasst und ausgewiesen sind. So wird z.B. in einigen Ländern nicht thematisiert, ob Paare verheiratet sind, und es ist meist nicht bekannt, ob es sich um Stieffamilien handelt oder nicht. Der internationale Vergleich ausgewählter Industrieländer in Abb. 1 zeigt dennoch deutlich, dass neben Paaren mit Kindern im Haushalt in unterschiedlichem Maße Alleinerziehendenhaushalte bestehen und dass die Familienhaushalte recht unterschiedlich hohe Anteile an allen Haushaltsformen einnehmen. Neben die Familienhaushalte, in denen Kinder leben, treten (wieder) Alleinerziehende, Kinderlose, Einpersonenhaushalte und „andere Lebensformen". Vor allem Schweden, Kanada und die USA zeichnen sich durch niedrige Anteile von Familienhaushalten aus.

Betrachtet man familiale Trends lediglich auf der Grundlage solcher Querschnittsverteilungen, dann werden damit leider wichtige Aspekte des Wahlprozesses verdeckt: Die Entscheidungsprozesse werden an verschiedenen biografischen Schnittstellen und unter unterschiedlichen strukturellen Konstellationen zeitbezogen getroffen. Es sind dabei keineswegs stets immer alle familialen Optionen verfügbar, vielmehr stehen oft nur zwei Optionen zur Wahl, wie z.B. heiraten oder nicht. Bedeutsame Differenzierungsmerkmale dieser biografischen Entscheidungen sind ihre unterschiedlich hohe Bindungskraft und *familiäre Plang von externe Faktoren abhängig*

ihr verschieden starker Selbstverpflichtungscharakter. Dies hat Auswirkungen auf die subjektiv in der jeweiligen Lebensphase oder -situation überhaupt wählbaren Alternativen. Beeinflusst werden die familialen Übergänge vor allem auch durch biografische Ereignisse im Bildungs- und Berufsverlauf. Die familialen Ereignisse im Lebenslauf können deswegen nicht unabhängig von den Schul- und Ausbildungskarrieren und den Berufsverläufen der jeweiligen Individuen und ihrer Partner und Partnerinnen betrachtet werden.

Abb. 1: Verteilung verschiedener Haushaltsformen im Jahre 2002

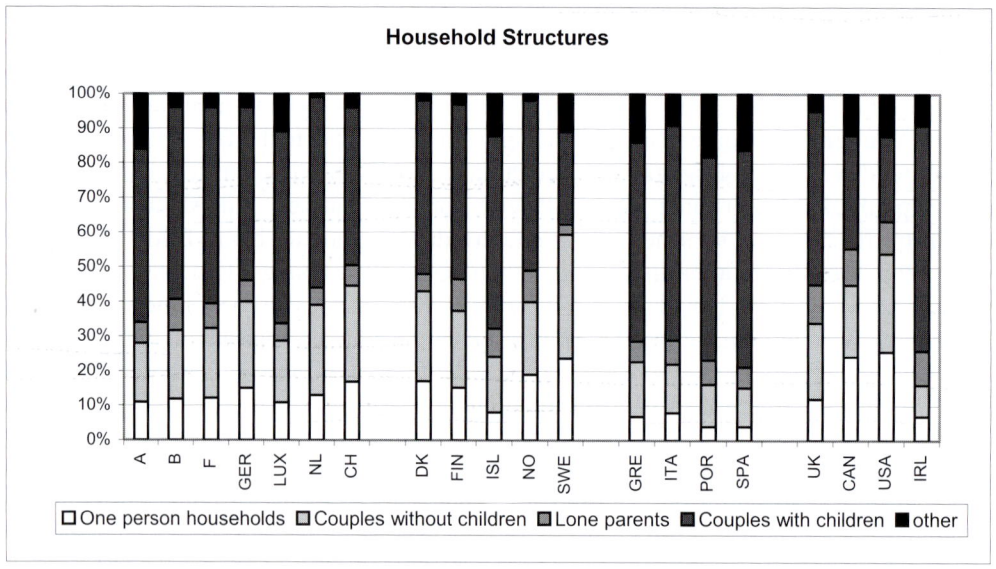

Quelle: OECVD; Council of Europe

Vor diesem Hintergrund wird deutlich, dass familiale Lebensformen, die sich im Querschnitt als strukturelle Phänomene der Pluralisierung und Individualisierung darstellen – und nicht selten auch so interpretiert werden – Ergebnisse komplexer Passagen und Übergänge der Individuen in verschiedenen biografischen Phasen sind. Aus der Lebensverlaufsperspektive sind in den letzten Jahren daher die strukturellen Bedingungen, Motivationen, Ursachen, Hintergründe und Rahmungen dieser Transitionen in den Mittelpunkt der Forschung gerückt. Deshalb werden wir uns hier den Wandlungsprozessen im Familiensystem aus einer Lebensverlaufsperspektive zuwenden, die von einem „concept of a dynamic interaction between institutions and individual actors" (Heinz/Marshall 2003: xi) ausgeht. Aus dieser Perspektive wird die Prozesshaftigkeit und Verwobenheit von verschiedenen Biografiesträngen (z.B. Bildungs-, und Erwerbsbiografie) mit den Transitionen in der Beziehungs- und Familienbiografie herausgearbeitet. Allein schon dieses In-Beziehung-Setzen verschiedener essenzieller Lebensbereiche zeigt, dass Pfadabhängigkeiten bestehen, welche die Wahlfreiheit beschränken, so dass Transitionen eröffnet, verhindert oder sogar erzwungen werden (z.B. bei Verlassenwerden oder dem Tod eines Partners). Mit anderen Worten, die familialen Entscheidungen finden unter bestimmten Restriktionen und nur partiell in wirklich freier Wahl statt.

weiterhin beeinflusst der Staat oder Tradition

Familiale Transitionen stehen auch in einem engen Zusammenhang mit den bekannten Typen von Wohlfahrtsstaatsregimen. Der Begriff „Regime" bezieht sich hier auf die typische Art, in der die wohlfahrtsstaatliche Produktion des Staates, des Marktes und der privaten Haushalte aufeinander bezogen sind (Esping-Andersen 1990; ders. 1999; Blossfeld/Hakim 1997; Blossfeld/Drobnič 2001). Mit verschiedenen Wohlfahrtsstaatsformen sind nicht nur länderspezifische Familientraditionen verbunden, sondern diese spiegeln auch wider, wie und in welchem Maße öffentliche Unterstützung für Familien bereitgehalten wird und beeinflussen somit indirekt die Wahlmöglichkeiten, die bei den jeweils anstehenden Passagen im Familienverlauf verfügbar sind bzw. als opportun erscheinen (z.B. die Wahl zwischen ehelicher oder nichtehelicher Lebensgemeinschaft; Nazio/Blossfeld 2003).

Die interessierenden familialen Übergänge können aus unterschiedlichen theoretischen Perspektiven betrachtet werden. Die Theorie, der aktuell in der Familienforschung der größte Einfluss in Bezug auf die Erklärung von Partnerwahlprozessen, partnerschaftlicher Arbeitsteilung und dem Risiko der Partnerschaftsauflösung zugesprochen wird, ist die ökonomische Theorie der Familie (Becker 1981; Burkart 2006c; Brüderl 2006). Transitionen werden dort als (bewusste) rationale Entscheidungsprozesse interpretiert. Für die individuellen Kalküle werden Rahmenbedingungen sowie Abstimmungs- und Aushandlungsprozesse auf der Paarebene verantwortlich gemacht (Esser 1999; 2002a). Eine sehr weit gefasste, jüngere Konzeption auf Basis des so genannten Rational-Choice-Modells erlaubt es, auch Werte, Orientierungen, Bindungen, sozialstrukturelle Faktoren und soziale Erwünschtheit in den Erklärungszusammenhang einzubeziehen, womit auch traditionale, emotionale und wertorientierte Beweggründe, welche in der Weberschen Typologie gerade von den rationalen Handlungsmotiven getrennt wurden, reintegriert werden. Dabei ist es modellkonform auch möglich, dass ein einzelnes Motiv, wie z.B. ein sehr starkes Gefühl oder ein massiver äußerer Druck, eine Entscheidung dominieren bzw. präjudizieren kann, so dass nicht unbedingt eine Abwägung von Alternativen stattfinden muss (ebd.). Darüber hinaus spielt in diesem Modell der subjektive Umgang mit Restriktionen in Form von Framingselektions- (vgl. z.B. Esser 2002a; Rohwer 2003) und Satisficing-Mechanismen sowie so genannten abgekürzten Entscheidungsmechanismen (vgl. z.B. Gigerenzer/Todd 1999) eine immer größere Rolle.

Nicht nur weil die Rationalität von Handlungen in emotional geprägten Lebensbereichen durchaus hinterfragt werden kann, ist von anderen Autoren auch eine alternative Perspektive auf Übergänge im Lebensverlauf eingeführt worden (z.B. Burkart 2002; ders. 2006c). Übergangsprozesse werden danach vor dem Hintergrund vorstrukturierter normativ gestützter und milieuspezifisch differenzierter Lebensverlaufsregime gesehen, die in Abhängigkeit von gegebenen Optionen und Restriktionen durchlaufen werden. Hierbei werden sozialstrukturelle, ethnische, milieubezogene, schichtabhängige und einstellungsbewegte Einflussfaktoren, welche die Handlungsoptionen der Individuen einschränken und teils stark vorstrukturieren, somit wesentlich stärker ins Blickfeld gerückt.

Wir gehen davon aus, dass bei biografischen Weichenstellungen im Lebenslauf eher resümierende aktive wie auch normativ vorgezeichnete Dimensionen in unterschiedlicher Gewichtung zum Tragen kommen, wobei die Bedeutung der jeweiligen Perspektiven je nach Transition unterschiedlich ist. Eine entsprechende Diskussion wird an den entsprechenden Stellen der folgenden Darlegungen vertiefend aufgegriffen, zumal die entschei-

dungstheoretischen Paradigmen für die verschiedenen Übergänge in der Forschungslitera-
tur spezifisch ausdifferenziert wurden.

2 Unverheiratet Zusammenleben oder Heiraten?

Für die meisten jungen Paare stellt sich heute diese Frage nicht in dieser Form, vielmehr
sind nichteheliche Lebensgemeinschaft und Ehe verschiedene Formen der Beziehungsges-
taltung, die z.B. in Westdeutschland eher als Abfolgen in der Beziehungsentwicklung begriffen werden, denn als sich gegenseitig ausschließende Alternativen (Nave-Herz 2004).
Um den Prozesscharakter der Beziehungsentwicklung besser verständlich zu machen, wird
daher vorab kurz auf die Genese von Partnerschaften im Lebenslauf eingegangen.

Paarbildung

Jüngste Kohortenanalysen zeigen für die letzten Jahrzehnte eine ansteigende Tendenz von
homogener Partnerwahl, insbesondere in Bezug auf das Bildungsniveau (Blossfeld/Timm
1997; dies. 2003). Die zunehmende Bildungsbeteiligung von Frauen sowie die damit einhergehende gestiegene Bedeutung von Bildungseinrichtungen als gelegenheitsstrukturelle
Heiratsmärkte gelten als Triebfedern für die Entwicklung steigender Bildungshomogamie. Das heißt, dass heute Partner mit gleichem oder ähnlichem Bildungsniveau zunehmend häufiger eine Ehe eingehen, weil sie sich bereits im Bildungssystem kennen gelernt
haben. Sozialstrukturelle Selektionsmechanismen wie eine bildungsspezifische Partnerwahl spielen auch bei den nichtehelichen Lebensgemeinschaften eine bedeutende Rolle.
Es gibt markant ausgeprägte Homophilietendenzen zwischen unverheirateten Partnern;
d.h. die „Matching"-Chancen von Partnern nehmen mit zunehmender Bildungs- und
Schichtdistanz ab.

Beziehungen entwickelten sich bislang weit überwiegend in einem selektiven All-
tagskontext, sodass soziale Räume und Gelegenheitsstrukturen – die den meisten Individuen häufig unbewusst bleiben – zentrale Parameter des so genannten Partnermarktes
sind: Ausbildungsstätten und Arbeitsplätze stellen wichtige Treffpunkte bzw. „Marktplät-
ze" dar. Diese räumlich-sozialstrukturelle Komponente begünstigt wie gesagt die Tendenz zur Homogamie (Blossfeld/Timm 2003), wobei jedoch typische geschlechtsspezifische Differenzen auf entsprechende Selektionsmechanismen schließen lassen: Frauen
sind zumeist (etwas) statusunterlegen, zudem kleiner, jünger und leichter als ihre Partner.
Paare, in denen die Frau höhere Bildung und höheren sozialen Status aufweist, sind auch
heute noch sehr selten (Rupp 1999; Blossfeld/Timm 2003), obgleich diese Konstellation
durch die steigende Bildungs- und Erwerbsbeteiligung der Frauen an sich immer wahrscheinlicher werden sollte. An dieser Stelle wird die große Bedeutung von normativen
geschlechtsspezifischen Vorgaben für die Paarbildung deutlich, die sich nicht auf rein
ökonomische Ressourcen-Konstellationen reduzieren lassen.

Durch mediale Partnerbörsen haben sich in jüngster Zeit darüber hinaus eine neue Situation und vielleicht auch eine „Marktöffnung" ergeben. Diese Partnerbörsen im Internet
sind grundsätzlich für jeden zugänglich (wobei räumlich-sozialstrukturelle Barrieren natürlich nicht völlig aufgehoben sind, denn wer sucht schon einen Partner am anderen En-

[handwritten marginal note at top: heute wegen z.B. ... Partner ... gleiche Merkmale mög... i...]

de der Nation oder mit völlig anderem Sozial- und Bildungsstatus) und sie erlauben, ja befördern die Auswahl potenzieller Partner aufgrund bewusst gewählter Kriterien. Damit werden zwei Aspekte früherer Partnerwahl modifiziert: Angesichts des umfangreichen Angebotes im Internet sind gezieltere Suchstrategien möglich und sie werden vom Angebotssystem auch nahe gelegt. Oftmals werden sie sogar durch entsprechende Strukturierung und Hilfestellungen bei der Recherche unterstützt. Vom Suchenden wird somit eher vorab erwogen, welche Merkmale für die Partnerwahl relevant sein sollen und so wird er/sie dann aktiv den Markt anhand dieser Kriterien sondieren. Durch die Nutzung solcher Strategien könnten sozialräumliche und sozialstrukturelle Gelegenheitsstrukturen für den ersten Schritt bei der Partnerwahl an Bedeutung verlieren. In der Folge könnte die Wahrscheinlichkeit homogener Paarbildung und homogamer Heirat abnehmen, was aber heute empirisch noch völlig unklar ist. Erste Studien zum Wahlverhalten in medialen Partnerbörsen weisen vielmehr darauf hin, dass sich Männer und Frauen schon zu Beginn des Partnerwahlprozesses im Online-Markt an relativ „klassischen" Kategorien orientieren, die nicht grundsätzlich andere Paarbildungen erwarten lassen als auf den klassischen Partnermärkten (Skopek 2006). Die Auswirkungen der neuen computergestützten Möglichkeiten der Partnerwahl auf die soziale Ungleichheit werden derzeit zum Beispiel an der Universität Bamberg in einem DFG-Projekt erforscht (Skopek/Blossfeld 2007). Dabei ist vor allem von Interesse, welche Kriterien die Individuen bei der Online-Partnersuche einsetzen, wen sie sich auf der Plattform tatsächlich ansehen, wen sie davon auswählen und schließlich kontaktieren, ob der oder die Ausgewählte antwortet und in welcher Weise sich daraus im Zeitablauf eine Paarbildung ergibt.

[handwritten marginal note: Folge aber!]

Nichteheliche Lebensgemeinschaften

Erweist sich die Partnerwahl für beide als (vorläufig) zufrieden stellend, kommt – früher oder später – nach einer Phase der Beziehungskonsolidierung in den meisten Fällen der Wunsch nach einem gemeinsamen Haushalt (Kohabitation) auf (Nave-Herz 2004). Die Frage stellt sich typischerweise in der Form, dass die Alternativen Fernbeziehung und nichteheliche Lebensgemeinschaften (NEL) zur Diskussion stehen. Konkret heißt dies: Bleiben die Partner im eigenen bzw. elterlichen Haushalt wohnen oder ziehen sie zusammen? Die Entscheidung über das Eingehen einer nichtehelichen Lebensgemeinschaft (konsensuellen Lebensgemeinschaft, Kohabitation oder Konkubinat) kann als sehr komplexes Phänomen betrachtet werden, in dem viele theoretische Parameter zu berücksichtigen sind (vgl. z.B. Huinink 1999). Vorteile von nichtehelichen Lebensgemeinschaften können in z.B. größerer emotionaler Nähe, Effizienzeffekten des gemeinsamen Wirtschaftens oder der Zunahme an Verbindlichkeit gesehen werden. Als Nachteile werden evtl. (z.B. in Südeuropa) soziale Sanktionen, der Verlust von Unabhängigkeit oder steigende Trennungskosten erwartet. Somit kommen sowohl individuelle und dyadische als auch gesellschaftliche Einflussfaktoren zum Tragen – letztere z.B. durch familiale Traditionen, gesetzliche Regelungen, Infrastruktur, Wohn- und Arbeitsmarkt etc. (vgl. z.B. Nazio/Blossfeld 2003).

Da in den meisten Industriestaaten nichteheliche Lebensgemeinschaften nicht mehr sozial diskriminiert werden (eine Ausnahme bilden immer noch die südeuropäischen Länder) und in verschiedenen Ländern (wie z.B. in Schweden) eine weitgehende norma-

[handwritten note at bottom: keine Diskriminierung]

tive Gleichstellung mit der Ehe erreicht ist, ist der Übergang zum gemeinsamen Haushalt heute in den meisten Industrieländern relativ unspektakulär (Mills 2000; Wu 2000; Nazio/Blossfeld 2003; Nave-Herz 2004; Schmidt 2002). Schließlich hat diese Lebensform – ganz besonders in den jüngeren Alterskohorten – in nordwesteuropäischen Ländern einen hohen Verbreitungsgrad erreicht und sich als sozial akzeptierte Lebensform nach 30 Jahren etabliert (vgl. Nazio/Blossfeld 2003). So war beispielsweise in der BRD das Konkubinat bis 1973 sogar gesetzlich verboten. In den 1960er und 1970er Jahren galt die nichteheliche Lebensgemeinschaft als alternative Lebensweise, die häufig als Protest gegen gesellschaftliche Institutionen, insbesondere die Ehe, begründet wurde, was vor dem Hintergrund des damals geltenden Eherechts mit seinen Nachteilen und Einschränkungen für die Frauen zu sehen ist (Limbach 1988). Seither hat sich jedoch nicht nur im Ehe- und Familienrecht, sondern auch in der allgemeinen gesellschaftlichen Akzeptanz verschiedener Lebensformen viel geändert und die nichteheliche Lebensgemeinschaft ist z.B. in Deutschland zu einer Standardpassage in der Beziehungsbiografie geworden (Nazio/Blossfeld 2003).

Aufgrund der hohen sozialen Akzeptanz durchläuft in Deutschland mehr als die Hälfte aller deutschen Paare vor der Ehe eine Phase des Zusammenlebens (ebd.). Dabei haben sich in Zuge einer relativ kurzfristigen Entwicklung zwei Trends ergeben: Zum einen nimmt der Anteil an Personen zu, die jemals eine nichteheliche Lebensgemeinschaft gründen und zum anderen wandert bei der jüngsten Kohorte der Übergang zum ersten gemeinsamen Haushalt mit einem Partner offenbar in höhere Lebensalterstufen (vgl. Abb. 2).

Subjektiv wird die nichteheliche Lebensgemeinschaft heute häufig nicht mehr primär als „Testphase", sondern eher als Zeit der Etablierung und Reifung angesehen und passt für viele zu einer Lebenssituation, die noch durch Ausbildung, berufliche Statusunsicherheit und somit auch von der Antizipation künftiger Veränderungen und Anpassungsleistungen geprägt ist. Insbesondere die zunehmende Flexibilisierung des Arbeitsmarkts bei Berufseinsteigern in Form von befristeten Beschäftigungsverhältnissen, Teilzeitarbeit, Volontariaten, atypischen Beschäftigungsformen, prekärer Selbstständigkeit oder fallender Einstiegseinkommen, haben das Potenzial junger Erwachsener, langfristige „Selbstbindungen" einzugehen, wie sie beispielsweise die Eheentscheidung oder die Entscheidung für ein Kind darstellen, erheblich reduziert (Blossfeld et al. 2005). Nichteheliches Zusammenleben korrespondiert deswegen häufig mit einer Ausdehnung der so genannten Postadoleszenzphase und die Frage, ob eine nichteheliche Lebensgemeinschaft gegründet wird oder die Partner getrennt wohnen bleiben, entscheidet sich u.a. in Abhängigkeit von den ökonomischen Möglichkeiten und räumlichen Strukturen (Bien o.J.). Partnerschaften ohne gemeinsamen Haushalt sind dann deutlich häufiger zu finden, wenn in der jungen Generation hohe Arbeitslosigkeit herrscht (wie z.B. in Spanien, Portugal) und eine Haushaltsgründung aufgrund mangelnder finanzieller Ressourcen nicht möglich ist, so dass die jungen Erwachsenen im elterlichen Haushalt wohnen bleiben (Blossfeld et al. 2005) oder aber, wenn – aus ausbildungstechnischen oder beruflichen Gründen – Partner an weit entfernten Orten leben (müssen) (Schneider/Limmer/Ruckdeschel 2002b). Der Verzicht auf einen gemeinsamen Haushalt kann allerdings auch einer spezifischen Definition der Paarbeziehung geschuldet sein, in der Alltagsroutinen und die damit verbundenen Konfliktbereiche oder auch zu große Nähe und Verbindlichkeiten vermieden werden sollen (Burkart 1997; Kaufmann 1994).

Abb. 2: Alter beim Übergang zur nichtehelichen Lebensgemeinschaft

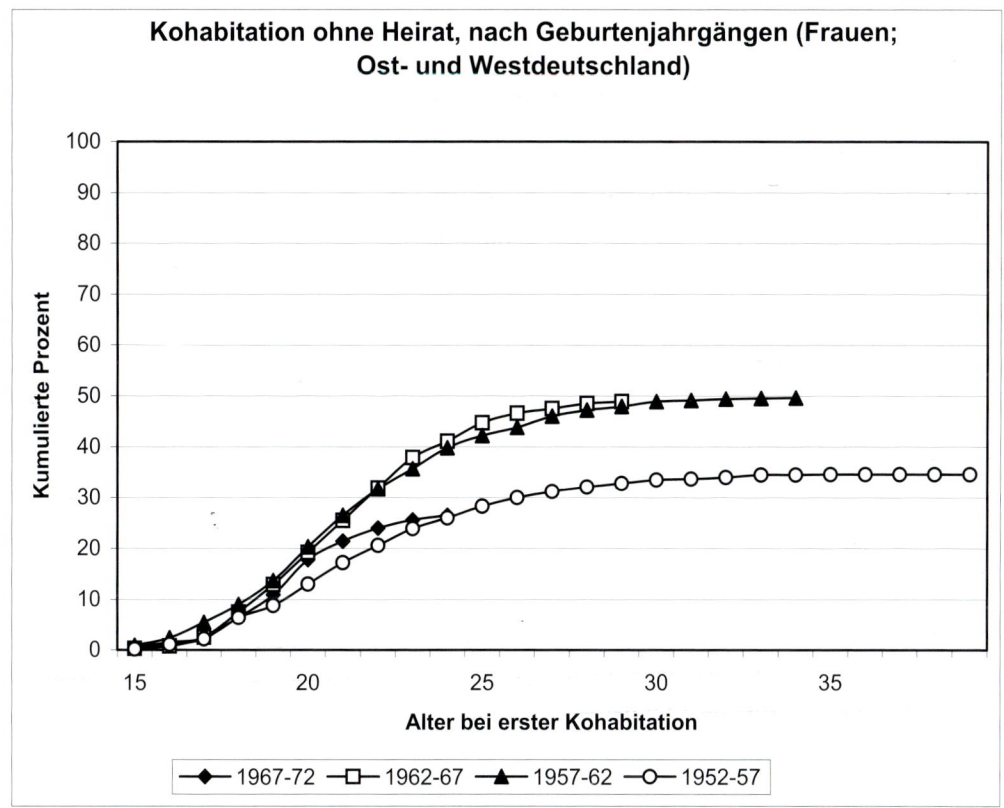

Quelle: FFS

Als Lebensform auf zunehmend längere Dauer hat sich die nichteheliche Lebensgemeinschaft in Deutschland vor allem in der jüngeren, tendenziell aber auch in der älteren Generation etabliert, hier z.B. nach Trennung und Scheidung und vor allem für Paare, deren Partner sich keine (gemeinsamen) Kinder mehr wünschen. Dies ist auch vor dem Hintergrund zu sehen, dass über die Generationen hinweg ein immer höherer Anteil von Frauen durch Erwerbstätigkeit eine eigenständige Existenzgrundlage besitzt (Blossfeld 1995; Hofäcker 2006; Klijzing 2005) und für sie eine Absicherung durch das „Ernährermodell" nicht erforderlich ist. Auf die Bedeutung der ökonomischen Selbstständigkeit der Frauen verweist auch die Verzögerung der Eheschließung in Schweden (Blossfeld 1995). Je stärker soziale Sicherungssysteme auf individueller Basis strukturiert sind, je stärker Frauen im Erwerbsleben partizipieren und ökonomisch unabhängig sind, desto seltener und später erfolgt die Heirat, denn die Absicherung durch einen Partner, die eine Ehe bieten kann, verliert dann an Bedeutung (Nave-Herz 2004) und muss durch andere Motive aufgewogen werden.

   Angesichts mangelnder sozialrechtlicher Ausgestaltung in einigen Ländern zeichnen sich nichteheliche Lebensgemeinschaften – ganz besonders für Frauen mit Kindern – durch gewisse Risiken aus, dies gilt z.B. für die Situation in Westdeutschland: Nichteheliche Lebensgemeinschaften sind leichter zu lösen und für die Trennungsmodalitäten gibt es keine rechtlichen Regelungen analog zur Ehe. Wenn also keine Partnerschaftsverträge vorliegen – was in den meisten Fällen zutrifft –, kann es durchaus sein, dass „Investitionen" verloren gehen. Diese mangelnde sozialrechtliche Absicherung wird von vielen Paaren durch weitgehende Beibehaltung der individuellen ökonomischen Selbstständigkeit kompensiert. Allerdings unterliegt diese Neigung wie auch die Aufgabenteilung der Routinisierung, d.h. die egalitären Prinzipien verschleifen sich und im Alltag wird tendenziell auf „bewährte traditionelle Muster der Arbeitsteilung" zurückgegriffen (vgl. Vaskovics/ Rupp/Hofmann 1997; Grunow et al. 2007; Blossfeld et al. 2007).

In einigen Ländern, wie Schweden (Henz/Jonsson 2003) oder Norwegen (Tjøtta/ Vaage 2003), gibt es keine bedeutsamen legalen Unterschiede zwischen Ehe und Kohabitation in Bezug auf die Sorge für gemeinsame Kinder. Die „nichteheliche" Elternschaft in Schweden und Norwegen gleicht somit der Elternschaft im Rahmen einer Ehe. Umgekehrt sind nichteheliche Lebensgemeinschaften in Südeuropa noch immer relativ selten. Diese Lebensform wird dort noch immer stigmatisiert, so dass sie sich nur bei sehr spezifischen sozialen Gruppen ausbreitet: z.B. in den Großstädten des nördlichen Italiens und bei hoch qualifizierten, erwerbstätigen Frauen (Nazio/Blossfeld 2003).

Übergang zur Ehe

Angesichts der Akzeptanz unverheirateten Zusammenlebens wird immer wieder gefragt, ob die Ehe nicht eine „überholte" Institution sei. Tatsächlich jedoch entscheidet sich z.B. in Westdeutschland die große Mehrheit der Paare dazu, ihre Lebensgemeinschaft nach einer gewissen Zeit in eine Ehe zu überführen, wofür heute unterschiedliche Motivlagen eine Rolle spielen (Blossfeld/Mills 2001; Schneider/Rüger 2007).

Dass die Ehe häufig erst nach einer Phase des Zusammenlebens geschlossen wird, verdeutlicht der stetig sinkende Anteil derjenigen, die ohne vorheriges Zusammenleben und tendenziell jung heiraten. Das zunehmende Alter bei der Eheschließung zeigt somit auch an, welche Veränderungen sich in der Abfolge von Beziehungsformen ergeben haben. Während die Geburtskohorten aus den 1950er Jahren – angesichts fehlender sozial akzeptierter Alternativen nicht nur für das Zusammenleben, sondern auch der Gestaltung einer Intimbeziehung – mit 24 Jahren bereits zu mehr als der Hälfte verheiratet waren – liegt der Anteil bei der jüngsten Alterskohorte nur noch bei 10 Prozent (vgl. Abb. 3). Dies verdeutlicht einmal mehr die strukturellen Trends im Lebenslauf a) zum Aufschub fester Bindungen und b) zum nichtehelichen Zusammenleben vor einer Heirat. Der Entschluss zur Ehegründung kann ökonomisch motiviert sein (z.B. nach der ökonomischen Theorie der Familie), jedoch besitzt eine rein auf der ökonomischen Theorie basierende Perspektive heute keine ausreichende Erklärungskraft (Blossfeld/Huinink/Rohwer 1993; Huinink/Konietzka 2007).

Wie bereits bei den unverheirateten Paaren festgestellt wurde, haben sich vor allem für die Frauen Entwicklungen in der Bildungs- und Erwerbsbiografie ergeben, welche zu Verschiebungen in der Nutzenerwartung beider Partner geführt haben. Blossfeld und Huinink (1989) zeigten in einer Längsschnittanalyse allerdings, dass die Heiratsentscheidung im Gegensatz zur ökonomischen Theorie der Familie nicht durch die erhöhte Bildungsbeteiligung der Frauen und ihre gestiegenen Karriereressourcen beeinflusst wird.

Vielmehr stellen sich als wesentliche Gründe für die Erhöhung des Alters beim Übergang zur Ehe die zunehmend längere Bildungsbeteiligung der jungen Generation und die

Zunahme der Ausbildungsdauer heraus (Blossfeld/Huinink 1991; Blossfeld 1995). Das Heiratsalter ist in Europa seit 1960 um mehr als vier Jahre angestiegen und liegt für die Frauen heute bei 28,5 Jahren (Europäische Kommission 2006: 120). Der generelle Entwicklungstrend ist u-förmig und verläuft in den Ländern der EU15 relativ ähnlich (vgl. Abb. 3).

Abb. 3: Entwicklung des Alters bei Erstheirat in der EU15

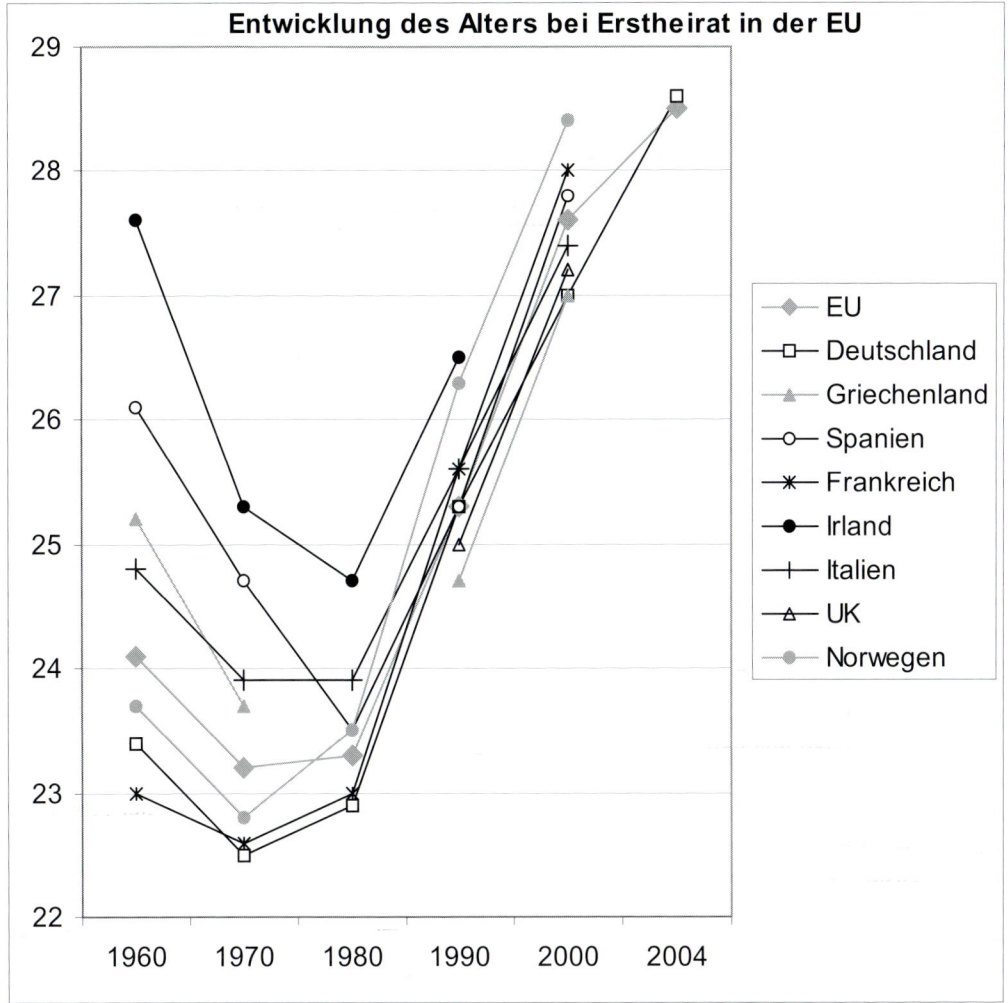

Quelle: Europäische Kommission, Eurostat 2006

In den 60er Jahren verstärkt sich zunächst aufgrund der verbesserten ökonomischen Bedingungen und der noch geltenden Heiratsnorm der Trend zu früher Heirat, dann kehrt er sich in der Mitte der 70er Jahre mit der zunehmenden Bildungsbeteiligung um und in den 1980er Jahren steigt das Heiratsalter überall deutlich an. Überdurchschnittlich stark ist diese Entwicklung in Deutschland und Schweden. In diesen Ländern werden 2004 Mittelwerte von 30 bzw. 31 Jahren erreicht (ebd.). Trotz der gemeinsamen U-Form der Entwicklung zeigt sich bei diesen Veränderungen in Europa ein charakteristisches Ablaufschema zwischen den Ländern: Die Vorreiter der Entwicklung sind die skandinavischen Länder wie Schweden oder Dänemark. Mit einem Abstand von etwa 10 Jahren folgen die zentraleuropäischen Länder wie Deutschland, Niederlande oder Frankreich, und noch einmal 10 Jahre später verändern sich die Muster in den südeuropäischen Ländern wie Italien oder Spanien in analoger Richtung (Blossfeld 1995).

Allerdings ist in Bezug auf die Haushaltsgründung daran zu erinnern, dass Ehe und nichteheliche Lebensgemeinschaft in gewissen Lebensphasen heute in den meisten Ländern „normativ" optional sind, während das für frühere Kohorten nicht galt. Um Verschiebungen im Lebensverlauf in Bezug auf die erste Haushaltsgründung zu verdeutlichen, ist es angeraten, beide Ereignisse zusammen zu betrachten. Die nachstehende Grafik zeigt deutlich, wie stark das Zusammenleben insgesamt im Lebenslauf nach hinten verschoben wird (vgl. Abb. 4). Dabei ist festzuhalten, dass es den jungen Erwachsenen im Zuge der Globalisierung in allen modernen Industrieländern zunehmend schwerer fällt, sich „zukunftsträchtig" beruflich zu etablieren, so dass sich ein weiterer zeitlicher Aufschub von Heiratsentscheidungen einstellt (Blossfeld et al. 2005).

Abb. 4: Übergang zum Zusammenleben in der Biografie am Beispiel Deutschland

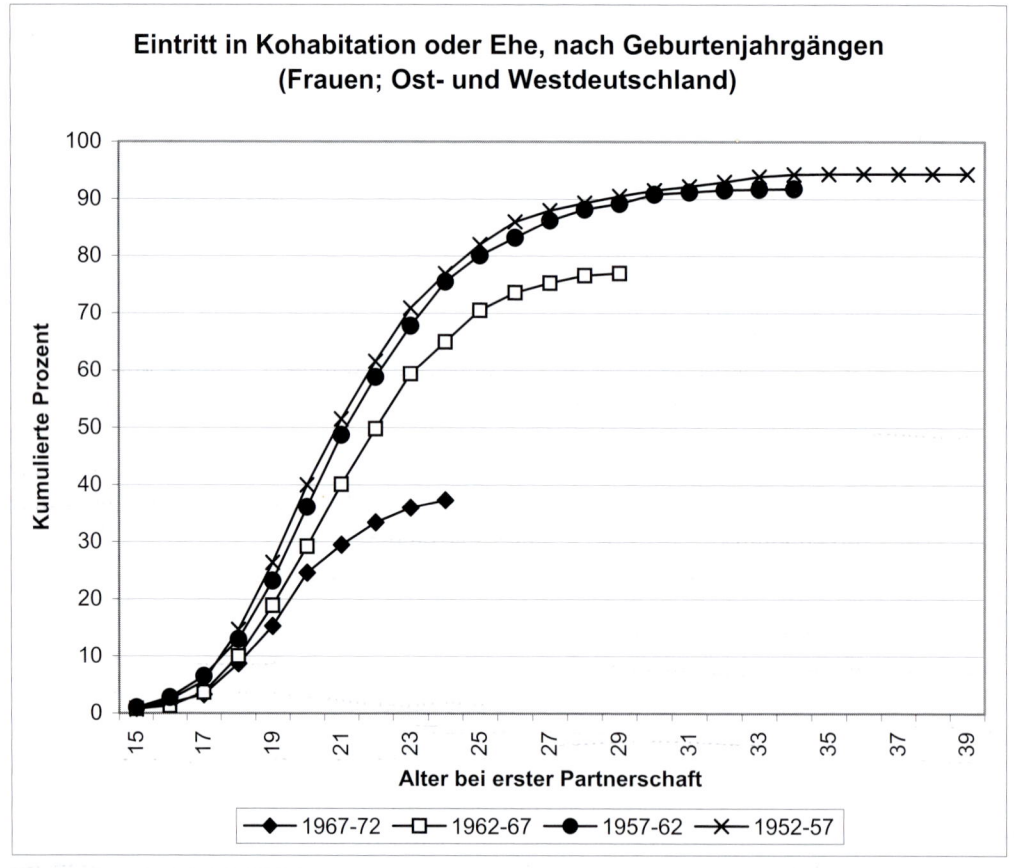

Quelle: FFS 2002

Als Veränderung beim Übergang zur Ehe ist auch zu thematisieren, dass die Heirat heute nicht mehr „automatisch" zu einer Beendigung der Erwerbstätigkeit der Ehefrau führt, was für die Eheschließungskohorten der 1960er Jahre als typisches Muster anzusehen war (Giddens 2001). Es ist also nicht die Heirat, welche Fragen zur weiteren Erwerbsbeteiligung oder der Karriere aufwirft, sondern es ist der Übergang zur Elternschaft (Blossfeld/Huinink 1991). Auch vor diesem Hintergrund scheint es nahe liegend, dass neben wirtschaftlichen Motiven (Becker 1981) noch andere Gründe für die Entscheidung zur Ehe existieren müssen. Diese werden vor allem in der langfristigen Bindung, im Vertrauen aufeinander und in den stabileren Rahmenbedingungen für die Elternschaft gesehen (Oppenheimer 1988; Nave-Herz 1988). Diesbezüglich lassen sich im internationalen Vergleich allerdings auch recht unterschiedliche Muster erkennen (s.u.).

In den subjektiven Motivlagen Heiratswilliger steht Liebe stets an erster Stelle, danach werden die Verbindlichkeit und die Zuverlässigkeit der Beziehung häufig genannt. Heiraten wird nicht selten mit einem (kirchlichen) Fest verbunden, sodass auch der symbolische Gehalt, die öffentliche Darstellung und der Ausdruck der Zusammengehörigkeit von großer Bedeutung sind (Matthias-Bleck 1997; Rupp 1999).

Die Optionalität der Eheschließung zeigt sich bei den Einstellungen zur Ehe und anderen Lebensformen: So halten 86 Prozent der deutschen Bevölkerung ein Zusammenleben ohne Heiratsabsicht für akzeptabel und nur 46 Prozent sprechen sich dafür aus, dass man heiraten solle, wenn Kinder geplant sind (Dorbritz/Lengerer/Ruckdeschel 2005: 32). Das heißt aber nicht, dass die Ehe als „überholte Einrichtung" eingeschätzt würde. Dafür sprechen die hohen Wiederverheiratungsziffern und der Befund, dass rund drei Viertel der bundesdeutschen Bevölkerung in der Ehe eine wichtige Institution sehen.

In Westdeutschland wird in den letzten Jahrzehnten unter anderem im Kontext einer beabsichtigten oder anstehenden Familiengründung geheiratet (Blossfeld/Huinink 1991; Blossfeld 1995; Blossfeld et al. 1999; Blossfeld/Mills 2001). Nave-Herz (1988) stellte in diesem Zusammenhang die These der „kindorientierten Ehegründung" auf, der zufolge eine enge Verknüpfung zwischen den beiden Transitionen Ehe und Elternschaft hergestellt wird. Relativiert wird die Bedeutung dieses Heiratsmotivs v.a. durch die Untersuchung von Schneider/Rüger (2007), die verschiedene Motivlagen differenzieren. Ihren Analysen zufolge treten neben kindbezogene Gründe im engeren Sinne auch nutzen- und wertrationale Heiratsmotive. So werden die rechtlichen und steuerlichen Vorzüge der Ehe durchaus wahrgenommen – dies gilt auch im Hinblick auf die Elternschaft. Der Nutzen kann jedoch auch in der konkreten Abwehr von aktuellen Nachteilen (wie z.B. räumlicher Trennung) bestehen. Charakteristisch für einen Teil der Heiratenden ist die Akzeptanz der Institution, ihrer gesellschaftlichen Relevanz und ihres Verpflichtungscharakters, teils gilt die Heirat diesen „Wertorientierten" als Selbstverständlichkeit. Bei manchen kommt hier eine starke religiöse Orientierung noch hinzu. Ein weiteres Motivationsbündel ist stark emotional geprägt und schließt die pure Liebesheirat mit ein, nicht selten auch die Symbolkraft der Ehe.

Wichtige Anreize für eine Heirat gehen in Deutschland auch vom „typisch konservativen" Familienmodell aus, das vorsieht, dass ein Partner – in der Regel die Frau – nach der Geburt des Kindes im Beruf pausiert oder zumindest die Arbeitszeit deutlich reduziert. Dieses Familienmodell wird im deutschen Steuersystem durch das Ehegattensplitting begünstigt, weshalb es rational erscheint, die – durch ein Kind ohnehin sehr verbindlich werdende Beziehung – zu formalisieren. Bemerkenswert ist dabei, dass sich in Ostdeutschland zu Zeiten der DDR eine andere Kultur entwickelt und verfestigt hat, die bis heute fortlebt – und zwar trotz Wegfalls des stützenden sozialen Sicherungssystems in Ostdeutschland (Kreyenfeld 2003). Ähnlich wie in den skandinavischen Ländern sind Heirat und Familiengründung häufig entkoppelt.

Ganz anders als in Westdeutschland oder in Südeuropa gestaltet sich der Weg in die Ehe in den skandinavischen Ländern eher unabhängig von der Familiengründung. Beispielsweise erfolgt die Eheschließung in Schweden immer häufiger und immer später nach dem Übergang zur Elternschaft, was das sehr hohe Heiratsalter dort erklärt. Norwegen, Schweden, aber auch Frankreich haben sehr hohe Raten von nichtehelichen Geburten (vgl. Abb. 5). Hier wird eine Heirat teils erst beim zweiten Kind vollzogen, teils wird ganz darauf verzichtet. Die Ehe wird demnach nicht mit der Geburt von Kindern verknüpft. Im Unterschied dazu wird diese Verbindung von Ehe und Kindergeburt in Italien und Spanien deutlich häufiger gewählt, wo sie – ähnlich wie in Westdeutschland – als Standard erachtet werden kann. Verschiedene gesellschaftliche Traditionen und die unterschiedliche soziale Absicherung durch die Wohlfahrtssysteme sowie Differenzen in der rechtlichen Gleichstellung von Lebensgemeinschaft und Ehe können als Erklärung für diese Unterschiede in Europa herangezogen werden. Beispielsweise werden die individuell bemessene Besteuerung der Einkommen der Partner und eine Elternzeitregelung, die eine Einkommensersatzleistung vorsieht, die Waagschale nicht in Richtung Ehe neigen. Unter solchen Rahmenbedingungen steht für Paare die Verbindlichkeit ihrer Beziehung im Mittelpunkt der Motivation zu heiraten.

Abb. 5: Nichteheliche Geburten in Europa

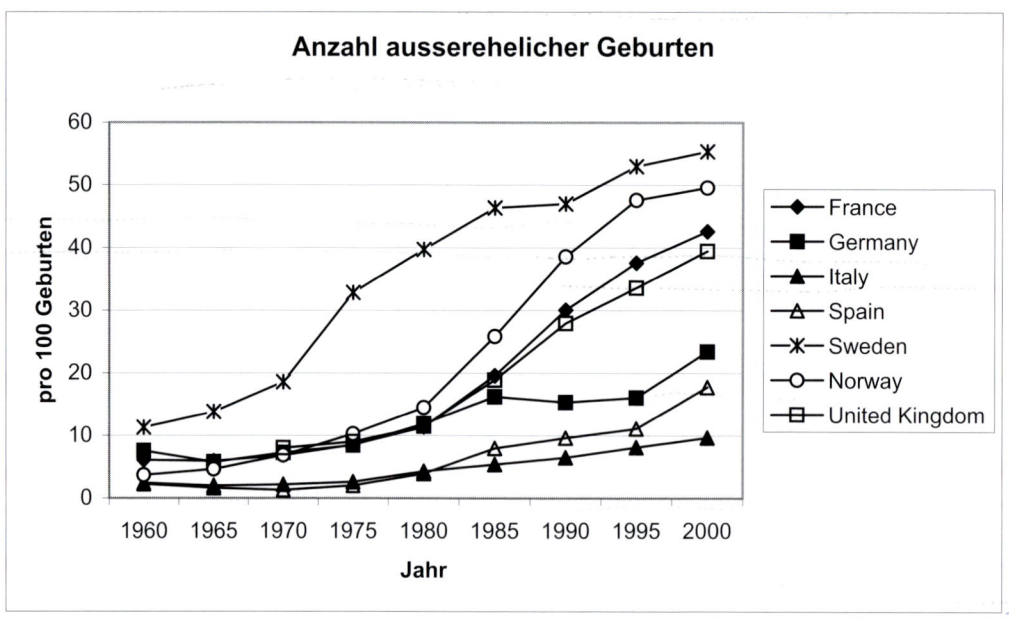

Quelle: FFS 2002

Als deutliches Indiz für De-Institutionalisierungstrends gelten die Raten von nichtehelich Geborenen. Für die gesamte EU25 erhöhte sich die Quote der nichtehelich Lebendgeborenen seit 1960 von 5 auf 31 Prozent im Jahr 2004 (Europäische Kommission 2006: 80). Der Anstieg ist stetig. Auffallend niedrige Quoten weisen Zypern (3,3 Prozent) und Griechenland auf (5 Prozent) auf, während andere südeuropäische Länder wie Spanien und Portugal durchaus den Trend aufgenommen haben (ebd.), aber im Vergleich zu Nordeuropa noch weit zurückliegen.

Die tendenzielle Entkoppelung von Ehe und Elternschaft spiegelt sich auch in den Einstellungen der Bevölkerung wider. Während in Westdeutschland 56 Prozent im Rahmen einer repräsentativen Befragung der Feststellung beipflichten, dass, wer Kinder wolle, auch heiraten sollte, beläuft sich dieser Anteil in den neuen Bundesländern nur auf 47 Prozent, in den Niederlanden auf 25 Prozent, in Schweden auf 31 Prozent und in Belgien auf 32 Prozent. In Finnland, Portugal und Großbritannien liegen die Zustimmungswerte über 40 Prozent, doch in Westdeutschland wird die höchste Zustimmung erreicht, in dem mehr als die Hälfte der Befragten diese Koppelung von Ehe und Elternschaft als wichtig erachten (Wernhardt/Neuwirth 2007: 38).

3   Trennung und Scheidung

Analog zum Institutionalisierungsgrad von Beziehungen lassen sich Unterschiede in den Trennungs- und Scheidungsquoten konstatieren. Nichteheliche Lebensgemeinschaften sind weit weniger stabil, d. h. im Vergleich zur Ehe sind die Lebensgemeinschaften insgesamt in modernen Gesellschaften noch immer weniger dauerhaft (Wu/Hart 2003; Lauterbach 1999; Müller 2003). Im Hinblick auf die Trennungswahrscheinlichkeit von unverheirateten Paaren spielt auch eine Rolle, dass diese seltener Kinder haben als Ehepaare (vgl. Lauterbach 1999 für Deutschland; Blossfeld/Müller 2003 in international vergleichender Perspektive).

Eine deutsche Längsschnittstudie kommt zu dem Schluss, dass die Lösung einer nichtehelichen Lebensgemeinschaft zwei zentrale Auslöser hat: mangelnde Beziehungszufriedenheit und externe Stressoren wie Berufseinstiege oder berufliche Mobilität. Da die untersuchten Lebensgemeinschaften kinderlos waren und eher selten eine ausgeprägte gemeinsame Wirtschaftseinheit bildeten, verlief der Trennungsprozess zumindest insoweit konfliktarm, als nur in Einzelfällen eine gerichtliche Auseinandersetzung stattfand. Gleichwohl erleben insbesondere „verlassene Personen" diese Phase als psychisch belastend (Vaskovics/Rupp/Hofmann 1997; Rupp 1999).

Scheidungen

Scheidungen hingegen werden – anders als Trennungen von nichtehelichen Lebensgemeinschaften – seit längerem untersucht, sodass der Stand der Forschung und Theoriebildung hier elaborierter ist. In den letzten Jahrzehnten sind die Scheidungsraten in fast allen Ländern der Erde angestiegen. Der stärkste Anstieg fand in den späten 1960er und frühen 1980er Jahren statt. Seitdem hat sich in den meisten Ländern der Zuwachs der Scheidungsintensität verlangsamt oder ist sogar zurückgegangen. Dabei war der Anstieg in den modernen westlichen Ländern besonders hoch. Die höchsten Scheidungsraten weltweit allerdings wurden in den 1960er und 1970er Jahren in verschiedenen ehemaligen sozialistischen Staaten Osteuropas beobachtet, doch sind diese nach dem Zusammenbruch der sozialistischen Wirtschaft Ende der 80er Jahre wieder stark abgesunken (Blossfeld/Müller 2003).

Abb. 6: Scheidungsraten in ausgewählten europäischen Ländern

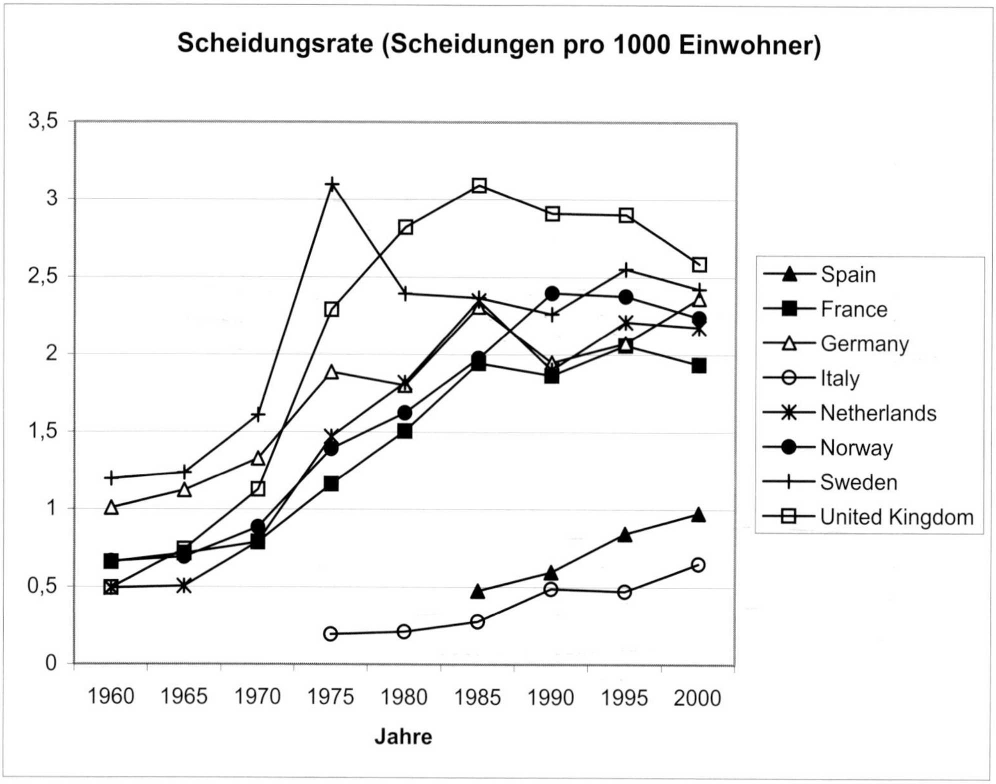

Quelle: Eurostat 2006

Ein schwerwiegendes methodisches Problem bei der Betrachtung von Scheidungen bilden in den vorliegenden Statistiken häufig die Zeitdimension und der jeweilige Bestand an Ehen, auf den Bezug genommen wird. In der Regel liegen im Längsschnitt leider keine Informationen über die Dauer der Ehen vor. Scheidungsraten werden deswegen nicht auf die „at risk-Population" der jeweiligen Heiratskohorte bezogen, sondern zum Beispiel auf die Einwohnerzahl (vgl. Abb. 6). Die Scheidungsraten im Querschnitt werden deswegen nicht nur durch die Veränderung des Scheidungsverhaltens beeinflusst, sondern auch durch die Bevölkerungsstruktur und die Heiratshäufigkeit verschiedener Geburtskohorten. Diese Dimensionen entwickeln sich jedoch in den einzelnen Ländern bekanntlich sehr unterschiedlich. Auch bei der Berechnung der so genannten Gesamtscheidungsziffer (vgl. Abb. 7) wird nicht die Scheidungsziffer einer spezifischen Eheschließungskohorte zeitbezogen ausgewiesen, sondern vielmehr die Scheidungsziffer einer hypothetischen Geburtskohorte auf der Basis des Heirats- und Scheidungsverhaltens der verschiedenen

Altersgruppen. Auf diese Weise gibt die Gesamtscheidungsziffer zumindest das jeweilige Heirats- und Scheidungsverhalten für den Bestand der Ehen in einem bestimmten Jahr wieder, was zu einer besseren Vergleichbarkeit zwischen verschiedenen Ländern und im Zeitablauf führt.

Abb. 7: Gesamtscheidungsziffer in ausgewählten europäischen Ländern

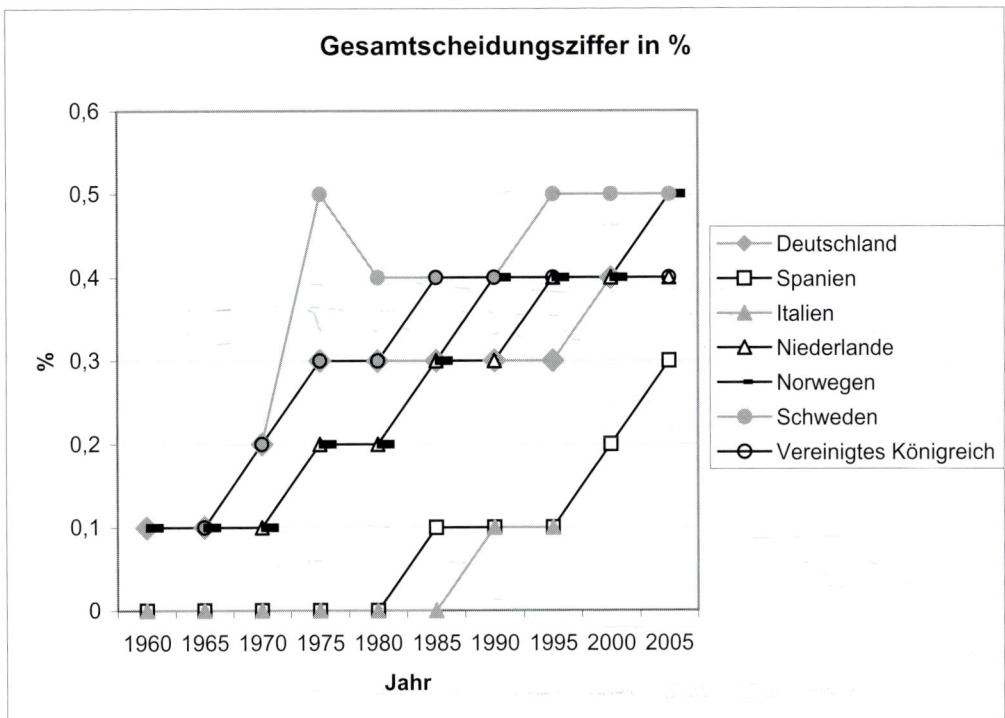

Quelle: Eurostat 2006 (Die mittlere Zahl der Scheidungen bezogen auf den Bestand der Ehen in einem bestimmten Jahr. Diese Zahl wird nicht durch unterschiedliche Größen der Eheschließungskohorten [d.h. der in einem bestimmten Jahr geschlossenen Ehen] beeinflusst).

Hinsichtlich der Ehedauer bis zur Scheidung sind die Entwicklungen uneinheitlich: Eine deutliche Verkürzung der Ehedauer zeigen beispielsweise Portugal und Irland, während in Finnland und Norwegen sogar geringfügige und in Deutschland und Dänemark deutliche Verlängerungen seit 1960 zu beobachten sind (Europäische Kommission 2006: 126).

Für die westlichen Industrienationen sind die Scheidungsaktivitäten im Kontext verschiedener Institutionen und bedeutender gesellschaftlicher Veränderungen im Bildungssystem und auf dem Arbeitsmarkt zu interpretieren. So haben verschiedene Autoren die steigenden Scheidungsraten mit dem Modernisierungsprozess in Verbindung gebracht, der unterschiedliche Trends impliziert:

– steigende Bildungsabschlüsse (Becker 1981; Maneker/Rankin 1985) und steigende Arbeitsmarktbeteiligung von Frauen (South 1985; Blossfeld/Müller 2003);

– die Expansion von wohlfahrtsstaatlichen Einrichtungen und Leistungen (Hareven 1976; Cherlin/Furstenberg 1988; Henz/Jonsson 2003; Tjøtta/Vaage 2003);
– steigende Mobilitätsanforderungen und -raten (Schneider/Limmer/Ruckdeschel 2002b).

Diese Veränderungen in den gesellschaftlichen Rahmenbedingungen – so wird zumindest erwartet – gehen mit einem Einstellungs- und Wertewandel in Bezug auf Selbstverwirklichung und Individualisierung einher, der sich wiederum auf die Familie als Institution auswirkt (Trent/South 1989; Lesthaeghe 1980). Die Ergebnisse der Studien, die diese Hypothesen empirisch genauer untersucht haben, sind allerdings noch immer alles andere als einheitlich und überzeugend wie eine Metaanalyse von Michael Wagner und Bernd Weiß (2003) dokumentiert.

Wenn sich in Längsschnittanalysen von Scheidungsprozessen ein Faktor herauszukristallisieren beginnt, der zu einer Reduktion der Scheidungsziffern führt, dann ist dies der über die Kohorten hinweg veränderte Selektionsprozess (Blossfeld/DeRose/Hoem/Rohwer 1995). Hier werden zwei Trends diskutiert: Zum einen führt die zunehmende Selbstverständlichkeit des Zusammenlebens vor der Ehe dazu, dass sich vor allem Paare für eine Heirat entscheiden, die von Anfang an eine höhere „Erfolgswahrscheinlichkeit" haben, wodurch die Scheidungsrisiken insgesamt von Kohorte zu Kohorte zunehmend gedämpft werden müssten. Zum anderen stellt sich die Frage, ob die Probeehe das Scheidungsrisiko tatsächlich vermindert („Drum prüfe, wer sich ewig bindet") oder aber umgekehrt aufgrund von Selbstselektionsmechanismen sogar erhöht, weil davon auszugehen ist, dass vor allem Personen, denen die Ehe als Institution insgesamt weniger wichtig ist, sich zuerst dazu entschließen, eine nichteheliche Lebensgemeinschaft zu gründen, statt gleich zu heiraten (Brüderl/Diekmann/Engelhardt 1997; Engelhardt 1998). Diese dürften in Folge ihrer Einstellungen auch ein erhöhtes Scheidungsrisiko aufweisen. Das heißt, wenn man den Scheidungsprozess über die Kohorten untersucht, muss man gleichzeitig auch die Veränderungen im Auge behalten, die sich beim Heiratsprozess vollziehen.

Trotz eines generellen Anstiegs der Scheidungsrisiken in allen Ländern lassen sich große Unterschiede zwischen verschiedenen Ländern feststellen. So sind die höchsten Scheidungsraten (aber auch die größten Wiederverheiratungziffern) in den so genannten liberalen Wohlfahrtsstaaten wie den Vereinigten Staaten, dem Vereinigten Königreich, Kanada und Australien zu finden, gefolgt von den sozialdemokratischen Wohlfahrtsstaaten wie Dänemark, Finnland, Schweden und Norwegen und den konservativen Wohlfahrtsstaaten wie Österreich, Deutschland, den Niederlanden, Belgien, Luxemburg und Frankreich. Die geringsten Scheidungsraten finden sich demgegenüber in den südeuropäischen, familienorientierten Wohlfahrtsstaaten wie Griechenland, Italien und Spanien.

Kinder gelten tendenziell als Scheidungshemmnis; so tragen kinderlose Paare ein höheres Risiko sich zu trennen. Dabei gilt: Je mehr Kinder in einer Familie leben, umso unwahrscheinlicher wird eine Scheidung. Dennoch sind in Deutschland jährlich rund 150.000 Kinder von der Scheidung ihrer Eltern betroffen.

Unter den theoretischen Perspektiven auf Scheidung und Trennung nimmt die ökonomische Theorie der Familie eine prominente Position ein, indem sie die Bedeutung der Spezialisierung hervorhebt (Schultz 1974b; Mincer/Polachek 1974; Becker 1981). In traditionellen Gesellschaften stellt sich eine ausgeprägte geschlechtsspezifische Spezialisierung der Arbeit in der Familie ein, welche zu einem hohen Maß an gegenseitiger Abhängigkeit in den Paarbeziehungen und in der Folge zu hohen Kosten bei einer Trennung führt. Basierend auf dieser Argumentation hat Becker (1981) einen Anstieg des Scheidungsrisikos in modernen Gesellschaften vorhergesagt, wenn das Einkommenspotenzial von jungen Frauen in Relation zu ihren Männern über die Kohorten ansteigt. Denn dadurch sinkt der Abhängigkeitsgrad zwischen den Partnern. Geschlechtsspezifische Spezialisierung ist jedoch vor allem für Frauen mit hohen Kosten verbunden, da sie sich in der Regel auf den Haushalt und die Kindererziehung konzentrieren (Oppenheimer 1997). In Gesellschaften mit hohen Scheidungsraten liegt es deswegen im Eigeninteresse der (Ehe-) Frauen, ihre Abhängigkeit von ihren Ehemännern bzw. Partnern durch (Teilzeit- oder Vollzeit-)Beschäftigung zu reduzieren.

Ein theoretischer Ansatz, der auch die Konsequenzen steigender Scheidungsraten in modernen Gesellschaften explizit in Betracht zieht, ist das „eheliche Abhängigkeitsmodell". Wenn Frauen und Männer beginnen, eine Partnerschaft aufzubauen, dann tauschen sie normalerweise Leistungen aus, welche mit Verpflichtungen für zukünftige Gegenleistungen verknüpft sind (Blau 1964). Aus dieser Sicht stellt die Ehe hauptsächlich ein Versprechen dar, diffuse Verpflichtungen zu einem unspezifischen Zeitpunkt in der Zukunft zu erwidern und in der Beziehung zu bleiben – und zwar ungeachtet beliebiger zukünftiger Ereignisse. Steigende Scheidungsraten machen aber deutlich, dass solche Versprechen zunehmend gebrochen werden, weshalb sie für die Partner, insbesondere die Frauen, nicht mehr viel gelten. Dies wiederum führt dazu, sich selbst stärker – über Bildung und Erwerbstätigkeit – abzusichern. Ein interessanter Aspekt des ehelichen Abhängigkeitsmodells ist somit die Erklärung der steigenden Bildungsanstrengungen und Verdienstpotenziale junger Frauen in modernen Gesellschaften, welche über die Kohorten beobachtet werden können. Denn diese stärken die eheliche Verhandlungsposition der Frauen und machen es für sie einfacher, mit den Konsequenzen einer möglichen Scheidung umzugehen (England/Farkas 1986). Bemerkenswert ist dabei, dass in Deutschland tatsächlich zwei Drittel aller Scheidungsanträge von Frauen eingereicht werden (Engstler/Menning 2003).

Einige soziologische Studien haben gezeigt, dass die eheliche Zufriedenheit zunimmt, obwohl die Spezialisierung und Ausdifferenzierung der Geschlechterrollen abgenommen hat (McRae 1990; England/Farkas 1986). Diese Studien widersprechen nicht nur der ökonomischen Theorie der Familie, sondern lassen außerdem vermuten, dass es einen Mechanismus gibt, der die eheliche Zufriedenheit erhöht, wenn Ehepartner ähnliche Rollen einnehmen. Zwei wichtige Bedingungen ehelicher Zufriedenheit, nämlich Empathie und Kameradschaft, kommen dann besonders zum Tragen, wenn Partner ähnliche Rollen und Aufgaben übernehmen. Die Partner können einander besser verstehen, weil sie gemeinsame Interessen teilen (vgl. auch Kurdek 2007). Von diesem Standpunkt aus ist die Ehe befriedigender, wenn beide außer Haus arbeiten und zusätzlich ihre häuslichen Verantwortlichkeiten teilen. Dies sollte dann zu einer Stabilisierung oder sogar zu einem Absinken der Scheidungsraten führen.

Tatsächlich jedoch haben empirische Forschung gezeigt, dass Haushaltsarbeit und Kindererziehung immer noch in erster Linie „Frauenarbeit" geblieben sind – ungeachtet grundlegender Veränderungen in weiblichen Erwerbsstrukturen (Blossfeld/Drobnič 2001; Blossfeld et al. 2006). Ehemänner erhöhen nicht grundlegend ihre Beteiligung an Haushalt und Kinderpflege, wenn ihre Frauen arbeiten (Brines 1994). Sie scheinen in der Ernährerrolle zu verbleiben, sogar dann, wenn das Einkommenspotenzial der Ehefrau erheblich ist (Blossfeld/Drobnič 2001). Der „Doing Gender“-Ansatz versucht diesen asymmetrischen Rollenwandel von Ehemännern und Ehefrauen zu erklären. Basis ist die Annahme, dass Geschlechtsidentitäten in wiederholter sozialer Interaktion produziert und reproduziert werden müssen (West/Zimmermann 1987; Fenstermaker et al. 1991; Goffman 1977): Männer müssen zeigen, dass sie „Männer“ sind und Frauen, dass sie „Frauen“ sind. Dies geschieht sowohl in der partnerbezogenen Interaktion wie auch in der Übernahme von geschlechtsspezifischen Rollen. Je höher die Abweichung von den erwarteten geschlechtsspezifischen Beiträgen, desto größer die Bedrohung der eigenen Geschlechtsidentität (Brines 1994). Brines (1994) sagt deshalb voraus, dass durch die Doppelbelastung der Frauen zusätzliche Spannungen in der Beziehung von Zwei-Verdiener-Paaren entstehen, welche die Trennungsrate erhöhen.

Weiterhin ist anzumerken, dass die steigende empirische Relevanz von Scheidung und Trennung sich auch in gestiegener gesellschaftlicher Akzeptanz und modifizierten Einstellungen zur Ehe niederschlägt. Die Ehe gilt nicht mehr als unauflösbare Verbindung, vielmehr ist Scheidung eine akzeptierte Alternative für eine unbefriedigende Beziehung.

4   Elternschaft

Geringe Fertilitätsraten, die langfristig unter dem Bestandserhaltungsniveau liegen, sind Kennzeichen nahezu aller Industrienationen – eine wichtige Ausnahme bilden hier die USA. In Europa weist nur Irland eine Geburtenrate auf, die zu einem Bevölkerungswachstum führt, danach folgen Frankreich und Schweden mit Quoten knapp unter der Reproduktionsgrenze von 2,1 Kindern pro Frau (vgl. Abb. 8).

Die übrigen Länder haben in den letzten Jahrzehnten zum Teil drastische Einbrüche bei dieser demografischen Kennziffer zu verzeichnen. Damit verbunden wurden Geburtenrate und Kinderwunsch zu Dauerthemen der sozialwissenschaftlichen Forschung und politischen Diskussion. Dies gilt für die bundesdeutsche Situation ganz besonders.

Obgleich man Äußerungen zur Zahl künftig gewünschter Kinder mit großer Vorsicht behandeln muss, da ihre Aussagekraft in Bezug auf die Realisierung je nach individueller Befragungssituation deutlich variiert, sind die Unterschiede in dieser Dimension interessant: Hier ist Deutschland offenbar die am wenigsten kinderbegeisterte Nation. Im statistischen Mittel wünschen sich deutsche Frauen 1,75 und deutsche Männer 1,59 Kinder (BiB 2005: 10). In keinem anderen Land sprechen sich so viele Befragte – nämlich 15 Prozent der Frauen und 23 Prozent der Männer – für Kinderlosigkeit aus. Nur von den Belgierinnen und Niederländerinnen geben mehr als 10 Prozent an, kinderlos bleiben zu wollen. Es ist auch bemerkenswert, dass der geringe Kinderwunsch mit einer deutlich ausgeprägten Präferenz zu kleinen bis kleinsten Familien einhergeht und drei oder mehr Kinder nur von 17 Prozent der deutschen Befragten gewünscht werden (ebd.). Man sollte diese Zahlen allerdings nicht zu sehr dramatisieren, denn umgekehrt besagen sie auch, dass 85 Prozent der Frauen und 77 Prozent der Männer sich Kinder wünschen.

Abb. 8: Fertilitätsraten in ausgewählten Industrienationen

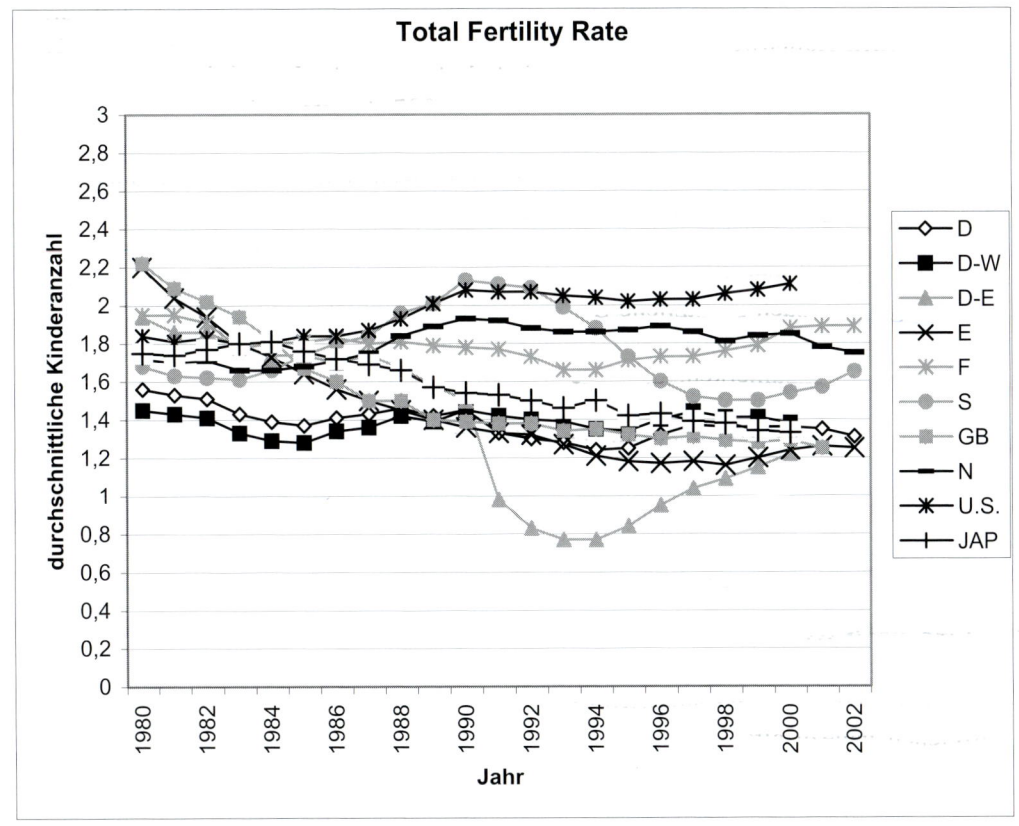

Quelle: FFS

Ein Hintergrund sinkender Fertilität ist die erhöhte (Planungs-)Unsicherheit auf der individuellen Ebene (Blossfeld et al. 2005). In entscheidungstheoretischer Perspektive
mindert steigende (ökonomische) Unsicherheit die Bereitschaft, langfristige Bindungen
einzugehen. Schon bei der Eheschließung, und noch stärker bei der Familiengründung,
handelt es sich um Entscheidungen äußerst langfristiger Natur mit sehr gravierenden
Auswirkungen auf die Gestaltung bzw. Gestaltbarkeit des Weiteren eigenen Lebensver-
laufs. Vor allem die Elternschaft wird mit einem hohen Maß an (emotionaler und materieller) Verantwortung und einem hohen Grad an langfristiger Selbstbindung assoziiert.
Da solche Entscheidungen unter unsicheren Voraussetzungen eher vermieden werden,
weil die individuellen Risiken unkalkulierbar sind, ist davon auszugehen, dass zunehmende Unsicherheit in den genannten Rahmenbedingungen zum Ausbleiben langfristiger Festlegungen führt. Sinkende Heirats- und Geburtenziffern können somit zum Teil
auch als Folge der Globalisierung interpretiert werden (Blossfeld et al. 2005). Der geschilderte Zusammenhang von Destabilisierung und Entscheidung für/gegen die Elternschaft ist insoweit gegeben, als Stabilität und Absicherung als normative Vorgaben für
bestimmte Entscheidungen erachtet werden. In der Regel setzen Ehe- und Familiengründung

Voraussetzg fü kinder: Marina Rupp und Hans-Peter Blossfeld

1 – eine stabile und tragfähige Beziehung;
2 – eine abgeschlossene Berufsausbildung und Erwerbsintegration;
3 – ausreichende materielle Rahmenbedingungen;
4 – gute Haushaltsausstattung und zufrieden stellende Wohnverhältnisse voraus (Blossfeld et al. 2005).

Diese Voraussetzungen werden unter dem Vorzeichen zunehmender Instabilität des Arbeitsmarktes für junge Erwachsene seltener oder erst in späteren Phasen des Lebenslaufs erreicht. Für die hemmenden Auswirkungen von Unsicherheit unter diesen Vorzeichen gibt es empirische Evidenz:

– mit steigender Ausbildungsdauer verschieben sich die Übergänge zu Ehe und Elternschaft in höhere Altersstufen (Blossfeld/Huinink 1989; Blossfeld 1995);
– während „unsicherer" Lebensphasen werden weniger verbindliche Formen der Beziehung gewählt (Fernbeziehung oder nichteheliche Lebensgemeinschaft) und es wird in der Regel keine Familiengründung geplant (Nazio/Blossfeld 2003; Huinink/Konietzka 2007);
– Anforderungen des Arbeitsmarktes an Flexibilität und Mobilität führen gleichfalls zum Aufschub bzw. zum gänzlichen Ausbleiben der Familiengründung (Schneider/Limmer/Ruckdeschel 2002b; Buchholz 2007).

Ein sehr eindrucksvolles Beispiel für die Reaktion auf Unsicherheit ist der starke Einbruch der Heirats- und Fertilitätsraten in den neuen Bundesländern und in Osteuropa in der Folge des Falls des „Eisernen Vorhangs" (Blossfeld et al. 2005; Niephaus 2003).

Unsicherheitsfaktoren bilden insbesondere die bereits erwähnten langen Ausbildungsphasen einerseits und die späte und tendenziell weniger solide Erwerbseinbindung im jungen Erwachsenenalter andererseits (Blossfeld/Hofmeister 2006; Buchholz 2007). Daraus ergeben sich verschiedene Trends, die sich negativ auf die Wahrscheinlichkeit einer Familiengründung auswirken. So steigt zum Beispiel das Alter bei der Erstgeburt, welches als wichtiger Einflussfaktor auf die Kinderzahl erachtet wird (vgl. Abb. 9). Es hat sich seit den 1950er Jahren deutlich erhöht – auch dies ist eine generelle Tendenz, so dass in vielen europäischen Ländern Mütter heute bei der Geburt des ersten Kindes rund vier Jahre älter sind.

Abb. 9: Alter der Frauen bei der Geburt des ersten Kindes in der EU15

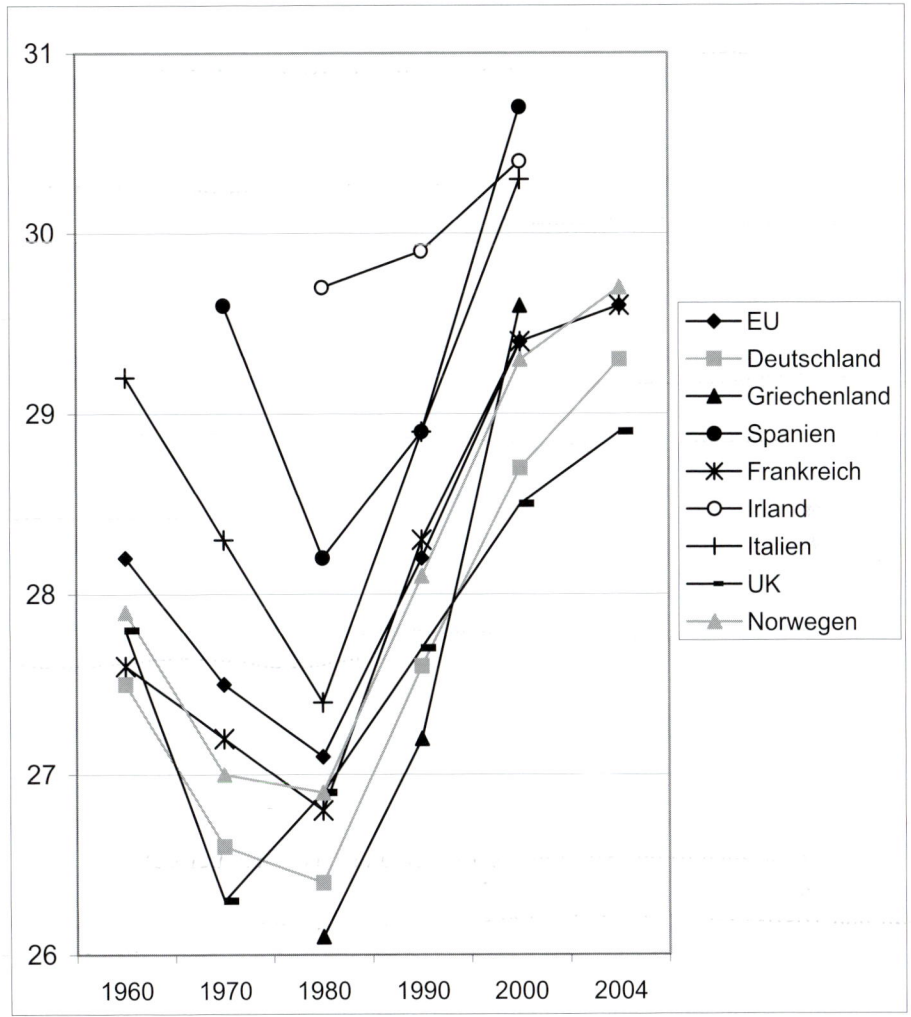

Quelle: Europäische Kommission; Eurostat 2006

Wird der Übergang zur Elternschaft in spätere biografische Phasen verschoben, so ergeben sich Folgeeffekte, welche die Fertilitätsneigung weiter schwächen: Zum einen setzt
eine Gewöhnung an die kinderlose Lebensweise ein – eine Umstellung erscheint immer
schwieriger (Nave-Herz 1988; Huinink/Konietzka 2007). Zum anderen sinkt die biologische Fruchtbarkeit und es steigen die gesundheitlichen Risiken.

Einen Unsicherheitsfaktor, der diese Tendenz in den letzten Jahren mit bedingt hat, bilden unsichere oder befristete Beschäftigungsverhältnisse (Blossfeld et al. 2005). Diese Risiken sind bei jüngeren Arbeitnehmern besonders verbreitet. So waren im Jahr 2004 nur knapp
8 Prozent der abhängig Erwerbstätigen in Deutschland befristet beschäftigt – unbefristete
Beschäftigung war also, wenn die Gesamtheit der abhängig Erwerbstätigen in den Blick genommen wird, der Normalfall. Bei einer Betrachtung nach Altersgruppen wird jedoch deut-

lich, dass Befristungen vor allem unter jüngeren Erwerbstätigen sehr weit verbreitet sind: 40 Prozent der unter 20-Jährigen waren im März 2004 befristet beschäftigt. In den folgenden beiden Altersgruppen der 20- bis 24-Jährigen und der 25- bis 29-Jährigen sinkt dieser Anteil zwar auf rund 29 Prozent beziehungsweise 16 Prozent, bleibt aber überdurchschnittlich.

Abb. 10: Befristete Arbeitsverträge unter abhängig Erwerbstätigen
             (ohne Auszubildende) im März 2004

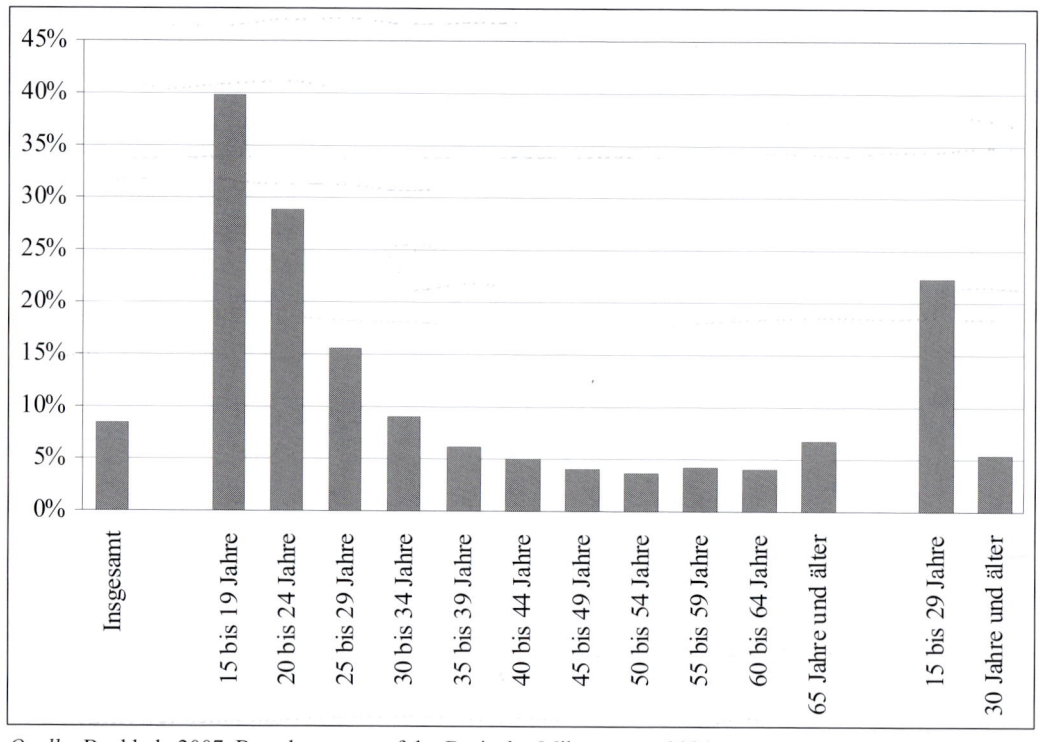

Quelle: Buchholz 2007, Berechnungen auf der Basis des Mikrozensus 2004

Dies sind keine besonders guten ökonomischen Voraussetzungen dafür, eine Familie zu gründen. Vielmehr wird hierfür Zukunftssicherheit gewünscht und zwar in materieller und beruflicher Hinsicht, wie auch in Bezug auf die Partnerschaft (Allensbach 2004: 24). Mangelnde eigenständige Existenzsicherung spielt aber auch in Ländern mit hoher Arbeitslosigkeit, wie Spanien und Griechenland, unter den jungen Erwachsenen eine bedeutsame Rolle für Verzögerung und Verzicht auf eine Familiengründung (Blossfeld et al. 2005).

Der Übergang zur Elternschaft wird in Deutschland als äußerst bedeutsamer Einschnitt antizipiert und erlebt. So assoziieren Deutsche z.B. weitaus häufiger als ihre französischen Nachbar(inne)n damit finanzielle Nachteile und Einbußen bei der Selbstbestimmung (BiB 2005: 12). Die antizipierten ökonomischen Konsequenzen stellen in Deutschland das wichtigste Argument dar, keine Kinder zu bekommen (ebd.: 27).

Aus theoretischer Perspektive kann die Entscheidung für oder gegen (weitere) Kinder wiederum im Kontext der ökonomischen Theorie der Familie (Becker 1981) interpretiert werden. Auch hier werden Kosten- und Nutzenelemente gegeneinander abgewogen, wo-

[handwritten: 3 Nutzentype, Leute (1) am wichtigsten]

bei im Wesentlichen drei Nutzentypen zwei Kostenarten gegenüberstehen (Leibenstein 1957): (1) Kinder können per se als wertvoll und sinngebend erachtet werden, quasi als Quelle von Freude für ihre Eltern. Sie können (2) weiterhin als Einkommensquelle (z.B. als Arbeitskraft ggf. aber auch via Transferleistungen) und (3) als Alterssicherung wahrgenommen werden. Während der emotionale Nutzen in modernen Gesellschaften zum zentralen Entscheidungsmoment geworden ist, haben die anderen beiden Aspekte – angesichts der rechtlichen und sozialversicherungstechnischen Rahmenbedingungen – stark an Bedeutung eingebüßt. Als Kosten benannt werden in diesem Konzept (1) direkte, also durch Unterhalt etc. entstehende Aufwendungen, sowie (2) indirekte. Hierzu zählen z.B. *[handwritten: Kosten]* entgangenes Einkommen (Opportunitätskosten) und der zeitliche Aufwand, der für Kinder zu erbringen ist (Becker 1993). Vor allem der letztgenannte Aspekt spielt heute bei der Kinderfrage eine maßgebliche Rolle, insbesondere wenn, wie in Westdeutschland, der Übergang zur Elternschaft mit einer – bisher eher längeren – Erwerbspause gekoppelt wird. Im Vergleich zu anderen Ländern ist hier die Erwartung hoch, dass Mütter jüngere Kinder selbst betreuen und nicht in Einrichtungen geben, zumal aus der Fremdbetreuung Nachteile für die kindliche Entwicklung antizipiert werden (Allensbach 2004).

Die Anwendung entscheidungstheoretischer Paradigmen auf den Weg in die Elternschaft wird allerdings auch kritisch beleuchtet (Burkart 2002): „Die Empirie verweist auf Ambivalenzen, Verunsicherungen und Entscheidungsunsicherheit." (ebd.: 36) Dabei wird eingewandt, dass gerade bei der Frage der Elternschaft „viele irrationale, emotionale, kulturell bestimmte und sozialisationsbedingte Momente eine Rolle" (Huinink/Konietzka 2007: 151) spielten und man normative und wertorientierte Aspekte nicht ausblenden dürfe (Blossfeld/ Huinink 1991) – wie sie z.B. die gesellschaftlichen Erwartungen an familiale Kleinkindbetreuung darstellen. Deutliche Hinweise für die Relevanz kultureller Unterschiede in der normativen Konzeption von Mutterbildern geben beispielsweise die Differenzen im Heirats- und Fertilitätsverhalten zwischen Ost- und Westdeutschland (Cornelißen 2005). In den neuen Bundesländern behalten trotz der veränderten sozialpolitischen Rahmenbedingungen alte Einstellungs- und Verhaltensmuster aus der DDR weiterhin eine hohe Relevanz.

Familiale Entscheidungsprozesse sind daher vor dem Hintergrund eines jeweiligen Bezugsrahmens (Esser 1999) zu verstehen, der in gewisser Weise den Bewertungskontext absteckt. Zu diesem gehören längerfristig gültige Präferenzsysteme ebenso wie aktuelle und kontextbezogene soziale Erwartungen, Rollenanforderungen etc. (Mühling et al. 2006).

Die Familiengründung ist eine biografische Entscheidung mit erheblicher zeitlicher und Ressourcenbindung, weshalb versucht wird Unsicherheitsfaktoren zu minimieren. Dies erklärt einerseits die besprochenen Effekte der Verzögerung und des teilweisen Ausbleibens dieses Überganges. Andererseits bilden solche Verpflichtungen auch biografische Rahmungen, sodass in bestimmten Konstellationen die Elternschaft als attraktive Option zur Strukturierung der Lebensplanung wahrgenommen werden kann. Dies trifft dann zu, wenn sie nicht oder nur in geringem Maße mit anderen biografischen Alternativen – wie z.B. einer beruflichen Karriere – in Konkurrenz tritt und wenn Elternschaft eine strukturierende Funktion in der Lebensgestaltung übernimmt beispielsweise durch klare Aufgabenzuweisung, durch Versorgungsansprüche oder auch durch soziale Anerkennung.

Damit einhergehend ist die Beziehung zwischen Erwerbspartizipation und Familienentwicklung – bislang jedoch fast ausschließlich bei den Frauen – äußerst vielschichtig. „Die Wechselbeziehung zwischen Familienbildung und Erwerbsbeteiligung der Frauen hängt also von zahlreichen individuellen und strukturellen Faktoren, vor allem Regelungen zur Vereinbarkeit von Beruf und Familie und dem Angebot an Kinderbetreuung ab" (Huinink/Konietzka 2007: 153).

Konsequenzen der Elternschaft

Der Übergang zur Elternschaft ist mit einschneidenden Veränderungen verknüpft, welche Frauen in deutlich höherem Maße betreffen als ihre männlichen Partner. Vor allem in Ländern mit stark traditionaler Rollenverteilung – wie in Westdeutschland oder Südeuropa –, in denen das Ernährermodell noch eine große Rolle spielt, trifft dies zu. Mit dem Übergang zur ersten Mutterschaft durchlaufen Frauen hier mehrere Passagen auf einmal: Sie übernehmen die Mutterrolle, entziehen sich dem Erwerbsleben, werden ökonomisch (überwiegend) von ihrem Partner abhängig. Sie konzentrieren ihr Engagement nun auf den häuslichen Bereich, übernehmen die Kinderbetreuung und meist auch vermehrt die Haushaltsführung (Reichle 2002: 86f.). In gewissem Sinne vollziehen diese jungen Mütter einen Rückzug in den privaten Bereich. Der Verlust der vorher tendenziell gewährleisteten Egalität zwischen den Partnern schlägt sich nicht selten in verminderter Beziehungszufriedenheit nieder: „Zwischen einem Drittel und der Hälfte der jungen Mütter schreibt schon im dritten Monat dem Partner Verantwortung für erlebte Veränderungen und Einschränkungen zu, bewertet die Einschränkungen als ungerecht oder auch nur unvorhergesehen." (ebd.: 84) Inwieweit sich Frauen auf diese Umstellung einlassen können oder damit eher Probleme haben, hängt in hohem Maße vom Einkommens- und Bildungsstatus ab. So sehen Frauen mit niedrigem Status das Familienleben eher als Alternative zur – oftmals wenig befriedigenden – Berufstätigkeit (Blossfeld et al. 2005), während vor allem höher gebildete Frauen tendenziell eher frustriert sind, d.h. sich angebunden fühlen und unerwartete Schwierigkeiten in der Alltagsbewältigung erleben (LBS Studie 2003).

Aber auch bei dem Modell einer kurzen Erwerbspause, wie es z.B. in Schweden praktiziert wird, stellt sich die Frage nach den Nachteilen für die Mütter – nur in anderer Form (Hakim 2004). Hier wird die Vereinbarkeit von Beruf und Familie erwartet und ist quasi das Normmodell. Doch ist auch dies mit Kosten verbunden, die sich in schlechteren Jobs und schlechterer Bezahlung der Frauen, vor allem im Dienstleistungsbereich, niederschlagen.

Bei der Besprechung des Übergangs zur Elternschaft wurden bisher vor allem Paare ins Blickfeld gerückt, weil das Vorhandensein eines Partners für die Möglichkeiten der Ausgestaltung der Elternschaft eine zentrale Rolle spielt. So erachten 92 Prozent der Deutschen im fertilen Alter einen beiderseitigen Kinderwunsch und 84 Prozent eine stabile Beziehung als zentrale Voraussetzungen für den Übergang zur Elternschaft (Allensbach 2004: 24). Wer diesen Übergang jedoch nicht im Rahmen einer Beziehung vollzieht, sieht sich mit gänzlich anderen Entscheidungsmöglichkeiten und Erwägungen konfrontiert. Gestaltungsoptionen ergeben sich für Alleinerziehende vor allem dann, wenn sie Unterstützung aus dem sozialen Umfeld erhalten, wobei besonders das eigene Elternhaus eine hohe Bedeutung hat. Aber auch die Ausgestaltung der Elternzeitregelungen spielt eine Rolle. Ohne Lohnersatzleistungen z.B. sehen sich Alleinerziehende schnell gezwungen, Sozialhilfe in Anspruch zu nehmen, wenn sie sich der Kindererziehung widmen wollen. Dabei ist anzumerken, dass die gestiegenen Anteile von nichtehelichen Geburten nicht den Zuwachs an

Alleinerziehenden widerspiegeln, da der größere Teil dieser Geburten in einer nichtehelichen Lebensgemeinschaft erfolgt. Allerdings, auch darauf wurde bereits verwiesen, scheinen diese Partnerschaften fragiler und bergen somit ein erhöhtes Risiko, dass später eine Alleinerziehersituation eintritt (vgl. dazu Blossfeld/Manting/Rohwer 1994).

Wenn über Konsequenzen der Elternschaft gesprochen wird, ist das Thema Finanzen ein Muss. Kinder gelten schließlich als finanzielle Belastung, wenn nicht sogar als „Armutsrisiko". Dieses wird in unterschiedlichem Maße durch staatliche Umverteilungsmechanismen abgefedert, doch in keinem Land wirklich aufgefangen. So weisen die OECD-Länder deutliche nationale Differenzen hinsichtlich der relativen Nachteile von Familien im Vergleich zu kinderlosen Lebensformen auf (Förster 2003: 271f.). Mit Blick auf die zeitliche Entwicklung ist zu bemerken, dass die Armutsbedrohung der Familien in den letzten beiden Jahrzehnten eher zugenommen hat und dass Kinder zudem das Risiko auf Langzeitarmut – d.h. eine unterdurchschnittliche finanzielle Versorgung über mehr als drei Jahre – erhöhen. Dabei zeigen die Kinderarmutsquoten deutliche – und erwartete – Unterschiede nach den Wohlfahrtsstaatsregimen (Esping-Andersen 1999): In den nordischen Ländern ist die Armutsquote von Kindern und ihren Familienmitgliedern deutlich geringer als in marktorientierten Ländern wie Großbritannien und den USA (Förster 2003: 271f.). Dies führt weiter zu der Frage der gesellschaftlichen Bearbeitung von Armutsrisiken, d.h., in welchem Maße durch staatliche Interventionen der Umfang der Kinderarmut gesenkt wird. Auch der Indikator der so genannten bekämpften Armut fällt für die einzelnen Länder sehr unterschiedlich aus und ist mit der wohlfahrtsstaatlichen Ausrichtung der Länder korreliert, was zwei extreme Beispiele verdeutlichen: So erreichen die nordischen Länder eine mittlere Reduktion des marktvermittelten Armutsrisikos um 80 Prozent, in den USA dagegen liegt diese bei nur 20 Prozent. Im Mittel wird die Quote in den betrachteten OECD-Ländern (ebd.: 290f.) in etwa halbiert, so dass die staatliche Intervention einen wichtigen Einflussfaktor für das Ausmaß kindinduzierter Benachteiligungen darstellt. Dabei ist weiterhin zu bedenken, dass das Risiko der Unterversorgung mit jedem weiteren Kind steigt (Eggen/Rupp 2006).

Übergang zum zweiten Kind

Lange Zeit galt die Zwei-Kind-Familie als das Ideal und auch als Prototyp der familientheoretischen Erwägungen (Parsons 1964). Aktuelle Umfragen zeigen jedoch, dass die persönliche Planung eher zu einer geringeren Kinderzahl tendiert und auch Ein-Kind-Familien eine vergleichsweise große Beliebtheit erfahren (BiB 2005: 10f.). In Deutschland ist der Trend zur kleinen Familie besonders ausgeprägt, während v.a. in Finnland, aber auch in Irland größere Familien noch eher Akzeptanz finden. Dennoch lässt sich insgesamt eine dominante Neigung zur Zwei-Kind-Familie konstatieren: Sie gilt 57 Prozent der Deutschen als ideale Größe (Allensbach 2004: 6).

Das Timing der zweiten Geburt scheint sich u.a. an sozialpolitischen Maßnahmen auszurichten. So sind eher kurze Geburtenabstände von zwei bis drei Jahren in Deutschland mit der Dauer der Elternzeit gut zu kombinieren. Auch werden Vorteile darin gesehen, wenn die Kinder zusammen groß werden (Schneewind/Vaskovics et al. 1996). Abb. 11 veranschaulicht, wie sich der Geburtenabstand in Deutschland in Laufe der letzten Jahrzehnte verkleinert hat. Sie zeigt aber auch, dass die Wahrscheinlichkeit abnimmt, dass überhaupt ein zweites Kind geboren wird.

Abb. 11: Geburtenabstand zwischen erstem und zweitem Kind (Westdeutschland)

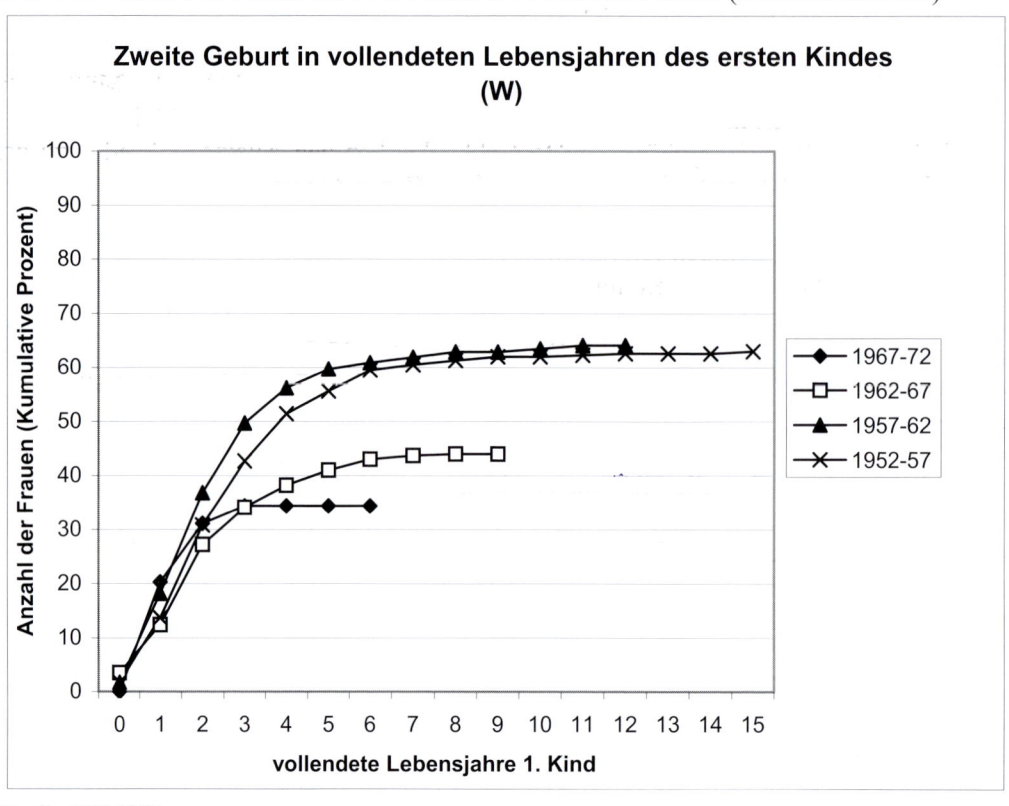

Quelle: FFS 2002

Übergang zum dritten Kind

Nach den Vorstellungen der entscheidungstheoretischen Paradigmen sollte die Entscheidung für ein zusätzliches Kind maßgeblich auch von den jeweils zu erwartenden zusätzlichen Belastungen abhängen – diese Einschätzung dürfte mit steigender Kinderzahl an Evidenz gewinnen. Insoweit sollte sich auch die Beurteilung der gesellschaftlichen Rahmenbedingungen als förderlich oder hinderlich für diese Entscheidung auswirken. Der Blick auf die Wahrnehmung der gesellschaftlichen Situation seitens großer Familien verweist allerdings auch auf eine andere Position: Ein Teil der Eltern hat diesen Weg trotz einer eher kritischen Wahrnehmung der gesellschaftlichen Rahmenbedingungen für größere Familien beschritten. Sie erachten häufiger als Familien, die sich mit zwei Kindern bescheiden, schon frühzeitig in der Familienbiografie die gesellschaftlichen Bedingungen für Kinder als eher hinderlich und/oder tendenziell kinderfeindlich. Wenn sich deutsche Familien den perzipierten Nachteilen zum Trotz für überdurchschnittlich viele Kinder entscheiden, stellen persönliche Einstellungen die Weichen, denn oftmals sind die Betreffenden schon frühzeitig zu der Überzeugung gelangt, eine eigene Familie und Kinder seien etwas sehr Wichtiges in ihrem Leben.

Die hohe Bedeutung des Lebensbereiches Familie für Kinderreiche lässt auf eine hohe intrinsische Motivation zur Elternschaft schließen, wobei nicht unbedingt erwartet wird, dass das Familienleben leicht sein werde. Entsprechend wird auch dem Beruf weniger Bedeutung beigemessen, was sich im Laufe der Familienbiografie vor allem bei den Müttern weiter verstärkt (Eggen/Rupp 2006). Während es für Männer mit großer Familie weniger auf Karriere, denn auf sichere Beschäftigung ankommt, steht bei den Müttern die zeitliche Vereinbarkeit im Vordergrund, also dass genug Zeit für Familie bleibt.

Kinderreiche Familien gehören in Deutschland neben den Alleinerziehenden zu den am stärksten von relativer Einkommensarmut betroffenen Gruppen. Doch auch hier zeigt ein Blick in den europäischen Raum, dass andere sozialpolitische Rahmenbedingungen differenzielle Effekte zeitigen (Eggen 2005). So tragen die skandinavischen Staaten Dänemark, Finnland und Schweden mit ihrer Familienpolitik auch zur Senkung des Armutsrisikos bei Familien mit mehreren Kindern bei: In Finnland gelten nur 5 Prozent der kinderreichen Familien als relativ arm, in Dänemark sind es 13 Prozent. Demgegenüber sind in Frankreich große Familien häufig ökonomisch depriviert. Dort leben – trotz Konzentration der familienpolitischen Förderung auf größere Familien – 24 Prozent der kinderreichen Familien in relativer Armut, während in Deutschland die Quote bei 21 Prozent liegt (Eggen/Rupp 2006). Für alle EU-Staaten, in denen kinderreiche Familien „überdurchschnittlich oft in ökonomisch prekären Verhältnissen leben, gilt: Kleinkinder besuchen häufiger öffentlich geförderte Betreuungseinrichtungen und Frauen sind auch mit mehreren Kindern häufiger und umfänglicher erwerbstätig als in Deutschland" (ebd.: 106).

Die Umverteilungsmechanismen in Deutschland veranschaulicht Tab. 1, welche die Anteile von Familienbruttoeinkommen und staatlichen Leistungen bzw. Abzügen für das Familiennettoeinkommen ausweist.

Tab. 1: Komponenten des Post-Government-Haushaltseinkommens nach Kinderzahl

	Familien mit ... Kind(ern)					
	1		2		3	
Einkommens- komponenten	West- deutschland	Ostdeutsch- land	West- deutschland	Ostdeutsch- land	West- deutschland	Ostdeutsch- land
			€			
Pre-Government- Einkommen	3.291	2.323	4.175	3.333	4.088	2.629
Öffentl. Transfers	266	419	412	481	641	986
Einkommen aus Sozialversicherungen	79	95	31	88	81	98
Steuern	572	328	786	485	754	404
Beiträge zu Sozialversicherungen	455	382	551	505	515	349
Post-Government- Einkommen	2.609	2.127	3.281	2.912	3.541	2.961
Anzahl N =	887	312	1.094	279	498	89

Quelle: SOEP 2003, Daten für 2002

Diese Zahlen zeigen sehr deutlich, dass alle – also auch große – Familien im Saldo nicht vom Staat profitieren. Auch wenn nicht erwartet werden kann, dass sich Eltern vor dem Übergang zum dritten Kind genau ausrechnen, was in ökonomischer Hinsicht auf sie zukommt, ist die Botschaft solcher Analysen bekannt. Viele Mütter sehen ein drittes Kind als Bedrohung für ihre Berufstätigkeit und damit für ihre Einkommenschancen und nur wenige können dieser Herausforderung gelassen gegenüberstehen, weil es auf ein Familienmitglied mehr oder weniger nicht ankommt (Eggen/Rupp 2006).

5 Zusammenfassung und Schlussfolgerung

Übergänge in der Partner- und Familienbiografie haben schon immer große Herausforderungen an die betroffen, agierenden Individuen gestellt. Anders als in der Vergangenheit sind solche Transitionen heute aber in höherem Maße (zumindest potenziell) Ergebnisse von Entscheidungen, bzw. von den Individuen beeinflussbar – also nicht schicksalhaft unabwendbar. Generell kann man sagen, dass es in modernen Industriestaaten einen engen positiven Zusammenhang zwischen der wirtschaftlichen Entwicklung auf der Makroebene und der familiären Entscheidungsdynamik auf der Mikroebene gibt (Blossfeld/Huinink 1991; Blossfeld 1995; Blossfeld/Müller 2003). Mit dem wirtschaftlichen Aufschwung und der Verbesserung der Arbeitsmarktlage steigt generell die Zukunftszuversicht und damit einhergehend nicht nur die Bereitschaft Kinder zu bekommen und/oder zu heiraten, sondern auch die Scheidungs- und Trennungsneigung. Umgekehrt nimmt mit wachsender beruflicher Unsicherheit in wirtschaftlichen Krisenzeiten die Neigung zu, die individuelle Unsicherheit nicht auch noch durch familiale Entscheidungen weiter zu verstärken und die Nuptialität, die Fertilität sowie die Trennungs- und Schreidungsraten nehmen ab.

Die gesunkene institutionelle Verankerung verschiedener Passagen (Herlth/Tyrell 1994) fordert eine individuelle Entscheidung tendenziell heraus und stellt die Individuen vor das Problem, ihre Wünsche und Vorstellungen subjektiv zu begründen. Wenn man nicht heiraten muss, um eine gemeinsame Wohnung zu beziehen, wenn keine Erwartung da ist, dass mit dem Übergang zur Elternschaft auch eine Ehe begründet werden sollte, entstehen Entscheidungsspielräume. Die Unterschiede in den konkreten Lebensformen, welche sich im internationalen Vergleich ergeben, zeigen, wie die normativen, sozialpolitischen und rechtlichen Rahmenbedingungen das Optionsfeld öffnen bzw. beschränken. Während beispielsweise Ehe oder nichteheliche Lebensgemeinschaft in Westdeutschland sehr wohl für kinderlose Paare, aber weitaus weniger für Elternpaare gleichwertige Alternativen darstellen, findet sich diese Differenzierung in Ostdeutschland oder den skandinavischen Ländern nicht. Die Koppelung von Transitionen folgt auf der Metaebene betrachtet demnach durchaus Traditionen und sozialpolitischen Institutionen. Analoges gilt für die Übergänge selbst: Ob geheiratet wird, ob man Kinder bekommt oder sich scheiden lässt, hängt gleichfalls von den gesellschaftlich gebotenen und perzipierten Möglichkeiten und Restriktionen ab. Dass dies nicht unikausal interpretiert werden darf, liegt auf der Hand. Dafür sind biografische Entscheidungen – vor allem so langfristig bindende und irreversible wie Fertilitätsentscheidungen – zu bedeutsam für die individuelle Lebensgestaltung. Und gerade diese Bedeutung kann dazu beitragen, dass Übergänge „aus dem Bauch heraus" vollzogen werden, vor dem Hintergrund tradierter Selbstverständlichkeiten, emotionaler Erwartungen oder auch akuter Entscheidungssicherheit (Gigerenzer/Todd 1999).

9 Beziehungen in der Familie

Mirjam Widmer und Guy Bodenmann

1 Einleitung. Definition von familiären Beziehungen

Familiäre Beziehungen bezeichnen persönliche, emotionale Beziehungen, gekennzeichnet durch aufeinander bezogenes Verhalten, zwischen (a) hetero- oder homosexuellen Partnern (Paarbeziehung im Sinne von Partnerschaft, Ehe, eingetragener Partnerschaft), (b) Eltern und ihren Kindern, (c) Geschwistern und (d) Grosseltern und Enkelkindern. Familiäre Beziehungen sind eng mit dem Begriff der Familie assoziiert, weshalb wir zuerst eine Klärung des Familienbegriffs unseren Ausführungen voranstellen wollen. Der Familienbegriff kann historisch, ethnologisch, rechtlich, biologisch, soziologisch, theologisch, philosophisch und psychologisch definiert werden. Je nach Perspektive und Forschungsziel können sehr unterschiedliche Begriffsbestimmungen sinnvoll sein. Zentral innerhalb dieser verschiedenen Definitionen ist allerdings das Faktum einer Generationenverbindung, die mindestens zwei Generationen umfasst (vgl. Hofer 2002). Fuhrer (2005) unterscheidet drei Familientypen, welche heute am häufigsten sind: (1) die klassische Kernfamilie (Eltern und Kinder), (2) Alleinerziehende (Mutter- oder Vaterfamilien) und (3) Fortsetzungsfamilien (Familienzusammenschlüsse nach Scheidung oder Verwitwung).[1]

Familiäre Beziehungen und ihre Funktionen

Lange Zeit wurde die Familie vor allem unter dem Aspekt ihrer Funktionen betrachtet. Als Funktionen der Familie wurden (1) die Reproduktionsfunktion (Geburt von Kindern), (2) die Produktionsfunktion (die Familie als Produktionsgemeinschaft, d.h. als bäuerlicher oder handwerklicher Betrieb, der von Familienmitgliedern geführt wird und das materielle Auskommen der Familie garantiert), (3) die Erziehungsfunktion (die Familie als Sozialisationsstätte mit der Aufgabe der Kindererziehung), (4) die soziale Regulationsfunktion (die Familie als Ort, wo soziale Umgangsformen gelernt werden, aber auch wo emotionale Begegnungen stattfinden und sich die Familienmitglieder emotionale Sicherheit und Unterstützung holen können), (5) die Funktion der Sexualitätsregulation (gemäß

---

1 Unabhängig vom Familientyp ist nach Schneewind (1999) aus psychologischer Perspektive jedes intime Beziehungssystem als Familie zu bezeichnen, das sich durch interpersonelle Involviertheit charakterisiert. Ist diese interpersonelle Involviertheit gegeben, ist die wichtigste Voraussetzung für die Familie als „intimes Beziehungssystem" gegeben. Daneben nennt Schneewind vier weitere Aspekte, welche eine Familie charakterisieren: Nähe (physische, geistige und emotionale Nähe zwischen den Familienmitgliedern); Abgrenzung (räumliche und zeitliche Abgrenzung von anderen Systemen); Privatheit (umgrenzter Lebensraum mit Intimität) und Dauerhaftigkeit (längerfristige Gemeinsamkeit durch wechselseitige Bindung, Verpflichtung und Zielorientiertheit).

dem Postulat vor allem der katholischen Kirche der exklusiven Sexualität in der Ehe hatte diese die Funktion, sexuelle Bedürfnisse zu regulieren und zu befriedigen) (vgl. König 1974). Heute sind viele dieser früher für die Familie relevanten Funktionen in den Hintergrund getreten, und es fällt schwer diese Funktionen heute noch ausschließlich an die Familie zu binden. Der Staat, familienexterne Kinderbetreuung, die Medien oder die Peer-Gruppe haben einen Teil dieser Funktionen übernommen. Die Familie erfüllt jedoch nach wie vor eine Reihe der oben genannten Funktionen, wenn auch unter veränderten Bedingungen und in gewandelter Art und Weise. Neben anderen wichtigen Aufgaben, die die Familie nach wie vor erfüllt, spielt die Emotionsregulation und die Erziehungsfunktion eine bedeutende Rolle.

In der modernen westlichen Gesellschaft ist die Familie heute als dynamisches Interaktionssystem zu sehen, deren Rolle für die Entwicklung der Familienmitglieder jedoch nach wie vor von großer Bedeutung ist. Erschwerend ist, dass mit dem Aufbrechen traditioneller Rollen und familiärer Funktionen verschiedene Anforderungen verbunden sind (Rollen mit eindeutig festgelegten Handlungsregeln). Heute werden mit Begriffen wie „Selbstverwirklichung", „Emanzipation" und „Freiheit" Konstrukte thematisiert, die nach Umsetzung drängen – jedoch meist in Unwissenheit, wie diese genau erfolgen soll – und gesamtgesellschaftlich wie individuell eine hohe Ambiguität erzeugen. Die hohen aktuellen Scheidungsquoten können vor diesem Hintergrund nicht nur als Ausdruck eines neuen, befreiten Lebensgefühls gesehen werden, sondern auch als Zeichen einer elementaren Verunsicherung infolge gesteigerter Anforderungen an moderne Partnerschaften und Ehen.

Familiäre Beziehungen und Entwicklungsaufgaben

Familiäre Beziehungen sind Zyklen und Veränderungen unterworfen. Sie sind dynamische Entitäten, die konstanten oder sprunghaften normativen und non-normativen Einflüssen unterworfen sind. Sie verändern sich in Abhängigkeit des Hinzukommens (Geburt) oder Ausscheidens von Familienmitgliedern (Verlassen des Elternhauses) sowie in Abhängigkeit des Alters der Familienmitglieder und der sich damit verändernden Rollen und Anforderungsprofile. Gemäß der Theorie der familiären Entwicklungsaufgaben von Duvall/Miller (1985), die zwar heute aufgrund der vielfältigen und unterschiedlichen Entwicklungen von Familien im Zuge von Scheidungen und der Bildung von Fortsetzungsfamilien nicht mehr ganz zeitgemäß ist, lassen sich verschiedene Stadien unterscheiden, welche sich einerseits auf die physischen und psychischen Erfordernisse der einzelnen Familienmitglieder (z.B. die Reifungsetappen und Wachstumsbedürfnisse von Kindern und Jugendlichen), andererseits auf außerfamiliäre Erwartungen (etwa in Form kultureller Normen) und auf die innerhalb einer Familie verbindlichen Ziele und Wertvorstellungen (z.B. religiöse, ökonomische oder kulturelle Werte; vgl. Schneewind 1991) beziehen. Duvall nimmt ein Acht-Stufen-Modell der familiären Entwicklungsaufgaben an (Drabek 2000): (1) Die erste Stufe stellt das verheiratete Paar dar, dessen Aufgabe es ist, eine befriedigende Partnerschaft zu gestalten, sich einer Schwangerschaft anzupassen und sich somit auch auf die Elternrolle vorzubereiten. (2) Die Aufgabe der *Familie mit Kleinkindern* besteht darin, sich an die Elternschaft anzupassen, die Erziehungsverantwortung anzunehmen und ein Heim und eine familiäre Umgebung zu schaffen. (3) Der Stufe *Fa-*

milie mit Vorschulkindern kommt die Aufgabe zu, sich an die Bedürfnisse und Interessen der Kinder anzupassen. Eine weitere Aufgabe besteht darin, ein stimulierendes Umfeld für das Kind zu schaffen und sich mit dem Energieverlust, sowie der eingeschränkten Privatheit auseinanderzusetzen. (4) Die vierte Stufe stellt die *Familie mit Schulkindern* dar, deren Aufgabe es ist, zu versuchen, sich in die Gemeinschaft von Familien mit schulpflichtigen Kindern einzufügen. Eine ebenso wichtige Aufgabe der Eltern ist es, ihre Kinder zu ermutigen und kindliches Leistungsverhalten zu fördern. (5) Auf der Stufe der *Familie mit Jugendlichen*, ist es für die Eltern von Bedeutung, dass sie nachelterliche Interessen und Karrieren entwickeln. (6) Der Stufe der *Familie im Ablösestadium* kommt die Aufgabe zu, die nun jungen Erwachsenen zu Entlassen und Unterstützung in Beruf, Studium, Ehe etc. zu geben. (7) Auf der siebten Stufe, der Stufe der *Familie im mittleren Lebensalter*, ist es für die Eltern wichtig, ihre Paarbeziehung neu zu definieren und zu gestalten. (8) In der letzten Stufe der *alternden Familienmitglieder* kommt es zur Auseinandersetzung mit Partnerverlust, Tod, Auflösung des Familienhaushalts und Anpassung an das Seniorenleben. Zudem müssen sich die nun alternden Eltern mit dem Rückzug aus dem Berufsleben auseinandersetzen. Jede dieser Stufen stellt andere Anforderungen an die familiären Beziehungen, weshalb von einigen Theoretikern (z.B. Havighurst 1972) in diesem Zusammenhang auch von normativen Stressoren oder Entwicklungsaufgaben gesprochen wird. Familiäre Beziehungen können daher nicht nur von einem entwicklungspsychologischen Standpunkt, sondern auch von einem stresspsychologischen Standpunkt aus betrachtet werden (vgl. auch Bodenmann 2002a; Carter/McGoldrick 1988). Im Modell von Bodenmann (2002a) spielt vor allem familienexterner Stress (z.B. berufliche Belastungen, chronische Konflikte mit der Herkunftsfamilie oder mit Nachbarn etc.) eine bedeutende Rolle, um familieninterne Prozesse (z.B. Entwicklung der einzelnen Familienmitglieder, Interaktionsprozesse zwischen den Familienmitgliedern) verstehen zu können (vgl. auch Bodenmann/Ledermann/Bradbury 2007). Carter/McGoldrick (1988) gehen stärker auf biografische und aktuelle Stressoren ein, welche mit den Begriffen „horizontale" und „vertikale" Stressoren konzeptualisiert werden. Während *horizontale Stressoren* entwicklungsimmanente Stressreize, bedingt durch Veränderungen im Lebenszyklus und vorher- und unvorhersagbare Stressoren (wie unerwarteter Tod, chronische Krankheit oder Unfälle) umfassen und vor allem auf der Zeitachse beschreibbar sind, werden unter *vertikalen Stressoren* Stresseinflüsse aufgrund von Beziehungsmustern („family patterns"), Familienmythologien („myths"), Familiengeheimnissen („secrets") und Familienvermächtnissen („legacies") subsumiert. Dieser zweite Stresstyp wird quasi als personimmanente Stressquelle, als „Gepäck der familiären Sozialisation" verstanden. Je höher diese Hypothek ist, desto wahrscheinlicher sind nach Ansicht von Carter/McGoldrick (1988) pathologische Stressreaktionen unter dem Einfluss horizontaler Stressoren. Die horizontalen Stressoren stehen dabei theoretisch in Beziehung zu den normativen Stressoren oder Entwicklungsaufgaben von Havighurst (1972) und den familiären Entwicklungsaufgaben von Duvall/Miller (1985). Nachfolgend wird auf einige dieser Beziehungskonstellationen eingegangen.

2 Familiäre Beziehungskonstellationen

2.1 Die Paarbeziehung

Paare gelten nach Satir (1990) als die Architekten des Familiensystems. Insofern kommt der Qualität der Paarbeziehung für den Familienentwicklungsprozess eine besondere Bedeutung zu. Bodenmanns (2002b) Studie zur Bedeutung von Partnerschaften für Jugendliche zeigt auf, dass die Partnerschaft als Lebensform nichts an Attraktivität verloren hat, allerdings sind die Motive für die Schließung einer Ehe heute anders als noch vor einigen Jahren. Während früher die Liebe eine geringe Rolle bei der Eheschließung gespielt hat, und oft die Zweckgemeinschaft und Produktionsaufgaben im Vordergrund standen (vgl. dazu den Beitrag von Gestrich in diesem Band), begann sich das Bild der Ehe und ihrer Funktion in den letzten Jahrzehnten erheblich zu ändern. Moderne Partnerschaften sind zu so genannten romantischen Beziehungen geworden, in denen die Gefühle füreinander und die eigene Beziehungsdefinition zentral sind (Bodenmann 2002b). Die Ehe in der heutigen Zeit basiert stärker auf Liebe und Partnerschaftlichkeit, was eine größere individuelle und gemeinsame Anstrengung erfordert (Hofer 2002). Doch was ist Liebe? In einer Befragung nach Vorstellungen über „Liebe" ermittelten Fehr/Russel (1991) über 90 verschiedene Facetten, welche die Befragten mit Liebe verbanden: Glück, Vertrauen, Akzeptanz, Offenheit, sich um den anderen sorgen, Sexualität, sich für den anderen aufopfern, Verständnis etc. sind nur ein paar wenige Beispiele. Gemäß der Theorie von Sternberg sind drei Aspekte für die Liebe charakteristisch (Sternberg/Barnes 1988): Leidenschaft, Vertrautheit/Intimität und Engagement/Bindung. Anhand dieser drei Dimensionen können unterschiedliche Formen der Liebe festgehalten werden. Wenn die physische Attraktivität, sexuelle Anziehung und Erregung sowie Begeisterung für den Partner vorherrschen, kann von einer leidenschaftlichen Liebe gesprochen werden. Bei der romantischen Liebe herrscht eine stärkere Ausprägung der Intimität und Vertrautheit vor, wohingegen die pragmatische Liebe durch Zuneigung, Fürsorge und Toleranz und weniger durch Vertrautheit und Sexualität gekennzeichnet ist (Bodenmann 2002b). Ganz allgemein kann man Liebe als einen Gefühlszustand definieren, der sich durch den Ausdruck von Zuneigung, Sorge für den anderen, Sehnsucht nach ihm, Vertrauen und Toleranz gegenüber dieser Person sowie Leidenschaft und sexuelle Anziehung charakterisieren (Clark/Reis 1988). Je nach Ausprägung dieser drei Dimensionen liegen andere Formen von Liebe und damit andere Partnerschaftskonstellationen vor, welche unterschiedliche Prognosen bezüglich Qualität und Stabilität aufweisen. Wie Gottman (1994a) in seiner Typologie von Paartypen zeigte, können impulsive Paare, wertschätzende Paare, vermeidende Paare als günstige Formen der Partnerschaft und hostile respektive hostil-losgelöste Paare als Partnerschaften mit hoher Scheidungswahrscheinlichkeit beschrieben werden.

Die Partnerschaft, resp. die Paarbeziehung, ist wie jedes Beziehungssystem Veränderungen unterworfen. Diese Veränderungen werden durch die Wünsche, Bedürfnisse, zeitliche und stimmungsmäßige Schwankungen der einzelnen Partner ausgelöst. Aber genauso können sie von äußeren Ereignissen (z.B. der Geburt eines Kindes) beeinflusst werden. Diese Schwankungen und Veränderungen innerhalb einer Partnerschaft sind natürlich und kommen in den meisten Beziehungen vor. Es gibt Phasen der stärkeren Nähe und auch Phasen der größeren Distanziertheit. Damit eine längerfristig erfüllende Liebe möglich ist, muss ein Paar lernen, Distanz (Freiräume, Autonomie, Abgrenzung vom Partner) und Nähe (Intimität und Gemeinsamkeiten) immer wieder neu zu regulieren (Christensen/Shenk 1991; Bodenmann 2002b). Gelingen dem Paar die an sie gestellten Anpassungsleistungen nicht oder nur teilweise, kann das zu Problemen, Anpassungsschwierigkeiten und Stress[2] führen. Vor allem das Phänomen „Stress" in Paarbeziehungen hat in den letzten Jahren in der Forschung zunehmend an Bedeutung gewonnen (Bodenmann 2000; Story/Bradbury 2004). Langjährige Forschungsbefunde zeigen, dass Stress direkte, aber auch indirekte Auswirkungen auf Paarbeziehungen haben kann. Bodenmann (2002b) hat die Effekte von Stress auf die Partnerschaft folgendermaßen beschrieben: Direkte negative Einflüsse können verringerte gemeinsame Zeit sowie verminderte emotionale Offenheit für den Partner sein. Die Interaktion mit dem Partner kann dadurch quantitativ eingeschränkt sein, was mit einer geringeren Partnerschaftszufriedenheit einhergehen kann (Kirchler 1988). Indirekt wirkt sich Stress negativ auf die Partnerschaftsqualität und -stabilität durch (a) eine Verschlechterung der Kommunikation und (b) gesundheitliche Beeinträchtigungen aus. Die Kommunikation zwischen den Partnern kann unter Stress nachhaltig gestört werden. Bezeichnende Veränderungen innerhalb der Paarkommunikation können sein: Wortkargheit, Verschlossenheit, Rückzug, Impulsivität und Gereiztheit, welche sich in verbaler und/oder paraverbaler Negativität[3] äußern können (Bodenmann 2000). Die direkten wie die indirekten Auswirkungen von Stress gelten für die Partnerschaftsqualität und -stabilität als dysfunktional und wurden in mehreren Untersuchungen als relevante Prädiktoren für einen negativen Partnerschaftsverlauf bzw. Scheidung beschrieben (ebd.). Dabei muss jedoch beachtet werden, dass kurzfristiger Stress kaum schädlich ist und die betroffene Person kaum belastet. Erst lang andauernder chronischer Stress kann zu gesundheitlichen Folgen und zu Problemen in der Partnerschaft führen. Wenn Stress lange andauert, übersteigt diese Anforderung mit der Zeit die betroffene Person, die Kräfte erschöpfen sich und es kommt zum Zusammenbruch. Vielfach werden dann die Probleme und der Stress in die Partnerschaft getragen, wo es folglich zu den oben beschriebenen Auswirkungen kommt.

Damit sich das Stresserleben nicht negativ auf die Paarbeziehung auswirkt und diese darunter leidet, ist es wichtig, dass das Paar gemeinsam angemessen darauf reagiert. Als angemessene Möglichkeit, um mit Stress in der Paarbeziehung adäquat umgehen zu können, wurde von Bodenmann (2000) das dyadische Coping postuliert. Unter dyadischem Coping versteht Bodenmann die Bemühungen eines Partners oder beider Partner, bei individuellen Belastungen des einen Partners bzw. bei direkt dyadischem Stress, bei der Stressbewältigung mitzuwirken und durch gezielte Bewältigungshandlungen eine neue Homöostase des vom Stress primär Betroffenen, des Gesamtsystems bzw. der Beziehung zwischen dem Paar und seiner Außenwelt herbeizuführen.

---

2   Stress ist definiert als ein Ungleichgewicht zwischen inneren und äußeren Anforderungen an die Person und ihren Möglichkeiten darauf zu reagieren. Stress löst bei der betroffenen Person das Gefühl aus, den an sie gestellten Anforderungen nicht gewachsen zu sein, sie empfindet sich als hilflos, ausgeliefert und erwartet negative Folgen. Die Situation wird als bedrohlich, schädigend oder als Verlust wahrgenommen (Bodenmann 2002b).

3   Verbale und paraverbale Negativität können sein: Kritik, Vorwürfe, sarkastische Bemerkungen, Abwertungen, Feindseligkeiten, „Augen verdrehen" etc.

Als Architekten des Familiensystems bilden Paare den Ursprung aller familiären Beziehungssysteme. Vor der ersten Eltern-Kind-Beziehung stehen die Partnerschaft und Paarbeziehung. Wie oben beschrieben, ist es für Paare besonders wichtig, ihre Beziehung zu pflegen und zu umsorgen sowie möglichen Stressfaktoren mit Hilfe einer guten Kommunikation und dyadischem Coping entgegenzutreten. So wird der Weg geebnet und vielleicht entsteht aus der ursprünglichen Dyade eine Triade, wenn das erste Kind hinzukommt. Im nächsten Kapitel wird darauf eingegangen, wie sich eine Paarbeziehung mit dem ersten Kind verändert und welche Auswirkungen dies auf die Partnerschaft haben kann.

2.2 Elternschaft und Eltern-Kind-Beziehung

Bei der Geburt eines Kindes stehen vielfältige, einschneidende Veränderungen an, die ein hohes Stresspotenzial besitzen und hohe Adaptationsleistungen von den betroffenen Eltern erfordern. Die ursprüngliche Zweierbeziehung (Dyade) erweitert sich in ein triadisches Familiensystem, wodurch drei dyadische Beziehungskonstellationen (Mann-Frau, Kind-Mutter, Kind-Vater) und eine triadische Beziehungskonstellation (Kind-Mutter-Vater) entstehen, was die Komplexität dieser Beziehungskonstellation verdeutlicht (ganz davon zu schweigen, wenn mehrere Kinder vorhanden sind). Das Paar muss sich in dieser ungewohnten Situation neu orientieren und zurechtfinden und seine eigene Beziehung (Partnerschaft) ebenso neu definieren, wie die Beziehung zum Kind gestalten. Gleichzeitig müssen die Eltern eine individuelle Beziehung zu ihrem ersten Kind aufbauen, dieses pflegen und fördern und ihm einen angemessenen Bindungsaufbau ermöglichen (z.B. Hofer 2002). Diese Wandlung von einer Dyade zu einer Triade verlangt von den werdenden Eltern (Mutter wie Vater) sowohl eine individuelle als auch eine dyadische (partnerschaftliche) Bewältigung. Das neu hinzugekommene Familienmitglied muss in die Paarbeziehung integriert werden, gleichzeitig verändert es die Paarbeziehung erheblich. Meist geht die Geburt eines Kindes mit einer Abnahme der Partnerschaftszufriedenheit und vermehrt negativen Gefühlen einher (z.B. Belsky 1985; Belsky/Pensky 1988; Rothman 2004). Dies spiegelt sich auch in einer Zunahme des Stresserlebens bei den Eltern wider (z.B. Bleich, 1991; El-Giamal, 1999). Dies weil sich zum einen die Zeit verringert, die das Paar miteinander verbringen kann, zum anderen sind die Zuständigkeiten für die Übernahme von Tätigkeiten und Aufgaben neu festzulegen (Wickeln, Füttern, aber auch Erwerbstätigkeit), was häufig zu Spannungen und Konflikten führt (Petzold 1991). Andererseits stellt die Elternschaft auch eine erfüllende und schöne Aufgabe dar, weshalb im Zuge der Geburt auch positive Veränderungen (positive Stimmung nach der Geburt des Kindes, wie Stolz und Freude) berichtet werden (z.B. Kaitz/Katzir 2004). Zweifellos unterliegt die Paarbeziehung in dieser Phase jedoch einem starken Wandel, der hohe Adaptationsleistungen seitens des Paares und seines Umfelds erfordert. Dieser Wandel wird von verschiedenen Aspekten innerhalb und außerhalb des Paares sowie Merkmalen des Kindes (wie Temperament) beeinflusst. So finden sich moderierende Effekte durch die Partnerschaftsqualität vor der Geburt, Persönlichkeitseigenschaften beider Eltern sowie Temperamentsvariablen des Kindes (z.B. Wallace/Gotlib 1990). Weiter konnten Perren et al. (2005) zeigen, dass Eltern, welche über eine eher negative Beziehung zu den eigenen Eltern berichteten, auch eine eher negative Entwicklung der Ehequalität im Übergang zur Elternschaft wahrnahmen. Es scheint, dass eine intergenerationale Übertragung der ehelichen Qualität angenommen werden kann, wenn ein Paar das erste Kind bekommt. Ein schwieriges Temperament des Kindes (z.B. häufiges Schreien, Unruhe, aggressives Verhalten etc.) korreliert ebenfalls mit einer geringeren Anpassung an die Situation, zunehmender Unzufriedenheit und depressiver Verstimmung der Mütter (Rothman 2004). Ward (2005) hat jedoch darauf hingewiesen, dass eine angemessene soziale Unterstützung (durch Verwandte, Freunde und Bekannte) den Stress puffern kann, der beim Übergang zur Elternschaft entsteht. Price (2004) moniert, dass zukünftige Untersuchungen vermehrt Ressourcen identifizieren sollten, welche die partnerschaftliche Zufriedenheit während des Übergangs zur Elternschaft erhalten können. Zu diesen Ressourcen zählen einerseits angemessene ökonomische, d.h. ein ausreichendes Einkommen, und andererseits ökologische Bedingungen. Einige dieser ökologischen Voraussetzungen sind ein genügend großer und qualitativ befriedigender Wohnraum mit familienfreundlicher Ausrichtung, eine gute Organisation des Alltags, kompetente Problemlösungsstrategien, Routine im Umgang mit Alltagsanforderungen, eine tragfähige Beziehung zum Partner mit hoher Partnerschaftsqualität und weiterhin intakte Sexualität, sowie andere soziale Unterstützungspersonen.

Elternschaft und Bindung

Neben den häufig einschneidenden Rollenveränderungen im Zuge des Familienzuwachs (z.B. Petzold 1991; Schneewind 1991) stellt sich dem Paar als Eltern auch die Aufgabe, dem Kind eine angemessene, sichere Bindung zu ermöglichen (Hofer 2002). Das Bindungssystem umfasst das Bindungsverhalten des Kindes im Aufsuchen räumlicher und emotionaler Nähe zur Bezugsperson (Krabbeln, Lächeln, Anschmiegen, physiologische Laute, Wimmern, Weinen, Schreien etc.), worauf die Bezugsperson kontingent mit fürsorglichem Pflege- und Betreuungsverhalten reagieren sollte. Dieses besteht darin, dem Kind bei Unruhe, Unsicherheit und Ängsten emotionalen Schutz und Sicherheit zu gewährleisten oder seine Bedürfnisse (Essen, Trinken, trockene Windeln) zu befriedigen. Der Bindungsaufbau spielt im Frühkindalter eine zentrale Rolle im elterlichen Verhalten und in der Interaktion zwischen den Eltern (vor allem der Mutter) und dem Kind und wird häufig als prädiktiv für die spätere Entwicklung des Kindes und Jugendlichen betrachtet (z.B. Ainsworth 1985; Schaffer 1992), auch wenn heute bekannt ist, dass der Bindungsstil (sicher, ängstlich-ambivalent; ängstlich-unsicher) nicht zwingend mit dem psychischen Funktionsniveau oder psychischen Störungen zusammenhängt (z.B. Ernst/ von Luckner 1985). Während Ainsworth (1985) darauf hinweist, dass Bindungsstörungen und damit eine gestörte Entwicklung des Kindes vor allem Folge von (a) quantitativ ungenügenden Interaktionen zwischen Mutter (oder enger Bezugsperson) und Kind, (b) qualitativ gestörten Interaktionen zwischen Mutter und Kind oder (c) diskontinuierlichen Interaktionen (häufigen Deprivationsphasen) sei, wird heute vermehrt auch auf andere Faktoren hingewiesen (wie genetische Disposition, angeborene Vulnerabilitäten, das Geschlecht des Kindes, das allgemeine Familienklima, Bedingungen vor und nach der Deprivation, die Verfügbarkeit anderer Bezugspersonen usw.). So konnte beispielsweise gezeigt werden, dass das kindliche Temperament eine wichtige Rolle bei der Entwicklung eines unsicheren Bindungsverhaltens spielt (Cantero/Cerezo 2001). Übereinstimmend konnten Pesonen et al. (2003) zeigen, dass ein unsicherer Bindungsstil der Eltern mit deren Wahrnehmung in Verbindung gebracht werden kann, dass das Kind ein schwieriges

Temperament besitzt. Die elterliche Wahrnehmung des kindlichen Temperaments war am positivsten bei einer sicheren-sicheren Bindung (beide Eltern sind sicher gebunden) und am negativsten bei einer sicher-unsicheren Dyade.

Ferner zeigt die neuere Forschung, dass im Zusammenhang mit der Bindungsentwicklung vor allem auch die mütterliche Sensitivität eine wichtige Rolle spielt. Als Sensitivität wird die Fähigkeit einer Mutter bezeichnet, die kindlichen Bedürfnisse und Signale zu erkennen, zu interpretieren und akkurat darauf zu reagieren (Shin/Park/Kim 2006). Die mütterliche Sensitivität korreliert mit einem geringeren Risiko, dass das Kind eine unsichere Bindung entwickelt. Eine Reihe von Studien belegen zudem, dass die mütterliche Sensitivität („responsiveness") signifikant mit dem Risiko für die Entwicklung psychischer Störungen korreliert ist (z.B. Aviezer/Sagi-Schwartz/Koren-Karie 2003; NICHD 1999; Rubin/Burgess 2002; Shear 1996). Die Vulnerabilität des Kindes, eine ungünstige Entwicklung zu erfahren und eine psychische Störung zu entwickeln, ist erhöht bei der Ausbildung unsicherer innerer Arbeitsmodelle (innere Repräsentationen, wie die Welt funktioniert), welche bei non-responsiven Müttern mit höherer Wahrscheinlichkeit ausgebildet werden (z.B. Ahnert 2004; Main 1996; Kobak/Cole/Ferenz-Gillies/Fleming 1993). Dabei ist nicht außer Acht zu lassen, dass die mütterliche Sensitivität gegenüber dem Kind von anderen Variablen beeinflusst wird (z.B. sozioökonomischer Status, Persönlichkeit, elterliche Erziehungskompetenzen, psychische Störungen wie Depression usw., oder Kindeseigenschaften) (z.B. Van Ijzendoorn/Goldberg/Kroonenberg/Frenkel 1992). Gerade psychische Störungen kovariieren häufig mit mangelnder mütterlicher Sensitivität (z.B. Ihle/Esser/Schmidt/Blanz 2002).

Elternschaft und Erziehung

Im Zuge des Älterwerdens der Kinder (ab dem ersten Lebensjahr) kommt neben dem Bindungsaufbau auch die Kindererziehung als zentrale Aufgabe hinzu (Drabek 2000). Kendziora/O'Leary (1993) definieren Erziehung relativ breit als „everything the parent does, or fails to do, that may affect the child" (ebd.: 177). In neueren Beiträgen wird insbesondere zwischen dem Erziehungsstil (kognitive Ebene mit Erziehungseinstellungen, Erziehungswerten und Erziehungszielen) und Erziehungspraktiken (Verhaltensebene) unterschieden (vgl. Darling/Steinberg 1993), wobei der Erziehungsstil meist in den Erziehungspraktiken erkennbar wird. Als günstigster Erziehungsstil wird heute der autoritative oder konstruktive Erziehungsstil postuliert (Baumrind 1971), der sich einerseits durch Liebe, Zuneigung, Interesse und Wertschätzung, die man dem Kind entgegenbringt, andererseits durch die Fähigkeit der Eltern auszeichnet, den Kindern gleichzeitig auch Grenzen setzen, Regeln lehren und klare Strukturen vorleben zu können (Maccoby/Martin, 1983). Innerhalb des Erziehungsverhaltens erweist sich zudem vor allem die elterliche Konsistenz als zentral. So monieren Spence (1998), Erel/Burman (1995) und Grych/Fincham (1990), dass (a) inkonsistentes und (b) punitives Erziehungsverhalten wesentliche Risikofaktoren für kindliche Verhaltensstörungen darstellen.

Aber auch bei einem angemessenen Erziehungsstil und adäquatem situativem Erziehungsverhalten stehen die Eltern vor einer weiteren lebenslangen Anforderung: Die angemessene Wahrnehmung und das angemessene Reagieren auf unterschiedliche und sich verändernde Bedürfnisse ihrer Kinder. Erziehungskompetenzen müssen entsprechende Flexibilität aufweisen. Das Wechselspiel zwischen Erziehung, elterlicher Kontrolle und

Gewähren von Autonomie erfordert eine konstante, der Entwicklung der Kinder ange-passte und gerecht werdende Flexibilität. Die Beziehung zwischen den Eltern und den Kindern verändert sich dahingehend, dass sie allmählich weniger den Charakter von Bin-dung, sondern mehr den Charakter der Verbundenheit annimmt.[4] Die Jugendlichen lösen sich zunehmend von den Eltern, um ihre eigene Identität zu suchen. Dies geschieht vor allem durch die reduzierte Zeit, die die Jugendlichen mit ihren Eltern verbringen, oder auch durch die abnehmende Identifikation mit den Eltern. Die Jugendlichen bauen ver-stärkt Kontakte zu Gleichaltrigen (Peers) auf, die ihnen dabei helfen, sich von den Eltern zu lösen und ihre eigene Bestimmung zu erkennen (z.B. Grob/Jaschinski 2003). Die zent-rale Aufgabe von Familien mit Jugendlichen besteht nun darin, Autonomie zu ermögli-chen, die familiale Verbundenheit zu bewahren, die asymmetrische Eltern-Kind-Beziehung in eine stärker symmetrische Beziehung umzugestalten und in Gesprächen und anderen Interaktionen eine partnerschaftliche, zunehmend gleichwertige Beziehung her-zustellen.

Qualität der Elternbeziehung und ihr Einfluss auf die Kindbeziehung

Die Qualität der Elternbeziehung ist stark mit der Qualität der Eltern-Kind-Beziehung korreliert. Konflikte zwischen den Eltern hängen in aller Regel mit ihrem dem Kind ge-genüber gezeigten Erziehungsverhalten und der emotionalen Nähe, die sie zum Kind her-stellen können, zusammen (Cummings/Davies 1994), da interparentale Konflikte die Sensitivität und Reaktionsbereitschaft der Eltern bezüglich der kindlichen Bedürfnisse herabsetzen. Die Studie von Kaczynski/Lindahl/Malik/Laurenceau (2006) bestätigt, dass Eltern mit hohem Konfliktniveau in der Partnerschaft weniger feinfühlig und abweisender gegenüber ihren Kindern sind. Katz/Gottman (1996) wiesen zudem nach, dass Eltern mit häufigen dyadischen Auseinandersetzungen weniger Zeit und Energie für ihre Kinder aufbringen und so auch weniger an ihren Interessen, ihrem Leben und ihrer Entwicklung partizipieren können. Auch die Fürsorge für die Kinder (z.B. Essen kochen, Schulaufga-ben kontrollieren, sie zum Training fahren usw.) wird eingeschränkt. Die Kinder erleben dies häufig als Zurückweisung oder mangelndes Interesse an ihnen.

Eine positive Eltern-Kind-Beziehung kann aber auch als Puffervariable zwischen in-terparentalen Konflikten und Verhaltensproblemen der Kinder wirken (vgl. Doyle/Mar-kiewicz 2005). Dieser Effekt konnte allerdings nicht konsistent nachgewiesen werden. So fanden Davies et al. (2006) keine Abschwächung der Effekte elterlicher Konflikte auf kindliches Verhalten über die Moderatorvariable Zuneigung der Eltern gegenüber dem Kind.

Die Studie von Davies et al. (2006) zeigt weiter, dass zwischen der Art der Konflikt-austragung auf Elternebene einerseits und der Vater-Kind- oder Mutter-Kind-Beziehung andererseits differenziert werden muss. So scheinen Väter nur dann weniger emotional verfügbar für ihre Kinder zu sein, wenn sie im Konflikt Rückzugsverhalten gezeigt hat-ten, nicht jedoch, wenn sie aggressiv-hostiles Verhalten zeigten. Bei den Müttern fand sich dagegen kein Zusammenhang zwischen Konfliktaustragung mit dem Partner und

---

4   Verbundenheit meint allgemein ein stabiles Gefühl der psychischen Nähe und Zugehörigkeit zu anderen
     Menschen (Hofer 2002).

Verhalten gegenüber den Kindern. Unabhängig vom Konfliktstil waren sie für die Kinder nach einem Konflikt mit dem Partner weniger responsiv.

Andererseits hängen elterliche Konflikte mit dem Erziehungsverhalten der Eltern zusammen. Aufgrund der emotionalen Involviertheit in die Konflikte mit dem Partner sind Eltern häufig nicht mehr in der Lage, ihre gewohnten Erziehungseinstellungen und -praktiken aufrechtzuerhalten (Cummings/Davies 1994). Partnerschaftskonflikte sind entsprechend positiv mit einem inkonsistenteren und ineffektiveren Erziehungsverhalten assoziiert, wodurch die Wahrscheinlichkeit für unerwünschtes Kindverhalten steigt (z.B. Cox/Paley/Harter 2001; Cummings/Davies 1994). Krishnakumar/Buehler (2000) dokumentierten in ihrer Metaanalyse den Zusammenhang zwischen elterlichen Konflikten und ineffektiver Erziehung mit einer durchschnittlichen Effektstärke von d=.62. Die Zusammenhänge zwischen interparentalen Konflikten und körperlicher Bestrafung oder das Fehlen der Akzeptanz gegenüber den Kindern waren dabei am ausgeprägtesten.

Interessant sind ferner die Befunde, wonach ein Zusammenhang zwischen elterlichen Konflikten und einer schwierigen Beziehung von Kindern und Jugendlichen zu Peers nachgewiesen werden konnte, insbesondere wenn aggressive Konfliktlösungsmuster übernommen werden (vgl. Cummings/Davies 2002).

2.3 Geschwisterbeziehungen

Aufgrund ihrer Bedeutung wird im Folgenden kurz auf die Geschwisterbeziehung eingegangen, da Geschwisterkonflikte ein häufig beschriebenes Phänomen sind. Geschwisterbeziehungen zählen zu den innerfamilialen Beziehungen und unterscheiden sich von der Eltern-Kind-Beziehung sowie von der Peer-Beziehung (Beziehung zu Gleichaltrigen) deutlich. Pint (2000) nennt folgende Unterschiede: (1) Geschwister haben sich nicht, wie Freunde, gesucht und gefunden. Sie wurden in die gleiche Familie hineingeboren und teilen sich zwangsläufig die Eltern, die Wohnung und manchmal auch das Zimmer. Die Beziehung besteht und erhält sich oft nur wegen des Geschwisterstatus; aufgrund dessen verläuft sie unreflektierter und automatischer, aber erweist sich auch als enger, tiefer und spontaner als andere soziale Beziehungen (Kasten 1994); (2) für Geschwister ist es in einer intakten Familie fast unmöglich, die gemeinsame Beziehung zu beenden. Aus diesem Grund sind sie darauf angewiesen, sich miteinander zu arrangieren. Im Erwachsenenalter ist das Abbrechen der Beziehung zwar theoretisch möglich, dies kommt aber eher selten vor und (3) für viele Geschwisterbeziehungen ist ein gleichzeitiges Vorliegen von ambivalenten Emotionen typisch. Als Beispiele können Hilfe und Unterstützung versus Rivalität und Feindseligkeit genannt werden (Kasten 1994).

Wie sich die Beziehung von Geschwistern gestaltet, hängt von vielen Faktoren ab. Zum einen ist entscheidend, ob es sich um eine Schwester-Bruder, Schwester-Schwester oder Bruder-Bruder Konstellation handelt. Zum anderen spielen auch das Alter der Geschwister, der Geschwisterrang, die einzelnen Persönlichkeiten etc. eine wichtige Rolle. Aus diesen Gründen kann nicht von einem allgemeingültigen Muster ausgegangen werden. Es gibt Forschungsergebnisse die zeigen, dass eine positive Eltern-Kind-Beziehung mit einem höheren prosozialen Verhalten zwischen den Geschwistern einhergeht (z.B. Brody 1998). Abb. 1 zeigt die verschiedenen Einflussfaktoren auf, die auf eine Geschwisterbeziehung einwirken können.

Abb. 1: Ursachen und Folgen der Geschwisterbeziehung

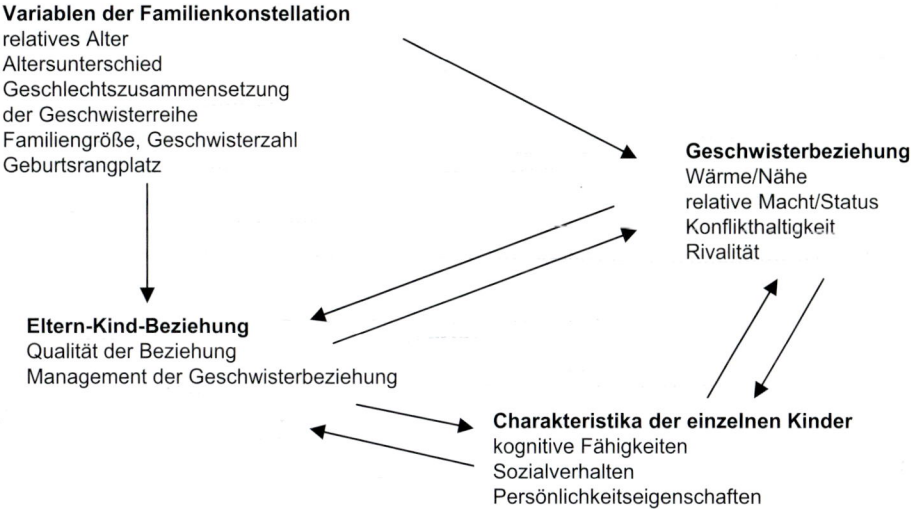

Quelle: Furman/Buhrmester 1985

Konflikte zwischen Geschwistern sind insgesamt relativ häufig, können mannigfach sein und im negativen Fall von Eifersucht über Ärger und Enttäuschung bis Hass reichen. Konflikte ergeben sich in der Geschwisterbeziehung häufig auch aufgrund der modernen Bedingungen, denen Familien ausgesetzt sind, so im Zuge der Berufstätigkeit beider Eltern. Kinder werden mit zunehmendem Beschäftigungsgrad ihrer Eltern immer stärker in die Betreuung der jüngeren Geschwister eingebunden. Ungünstige Geschwisterbeziehungskonstellationen sind auch deswegen psychologisch relevant, weil die Qualität der Geschwisterbeziehungen nicht nur von der Kindheit zur Jugendzeit relativ stabil ist, sondern dass Gefühl der Rivalität bis in das Erwachsenenalter bestehen bleiben kann.

Brody (1998) resümiert Studien, die zeigen, dass Kinder mit einem eher schwierigen Temperament mit größerem Stress auf die Geburt eines jüngeren Geschwisters reagieren, als Kinder mit einem „einfachen" Temperament. Dunn/Kendrick/MacNamee (1981) berichten, dass Kinder, die vermehrt eine negative Grundstimmung zeigen, mit Rückzug und Schlafproblemen auf die Geburt eines Geschwisters reagieren. Weiter fanden Brody et al. (1987) heraus, dass Mädchen, welche sehr aktiv und emotional sind, vermehrt Geschwisterkonflikte erleben. Bei Jungen konnten die Geschwisterkonflikte anhand dieser Temperamentsmerkmale bei jüngeren Brüdern vorhergesagt werden. Wenn die Temperamentsmerkmale bei Geschwistern unähnlich sind, wirken die positiven Charaktereigenschaften als Puffer. Diese positiven Merkmale schützen die Beziehungen zwischen den beiden Geschwistern, wenn das andere Kind ein eher schwieriges Temperament hat (Brody 1998).

Geschlecht der Geschwister

Das Geschlecht in einer Geschwisterbeziehung spielt eine wichtige Rolle, da Jungen und Mädchen in Interaktion mit dem Geschwister unterschiedliche Verhaltensweisen zeigen. Zum Beispiel kümmern sich Mädchen häufiger in versorgender und fürsorglicher Weise um ihre jüngeren Geschwister. In gleichgeschlechtlichen Geschwisterkonstellationen zeigte sich in einer Untersuchung von Whiting/Edwards (1973), dass ältere Brüder ihren jüngeren Brüdern gegenüber nur höchst selten versorgendes Verhalten äußerten und ältere Schwestern dagegen ihren jüngeren Brüdern gegenüber vorsorglicher waren, als diese es wollten. Wenn man die Schwester-Schwester-Konstellation betrachtet, so lässt sich festhalten, dass ältere Schwestern bei ihren jüngeren Geschwistern oft auf Widerstand stoßen, wenn sie diese mit einem Übermaß an Hilfe und Unterstützung kontrollieren oder in Abhängigkeit halten wollen (Bryant/Crockenberg 1980). Große Brüder hingegen sind oft dominant und fordernd und stacheln die jüngeren Geschwister besonders in körperlich-sportlichen Aktivitäten zu mehr Leistung an.

Zwischen gleichgeschlechtlichen Geschwisterpaaren kommt es häufiger zu Konflikten und Streit als zwischen ungleichgeschlechtlichen (z.B. Kasten 1993). Dies trifft vor allem dann zu, wenn der Altersabstand zwischen ihnen niedriger als drei Jahre ist. Bei weiblichen Geschwisterpaaren ist jedoch auffällig, dass sie sich oft gegenseitig Trost und Zuwendung geben, wenn sie diese brauchen. Furman/Buhrmester (1985) konnten in ihrer Untersuchung zeigen, dass Kinder ihren gleichgeschlechtlichen Geschwistern gegenüber mehr Wärme und Nähe empfinden. Cuff (2006) berichtet in ihrer Studie von weniger Konflikten, wenn das Geschwisterpaar über ein hohes Maß an Wärme in ihrer Beziehung berichtet. Weiter konnte sie zeigen, dass die Versuchpersonen bei einer Schwester-Schwester- oder bei einer Schwester-Bruder-Beziehung von einem relativ hohen Maß an Wärme berichteten, wohingegen bei den gleichgeschlechtlichen Bruderbeziehungen von einem eher niedrigerem Maß an empfundener Wärme gegenüber dem Bruder berichtet wurde.

Position innerhalb der Geschwisterbeziehung

Nicht nur das Geschlecht spielt eine wichtige Rolle bei der Qualität der Geschwisterbeziehungen, sondern auch die Position der einzelnen Geschwister. So konnten Rohde et al. (2003) zeigen, dass das von den Eltern am meisten favorisierte Kind zumeist das jüngste in der Geschwisterreihenfolge ist. Der „Rebell" einer Familie ist eher ein später geborenes Geschwister, bei welchem auch von einer eher weniger nahen Beziehung zu den Eltern berichtet wird (ebd.). Die älteren Geschwister dominieren die jüngeren häufiger (Cooper 2000; Aken 1999). Die Erstgeborenen werden von ihren Müttern als weniger ängstlich eingeschätzt als die später geborenen (Kerestes 2006). Interessant sind auch Forschungsbefunde von Balsam (2006), wonach die Bindung in Geschwisterbeziehungen stärker ist, als die bei Halbgeschwistern oder bei Stiefgeschwisterbeziehungen. Dennoch ist es für ein Kind möglich, in einer Stieffamilie eine gute und starke Beziehung zu den Stief- und Halbgeschwistern aufbauen zu können (Balsam 2006).

Veränderungen der Geschwisterbeziehungen

Geschwister beeinflussen sich gegenseitig schon in frühesten Jahren, da sie relativ viel Zeit miteinander verbringen und ihre Beziehung oft eine sehr emotionale ist. In einer Drei-Jahres-Längsschnittstudie haben Abramovitch/Corter/Lando (1979) und Abramovitch/Corter/Pepler/Stanhope (1986) herausgefunden, dass zwar Rivalitäten zwischen Geschwistern bestehen, die positiven Interaktionen jedoch überwiegen. Prosoziales Verhalten (Teilen, Helfen etc.) wurde bei älteren wie auch bei den jüngeren Kindern gefunden. Die jüngeren Geschwister zeigten auch oft imitierendes Verhalten und das ältere Geschwister war häufig der Initiator. Mit zunehmendem Alter des jüngeren Geschwisters finden immer mehr Interaktionen statt. Einjährige Kinder interagieren mindestens genauso oft mit ihren älteren Geschwistern wie mit ihren Müttern. Im Alter von drei bis fünf Jahren verbringen Geschwister mehr als doppelt so viel Zeit miteinander wie mit ihren Eltern (Kasten 1993). Mit zunehmendem Alter entwickeln Kinder immer mehr eigene Interessen, sie lernen durch den Kindergarten und die Schule Peers außerhalb der Familie kennen und schätzen. Sie entwickeln Freundschaften. Aus diesem Grund erfährt die Geschwisterbeziehung im Verlaufe des Lebens auch Veränderungen in ihrer Qualität. Haben in den frühen Jahren oft Konflikte und Rivalitäten die Beziehung dominiert, so zeigt sich im Verlauf der mittleren und späten Kindheit eine zunehmend harmonisierende und egalisierende Geschwisterbeziehung.

Trotz erheblicher Unterschiede zwischen einzelnen Geschwisterpaaren gibt es im Schnitt eine bis zur mittleren Lebensphase abnehmende Nähe zwischen Geschwistern, die im späteren Erwachsenen- und vor allem im Seniorenalter wieder deutlich zunimmt (Oerter/Montada 1998). Götting (1986) hat für den Lebenszyklus von Geschwistern altersspezifische Entwicklungsaufgaben zusammengestellt. Es zeigt sich, dass vor allem im späteren Lebensalter die Solidarität der Geschwister gefordert ist. Dabei geht es einerseits um die Herausforderungen, die sich im Zusammenhang mit der Regelung zur Betreuung und Pflege der alternden Eltern ergeben. Andererseits geht es auch um die wechselseitige Unterstützung der Geschwister selbst. Geschwisterliche Hilfe wird in diesen Fällen insbesondere dann in Anspruch genommen, wenn keine eigenen Partner oder Kinder existieren (Gold 1989, zit. nach Oerter/Montada, 1998 S. 162). Häufiger scheinen jedoch Geschwisterbeziehungen im Alter durch eine verstärkte psychologische Unterstützung gekennzeichnet zu sein, etwa wenn es darum geht, sich Rat zu holen oder sich wechselseitig in der Bewältigung von Alltagsproblemen zu unterstützen.

2.4 Großeltern-Enkel-Beziehungen

Die Großeltern-Enkel-Beziehung kann für beide Generationen sehr bedeutsam sein. Eine emotionale Bindung zwischen Großeltern und Enkeln entwickelt sich jedoch nicht zwangsläufig, sondern muss erarbeitet werden (Hofer 2002). Die Qualität der Beziehung hängt stark von der mittleren Generation ab. Wenn die Beziehung zwischen Großeltern und Eltern gut ist, dann entwickelt sich in der Regel auch eine nahe Beziehung zwischen den Großeltern und den Enkeln (z.B. Orel 2000; Schneewind 1995). Großeltern sind häufig wichtige Bezugspersonen, da sie distanzierter und gelassener und damit verständnisvoller als die Eltern auf kinder- und jugendtypische Konflikte reagieren können. Es kann auch hilfreich sein, den Enkeln eine andere Sicht der Eltern zu vermitteln und damit das wechselseitige Verständnis füreinander zu erhöhen. Die Beziehung zwischen Großeltern, Eltern und Enkeln ist jedoch nicht unkompliziert. So kann die zunächst willkommene Unterstützung durch die Großeltern von den Kindern in vielen Fällen als unerwünschte Einmischung erlebt werden (Schneewind 1995). Insgesamt scheint die Beziehung zwischen Großeltern, Eltern und Enkeln eine delikate Balance von Engagement und Gewährenlassen zu erfordern. So kann es vorkommen, dass beim Übergang zur Elternschaft aus der

Sicht der jungen Eltern die Unterstützung der Großeltern zwar durchaus willkommen ist, aber ein Zuviel davon als „Einmischung" erlebt wird (Oerter/Montada, 1998).

Interessant sind auch Forschungsergebnisse von Höpflinger/Hummel (2006), wonach Enkelkinder mehr Kontakte zu den Großeltern mütterlicherseits haben und innerhalb dieser Beziehung stärker zur Großmutter als zum Großvater, da erstere sich stärker engagiert. Dennoch scheinen Enkelkinder die Wichtigkeit der Großväter genauso hoch einzuschätzen wie die der Großmütter. Weiter konnten Höpflinger/Hummel (2006) zeigen, dass das Geschlecht des Enkelkindes keine Rolle spielt, Mädchen wie Jungen pflegen einen gleich intensiven Kontakt zu den Großeltern. Alle Resultate zusammengenommen, kommen sie zum Ergebnis, dass die Geschlechtsunterschiede in der Beziehung Großeltern-Enkelkinder eine weniger wichtige Rolle spielen, als bisher angenommen (ebd.).

Auch Farneti/Cadamuro (2005) kommen zum Schluss, dass die Großeltern-Enkel-Beziehung für die Enkelkinder eine wichtige Rolle spielt. Vor allem für die jüngeren Enkelkinder repräsentieren die Großeltern wichtige gefühlsbezogene Personen. Die Autoren konnten zeigen, dass der Kontakt zu den Großmüttern häufiger ist, als zu den Großvätern. Zusätzlich haben sie in ihren Resultaten signifikante Alters- und Geschlechtsunterschiede feststellen können. Die jüngeren Kinder mehr als die älteren und die Mädchen mehr als die Jungen, zeigen eine positive und intensive Beziehung zu ihren Großeltern (ebd.). Großväter berichten von häufigen telefonischen Kontakten mit ihren Enkeltöchtern. Die Enkelsöhne haben eine engere Beziehung zu den Großvätern als zu den Großmüttern. Sowohl die Großeltern als auch die Enkelkinder berichten von weniger Kontakten, als sie sich eigentlich wünschten, aber insgesamt von einem hohen Maß an Nähe und Verbundenheit (Block 2000).

3 Elternschaft und Auszug der Kinder

Nach Jahren der Elternschaft kommen die Phase des Auszugs der Kinder aus dem Familienverband und das Verlassen des Heims. Erneut fordert dieser Übergang (als Entwicklungsaufgabe oder normativer Stressor) erhebliche Anpassungsleistungen von allen Familienmitgliedern. Für die Mütter ist dieser Wechsel häufig besonders einschneidend, da für sie die größte Umstrukturierung und Neuorientierung (häufig auch mit erneutem Berufseinstieg) einhergeht. Studien zeigen, dass vor allem Mütter mit einer sicheren Bindung die beste Anpassung im Übergang dieser Phase zeigen, wenn die adoleszenten Kinder allmählich das Haus verlassen (Owen 2005) Auch karriereorientierte Mütter kommen, gegenüber den Müttern, die mit ihrer beruflichen Tätigkeit unzufrieden sind, mit dieser Situation und den damit einhergehenden Veränderungen besser zurecht. Allerdings fand Owen (2005) keinen Unterschied in der Lebenszufriedenheit zwischen den Müttern, die sich mit der „Empty-Nest"-Situation gut abgefunden haben und solchen, die mehr Mühe mit diesem Übergang bekunden, da offensichtlich die meisten zufrieden mit ihrem Leben waren (ebd.). Erneut scheint die soziale Unterstützung positiv zu wirken. Mütter, welche viele Freunde haben, mit denen sie reden können, meistern den Übergang besser, als Mütter mit einem kleineren Freundeskreis (Noriko 2004). Die Resultate bei Segatto/Di Filippo (2003) zeigen, dass die „Empty-Nest"-Situation keine negativen Auswirkungen auf die Paarbeziehung hat, eher schon auf die Situation der jüngeren Geschwister. Rosen/Ackermann/Zosky (2002) konnten zeigen, dass die jüngsten Geschwister mit Trauer auf den Auszug der älteren Geschwister reagieren.

4   Zusammenfassung

Familienbeziehungen sind als ein dynamisches, sich ständig veränderndes Geschehen zu verstehen, wobei jede familiäre Phase mit spezifischen Entwicklungsaufgaben einhergeht. Die Veränderung von der Dyade zur Triade und mit jedem neu dazukommenden Kind zu neuen Familienkonstellationen versinnbildlicht die Komplexität der Beziehungskonstellationen. Diese werden durch Scheidung und Fortsetzungsfamilien zusätzlich vergrößert. Dessen ungeachtet können familiäre Prozesse beschrieben werden, welche für die Entwicklung und die Gesundheit der Familienmitglieder bedeutsam sind. Diese werden durch das allgemeine Familienklima gebildet, und im Zusammenhang mit den Kindern insbesondere durch (a) Bindung und (b) Erziehung konstituiert. Je besser es den Familienmitgliedern (und hier insbesondere den Eltern) gelingt, konstruktive, entwicklungsförderliche Bedingungen zu realisieren, desto günstiger ist die Prognose für das Befinden der Familienmitglieder.

Obgleich wir heute nicht mehr von klassischen Funktionen der Familie sprechen können, wie diese früher für die Familie definiert wurden, können wir festhalten, dass zwei wichtige Aspekte der Familie darin bestehen, ihren Mitgliedern emotionale Sicherheit, Geborgenheit, Bindung und Liebe zu gewähren. Gleichzeitig sollten klare Strukturen, Grenzen, Regeln und altersangemessene Einbindung der Kinder in Aufgaben und gesamtfamiliäre Aktivitäten vorgegeben werden. Die Familie kann eine unschätzbare Ressource oder aber ein relevanter Risikofaktor für die Entwicklung und Gesundheit der Kinder, aber auch der Eltern sein. Wie gezeigt wurde, spielen dabei auch innerfamiliäre Konstellationen (Geschwister, Geschwisterstellung etc.), oder auch erweiterte familiäre Bande, wie die Großeltern-Enkel-Beziehungen eine wichtige Rolle. Auf alle relevanten Aspekte konnte hier jedoch nicht eingegangen werden.

10 Spezielle Familienprobleme: Armut und Gewalt

Andreas Klocke

1 Einleitung

Dass Familien auch Probleme haben können, zeigt ein flüchtiger Blick in die Tagespresse. Immer wieder kommt es zu Gewaltanwendungen innerhalb der Familie, Kinder werden vernachlässigt, Familien sind extrem verschuldet oder Familien lösen sich auf. Aber nicht alle Probleme müssen solch eine extreme Form annehmen. In der überwiegenden Zahl werden Probleme in den Familien selbst oder mit Hilfe von außen geregelt – lösen lassen sie sich nicht immer. Probleme können unterschiedlichster Natur sein. Dabei kann wohl analytisch, nicht aber real, zwischen Problemen, die von außen in die Familien hineingetragen werden (z.B. Arbeitslosigkeit eines Familienmitgliedes), und Problemen, die aus dem Zusammenleben in der Familie herrühren (z.B. schwindende Vertrautheit und Liebe), unterschieden werden. Sind Probleme einmal da, so verlangen sie nach einer Behandlung. Nicht immer gelingt dies den Familienmitgliedern aus eigener Kraft, manchmal wird professionelle Hilfe in Form von Familien- oder Eheberatungen bzw. -coaching in Anspruch genommen.

Von außen betrachtet wird gelegentlich pauschal von Problemfamilien gesprochen, wenn zum Ausdruck gebracht werden soll, dass Familien in bestimmten geografisch abgrenzbaren belasteten und belastenden Stadtteilen wohnen, Alkoholmissbrauch vorliegt oder Gewalthandeln in einer Familie vorkommt. Obwohl der stigmatisierende Charakter solcher Klassifikationen vor Jahren zu seinem Verschwinden geführt hatte, taucht er heute im Zusammenhang mit so genannten „sozialen Brennpunkten" in den deutschen Großstädten oder im Zusammenhang mit der Diskussion über eine „neue" Unterschicht in Deutschland wieder gehäuft auf. Unabhängig von dieser oftmals fragwürdig massenmedial aufbereiteten Perspektive auf soziale Probleme in Familien, ein Verweis auf die Ursachen von sozialen Problemen ist damit geliefert. Häufig handelt es sich nämlich um Spannungen innerhalb von Familien, die durch äußere Faktoren (z.B. Arbeitslosigkeit, Armut, Verschuldung) so verschärft werden, dass der Familienverband zerbricht bzw. seine Funktionen nicht mehr erbringt. Im Folgenden wird einleitend auf soziale Probleme in Familien eingegangen (1), die Gewalt in Familien betrachtet (2), um dann den Beitrag auf Armut in Familien (3) als größtes gesellschaftliches Massenphänomen zu fokussieren. Abschließend werden die sozialen Ressourcen in Familien thematisiert (4).

2   Soziale Probleme in Familien

Von sozialen Problemen spricht die Soziologie, wenn es eine erhebliche Diskrepanz zwischen dem sozial erwünschten bzw. funktional notwendigen und dem real beobachteten Verhalten von Menschen gibt (Parsons 1973; Merton 1971). Eine solche normative Definition ist von gesellschaftlichen Wertvorstellungen abhängig (Cohen 1955) und kann nur heuristische Orientierung liefern. Wann ein Problem in einer Familie vorliegt, ist hingegen nicht eindeutig zu bestimmen und hängt unfraglich auch mit dem subjektiven Empfinden der einzelnen Menschen zusammen. Also nicht nur objektive Tatbestände, sondern auch subjektive Zuschreibungen und Wahrnehmungen können ein Problem definieren. Trotzdem ist es sinnvoll, mögliche Problemkonstellationen analytisch zu betrachten. Dazu wird von den notwendigen Aufgaben und den tatsächlichen Leistungen von Familien ausgegangen, um mögliche Dysfunktionen und Leistungsdefizite bestimmen zu können. Franz-Xaver Kaufmann hat 1995 die Aufgaben von Familien wie folgt bestimmt (ebd.: 36ff.):

– Kohäsion und emotionale Stabilisierung der Familienmitglieder;
– Pflege und Erziehung der Kinder;
– Haushaltsführung, Gesundheit und Erholung;
– wechselseitige Hilfe.

Nehmen wir diese Aufgaben als Grundlage familialen Zusammenlebens, so kann danach gefragt werden, in welchem Umfang in Familien Defizite in diesen Aufgabenfeldern vorliegen und insofern von sozialen Problemen gesprochen werden kann. Soziale Probleme liegen folglich dann vor, wenn die emotionale Kohäsion in der Familien unterhöhlt, die Pflege und Erziehung der Kinder gefährdet, die Haushaltsführung und Reproduktion der Familienmitglieder mangelhaft ist oder die wechselseitige Hilfe schwindet. Es wird aber auch deutlich, dass belastende Ereignisse (z.B. Arbeitslosigkeit) nicht naturgesetzlich zu sozialen Problemen in der Familie führen müssen. Im Gegenteil, es mag auch sein, dass die Familienmitglieder emotional „enger Zusammenrücken", die Pflege und Erziehung der Kinder einen besonderen Stellenwert erfahren (siehe die hohe Bildungsaspiration vieler Spätaussiedlerfamilien), die Haushaltsführung bewusster und die wechselseitige Hilfe besonders angespornt werden.

In den folgenden Ausführungen steht nicht ein einzelnes soziales Problem selbst (z.B. das Gewalthandeln) als Phänomen im Vordergrund, sondern die Ursachen dafür und die Reaktionen des Familienverbandes auf diese Probleme. Die Behandlung sozialer Probleme im engeren Sinne ist der Zuständigkeitsbereich der Familienpsychologie bzw. der Familienhilfe. Soziale Probleme im soziologischen Sinne sind ganz überwiegend Fehlentwicklungen, die durch kritische Lebensereignisse und/oder sozial belastende Lebensumstände herbeigeführt oder deutlich verschärft wurden. Bis auf wenige Ausnahmen beginnen alle Zeugungsfamilien in funktionstüchtiger Figuration und mit der Absicht, auf Dauer Bestand zu haben. Irgendwann treten dann Ereignisse oder Veränderungen ein, die diese Grundlagen gefährden. Neben unmittelbaren Partnerproblemen, die in den „besten Familien" vorkommen, sind häufig materielle Abstiegsprozess für Fehlentwicklungen im Familienverband verantwortlich. Deshalb wird es im Punkt drei darum gehen, die Entwicklung von Armut und sozialer Ausgrenzung in Familien aufzuzeigen und mögliche

Bewältigungsressourcen (4) zu bestimmen. Bevor die Entwicklung und Folgen der Armut in Familien behandelt wird, soll zunächst ein Blick auf die Gewalt in Familien geworfen werden.

3 Gewalt in Familien

Gewalt in Familien kann in verschiedenster Form vorkommen. Unmittelbare physische oder psychische Gewalt zwischen den Eltern, Gewalt gegen sich selbst ebenso wie Gewalt gegen ältere, häufig pflegebedürftige Menschen und natürlich die Gewalt der Eltern gegen die eigenen Kinder. Gewalt in der Familie ist nach wie vor ein Problemfeld, das überwiegend im Dunkeln liegt. Obwohl gesetzliche Änderungen in den letzten Jahren, insbesondere die Verabschiedung des Gewaltschutzgesetzes 2002, für eine nachhaltige Enttabuisierung der häuslichen Gewalt geführt haben, bleibt dieser Bereich diffus. Das hat primär damit zu tun, dass auch der Gewaltbegriff nicht eindeutig zu definieren ist und je nach disziplinärer Perspektive unterschiedliche Facetten der Gewalt thematisiert werden. So betont die Soziologie den Zwangscharakter der Handlung, die Psychologie betrachtet Kränkungen und psychische Verletzungen, und das Strafrecht sieht die materielle sachliche oder körperliche Schädigung eines Opfers. Täter und Opfer sind dann auch wesentlich aus Sicht des Rechts zu bestimmen. Entsprechend werden in der Gewaltstatistik primär Gewaltakte gezählt, die nach der Rechtsdogmatik als solche anzusehen sind (Straftatbestände). Dies umfasst zentral die körperliche Gewalt. Die psychische Gewalt wird hingegen nur selten vor Gericht verhandelt. Dabei belegen Studien, dass in nahezu allen Fällen von physischer Gewalt auch psychische Gewalt ausgeübt wird. Die psychische Gewalt selbst ist jedoch nur sehr selten Gegenstand strafrechtlicher Verfolgung (z.B. Stalking).

Gewalt in Familien zeigt einen klaren Männerüberhang bei den Tätern und entsprechend einen Opferüberhang bei den Frauen (BMFSFJ 2003). Obwohl gesehen werden muss, dass dieses Ergebnis auch wesentlich durch das Anzeigeverhalten bestimmt sein mag: So scheuen sich viele Männer, ihnen zugefügte Gewalt, von Seiten ihrer Lebenspartnerin oder in homosexuellen Beziehungen von Seiten ihres Lebenspartners, zur Anzeige zu bringen. Insgesamt kann in den letzten Jahren eine deutlich gesteigerte Sensibilität für das Thema Gewalt gegen Männer in Familien beobachtet werden, ohne dass hierzu schon belastbare repräsentative Zahlen vorliegen würden (Jungnitz/Lenz/Puchert 2007). Trotz dieser überfälligen Perspektivenöffnung auf Männer als Opfer von Gewalt ist richtig, dass nach wie vor ganz überwiegend Frauen die Leidtragenden sind. Mit dem Gewaltschutzgesetz ist im Jahre 2002 ein Bündel von Maßnahmen zur Verbesserung des Opferschutzes auf den Weg gebracht worden, die sich auch vornehmlich auf die Frauen als Opfer von Gewalt in der Familie beziehen. Neben Beschleunigungen im Prozessablauf betrifft dies insbesondere die Neuregelung des §1361b BGB, der die Wohnungsüberlassung bei Gewalttaten im Haushalt regelt. Galt bisher, das Opfer, in der Regel die Frau, verlässt die Wohnung und flüchtet zu Bekannten, Verwandten oder ins Frauenhaus, so verbleibt heute das Opfer in der Wohnung und der Täter wird ausgewiesen ggf. inklusive eines richterlich erlassenen Annäherungsverbots an die Wohnung. Erste Erfahrungen mit der Neuregelung dieses Paragrafen sowie der weiteren Maßnahmen des Gewaltschutzge-setztes deuten auf eine vorsichtig positive Bilanz (Rupp 2005).

Ein Thema, das ebenfalls in der Öffentlichkeit sehr sensibel wahrgenommen wird, sind die wiederholt berichteten Missstände in den deutschen Pflegeheimen. Die dort be-obachteten Unzulänglichkeiten sind jedoch nicht auf die Pflegeheime begrenzt, sie finden auch in den „eigenen vier Wänden" statt: Gewalt gegen ältere Menschen in der Familie äußert sich häufig durch Vernachlässigung der älteren Menschen, ungenügende Hygiene oder mangelnden Sozialkontakt. Selten handelt es sich um absichtsvolle Handlungen der pflegenden Kinder gegenüber ihren Eltern, vielmehr kommt es aus Überforderung der Pflegenden zu den Misshandlungen. Bettlägerige oder altersverwirrte Menschen benöti-gen Aufmerksamkeit und Betreuung rund um die Uhr. Trotz der Unterstützung durch ambulante Pflegedienste bedeutet dies für die pflegenden Familienmitglieder erhebliche Einschränkungen, die zu emotionalen Überforderungen und in der Folge zu Fehlhandlun-gen gegen die älteren Menschen führen können. Aktuelle und verlässliche Zahlen sind hierzu kaum zu finden, entzieht sich dieser Bereich doch weitgehend der öffentlichen Kontrolle. Schätzungen gehen für das Jahr 1991 von bis zu 6 Prozent der über 60-Jähri-gen aus, die häusliche Gewalt erfahren haben, das wären immerhin etwa 1 Millionen Menschen (Görgen/Herbst/Rabold 2006: 7; Hirsch/Brendebach 1999). Missstände wer-den in der Regel erst sehr spät, durch medizinisch geschultes Personal festgestellt. Betrof-fen ist hiervon ganz überwiegend die Altersgruppe der über 75-Jährigen, die auf fremde Hilfe angewiesen ist.

Gewalt gegen Kinder umfasst neben der physischen und psychischen Gewalt auch den Bereich der Vernachlässigung sowie die sexuelle Gewalt. Ebenso muss davon ausge-gangen werden, dass beobachtete Gewalt zwischen den Eltern ebenfalls die kindliche Entwicklung nachhaltig schädigt (Pfeiffer/Wetzels/Enzmann 1999). Neben verschiedenen Formen von Gewalt ist insbesondere die Grenze, von einem mehr oder weniger normativ geduldeten bzw. akzeptierten Verhalten (ein „Wachrütteln" oder ein „Maßregeln") zu ei-nem moralisch und rechtlich inakzeptablen Verhalten (Schläge oder Verunglimpfungen), schwierig zu ziehen (Wetzels 1997; Deegener 2006). Häufig lässt es sich erst nach Jahren medizinisch diagnostizieren oder durch psychologisch geschultes Personal erkennen. In welchem Umfang ein Gewalthandeln schädigende Folgen für die Kinder hat, hängt natur-gemäß mit dem Grad des Gewalthandelns selbst sowie mit dem Alter des Kindes zusam-men. Auf jeden Fall steht fest, dass alle Formen von erfahrener Gewalt im Kindesalter häufig zu Langzeitfolgen im Lebenslauf des jungen und älteren Menschen führen (Moggi 2005). Persönlichkeitsstörungen, Drogenmissbrauch, Suizidalität oder eigene Gewalttä-tigkeit sind in Studien beobachtet worden (ebd.). Obwohl Gewalt in Familien große öf-fentliche Aufmerksamkeit erfährt, geht der Umfang von Gewalt gegen Kinder in den letz-ten Jahrzehnten zurück. Verschiedene Studien dokumentieren diesen Trend (Wetzels 1997; Bussmann 2005), und die Zahlen spiegeln einen Einstellungs- und Wertewandel in der deutschen Bevölkerung in den letzten drei Jahrzehnten wider. Klare Zuordnungen von Gewaltanwendungen gegenüber Kindern nach Familienformen, junge vs. ältere Eltern, biologische Elternschaft vs. Stieffamilien oder Klein- vs. Großfamilie, lassen sich nicht vornehmen. Berichtenswert ist, dass Gewalt in allen Familienformen vorkommt.

Aktuell bedarf der Bereich der Vernachlässigung von Kindern besonderer Aufmerk-samkeit und hier liegt die Grenze zwischen gesellschaftlich geduldeter und gewöhnlicher

Selbstüberlassung der Kinder und einer Beeinträchtigung der emotionalen, kognitiven und körperlichen Entwicklung der Kinder (Deegener 2006) häufig im Dunkeln. Zugleich ist Vernachlässigung von Kindern eine Form von Gewalt, die in so genannten „Problemfamilien" besonders wahrscheinlich ist bzw. für eben diese Familien als charakteristisch angesehen werden kann. Angaben zur Häufigkeit der Vernachlässigung von Kindern in Deutschland sind nur als Schätzungen vorliegend. Das Niedersächsische Ministerium für Frauen, Arbeit und Soziales (2002) formuliert bspw.: „Als Untergrenze wird geschätzt, dass mindestens 50.000 Kinder unter erheblicher Vernachlässigung leiden, nach oben hin schwanken die Zahlen von 250.000 bis 500.000." (ebd.: 7). Das Bundesministerium für Familie, Senioren, Frauen und Jugend (BMFSFJ 2007) schreibt aktuell unter Berufung auf wissenschaftliche Studien, dass das Ausmaß von Kindeswohlgefährdung durch Vernachlässigung und Misshandlung sich nur näherungsweise abschätzen lässt, weil das Dunkelfeld groß ist. Anhaltspunkte liefern folgende Zahlen:

- Schätzungen gehen davon aus, dass bis zu 5-10 Prozent aller Kinder im Alter bis sechs Jahre vernachlässigt werden;
- die Anzeigen bei Vernachlässigung und Misshandlung haben sich seit 1990 beinahe verdreifacht;
- die Zahl der Fälle, in denen die Jugendämter gefährdete Kinder zu ihrem eigenen Schutz in Obhut nehmen mussten, stieg von 1995 bis 2005 um 40 Prozent;
- im Jahr 2005 bewilligten die Jugendbehörden rund 40.000 überforderten Eltern mit Kindern unter sechs Jahren „Familienunterstützende Maßnahmen";
- bei Kindern unter drei Jahren muss das Familiengericht jedes Jahr in etwa 2200 Fällen das elterliche Sorgerecht entziehen.

Vernachlässigung von Kindern lässt sich in allen Einkommens- und Berufsgruppen finden, jedoch muss gesehen werden, dass insbesondere in sozioökonomisch angespannten Familiensituationen emotionale und materielle Vernachlässigung von Kindern anzutreffen ist. Dies leitet über zum nächsten Punkt.

4 Armut in Familien

Armut wird grundsätzlich im Haushalts- bzw. Familienkontext und nicht mit Bezug auf einzelne Personen betrachtet. Daher sind Kinder dann arm, wenn die Familie in Armut lebt. Grundannahme ist, dass alle Einkommen in einem Haushalt (in einer Bedarfsgemeinschaft) gemeinsam verbraucht werden. Andernfalls wären nicht erwerbstätige Kinder oder nicht erwerbstätige Erwachsene (z.B. Hausfrauen) ohne weitere Einkommen als Individuum arm. Wenn das Geld nicht reicht, so sind davon alle Familienmitglieder betroffen, erwerbstätige wie nicht erwerbstätige, Kinder wie Erwachsene. Diese wechselseitige ökonomische Abhängigkeit der Familienmitglieder strahlt auf eine Vielzahl weiterer wechselseitiger Beziehungen aus:

- Familienmitglieder teilen den unmittelbaren sozialen Nahbereich miteinander: die Wohnung;

– Familienmitglieder teilen ihre Lebensweisen in vielerlei Hinsicht: gemeinsame Er-
  nährung und gemeinsame Freizeitgestaltung;
– Familienmitglieder sind darüber hinaus gleichen Umwelteinflüssen ausgesetzt: Lärm-
  belastung oder Luftverschmutzung am Wohnort bzw. einem ansprechenden oder weniger attraktiven sinnlichen Wohnumfeld (die Sozialökologie);
– Familienmitglieder teilen aufgrund gemeinsamer Lebensstile Ähnlichkeiten in vielen
  alltagsästhetischen Verhaltensweisen.

Armut in Familien wirkt sich aufgrund der oben bezeichneten Interdependenzen auf alle
Familienmitglieder aus und zeigt sich zugleich in den verschiedensten Lebensbereichen
und Lebensäußerungen. Im Zusammenhang mit Gewalthandeln und massiven sozialen
Problemen in Familien wird häufig eine extreme oder „absolute Armut" von Familien unterstellt. Die „absolute Armut" bezeichnet das Fehlen der unumgänglich lebensnotwendi-
gen Grundlagen (Essen, Kleidung und Wohnen) und die daraus resultierende existenzielle
Bedrohung. Diese extreme Form von Armut gibt es in Deutschland durchaus, etwa die
Gruppe der Obdachlosen kann als in absoluter Armut lebend angesehen werden. Sehr viel
häufiger finden wir jedoch die so genannte „relative Armut". Darunter verstehen wir Familien, eigentlich Haushalte, die über nur so geringe materielle, kulturelle und soziale
Mittel verfügen, dass sie von der Lebensweise ausgeschlossen sind, die von der Allgemeinheit als unterste Grenze des Akzeptablen angesehen wird (Europäische Kommission
1995). Zur Bestimmung dieser Grenze sind verschiedene Wege vorgeschlagen worden,
die am Einkommen, der Versorgung in zentralen Lebensbereichen, dem für notwendig
erachteten Lebensstandard oder politisch-normativen Vorgaben ansetzen (Klocke 2000):

Relative Einkommensarmut (Ressourcenansatz)

Die Ressource Einkommen gilt nach wie vor als die zentrale Bestimmungsgröße für die
Lebensbedingungen und Teilhabechancen der Menschen, zumal Defizite in anderen Lebensbereichen durch ein ausreichend hohes Einkommen kompensiert werden können.
Von relativer Einkommensarmut wird gesprochen, wenn das Einkommen einer Person
weniger als die Hälfte des durchschnittlichen äquivalenzgewichteten Nettoeinkommens in
der Bundesrepublik Deutschland beträgt. Um das Äquivalenzeinkommen zu berechnen,
wird das monatliche Haushaltsnettoeinkommen in Beziehung zu der Anzahl und dem Alter der Haushaltsmitglieder gesetzt (die so genannten Bedarfs- oder Personengewichte).
Die Verwendung von Personengewichten ermöglicht den Vergleich unterschiedlich großer und im Hinblick auf die Altersstruktur unterschiedlich zusammengesetzter Haushalte.
Zur Ermittlung der Personengewichte wird in Deutschland in Abstimmung mit der EU
auf die „neue" Äquivalenzskala der Organisation für wirtschaftliche Zusammenarbeit und
Entwicklung (OECD) zurückgegriffen. Daneben hängt die Höhe der Armutsquote von
dem angesetzten Mittelwert (arithmetisches Mittel oder Median) und der Entscheidung
für einen Schwellenwert (z.B. 50 oder 60 Prozent) ab. Gemäß einer Vereinbarung zwischen den EU-Mitgliedsstaaten wird gegenwärtig das Armutsrisiko an einem anhand der
neuen OECD-Skala ermittelten Äquivalenzeinkommen unter 60 Prozent des Mittelwerts
(Median) aller Haushalte festgemacht (BMGS 2005).

Unterversorgungsarmut (Lebenslagenansatz)

Seit vielen Jahren wird argumentiert, dass die einseitige Ausrichtung am Einkommen nicht genügt, um Armut angemessen zu erfassen. Armut sollte mehrdimensional als kumulative Unterversorgung beschrieben werden, die einem soziokulturell angemessenen Leben entgegensteht. Neben dem Einkommen wird damit der Bedeutung von Lebensbereichen wie Arbeit, Ausbildung, Wohnen, Freizeit und kulturelle Teilhabe entsprochen. Bisweilen wird auch die Gesundheit als eigenständige Dimension der Lebenslage betrachtet und Unterversorgung über einen schlechten Gesundheitszustand oder eingeschränkten Zugang zu Leistungen des medizinischen Versorgungssystems bestimmt. Keineswegs geklärt ist allerdings die Frage, welche Lebensbereiche in die Analyse einbezogen werden sollen, wie diese zu gewichten sind und welche Schwellenwerte eine sinnvolle Abgrenzung der Unterversorgungsarmut erlauben. Vor allem diesen methodischen Problemen ist zuzuschreiben, dass der Lebenslagenansatz bislang nur selten empirisch umgesetzt wurde. Eine Ausnahme stellt der Sozialreport 2000 der Arbeiterwohlfahrt dar (AWO 2000). Auch die Armuts- und Reichtumsberichterstattung der Bundesregierung orientiert sich am Lebenslagenansatz und weist verschiedene Dimensionen der Unterversorgung aus. Dies lässt sich durchaus als Beleg für das Bemühen um ein breiteres Verständnis von Armut und ihren Folgen verstehen (BMGS 2005).

Deprivationsarmut (Lebensstandardansatz)

Ein anderer Weg der Armutsmessung geht von dem als allgemein notwendig erachteten Lebensstandard aus. Fehlt ein Teil der Dinge, die dem gesellschaftlichen Lebensstandard zugerechnet werden, wird von Deprivation gesprochen. Welche Konsumgüter und Ausstattungsmerkmale zum Lebensstandard zählen, wird auf empirischer Basis aus Sicht der Bevölkerung ermittelt. In der Studie „Alltag in Deutschland" wurde den Befragten dazu eine Liste mit Items zum alltäglichen materiellen Bedarf, zur Wohnraumversorgung und Wohnraumqualität, zur Zahlungsfähigkeit, zum Freizeitverhalten, zu Sozialkontakten, zur Ausbildung, zur Gesundheit, zu Arbeitsplatzmerkmalen, zur Arbeitsplatzsicherheit sowie zum Bedarf für die eigenen Kinder vorgegeben. Als arm wurden in der Studie die Personen bezeichnet, die über 20 Prozent der für notwendig angesehenen Ausstattungsmerkmale nicht verfügten, weil sie sich diese nicht leisten können. Der freiwillige Verzicht auf bestimmte Konsumgüter wird als Ausdruck des Lebensstils und nicht als Aspekt von Armut bewertet (Andreß/Lipsmeier 2001).

Sozialleistungsabhängigkeit (Politisch-normativer Ansatz)

Ein in der Vergangenheit häufig herangezogener Indikator der Armutsentwicklung war der Bezug von Sozialhilfe. In der Regel wurde die laufende Hilfe zum Lebensunterhalt (HLU) als Sozialhilfebezug ausgewiesen. Mit der Einführung des Arbeitslosengeldes II wird nun in der Öffentlichkeit häufig der Bezug von ALG II-Leistungen (so genannten „Hartz IV"- Leistungen) als Armutsindikator zitiert, was aber insofern irreführend ist, als diese Bezugszahlen, wenn das äquivalenzgewichtete Pro-Kopf-Einkommen in den so genannten „Hartz-IV-Haushalten" unterhalb der Armutsschwelle liegt, ohnehin in der Einkommensarmut (s.o.) gezählt werden. Gleichwohl lassen die hohen und zuletzt steigenden Zahlen der ALG II-Leistungsempfänger – insbesondere die der mitbetroffenen Kinder – aufhorchen und führen zu einer öffentlich sensibel wahrgenommenen Diskussion über das Grundverständnis unseres Sozialstaates.

Ein Blick auf die aktuellen Armutszahlen in Deutschland belegt, Armut ist ein Familienthema. Gegenwärtig (2004) leben 12,7 Prozent der Menschen in Deutschland nach offiziellen Kriterien (s.o.) in (Einkommens-) Armut (Tab.1). Im Vergleich zeigt sich: Nur 6,6 Prozent der Paarhaushalte *ohne* Kinder, aber 12,8 Prozent der Paarhaushalte *mit* Kindern sind arm (vgl. auch Kap. 4.1 im Beitrag von Hradil/Masson in diesem Band). Besonders die Zahl der Alleinerziehenden, die in Armut leben, lässt aufhorchen: 35,8 Prozent aller Alleinerziehenden in Deutschland gelten als arm. Leider hat sich an dieser Zahl in den letzten anderthalb Jahrzehnten nichts geändert und auch im internationalen Vergleich rangiert Deutschland mit dieser Quote auf einem der letzten Plätze (Bertram 2006). Weiterhin ist erkennbar, dass Familien mit drei und mehr Kindern überproportional von Armut betroffen sind (19,8 Prozent). Die höchste Armutsquote aller Haushaltstypen findet sich bei den Alleinerziehendenhaushalten mit mehr als zwei Kindern (40,9 Prozent).

Tab. 1: Armut in Deutschland nach Haushaltsformen (in %)

	1997		2004	
	Bev. Anteil	Armutsquote	Bev. Anteil	Armutsquote
Insgesamt	100	10,9	100	12,7
Haushaltstypen				
Singlehaushalt	16,8	16,0	18,1	16,6
Paarhaushalt ohne Kinder	26,9	4,8	27,7	6,6
Paarhaushalt mit minderjährigen Kindern	38,8	10,0	37,1	12,8
Einelternhaushalt	4,2	37,2	5,0	35,8
Paarhaushalte mit minderjährigen Kindern				
Mit 1 Kind	16,6	7,8	15,0	13,4
Mit 2 Kindern	15,9	9,7	15,1	8,9
Mit 3 und mehr Kindern	6,3	16,3	7,0	19,8
Einelternhaushalte				
Mit 1 Kind	2,5	33,9	2,8	31,7
Mit 2 und mehr Kindern	1,7	41,8	2,2	40,9

Quelle: Statistisches Bundesamt/WZB/ZUMA 2006: 619; SOEP 1997, 2004

Weitere soziodemografische Merkmale der Armut in Deutschland können wie folgt zusammengefasst werden: Gegenüber den 12,7 Prozent der Menschen, die insgesamt in Deutschland in Armut leben, sind Menschen nicht deutscher Staatsangehörigkeit zu 23,8 Prozent, Ostdeutsche zu 18,4 Prozent, Hauptschulabgänger ohne Abschluss zu 23,5 Prozent, Arbeitslose zu 42,1 Prozent und Geschiedene zu 21 Prozent arm (Statistisches Bundesamt/WZB/ZUMA 2006 S. 617f). Die Armut hat sich in den letzten drei Jahrzehnten geändert: Bis Mitte der 1980er Jahre lebten überwiegend ältere, alleinstehende Menschen und insbesondere Frauen mit unzureichender Rente in Armut. Heute ist die Hauptursache für Armut die Arbeitslosigkeit, die vor allem Personen im Alter von etwa 20 bis 60 Jahren, also Personen, die in der überwiegenden Zahl in Familien mit minderjährigen Kindern leben, betrifft. Der hohe Anteil an Armen in der Gruppe der Alleinerziehenden erklärt sich maßgeblich aus den geringen Erwerbs- und Einkommenschancen der alleinerzichenden Mütter aufgrund der nach wie vor unzureichenden Kinderbetreuungseinrichtungen. Kinderreiche Familien stellen eine weitere Bevölkerungsgruppe, die verstärkt von Armut bedroht ist. Bei drei und mehr Kindern ergeben sich schnell monatliche Ausgaben, die auch Familien mit mittleren Einkommen in die Nähe des Armutsbereichs drängen, da die durchschnittlichen Kinderkosten weit über den Kerngrößen des Familienlastenausgleichs liegen. Vor dem Hintergrund der anhaltenden Zuwanderung nach Deutschland stellen Migrantenfamilien eine Gruppe dar, die häufig den Risiken einer benachteiligten sozialen Lage ausgesetzt sind, die durch kulturelle Unterschiede und sprachliche Barrieren noch verstärkt werden kann.

Die Entwicklung der Lebensbedingungen von Familien in Deutschland ist aber nicht allein an der zunehmenden Armut zu bemessen. Neben einer wachsenden Minderheit, die in Armutsverhältnissen lebt, gibt es auf der anderen Seite des sozialen Spektrums eine ebenfalls wachsende Zahl an Familien, die im gut situierten Wohlstand lebt. Die Auseinanderentwicklung der sozialen Lebensbedingungen, die im Wesentlichen durch die sehr ungleiche Vermögensverteilung in Deutschland bestimmt wird (Hauser 2003), bedeutet zugleich eine Auseinanderentwicklung der Familienleben in Deutschland. Gerade diese Scherenentwicklung in der sozialen Wohlstandsposition der Familien in Deutschland führt zu emotionalen Belastungen der Familienmitglieder, denn soziale Statusunterschiede werden nicht nur von den Erwachsenen, sondern auch von den Kindern sehr genau wahrgenommen (Klocke 2006a). Wie Armut auf das Binnenklima in Familien wirkt und Probleme in Familien schafft, ist in Abb. 1 verdeutlicht.

Zentrale Annahme in der Abbildung ist die Belastung des familialen Binnenklimas durch finanzielle Knappheit. Dies führt zu Spannungen in der Paarbeziehung, die wiederum negativ auf das Erziehungsverhalten und letztlich auf das emotionale Befinden der Kinder wirken. Die Leistungsdefizite der Familie in den Bereichen der Erziehung und der emotionalen Zuwendung durch die Eltern bis zum Problemverhalten der Kinder greifen die eingangs beschriebenen Leistungsdefizite der Familien auf (Kaufmann 1995), die soziale Probleme haben. Dass soziale Probleme in der Familie durch finanzielle Belastungen von außen entstehen können, lässt sich bspw. in vielen Studien zur Arbeitslosigkeit nachzeichnen (Schindler/Wacker/Wetzels 1990). Obwohl hier angemerkt werden muss, dass nicht nur die Einkommenseinbußen, sondern die Arbeitslosigkeit selbst erhebliche psychische Belastungen für alle Familienmitglieder darstellen. Wie stark finanzielle Verschlechterungen die emotionale Befindlichkeit der Familienmitglieder berühren, kann auch an dem Konzept der „subjektiven Armut" (Bude 1998) abgelesen werden. Mit dem Konzept der „subjektiven Armut" wird ausgedrückt, dass nicht unbedingt die objektive Armutslage (s.o.), sondern der erfahrene *Abstieg* von überragender Bedeutung für das subjektive Wohlbefinden der Menschen ist. Das heißt Familien, die aufgrund kritischer Lebensereignisse (z.B. Arbeitslosigkeit) eine deutliche Einschränkung ihres Lebensstandards hinnehmen müssen, ohne jedoch objektiv arm zu sein, weisen höhere psychische Belastungskennziffern auf, als objektiv arme Familien (vgl. zur emotionalen Befindlichkeit der Kinder in subjektiv armen Familien Walper (2001)). Entscheidend ist die deutliche Verschlechterung der finanziellen Lage der Familie und der damit einhergehende Verzicht auf viele Dinge des alltäglichen Lebens, die als selbstverständlich angesehen wurden: Wenn bspw. die Reitstunde für die Tochter oder das Theaterabonnement für die Eltern gestrichen werden müssen. Die „Finanzielle Knappheit" in Abb. 1 umfasst folglich objektive Armutslagen ebenso wie subjektive Abstiegserfahrungen.

Abb. 1: Wirkung von Armut auf das Binnenklima in Familien

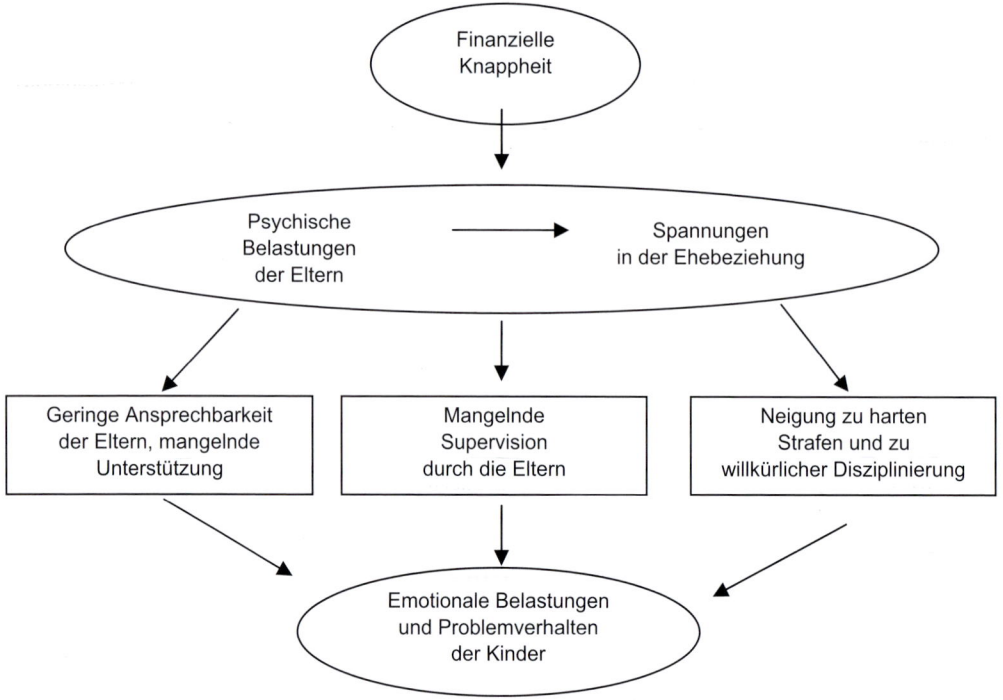

Quelle: Walper 1997: 276

In welchem Umfang der soziale Wohlstand die Befindlichkeit der Menschen beeinflusst, kann bspw. am Gesundheitsverhalten der Kinder und Jugendlichen abgelesen werden. Analysieren wir das Gesundheitsverhalten der Kinder nach der sozialen Herkunft, also nach den materiellen Lebensbedingungen der Familie, so zeigt sich ein klarer sozialer Gradient (Tab.2). In Armut (unterstes Quintil) aufwachsende Jugendliche weisen durchgängig ein ungünstigeres Gesundheitsverhalten auf. So geben sechs Prozent der Kinder aus dem untersten Wohlstandssegment an, nur „selten oder nie" ihre Zähne zu putzen, aus den oberen sozialen Statusgruppen sind es aber nur ein bis zwei Prozent. Dieses Muster lässt sich durchgängig in den in Tab. 2 berichteten Ergebnissen erkennen. Dabei wirken die materiellen Ressourcen in den Familien nicht unmittelbar, sondern durch die Beziehungsqualität innerhalb der Familie moderiert, auf das Gesundheitsverhalten der Kinder und Jugendlichen ein (vgl. Kap. 4). Der Zusammenhang von sozialer Herkunft und Gesundheitsverhalten ist nun besonders bedenklich, da viele der im Jugendalter habitualisierten Gesundheitsverhaltensmuster in das Erwachsenenalter mitgenommen werden und langfristig die Gesundheitsbiografie der Menschen prägen (Dragano 2007). Allgemein lässt sich sagen: Je besser die sozialen Lebensumstände der Familie sind, desto besser ist das Gesundheitsverhalten der Kinder und Jugendlichen. Dieses Ergebnis beleuchtet exemplarisch, welche Konsequenzen eine familiale Armutslage für die kindliche und jugendliche Sozialisation und die Sozialbeziehungen der Heranwachsenden haben kann.

Tab. 2: Gesundheitsverhalten der Jugendlichen nach sozialem Wohlstand (in %)

Gesundheitsverhalten Indikatoren	Sozialer Wohlstand				
	Unterstes Quintil (Armut)	2. Quintil	3. Quintil	4. Quintil	Oberstes Quintil (Wohlstand)
Zahnhygiene Selten/nie	6	3	3	2	1
Sport 1 x pro Woche oder gar nicht	31	25	22	20	15
Rauchen Wöchentlich/täglich	10	11	8	10	8
TV-Konsum (an Schultagen) Mehr als 5 Std./Tag	14	10	9	7	8
Obst/Früchte essen Weniger als 1 x wöchentlich/nie	9	7	7	7	6

Quelle: HBSC Survey Deutschland 2006, eigene Berechnungen
Deutsches HBSC Konsortium: Universität Bielefeld, TU Dresden, FH Frankfurt am Main, Robert-Koch Institut Berlin
* Wenn nicht anders ausgewiesen, dann sind alle Zusammenhänge signifikant auf dem Niveau $p \leq 0,05$; N=7.274

Der in Abb.1 skizzierte Zusammenhang von Armut und binnenfamilialen Problemen ist nur schwer zu unterbrechen. Gegenwärtig gibt es vor dem Hintergrund einer zunehmend sensibleren öffentlichen Wahrnehmung von Kindesvernachlässigung und Armut in Familien viele politische Initiativen, die Familien unterstützen und Eltern in der Erziehung der Kinder begleiten wollen. Inwieweit diese Initiativen ihr Ziel erreichen, wird sich in der näheren Zukunft zeigen. In welchem Umfang unterstützende Kräfte in den Familien selbst vorhanden und genutzt werden können, soll in dem nächsten Kapitel betrachtet werden.

5 Soziale Ressourcen in Familien

Generell gibt es eine Reihe von empirisch gut dokumentierten familialen Schutzfaktoren, die finanziellen Bedrohungen von außen standhalten: Eine gute Beziehung zwischen den Eltern sowie zwischen Eltern und Kindern gehört zu den wichtigsten Schutzfaktoren. Je besser die Beziehungsqualität zu den Eltern ist, desto unbeschadeter zeigt sich die psychosoziale Verfassung der Jugendlichen (Maccoby 1992; Klocke 2006a; ders. 2006b). Darüber hinaus haben Studien gezeigt, dass neben der unmittelbaren Beziehungsqualität auch das „Familienmanagement", die Abstimmung, Unterstützung und sanfte Führung

der Jugendlichen in und durch die Familie, als wichtige Ressource für den Sozialisations-
erfolg – gerade in problembelasteten Familien – anzusehen ist (Furstenberg et al. 1999).
Neben der unmittelbaren Beziehung zu den Eltern spielt die weitere Einbindung in soziale Netzwerke, Freunde, Nachbarschaft, Schule und Vereine eine große und wachsende
Bedeutung. Je mehr soziale Beziehungen bestehen, je dichter diese Beziehungen sind und
je stärker die Bezugspersonen untereinander in Beziehung stehen, desto besser ist die
Qualität des Netzwerkes und desto mehr Unterstützungsleistungen und Impulse können
für die Persönlichkeitsentwicklung erwartet werden. Neben der Einbindung in diese
Netzwerke kommt auch den einzelnen Institutionen selbst, etwa der Nachbarschaft, der
Schule, der Arbeitsstätte usw., eine eigenständige Wirkung auf das Familienleben und das
emotionale Befinden der Kinder zu (vgl. Klocke/Lipsmeier 2008). Diese Ergebnisse und
Beobachtungen werden seit einigen Jahren rege unter dem konzeptionellen Dach *soziales
Kapital* diskutiert.

Unter sozialem Kapital wird durchaus unterschiedliches verstanden. Eine weite Verbreitung hat das Konzept in einer politikwissenschaftlich angeleiteten Diskussion im Rahmen von Gemeindestudien und einer Diskussion über die Entwicklungstendenzen der Zi-
vilgesellschaften gefunden. Hier werden die sozialen Kohäsionskräfte einer Gesellschaft
aus einer oftmals sozialräumlich begrenzten Perspektive betrachtet. Soziales Kapital wird
dann als Ressource eines Kollektivs verstanden, welche den Zusammenhalt und die gegenseitige Unterstützung seiner Mitglieder umfasst, und von der alle Mitglieder gleichermaßen profitieren. Dieses Konzept sozialen Kapitals als quasi öffentliches Gut hat
vor allem sein Hauptvertreter Robert Putnam bekannt gemacht (Putnam 1995). Im Zusammenhang mit Problemen in Familien ist hier bspw. an die Wirkung von Stadtteilen
bzw. Wohnquartieren zu denken, die eine eigenständige positive oder negative Wirkung
auf die familiale Lebenswirklichkeit haben können. Andere Theoretiker, wie Pierre Bourdieu (ders. 1983; ders. 1987), konzipieren soziales Kapital dagegen als individuelles Gut.
Hier steht das Individuum im Mittelpunkt, und seine Einbindung in verschiedene soziale
Verkehrskreise determiniert seine Handlungsspielräume und seine Teilnahmechancen in
der Gesellschaft. Pierre Bourdieu hat in den Augen vieler Autoren die Aspekte des sozialen Kapitals am sorgfältigsten herausgearbeitet (Braun 2001). In seinen Überlegungen unterscheidet Bourdieu (1983) drei verschiedene Kapitalsorten, die den Handlungsspiel-
raum der Individuen und vor allem ihre Stellung in der Sozialstruktur abstecken und für
die jeweils ganz eigene Umwandlungs- und Übertragungsformen gelten:

– Ökonomisches Kapital umfasst dabei die Summe der materiellen Güter, über die ein
   Individuum verfügt und entspricht größtenteils den herkömmlichen Vorstellungen
   vertikaler Schichtung;
– kulturelles Kapital umfasst in inkorporierter Form die kognitiven und kulturellen
   Kompetenzen eines Individuums, in objektivierter bzw. institutionalisierter Form
   auch seinen Besitz an Kulturgütern, Legitimitätsnachweisen und Bildungstiteln;
– soziales Kapital umfasst schließlich Ressourcen, die aus dem Netz mehr oder weniger
   institutionalisierter Beziehungen geschöpft werden.

Soziales Kapital bezeichnet bei Bourdieu einen zentralen Multiplikatoreffekt sozialer
Ungleichheit. Je mehr soziales Kapitel eine Person besitzt, desto besser gelingt es ihr, im
sozialen Ungleichheitsgefüge eine privilegiertere Position einzunehmen. Anders als Put-

nam, der soziales Kapital als kommunale/lokale Ressource versteht, stellt soziales Kapital bei Bourdieu eine individuelle Ressource dar. Beide Konzeptionen sozialen Kapitals, als lokale oder individuelle Größe, bezeichnen Ressourcen, die es Familien ermöglichen, soziale Probleme zu bearbeiten. Dies wird in einer Formulierung von Anthony Giddens deutlich, der soziales Kapital als auf Vertrauen basierende Netzwerke bezeichnet, auf die Menschen zurückgreifen können, wenn sie soziale Unterstützung brauchen (Giddens 2001). Es geht folglich um soziale Einbettung, Dazugehörigkeit und Vertrauen sowie um Ressourcen, die bei Bedarf Unterstützung und Hilfe und im Alltag der Menschen Stabilität und Wohlbefinden bieten können. Diese Unterstützung kann sowohl über kommunale Angebote der Familienhilfe als auch über individuelle Freundschaftsnetzwerke bereitgestellt und abgerufen werden. In welchem Umfang die Verfügung über soziales Kapital das oben analysierte Gesundheitsverhalten der Kinder und Jugendlichen positiv beeinflusst, kann in Tab. 3 abgelesen werden.

Tab. 3: Die Wirkungen sozialen Kapitals auf das Gesundheitsverhalten der Jugendlichen nach sozialem Wohlstand; angegeben sind die Anteile (in %) der Jugendlichen, die täglich oder wöchentlich rauchen

	Soziales Kapital	
	hoch	niedrig
Sozialer Wohlstand		
Unterstes Quintil (Armut)	12	6
2. Quintil	15	9
3. Quintil	10	4
4. Quintil	12	6
5. Quintil (Wohlstand)	11	6
Insgesamt	12	6

Quelle: HBSC Survey Deutschland 2006, eigene Berechnungen
Deutsches HBSC Konsortium: Universität Bielefeld, TU Dresden, FH Frankfurt am Main, Robert-Koch Institut Berlin
* Wenn nicht anders ausgewiesen, dann sind alle Zusammenhänge signifikant auf dem Niveau p≤0,05; hier nur Daten aus NRW, Hessen und Sachsen; N = 4.540

Wenn soziales Kapital vorhanden ist, wirkt sich dies auf das Gesundheitsverhalten, hier das Rauchen der Kinder und Jugendlichen, positiv aus (Tab.3). In allen sozialen Statusgruppen – auch in der Armutsgruppe – ist der Anteil der Nichtraucher bei hohem sozialem Kapital deutlich erhöht. Soziales Kapital, verstanden als individuelle Ressource in den Bereichen Eltern-Kind-Beziehung und Freundschaftsbeziehungen oder als lokale Ressource in den Bereichen Qualität der Nachbarschaft und der Integration in der Schule, Organisationen und Vereinen, kann als bedeutender Faktor der Belastungsbewältigung für die Familienangehörigen angesehen werden (Stecher 2001; Klocke 2006b). Beide Konzeptionen von Sozialkapital, als individuelle oder als kommunale Ressource, erweisen sich in neuesten Analysen als erklärungskräftige Faktoren (Klocke/Lipsmeier 2008).

6   Zusammenfassung

Soziale Probleme in Familien können unterschiedlicher Natur sein und verschiedene Ursachen haben und zudem subjektiv als unterschiedlich belastend empfunden werden. Überhaupt ist es schwer, soziale Probleme einvernehmlich zu bestimmen. Wenn die Familie ihre ureigensten Aufgaben, die der Erziehung der Kinder, der Haushaltsführung sowie der emotionalen Zugehörigkeit und der wechselseitigen Hilfe, nicht mehr erfüllt, so liegen nach übereinstimmender Auffassung soziale Probleme vor. Häufig führen kritische Lebensereignisse zu sozialen Problemen in der Familie (z.B. Arbeitslosigkeit). Gewalthandeln oder Vernachlässigung gegenüber Kindern sind die auffälligsten Erscheinungen von sozialen Problemen in Familien. Obwohl durch die Öffentlichkeit sensibel registriert, ist die Gewalt in den Familien in den letzten Jahrzehnten rückläufig. Armut oder finanzielle Abstiege, häufig durch Arbeitslosigkeit verursacht, sind die dominierenden Ursachen für soziale Probleme in Familien. Sicherlich finden wir auch soziale Probleme oder Gewalt in gut situierten Familien, jedoch ist die materielle Scherenentwicklung in den Lebenslagen der Familien, eine Zunahme von armen wie wohlhabenden Familien, eine der größten Herausforderungen gegenwärtiger Gesellschafts- und Sozialpolitik. Wenn Familien soziale Abstiege erfahren oder längere Zeit in Armut leben, dann führt die „finanzielle Knappheit" häufig zu Unstimmigkeit zwischen den Eltern, die wiederum negativ auf das Erziehungsverhalten bzw. das emotionale Befinden der Kinder ausstrahlen. Soziale Probleme oder auffälliges Verhalten der Kinder sind die Folge. Insgesamt kann gesagt werden, dass soziale Probleme in Familien sich nicht nur, aber wesentlich, über die Auswirkungen auf die Kinder manifestieren bzw. öffentlich wahrnehmbar werden. Probleme zwischen den Eltern, die den Kindern verborgen bleiben, verbleiben häufig im Privaten.

Die Auswirkungen der sozialen Lebenslage auf die Kinder wurden exemplarisch am Gesundheitsverhalten der Kinder und Jugendlichen präsentiert. Dabei zeigte sich, dass das Gesundheitsverhalten der Kinder und Jugendlichen direkt mit der sozialen Herkunft kovariiert: Je besser die Lebensumstände, desto besser das Gesundheitsverhalten. Dieses Beispiel aus dem Bereich des Gesundheitsverhaltens komplettiert die bekannten Zusammenhänge zwischen sozialer Herkunft und Bildungsbeteiligung der Kinder und Jugendlichen in Deutschland. Soziale Probleme können institutionell bearbeitet werden, z.B. durch Angebote der Familienhilfe oder durch finanzielle Unterstützungsleistungen. Eine Form der Belastungsbewältigung kann jedoch in der Qualität der internen Familienbeziehungen sowie in der Vernetzung der Familie in der Nachbarschaft oder in Institutionen und Vereinen gesehen werden. Damit wurde die Diskussion über soziales Kapital aufgegriffen, die die positive Wirkung sozialer Kontakte für die Bewältigung von familialen Notlagen oder Problemen ins Zentrum rückt. Je mehr soziales Kapital Familien besitzen, desto leichter fällt es ihnen, dem Problemdruck „finanzieller Knappheit" standzuhalten. Das Sozialkapital-Konzept stellt für die Analyse der Bewältigung sozialer Probleme in Familien eine hilfreiche Erweiterung der Perspektive dar. Da soziale Probleme in Familien nicht verschwinden werden, und finanzielle Lösungen für soziale Probleme nicht immer erreichbar sind, ist der Förderung von Sozialkapital, gerade in Problemfamilien, besondere Aufmerksamkeit zu schenken.

11 Familie und Sozialstruktur

Stefan Hradil und Silke Masson

1 Einführung

Veränderungen der Sozialstruktur, wie zum Beispiel die Wohlstandsmehrung und der Wertewandel in Westdeutschland, aber auch die seit den 1970er Jahren zunehmende Massenarbeitslosigkeit und Einkommensungleichheit, hinterlassen ihre Wirkungen – auch auf Familien. So wurden zum Beispiel die Lebensformen vielgestaltiger, und der Anteil armer Familien stieg.

Auch die individuelle Wahl einer Familien- und Lebensform und die Art und Weise, wie Menschen ihr Leben darin gestalten, sind in vielerlei Hinsicht von den eigenen sozialstrukturellen Lebensbedingungen und von denen der Herkunftsfamilie geprägt. So wirken sich der jeweilige Bildungsgrad, das verfügbare Einkommen, erhaltene sozialstaatliche Leistungen, die Zugehörigkeit zu einem soziokulturellen Milieu und vieles mehr auf die Wahl einer Lebensform und auf das Familienleben aus.

Andererseits haben auch diese Wahlen und der Lebensalltag in Familien sozialstrukturell relevante Folgen. Wer viele Kinder hat, erlebt häufig den Niedergang seines Lebensstandards und den Karriereknick der Partnerin. Als gesamtgesellschaftliche Folge stellt dann Kinderarmut ein Merkmal der Sozialstruktur Deutschlands dar. Angesichts dieser Zusammenhänge orientiert sich der folgende Beitrag an der Abfolge einzelner Lebensstationen von der Kindheit und Jugend bis zum Erwachsenenleben.

Zunächst wird (in Kap. 1) kurz auf Begriff und Theorie der Sozialstruktur eingegangen. Dann wird (in Kap. 2) dargestellt, wie sich die sozialstrukturellen Merkmale der Herkunftsfamilie auf die Persönlichkeitsbildung und Leistungsentwicklung von Kindern auswirken. Anschließend wird (in Kap. 3) gezeigt, wie die von einem jungen Erwachsenen selbst erreichte sozialstrukturelle Position, insbesondere die erworbene Bildung, die berufliche Stellung und das erzielte Einkommen, die Wahl seiner Lebens- und Familienform beeinflusst. Im Anschluss daran werden (in Kap. 4) die sozialstrukturellen Folgen der Entscheidung für eine bestimme Lebens- und Familienform skizziert, die sich im Laufe des Erwachsenenlebens bemerkbar machen. Am Schluss wird (in Kap. 5) auf das Vererben und Erben materieller Güter eingegangen. Der eigene Lebensweg geht zu Ende und beeinflusst den der nächsten Generation.

2   Sozialstruktur

Def Als Sozialstruktur wird das relativ beständige und für alle Gesellschaftsmitglieder relevante Gefüge typischer Beziehungen, Einrichtungen und dementsprechender sozialer
Gruppierungen in einer Gesellschaft bezeichnet. Der Begriff Sozialstruktur bezieht sich
auf den inneren Zusammenhang dieser Elemente hinter den alltäglich sichtbaren Phäno-
menen. Die Sozialstruktur stellt sozusagen das Skelett einer Gesellschaft dar (Hradil
2004: 13ff.). Bernhard Schäfers definierte Sozialstruktur als „die Gesamtheit der relativ
dauerhaften Grundlagen und Wirkungszusammenhänge sozialer Beziehungen und der sozialen Gebilde (Gruppen, Institutionen und Organisationen) in einer Gesellschaft" (ders.
1998: 330).

Für die Einzelnen und ihren Alltag macht sich die Sozialstruktur einer Gesellschaft in
Form von „objektiv" vorgegebenen Lebensbedingungen bemerkbar, die teils abhängig,
teils unabhängig von der jeweiligen „subjektiven" Wahrnehmung und Einschätzung das
Leben der Einzelnen prägen. Sie wirken orientierend, helfend und entlastend, aber sie be-
grenzen und beherrschen das individuelle Leben auch. Strukturtheoretische Erklärungsansätze der Soziologie heben diese Wirkungsrichtung hervor.

Freilich schließen diese Wirkungen sozialstruktureller Gegebenheiten nicht aus, dass
die Einzelnen aktiv tätig sind. Sie erfahren und interpretieren Lebensbedingungen, sie gehen damit in unterschiedlicher Weise um, sie nutzen Gegebenheiten so oder so als Ressourcen, teils eingebettet in gesellschaftliche Muster, teils individuell eigenständig. Handlungstheorien betonen diesen Aspekt.

Bei der Analyse der Sozialstruktur moderner Gesellschaften unterscheidet man üblicherweise mehrere Dimensionen. Ein solcher pluralistischer Ansatz geht nicht davon aus,
dass von vornherein bestimmte Bereiche der Sozialstruktur (z.B. Wirtschaft und Erwerbstätigkeit) die übrigen determinieren. Wichtige sozialstrukturelle Dimensionen sind unter
anderem die Strukturen von Bevölkerung, Familien und Haushalten, Bildung, Erwerbstätigkeit, sozialer Ungleichheit, sozialer Sicherung und Massenkultur (vgl. Hradil 2004).

2.1   Entwicklungstendenzen der Sozialstruktur

Die Sozialstruktur moderner Gesellschaften änderte sich seit Beginn der Industrialisie-
rung von Grund auf. So führten Modernisierungstendenzen zur Ausdifferenzierung und
Spezialisierung von Institutionen, zur Freisetzung von Individuen und dementsprechender
„Subjektivierung" der Sozialstruktur. Lebensstile pluralisierten sich, viele Werte und
Normen wurden dagegen universeller (z.B. die Gleichheit zwischen Mann und Frau, de-
mokratische und gewaltfreie Spielregeln).

Dadurch ergeben sich bis heute markante Veränderungen der Sozialstruktur im Einzelnen. Diese sind unter anderem:

- Geburtenrückgänge, die Verlängerung der Lebenserwartung und Zuwanderungen machen die Bevölkerung älter und ethnisch unterschiedlicher;
- im Zuge der Pluralisierung von Lebens- und Familienformen liberalisieren sich Normalitätsvorstellungen;
- Frauen sind Gewinner der Bildungsexpansion, ihre gesellschaftliche Stellung wird
  gestärkt;

- neue Technologien mit hohen Qualifikationsvoraussetzungen verbreiten sich. Zusammen mit der Globalisierung führt dies dazu, dass Arbeitsmarktchancen und Entlohnungen je nach Ausbildungsgrad immer stärker auseinander gehen;
- nicht nur in Landwirtschaft und Industrie, auch in Teilen des Dienstleistungssektors kommt es zu Rationalisierung und Arbeitsplatzabbau. Wissensbasierte und personenorientierte Dienstleistungen expandieren hingegen;
- demografische Veränderungen und internationale Konkurrenz lassen die soziale Sicherung gegen Risiken des Alters, der Krankheit und eines Unfalls von der Erhaltung des Lebensstandards zu Minimumabsicherungen schrumpfen.

2.2 Soziale Ungleichheit

Sozialstrukturelle Gegebenheiten beeinflussen Familien und Haushalte auf vielfältige Weise. Sie prägen zum Beispiel das Heirats- und Geburtenverhalten. Andererseits beeinflusst das Verhalten die sozialstrukturelle Position der Einzelnen. Diese Positionen insgesamt formen wiederum die Sozialstruktur der Gesellschaft. Im Folgenden soll diesen Zusammenhängen insbesondere im Hinblick auf den *vertikalen* Aspekt der Sozialstruktur, also hinsichtlich der sozialen Ungleichheit, nachgegangen werden. Sie steht im Mittelpunkt vieler gesellschaftlicher Diskussionen.

„Soziale Ungleichheit" heißt, dass den einzelnen Gesellschaftsmitgliedern aufgrund der Organisation ihres Zusammenlebens und -arbeitens mehr oder weniger als anderen Menschen von den knappen begehrten „Gütern" einer Gesellschaft zukommt. So verdienen Ingenieure mehr als Schlosser, Ärzte sind angesehener als Müllmänner, ein Abteilungsleiter hat mehr Macht als der Bürobote, und Frauen haben schlechtere Chancen als Männer, in gesellschaftliche Führungspositionen zu gelangen. Mit „sozialer Ungleichheit" sind sowohl *„gerecht"* als auch *„ungerecht"* erscheinende Vor- und Nachteile zwischen Menschen gemeint. Als soziale Ungleichheit bezeichnet man nur gesellschaftlich strukturierte, nicht aber natürliche (z.B. Körperstärke), zufällige (z.B. Lotteriegewinn) und momentane Ungleichheiten (z.B. die Ohnmacht einer Geisel).

Es ist zu unterscheiden zwischen *Verteilungs*ungleichheit, das heißt der ungleichen Verteilung von begehrten knappen Gütern unter den Gesellschaftsmitgliedern insgesamt (zum Beispiel die Verteilung von Einkommen oder Vermögensbeständen), und *Chancen*ungleichheit. Hierunter versteht man die Chance bestimmter Bevölkerungsgruppen, eine vorteilhafte oder nachteilige Position in dieser Verteilung zu erlangen (zum Beispiel die Chance von Migrantenkindern, das Abitur, oder von Frauen, gut bezahlte Berufspositionen zu erreichen).

Die „idealtypische Modernisierungssequenz" (M. R. Lepsius) besteht darin, dass für die Menschen in einer modernen Industriegesellschaft meist der *Beruf* bestimmt, welche Stellung sie im Gefüge sozialer Ungleichheit einnehmen, und nicht mehr wie in der frühindustriellen Gesellschaft der *Besitz*, erst recht nicht mehr wie in traditionalen Gesellschaften die *familiale Herkunft*.

Fasst man diese Veränderungen der Struktur sozialer Ungleichheit im Modernisierungsprozess idealtypisch zusammen, so gewannen im Übergang von vorindustriellen zu industriellen Gesellschaften *erworbene*, das heißt durch individuelles Verhalten beeinflussbare Ungleichheiten an Bedeutung. (So steigt eine Person zum Beispiel in eine bestimmte Berufsposition auf und erlangt dadurch ein bestimmtes Maß an Prestige, Einkommen und Macht.) *Zugeschriebene*, das heißt an individuell unveränderliche Merkmale (wie an die familiale Herkunft oder ethnische Abstammung, an Geschlecht, Alter, Nationalität oder Kohorte) geknüpfte Vor- und Nachteile verloren allmählich an Gewicht. Wo sie fortbestehen (als z.B. an die Herkunftsfamilie gebundene Ungleichheiten) werden sie heute stark kritisiert.

Je weiter Industriegesellschaften zu postindustriellen Dienstleistungsgesellschaften fortschreiten, desto mehr gerät neben dem Beruf auch der Bildungsgrad als Weg zum Erwerb von Vor- und Nachteilen in den Vordergrund. Industriegesellschaften entwickeln sich zu Wissensgesellschaften. Außerdem verbreitert sich das Spektrum wichtiger Dimensionen sozialer Ungleichheit. Es werden immer mehr Vor- und Nachteile als wichtig empfunden. Neben den berufsnahen Dimensionen Einkommen, Berufsprestige und berufliche Macht geraten mehr und mehr auch soziale Sicherheit, Freizeit-, Arbeits-, Gesundheits- und Wohnbedingungen sowie „Ungleichbehandlungen" in den Vordergrund der Aufmerksamkeit (Hradil 1987; ders. 2001).

Im Zusammenhang hiermit veränderten sich die idealtypisch dominierenden *Gruppierungen* im Gefüge sozialer Ungleichheit: In der vorindustriellen *Ständegesellschaft* prägte die jeweilige „Geburt" aus unterständischen Gruppierungen, aus dem Bauern-, Bürgeroder Adelsstand die Lebenschancen der Einzelnen sowie ihren Lebensweg und die gesellschaftliche Stellung: Die Kinder blieben in der Regel schon aus rechtlichen Gründen im Stand ihrer Eltern. Den jeweiligen Ständen waren ungleiche Rechte und Pflichten zugeordnet. Diese Standesregeln betrafen sowohl Erwerbschancen als auch das alltägliche Verhalten. Auch wenn diese Strukturen heute nicht mehr dominieren, und man nicht mehr von einer Ständegesellschaft sprechen kann, so sind ständische Strukturen doch nicht verschwunden. Insbesondere übt die Herkunftsfamilie maßgeblichen Einfluss auf individuelle Lebenschancen aus.

In der frühindustriellen *Klassengesellschaft* bestimmte der *Besitz* die gesellschaftliche Stellung und das gegenseitige Verhalten. Sozialer Aufstieg war nun rechtlich möglich, aber aus wirtschaftlichen Gründen selten. Die Klassen der Besitzenden und der Besitzlosen waren sozial voneinander geschieden und standen einander politisch entgegen. Auch wenn durch elterlichen oder eigenen Besitz geprägte Ungleichheiten heute, wie noch in Klassengesellschaften, nicht mehr dominieren – Klassenstrukturen gibt es nach wie vor.

In industriellen Gesellschaften sind etwa neun Zehntel der Beschäftigten Unselbstständige. Die Ungleichheiten innerhalb der Berufshierarchie dieser mehr oder minder Besitzlosen sind in dieser Phase bedeutender geworden als die Ungleichheiten zwischen ihnen und den Besitzenden. Besonders wichtig werden die berufsnahen Ungleichheiten des Berufsprestiges, des Einkommens und der Bildung. Gruppierungen mit ähnlichem Berufs-, Einkommens- und Ausbildungsstatus werden als Schichten bezeichnet. Die Grenzen zwischen ihnen sind durchlässiger als Klassengrenzen.

In postindustriellen Gesellschaften differenziert sich das Ungleichheitsgefüge aus. Neben den Schichten, die innerhalb der Erwerbstätigen und ihrer Familien bestehen, werden Rand- und Problemgruppen „unterhalb" des Schichtungsgefüges sowie jene Gruppierungen (wie Rentner, Studierende) immer bedeutsamer, die ihr Auskommen aus Transferleistungen beziehen. Außerdem differenziert sich das Ungleichheitsgefüge auch kulturell aus: Lebensstilgruppierungen und soziale Milieus werden sozial, politisch und ökonomisch immer folgenreicher.

Der historische Übergang von Stände-, zu Klassen- und schließlich zu geschichteten und weiter ausdifferenzierten Gesellschaften beseitigte soziale Ungleichheit nicht: An Stelle eines verelendeten Proletariats oder einer benachteiligten Unterschicht entstanden Rand- und Problemgruppen. Sie sind kleiner, heterogener und verfügen, da sie in der Regel nicht erwerbstätig sind, über weniger Macht, als sie das große, relativ homogene und streikmächtige Proletariat einmal hatte. Deswegen ist die Lage von Asylbewerbern, Langzeitarbeitslosen, Pflegebedürftigen, Behinderten, Obdachlosen etc. besonders schwierig. Armut existiert nach wie vor. Sie äußert sich jedoch nicht länger in absoluter Verelendung. Als arm gelten vielmehr Menschen, die so geringe Mittel haben, dass sie am üblichen gesellschaftlichen Leben nicht teilnehmen können. Die neue Armut ist „relativ", da sie von den Maßstäben der jeweiligen Gesellschaft abhängt. Andererseits hebt sich eine „Dienstklasse" von hoch qualifizierten Angestellten und Beamten aus der Masse der Arbeitnehmer heraus. Große, in letzter Zeit wieder wachsende Einkommens- und Vermögensabstände trennen insbesondere die meisten Unternehmensbesitzer und freiberuflich Tätigen von den Unselbstständigen.

Geburt und Vermögen verschaffen immer noch Vor- und Nachteile, die jedoch zunehmend illegitim werden. Bildung und Beruf prägen die Lebenschancen auf eine zwar legitime, aber dennoch äußerst fühlbare und folgenreiche Weise.

3 Die Herkunftsfamilie

Auch wenn sich der selbst erworbene Beruf und erhaltene sozialstaatliche Leistungen auf die Lage der Menschen unmittelbar auswirken – die soziale Lage der Familie, in der sie aufgewachsen sind, tut es auch, wenn auch meist mittelbar. Sie prägt Kindheit und Sozialisation. Sie beeinflusst Jugend, Bildung und Ausbildung. Die Herkunftsfamilie wirkt sich bis hin zu Studium, Berufs- und Partnerwahl aus.

3.1 Sozialisation

Kinder, die in unteren sozialen Schichten oder gar in Problemgruppen von Obdach- oder Langzeitarbeitslosen aufwachsen, erfahren eine andere Erziehung und Sozialisation als Kinder aus Mittelschichtfamilien.

Schon die Erziehungs*ziele* der Eltern gehen auseinander: Die mittleren und oberen Schichten erziehen Kinder hin zur individuellen Selbstbestimmung, Eltern aus unteren Schichten streben eher Gehorsam und Anpassung an. Zwar sind solche Zielsetzungen absolut seltener geworden, fast alle Eltern streben ein höheres Niveau der individuellen Autonomie an. Aber die relativen Unterschiede der Erziehungsziele zwischen Eltern aus oberen und unteren Schichten blieben erhalten. Eine Erziehung hin zu bloßer Normbefolgung und Konformität bereitet jedoch weniger gut auf die komplexen Aufgabenstellungen statushöherer Positionen vor. Sie verlangen Rollendistanz und die Fähigkeit zu eigenständiger Gestaltung.

Das tatsächliche Erziehungsverhalten unterscheidet die Eltern der sozialen Schichten weniger als die Erziehungsziele, doch auch hier lassen sich Unterschiede feststellen. Eltern aus unteren Schichten reagieren vornehmlich auf das beobachtbare Verhalten ihrer Kinder und auf dessen Konsequenzen. (Das Kind hat einen Teller zerschlagen.) Eltern aus höheren Schichten orientieren sich dagegen eher an der Absicht, die die Kinder verfolgen. (Das Kind wollte den Eltern helfen.) Unterschiede zeigen sich auch bei der Wahl der Kontrollmittel. Körperliche Strafen, machtorientierte und weniger konsequente Erziehungstechniken kommen in unteren Schichten häufiger vor, Argumentationen und andere psychologische sowie insgesamt konsequente Kontrollformen dominieren in oberen Schichten (Steinkamp 1980: 258; Steinkamp/Stief 1978).

Damit im Zusammenhang steht, dass in oberen Schichten mehr gesprochen wird als in unteren. Worte gelten viel. In unteren Schichten zählen Taten. Persönlichkeitsentwicklung und Erfolge von Kindern werden sowohl durch Sprachhäufigkeit als auch durch Sprachstile beeinflusst. Zwar benutzen, im Gegensatz zu z.B. England (Bernstein 1972), in Deutschland die Familien der einzelnen Schichten keine spezifischen Sprachen mit je eigenen grammatikalischen und semantischen Mustern. Wohl aber herrscht ein schichtspezifischer Sprachgebrauch vor. In bessergestellten, gebildeteren und angeseheneren Familien ist er variationsreicher, kontextunabhängiger und erlaubt es, differenziertere Sichtweisen auszudrücken. Die Satzkonstruktionen sind komplexer; es werden unterschiedlichere Wortarten verwendet; Begründungen und Schlussfolgerungen werden deutlicher unterschieden. Wenn auch die Sprechweise der unteren Schichten in deren Lebenswelt nicht „schlechter" funktioniert, sondern den Gegebenheiten angepasst ist, so liegt es doch auf der Hand, dass die Beherrschung der Sprechweisen mittlerer und höherer Schichten Vorteile in weiterführenden Schulen und vielen Dienstleistungsberufen verschafft.

Sozialisation vollzieht sich aber nicht nur durch Eltern. Auch materielle und soziale Umstände, wie die mehr oder minder große Wohnung, die anregungsreichere oder - ärmere Wohnumgebung, ungleiche Reiseerfahrungen, unterschiedliche Mediennutzung in Gestalt von Fernsehen und Computer(spielen), sowie die Einflüsse von Freunden und Gleichaltrigen sind ebenfalls wirkungsmächtige Sozialisationsinstanzen.

In der Gesamtheit führen diese Sozialisationsprozesse dazu, dass sich kindliche Persönlichkeiten herausbilden, die in mittleren und oberen Schichten meist zukunftsorientierter und planender, leistungsmotivierter und leistungsfähiger, intelligenter und kommunikativer als in unteren sind (vgl. Hradil 2001: 443ff.).

3.2 Bildungschancen

In modernen Gesellschaften ist die Erlangung von Berufspositionen, Einkommen und Ansehen aufgrund der Herkunft illegitim geworden. Stattdessen dienen Bildungsabschlüsse der legitimen Statuszuweisung. Bildungseinrichtungen sind so zu den zentralen Dirigierungsstellen im Ungleichheitsgefüge geworden. Umso wichtiger ist es, dass in Bildungseinrichtungen Noten, Übertrittsempfehlungen und Zeugnisse allein nach Maßgabe der Leistung und nicht nach leistungsfremden Kriterien wie der Stellung der Eltern, der persönlichen Vorlieben von Lehrenden etc. erteilt werden. Bildungseinrichtungen haben also die Aufgabe, *Leistungsgerechtigkeit* herzustellen. Darüber hinaus kommt ihnen auch die Aufgabe zu, an der Schaffung gesellschaftlicher *Chancengleichheit* mitzuwirken. Herkunftsbedingte Leistungsungleichheiten sollten in Schulen nach Möglichkeit kompensiert werden. Schulen sollen daran mitwirken, dass alle Kinder die gleiche Chance haben, ihre individuellen Leistungspotenziale zu entfalten.

Als Maß für die Herstellung von Chancengleichheit und Leistungsgerechtigkeit im Bildungswesen wird üblicherweise die „proportionale Chancengleichheit" verwendet. Hiernach besteht Chancengleichheit, wenn alle Bevölkerungsgruppen im Maße ihres Bevölkerungsanteils auf allen Stufen des Bildungswesens vertreten sind. Diese Messmethode besagt nicht notwendigerweise, dass dieses Ziel erreichbar ist.

Gemessen hieran erfüllen die Bildungseinrichtungen in Deutschland ihre Aufgaben der Herstellung von Chancengleichheit und Leistungsgerechtigkeit vergleichsweise schlecht. Zwar haben sich im Zuge der Bildungsexpansion die Bildungschancen für Kinder aller Schichten und Ethnien erheblich erhöht. Dennoch haben bis heute Kinder aus Migrantenfamilien sowie Kinder aus unteren Schichten (Kinder aus Arbeiterfamilien, Kinder wenig gebildeter Eltern und Kinder aus einkommensschwachen Familien) relativ schlechte Chancen, höhere Schul- und Ausbildungsabschlüsse zu erreichen.

Von 100 Beamtenkindern schafften es im Jahr 2003 nicht weniger als 77 in die Oberstufe des Gymnasiums und 63 in die Universität. Im Gegensatz dazu besuchten nur 34 Prozent der Arbeiterkinder die gymnasiale Oberstufe, und nur 18 Prozent gelangten zur Universität (Hovestadt/Eggers 2007: 85; vgl. Allmendinger/Nikolai 2006). Ein entsprechender Zusammenhang zeigt sich auch, wenn man die Schülerschaft der einzelnen Schultypen vergleicht. An den Gymnasien stammten im Jahr 2003 mehr als die Hälfte der Schüler aus dem statushöchsten Bevölkerungsviertel. Kaum ein Kind (nur 6,9 Prozent) aus dem obersten sozialstrukturellen Viertel musste mit der Hauptschule vorlieb nehmen. Hier kamen hingegen 45 Prozent der Schüler aus dem untersten Quartil (Hovestadt/ Eggers 2007: 46).

Ausländische Jugendliche erzielen deutlich schlechtere Bildungserfolge als gleichaltrige Deutsche. Während im Jahr 2000 33,2 Prozent der Schüler der neunten Jahrgangsstufe mit deutschem Pass das Gymnasium besuchten, waren es nur 24,6 Prozent der ausländischen Schüler. Diese besuchten dagegen zu 31,8 Prozent die Hauptschule, die nur von 16,6 Prozent der gleichaltrigen deutschen Schüler besucht wurde (Konsortium Bildungsberichterstattung 2006: 152).

In den viel diskutierten PISA-Studien wurden nicht formale Bildungsabschlüsse, sondern inhaltliche Kompetenzen international verglichen. Es zeigte sich, dass in allen untersuchten Ländern Kinder aus höheren Schichten bessere Lesekompetenzen hatten als Kinder aus unteren Schichten, jedoch war dieser Zusammenhang in keinem Land enger als in Deutschland. Während 2000 nur 10 Prozent der Jugendlichen aus Familien des obersten Viertels der Sozialstruktur über dürftige Lesekompetenzen verfügten, kamen fast 40 Prozent der Kinder des untersten Viertels (hauptsächlich die Kinder von un- und angelernten Arbeitern) über elementare Lesefertigkeiten und -verständnisse nicht hinaus (Baumert 2003: 29). Auch die Kompetenzunterschiede zwischen Jugendlichen mit und ohne Migrationshintergrund sind in Deutschland besonders stark ausgeprägt. Fast 50 Prozent der Schüler, deren beide Elternteile zugewandert sind, überschreiten nicht die elementare Kompetenzstufe im Lesen (Deutsches Pisa-Konsortium 2003: 57).

Wie die Ergebnisse der PISA-Erhebung 2006 zeigen, haben sich die Kompetenzab-stände zwischen den verschiedenen Sozialschichten und zwischen Jugendlichen mit und ohne Migrationshintergrund in Deutschland seit 2000 leicht reduziert. Im internationalen Vergleich sind sie jedoch weiterhin hoch (Deutsches Pisa-Konsortium 2007).

Die Gründe für die relativ schlechten Bildungschancen von Kindern aus den Unter-schichten und Migrantenfamilien Deutschlands liegen unter anderem in der Dreigliedrig-keit des deutschen Schulsystems und der damit einhergehenden frühen und nachhaltigen Selektion sowie in fehlenden Vorschulangeboten (Allmendinger 2003; Allmendinger/ Nikolai 2006).

Vor dem Besuch von Vor- und Grundschulen prägen schon Erfahrungen aus früher Kindheit den späteren Schulerfolg der Kinder (vgl. Kap. 2.1). Eltern aus mittleren und oberen Schichten legen häufig viel Wert auf Bildung und fördern ihre Kinder z.B. durch Vorlesen und Betrachten von Kinderbüchern sowie dann durch Hausaufgabenbetreuung oder Nachhilfe. Dies verbessert die Sprachfertigkeiten und die schulischen Erfolgschan-cen der Kinder (Deutsches Pisa-Konsortium 2001: 74).

Wie wichtig die elterliche Betreuung und die Bildungschancen der Kinder für deren Zukunft sind, zeigt sich unter anderem daran, dass höher Gebildete wesentlich leichter ei-nen Arbeitsplatz als gering Gebildete finden und seltener gekündigt werden. „Jedes zu-sätzliche Jahr Schul- oder Berufsbildung erhöht das spätere Arbeitseinkommen um etwa 6 Prozent. Außerdem haben Akademiker eine wesentlich höhere Chance, gemäß ihrer Qualifikation eingesetzt zu werden." (Sydlik 2006: 379)

3.3 Unterstützungsleistungen in der Situation der Haushalts- bzw. Familiengründung

Auch nach Beendigung der Ausbildungsphase hat die soziale Stellung der Eltern unmit-telbare Auswirkungen. Obwohl in modernen Gesellschaften unter „Familie" oft nur das Zusammenleben zweier Generationen verstanden wird, ist darüber hinausgehende Gene-rationensolidarität keinesfalls ausgestorben. Sie gewinnt angesichts der Schwächung der staatlichen Sicherungssysteme sogar neue Bedeutung.

Eine wichtige und für die Betrachtung sozialer Ungleichheit besonders relevante Form der Generationensolidarität stellen finanzielle Transfers dar. Finanzielle Unterstüt-zung erfahren junge Erwachsene unter anderem während der Ausbildung (Studierende oder akademisch gebildete Kinder erhalten häufiger Zahlungen als Kinder mit Haupt-oder Realschulbildung), als Unterstützung beim Berufsstart, in der Situation der Haus-halts- bzw. Familiengründung, bei der Geburt von Kindern, bei Engpässen, beim eigenen Vermögensaufbau und beim Hausbau (ebd.: 123). Dergleichen finanzielle Transferleis-tungen haben historisch zugenommen, vor allem durch die längeren Ausbildungszeiten und die Wohlstandssteigerung nach dem Zweiten Weltkrieg (Nave-Herz 2004: 220). Der Anteil der Eltern, die ihre erwachsenen Kinder im letzten Jahr mit größeren Geldmitteln unterstützt hatten, betrug 1996 ca. 30 Prozent (Szydlik 2000: 170). Nähme man kleinere oder länger zurückliegende Unterstützungsleistungen hinzu, läge dieser Wert weit höher.

Finanzielle Unterstützung von Kindern wird nicht nur von bessergestellten Eltern ge-leistet (Nave-Herz 2004: 220). Sie ist jedoch weit davon entfernt, gleich verteilt zu sein und damit gleiche Chancen zu eröffnen. Finanzkräftige Eltern geben häufiger und we-sentlich höhere Summen an die nachfolgende Generation weiter (Szydlik 2000: 171). Nur

19,5 Prozent der westdeutschen Eltern aus dem untersten, aber 43,1 Prozent aus dem obersten Einkommensfünftel hatten im Jahr 1996 im letzen Jahr Geld an nicht mehr im Haushalt lebende erwachsene Kinder gegeben (ebd.: 135).

Die Vorteile, die durch diese Transfers entstehen, liegen auf der Hand. Wer finanziell gutgestellte Eltern hat, muss während des Studiums nicht Geld verdienen, kann im Ausland studieren, muss nach dem Studium nicht das erstbeste Stellenangebot annehmen, kann seine Kinder aus dem Fenster des mit elterlichem Geld gekauften Hauses im Garten spielen sehen.

Elterliche Unterstützung geschieht aber nicht nur in Form finanzieller Transfers. Auch Bürgschaften, das Bereitstellen von Wohnraum sowie das Überlassen eines Autos können relevant sein (Nave-Herz 2004: 218). Informationen, Ratschläge und „Beziehungen" spielen unter anderem dann eine Rolle, wenn zusätzliche Qualifikationen wie Praktika und Auslandserfahrungen gefordert oder Wohnungen und Arbeitsstellen gesucht werden (Szydlik 2006: 380). Eltern helfen zudem ideell, indem sie Berufsvorstellungen klären, Ehrgeiz wecken, Mut machen, Auswege finden. All diese Hilfen kommen Kindern aus oberen Schichten häufiger zugute als anderen.

4   Sozialstruktur und private Lebensführung

Wenn junge Menschen eine eigene berufliche Stellung aufbauen, verblassen manche Vor- und Nachteile, die sich der elterlichen Stellung verdanken. Die selbst erworbenen Lebensbedingungen des Berufs, des Einkommens, des Wohnens etc. geraten in den Vordergrund, wenn auch materielle Unterstützungen durch Eltern nicht völlig verschwinden. Auch vieles vom immateriellen elterlichen „Erbe", wie zum Beispiel Wertvorstellungen und Zukunftsziele, bleibt oft lebenslang wirksam. Aber selbst entwickelte oder durch die eigene Erwerbsarbeit entstandene Mentalitäten und Lebensstile mischen sich mehr und mehr mit jenen, die aus dem Elternhaus stammen.

Die sozialstrukturell relevanten Lebensbedingungen, die im Zusammenhang mit der eigenen beruflichen Stellung entstehen, prägen eine Vielzahl von Entscheidungen und Verhaltensweisen in Familie und Haushalt. So zeigen sich auch hinsichtlich der Wahl der Lebensform sozialstrukturelle Muster.

Seit etwa den 1960er Jahren verlor die Ehe immer mehr von ihrer absoluten Vorherrschaft. Immer mehr Menschen wählten andere Lebensformen. Das Ausmaß dieser Pluralisierung und die Wahl der Lebensformen vollzogen sich jedoch nicht überall gleich. Beispielsweise hat in Großstädten die traditionelle Ehe mehr von ihrer Dominanz verloren als auf dem Land (Brüderl/Klein 2003: 203).

Auch hinsichtlich der Stellung im Gefüge sozialer Ungleichheit zeigen sich Unterschiede. Die Pluralisierung von Lebensformen findet großenteils in mittleren und oberen Schichten statt, auch wenn nicht traditionale Lebensformen zunehmend in die unteren Schichten vordringen. Immer noch wird aber die traditionelle Lebensform „Verheiratet mit Kindern" häufiger von Mitgliedern unterer Schichten gelebt. Die weniger konventionellen Lebensformen „Nichteheliche Lebensgemeinschaft" und „Single" sind dagegen oft die Wahl von Mitgliedern oberer Schichten.

In den folgenden Abschnitten sollen zunächst sozialstrukturelle Einflüsse auf die Übergänge zwischen Lebensformen, dann auf die modernen Lebensformen „Nichteheliche Lebensgemeinschaft" und „Single" dargestellt werden.

4.1 Heiraten

Die deutlichsten Einflüsse der sozialstrukturellen Position auf das Heiratsverhalten finden sich bei westdeutschen Frauen: Je höher deren Qualifikation ist, desto häufiger bleiben sie unverheiratet. Unverheiratet waren im Jahr 2000 28 Prozent der Hochschulabsolventinnen, aber nur 10 Prozent der Hauptschulabsolventinnen im Alter von 35-44 Jahren (Engstler/Menning 2003: 69). Die Heiratsneigung nimmt bereits ab einem mittleren Bildungsniveau ab. Hauptschülerinnen ohne einen beruflichen Abschluss sind entsprechend am häufigsten verheiratet (Wirth 2000: 130).

In Ostdeutschland ist der Einfluss der Bildung auf das Heiratsverhalten von Frauen deutlich geringer als in Westdeutschland. Hier waren 2000 die am geringsten qualifizierten Frauen etwas häufiger ledig als höher qualifizierte. Dieser Befund trifft auch auf die jüngsten Geburtskohorten zu, die nicht mehr unter den Bedingungen der DDR ins Heiratsalter kamen. Anders als in Westdeutschland ist bei ostdeutschen Männern ein Bildungseffekt feststellbar. Ihre Heiratswahrscheinlichkeit steigt mit dem Qualifikationsniveau an (Wirth/Schmidt 2003: 89). Dies ist vor allem der schlechten Position von Männern mit niedriger Schulbildung und ohne Berufsabschluss auf dem Heiratsmarkt geschuldet. Dagegen ist die Heiratsneigung von westdeutschen Männern kaum eine Frage des Bildungsgrades (ebd.: 133).

Die erheblichen Unterschiede zwischen Ost- und Westdeutschland zeigen, wie wichtig gesellschaftliche Rahmenbedingungen auch für die Heiratsneigung sind. Der materielle Ertrag einer Heirat ist für eine Frau mit hoher Qualifikation ohnehin vergleichsweise gering. Ist der Grad der Individualisierung hoch und fehlt es an Kinderbetreuungseinrichtungen, wie in Westdeutschland, so unterbleibt das Heiraten – zumal das kindorientierte – oft ganz. Dies umso mehr, als das nichteheliche Zusammenleben heute eine gesellschaftlich akzeptierte Alternative zur Ehe darstellt.

In den Medien wird immer wieder berichtet, dass hoch qualifizierte Frauen in Westdeutschland immer seltener heiraten. Die empirischen Ergebnisse zeigen dagegen, dass der relative Abstand zwischen den Heiratswahrscheinlichkeiten von hoch und geringer qualifizierten Frauen in den letzten 30 Jahren nahezu konstant geblieben ist. Allerdings ließ in dieser Zeit die Heiratsneigung aller Bildungsgruppen gleichermaßen nach (Wirth/Schmidt 2003: 116).

Die Menschen heiraten nicht nur immer seltener, sondern auch immer später. Im Durchschnitt heirateten ledige Frauen im Jahr 2005 im Alter von 29,6 Jahren und Männer mit 32,6 Jahren zum ersten Mal (Peuckert 2007: 40). Hauptgrund für die Verschiebung des Heiratens sind die längeren Bildungsphasen für immer mehr Menschen. Personen mit Hochschulreife heiraten im Schnitt 3-4 Jahre später als Personen mit niedrigerem Bildungsniveau (Diekmann 1993; Hill/Kopp 2000; Weick 2004).

Auch die Wahl des Ehepartners steht im Zusammenhang mit Strukturen sozialer Ungleichheit. Immer mehr Menschen suchen sich einen Partner, der ihnen hinsichtlich Bildung oder Schichtzugehörigkeit ähnlich ist. Besonders ausgeprägt ist diese Tendenz zur

Homogamie bei Akademikern – und mehr noch bei Akademikerinnen – sowie bei Haupt-schulabsolventen ohne berufliche Ausbildung (Wirth 2000: 238; Blossfeld/Timm 1997). So gehen 70 Prozent aller Frauen mit einer hohen Ausbildung Partnerschaften mit gleich-falls hoch qualifizierten Männern ein (Wirth 2007: 181).

„Gleich und gleich gesellt sich gern": Auch die sozialen Berufsschichten bleiben beim Heiraten immer mehr unter sich – besonders die Dienstleistungsberufe einerseits und die Arbeiterberufe andererseits. Heiraten über die Grenze zwischen manuellen und nicht manuellen Berufen hinweg ist noch seltener als früher geworden (Wirth 2000: 242).

In früheren Zeiten heirateten Frauen oft „aufwärts", und Ehemänner gehörten meist einer höheren Bildungsschicht als Frauen an. Dieses „Pretty-Woman-Syndrom" war nur mittelbar eine Frage der Neigung; es entstand unmittelbar durch den Mangel an gleich gebildeten Frauen auf dem Heiratsmarkt. Heute sorgen ausgeglichene Bildungserfolge und die Gelegenheiten in Bildungseinrichtungen dafür, dass Frauen gleich häufig über ih-rem eigenen Bildungsniveau heiraten wie Männer (ebd.: 238).

Die Folgen der wachsenden Homogamie sind zwiespältig: Einerseits ist dadurch die Abhängigkeit von Frauen geringer geworden. Andererseits bleiben dadurch die sozialen Schichten mehr unter sich als zuvor und die durch die Schichtzugehörigkeit bedingten in-dividuellen Vorteile konzentrieren sich. Dem Ideal einer offenen Gesellschaft ist das nicht zuträglich.

4.2 Kinder

In der öffentlichen Diskussion spielen zurückgehende Kinderzahlen eine wesentliche Rolle. Insbesondere wird häufig über Kinderlosigkeit von Akademikerinnen geklagt. Die empirischen Daten zeigen, dass die Geburtenrate (zusammengefasste Geburtenziffer) in Westdeutschland seit gut drei Jahrzehnten stabil ist, dass sich die Bevölkerung aber mehr und mehr in einen „Familienteil" und einen kinderlosen Teil aufspaltet (Dorbritz/Gärtner 1995: 352; Ostner 1999; Wirth/Schmidt 2003).

Akademikerinnen sind maßgeblich daran beteiligt, dass immer mehr Menschen in Deutschland kinderlos bleiben. Denn die Kinderlosigkeit von Akademikerinnen ist seit Mitte der 1990er Jahre stärker gestiegen als in Deutschland insgesamt. Die Wahrschein-lichkeit einer Akademikerin, ohne Kinder zu bleiben, hat sich von jeder vierten zu jeder dritten Frau erhöht (Scharein/Unger 2005:13).

Allerdings bekommt ein relativ hoher Anteil der hoch gebildeten Frauen auch zwei Kinder (Huinink 2002). Bei den höher gebildeten Frauen ist mit 45 Prozent höherer Wahrscheinlichkeit gegenüber den Frauen mit mittlerer Bildung die Geburt eines zweiten Kindes zu erwarten (Dornseiff/Sackmann 2003: 337). Der Grund für diese Polarisierung zwischen kinderlosen und „kinderreichen" Akademikerinnen ist darin zu sehen, dass kei-ne kostengünstigen Vereinbarkeitslösungen von Beruf und Familie bereitstehen, jedoch hohe Anreize sowohl für eine Abkehr von der Mutterrolle als auch für eine Elternschaft.

Wenn Frauen mit Abitur oder Hochschulabschluss Kinder bekommen, dann geschieht dies oft sehr spät. Von den 35- bis 39-jährigen waren 2003 noch 39 Prozent kinderlos, von den 39- bis 43-jährigen nur noch 30 Prozent (Scharein/Unger 2005: 9). Frauen der Geburtskohorten 1962 bis 1977 mit Abitur waren im Schnitt fünf Jahre älter als Frauen mit Realschulabschluss, als sie Mutter wurden, und sieben Jahre älter als Frauen mit Hauptschul- oder ohne Abschluss (Kreyenfeld 2007b: 98).

Diese Daten weisen schon darauf hin, dass hoch gebildete Frauen sich nicht etwa weniger Kinder wünschen als andere, sondern während des Karriereaufbaus häufig daran gehindert werden, ihren Kinderwunsch zu realisieren. In der Tat hat das Bildungsniveau auf die gewünschte Kinderzahl keinen Einfluss (Fahey 2006). Bei hoch qualifizierten Frauen zeigt sich also eine besonders große Diskrepanz zwischen Wunsch und Wirklichkeit.

Die geringsten Kinderzahlen findet man demzufolge auch bei Paaren, in denen die Frau einen Hochschulabschluss besitzt und der Mann niedriger qualifiziert ist (Wirth 2007: 188). Hier würde ein Verzicht auf berufliches Fortkommen zugunsten von Kindern besonders hohe Opportunitätskosten erzeugen und unterbleibt daher oft.

So wird auch verständlich, dass Frauen mit geringem Einkommen seltener kinderlos bleiben als Frauen mit mittlerem Einkommen. Hier ist der Verlust größer, durch Geburten auf dieses Einkommen und einen entsprechenden Lebensstandard verzichten zu müssen. Schon wieder häufiger können sich Frauen mit hohem Einkommen Kinder „leisten". Anders als Frauen mit mittleren Einkommen sind sie in der Lage, bei akzeptablem Lebensstandard Kinderbetreuung zu kaufen und so die Kluft zwischen Familienbildung und Karriere zu schließen. „Kinderlosigkeit ist danach nicht so sehr ein Phänomen der ‚Armenmilieus' sondern eher des ‚Milieus der konkurrierenden Optionen'. Gemeint ist damit, dass Kinder in diesen unteren bis mittleren Einkommensgruppen den Konsumstandard deutlich einschränken würden." (Dorbritz/Schwarz 1996: 243)

Deutlich zugenommen hat die Zahl der nichtehelich geborenen Kinder. In Deutschland kamen 2005 29 Prozent der Kinder außerhalb von Ehen zur Welt, in Ostdeutschland 59,5 Prozent, in Westdeutschland 23 Prozent (Peuckert 2007). Allerdings heiratet etwa ein Drittel der Eltern noch nach der Geburt des Kindes (Engstler/Menning 2003: 77).

In Westdeutschland lebt etwa die Hälfte der unverheirateten Mütter alleinerziehend und die andere Hälfte in einer nichtehelichen Lebensgemeinschaft. In Ostdeutschland kommen nichtehelich Geborene dagegen wesentlich häufiger in Lebensgemeinschaften als von alleinlebenden Müttern zur Welt. Im Jahre 2000 lebten im Osten 30 Prozent aller Mütter mit unter einjährigen Kindern in einer nichtehelichen Lebensgemeinschaft; nur 17 Prozent waren alleinerziehend (Konietzka/Kreyenfeld 2005a: 21).

Ledige Mütter haben überproportional häufig entweder eine sehr niedrige oder aber eine sehr hohe allgemeine Bildung. In Westdeutschland erziehen unverheiratete Mütter mit niedriger Bildung häufiger allein, während ledige Mütter mit Abitur wesentlich häufiger in einer nichtehelichen Lebensgemeinschaft leben. In Ostdeutschland leben auch unverheiratete Mütter mit geringer Bildung besonders häufig in einer nichtehelichen Lebensgemeinschaft (ebd.: 24).

Gering gebildete Frauen tragen außerdem das überhöhte Risiko, in recht jungem Alter außerhalb der Ehe ein Kind zu bekommen. 63 Prozent der Allerziehenden unter 30 Jahren wiesen einen Hauptschulabschluss auf, die Gruppe der Alleinerziehenden dieses Alters mit Abitur war dagegen mit nur 2 Prozent deutlich geringer (Wagner 1999: 198).

4.3 Scheidungen

Das Scheidungsrisiko hat seit Mitte der 1960er Jahre immer mehr zugenommen. Anders als Medien gelegentlich berichten, gibt es keine zuverlässigen Belege für ein Sinken von Scheidungsraten in neuerer Zeit. Gemessen an den ehedauerspezifischen Scheidungsraten des Jahres 2000 könnte erwartet werden, dass 37 Prozent aller Ehen mit Scheidung enden. Von allen 1990 geschlossenen Ehen waren 20 Prozent 2000 schon wieder geschieden (Engstler/Menning 2003: 81f).

Im Gegensatz zu landläufigen Vorurteilen werden die Ehen schichtniedrigerer Paare häufiger geschieden als die Ehen schichthöherer Paare. Sie haben weniger Stress, weniger Angst um den Arbeitsplatz, größere Wohnungen, mehr Zukunftsoptimismus. Ein überhöhtes Scheidungsrisiko betrifft vor allem arbeitslose oder gering verdienende Männer. Dagegen werden Frauen mit hoher Erwerbsbeteiligung und hoher Bildung häufiger geschieden als andere Frauen, insbesondere dann, wenn sie höher qualifiziert sind als ihre Partner (Babka von Gostomski et al. 1999; Andreß 2000: 73f). Für diese Frauen ergeben sich durch die eigene hohe Qualifikation gleichwertige oder unter Umständen höher bewertete Alternativen zu Ehe und Familie, was sich in einer geringeren Ehestabilität niederschlägt (Weick 2002: 57).

4.4 Nichteheliche Lebensgemeinschaften

Immer mehr Menschen leben ohne Trauschein zusammen. Dies geschieht häufig vor der Ehe. Sie wird oft erst dann geschlossen, wenn die Ausbildungsphase abgeschlossen ist oder wenn Kinder „geplant" oder „unterwegs" sind. Vor allem leben also junge, ledige, kinderlose Personen in einer nichtehelichen Lebensgemeinschaft (Matthias-Bleck 2005). Eine nichteheliche Lebensgemeinschaft (NEL) kann aber auch als Alternative zur Ehe gelebt werden. Während das voreheliche Zusammenleben in allen Schichten verbreitet ist, konzentrieren sich auf Dauer gestellte nichteheliche Lebensgemeinschaften in höheren Schichten.

2004 gab es in Deutschland etwa 2,5 Millionen nichteheliche Lebensgemeinschaften, etwa ein Drittel mit eigenen Kindern oder Kindern eines der Partner (Statistisches Bundesamt 2006b: 20). Nichteheliche Lebensgemeinschaften haben ein wesentlich höheres „Scheidungsrisiko" als Ehen und ein mehr als 15fach höheres Risiko, kinderlos zu bleiben (Wirth 2007: 189).

Die NEL als auf Dauer gestellte Lebensform ist nicht per se ein „Akademikerphänomen", aber auch weit davon entfernt, über alle Bildungsschichten gleich verteilt zu sein (Timm 2004: 149, 151). Besonders häufig leben westdeutsche Frauen mit hohem Bildungsniveau unverheiratet mit ihrem Partner zusammen, zumal dann, wenn er eine geringere Bildung besitzt (Wirth 2000). Männer mit hohem Bildungsniveau streben dagegen eher die Eheschließung an (Timm 2004: 144).

Allerdings finden sich – wie in Ehen – in der Regel Partner gleicher Bildung und gleicher Berufsschicht in nichtehelichen Lebensgemeinschaften zusammen (Wirth/Lüttinger 1998; Timm 2004) (weitere Informationen zu nichtehelichen Lebensgemeinschaften im Beitrag von Rupp/Blossfeld in diesem Band).

4.5 Singles

In Deutschland lebte im Jahr 2004 in ca. 37 Prozent aller Haushalte nur eine Person. In vielen Großstädten machten Einpersonenhaushalte bereits mehr als die Hälfte aller Haushalte aus. Es waren 2004 aber „nur" ca. 17 Prozent der Menschen, die allein lebten. Ein Großteil (38 Prozent) dieser Alleinlebenden waren ältere Menschen (65+). Die jüngere

Entwicklung geht dahin, dass Senioren immer seltener allein leben. Steigende Verbreitung findet das Alleinleben aber unter den Menschen mittleren und jüngeren Alters (Statistisches Bundesamt 2006b: 39).

Als „Singles" werden üblicherweise nicht alle Alleinlebenden, sondern nur jene im mittleren Lebensalter verstanden. Oft fasst man nur die Alleinstehenden darunter als „Singles in engerem Sinne" auf, also diejenigen, die im mittleren Lebensalter allein leben und keinen festen Partner haben (Hradil 1995).

Der Anteil der Singles wächst. So lebten 1991 erst 15, 2004 schon 22 Prozent der 20- bis 34-Jährigen alleine (Statistisches Bundesamt 2006b: 39). Im Schnitt der 35- bis 64-Jährigen waren es immerhin schon 15 Prozent.

Für die Zunahme der Singles gibt es viele Gründe. Sozialstrukturell relevant sind unter anderem folgende: Immer mehr berufliche Mobilitätszwänge machen das Leben als Paar und erst recht die Familienbildung kaum möglich. Viele Frauen können im Falle einer Partnerschaft oder gar einer Mutterschaft nicht damit rechnen, ihre hervorragende Ausbildung in berufliche Erfolge umzusetzen. Auch und gerade in vielen anspruchsvollen und gut bezahlten Berufen wird der bzw. die „vollmobile Single" vorausgesetzt. Dazu kommen weitere Ursachen: die Zunahme von Scheidungen, wachsende gesellschaftliche Liberalität bezüglich vorehelicher Sexualität, der Wertewandel hin zu individueller Selbstverwirklichung etc.

Im Hinblick auf Bildung, berufliche Stellung und Einkommen sind Singles insgesamt überdurchschnittlich erfolgreich. Nur unter den männlichen Singles gibt es ca. ein Fünftel „Problemsingles" (Hradil 1995; ders. 2003). Der überdurchschnittliche Status von Singles ist teils ein Selektionseffekt: Erfolgreiche leben überproportional häufig als Singles. Anders könnten sie ihre Berufe kaum ausüben. Teils ist dies aber auch ein Kausaleffekt: Weil sie als Single leben, können sie beruflich erst erfolgreich sein. Diese Wirkungsrichtung beschränkt sich bei Männern auf bestimmte Berufsfelder. Frauen nützt das Alleinleben in vielen, besonders hoch qualifizierten Berufen.

Was ihre Lebensweise betrifft, so sind Singles auch oft mit dem „Beruf verheiratet". Ihr zeitaufwendiges berufliches Engagement ist verständlich, denn davon allein hängt ihre Existenz ab. Andererseits benötigen Singles Mitmenschen zur Freizeitgestaltung, zur Lösung von Alltagsproblemen, zur Sexualität etc. Deswegen verwenden Singles notwendigerweise viel Mühe auf die Pflege ihrer Kontaktnetze. Sie haben oft überdurchschnittlich große Bekanntenkreise. Das geht in der Regel zu Lasten des öffentlichen Engagements. Singles sind meist keine politischen Menschen.

Singles haben bzw. entwickeln häufig ganz bestimmte Mentalitäten: Sie streben selten nach Pflichterfüllung, oft aber nach Selbstverwirklichung. In Wir- und traditionsorientierten sozialen Milieus finden sich Singles selten, in Ich- und modernen bis postmodernen Milieus sind Singles überrepräsentiert (Hradil 1995). Vieles spricht dafür, dass Menschen häufig als Singles leben, weil sie diese Mentalitäten haben. Das schließt nicht aus, dass durch das Single-Dasein diese Mentalitäten auch gestärkt werden.

Die Lebensform „Single" wird ambivalent und zunehmend kritischer bewertet: Noch vor einiger Zeit galten Singles meist als Leitbild. Sie personifizierten die Hoffnungen der Menschen auf Autonomie und Selbstverwirklichung. Heute werden Singles immer öfter als anscheinend einsame Wesen bemitleidet. Oder sie erregen gar als „Sozialschmarotzer" Anstoß, die wenig zu Generationenvertrag und öffentlichen Aufgaben beitragen (ders. 2003).

5 Private Lebensführung und Sozialstruktur

Im vorstehenden Kapitel wurde schon gelegentlich deutlich, dass das Leben der Einzelnen innerhalb bestimmter Haushalts- und Familienformen Folgen für sie im Hinblick auf die Erlangung sozialstruktureller Positionen hat, vor allem im Bezug auf die Einkommenssituation. Im Alltag und in manchen Medienberichten werden solche Zusammenhänge oft als Behauptungen zugespitzt: „Kinder machen arm!" „DINKS (Double Income, no Kids) machen Karriere!" Manche haben den Verdacht, dass sich die Sozialstruktur im Ganzen durch die Lebensformen der Menschen polarisiert und „Klassengegensätze" zwischen kinderlosen Nutznießern und benachteiligten Familien entstehen. Behauptungen und Vermutungen wie diesen soll im folgenden Kapitel nachgegangen werden.

5.1 Lebensform und Einkommen

Wer an die soziale Schichtung denkt, dem kommen zuallererst die Determinanten Bildung und Beruf in den Sinn: Sage mir deine Bildung und deinen Beruf und ich sage dir deine soziale Stellung. Aber nicht nur der Beruf, auch die Lebensform stellt eine sehr wirksame Determinante der Schichtzugehörigkeit dar (außerdem auch das Geschlecht, das Alter, die ethnische Zugehörigkeit und der Geburtszeitraum). Dies zeigt sich unter anderem an den Einkommensverhältnissen der einzelnen Lebensformen:

– An der Spitze der Einkommens-„Hitliste" standen 2003, wie von vielen vermutet, die kinderlosen Zweipersonenhaushalte im mittleren Alter. Sie verdienten ein bedarfsgewichtetes Pro-Kopf-Haushaltseinkommen (Nettoäquivalenzeinkommen) von 127 Prozent des nationalen Einkommensdurchschnitts;
– auch die Singles, definiert als Alleinlebende im Alter von 30 bis 65 Jahren, standen mit 106 Prozent des Einkommensdurchschnitts recht gut;
– das durchschnittliche Einkommen von Zwei-Eltern-Familien lag im Jahr 2003 mit 99 Prozent leicht unter dem Durchschnitt der Gesamtbevölkerung. Familien mit zwei Kindern und einem Kind waren besser, Familien mit drei und mehr Kindern waren schlechter gestellt;
– deutlich schlechter ging es 2003 den Alleinerziehenden. Sie erzielten nur 70 Prozent des durchschnittlichen Einkommens. Auch hier ergibt sich eine Staffelung nach der Kinderzahl (Grabka/Krause 2005).

Dass die Entscheidung für diese oder jene Lebensform ähnlich folgenreich wie ein beruflicher Auf- oder Abstieg ist, zeigt sich auch am Armutsrisiko. Im Jahre 2004 waren folgende Anteile der Menschen in den einzelnen Lebensformen arm (vgl. auch Kap. 3 im Beitrag von Klocke in diesem Band). Sie verdienten weniger als 50 Prozent des durchschnittlichen Äquivalenzeinkommens:

– Paare ohne Kinder   6,6 Prozent;
– Paarhaushalte mit minderjährigen Kindern   12,8 Prozent;
– Alleinlebende (jeden Alters)   16,6 Prozent;
– Alleinerziehende   35,8 Prozent.

(Statistisches Bundesamt/WZB/ZUMA 2006: 619)

5.2   Kinder und Armut

Neben der Entscheidung für eine bestimmte Lebensform ist es vor allem die Entscheidung für oder gegen Kinder, die den Lebensstandard maßgeblich prägt. Mit zunehmender Kinderzahl ist eine immer schlechtere Einkommensposition der Familie innerhalb der Gesellschaft zu registrieren. Dieser Effekt zeigt sich relativ stabil, unabhängig von Untersuchungsgruppe, Beobachtungsjahr und gewähltem Indikator (Büchel/Trappe 2001: 16).

Allerdings könnte dieser Zusammenhang auf unterschiedliche Weise zustande kommen. Machen viele Kinder arm? Oder bekommen arme Menschen viele Kinder? Längsschnittuntersuchungen kamen zum Ergebnis, dass in allererster Linie die erste Wirkungsrichtung greift (Schulze 2008).

Während Paare mit einem Kind noch über ein Median-Äquivalenzeinkommen von 108 Prozent verfügen, sinkt dieses bei Vorhandensein von zwei Kindern auf 102 Prozent. Haben Paare drei oder mehr Kinder, kommen sie durchschnittlich nur auf ein Einkommen von 89 Prozent des durchschnittlichen Einkommens (Statistisches Bundesamt 2006a: 10). Zwar hat sich dieser Effekt in den letzten 20 Jahren nicht, wie häufig behauptet wird, verstärkt (Dickmann 2004), aber beträchtliche Unterschiede blieben bestehen.

Wichtig ist das Alter der Kinder. Der stärkste negative Einfluss auf Einkommensposition und Armutsgefährdung ergibt sich durch kleine Kinder. Paarhaushalte mit Kindern unter vier Jahren erreichen nur 84 Prozent des durchschnittlichen Einkommens. Paare mit Kindern über 16 Jahren erzielen dagegen 114 Prozent. Bei Alleinerziehenden zeigt sich dieser Effekt noch stärker (Grabka/Krause 2005).

Die Gründe für die Schlechterstellung kinderreicher Familien liegen zum einen in den direkten Kosten für Kinder. Familien gaben im Jahr 1998 typischerweise zwischen 400 und 500 Euro pro Monat für ein Kind aus (Münnich/Krebs 2002). Der horizontale Familienlastenausgleich ist unzureichend und gleicht diese Kosten bei Weitem nicht aus.

Kinder verursachen aber nicht nur direkte Kosten, sondern oft noch wesentlich höhere Opportunitätskosten. Ein Partner, in der Regel die Frau, kann unter den heute gegebenen Umständen nur schwer erwerbstätig sein und kein Einkommen beziehen, vor allem wenn eine Familie mehrere Kinder hat. Dazu kommen langfristige Folgen hinsichtlich der Karriere („Knick"), die sich nur schwer abschätzen lassen. Der Hinweis auf Opportunitätskosten erklärt auch, weshalb jüngere Kinder, die doch unmittelbar weniger „kosten", Einkommen stärker mindern als ältere.

Es ist also weniger das „Armutsrisiko Kind", das für den prekären Einkommensverlust und die Einkommensarmut in Familien verantwortlich ist (Hans Böckler Stiftung 2003: 31). Für die Verschlechterung der ökonomischen Situation ist vor allem der Erwerbsausfall der Mütter verantwortlich, durch den sich ein geringes Einkommen des Hauptverdieners dann besonders bemerkbar macht. Hieraus ergibt sich, was geeignet ist, der viel diskutierten Armut von Kindern entgegenzuwirken: die Erwerbsbeteiligung der Mütter. Sind mindestens zwei Personen in einem Haushalt mit Kindern erwerbstätig, sinkt die Armutsrate auf weniger als 5 Prozent, also auf weniger als die Hälfte des nationalen Durchschnitts (Grabka/Krause 2005: 161).

Allerdings ist Familienarmut durch Verlust der Erwerbstätigkeit eines Partners weitgehend eine Frage der Qualifikationsstufe und des Einkommens. Obwohl das „Hausfrauenmodell" in der Gesellschaft insgesamt auf dem Rückzug ist, sinkt der Umfang der Erwerbsarbeit bei wenig qualifizierten Müttern. Mütter ohne beruflichen Abschluss waren im Jahr 2004 nur halb so häufig vollerwerbstätig wie Mütter mit Hochschulabschluss (Kreyenfeld et al. 2007: 25). Die von hoch qualifizierten Frauen erzielbaren Einkommen bzw. drohenden Opportunitätskosten sind so hoch und die Finanzierungsmöglichkeiten einer Kinderbetreuung so gut, dass die Erwerbstätigkeit nach einer Geburt alsbald wieder aufgenommen wird. Die von niedrig qualifizierten Frauen erzielbaren Einkommen bzw. drohenden Opportunitätskosten sind dagegen so niedrig und die Finanzierungsmöglichkeiten einer externen Kinderbetreuung so schlecht, dass die Erwerbstätigkeit nach einer Geburt häufig unterbleibt. Diese Mechanismen verstärken die Einkommenskonzentration und erhöhen die soziale Ungleichheit zwischen Haushalten und Familien (ebd. 2007).

Der moderne Wohlfahrtsstaat übt beträchtlichen Einfluss auf die sozialen Chancen und Risiken von Familien aus. Er verschiebt ihre Wohlfahrtspositionen, erweitert Handlungsspielräume, verlagert ihre Aufgaben und Funktionen. Viele dieser Einwirkungen vollziehen sich zusammen mit anderen Wirkungskräften im typischen Wohlfahrtsmix entwickelter Gesellschaften (vgl. Huinink/Konietzka 2007).

So erhöhen die Bereitstellung von Kinderbetreuungseinrichtungen und entsprechend gestaltete Steuerklassen die Erwerbsquoten von Frauen. Dagegen verringern Regelungen des Steuer- und Transfersystems, welche die häusliche Erziehung von Kindern unterstützen, die Erwerbsneigung. Dies geschieht insbesondere bei Frauen mit geringen Einkommenschancen, weil sie ohnehin wenig Anreize zur Erwerbstätigkeit erfahren, aber auch bei Frauen mit mittleren Einkommenschancen, wenn sie dem Konflikt zwischen Familie und Erwerbsneigung ausgesetzt sind (Kreyenfeld et al. 2007: 9).

Die Bedeutung wohlfahrtsstaatlich geschaffener Rahmenbedingungen zeigt sich im Ländervergleich besonders deutlich: In Deutschland und im Vereinigten Königreich waren Paare mit Kindern 1980 und 2000 finanziell deutlich schlechter gestellt als kinderlose Paare. In Schweden und Finnland war dagegen kein Unterschied zu erkennen, es gab sogar Zeitpunkte einer Besserstellung der Eltern (Dickmann 2004).

In Schweden wird durch die staatliche Familiensteuer das Zweiverdienermodell gestützt, im deutschen Fall eher das traditionelle Ernährermodell befördert (vgl. Dingeldey 2000). Die empirischen Ergebnisse zeigen, dass in Ländern mit einer wohlfahrtsstaatlich geförderten hohen Erwerbsbeteiligung der Frauen Kinder kaum einen negativen Einfluss auf das Erwerbseinkommen der Familien haben.

5.3 Scheidung und Abstieg

Eine Trennung von Paaren verändert vieles: Die nunmehr Einzelnen wirtschaften mit weniger Personen, also teurer; zwei Wohnungen werden nötig und müssen bezahlt werden; eine Erwerbsbeteiligung wird oft schwieriger; das Haushaltseinkommen sinkt; Unterhaltsverpflichtungen entstehen (Andreß 2004: 457).

Eine Trennung, insbesondere eine Scheidung, bringt beiden Partnern finanzielle Verluste. „Auch dann, wenn die Scheidung schon mindestens vier Jahre zurückliegt, ist es im Vergleich zu nie geschiedenen Personen weniger als halb so wahrscheinlich, in den eigenen vier Wänden zu leben, und auch nur halb so wahrscheinlich, über Zinseinnahmen von mehr als 3.000 DM pro Jahr zu verfügen." (Diewald/Sørensen 1995: 138)

Allerdings sind die Verluste geschiedener Frauen nach wie vor meist größer als die der Männer. Frauen betreuen sehr viel häufiger als ihre ehemaligen Partner die gemeinsamen Kinder, werden aber nur teilweise und häufig unzureichend durch Unterhaltszahlungen für die direkten Kosten und die Opportunitätskosten dieser Betreuungsarbeit entschädigt (Andreß 2004: 457).

Eine Untersuchung (ebd.: 476) ergab, dass zwei Jahre vor der Scheidung die Armutsquote von Frauen 20 Prozent betrug. Ein Jahr nach der Trennung war sie auf 34 Prozent gestiegen. Der Anteil armer Männer hatte sich in dieser Zeit nur von 7 auf 11 Prozent erhöht. Fünf Jahre nach der Trennung hatten sich die bedarfsgewichteten Pro-Kopf-Einkommen der Männer wieder dem Niveau zur Zeit der Ehe angenähert. Ihre Armutsquote hatte sich deutlich verringert. Ähnliche Verbesserungen wurden für Frauen nicht berichtet. Durch die Scheidung hatten Frauen ein Drittel des Einkommens verloren, das sie zwei Jahre vor der Trennung erzielten, während Männer nur etwas mehr als ein Zehntel eingebüßt hatten.

Nur in Ehen, in denen die Frau Haupt- oder sogar Alleinverdienerin ist, halten sich die wirtschaftlichen Verluste und Gewinne der Frauen als auch der Männer in etwa die Waage (ebd.: 477).

5.4 Die Risiken des Alleinerziehens

2004 lebten in Deutschland rund 2,5 Millionen alleinerziehende Elternteile, davon 85 Prozent alleinerziehende Mütter. Ihr Anteil an allen Familien machte etwa 20 Prozent aus (Statistisches Bundesamt 2006b: 26). Geplantes Alleinerziehen ist selten. Alleinerziehen ist weit überwiegend eine ungeplante Lebensform in Folge einer Trennung und Scheidung, Verwitwung oder einer ungeplanten Geburt. In fast drei Viertel aller Fälle handelt es ich bei Alleinerziehenden um geschiedene Mütter mit ihren Kindern (Vaskovics 2004: 131). Alleinerziehen in Folge einer nichtehelichen Geburt ist vor allem bei jungen Frauen zu finden. Allerdings gibt es auch einen kleinen Teil vor allem von hoch qualifizierten und finanziell abgesicherten Frauen, die diese Familienform wählen.

Alleinerziehende sind in jedem Falle darauf angewiesen, selbst erwerbstätig zu sein. Mangel an Kinderbetreuungseinrichtungen macht dies oft unmöglich, insbesondere dann, wenn mehrere oder sehr kleine Kinder zu versorgen sind. Daraus resultieren meist schlechte Einkommenschancen und ein erhebliches Armutsrisiko.

Bezeichnet man alle Menschen als arm, die weniger als die Hälfte des durchschnittlichen nationalen Äquivalenzeinkommens verdienten, so belief sich die Armutsrate von Alleinerziehenden im Jahre 2003 auf mindestens 35 Prozent (Statistisches Bundesamt/ WZB/ZUMA 2006: 619, s.o.; vgl. Grabka/Krause 2005). Von allen Lebensformen haben Alleinerziehende mit 70 Prozent des Durchschnitts die schlechtesten Einkommenschancen. Während die relativen Einkommenspositionen der meisten Haushaltstypen in den letzten 20 Jahren recht stabil blieben, sind die Alleinerziehenden in den letzten Jahren in der Einkommenshierarchie abgefallen (Grabka/Krause 2005). Diese ungünstigen Einkommensverhältnisse betreffen fast ausschließlich alleinerziehende Mütter. Alleinerziehende Väter stellen sich nicht schlechter als Paare mit Kindern (Diewald/Sørensen 1995: 134).

Wenn sehr kleine Kinder zu versorgen sind, stellt sich die ökonomische Lage besonders schlecht dar. Zwar versorgt nur jede/r zwölfte Alleinerziehende Kinder unter drei Jahren. Diese Alleinerziehenden erreichen jedoch nicht mehr als 49,6 Prozent des Durchschnittseinkommens (Grabka/Krause 2005).

Die Armutsrisiken des Alleinerziehens liegen keineswegs in der Natur der Sache. In Ländern wie Dänemark sind diese Risiken nicht überdurchschnittlich hoch, in Ländern wie dem Vereinigten Königreich sind sie noch größer als in Deutschland. Dies zeigt sehr deutlich, wie sehr alle Alleinerziehende außer den Spitzenverdienern auf sozialstaatlich bereitgestellte Kinderbetreuung angewiesen sind.

6   Erben

In meist fortgeschrittenem Alter, um den biografischen Aufbau dieses Beitrags zu Ende zu führen, stellt sich die Frage, inwieweit ein Erbe zu erwarten ist. In diesem Kapitel geht es allein um materielles Erben. Erben und Vererbung im immateriellen Sinne vollzieht sich früher. Darauf ist zu Beginn des Beitrags bereits eingegangen worden.

Erbschaften sind heute gesellschaftlich weit verbreitet und keineswegs mehr ein Oberschichtenphänomen (Nave-Herz 2007b: 508). Beinahe 60 Prozent der 40- bis 85-Jährigen haben bereits etwas geerbt oder erwarten noch eine Erbschaft (Szydlik 2000: 239). Die Vermögensanhäufung nach dem Zweiten Weltkrieg führte dazu, dass eine ganze Generation von Erblassern bzw. Erbenden entstand.

Trotz weiter Verbreitung sind die Chancen, überhaupt und ggf. viel zu erben, sehr ungleich verteilt. Akademiker haben eine doppelt so große Chance wie Hauptschulabgänger, bereits etwas geerbt zu haben, und sie weisen eine über dreimal so hohe Wahrscheinlichkeit auf, in Zukunft (noch) etwas zu erhalten (ebd.: 239). Noch deutlicher werden die Differenzen, wenn man die Höhe des erwarteten Betrages berücksichtigt: Fast jeder dritte Akademiker erbt mindestens 50.000 Euro. Nur jeder fünfte Realschul- und jeder achte Hauptschulabsolvent kann mit so viel rechnen (Szydlik/Schupp 2004a: 253).

Hinzu kommt, dass üblicherweise der viel erbt, der auch in früheren Lebensphasen viel von den Eltern erhalten hat, sowohl in Form ökonomischen (vgl. Kap. 2.3) als auch in Form kulturellen (vgl. Kap. 2.1) Kapitals. Schichthöheren Eltern gelingt es so nicht nur, ihren Kindern die Fertigkeiten (vgl. Kap. 2.1) zur Erlangung höherer Bildungsabschlüsse (vgl. Kap. 2.2) weiterzureichen, sie können auch erheblich größere Vermögen hinterlassen (Szydlik/Schupp 2004b: 623).

Da die Empfänger von Erbschaften, insbesondere von wertvollen, in der Regel ohnehin relativ gut gestellt sind, führt die gegenwärtige und jede weitere „Erbschaftswelle" zu mehr sozialer Ungleichheit (Szydlik 2006: 384). Man kann davon ausgehen, dass sich diese Ungleichheit verstärkenden Schübe in der Zukunft noch weiter verschärfen werden (ebd.: 385). Erbschaften können somit als immer wichtiger werdende Ungleichheitsdeterminante angesehen werden.

Dieser Mechanismus lässt sich auch als „Matthäus-Prinzip" verstehen: Wer hat, dem wird gegeben. Er wird verstärkt durch gesunkene Geschwisterzahlen und durch die Tendenz, dass immer häufiger Schichtgleiche einander heiraten (vgl. Kap. 3.2). Auch die steigende Lebenserwartung trägt zur Vermögensakkumulation bei. Nicht nur die Erblasser, auch die Erben werden immer älter. Die Familienphase liegt meist hinter ihnen. Das Erbe wird kaum noch aktuell gebraucht und dient nahezu ausschließlich der Vermehrung des Vermögens oder der finanziellen Absicherung für das Alter.

Die Vererbung von Gütern an die eigenen Kinder wird sehr unterschiedlich beurteilt. Wird das Ideal einer chancengleichen Gesellschaft zugrunde gelegt, sieht man die Einzelnen als Elemente der Gesellschaft, stehen die Erbenden im Mittelpunkt der Betrachtung, so wird man zum Urteil kommen, Vererben und Erben sei ungerecht. Wieso erhalten die einen Zuwendungen, die mit ihrer persönlichen Leistung nichts zu tun haben, und die anderen nicht? Wird eine Sicht der Familie eingenommen, die nicht den Einzelnen, sondern intergenerationale Familienzusammenhänge als elementare Bestandteile der Gesellschaft hervorhebt, oder richtet sich der Blick auf die Vererbenden, so wird Vererben und Erben als selbstverständlich und legitim gelten. Wieso sollte man jemandem das Recht verwehren, sein Vermögen seinen Kindern oder den von ihm gewünschten Personen zukommen zu lassen? Diesen kontroversen Sichtweisen entsprechend ist das (Ver-) Erben in den einzelnen Ländern sehr unterschiedlich geregelt. Neben Ländern mit dramatisch hohen Erbschaftssteuern finden sich Länder mit sehr geringen. Neben Ländern, die den freien Willen des Erblassers durch Pflichtteilregelungen stark einengen, gibt es solche mit fast unbeschränkter Freiheit des Vererbens.

Vererben orientierte sich in früheren Jahren weitgehend am Stammhalterprinzip. Das älteste männliche Kind wurde bevorzugt. Diese Orientierung tritt zurück. Immer mehr werden alle Kinder gleichermaßen berücksichtigt, auch die weiblichen. Immer mehr werden Kinder schon früher während der Familienbildung und Karriereplanung finanziell gefördert. Schenkungen nehmen zu. Immer mehr treten Partner als Erbende in Konkurrenz zu Kindern. Wechselseitiges Vererben von Partnern nimmt zu. Immer mehr erfolgen „Erbschaften" schließlich nicht an die eigenen Kinder, sondern unterstützen gemeinnützige Aktivitäten, die der Erblasser für wichtig hält. Das „Vererben" in Form der Gründung von Stiftungen wird immer häufiger (vgl. Nave-Herz 2007b).

Die zuletzt skizzierten Entwicklungstendenzen des Vererbens und Erbens machen darauf aufmerksam, dass sich nicht nur äußere Lebensformen pluralisieren, sondern auch „innere" Familienverständnisse: Neben die „zugeschriebene" gemeinschaftsbezogene Orientierung an der „genealogischen" Fortführung der eigenen Familie tritt die individualisierte Orientierung an der Förderung jedes einzelnen Kindes, die „erworbene" Orientierung an der selbst gewählten Gemeinschaft mit dem jeweiligen Partner und die egozentrische, aber oftmals durchaus altruistische Ausrichtung an gesellschaftlichen Belangen. Man wird nicht fehlgehen mit der Vermutung, dass jede dieser Orientierungen in bestimmten sozialstrukturellen Gruppierungen häufiger zu finden ist als in anderen.

7   Ausblick

Der wechselseitige Zusammenhang zwischen Familie und Sozialstruktur wurde in diesem Beitrag insbesondere im Hinblick auf die Struktur sozialer Ungleichheit analysiert. Es wurde hervorgehoben, dass der soziale Status der Menschen sich maßgeblich auf Wahl, Gestaltung und Stabilität ihrer Lebens- und Familienformen auswirkt. Diese beeinflussen aber auch ihrerseits die soziale Stellung der Menschen. Sie prägen Berufschancen, Armutsrisiken etc.

Es wird also nicht zuletzt von der weiteren Entwicklung der Struktur sozialer Ungleichheit abhängen, wie die Menschen in Zukunft leben werden. Nachdem die Einkom-

mensverteilung in Deutschland seit Beginn des 20. Jahrhunderts immer gleicher geworden war und die Mittelschichten gewachsen sind, wird seit einigen Jahren die Einkom-
mensverteilung wieder ungleicher. Immer mehr Menschen leben in sehr gut gestellten
oder aber in einkommensschwachen Verhältnissen. In vielen anderen Ländern ist das
nicht anders.

Die Gründe hierfür liegen hauptsächlich in der technologischen Entwicklung. Sie verlangt nach immer mehr Qualifikation der Arbeitenden. Die Hervorbringung von Qualifikation bleibt aber hinter den gesteigerten Anforderungen zurück. Daher steigen Verhand-
lungsmacht und Entlohnung der gut Qualifizierten. Umgekehrt konkurrieren niedrig Qualifizierte um die immer seltener werdenden Arbeitsplätze für sie. Die Löhne niedrig Qualifizierter sinken.

Die viel diskutierte Globalisierung ist nicht die eigentliche Ursache, wohl aber ein
verstärkender Faktor, der die Ungleichheit der Einkommen noch weiter auseinander
treibt. Denn gut Qualifizierte können sich gut bezahlte Positionen in aller Welt aussu-
chen. Und die Lohnforderungen gering Qualifizierter werden von Arbeitskräften aus vielen Ländern unterboten.

Arbeitsmarktregulierungen und sozialstaatliche Umverteilung bewirken zwar in vielen Ländern, auch in Deutschland, dass die verfügbaren Einkommen wesentlich gleicher
als die Bruttomarkteinkommen verteilt sind. Aber die Auswirkungen forcierter sozialstaatlicher Umverteilung sind oft negativ. Insbesondere drohen der Wegfall bzw. die
Nicht-Einrichtung von Arbeitsplätzen sowie daraus resultierende Arbeitslosigkeit im Bereich niedriger Qualifikationen, aber auch die Auswanderung hoch Qualifizierter und daraus entstehende Wachstumsschwäche. Deshalb sind viele Länder bzw. deren Regierungen sehr vorsichtig mit energischen Umverteilungen.

Da sich nach aller Voraussicht in den nächsten Jahren an den genannten Gründen wenig ändern wird, gehen die meisten Sozialstrukturanalytiker davon aus, dass sich die
wachsende Ungleichheit zumindest der Einkommen und der Vermögen vorerst weiter
fortsetzen wird. Viele der dargestellten Wirkungszusammenhänge zwischen Familie und
Sozialstruktur werden sich daher nicht abschwächen, sondern im Gegenteil eher noch
deutlicher hervortreten.

Außerdem wird die demografische Entwicklung in Verbindung mit nachlassenden
wohlfahrtsstaatlichen Aktivitäten mehr Solidarität der Menschen notwendig machen. Gegenseitige Hilfeleistungen werden in der Gemeinde, in der Nachbarschaft, aber nicht zuletzt auch in Familien unerlässlich werden. Dies wird den Trend zu kleineren Haushalten
und zur Pluralisierung der Familienformen nicht beenden. Wohl aber wird der Zusammenhang zwischen diesen meist nur wenige Personen umfassenden Lebensformen enger
werden, auch und gerade über Generationengrenzen hinweg.

12 Familie und Geschlechterverhältnis

Ilona Ostner

1 Einleitung

Auch wenn „Familie" heute unterschiedlichste Formen angenommen hat und für viele Beobachter kontingenter, zufälliger und weniger berechenbar geworden ist, entscheidet sie nach wie vor maßgeblich über das, was man ist, was man werden und was machen kann. Noch werden Kinder in Familien hineingeboren, in arme oder in vielerlei Hinsicht gut ausgestattete, in Zwei- oder Einelternfamilien, in Familien, in denen sich die Eltern lieben und schätzen oder in Streitverhältnisse. Von gleichen Startbedingungen kann daher nicht die Rede sein. Deshalb ist Familie für die Soziologie sozialer Ungleichheit, die sich mit faktischen Chancen der Teilhabe befasst, ein Problem (vgl. den Beitrag von Hradil/Masson in diesem Band). In deren Mittelpunkt stehen allerdings in erster Linie Ungleichheiten *zwischen* Familien, weniger – wenn überhaupt – Ungleichheit *in* Familien[1] (vgl. Okin 1989: 16). Es ist sicherlich nicht übertrieben zu behaupten, dass es ein Verdienst des Feminismus ist, darauf insistiert zu haben, dass das Geschlechterverhältnis, das Familien zugrunde liegt, und die damit verbundenen Erwartungen an die Familienmitglieder – an Frauen und Männer, Töchter und Söhne – deren Lebenschancen positiv wie negativ bestimmen:

„…its (the family's – IO) gender structure is itself a major obstacle to equality of opportunity. (…) the extent to which a family is gender-structured can make the sex we belong to a relatively insignificant aspect of our identity and our life-prospects or an all-pervading one. This is because so much of the social construction of gender takes place in the family, and particularly in the institution of female parenting" (ebd.).

„Geschlecht" strukturiert Chancen ungleich und zwar zuerst und zunächst in Familien, weil die Betreuung vor allem der kleineren Kinder immer noch und immer wieder Frauensache ist, auch weil ein großer Bereich der Hausarbeit „weiblich" konnotiert bleibt. Dies hat Folgen für weibliche Teilhabechancen jenseits der Familie. Für Okin, an die ich mich einleitend angelehnt habe, und den egalitären Feminismus, den sie vertritt und der heute vorherrscht, mündet diese Feststellung in Forderungen und Versuche, die Aufgabenverteilung in der Familie und folglich in der Gesellschaft zu „entgeschlechtlichen" („de-gender"): „moving towards a society without gender" (ebd.: 179) oder zumindest „a society in which sex difference was accorded an absolute minimum of social significance" (ebd.: 178) voranzubringen.

---

1 Vgl. die aktuelle Unterscheidung in „bildungsferne" und „bildungsnahe" Familien in kindzentrierten „sozialinvestiven" Wohlfahrtsstaaten (vgl. Esping-Andersen 2002a).

Das von Okin angestrebte egalitäre Ideal bestünde in der Gleichverteilung der Aufgaben in der Familie und in anderen Sphären der Gesellschaft[2], in der Egalität als von beiden Geschlechtern bereitwillig gelebter Parität (vgl. ähnlich: Fraser 1994). Auf dem Weg zu seiner Verwirklichung bliebe das Ernährermodell auf der Strecke, die Erwerbsarbeit der Frauen wäre nicht mehr nur „sequenziell" (nach der Familienphase) und diskontinuierlich angelegt, sondern verbände sich „simultan" mit der Familienarbeit; im Paarverhältnis würde sich folglich die partnerschaftliche Zwei-Erwerbstätigen-Norm durchsetzen. Die ökonomische Unabhängigkeit von Frauen, gedacht als Freiheit, einen eigenen Haushalt für sich und das Kind/die Kinder gründen und diesen auch aufrechterhalten zu können (vgl. Orloff 1993)[3], messbar in weiblichen Erwerbs- und Einkommenschancen, ist für den egalitären Feminismus eine notwendige – wenn auch keine ausreichende – Bedingung für die Geschlechtergleichheit. Nur ökonomisch unabhängige Frauen scheinen dieser Auffassung zufolge überhaupt frei, sich für das Verlassen oder für den Verbleib in einer Beziehung zu einem Mann zu entscheiden (vgl. Hobson 1990). Das eigene Geld der Frauen verspricht, so die gängige feministische Vermutung, eine geschlechtsneutralere Verteilung der im Haushalt anfallenden Aufgaben zu fördern und insgesamt die Paarbeziehung zu individualisieren.

Mein Beitrag rekonstruiert zunächst das feministische Misstrauen gegenüber der „nicht-demokratischen" Familie auf der Grundlage vor allem der älteren amerikanischen Debatte, deren Ideal, die Geschlechter-Egalität, die deutsche bald wesentlich prägen und damit andere „Feminismen" ablösen sollte. Verschwunden sind heute z. B. die verschiedenen Varianten feministischer Kapitalismuskritik, die mit der Kritik an der Hausarbeit unauflösbar die an der Lohnarbeit verband; untergegangen erscheinen die Varianten eines „sozialen" Feminismus, der die Gleichheit der Differenz einforderte. In einem empirischen Abschnitt frage ich dann im (unsystematischen) Ländervergleich[4] nach Verände-

2   Für Okin schließt dies den gleichen Zugang von Männern zu bislang frauendominierten Berufen im Dienstleistungsbereich und die Gleichverteilung solch personenbezogener verberuflichter Dienste ein, ein Aspekt, der bei der Beurteilung des Grades der Egalität in verschiedenen Gesellschaften meist unberücksichtigt bleibt. Andererseits verallgemeinert Okin unter der Hand Frauen und Männer zu potenziellen oder faktischen Eltern; sie vernachlässigt Ungleichheiten zwischen Kinderlosen einerseits, und Eltern, die im Marktwettbewerb gegenüber den Kinderlosen verlieren, andererseits.
3   Frauen sollen in der Lage sein, „to survive and support their children without having to marry to gain access to a breadwinner's income" (Orloff 1993: 319), also ihre Existenz und die ihrer Kinder nicht abgeleitet über einen Ehemann/Ernährer zu sichern.
4   Für eine vergleichende Betrachtung des Zusammenhangs von Familie und Geschlechterverhältnis bietet sich zunächst eine an Esping-Andersens Typologie (1990) orientierte Länderauswahl an. Diese Typologie unterscheidet bekanntlich zwischen einem „sozialdemokratischen", einem „konservativen" und einem „liberal-residualen" Wohlfahrtsstaatsregime. Die nordeuropäischen Länder kommen Esping-Andersen zufolge dem „sozialdemokratischen" Typus, Deutschland dem „konservativen" und das Vereinigte Königreich (UK) dem „liberalen" Typus nahe. Allerdings hat diese Typologie spezifische Schwächen. Ihre empirische Basis bildeten die Systeme der Alterssicherung in der OECD-Welt und deren Prinzipien; sie ist nicht offen für Hybride (wie z.B. die Niederlande, die mit Blick auf die Alterssicherung „sozialdemokratisch", auf die Frauenerwerbsbeteiligung „konservativ" und, was die Legitimität von Familienpolitik betrifft, „liberal" sind, indem sie den Beitrag der Unternehmen einfordern); ferner abstrahiert die Typologie von Variationen innerhalb eines Typus. Solche Variationen fallen auf, wenn man zusätzliche Unterscheidungskriterien heranzieht, wie es Esping-Andersen in seinen späteren Arbeiten (z.B. 1999), auch in Reaktion auf die feministische Kritik, tat. Er berücksichtigte nun das Ausmaß der „postindus-

rungen der Erwerbsbeteiligung von Frauen, insbesondere von Müttern, nach dem Wandel der Einstellungen zur mütterlichen Erwerbsarbeit und nach Anzeichen für eine veränderte Aufgabenverteilung in der Familie. Verglichen werden Länder, die behaupten, egalitäre Ziele der Geschlechtergleichheit in Familie und Beruf bereits hinreichend verwirklicht zu haben, also Länder Nordeuropas (vgl. Ellingsaeter/Leira 2006), mit Ländern, die eher als „konservativ" oder „liberal" (letzteres vor allem mit Blick auf den Grad der Arbeitsmarktregulierung) und als „familialistisch" gelten: Damit sind Länder gemeint, die sich von den nordeuropäischen Ländern vor allem darin unterscheiden, dass sie in der Familie *neben* dem Markt und *vor* dem Staat eine wichtige Institution des Bedarfsausgleichs sehen; in den Ländern Nordeuropas gibt es demgegenüber ein sehr viel höheres öffentliches Dienstleistungsangebot für Familien. Streng genommen dürfte es in den „egalitären" nordeuropäischen Ländern nur noch marginale Unterschiede in den Einstellungen der beiden Geschlechter zur mütterlichen Erwerbstätigkeit und zu vernachlässigende Differenzen in der Erwerbsbeteiligung sowie der Verteilung der in der Familie anfallenden Aufgaben geben. Abschließend nennt der Beitrag mögliche Erklärungen für das Beharrungsvermögen nicht egalitärer Geschlechterarrangements, die ihren Ausgangspunkt in der Familie haben, und für Prozesse vermeintlicher oder faktischer „Retraditionalisierung"[5] – auch in Ländern, die sich vom Ernährermodell und Familialismus längst verabschiedet haben.

---

triellen" Beschäftigung, gemessen am Grad der Marktintegration von Privathaushalt und Familie (der Kommodifizierung typischer Haushalts- und Familientätigkeiten) sowie das Kriterium der Erwerbsbeteiligung von Müttern. Ich unterscheide anders als Esping-Andersen zwischen zwei Varianten des Familialismus: im ersten – dem südeuropäischen – Fall (den ich nicht weiter berücksichtige) gibt der Wohlfahrtsstaat Familien weder Geld noch soziale Dienste, wirkt dadurch „familialisierend", im zweiten wird die Familienarbeit durch Transfer- und subsidiär ausgestaltete Dienstleistungen gefördert (der deutsche Fall); ferner unterscheide ich zwischen Varianten des Ernährer-Modells. In den Ländern Nordeuropas ist das Ernährer-Modell anders als im UK, in den Niederlanden und in (West-)Deutschland so gut wie verschwunden. Letztlich entspricht meine Länderauswahl einer Kombination der „Methode der Differenz" und der „Methode der Übereinstimmung": den Ländern eines Typus („sozialdemokratischer", „nichtfamilialistischer" Wohlfahrtsstaat Nordeuropas) wird eine Gruppe „moderat familialistischer" Länder (UK, NL, DE) gegenübergestellt. Beide Gruppen sollten sich unterscheiden. Zugleich gehe ich von Variationen innerhalb der Gruppen und Ähnlichkeiten zwischen einzelnen Ländern aus beiden Gruppen aus.

5   Der Begriff der Retraditionalisierung, obwohl häufig verwendet (vgl. Baerwolf/Thelen 2006 mit Blick auf Ostdeutschland oder Rüling 2007 in ihrer sonst recht gelungenen Analyse von „Traditionalisierungsfallen" im Verlauf der Paarbeziehung und des Elternwerden bzw. -seins), erscheint mir als nicht sehr glücklich gewählt. Er fällt hinter die Durkheimsche und Parsonssche (auch Lockesche) Kennzeichnung der „modernen" – funktional (auch geschlechterspezifisch) differenzierten – individualistischen bürgerlichen Kern- oder Gattenfamilie zurück, die sich von der traditionellen nicht individualisierten patriarchalischen Haushaltsfamilie fundamental unterscheiden sollte. Der gesellschaftliche oder politische Wandel eröffnet unter Umständen neue, bisher nicht vorhandene oder unterdrückte Optionen. So war z.B. Teilzeitarbeit in der DDR unerwünscht. Steigende Teilzeitquoten können daher auch ein Ausdruck gewonnener Wahlmöglichkeiten sein. Man kann die Zunahme der Teilzeitarbeit in Ländern wie der DDR, die von allen Erwachsenen Vollzeiterwerb erwarteten, deshalb durchaus mit Hilfe des Konzepts der „nachholenden Modernisierung" interpretieren. Jedenfalls würde „Retraditionalisierung" zu kurz greifen.

2   „Geschlecht" und „Familie" in der feministischen Diskussion

Nur wenige Feministinnen, dies sei im Blick zurück auf die nun mehr als vierzig Jahre alte Zweite Frauenbewegung gesagt, haben der „Familie" und den „Familienfrauen" etwas Positives abgewinnen können. Zu den Ausnahmen gehören z.B. die Soziologin Ulrike Prokop (1976), die die Ambivalenzen des weiblichen, verhäuslichten Alltagslebens analysierte, oder die US-amerikanische Politologin Jean Bethke Elshtain (1981; zusammenfassend: 1990)[6]. Einen Auftakt für die kritische Sicht auf die Familie, einen Anstoß auch für die Neue Frauenbewegung in (West-)Deutschland der 1970er Jahre und die sozialwissenschaftliche Frauenforschung, bildete sicherlich Betty Friedans „Feminine Mystique" (1963), ins Deutsche übersetzt als „Weiblichkeitswahn"[7]. Friedan analysierte die Schizophrenie des US-amerikanischen Hausfrauenlebens der Zeit seit dem Zweiten Weltkrieg, die man auch das „Golden Age" des Ernährermodells, gefördert durch Massenproduktion, Massenwohlstand und Massenkonsum, nennen könnte. Von den (Vollzeit-)Hausfrauen und -müttern (auch der Mittelschicht) erwartete man, glücklich und zufrieden zu sein; sie waren aber unglücklich und hatten ein schlechtes Gewissen wenn sie erwerbstätig waren (selbst wenn sie es sein mussten) – sie litten unter einem „namenlosen" Problem. Zahllose Ratgeber hatten Frauen zu Opfern dieses Problems gemacht, das sich darin ausdrückte, dass sie scharenweise die Colleges verließen und mögliche Karrieren aufgaben, heirateten und Kinder bekamen, kurz gefasst, dass sie sich jeder Möglichkeit, „persönlich zu wachsen", enthielten. Frustriert und unglücklich praktizierten sie alle möglichen Formen weiblichen abweichenden Verhaltens, womit sie auch ihren Kindern schadeten. Friedan nannte folgende Lösung des Problems „ohne Namen": die Transformation des falschen weiblichen Bewusstseins durch Bildung und die vollständige Integration in die Welt des Mannes[8]. Die auf ihre Initiative hin 1966 gegründete National Organization of Women

---

6   Ähnlich wie es die Vertreter der Frankfurter Schule taten, begreift Elshtain die Familie, die „nicht-demokratisch" ist, weil sie partikulare Gefühle hegt – und obwohl sie empirisch oft versagt – als ein Fundament einer Demokratie, die totalitäre Tendenzen abwehren kann. Sie schreibt: „The intense loyalities, obligations, and moral imperatives nurtured in families may clash with the requirements of public authority, for example, when young men refuse to serve in an unjust war because this runs counter to religious beliefs instilled in their families. This, too, is vital for democracy. Democracy emerged as a form of revolt. Keeping alive a potential locus for revolt, for particularity, for difference, sustains democracy in the long run. It is no coincidence that all twentieth-century totalitarian orders labored to destroy the family as the locus of identity and meaning apart from the state. Totalitarian politics strives to consume all of life, to allow for a single public identity, to destroy private life, to require that individuals identify only with the state rather than with specific others (…) (Elshtain 1990: 56). Prokop wiederum betont die (wenn auch ambivalenten und verzerrten) "utopischen" Potentiale, die im Alltagsleben der Hausfrauen und Mütter angelegt sind: der besondere Gegenstandsbezug, die spezifische Zeitstruktur usw., Potentiale, die in ihrer Spezifik die Beschränktheit der Lohnarbeit kritisieren.

7   Meine Darstellung orientiert sich hier an Elshtain (1981: Chapter 5 „Feminism's Search for Politics").

8   Friedans Anliegen war ein Eliteprojekt. Die Männer, an denen sich Frauen auf dem Weg zu ihrer Emanzipation orientieren und mit denen sie gleichziehen sollten, waren privilegierte Akademiker bzw. sie gehörten zu den Top 10 oder 15 Prozent der Bevölkerung. Der Vollständigkeit halber sei erwähnt, dass Betty Friedan ihren Ansatz später in Reaktion auf politische Misserfolge änderte. So erklärte sie die mangelnde öffentliche Unterstützung für die Verfassungsänderung (Equal Rights Amendment) damit, dass die amerikanische Öffentlichkeit gelernt habe, im „Feminismus" vor allem einen Angriff auf die Familie zu sehen, weil in Teilen der Frauenbewegung „Familie" – gegen ihre (Friedans) Intention –

(NOW) zählte in ihrer Bill of Rights die öffentlich geförderte 24-Stunden-Kinderbetreuung – heute würden wir sagen: diese Form der Entfamilialisierung – zur wesentlichen Bedingung einer „truly equal partnership with men". Bildung empfahl NOW auch den weniger privilegierten Frauen der unteren Schichten als Weg zur Geschlechtergleichheit.

„Weiblichkeitswahn" und das damit verbundene Elend der „Hausfrauenehe" waren jedenfalls wichtige Topoi der Kohorte junger Frauen der späten 1960er und frühen 70er Jahre auch in Deutschland, die die Benachteiligung von Frauen am Arbeitsmarkt kritisierten und egalitäre Werte propagierten. Ungleichheit am Arbeitsmarkt und Ungleichheit in der nach Geschlecht differenzierten Familie bedingten sich wechselseitig. Es waren unter anderem marxistische Feministinnen, die jedwede Idealisierung der Fürsorglichkeit als spezifisch weibliche Moral und Spezifik der Familie verwarfen. Die Überhöhung des Zurückstellens des eigenen Bedürfnisses gegenüber den Anliegen der anvertrauten Anderen, ein Geben, das sich der Logik des Marktes und öffentlichen (marktlichen und politischen) Kriterien der Äquivalenz entzöge oder gar widersetzte, mache aus der weiblichen Not eine Tugend und ginge zu Lasten der Frauen in der Familie und am Arbeitsmarkt, indem sie die ungleichen Machtverhältnisse zwischen den Geschlechtern verschleiere. Damit diene die vermeintliche Fürsorgelogik der Familie den Männern und schaffe auf billige Weise die normativen Voraussetzungen des Kapitalismus (vgl. z.B. Rowbotham 1973). Barrett und McIntosh (1982) sprachen sogar von der „asozialen" Familie. Die Familie habe Fürsorglichkeit und Sorgearbeit monopolisiert, diese an sich gezogen, aber damit habe sie andere als familiale Formen der Sorge verschwinden und die Welt jenseits der Familie traurig aussehen lassen: "Caring, sharing and loving would be more widespread if the family did not claim them for its own" (ebd.: 80).

Die Antizipation von „Mütterlichkeit" und weiblicher Fürsorge in Ehe und Familie hatte Frauen, nicht Männer, mit jenen „hard choices" konfrontiert, die Gerson (1985) detailliert herausarbeitete: entweder Beruf oder Familie. Zugleich verallgemeinerte die vermeintliche weibliche Sondermoral alle Frauen ungefragt zu potenziellen Müttern, was zur mehr oder weniger expliziten Diskriminierung der (freiwillig) kinderlosen Frauen beigetragen und selbst in vermeintlich dem Egalitarismus verschriebenen Gesellschaften einseitig Geschlechternormen fixiert hat (vgl. Meyers 2001). Die Entscheidung für familiennahe, leichter mit Familienarbeit zu vereinbarende Bildungswege, Berufe und Erwerbsverläufe erfolgte für Gerson und viele andere alles andere als freiwillig. Auch deshalb bedingte sich die schwächere Verhandlungsposition von Frauen in der Arbeitswelt und in der Familie wechselseitig. Oft beeinflusste der Ehemann die Erwerbsentscheidung der Frau in seinem Interesse, weniger im Interesse des Wohls der Familie (das Eherecht ermächtigte ihn lange Zeit dazu). Die schwächere Einkommensposition machte die Frau, falls sie überhaupt ein eigenes Einkommen erwarb, im Prinzip abhängig von der Willkür und Benevolenz des Ehemannes und die Verteilung der Haus- und Sorgearbeit zu einem Dauerkonflikt für diejenigen Frauen, die ihre Mühe nicht anerkannt, abgewertet oder über die Maßen beansprucht fanden.

medienwirksam zum Inbegriff des Reaktionären geworden sei. Für sie (Friedan) habe der Feminismus dagegen nun eine Stufe („second stage") erreicht, auf der Frauen die verschiedensten Allianzen schmieden und dabei die Zusammenarbeit mit Männern suchen müssten und nicht deren Gegnerschaft herausfordern sollten (vgl. Friedan 1981).

Die Ehe sei in jeder Hinsicht schädlich für Frauen, solange sie bestehe und, schrieb Jessie Bernard (1972), erst recht, wenn sie zerbreche. Frauen sollten möglichst von der Ehe unabhängig werden. Tatsächlich gilt nach wie vor Durkheims Befund, dass die Ehe Männern zuträglicher ist als Frauen und zwar unabhängig von der von den Männern empfundenen Qualität des Ehelebens; nichtverheiratete Männer leben riskanter als ihr weiblicher Gegenpart, die Ehe fördert beim Mann wiederum das für sein Wohlbefinden wichtige Bewusstsein „erwachsener Männlichkeit", während Frauen nur aus den Ehen einen psychosozialen Gewinn erzielen, die sie selbst als „gut" bewerten (vgl. Nock 1998). Asymmetrisch sei die Ehe, auch weil das Haushaltseinkommen keineswegs immer gerecht verteilt werde, weshalb Okin (1989: 180f) dafür plädiert, ein gleiches Recht beider Ehepartner, hälftig (paritätisch) über das gesamte Haushaltseinkommen zu verfügen, einzuführen. Solch ein Recht impliziere keineswegs eine interne Monetarisierung der Familie, die Familienmitglieder tauschten ihre Leistungen nicht gegen Geld, sondern das rechtlich verbürgte Splitting des Einkommens bedeute eine längst überfällige Anerkennung der wertvollen, aber als unproduktiv und wertlos verachteten, daher endlich zwischen den Geschlechtern egalitär zu teilenden Familienarbeit. Kritisch-egalitär lehnt Okin die Vergabe der Haus- und Sorgearbeit an den Markt und an (zumeist weibliche) Beschäftigte im privaten Haushalt ab. Diese Kommodifizierung verschiebe nur die ungleiche Verteilung der Familienarbeit und deren Geringschätzung auf weniger privilegierte lohnabhängige Frauen[9].

Die Unabhängigkeit der einen (Frauen wie Männer) wurde und wird „erkauft" durch die Abhängigkeit der anderen. Die feministische Historikerin Linda Gordon und die Politologin Nancy Fraser diskutierten (1994) die verschiedenen Bedeutungen von Abhängigkeit und Unabhängigkeit und deren komplizierte Interdependenzen. Die Antwort auf ihre Frage, ob vom Lohn „abhängige" Frauen und Männer „unabhängiger" als vom Mann abhängige Mütter und Ehefrauen sind, die durch ihre Arbeit überhaupt erst die Unabhängigkeit der Lohnarbeiter herstellen, ließen beide offen. Die „Abhängigkeits"-Thematik, deren Komplexität zunehmend in Richtung auf ökonomische Unabhängigkeit durch weibliche Erwerbsarbeit aufgelöst wurde, knüpfte jedenfalls nahtlos an angloamerikanische feministische Analysen der 1970er und 1980er Jahre an, die in der Hausfrauenehe und der mit ihr unausweichlich verbundenen ökonomischen Abhängigkeit eine Hauptursache weiblicher Armut sahen. Dabei unterstellten alle westlichen Länder – die nordeuropäischen bis Ende der 1960er Jahre – lange Zeit, dass Frauen gegen die Wechselfälle des Lebens (Scheidung und Alleinerziehen gehörten noch nicht unbedingt dazu) ausreichend durch vom Ehestatus abgeleitete Sozialleistungen abgesichert waren. Die ambivalenten Voraussetzungen dieser abgeleiteten Sicherheit sind vielfach herausgearbeitet worden: dass die Inklusion in das System der sozialen Sicherung an die lebenslange vollzeitige, in jeder Hinsicht kontinuierliche Erwerbsarbeit gebunden ist, also einen „männlichen" Er-

---

9   Okin plädiert aber für staatliche Betreuung. Wenig überraschend wird die Forderung nach öffentlichen Diensten, die die Familien von Betreuungsleistungen für Kinder und andere Hilfebedürftige entlasten, begleitet von der Überzeugung, dass staatliche Dienstleistungserbringung nach dem Prinzip der Gleichheit (Gleichbehandlung) erfolge, auf Professionalität aufbaue und „high quality" mit Blick auf die zu erbringende Betreuung einerseits, auf Arbeitsbedingungen und Berufschancen andererseits garantiere. Der Staat als Institution des Bedarfsausgleichs sei in der Lage, die persönliche Abhängigkeit der Dienstleistenden qua Recht zu versachlichen (vgl. Pateman 1988).

werbsverlauf voraussetzt; dass Frauen als Zuverdienerinnen, „secondary earners", und daher als diskontinuierlich beschäftigt definiert wurden; schließlich, dass jede Frau kontinuierlich in einer Ehe mit einem halbwegs „starken" Ernährer lebt, auch so leben will und kann.

Jane Lewis (1992) hat die Institutionalisierung dieser Normen und ihre Folgen erstmals ländervergleichend untersucht und dabei zwischen „starken" (z.B. England), „moderaten" (z.B. Frankreich) und „schwachen" (z.B. Schweden) „male breadwinner"-Ländern unterschieden. Unterscheidungskriterien bildeten neben dem Ausmaß der Erwerbsbeteiligung von Müttern das Ausmaß der Abhängigkeit der Frau von einer vom Mann abgeleiteten sozialen Sicherung und die Folgen der jeweils institutionalisierten Norm für Frauen.

Später wurde diese Typologie durch den Grad der Entfamilialisierung (Übernahme durch nicht familiale, bevorzugt öffentliche, Instanzen) von zumeist weiblichen Betreuungsleistungen ergänzt. Ohne kontinuierliche Entfamilialisierung kann, in der Sprache der OECD formuliert, der „family gap" in der Erwerbsbeteiligung von Müttern nicht geschlossen, können diese nicht kontinuierlich (vergleichbar den Männern bzw. Vätern) in die Erwerbsarbeit integriert werden. Dieses egalitäre Ziel der Beschäftigungskontinuität vor Augen, entwickelten Meyers et al. (1999) ein Maß zur Erfassung unterschiedlicher Beschäftigungsprofile von Müttern, das sie „child penalty" nannten:

„A measure of this difference, termed 'child penalty', captures the country-specific decrease in the employment rate of married mothers that is associated specifically with having children under age 6 in the home. (…) The use of this measure of employment continuity, in place of the more conventional maternal employment rate, strengthens our analysis by focusing on an outcome that is closely related to women's roles as primary caregivers for children" (ebd.: 123).

Familialismus und Familialisierung, die Auszeiten aus dem Arbeitsmarkt erfordern oder fördern, erhöhen die „child penalty", selbst wenn oder gerade weil diese großzügig durch Transfers abgefedert werden. Rüling (2007: 109) erkennt hier eine „Traditionalisierungsfalle", die die weitere Aufteilung der Erwerbs- und Familienarbeit zwischen den Eltern maßgeblich prägen soll. Legt man den Maßstab der die Erwerbskontinuität störenden „child penalty" (oder „Traditionalisierungsfalle") an, dann leuchtet die heftige feministische Zurückweisung der Idee der Wahlfreiheit ein. Hobson (1994) hatte betont, dass jede Honorierung des Hausfrauen- und Mutterseins dem Ziel, die Erwerbsbeteiligung von Frauen zu sichern und die Geschlechter anzugleichen, zuwiderlaufen würde. Solch eine Strategie dürfe daher nicht verfolgt werden (vgl. ähnlich: Ellingsaeter/Leira 2006). „Choice" sei nicht viel mehr als ein – in meinen Worten – situativer Partikularismus und der Prägekraft des Vorgefundenen geschuldet. Was einer Frau aus ihrer spezifischen Situation heraus als freie Wahl erscheint, z.B. ein mit dem Partner im Konsens vereinbartes, ihrer persönlichen Auffassung von einer ausgeglichenen Paarbeziehung entsprechendes und gelebtes Arbeitsteilungsmodell, das die häuslichen Lasten objektiv zu ihren Ungunsten verteilt, erfolgt auf dem Hintergrund nach wie vor ungleicher Geschlechterverhältnisse, erhöht für die Frau die Kosten, die Beziehung zu beenden, mehr als für den Mann und schadet politisch dem Anliegen aller Frauen. Frauen sollen an gleicher Beteiligung, gleichen Beiträgen und „partnerschaftlich" organisierten Geschlechterbeziehungen interessiert sein. Burkart/Koppetsch erklären das nicht nur feministische Pochen auf Partnerschaftlichkeit wie folgt: „Partnerschaft" binde die Paarbeziehung an allgemeinere gesellschaftliche Werte an, hebe also die Absonderung der Paarbeziehung gegenüber der Ge-

sellschaft tendenziell auf, während die „Liebe" eher asozial und exklusiv sei und aus öffentlicher Sicht unzulässigerweise eben auch Ungleichheiten zwischen den Geschlechtern
zulasse (vgl. Burkart/Koppetsch 2001; Koppetsch 2001).

In einem neueren Artikel betont Lewis (vgl. 2001), das Ernährermodell sei zwar inzwischen fast überall erodiert, aber in kaum einem westlichen Land sei die Mehrheit der
Frauen in Vollzeit erwerbstätig – und wenn, dann jedenfalls nicht kontinuierlich im Lebensverlauf – sie sei daher auf weitere Einkommen angewiesen: vom Partner oder vom
Staat. „Family gaps" in der Erwerbsbeteiligung bestehen also weiterhin. Ein Zwei-
Verdiener-Haushalt kann daher sehr verschiedene Formen annehmen, wobei Kombinationen von Voll- und Teilzeitbeschäftigung der beiden Partner dominieren. Ähnlich an
der Realität vorbei zielt auch das Konzept der so genannten „dual-career marriages" (vgl.
für die USA, aber sicher nicht nur für diese: Hiller/Dyehouse 1987): „Karriere" kann für
Frauen und Männer, die meist unterschiedliche Positionen innehaben, Vieles und Unterschiedliches (selten „Egalitäres") bedeuten. Diskurse (auch feministische) und geplante
sowie realisierte Politiken liefen, so Lewis (2001), in nächster Zukunft Gefahr, von der
gestiegenen Erwerbsbeteiligung der Frauen und insbesondere der Mütter auf deren vollständige Individualisierung (qua kontinuierlicher existenzsichernder Vollzeiterwerbsarbe-
beit) zu schließen und die soziale Sicherung entsprechend zu individualisieren. Diese
verordnete Individualisierung – Lewis spricht von der „adult worker Norm", die Frauen
und Männer geschlechtsneutral als gleichermaßen Erwerbsfähige und zu Beschäftigende
und, zumindest rhetorisch, auch als „Eltern" jenseits jeder Geschlechterdifferenzierung
behandele (vgl. auch Daly 2004), – drohe ebenfalls, wenn auch auf neue Weise, Frauen
zu verarmen. Das seit 2008 in Deutschland geltende neue Unterhaltsrecht nach einer
Scheidung, das den Schutz der Hausfrauenehe nur noch für länger verheiratet gewesene
Paare anerkennt, basiert bereits auf der „adult worker Norm", ohne den freigesetzten
Frauen ökonomische Unabhängigkeit garantieren zu können.

Die andere Seite der geforderten, aber bis heute selten realisierten, ökonomischen
Unabhängigkeit von Frauen trat in der US-amerikanischen Debatte zuerst und deutlicher
als anderswo hervor: das in einigen Studien diagnostizierte Verschwinden von traditionellen
Erwerbsmöglichkeiten für gering qualifizierte Männer in Ländern, die sich zunehmend in eine Dienstleistungs- und Wissensgesellschaft verwandelten. Unsichere Erwerbs- und Ein-
kommensperspektiven sowie die sinkende Bereitschaft von Männern, dauerhafte Bindungen
zu Frau und Kind einzugehen, gingen in diesen Studien Hand in Hand und erklärten für die
USA teilweise den gestiegenen Anteil von häufig armen Alleinerziehenden (Bane 1988).
Die Geschlechternormen, hier: Erwerbserwartungen an Frauen, haben sich auch deshalb
angeglichen bzw. sollen sich angleichen, weil die Entlastung von Unterhaltspflichten
bzw. das egalitärere Teilen dieser Pflichten eben auch (vor allem?) Männer entlastet, ohne beide Geschlechter notwendigerweise auf die eigenen Füße zu stellen. Diese veränderte Lage wird mit dem Konzept der „Interdependenz" gefasst: Beide Geschlechter seien
aufeinander angewiesen. Der folgende Abschnitt versucht mit Hilfe von Surveydaten eine
sehr vorläufige Antwort auf die Frage zu geben, inwieweit sich die „adult worker Norm"
geschlechts„neutraler" Erwerbs- und Familienbeteiligung durchgesetzt hat.

3 Auf dem Weg zur Geschlechter-Egalität? Einstellungen und Praktiken im Wandel

Seit den 1960er Jahren ist die Erwerbsbeteiligung von Frauen, vor allem auch die der Mütter, in allen OECD-Ländern kontinuierlich gestiegen. In manchen Ländern hat sich die Rate sogar verdoppelt. Die nordeuropäischen Länder gehören zu den Vorreitern der Erhöhung der Frauenbeschäftigung (vgl. Tab. 1), hier fand der Umstieg vom Ein- zum Zwei-Erwerbstätigen-Modell vergleichsweise früh und dann rasch statt. Tab. 1 liefert allerdings nur einen groben Überblick über den Wandel. Sie legt die Vermutung nahe, dass Erwerbsarbeit für Frauen normaler geworden ist, lässt aber kaum Schlüsse über eine Angleichung der Geschlechternormen und die Veränderung der Geschlechterverhältnisse in der Familie zu.

Tab. 1: Wandel der Frauenbeschäftigung* 1960-2004 – Deutschland im Ländervergleich ** (in Prozent)

Frauenbeschäftigung	1960	1965	1970	1975	1981	1985	1991	1995	2000	2002	2004
Dänemark	43.5	49.3	58.0	63.5	71.8	74.5	78.9	73.6	75.9	75.6	76.4
Finnland	65.9	62.6	61.4	65.6	71.1	73.7	72.7	70.0	72.3	73.1	72.3
Island							78.4	82.4	82.9	81.8	79.9
Norwegen	36.3	36.9	38.8	53.3	63.9	68.0	71.1	72.2	76.3	76.8	75.6
Schweden		54.1	59.4	67.6	75.5	78.3	80.2	75.9	75.0	75.6	75.0
Deutschland	49.2	49.0	48.0	50.8	53.1	51.9	61.0	61.5	63.6	64.6	66.6
Niederlande				31.0	37.9	40.9	54.5	59.0	65.2	67.1	
UK	46.1	49.0	50.7	55.1	57.3	61.4	66.3	66.2	67.8	68.6	

* Frauen zwischen 15 und 64 einschließlich Erwerbslose
** Länderauswahl: Nordeuropäische "Zweiverdiener-Länder" („sozialdemokratische" Wohlfahrtsstaaten), Deutschland (West) und die Niederlande als Vertreter des „konservativen" und Großbritannien (UK) als Vertreterin des "liberalen" Wohlfahrtsstaats
Quelle: OECD On-Line Labour Force Statistics Database, Berechnungen (Ostner/Schmitt 2008: 24)

Zwar hat sich auch in (West-)Deutschland die Frauenbeschäftigung erhöht (vgl. den Beitrag von Kreyenfeld/Konietzka in diesem Band). Aber die Erwerbsarbeit verheirateter Frauen und Mütter war bis in die jüngste Zeit „sequenziell" angelegt, folglich durch eine hohe Diskontinuität – „child penalty" – gekennzeichnet. Frauen blieben dabei vom Einkommen des Mannes und soweit vorhanden von seiner sozialen Sicherung abhängig. Umgekehrt formuliert: Der Ehestatus, das Ehegattensplitting sowie vom abhängig beschäftigten Ehemann abgeleitete (für die Frau beitragsfreie) soziale Sicherungen haben Frauen bis heute, sofern nur die Ehe hielt/hält und der Mann ausreichend und kontinuierlich verdient(e), Anreize geboten, nicht oder weniger erwerbstätig zu sein. Noch dominieren ein durch weibliche Teilzeitarbeit leicht modifiziertes Ernährermodell und entsprechende Geschlechternormen. Hinter den Anteilen in Tab. 2 verbirgt sich in Deutschland (bis 1990 Westdeutschland), den Niederlanden und in Großbritannien (UK), Ländern, die man einem modifizierten Ernährermodell zuordnen kann, zunächst ein Gestaltwandel der Frauenerwerbstätigkeit: Teilzeitbeschäftigte verheiratete Frauen sind Trägerinnen dieses

Wandels. Man kann zwischen „langer" und „kurzer Teilzeit" unterscheiden, also zwischen Beschäftigungsverhältnissen, die nahe an der jeweils gesetzlich oder tariflich festgelegten durchschnittlichen Stundenzahl für eine Vollbeschäftigung liegen (z.B. 75 % Vollzeit, wie häufig im Fall schwedischer erwerbstätiger Mütter), und geringfügigen Beschäftigungen, die oft nur zwischen 5-10 Stunden die Woche umfassen. Diese Art der „kurzen Teilzeit" findet sich häufig in den Niederlanden und erklärt dort zum großen Teil den Anstieg der Frauenbeschäftigung in den letzten Jahren). Ökonomisch unabhängig von einem zweiten Einkommen, meist eines Partners, macht die kurze Teilzeit nicht.

Tab. 2: Vollzeit- und Teilzeitbeschäftigung von Frauen 1983-2004* (in Prozent)

	1983	1987	1991	1995	2000	2002	2004
Vollzeit							
Dänemark	63.0	67.6	71.2	74.2	76.0	77.1	75.7
Finnland			89.5	88.3	86.1	85.2	85.1
Island			60.3	62.2	66.2	68.8	
Norwegen			60.4	62.5	66.6	66.6	66.8
Schweden		70.2	75.7	75.9	78.6	79.4	79.2
Deutschland	68.8	74.6	74.8	70.9	66.1	64.7	63.0
Niederlande	55.3	49.0	47.4	44.9	42.8	41.2	39.8
UK	59.9	58.1	59.7	59.2	59.2	59.9	59.6
Teilzeit							
Dänemark	37.0	32.4	28.8	25.8	24.0	22.9	24.3
Finnland			10.5	11.7	13.9	14.8	14.9
Island			39.7	37.8	33.8	31.2	
Norwegen			39.6	37.5	33.4	33.4	33.2
Schweden		29.8	24.3	24.1	21.4	20.6	20.8
Deutschland	31.2	25.4	25.2	29.1	33.9	35.3	37.0
Niederlande	44.7	51.0	52.6	55.1	57.2	58.8	60.2
UK	40.1	41.9	40.3	40.8	40.8	40.1	40.4

* Vollzeit: mindestens 30 Wochenstunden im Haupterwerb; Teilzeit: weniger als 30 Wochenstunden im Haupterwerb; jeweils Anteile an allen beschäftigten Personen
Quelle: OECD On-Line Labour Force Statistics Database, Berechnungen (Ostner/Schmitt 2008:25)

In den nordeuropäischen Ländern, in denen der Zwei-Erwerbstätigen-Haushalt zur institutionell gestützten Norm und zum Normalfall geworden ist, bewegt sich der Anteil der teilzeitbeschäftigten Frauen immerhin noch zwischen 20 und 30 Prozent. Zwar arbeiten nordeuropäische Frauen wenn dann „lange Teilzeit", also im Durchschnitt eher 30 Wochenstunden; dennoch muss der mit der Arbeitszeitverkürzung verbundene Einkommensverlust kompensiert werden. Denn hat eine Gesellschaft erst einmal auf das Zwei-Erwerbstätigen-Modell umgestellt, dann kann ein Haushalt einen durchschnittlichen Lebensstandard nur dadurch halten, dass zwei annähernd gleiche Einkommen erzielt werden (vgl. für die USA: Warren/Warren Tyagi 2003). Einiges spricht dafür, dass sich verheiratete Frauen in Nordeuropa Teilzeitarbeit eher leisten (können) als alleinstehende oder alleinerziehende, die z.B. in Dänemark längere Wochenarbeitszeiten haben als verheiratete Mütter (vgl. Skevik 2006). Tab. 3 zeigt die vergleichsweise hohe Erwerbsbeteiligung alleinerziehender Mütter in Nordeuropa, interessanterweise auch in Westdeutschland. Man könnte die relativ hohe Beteiligung der westdeutschen Alleinerziehenden durch das Fehlen der oben bereits erwähnten Ehe basierter Absicherungen, also durch fehlende Anreize zur Nichterwerbsarbeit erklären, darin also wieder einen Effekt des spezifisch westdeutschen Ernährermodells sehen: dass die deutsche Sozialpolitik immer noch die Ehe und den *verheirateten* Arbeitnehmer durch Ehegattensplitting, beitragsfreie Mitversicherung der nichterwerbstätigen Ehefrau in der Gesetzlichen Krankenversicherung und die Aussicht auf eine Hinterbliebenenrente, die in vielen Fällen immer noch höher als die selbst erworbene Rente ist, privilegiert, während sie Nichtverheiratete (Frauen wie Männer) individualisiert. Spezifische Leistungen für Alleinerziehende, wie bis in die jüngste Zeit in Norwegen, den Niederlanden oder immer noch im UK gibt es nicht. Die erwähnten eheförderlichen Institutionen ermöglichen der verheirateten Mutter, längere Zeit nicht oder nur teilzeitbeschäftigt zu sein (und von der sozialpolitischen Förderung der mütterlichen Teilzeit im Rahmen der Alterssicherung zu profitieren), während Alleinerziehende ihre soziale Absicherung allein (ohne Hilfe abgeleiteter Beiträge) verdienen müssen und möglicherweise auch können[10]. Die niedrigen Werte in den Niederlanden und im UK (1990) können durch (inzwischen teils abgeschaffte) „familialisierende" Sonderleistungen für Alleinerziehende erklärt werden; der Rückgang der Erwerbsbeteiligung in Finnland (1990-2000) durch die Einführung des Betreuungsgeldes für unter 3-Jährige.

Tab. 3:   Erwerbsbeteiligung alleinerziehender Mütter (in Prozent)

	1990	2000
Dänemark	66	69
Finnland	87	66
Norwegen	66	72
Schweden	90	77
Deutschland Ost	61	59
Deutschland West	60	65
Niederlande	39	54
UK	38	51

Quelle: Skevik (2006: 225)

---

10   Ich formuliere hier Vermutungen. Im Ländervergleich (vor allem im Vergleich mit dem UK) sind westdeutsche Alleinerziehende eher geschieden, relativ älter und qualifiziert und wenn dann vergleichsweise häufiger vollzeitbeschäftigt, die britischen eher jünger, (noch) unverheiratet, geringer qualifiziert, weniger oder nicht beschäftigt. Neuere Darstellungen der Erwerbsbeteiligung von Alleinerziehenden in Ost- und Westdeutschland, die nach Familienstand, Alter, Qualifikation, Beruf, Kinderzahl und Arbeitszeit differenzieren, standen mir nicht zur Verfügung. Nordeuropäische Daten legen nahe, dass Alleinerziehende von Arbeitslosigkeit stärker betroffen sind; wenn sie arbeitslos geworden sind, haben sie mehr Probleme, wieder eine Beschäftigung zu finden (vgl. Skevik 2006). Dies mag – neben anderen Merkmalen, wie z.B. das Alter oder die Qualifikation, – auch die vergleichsweise niedrigere Erwerbsbeteiligung ostdeutscher Alleinerziehender erklären.

Bekanntlich sind vergleichsweise wenig (west-)deutsche Mütter von Kindern unter drei Jahren erwerbstätig. Die Daten der Tab. 4 spiegeln diesen Befund. Überraschend ist der hohe Anteil finnischer Mütter kleiner Kinder, die nicht erwerbstätig sind (und wahrscheinlich das vor einiger Zeit eingeführte Betreuungsgeld beanspruchen). Einige sprechen von einer Retraditionalisierung der Geschlechterverhältnisse. Allerdings wird dieser Trend durch die nach wie vor hohe (die höchste in Nordeuropa) kontinuierliche Vollzeiterwerbsarbeit finnischer Frauen nach der Kleinkindphase wettgemacht. Längere staatlich geförderte Ausstiegsoptionen führen also nicht unbedingt zur Wiederkehr der „Familienmutter" und des „Ernährers", bergen also nicht zwangsläufig eine „child penalty". Vielmehr eröffnen sie im sonst kontinuierlichen vollzeitigen Erwerbsverlauf die Option, für eine längere Zeit zu Hause das Kind zu betreuen – eine Option, die fast nur Frauen nutzen, was abstrakt und von außen betrachtet durchaus als ein Verstoß gegen die Normen der Partnerschaft und Egalität gewertet werden kann.

Auch wenn es die bisher präsentierten Daten bestenfalls mittelbar belegen, so haben sich doch die Einstellungen von Frauen und Männern zur Erwerbsbeteiligung von Frauen – unabhängig von deren Folgen für die Aufgabenverteilung in der Familie – liberalisiert und egalisiert. US-amerikanische Studien belegten diesen Trend eindeutig für den Zeitraum zwischen 1960 und 1980 (vgl. zusammenfassend: Brewster/Padavic 2000: 477-8).

Tab. 4: Erwerbsbeteiligung von Müttern und Teilzeitquote nach Alter des jüngsten Kindes 2002 (in Prozent)

	Erwerbsbeteiligung			davon teilzeitbeschäftigt	
	Kind unter 3	3 bis 5 Jahre	6 bis 14 Jahre	unter 6 Jahre	6 bis 14 Jahre
Dänemark	71.4	77.5	79.1	5.1	8.3
Finnland	32.2	74.7	85.3	8.3	6.0
Schweden	72.9	82.5	77.4	41.2	41.3
Deutschland	56.0	58.1	64.3	46.2	59.3
Niederlande	74.2	68.2	70.1	79.0	79.8
UK	57.2	56.9	67.0	58.0	56.9

Quelle: Ostner/Schmitt (2008: 25) – OECD 2005

Die in Tab. 5 versammelten Zustimmungswerte deuten ebenfalls auf eine erhebliche Neuorientierung der Geschlechternormen in allen betrachteten Ländern im Übergang von der Altersgruppe der über 55-Jährigen zur nächst jüngeren hin, wobei die klassischen Länder des Ernährermodells, vor allem Deutschland[11], den Einstellungen (nicht unbedingt Praktiken!) in den nordeuropäischen Ländern hinterherhinken. Männer äußern sich allerdings selbst in „egalitäreren" Ländern, wie Finnland, Schweden oder Norwegen, etwas traditioneller als jeweils die Frauen ihrer Gruppe.

---

11 Der Einfachheit halber sind in den Tab. 5 und 6 die Kategorien „stimme zu" und „stimme stark zu" zusammengezogen. Dies mag die geringe Differenz zwischen dem gesamtdeutschen und dem westdeutschen Wert in Tab. 5 erklären. Auf die Darstellung der Ergebnisse nach Altersgruppen für Ostdeutschland wurde aufgrund der geringen Fallzahlen im ISSP verzichtet.

Tab. 5: Zustimmung zur Aussage „A man's job is to earn money; a woman's job is to look after the home and family" – nach Altersgruppen (in Prozent)*

	Frauen			Männer		
	Alter 25-40	Alter 41-55	Alter 55+	Alter 25-40	Alter 41-55	Alter 55+
Dänemark	5.7	6.1	22.0	5.9	9.6	28.1
Finnland	4.3	6.2	19.4	12.0	13.3	21.3
Norwegen	2.7	4.8	14.0	7.1	9.0	23.7
Schweden	1.7	2.1	11.1	6.3	7.9	18.8
Deutschland	13.0	14.7	30.1	14.3	16.3	40.9
Westdeutschland	12.3	17.1	34.4	15.8	18.3	50.8
Niederlande	5.3	12.0	20.0	11.2	10.1	24.2
UK	6.6	10.2	30.1	9.2	15.0	42.0

* Die ISSP-Antwortenkategorien "strongly agree" and "agree" wurden zusammengefasst.
Quelle: Ostner/Schmitt (2008: 28) auf der Basis des ISSP[12] 2002

Das Bild verändert sich etwas, wenn es um die bevorzugte Art der Betreuung kleiner Kinder geht (Tab. 6). Hier stimmt immerhin etwa ein Viertel der nordeuropäischen Männer (etwas weniger schwedische) und der finnischen Frauen der jüngsten Altersgruppe der Aussage zu, ein Vorschulkind (in Nordeuropa ist das ein Kind unter drei Jahren) leide unter der Erwerbsarbeit seiner Mutter. Die Zustimmung der dänischen, norwegischen und schwedischen Frauen in der Umfrage fällt niedriger aus, was mit der Zufriedenheit mit öffentlichen Betreuungsangeboten und der Erwerbsarbeit, dem Grad der Institutionalisierung (Sanktionierung) der adult worker Norm oder der Unvermeidlichkeit der mütterlichen Erwerbsarbeit (vor allem im Fall des Alleinerziehens) und der Vermeidung kognitiver Dissonanz erklärt werden kann. Die Zustimmung der westdeutschen Frauen ist gemessen an der in den anderen Ländern vergleichsweise hoch, also traditionell, geblieben, erst recht die der Männer, allerdings äußern sich auch niederländische und britische Männer relativ traditionell.

---

12 International Social Survey Programme (ISSP): Jährliche Befragung zu jeweils unterschiedlichen sozialwissenschaftlich relevanten Forschungsthemen im Rahmen in internationaler Kooperation; nationale Stichprobengrößen bewegen sich zwischen 1000-2000 Befragten; die Befragung des Jahres 2002 hatte die Familie und den Wandel der Geschlechterrollen zum Thema.

Tab. 6: Zustimmung zur Aussage „A pre-school child is likely to suffer, if his or her mother works" – nach Altergruppen (in Prozent) *

	Frauen			Männer		
	Alter 25-40	Alter 41-55	Alter 55+	Alter 25-40	Alter 41-55	Alter 55+
Dänemark	17.9	22.0	43.2	25.8	37.6	53.6
Finnland	24.2	27.3	57.2	27.8	38.1	63.7
Norwegen	11.3	17.9	33.0	24.8	27.0	47.7
Schweden	11.2	16.0	28.6	18.2	36.6	38.4
Deutschland	40.5	40.2	50.2	43.2	51.9	66.8
Westdeutschland	45.1	46.0	59.5	52.7	59.0	75.0
Niederlande	28.5	33.9	42.9	34.8	43.6	62.7
UK	23.1	36.1	41.1	32.2	51.5	55.2

* Die Antwortenkategorien "strongly agree" and "agree" wurden zusammengefasst.
Quelle: Ostner/Schmitt (2008: 28) auf der Basis des ISSP 2002

Nimmt man Finnland aus, dann existiert eine recht klare Differenzierung zwischen den nordeuropäischen und den anderen Ländern. Erstere stimmen in weit höherem Maße der mütterlichen Erwerbsbeteiligung zu. Allerdings zeigen die Werte in Tab. 7, dass nur eine Minderheit der nordeuropäischen Männer und Frauen die mütterliche Vollzeitarbeit unterstützt, solange die Kinder noch nicht in der Schule sind. Die Mehrheit bevorzugt Teilzeitbeschäftigungen. Finnland bildet wieder die nordeuropäische Ausnahme, da dort die Zustimmung der befragten Frauen und Männer zur zeitweiligen häuslichen Betreuung durch die Mutter vergleichsweise hoch ist. Mütterliche Vollzeitarbeit wird nicht nur von deutschen, sondern vor allem auch von britischen Frauen und Männern abgelehnt.

Tab. 7: Zustimmung zur Aussage „When there is a child under school age – Should women work?" – Frauen und Männer mit Kindern im Haushalt* (in Prozent)

	Frauen			Männer		
	Ja, Vollzeit arbeiten	Ja, Teilzeit arbeiten	Nein, Zuhause bleiben	Ja, Vollzeit arbeiten	Ja, Teilzeit arbeiten	Nein, Zuhause bleiben
Dänemark	18.3	69.3	12.4	19.4	61.1	19.4
Finnland	16.9	47.0	36.1	21.9	38.6	39.5
Norwegen	14.1	65.3	20.6	20.3	54.9	24.9
Schweden	10.6	73.1	16.3	20.1	64.9	14.9
Deutschland	8.5	62.4	29.1	8.8	41.5	49.7
Westdeutschland	3.5	58.8	37.7	1.9	33.3	64.8
Niederlande	11.9	62.7	25.4	20.0	53.8	26.3
UK	5.8	47.4	46.9	3.9	39.9	56.2

* Erwachsene Befragte, die in einem Haushalt mit Kindern unter 18 Jahren zusammenleben.
Quelle: Ostner/Schmitt (2008: 29) auf der Basis des ISSP 2002

Wenig überraschend ändern sich die Einstellungen zur mütterlichen Erwerbsarbeit mit dem Schuleintritt der Kinder (Tab. 8). Nun unterstützt nur noch eine kleine Minderheit von Frauen und Männern selbst in Deutschland die häusliche Kinderbetreuung durch die Mutter. Allerdings bevorzugt die große Mehrheit die mütterliche Teilzeitarbeit, auch in den nordeuropäischen Ländern, was zum Teil auf die weite Definition (jede Arbeit, die weniger als 30 Wochenstunden umfasst) zurückzuführen ist.

Tab. 8: Zustimmung zur Aussage „After the youngest child starts school – Should women work?" – Frauen und Männer mit Kindern im Haushalt* (in Prozent)

	Frauen			Männer		
	Ja, Vollzeit arbeiten	Ja, Teilzeit arbeiten	Nein, Zuhause bleiben	Ja, Vollzeit arbeiten	Ja, Teilzeit arbeiten	Nein, Zuhause bleiben
Dänemark	35.6	64.0	0.5	48.5	48.5	3.0
Finnland	27.5	65.3	7.3	41.8	49.6	8.5
Norwegen	35.6	61.3	3.1	40.5	53.0	6.5
Schweden	22.0	76.1	1.9	39.0	59.6	1.5
Deutschland	15.3	79.0	5.7	20.3	68.4	11.4
Westdeutschland	7.3	85.5	7.3	8.5	76.4	15.1
Niederlande	19.1	79.8	1.1	30.4	65.8	3.7
UK	17.0	79.0	4.0	17.9	73.9	8.2

* Erwachsene Befragte, die in einem Haushalt mit Kindern unter 18 Jahren zusammenleben.
Quelle: Ostner/Schmitt (2008: 30) auf der Basis des ISSP 2002

Betrachtet man nochmals Tab. 5, dann erscheint der Trend hin zum Egalitarismus im Übergang zu den jüngsten Altersgruppen eher unauffällig, die in der Tab. 8 erkennbar hohe Beliebtheit der mütterlichen Teilzeitarbeit selbst in den erfolgreich „entfamilialisierten" nordeuropäischen (Zwei-Erwerbstätigen-)Ländern ist dagegen auffällig.

Ich habe bisher Erwartungen an mütterliches Handeln im nach wie vor konfliktgeladenen Feld der Kombination von Erwerbs- und Familienrolle (Kinderbetreuung) und Unterschiede in der Erwerbsbeteiligung von Frauen und Männern vorgestellt. Es handelt sich um Erwartungen, die die Geschlechter an sich und an das jeweils andere Geschlecht richten. Männer erwiesen sich dabei in ihren Einstellungen zur mütterlichen Erwerbsarbeit fast durchgängig als konservativer (weniger egalitär orientiert) als die befragten Frauen. Dennoch will nur eine sehr kleine Minderheit von Frauen Vollzeit arbeiten, wenn die Kinder klein sind, und dies überraschenderweise selbst in Ländern mit einer geringen „child penalty". Die mütterliche Erwerbsbeteiligung spiegelt diesen Wunsch wider.

Das ISSP enthält leider keine Fragen, die Aufschluss darüber geben könnten, wie Frauen und Männer die verschiedenen im Haushalt anfallenden Aufgaben bewerten und welche Aufgabenteilung sie präferieren und praktizieren. Neuere ländervergleichende Untersuchungen (z.B. Arn/Walter 2004; Finch 2006) bestätigen den bisherigen Befund der noch längst nicht erreichten Egalität in der Aufgabenverteilung. In ihrer Analyse von Eurostat-Daten für das Jahr 2004 konnte Finch kein nordeuropäisches (egalitäreres) Muster der Beteiligung der Männer an der Hausarbeit erkennen. Die Variation innerhalb des nordeuropäischen Clusters war zu groß; so verwendeten z.B. dänische Väter viel weniger Zeit auf die Betreuung ihrer Kinder als schwedische oder norwegische (dänische Kinder verbrachten und verbringen sehr viel mehr Stunden als andere nordeuropäische in einer öffentlichen Einrichtung, was den geringen väterlichen – und im Ländervergleich auch mütterlichen –

Einsatz erklären mag). Zwanzig Prozent der schwedischen Väter von Vorschulkindern (unter 3 Jahre alt) leisten keinerlei Betreuung, im Fall der Schulkinder sind dies bereits 54 Prozent. Frauen erledigen zweimal so viel an Hausarbeit im engeren Sinn (Kochen, Reinigen, Waschen, Geschirrspülen usw.) wie Männer (vgl. Björnberg 2004: 363; vgl. auch Halleröd 2005)[13]. Frauen nehmen 85-90 Prozent der Elternurlaubstage, ein Anteil, der zwischen 1974 und 2004 nur um zehn Prozentpunkte gesunken ist. Die Individualisierung des Elternurlaubs 1995, der zwei Monate jeweils einem Elternteil fest zuweist und eine parallele Nutzung durch die Eltern verbietet, führte allerdings zu einer Verdoppelung der bis dahin geringen männlichen Inanspruchnahme (vgl. ebd.: 364). Von einer egalitären Verteilung der Familienarbeit in Schweden kann aber keinesfalls die Rede sein.

Zwar reduzierten Frauen in allen Ländern die für Haus- und Familienarbeit verwendete Zeit, aber in einem geringeren Umfang als die jeweils männliche Vergleichsgruppe. Finch (2006) vermutet daher, dass marktförmige oder staatliche Dienstleistungen Frauen entlastet haben. Französische Daten legen nahe, dass eine hohe Erwerbsbeteiligung von Müttern und eine gute öffentliche Infrastruktur Hand in Hand mit einer sehr geringen Beteiligung von Vätern an der Familienarbeit gehen können. Dagegen schneiden Väter im deutschen Ernährermodell mit seiner von Meyers et al. (1999) attestierten relativ hohen „child penalty" vergleichsweise gut ab, jedenfalls sehr viel besser als französische und immer noch besser als finnische Männer bzw. Väter (Arn/Walter 2004)[14]. Der Zuwachs an Erwerbsarbeit und Einkommen führt anders als erwartet nicht zu einem vergleichbaren Anstieg der Egalität in der Verteilung der Familienaufgaben; ökonomisch unabhängige Frauen erbringen sogar eher mehr Haus- und Familienarbeit als ihre Partner (vgl. ebd.: 150).

Befunde zur Zeitverwendung und Arbeitsteilung in deutschen Haushalten erscheinen vor diesem Hintergrund nicht sonderlich auffällig. Haberkern (2007) analysierte die Daten der Zeitbudgeterhebung 2001/02, um herauszufinden, inwieweit und auf welche Weise die finanzielle Unabhängigkeit bzw. Abhängigkeit vom Partner bzw. der Partnerin die innerfamiliale Arbeitsteilung unterstützt. Frauen, so das Ergebnis, verringern ihre Hausarbeitsleistung in dem Maße, wie ihr Erwerbseinkommen steigt, aber nur solange, wie dieses niedriger bleibt als das des männlichen Partners. Bei gleichem oder höherem Einkommen verschwindet dieser Effekt. Dagegen erhöht der Partner erst dann seine Hausarbeitsleistungen, wenn er finanziell von seiner Partnerin abhängig ist. Schulz/Blossfeld (2006) zeigen auf der Grundlage von Daten des Bamberger Elternpanels, dass sich die Muster der häuslichen Arbeitsteilung im Zeitverlauf (innerhalb von 14 Jahren nach der Eheschließung) systematisch in Richtung auf ein „traditionales" Arrangement verschieben: „Nach 14 Ehejahren sind etwa 85 Prozent der Paare stark traditional oder traditional, nur noch etwa 14 Prozent partnerschaftlich und nicht viel mehr als 1 Prozent nicht traditional organisiert" (ebd.: 45). Dieser Befund gilt unabhängig von den Bildungsressourcen der Frauen, wobei in der Gruppe der Paare, in denen Frauen über eine höhere Bildung verfügen als ihre Partner, das traditionelle Muster der Arbeitsteilung am stärksten vertreten ist (ebd.).

---

13 Datenbasis: Statistics Sweden 2003.

14 Arn/Walter präsentieren Daten zur wöchentlichen Hausarbeit von Frauen und Männern in Paarhaushalten und Familien nach dem Grad der einkommensbezogenen (Un-)Abhängigkeit der Frau in Finnland, Deutschland Ost, Deutschland West, den Niederlanden und in Frankreich. Die Daten entstammen dem internationalen Datenset des EU finanzierten Network on Policies and the Division of Paid and Unpaid Work. Jan Künzler und Wolfgang Walter verantworteten die deutsche Teilstudie des Netzwerkes.

4   Das Beharrungsvermögen ungleicher Aufgabenverteilung

Das Bild, das ich vom Fortschritt in Richtung auf eine Angleichung der Geschlechternormen gezeichnet habe, lässt keine klaren Konturen erkennen. Angleichungsprozessen steht das Beharrungsvermögen ungleicher Beteiligung an der Erwerbs- und Familienarbeit gegenüber, das durch entsprechende normative Überzeugungen, wie Frauen und Männer zu handeln haben, gestützt wird. „Egalität", das im zweiten Abschnitt vorgestellte feministische Ideal, ist erst in Ansätzen und jeweils mit Gegentendenzen verwirklicht.

Brewster/Padavic (2000) erfragten die Akzeptanz der Kombination von Erwerbs- und Familienrolle (von Frauen!) in den USA. Sie stellten dabei eine Abnahme des Trends zu diesem isolierten Aspekt des Egalitarismus fest, die sie u.a. mit unterschiedlichen Erfahrungen der von ihnen untersuchten, zwischen 1977 und 1996 aufeinander folgenden, Kohorten erklären. Die Kohorten, die zwischen 1985 und 1996 erwachsen wurden, erlebten unmittelbar den massenhaften Einzug ihrer Mütter in die Arbeitswelt, der selbstverständlich wurde. Gleichzeitig entdeckten die Autorinnen einen kohortenübergreifend größeren Konservatismus der Männer, die egalitäre Einstellungen zur Rollenkombination von Frauen langsamer und in geringerem Maß übernahmen. Möglicherweise sahen (und sehen) Männer die Verluste, die für sie mit der Angleichung verbunden sind, recht deutlich, während nach 1945 geborene Frauen egalitäre Normen vor dem Hintergrund der neu erfahrenen größeren ökonomischen Unabhängigkeit stütz(t)en. Mit der Ausweitung der tertiären Bildung, so die Autorinnen, dürften egalitäre Werte allerdings weiterhin wachsende Unterstützung finden; angesichts der faktischen Verallgemeinerung der Frauenbeschäftigung müssten schließlich auch die Männer diese als selbstverständlich annehmen, und sei es allein, um kognitive Dissonanzen zu vermeiden.

Andererseits dürfte die Veralltäglichung des Zwei-Erwerbstätigen-Modells dieses auch entzaubern. Seine trade-offs („penalties") – Kosten für Frauen und für Männer – werden z.B. dann sichtbarer, wenn Markt oder Staat kaum kostengünstige und zugleich qualitativ hochwertige Betreuungsdienste anbieten, wenn lange Arbeitszeiten abzuleisten sind und/oder wenn die Erwerbsarbeit wenig befriedigt oder sogar belastet[15]; oder wenn es nicht gelingt, mit einem Einkommen allein ein einigermaßen angemessenes Leben zu führen. Die von mir präsentierten nordeuropäischen Daten würden meine „Entzauberungsthese" stützen und damit zumindest ansatzweise auch Tendenzen einer „Retraditionalisierung" der Arbeitsteilung, wie im finnischen oder ostdeutschen Fall, erklären helfen. In der DDR gab es keine Teilzeitoption. Finnische Mütter waren bis zur Einführung des Elterngeldes in hohem Maße „kommodifiziert" (ein Erwerbsleben lang ohne Unterbrechung vollzeitbeschäftigt). In beiden Ländern war und ist Hausarbeit Frauensache. Vor diesem Hintergrund stellen Teilzeit und Betreuungsgeld neu gewonnene Möglichkeiten dar.

Man kann die Persistenz der Geschlechterungleichheit am Arbeitsmarkt und in der Familie in Nordeuropa *institutionell* mit nach wie vor unzureichender öffentlicher Kinderbetreuung, falsch gesetzten institutionellen Anreizen („Traditionalisierungsfallen"), oder *strukturell* mit der durchgängigen Feminisierung der personenbezogenen sozialen Dienste erklären. Frauen helfen Frauen die Familienangehörigen zu betreuen, Betreuung

---

15   Crouter et al. (2001) zufolge wenden sich Männer, die überlange Arbeitszeiten haben und sich beruflich überlastet fühlen, ihren Kindern weniger zu.

scheint nach wie vor „weiblich" normiert, auch wenn Väter ein individuelles Recht auf häusliche Betreuungszeit gewonnen haben und dieses auch gezielt in Anspruch nehmen.

Für Esping-Andersen (2002b) ist die Beliebtheit der Teilzeitarbeit in den nordeuropäischen Ländern Ausdruck eines „neuen Geschlechtervertrages", der, wenn auch weniger egalitär ausgelegt, so doch den Wünschen von Frauen offensichtlich am besten entgegenkomme. Jedenfalls habe er gesellschaftlich erwünschte Effekte hervorgebracht: eine relativ hohe Erwerbsbeteiligung von Frauen, einen geringen „family gap", eine geringe „child penalty" (hohe Kontinuität der Beteiligung) und vergleichsweise höhere Geburtenraten. All dies rechtfertigt für Esping-Andersen (in meinen Worten formuliert) „zweitbeste Egalitätslösungen" (für Frauen), weil „erstbeste" weniger Wohlfahrtsgewinne für die Allgemeinheit erzielen.

Verwertbares Humankapital und Erwerbseinkommen haben nicht auf erwartete Weise zur Egalisierung des Geschlechterverhältnisses beigetragen, die Veränderung der Geschlechterrollen erfolgt nicht „symmetrisch". Ökonomische Handlungstheorien können die Geschlechterspezifik und die Dynamik der Aufgabenverteilung in der Familie und der Erwerbsbeteiligung von Frauen kaum erklären. Schulz/Blossfeld (2006) und Haberkern (2007) verweisen daher zurück auf soziale Normen der Männlichkeit und Weiblichkeit, auf „doing gender" und „gender display", die der These des „asymmetrischen" Rollenwandels zugrunde liegen. Die These behauptet, dass sich Frauen trotz vermehrter Erwerbsbeteiligung weiterhin für die Familienarbeit zuständig fühlen (und damit zumindest indirekt die damit verbundene ökonomische Abhängigkeit als „weiblich" akzeptieren), Männer sich dagegen nach wie vor der Hausarbeit entziehen und zwar unter Umständen erst recht, wenn der finanzielle Erfolg der Partnerin die männliche Identität bedroht. Im Laufe ihrer Beziehung gewöhnen sich, dem Ansatz zufolge, die Paare an einmal eingeschliffene geschlechterspezifische Praktiken, die Kosten der Veränderung erhöhen sich. Schulz/Blossfeld erwarten allerdings trotz alledem, dass eine Fortsetzung der Bildungsexpansion die Asymmetrie in der Geschlechterbeziehung verringern wird, auch wenn ihre Analyse zeigt, dass sich der Bildungseffekt mit der Zeit abschwächt.

Wie der Feminismus messen die bisher skizzierten Studien die Geschlechterbeziehungen am erreichten Grad der Egalität, an einem Wert, der der Sphäre der Politik entstammt. Paare bewerten ihre Beziehung aber vermutlich entlang anderer Werte, die Gleichheit wäre dann eine schöne Zugabe, kaum handlungsleitendes Prinzip (wie für die Demokratie). Burkart/Koppetsch erinnern an die Eigensinnigkeit der Paarbeziehung und an die Differenz von öffentlichen und privat-intimen Geschlechternormen, auch wenn sich öffentliche und private immer mehr vermischen. Im Versuch, Individualität und Gemeinsinn in Einklang zu bringen, gelangen die Paare zu Lösungen, die zunächst sie allein als angebracht und annehmbar empfinden, auch wenn diese geschlechterspezifisch codiert und eher auf Ergänzung denn auf Gleichverteilung angelegt sind (vgl. Björnberg 2006; mit Blick auf die Geldverteilung: Schneider et al. 2007). Lösungen für die Verteilung der Leistungen folgen selten dem Marktprinzip der Äquivalenz (Gleiches möglichst zeitnah mit Gleichem vergelten), eher der Logik einer generalisierten (nicht äquivalenten) Reziprozität: Der Zeitpunkt der Rückgabe einer empfangenen Gabe und Art sowie Umfang des Zurückzugebenden sind dabei offen, „ungleiche" Beiträge möglich. Sie werden nicht verschwinden.

13 Familie und Familienpolitik in Europa

Klaus Peter Strohmeier

1 Familienpolitik – was ist das?

In der Bundesrepublik war die Errichtung eines Familienministeriums im Jahre 1953 umstritten. Die Position der Gegner artikulierte der Soziologe Helmut Schelsky, der von der „Mission einer Landplage" sprach (Schelsky 1954: 6). Familienleben war Privatsache, und ein Interesse des Staates an der Familie wurde bestritten. Tatsächlich ist die Begründung staatlicher Familienpolitik das Interesse des Staates an den Leistungen, die die Familie für Gesellschaft, Wirtschaft und Politik erbringt. Die Familienberichte der Bundesregierung (von 1968 bis heute) dokumentieren ein sich wandelndes und durchaus selektives *Interesse des Staates an den unterschiedlichen Leistungen der Familie* im Nachkriegsdeutschland. Der Dritte Familienbericht (1979: 13) z.B. nannte noch die „Haushaltsfunktion", die „generative Funktion", die „Erziehungs-" und „Platzierungsfunktion" (mit Blick auf den gesellschaftlichen Nachwuchs) und die „Erholungsfunktion" der Familie (mit Blick auf die Reproduktion der Arbeitskraft). Mit dem Fünften Familienbericht (1994) schließlich rückten die seit dem Geburtenrückgang ab Mitte der 1960er Jahre prekär gewordene generative Funktion, also die quantitative Sicherung des gesellschaftlichen Nachwuchses, und die qualitative Nachwuchssicherung durch die Familie in den Vordergrund. Der Siebte Familienbericht (2006) belegt die gewachsenen Schwierigkeiten der jungen Generation, ein Leben mit Kindern im Lebenslauf und im Alltag der bundesdeutschen Gesellschaft zu realisieren.

Jede Gesellschaft ist nicht nur auf Nachwuchs in hinreichender Zahl angewiesen, sondern auch darauf, dass dieser Nachwuchs über die sozialen Kompetenzen und Motive verfügt, die ihn zu sinnhaftem Handeln und Erleben in den unterschiedlichsten sozialen Handlungsfeldern befähigen und ihn motivieren, als Erwachsener diese Gesellschaft fortzusetzen. Solche elementaren sozialen Kompetenzen und Motive sind das „Humanvermögen", zu dessen Bildung die Familie einen entscheidenden und nicht zu ersetzenden Beitrag leistet. In der quantitativen und der qualitativen Nachwuchssicherung (in der Bildung von Humanvermögen in den Familien) liegt heute die Begründung für staatliche Familienpolitik.

Eine institutionelle Definition der Familienpolitik („Familienpolitik ist, was die Familienministerin tut."), die sich auf spezifische Zuständigkeiten und ein klar umrissenes Aufgabengebiet beziehen könnte, ist nicht möglich, denn Familienpolitik ist „Querschnittspolitik", die in Deutschland zudem mit dem Problem der Fragmentierung der politischen und administrativen Zuständigkeiten kämpfen muss, die zwar wechseln mögen, aber grundsätzlich auf den Ebenen von Bund, Ländern und Kommunen zersplittert bleiben. Zudem (und vielleicht: deshalb) ist Familienpolitik traditionell versehen mit dem Makel einer gewissen Nachrangigkeit in der Ordnung politischer Prioritäten.

Eine analytische Begriffsbestimmung von Familienpolitik ist ebenfalls nicht einfach. Eine Definition der Familienpolitik kann ihren Ausgangspunkt entweder von den expliziten Absichten des Gesetzgebers (der z.B. die Familien, ihre Lebenslage oder ihre Leistungen in einer bestimmten Weise beeinflussen will) oder von den konkreten Maßnahmen (und ihren faktischen Wirkungen) nehmen. Im letzteren Fall müsste dann aber jede Politik, die faktisch Einfluss auf die Lebenslage oder die Leistungsfähigkeit von Familien nimmt oder die den Familienalltag beeinflusst, als Familienpolitik gelten, also auch Bildungspolitik, Verkehrs- oder Arbeitsmarktpolitik.

Eine enge Definition der Familienpolitik sollte tatsächlich von den *Intentionen* der Politiker ausgehen. Als Familienpolitik wären dann politische Maßnahmen zu bezeichnen, die Einfluss auf den Lebenszusammenhang und die Lebensführung von Familien nehmen *wollen*. Ihre Wirksamkeit würde dann durch das Ausmaß und die Art und Weise bestimmt, in denen das gelingt. In Europa gibt es eine in diesem Sinne *explizite Familienpolitik* (d.h. eine Familienpolitik, die sich auch so nennt) nur in Deutschland und in Frankreich. Während die Ziele der französischen Familienpolitik eindeutig pronatalistischer, bevölkerungspolitischer Natur sind, formuliert das Grundgesetz für die Bundesrepublik Deutschland (in Art. 6 GG) sie betont allgemein. Gerade in Bezug auf eine bevölkerungspolitische Begründung staatlicher Familienpolitik ist die Debatte in Deutschland nach 1945 lange Zeit ambivalent gewesen, erst seit Ende der 1990er Jahre werden (von Regierung und Opposition in gleicher Weise) explizit mögliche Effekte familienfördernder Politik auf die Geburtenhäufigkeit als Begründung familienpolitischer Intervention angeführt.

Der so genannte „demografische Wandel" hat überall in Europa der Familienpolitik Rückenwind verschafft. In den Niederlanden gibt es nach beinahe traditioneller Vernachlässigung der Familie als Lebensform in der staatlichen Sozialpolitik (dazu prägnant Kuijsten/Schulze 1997) seit 2007 einen Familienminister (freilich aber noch kein erkennbares familienpolitisches Profil). In Deutschland verschwimmt heute (mehr als fünfzig Jahre nach dem Ende des Nationalsozialismus) der seitdem problematische Unterschied von Familienpolitik und „Bevölkerungspolitik", die durch die Politik der Nazis nachhaltig diskreditiert war. Beide Begriffe unterscheiden jedoch, wie der internationale Vergleich zeigt, nicht die im Einzelnen ergriffenen Maßnahmen oder die faktischen Wirkungen (bzw. die Wirkungslosigkeit) der Politik, sondern sie unterscheiden lediglich die explizit gemachten Absichten der Politiker, die sie veranstalten.

Explizite Familienpolitik ist also Ausdruck eines staatlichen Interesses an den Leistungen der Familie. In allen europäischen Ländern gibt es heute faktisch in jeweils unterschiedlichem Maße und in unterschiedlicher Relation finanzielle Transferzahlungen und staatliche Leistungen und soziale Dienste für Familien und Kinder, ohne dass jedoch damit in jedem Fall ein explizites staatliches Interesse an der *Familie* verbunden wäre. Es sind vielmehr in erster Linie armutspolitisch, bevölkerungspolitisch, frauenpolitisch oder kinderpolitisch begründete Interventionen des Staates, die Wirkungen auch auf die Familie haben (vgl. Kaufmann et al. 1997; dies. 2002). Wir können hier von „impliziter Familienpolitik" sprechen und beschreiben damit das (aus unserer Sicht) typische Repertoire der ergriffenen Maßnahmen. Eine staatliche Familienpolitik, gegründet auf eine Verfassungsgarantie des Schutzes und der Förderung der Familie und (besonders) der Ehe, ist in der Tat eine bundesdeutsche Spezialität.

Die deutsche Familienpolitik ist im Vergleich durch eine in Europa einzigartige Dominanz direkter und indirekter finanzieller Transfers gekennzeichnet. Familienpolitik in Deutschland ist seit der Gründung eines Bundesfamilienministeriums in den 1950er Jahren vor allem Umverteilung von Geldmitteln zugunsten der Ehe und der (traditionellen) Familie bei (im internationalen Vergleich) nur relativ geringer Förderung der Vereinbarkeit von Familie und Beruf. In Deutschland eine Familie zu gründen, so schreibt Huinink (1997), bedeutet, sich dem *„Zwang zu einer traditionellen Lebensführung"* zu unterwerfen. Das von verschiedenen Autoren konstatierte *Schwinden des Familiensektors im Spektrum der Lebensformen junger Erwachsener* (vgl. u.a. Strohmeier 1993), von denen bis zu einem Drittel lebenslang kinderlos bleiben wird, kann so auch als *ungeplanter Effekt einer konservativen, bis heute die traditionelle Familie privilegierenden Familienpolitik* gedeutet werden. Der größte Teil der materiellen Aufwendungen im Feld der Familienpolitik der Bundesrepublik Deutschland wird bislang in Form des „Ehegattensplittings" für die Subventionierung traditioneller Ehen aufgewendet.

2   Nationale Politikprofile kombinieren unterschiedliche Strategien familienpolitischer Intervention

Die Maßnahmen, mit denen Staaten Einfluss auf das Familienleben nehmen, unterscheidet Kaufmann (1981, 1993, 1995) hinsichtlich der verschiedenen Dimensionen sozialer Teilhabe, die sie betreffen[1]:

1. *rechtliche Intervention* betrifft den rechtlichen Status von Personen und Personenverbänden;
2. *ökonomische Intervention* (direkte und indirekte Transfers) sichert die zur Verfügung stehenden ökonomischen Ressourcen;
3. *ökologische Intervention* beschreibt die in einer gegebenen Wohnlage verfügbaren sozialen Dienste und „ökologischen" Ressourcen der Lebensführung und
4. *pädagogische Intervention* z.B. durch Bildung und Beratung betrifft die persönlichen Kompetenzen der Akteure.

Die europäischen Wohlfahrtsstaaten unterscheiden sich signifikant nicht nur in den Absichten staatlicher Familienpolitik, sondern auch in der Kombination dieser unterschiedlichen Formen politischer Intervention, woraus sich unterschiedliche nationale Familienpolitikprofile ergeben, auch wenn diese Unterschiede von außen nicht immer wahrgenommen werden. Kamerman/Kahn (1981) zum Beispiel schreiben, dass die USA familienpolitisch „von Europa lernen" könnten, womit impliziert wird, dass die nationalen europäischen Familienpolitiken einander vergleichsweise ähnlich seien (vgl. auch dies. 1983;

---

1   Auch neuere, in den letzten Jahren in den Vordergrund getretene familienpolitische Konzepte, wie „Zeitpolitik", „Imagepolitik" oder „Gleichstellungspolitik" lassen sich diesen Dimensionen zuordnen, denn sie umfassen im Wesentlichen rechtliche Regelungen (rechtliche Intervention), die Bereitstellung von Infrastruktur (ökologische Intervention) oder öffentlichkeitswirksame „pädagogische" Kampagnen.

dies. 1988). Die Beurteilung von Ähnlichkeit auf der einen oder Diversität der europäischen Entwicklung auf der anderen Seite ist jedoch letztlich eine Frage des Beobachtungspunktes (Comaille/De Singly 1997): Betrachtet man Europa im internationalen oder globalen Vergleich, so sind die innereuropäischen Differenzen eher klein (OECD 2001), während bei einer Betrachtung der nationalen Familienpolitikprofile im europäischen Kontext die Unterschiede deutlich erkennbar werden.

Ländervergleiche sind allerdings methodisch nicht unproblematisch. Statistische Indikatoren, die in einem Land stark differenzieren, haben in einem anderen gar keine oder nur eine geringe Bedeutung. Gelegentlich sind Strukturen und Maßnahmen überhaupt nicht vergleichbar. Knudsen (1997) zum Beispiel zeigt, dass in Dänemark eine Unterscheidung der Lebensformen von Frauen nach dem Kriterium „erwerbstätig" versus „nicht erwerbstätig", die in Deutschland eine nach wie vor bedeutungsvolle Trennlinie markiert, mangels nicht erwerbstätiger Frauen keinen Sinn hat. Damit aber entfällt eine wichtige Grundlage, wenn man z.B. „Bedarfe" oder die „Wirkungen" der Familienpolitik auf das Familienleben in verschiedenen Ländern vergleichen will.

Beim Vergleich der europäischen Wohlfahrtstaaten wird regelmäßig Bezug auf die vergleichende Typologie der Wohlfahrtstaaten von Esping-Andersen genommen. Er unterscheidet: (a) den sozialdemokratischen, (b) den konservativen und (c) den liberalen Wohlfahrtstaat, zwischen denen er erhebliche Unterschiede ausmacht, die unterschiedliche Verhältnisse von Staat, Markt und Familie in den jeweiligen Ländern implizieren.

Der sozialdemokratische Wohlfahrtsstaat entstand in Ländern mit protestantischem Staatskirchentum, wo Gleichheit früh zum herausragenden Ziel politischen Handelns wurde. Er findet sich z.B. in Schweden, Dänemark und (mit einigen Abstrichen) in Norwegen und zeichnet sich durch universelle Leistungen für alle Bürger auf einem hohen Leistungsniveau aus. Der Zugang zu Sozialleistungen wird hier jedem Bürger in gleicher Weise gewährt. Die Familie wird als Summe von gleichberechtigten Individuen angesehen. Die Geburtenraten sind ebenso wie die Müttererwerbstätigkeit im europäischen Vergleich hoch. Beides lässt sich durch vergleichsweise niedrige Opportunitätskosten der Elternschaft (geringe Einkommenseinbußen infolge der Erziehung von Kindern) sowie durch eine umfassende Unterstützung der Vereinbarkeit von Familie und Beruf u.a. als Ergebnis eines entsprechenden Kinderbetreuungsangebotes erklären.

Konservativ-korporatistische Wohlfahrtsstaaten (die mitteleuropäischen Länder, exemplarisch Österreich, Deutschland) charakterisiert hingegen die starke Arbeitsmarktbindung vieler sozialstaatlicher Leistungen. Im Gegensatz zur steuerbasierten universalistischen Systematik skandinavischer Staaten, wird hier die Berechtigung zum Bezug sozialer Leistungen durch Einzahlung in die Sozialversicherungen erworben, deren Mitgliedsstatus meist auf einem dauerhaften Erwerbsverhältnis basiert. Die Familie ist sozialpolitisch vor allem in der Form abgeleiteter Rechte aus dem Erwerbsstatus des in der Regel männlichen Haupternährers relevant. Was die Erfüllung bestimmter Funktionen wie Erziehung und Betreuung der Kinder angeht, verlässt sich der Staat auf die Leistungen der Familie.

Liberale Wohlfahrtsstaaten (Großbritannien, Irland) schließlich zeichnen sich durch eine verstärkte Bedarfsorientierung und ein darüber hinaus vergleichsweise geringes Niveau von Sozialleistungen aus. Sozialstaatliche Leistungen haben hier meist das implizite Ziel, die Abhängigkeit von staatlichen Transferleistungen durch ausgeprägte Anreize zu minimieren. Irland hat sich allerdings in den letzten Jahren vom liberalen Muster gelöst

(Fanning et al. 2004). Die ursprüngliche Armutsorientierung ist einem Programm für Gleichberechtigung und für Kinderbetreuung gewichen, und die Alimentierung Alleinerziehender wird zunehmend an die Partizipation am Arbeitsmarkt gekoppelt. Zugleich sind die finanziellen Zuwendungen für Familien und für Konfliktberatung in Partnerschaften exponentiell gestiegen (Gabriel Kiely, Dublin, persönliche Mitteilung). Die Niederlande haben seit Beginn der 1990er Jahre einen Wechsel vom konservativen zum sozialdemokratischen Modell vollzogen.

Esping-Andersens Typologie vergleicht allgemein Modelle des Wohlfahrtsstaats, es geht bei ihm nicht explizit um Familie und Familienpolitik (Bahle 1995). Eine spezifischere Typologie europäischer Familienpolitikprofile wurde von Anne Gauthier entwickelt. A. Gauthier (1996) unterscheidet in ihrem Buch „*The State and the Family*" auf der Grundlage der Kriterien „finanzielle Transfers an die Familien" und „Förderung der Erwerbstätigkeit von Müttern" fünf familienpolitische Modelle:

a) ein *französisches, „pronatalistisches" Modell*, das hohe Geburtenzahlen will und große kinderreiche Familien unterstützt. Familienpolitik ist selbstverständlich auch Bevölkerungspolitik, mit der durch hohe Transferzahlungen an Kinderreiche das Geburtenverhalten positiv beeinflusst werden soll, und in der großer Wert auf Kinderbetreuung gelegt wird, damit vor allem die Mütter ihre (in Frankreich als selbstverständlich vorausgesetzte) Erwerbstätigkeit mit der Familie vereinbaren können;

b) ein *„nicht interventionistisches" angelsächsisches Modell*, das die Familie als Privatangelegenheit ansieht und hauptsächlich Elemente von Armutspolitik enthält. Die finanziellen Transfers an Familien im Normalfall sind eher marginal. Diese Familienpolitik ist bewusst nicht interventionistisch, die Erwerbstätigkeit von Müttern wird nicht erschwert, aber auch nicht gefördert;

c) ein *nordisches, „pro-egalitäres" Modell*, das die Gleichheit der Geschlechter und die Unterstützung erwerbstätiger Eltern als hauptsächliches Ziel hat. Kennzeichnend für dieses Modell sind ein guter Ausbau der Kinderbetreuung und relativ großzügige Transferzahlungen für den begrenzten Zeitraum, den Eltern aufgrund der Erziehung der Kinder zu Hause verbringen. In diesem Modell werden sowohl sequenzielle als auch die simultane Formen der Vereinbarkeit von Familie und Beruf gefördert. Allerdings beinhaltet es einen strukturellen Zwang zur Erwerbstätigkeit von Müttern und Vätern.

d) ein *traditionelles „germanisches" Modell*, das die simultane Vereinbarkeit (im Alltag) von Erwerbstätigkeit und Familie zugunsten sequenzieller Lösungen (im Lebenslauf) erschwert, dafür aber relativ viel Geld in den Familienlastenausgleich und in die Förderung der Ehe transferiert. Die Bundesrepublik Deutschland und Luxemburg wenden in Europa (pro Kopf) das meiste für den monetären „Familienlastenausgleich" auf.

e) Schließlich gibt es *hybride Formen*, wie das *südeuropäische Modell*, das durch weitgehende Abwesenheit und erhebliche Intransparenz von staatlicher Familienpolitik sowie durch Traditionalität und nach wie vor große Bedeutung subsidiärer privater verwandtschaftlicher Arrangements im Familienalltag geprägt ist.

Das nordische Modell entspricht etwa Esping-Andersens Bild des sozialdemokratischen Wohlfahrtsstaates, das angelsächsische Modell (*„noninterventionist"*) dem Bild des liberalen Wohlfahrtsstaates. Esping-Andersens drittes Modell vom konservativ-korporatistischen Wohlfahrtstaat wird von Anne Gauthier unterteilt in das germanische (*„pro-traditional"*) und das französische Modell (*„pro-natalist"*). Das südeuropäische Modell (*"hybrid form"*), das durch weitgehende Abwesenheit und erhebliche Intransparenz von staatlicher Familienpolitik und die große Bedeutung subsidiärer privater verwandtschaftlicher Arrangements geprägt ist, kommt bei Esping-Andersen nicht vor.

Ein systematischer Überblick (Kaufmann et al. 1997; dies. 2002) zeigt, dass sich die nationalen Familienpolitiken der europäischen Staaten vor allem in den finanziellen Transfers zugunsten der Familien *(ökonomische Intervention)* und in der Unterstützung der Erwerbstätigkeit der Mütter durch Kinderbetreuung (ökologische Intervention) und durch die dazugehörenden arbeitsrechtlichen und tarifvertraglichen Regelungen unterscheiden. Diese Differenzen erlauben die Unterscheidung von vier Familienpolitikprofilen, die Kaufmann et al. (1997, 2002) getroffen haben vgl. Abb. 1).

Abb. 1: Familienpolitikprofile in Europa

Ökonomische Intervention		ökologische Intervention	
		Support: Gute Kinderbetreuung	Constraint: Schlechte/fehlende Kinderbetreuung
	Support: Hohe Einkommenstransfers	**A** (z.B. F, DK)	**B** (D)
	Constraint: Geringe Einkommenstransfers	**C** (z.B. S, DDR)	**D** (z.B. GB, IRL, I)

Quelle: eigene Darstellung

Diese Typologie ist nicht statischer Natur. Wie die Entwicklung der Niederlande zeigt, die Anfang der 90er Jahre eine Bewegung von B nach C vollzogen haben, lassen sich Transformationsprozesse in den Familienpolitiken beobachten. Die neuen Bundesländer haben mit der Deutschen Einheit 1990 die umgekehrte Transformation von C nach B vollzogen.

Die Unterschiede in der demografischen Entwicklung, auf die wir im nächsten Kapitel eingehen wollen, sind allerdings anhand dieser vereinfachten Typologie (und der anderen zuvor genannten) nicht zu erklären. So verfolgen etwa Italien und Irland ähnliche familienpolitische Strategien in Bezug auf Transfers und Kinderbetreuung, haben jedoch eine unterschiedliche Geburtenentwicklung.

Die generativen Entscheidungen von Eltern sind, wie wir sehen werden, das Ergebnis komplexer, noch genauer zu analysierender Zusammenhänge, in denen Familienpolitik einer von mehreren wirksamen Faktoren ist. Wir werden die Frage der Wirkungen und der Wirkungsweise von Familienpolitik auf die Geburtenentwicklung im nächsten Kapitel eingehender untersuchen.

3   (Wie) wirkt Familienpolitik?

Die Klammer soll Zweifel an einfachen Wirkungsmodellen ausdrücken, so wie sie sozialwissenschaftliche Politikberater einer an „Stellschrauben" interessierten Politik gern vortragen, und die eine instrumentelle Sichtweise der Wirkungen von Familienpolitik artikulieren. In Europa gibt es heute tatsächlich die höchsten Geburtenzahlen und zugleich die höchsten Müttererwerbsquoten in den Ländern, in denen wir ein Politikprofil finden, das die Erwerbstätigkeit von Müttern (und Vätern) mit Mitteln ökologischer Intervention fördert. Die niedrigsten Geburtenzahlen gibt es in den Ländern, die entweder, wie die Bundesrepublik, eine traditionelle, das heißt die traditionelle Familie stützende Familienpolitik betreiben, oder die, wie die Südländer der Europäischen Union, eine wenig ausgebaute (und wenig transparente) Familienpolitik haben.

Daraus ziehen Politik und Politikberatung radikale Konsequenzen: „In Deutschland ist Kinderlosigkeit, die zudem überdurchschnittlich bei gut qualifizierten Frauen auftritt, das eigentliche demografische Problem. Im europäischen Vergleich bleiben hier die meisten Frauen dauerhaft kinderlos. Ein Trend zur Ein-Kind-Familie ist nicht feststellbar. Eine Frau, die hierzulande ein Kind erwartet, bekommt sehr wahrscheinlich auch ein zweites. Daher muss der Schwerpunkt einer Familienpolitik darauf liegen, die Ursachen dafür zu beseitigen, dass sich ein Paar generell gegen die Umsetzung eines Kinderwunsches entscheidet (…) Nachhaltige Familienpolitik strebt die Erhöhung der Geburtenrate und eine Steigerung der Erwerbstätigkeit von Frauen an. Geburtenzahl und hohe Erwerbsquoten sind keine sich widersprechenden Ziele, sondern können als Ergänzungen aufgefasst werden." Das schreiben Rürup/Gruescu (2005) in einem Gutachten über „nachhaltige Familienpolitik".

Die wichtigsten Instrumente einer solchen Politik sind ausgebaute Kinderbetreuungseinrichtungen und Dienstleistungsangebote für Eltern. Hinzu kommt das Elterngeld, das nach skandinavischem Vorbild in Deutschland seit dem Jahr 2007 jenen Eltern gezahlt wird, die ihre Berufstätigkeit unterbrechen, um sich der Betreuung und Erziehung eines Kindes zu widmen, und das sich an dem vor der Erwerbsunterbrechung verdienten Lohn orientiert.

Dahinter steht ein relativ simples Modell der Wirkungen und der Wirkungsweise von Familienpolitik auf das Familienleben: Familienpolitik schafft Anreize beziehungsweise sie senkt die Opportunitätskosten, die der Verwirklichung bestimmter familialer Lebensformen entgegenstehen. Ein Umsteuern auf das nordische Politikprofil, hier wohl eher in der Variante A in Abb. 1, soll einen entsprechenden Wandel der Lebensformen stimulieren. Auf den ersten Blick spricht tatsächlich einiges für die Gültigkeit dieses einfachen Interventionsmodells.

Abb. 2: Zusammengefasste Geburtenzahlen und Erwerbsquoten von Frauen in
ausgewählten europäischen Ländern (2002)

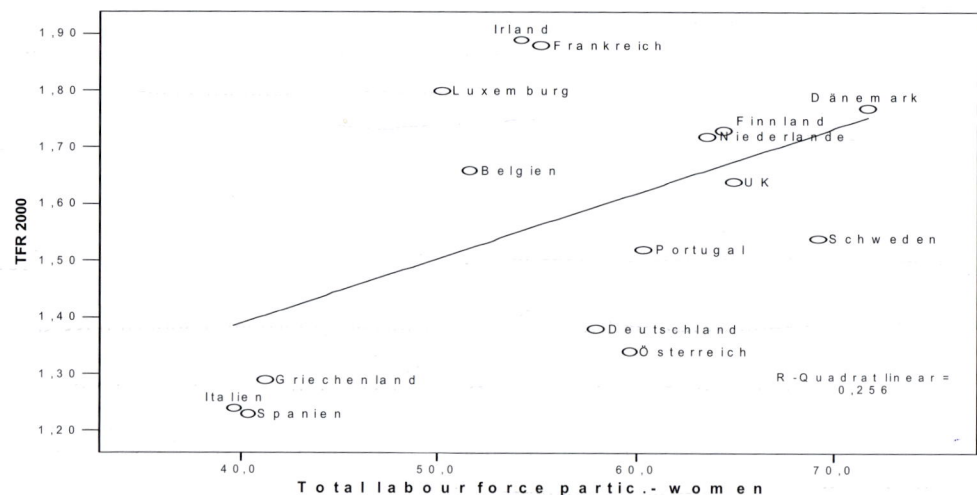

Quelle: Strohmeier, Strohmeier und Schulze, 2006

Tatsächlich sind die zusammengefassten Geburtenraten heute in den Ländern am höchsten, in denen die meisten Frauen erwerbstätig sind. Und auch die Kinderbetreuung hat,
glaubt man den Zahlen des Siebten Familienberichts der Bundesregierung, einen eindeutigen Effekt auf die Geburtenraten:

Abb. 3: Zusammengefasste Geburtenzahlen und nicht private Kinderbetreuung für unter
dreijährige Kinder in ausgewählten Ländern

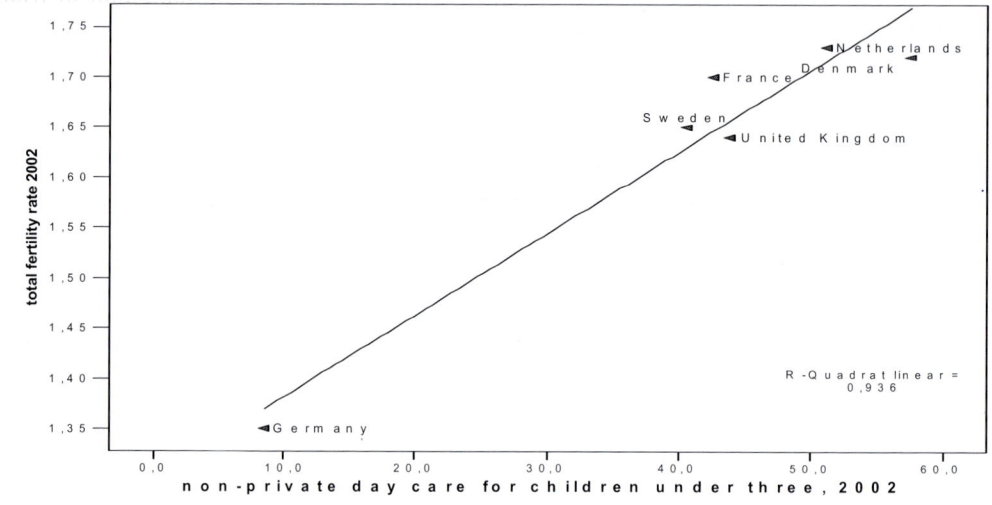

Quelle: Siebter Familienbericht der Bundesregierung, eigene Berechnungen

Die Zahlen für Deutschland fallen insgesamt noch recht schmeichelhaft aus, denn hier wird eine aus DDR-Zeiten überkommene ausgebaute Kinderbetreuung in Ostdeutschland mit einer kaum ausgebauten und örtlich zum Teil so gut wie nicht existenten Betreuung in Westdeutschland „gemittelt".

Auf den ersten Blick scheint also alles dafür zu sprechen, dass die Familienpolitik der derzeitigen Bundesregierung, die die Erwerbstätigkeit von Müttern steigern und allgemein die Vereinbarkeit von Familie und Beruf verbessern will, die richtigen Lehren aus der international vergleichenden Familienforschung gezogen hat. Dahinter aber steht eine stark vereinfachende Annahme, denn das Modell unterschätzt die Komplexität und Mehrdimensionalität individualisierter biografischer Entscheidungen von Frauen und Männern in der modernen Gesellschaft. Es sieht insbesondere davon ab, dass das Familienleben, die Prozesse der Entstehung und Entwicklung von familialen Lebensformen im Zeitverlauf, nicht nur ökonomischen und politischen Einflüssen unterliegt, sondern dass sowohl beim Angebot als auch bei der Nachfrage nach familienpolitischen Leistungen in hohem Maße persistente kulturelle Vorgaben, zum Beispiel Vorstellungen eines „richtigen" Familienlebens oder das Bild einer „guten Mutter", wirksam werden, die, wenn überhaupt, dann nur sehr langfristig verändert werden können. Das bedeutet aber nicht weniger, als dass die bevölkerungspolitischen Absichten, die derzeit zum Umsteuern in der bundesdeutschen Familienpolitik führen, noch für einige Zeit enttäuscht werden dürften.

Betrachten wir die Langzeitentwicklung von Indikatoren, die die demografischen Prozesse in Europa anzeigen, so wird deutlich, dass bei aller Unterschiedlichkeit der nationalen Politikprofile große Gemeinsamkeiten etwa in der Entwicklung der Geburtenraten, der Anteile nichtehelicher Geburten oder der Heiratsalter in den europäischen Staaten zu beobachten sind. Für diese übereinstimmenden Trends können nicht die Politikprofile verantwortlich gemacht werden, denn sie sind extrem unterschiedlich.

Die nachfolgende Abbildung zeigt zum Beispiel die Entwicklung der zusammengefassten Geburtenraten in 10 europäischen Ländern im Zeitraum von der Mitte des zwanzigsten bis zum Anfang des einundzwanzigsten Jahrhunderts. Die Entwicklung in Irland ist dabei eine ganz besondere, denn hier hat sich in weniger als drei Jahrzehnten ein Geburtenrückgang ereignet, für den z.B. Deutschland ein Jahrhundert benötigt hat. In den neuen Bundesländern hat 1990 mit der deutschen Wiedervereinigung ein historisch unvergleichlicher Einbruch der Geburtenzahlen stattgefunden. Bis zu einer Angleichung an das westdeutsche Niveau sind mehr als 15 Jahre vergangen. Die Zahlen belegen, dass es, ungeachtet unterschiedlicher Familienpolitikprofile, einen historischen Wandel und eine Angleichung der Lebensläufe von Frauen im 20. Jahrhundert gegeben hat.

In allen hier untersuchten Ländern verläuft auf lange Sicht der Geburtenrückgang relativ parallel, allerdings während der gesamten Periode auf unterschiedlichen Niveaus. Staaten mit unterschiedlichen Politikprofilen unterscheiden sich vor allem in den Niveaus der Geburtenzahlen, aber nicht in deren Entwicklung im Zeitverlauf.

Abb. 4: Zusammengefasste Geburtenziffern in 10 europäischen Ländern 1950-2006

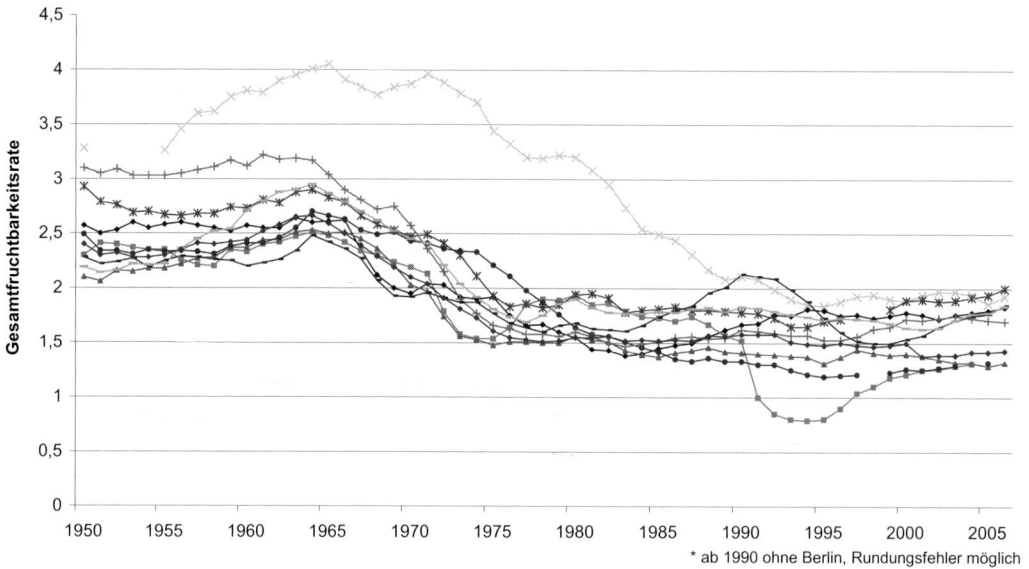

Quelle: Bundesinstitut für Bevölkerungsforschung, Eurostat, Kuijsten 2002; eigene Berechnungen

Auch die Entwicklung der Nichtehelichenquoten zeigt ein charakteristisches Muster der Kombination von Vielfalt (unterschiedliche Niveaus) und Wandel (Zunahme überall). Auch hier, wie bei den Geburtenzahlen, sehen wir keinen direkten Effekt der zuvor unterschiedenen Politikprofile. Die Bundesrepublik-West befindet sich in dichter Nähe zu Italien und der Schweiz. In diesen Ländern mit eher traditioneller Familienentwicklung gilt: Wenn ein Kind kommt, so wird geheiratet, während sich die neuen Bundesländer bei ungleich höheren Nichtehelichenquoten an den skandinavischen Ländern orientieren. Hier wird mittlerweile die Mehrheit der Kinder von unverheirateten Müttern geboren.

Abb. 5: Anteile nichtehelicher Geburten in 10 europäischen Ländern 1960-2006

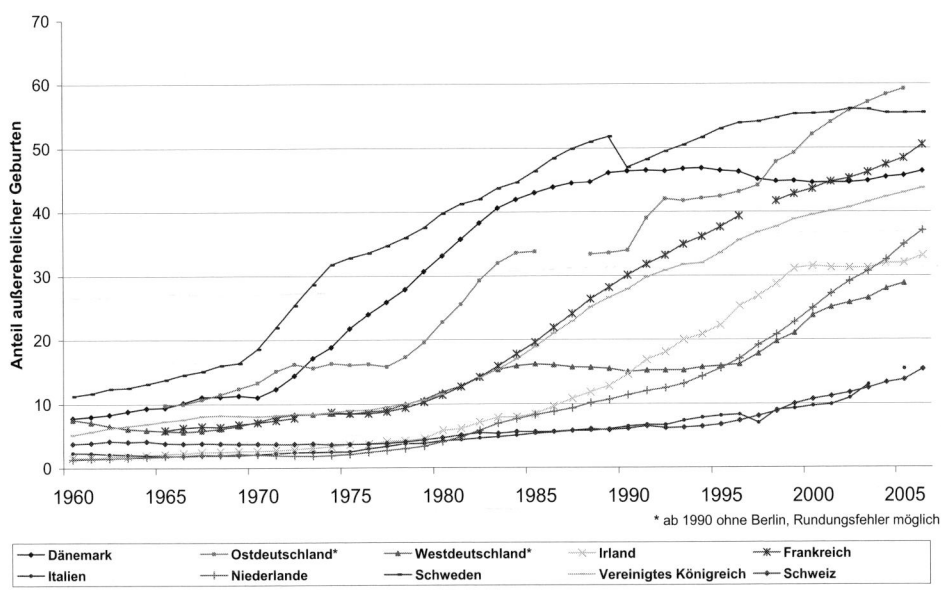

Quelle: Bundesinstitut für Bevölkerungsforschung, Eurostat, Kuijsten 2002: eigene Berechnungen

Betrachten wir drittens die Entwicklung der Heiratsalter von Frauen bei der ersten Ehe-schließung im Zeitraum von 1950 bis 1997, so sehen wir wiederum ein Bild der Kombi-nation gleichsinniger Wandlungen vor dem Hintergrund einer relativ konstanten Vielfalt:

Abb. 6: Mittleres Erstheiratsalter von Frauen in 10 europäischen Ländern von 1950-2006

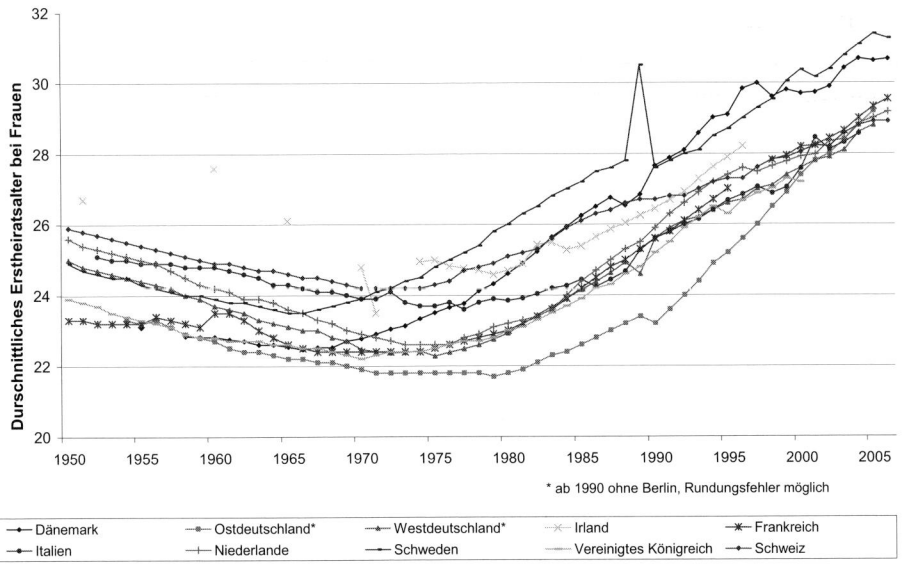

Quelle: Kuijsten 2002, Eurostat, Bundesinstitut für Bevölkerungsforschung; eigene Berechnungen

Bis zum Anfang der 1970er Jahre gibt es überall eine Vorverlagerung des Heiratsalters und zunehmende Zahlen von frühen Eheschließungen, danach beobachten wir überall eine Erhöhung des Heiratsalters bei weiterhin bestehenden Niveauunterschieden. Der Ausreißer in Schweden 1989 ist die Folge einer Reform des Unterhaltsrechts, in der vor 1944 geborene Frauen einen Anspruch auf Witwenrente erhalten konnten, wenn sie vor Jahresende heirateten.

Diese Entwicklungsverläufe werden von einigen Demografen als Indikatoren für einen Prozess des „Zweiten demografischen Übergangs" in Europa genommen (z.B. van de Kaa 1987), in dem ein lineares Entwicklungsmodell in Bezug auf die Dynamik der Lebensformen und der Lebensführung (mit steigender Individualisierung) angenommen wird. Betrachtet man nur solche demografischen Indikatoren, so erscheint eine solche Annahme durchaus plausibel: Frankreich erreicht bei ähnlichen Entwicklungsverläufen erst 1985 eine Nichtehelichenquote, die Dänemark bereits 1965 erreicht hatte (Abb. 5). Allerdings ist es höchst fraglich, ob z.B. Italien, das im Jahr 2006 noch nicht die 20 Prozent Marke erreicht hat, lediglich 40 Jahre „zurückliegt", oder ob wir es hier nicht mit Prozessen eines gleichgerichteten Wandels auf dem Hintergrund unterschiedlicher Ausgangsbedingungen zu tun haben. Wichtige Aufschlüsse darüber gibt die Betrachtung von Strukturen der Lebensformen, die den demografischen Kennziffern im Einzelnen zugrunde liegen. Kulturelle Differenzen zwischen den hier verglichenen Ländern treten erst so zutage. Hinter den annähernd gleichen Geburtenraten zum Beispiel in Westdeutschland und in Italien stehen vollkommen unterschiedliche Strukturen: In Italien drückt die nahe bei eins liegende zusammengefasste Geburtenziffer faktisch die Dominanz der Ein-Kind-Familie als Normalform des Familienlebens aus, während in Deutschland (bei nur unwesentlich höherer Geburtenrate) eine Polarisierung in einen „Familiensektor" mit im Durchschnitt knapp über zwei Kindern und einen wachsenden „Nichtfamiliensektor" kinderloser Erwachsener festzustellen ist. Vor dem Hintergrund unterschiedlicher gewachsener kultureller Milieus in verschiedenen Gesellschaften beobachten wir eine gewisse Konvergenz demografischer Entwicklungen, im Hinblick auf den Beginn, das Tempo und den Verlauf, die durchaus in Verbindung mit globalen, übernational wirksamen kulturellen Veränderungen stehen mag, wie sie die Theoretiker des „Zweiten demografischen Übergangs" behaupten. Aspekte der kulturellen Dynamik und der Individualisierungsschübe der späten 1960er und frühen 1970er Jahre lassen sich in den Abb. 4, 5 und 6 erkennen. Nationale Politikprofile, ihre Struktur und ihr Wandel sind weniger Motoren des demografischen Wandels, sondern sowohl Ausdruck nationaler kultureller Traditionen und Selbstverständlichkeiten des Familienlebens als auch Reflex internationaler Entwicklungen.

4   Familienpolitik und Geburtenzahlen – ein komplexes Wirkungsmodell

Die Konvergenz all dieser Verläufe vor dem Hintergrund unterschiedlicher Politikprofile in den untersuchten Ländern, von denen einige im Zeitverlauf zudem Politikwechsel erlebt haben, unterstreicht die Bedeutung kultureller Faktoren für die Familienentwicklung.

Abb. 7: Ein Modell der Wirkungsweise von Familienpolitik auf die Geburtenhäufigkeit

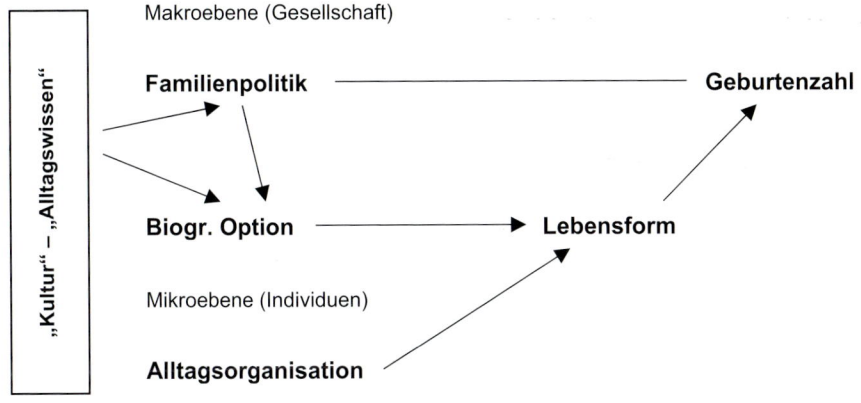

Quelle: Strohmeier, 2002

In einem theoretischen Beitrag mit dem Titel „Family policy – how does it work?"
(Strohmeier 2002) haben wir uns eingehender mit der Wirkungsweise familienpolitischer
Intervention auseinandergesetzt und schrittweise ein Wirkungsmodell entwickelt, das in
angemessener Weise die Wirkungsweise familienpolitischer Regelungen und Leistungen
des Staates in der Entscheidungsumwelt von Männern und Frauen betrachtet, die, individuell und als Paar (unter Bedingungen einer individualisierten Lebensführung in modernen Gesellschaften) Lebensentscheidungen treffen, die, wie zum Beispiel die Entscheidung zur Eheschließung oder die Entscheidung für ein Kind, langfristige Bindungswir-
kungen auf das Leben der Beteiligten entfalten. Das Besondere an solchen biografischen
Optionen ist ja, dass sie gar nicht (wie zum Beispiel die Entscheidung für ein Kind) oder
nur mit großem Aufwand (Scheidung, Trennung) zurückgenommen werden können. Den
Beteiligten ist die Langfristigkeit der eingegangenen Bindungen durchaus bewusst.

Wie Johannes Huinink (1989b) theoretisch begründet hat, ist es sinnvoll, Bedingungen
in der Entscheidungsumwelt von Akteuren, die „rationale" Entscheidungen beeinflussen
(„rational" sollte im Sinne von „vernünftig" verstanden werden, dazu Esser 1991), danach
zu unterscheiden, ob es sich um Opportunitäten (oder Beschränkungen) handelt, die variabel sind und direkt und kurzfristig Einflüsse haben, bei denen es sich auch um „Mitnahme-
effekte" handeln kann, oder ob es dabei um „Parameter" geht, von denen die Akteure annehmen, dass sie mehr oder weniger invariant und im Zeitverlauf stabil sind und künftig
sein werden. Die nationalen Familienpolitikprofile, die wir oben mit verschiedenen Klassi-
fikationsversuchen beschrieben haben, stellen solche Parameter der Lebensführung von
Männern und Frauen als Eltern dar. Sie sind Teil eines „Alltagswissens" über soziale Strukturen (Garfinkel 1973), auf das Menschen vertrauen und an dem sie ihre Handlungen und
Entscheidungen orientieren: Eine junge Frau, die zum Beispiel in einem der skandinavischen Länder oder in Frankreich erwachsen wird, „weiß", dass sie ohne große Schwierigkeiten mit ihrem Partner zwei und mehr Kinder haben und zugleich erwerbstätig sein kann.
Ihre Altersgenossin in Westdeutschland „weiß" genauso sicher, dass sie sich dies zwar
wünschen mag, aber dass sie mit großer Wahrscheinlichkeit nach der Geburt des zweiten
Kindes, zumindest solange dieses Kind klein ist, ihren Beruf aufgegeben haben wird.

Die nationalen Politikprofile definieren auf diese Weise gesellschaftliche Normalitätsvorstellungen eines „richtigen" Familienlebens. *Familienpolitikprofile sind gewissermaßen in Regelungen und Institutionen geronnene Ideologien.* Als solche beeinflussen sie nicht nur die Nachfrage nach familienpolitischen Leistungen, sondern sie strukturieren auch das Angebot in den jeweiligen Ländern. Auf beiden Ebenen, der Mikroebene und der Makroebene, gibt es also Einflüsse einer „common culture", die wir im Diagramm als „Alltagswissen" bezeichnet haben, das die Eigenschaft hat, von jedermann als allgemein akzeptiert und gültig angesehen zu werden.

Solches „Alltagswissen" begründet auf der einen Seite die Implementation der nationalen Politikprofile, es wird auf der anderen Seite aber auch durch Familienpolitik langfristig beeinflusst. Es geht also auch um Wechselwirkungen. Die Niederlande haben 1990 quasi einen strukturellen Zwang zur Erwerbstätigkeit von Ehefrauen eingeführt, indem sie die an den Tatbestand des Verheiratetseins gekoppelten sozialen Sicherungsansprüche gestrichen und gleichzeitig die Kinderbetreuung ausgebaut haben. Es hat danach allerdings etwa ein Jahrzehnt gedauert, bis die Müttererwerbsquoten und die Geburtenraten, die Anfang der 90er Jahre den deutschen sehr ähnlich waren (dazu mehr bei Strohmeier 2002; Kuijsten/Schulze 1997), sich auf das in den Abb. 2 und 3 erkennbare Niveau erhöht haben.

Die gegenwärtigen familienpolitischen Diskurse in der Bundesrepublik und das späte Einsetzen dieser Debatten, mehr als 20 Jahre nachdem der Geburtenrückgang der 1960er und 70er Jahre abgeschlossen war, zeigen, dass die Prozesse auf beiden Ebenen in dem o.a. Wirkungsmodell sich mit unterschiedlichen Geschwindigkeiten entwickeln: Die Dynamik in der privaten Lebensführung (Mikroebene) eilt der Politik (Makroebene) voraus. Umgekehrt wird ein Vorauseilen der Politik damit zu rechnen haben, dass die individuelle Lebensführung, wie zuvor für die Niederlande beschrieben, erst mit einem gewissen „lag" folgen wird. Der radikale Wechsel des Politikprofils mit der Vereinigung der beiden deutschen Staaten hat im Osten faktisch zu einem biografischen „Moratorium" geführt, denn 1990 sind nicht nur die Geburtenzahlen, sondern auch die Heiratsraten und die Scheidungsraten deutlich abgefallen. Handlungen, deren Folgen schwer reversibel sind, brauchen ein stabiles, im Idealfall unveränderliches Entscheidungsumfeld.

Die oben im Beispiel konstruierte Entscheidung, Mutter zu werden und erwerbstätig zu bleiben, die wir als relativ unproblematisch für junge Frauen in Frankreich oder Skandinavien beschrieben haben, kann – zumindest theoretisch – auch von jungen Frauen in Deutschland (West) getroffen werden. Ebenso könnten sich junge Männer dafür entscheiden, als Väter für einige Zeit aus dem Beruf auszusteigen und sich ausschließlich um die Familie zu kümmern.[2] Denkbar (und z.B. in den Niederlanden nicht unrealistisch) wäre auch ein Modell, in dem zwei erwerbstätige Eltern mit jeweils flexiblen Arbeitszeiten Familienzeit und Arbeitszeit so organisieren, dass ihre kleinen Kinder möglichst wenig fremd betreut werden müssen und dass möglichst viel Zeit für Gemeinsamkeit bleibt.

---

2   Selbstkritisch ist aus der Sicht des Autors zu diesem Beitrag anzumerken, dass er mit einem gewissen „gender-bias" geschrieben und durchaus frauenlastig ist. Natürlich spielen Männer eine erhebliche Rolle bei der Entstehung und Entwicklung von Familien, und selbstverständlich sind sie Adressaten staatlicher Familienpolitik. An anderer Stelle haben wir gezeigt, dass jene Länder, in denen Männer in besonderem Maße Adressaten familienpolitischer Leistungen sind, auch die Länder sind, in denen Männer sich in besonderem Maße in der Familie engagieren, und in denen wir heute in Europa die höchste Geburtenraten messen (Strohmeier 2006).

Das nationale Politikprofil definiert die Wahrscheinlichkeit und die soziale Erwünschtheit solcher Optionen. Aber die Organisierbarkeit des Alltags unter den konkreten Bedingungen, die die Eltern in ihrer Wohnortgemeinde und an ihrem Arbeitsplatz vorfinden, entscheidet letztlich über ihre Realisierbarkeit. Die Realisierbarkeit biografischer Optionen (hier im Hinblick auf Elternschaft problematisiert) entscheidet sich also erst vor dem Hintergrund konkreter örtlicher Bedingungen in der Gemeinde, im Stadtteil und am Arbeitsplatz. Die Entscheidung für eine bestimmte Familienform ist also noch nicht identisch mit der tatsächlich realisierten Form. Die nationalen Geburtenraten sind das ungeplante und politisch kaum steuerbare Ergebnis individualisierter biografischer Entscheidungen, die Männer und Frauen für ihr Leben vor dem Hintergrund kultureller Orientierungen und nationaler Politikprofile treffen, die als „Parameter" definieren, was jeweils möglich und richtig ist.

Im Modell in Abb. 7 gibt es nur eine Korrelation, zwischen dem Politikprofil als dem politischen „Input" und der Geburtenzahl als dem von der Politik gewünschten „Output", symbolisiert durch eine Linie (und keinen Pfeil, der eine eindeutige Abhängigkeit behaupten würde), das heißt, *die Geburtenentwicklung ist nur unter anderem und keineswegs in erster Linie das Ergebnis familienpolitischer Intervention.* Im Vordergrund stehen höchst persönliche, private Motive und kulturelle Vorgaben. Kaufmann (1995) spricht hier von der „Politikresistenz" der Familie. Der niederländische Demograf Hans van den Brekel (1999) schreibt: „Demographie ist Sex, Tod und Leidenschaft, verpackt in Indikatoren".[3]

Das bedeutet aber nicht, dass Familienpolitik nichts bewirkte und nichts bewirken kann. Im Gegenteil: Der Geburtenrückgang und die hohe Kinderlosigkeit (etwa ein Drittel des Jahrgangs 1965 in Westdeutschland wird lebenslang kinderlos bleiben) können als das ungeplante Ergebnis einer traditionellen staatlichen Familienpolitik vor dem Hintergrund einer gleichzeitig optionserweiternd wirkenden Bildungspolitik angesehen werden. Die Bildungsexpansion Mitte der 1960er Jahre, die rechtliche Gleichstellung der Frauen, eine allgemeine Wohlstandsteigerung und überall einsetzende Tendenzen der kulturellen Liberalisierung haben in ganz Europa für die nach dem Zweiten Weltkrieg geborenen Frauen eine deutliche Erweiterung der biografischen Handlungsspielräume gebracht. Auf der anderen Seite hat eine traditionelle, über Jahrzehnte weiterhin die traditionelle Mutterrolle stützende Familienpolitik in Deutschland Generationen von jungen Frauen danach vor die Entscheidung zwischen nicht kompatiblen Optionen gestellt. Diese gesellschaftliche Normalität ist heute Alltagswissen, und es wird lange Zeit brauchen, bis ein Politikwechsel (der überdies nicht kurzfristig zu haben ist) solche handlungsleitenden Orientierungen umdrehen kann.

Ein Vergleich der „modernen" und der „traditionellen Orientierungsmuster", von Frauen und Männern in den OECD-Ländern, den Schulze und Künzler (1997) angestellt haben, zeigt eindringlich die Ambivalenz der biografischen Leitvorstellungen der Männer und Frauen in Westdeutschland und die extremen Unterschiede zwischen Ost- und Westdeutschland in der Mitte der 1990er Jahre.

---

3   Übersetzung vom Verfasser

Abb. 8: Lebensleitvorstellungen von Männern und Frauen in den OECD-Ländern (1994)

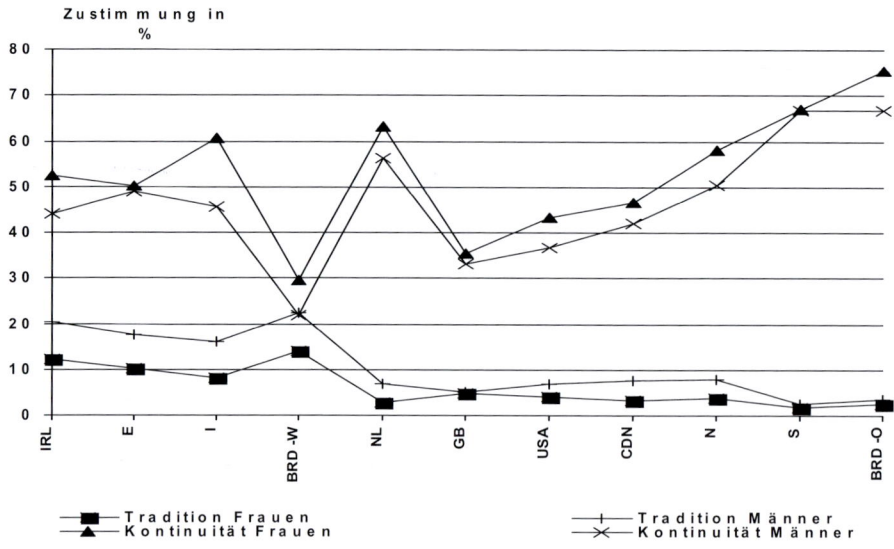

Daten: ISSP 1994, eigene Berechnungen, N = 13487

Quelle: Künzler und Schulze 1997

Mit „Tradition" werden jene Männer und Frauen bezeichnet, die dafür sind, dass eine Mutter nach der Geburt eines Kindes bis zum dritten Lebensjahr sich ausschließlich um das Kind kümmert. Mit „Kontinuität" auf der anderen Seite jene, die dafür plädieren, dass die Mutter nach der Geburt des Kindes berufstätig bleibt. Die meisten traditionellen Frauen und die meisten traditionellen Männer in der OECD finden die Autoren in Westdeutschland (BRD-W), die wenigsten in den neuen Bundesländern (BRD-O). Auf der anderen Seite gibt es in Westdeutschland die wenigsten Frauen und die wenigsten Männer, die explizit für das Kontinuitätsmodell votieren. Das bedeutet: Knapp zwei Drittel der Frauen und zwei Drittel der Männer in Westdeutschland waren nicht eindeutig für das traditionelle bzw. das moderne Muster der Alltagsorganisation, waren also faktisch in dieser für die Gründung einer Familie und die Familienentwicklung elementaren Frage ambivalent.

Solche Ambivalenzen sind charakteristisch in Zeiten rapiden sozialen Wandels. Ein solches Maß an Ambivalenz hätte man deshalb eher im Osten als die eventuelle Folge eines in den 1990er Jahren dramatischen transformationsbedingten Wechsels des Politikprofils erwarten können, aber hier gab es ein deutliches Fortbestehen DDR-typischer Orientierungen. Im Westen dagegen zeigt das hohe Maß an Ambivalenz erhebliche Verunsicherung im Verhältnis der Geschlechter. Bis aus dem derzeit beginnenden Umbau des Politikprofils, z.B. dem Ausbau der Betreuung kleiner Kinder und der Möglichkeit der Elternzeit für Väter in Deutschland, handlungsleitende „Parameter" werden können, die neue Selbstverständlichkeiten erweiterter Handlungsspielräume für Eltern beschreiben, wird es also wohl noch etwas dauern.

14 Zukunft der Familie oder: Szenarien zukünftiger Lebens- und Familienverhältnisse

Günter Burkart

allgemeine Trendaussage zur Zukunft der Familie

Die Frage, ob die Familie noch Zukunft hat, wird seit den späten 1960er Jahren immer wieder einmal gestellt. Zwar wurden diese Frage und entsprechende Untergangsszenarien von der seriösen Familienforschung nicht immer ganz ernst genommen. Berechtigt und ernst zu nehmen aber ist die Frage, *welche* Zukunft die Familie hat. Sie stellt sich in jeder Epoche immer wieder neu. Man würde gern wissen, wie es weitergeht, ob bestimmte Krisentendenzen sich verschärfen, wie sich Familienformen weiter auffächern, manche vielleicht verschwinden, oder ob eine Renaissance der klassischen Familie bevorsteht.

Wohin also könnte die Reise der Familie und der privaten Lebensformen gehen? Eine nahe liegende Frage ist, bis zu welchem Punkt eine Gesellschaft bestimmte Trends zulässt oder erträgt. Was würde es zum Beispiel für die zukünftige Gesellschaft bedeuten und wie würde sie damit umgehen, wenn der Anteil von kinderlosen Paaren 50 Prozent oder der Single-Anteil 60 Prozent oder die Scheidungsrate gar 70 Prozent überschreiten würde? Was würde das für bestimmte Leitbilder bedeuten: für „Familie", „Partnerschaft", „Gemeinschaft" oder „Individualismus"? Welche Konsequenzen des Alterns der Gesellschaft müssen wir befürchten? Welche Probleme sind im Zusammenhang mit Einwanderung und Mobilität – Stichwort: multikulturelle Familie – zu erwarten? Was sind mögliche Konsequenzen der technischen und medialen Entwicklung für die Familie? Wenn sich der Sozialstaat weiter zurückzieht: Werden dann Familie und Generationensolidarität wichtiger; und wächst damit auch wieder die soziale Ungleichheit?

Das sind nur einige von vielen Fragen, die sich uns heute stellen. Im Rahmen dieses Kapitels können sie nicht alle behandelt werden. Die folgende Darstellung beschränkt sich daher auf einige allgemeine Trendaussagen, die sich aus der Perspektive unterschiedlicher Theorie-Ansätze ergeben und skizziert in der zweiten Hälfte des Kapitels eine Reihe von Szenarien, die sich auf das Geschlechterverhältnis in der Familie konzentrieren. Zunächst stellen wir die Frage, ob die gegenwärtige demografische Problematik – das Altern der Bevölkerung – sich in Zukunft noch verschärfen wird oder ob vielleicht ab einem bestimmten Zeitpunkt eine Trendumkehr eingeleitet wird (Kap. 2). Wenn die Individualisierungstheorie, die in den letzten Jahrzehnten auch in der Familienforschung stark diskutiert wurde, in die Zukunft verlängert wird, kommt man zum Szenario einer singularisierten Gesellschaft mit dem vollmobilen, flexiblen Single als Zentralfigur, der die Familie zurückdrängt. Dabei stellt sich auch die Frage, wie kinderlose, mobile Singles im Alter leben werden (Kap. 3). Auch in der Theorie der postmodernen Familie wird ein weiterer Bedeutungsanstieg des Individualismus erwartet, mit der Betonung auf Selbstverwirklichung (Kap. 4). Auf der anderen Seite gibt es derzeit kaum jemanden, der eine Renaissance der alten Familienstrukturen prognostizieren würde. Eine einfache Rückkehr zu alten Verhältnissen kommt ohnehin selten vor. Dennoch lassen sich einige Entwicklungstendenzen identifizieren, die dazu führen könnten, dass die „alte Familie" wieder an Bedeutung gewinnt – zumindest aber eine modernisierte Familie, wie sie etwa von der „Zukunftskommission", die im Jahr 2006 den Siebten Familienbericht veröffentlichte, gesehen wird (Kap. 5). Vielfach wird die Lösung des Problems der Vereinbarkeit von Familie und Beruf als eine Voraussetzung für eine Modernisierung der Familie angesehen. Die Entwicklung der Arbeitsteilung und der Symmetrie zwischen den Geschlechtern ist dabei ein entscheidender Punkt. Wird sich die Geschlechtergleichheit tatsächlich durchsetzen, kommt es zu einem Wiedererstarken männlicher Dominanz oder werden irgendwann die Frauen das Ruder in die Hand nehmen? (Kap. 6). Stellt man das Geschlechterverhältnis in einen größeren Zusammenhang von Strukturen sozialer Ungleichheit, insbesondere hinsichtlich der Bildung, ergeben sich Szenarien, die eine Polarisierung zwischen kinderlosen Akademikern und nicht akademischen Familienpaaren oder sogar eine Professionalisierung der Elternschaft möglich erscheinen lassen (Kap. 7). Abschließend fragen wir, ob eine zukünftige Gesellschaft vorstellbar ist, die ohne Familie auskommt. Die Fortschritte der Biotechnologie weisen in diese Richtung (Kap. 8). Da wir uns bei all diesen Fragen notgedrungen auf unsicherem Terrain bewegen, ist es angebracht, zu Beginn des Kapitels kurz über Sinn und Nutzen von Zukunftsforschung bezüglich der Familie zu reflektieren (1).

1   Über den Sinn von Prognosen und Szenarien

Über gesellschaftliche Entwicklungen und die Zukunft der Gegenwart ist immer wieder nachgedacht worden. Utopien und geschichtsphilosophische Spekulationen gibt es schon lange. Aber erst im letzten Drittel des 19. Jahrhunderts hat es einen deutlichen Aufschwung sowohl an Science Fiction (Jules Verne, H.G. Wells) als auch an wissenschaftlich bemühten Prognosen gegeben. Häufig ging es dabei um teleologische Entwürfe, um das Ideal der guten Gesellschaft. Man machte sich Gedanken darüber, was sich in der wirklichen Welt ändern müsste, um dieses Ziel zu erreichen. Demgegenüber hat sich die Soziologie mit ihrer Etablierung zu Beginn des 20. Jahrhunderts von solchen Entwürfen des Ideals einer guten Welt weitgehend verabschiedet. Bis heute gibt es kaum soziologische „Zukunftsforschung" – eine Bezeichnung, die bei vielen Sozialwissenschaftlern auf Skepsis stößt, weil sie mit dem Verdacht unseriöser Spekulationen behaftet ist. Das gilt umso mehr, wenn von „Trendforschung" gesprochen wird.

Diese Skepsis wird vielleicht verständlich, wenn man sich klarmacht, dass es bei Zukunftsforschung nicht wirklich um die Zukunft geht. Es geht nicht darum, durch Vorhersagen unsere Neugierde zu befriedigen, wie die Welt tatsächlich einmal aussehen wird, sondern eher darum, aktuelle *Hoffnungen* oder *Wünsche*, aber auch *Befürchtungen* und entsprechende *Warnungen* zum Ausdruck zu bringen. Diese Warnungen oder Wünsche bleiben oft implizit und verborgen, wie bei manchen Krisen-Diagnosen und Untergangs-Szenarien zur Familie, wo man sich fragt, ob hinter einer scheinbar nüchternen Zerfallsprognose nicht der heimliche Wunsch nach heiler Familie stecken könnte.

„Zukunft" ist also nicht das, was kommen wird, sondern das, was wir *jetzt* als Zukunft *denken*. Die Zukunft existiert real nur in der Gegenwart. Daher kommt auch der Eindruck von großer Naivität, den man oft hat, wenn man ältere Prognosen über eine inzwischen bereits vergangene Zukunft liest. Auch werden Zukunftsprognosen meist nicht ernst genommen, wenn es ihnen nicht gelingt, Befürchtungen zu aktualisieren. Dazu gibt es zahlreiche Beispiele aus den letzten Jahrzehnten im Zusammenhang mit der ökologischen Krise. Begriffe wie „Klimakatastrophe", „Baumsterben" oder „Ozonloch" lösten manchmal kurzzeitige Dramatisierungsdiskurse aus, die aber auch schnell wieder durch Beschwichtigungsdiskurse abgelöst wurden. Nachhaltig wirksame politische Maßnahmen blieben dann meist aus, obwohl Wissenschaftler deutliche Belege für bedrohliche Entwicklungen liefern konnten. Ähnliches gilt auch für die demografische Debatte, wo zunächst viele Warnungen nicht ernst genommen wurden. So konnte man zum Beispiel schon mindestens seit den 1980er Jahren sehen, dass es zu einem „Altern der Gesellschaft" mit schwerwiegenden Folgeproblemen für die Finanzierung der Rentenversicherung und des Sozialstaates kommen würde. Doch erst in jüngster Zeit wird das Problem in der Politik aufgegriffen (Höhn 2007).

In der Zukunftsforschung dominierte lange Zeit die technologische und ökonomische Prognoseforschung. Sie bestand oft in der einfachen Extrapolation von Datenreihen: Wenn ein Ansteigen einer Kurve sichtbar wurde, wurde dieses Ansteigen entsprechend in die Zukunft verlängert. In den 1970er Jahren führte das vielfache Scheitern von Prognosen allmählich zu einem Wechsel in Richtung Szenarien. Während *Prognosen* häufig als Versuch missverstanden werden, eine genaue Voraussage der Wirklichkeit zu sein, ist bei *Szenarien* deutlicher, dass sie nur Möglichkeiten darstellen. Als *Wild Cards* schließlich gelten Ereignisse, deren Eintreten zwar ziemlich unsicher ist, die aber, wenn sie einträten, schwerwiegende und weitreichende Konsequenzen haben würden. So veröffentlichte zum Beispiel das Kopenhagener Institut für Zukunftsforschung in den 1990er Jahren eine Studie mit den Wild Cards: „Frauen verlassen den Arbeitsmarkt" oder „Das Ende der Solidarität zwischen den Generationen" (Ågerup 2000: 112). Weitere prognostische Methoden sind mathematische Modelle und Simulationsmodelle, die auch in der Demografie wichtig geworden sind.

Besonders die französische Zukunftsforschung verabschiedete sich von der Vorstellung, die Zukunft sei etwas, was man erkennen könne; etwas, was schon gewissermaßen feststünde und nur noch enthüllt werden müsse. Vielmehr geht man davon aus, dass die Zukunft erst noch gemacht werden muss und daher richtet sich die Zukunftsforschung vor allem auf dieses Machen (*pouvoir*) (Jouvenel 2000). Die Zukunft könne deshalb „für die Menschheit als handelnde Subjekte das Reich der Freiheit und der Macht" sein.[1] Gerade bei Szenarien geht es also darum, *mögliche* Zukünfte zu ahnen und *aktiv* an der Verwirklichung einer erwünschten Zukunft oder an der Verhinderung einer unerwünschten Entwicklung zu arbeiten.

---

1   *Pouvoir* bedeutet im Französischen sowohl „können" als auch „Macht".

2   Die Zukunft der demografischen Krise

Es ist nahe liegend und in den öffentlichen Debatten inzwischen üblich, die familiendemografische Entwicklung zum Ausgangspunkt von Zukunftsbetrachtungen zu machen.
Nahe liegend, weil hier zurzeit eine echte „Krise" vorzuliegen scheint, die „demografische Krise": Auf der einen Seite gibt es immer weniger Kinder („Geburtenlücke"), auf
der anderen Seite immer mehr Ältere („Überalterung"). Das führt zu einem wachsenden
Ungleichgewicht in der Belastung zwischen den Generationen, zu einer Krise des „Gene-
rationenvertrags" oder besser: der Generationengerechtigkeit.[2]

Außerdem scheinen auf diesem Gebiet halbwegs verlässliche Prognosen möglich.
Zwar gibt es größere Unwägbarkeiten, etwa was die Migrationsströme der Zukunft betrifft oder die Zukunft der Arbeit in der globalisierten Welt oder die Beteiligung von
Frauen an der Erwerbsarbeit. Aber über die Entwicklung der Altersstruktur, so scheint es
jedenfalls, kann man relativ sichere Voraussagen machen, da bezüglich Mortalität und
Lebenserwartung kaum größere Überraschungen zu erwarten sind. Auch Prognosen hinsichtlich der Entwicklung der Geburtenrate scheinen relativ risikolos. In der „11. koordi-
nierten Bevölkerungsvorausberechnung" des Statistischen Bundesamtes wird in einer der
Varianten prognostiziert, dass der Bevölkerungsanteil in der Altersgruppe der Kinder und
Jugendlichen (bis 19 Jahren) bis zum Jahr 2050 um fast 30 Prozent und jener der 20- bis
59-Jährigen um über 20 Prozent abnehmen werde. Demgegenüber würden die Anteile der
über 60-Jährigen deutlich zunehmen. Am stärksten werde der Anteil der „Hochbetagten"
– über 80 Jahre – zunehmen, nämlich um über 150 Prozent (Statistisches Bundesamt
2006c: 22f.). Der Altersquotient werde sich dramatisch verschieben, von jetzt etwa 30 auf
deutlich über 60.[3] Im Jahr 2050 wären dann über 30 Prozent der Menschen 65 Jahre oder
älter, nur noch 15 Prozent wären unter 20 Jahren, und nur noch etwa die Hälfte der Bevölkerung wäre im Erwerbsalter (20 bis unter 65 Jahre). Auch in der Erwerbsbevölkerung
würden die Älteren überwiegen, also die 45- bis 65-Jährigen.

Manche Demografen befürchten eine noch stärkere Überalterung (Birg 2000; ders.
2003). Wie auch immer sich die Varianten der Prognosen im Einzelnen unterscheiden: Es
scheint jedenfalls ziemlich sicher, dass es in den nächsten Jahrzehnten zu einer weiteren Al-
terung unserer Gesellschaft kommt. Und so haben wir heute das zukünftige Bild einer völlig überalterten Gesellschaft, in der die Zahl der Menschen im Erwerbsalter etwa gleich
hoch ist wie die Zahl der Rentner, Kinder und Jugendlichen zusammengenommen – wobei
die Gruppe der Älteren doppelt so groß ist wie jene der Kinder und Jugendlichen. Es ist das
Bild einer Sozialordnung, in der zwei Erwerbstätige eine Rente finanzieren müssten. Das
würde bedeuten, dass vom Erwerbseinkommen vielleicht 30 oder 40 Prozent allein für die
Rentenversicherung zu zahlen wären, je nachdem, wie hoch in Zukunft die Rente noch sein
soll und wie deren Finanzierung im Einzelnen geregelt ist. Die Rede von der „Sandwich"-
Generation für die Erwerbsbevölkerung wäre dann durchaus angemessen.[4] Damit ist ge-

---

2   Kaufmann (2005: 50) weist zu Recht darauf hin, dass die Metapher vom Generationenvertrag irreführend
     ist, wenn es um die zukünftigen Generationen geht. Es sei besser, von Generationengerechtigkeit zu
     sprechen.

3   Der Altersquotient sagt aus, wie viele über 65-Jährige auf 100 15- bis 64-Jährige kommen (oder: 65-Jäh-
     rige in Prozent der 15- bis 64-Jährigen).

4   Für die heutigen Verhältnisse erscheint diese Charakterisierung noch als überzogen (Künemund 2002).

meint, dass die Generation im mittleren Alter von zwei Seiten – von den eigenen Kindern und von den eigenen Eltern – mit Anforderungen auf Unterstützung konfrontiert ist und dadurch unter Druck gerät wie eine Frikadelle in einem Sandwich. Sie ist belastet mit der Pflege der eigenen Eltern, der Betreuung der eigenen Kinder (oder, falls die eigenen Kinder schon älter und selber Eltern sind, mit der Betreuung der Enkelkinder) – und dazu auch noch mit der Erwerbstätigkeit, um für den Lebensunterhalt zu sorgen.

Nachhaltiger Geburtenrückgang und anhaltende Steigerung der Lebenserwartung: Das sind die zwei Fixpunkte aller demografischen Prognosen für Deutschland und vergleichbare Länder, egal, ob sie sich auf Sozialpolitik, Arbeitsmarkt- oder Bildungsentwicklung beziehen. Gegen diese Entwicklung ist nur wenig auszurichten. Maßnahmen zur deutlichen Erhöhung der Fertilität müssten sehr drastisch sein, um zu greifen. Eine früher häufiger gehörte Beschwichtigung, man könne das Problem durch Einwanderung jüngerer Menschen lösen, ist heute immer weniger konsensfähig, weil die Integrationsproblematik nicht zu übersehen ist. Selbst in den USA, dem klassischen Einwanderungsland, verschärft sich in den letzten Jahren die Problematik der Integration und Assimilation von Immigrantengruppen.

Bisher wird häufig so diskutiert, als sei das Altern der Gesellschaft ein Dauerproblem der Zukunft. Aus einer distanzierten Perspektive, die sich nicht um die praktischen Probleme der nächsten Jahre und Jahrzehnte kümmern muss, ließe sich aber durchaus Entwarnung geben: Die demografische Krise lässt sich als Übergangsproblem betrachten, als eine Art demografische Transition, die bereits um das Jahr 2030 ihren Höhepunkt erreicht haben könnte. Ab 2030 kommen die Geburtsjahrgänge nach dem Baby-Boom der 1960er Jahre ins Rentenalter (wie es bisher definiert ist, also mit 65), und die Altersstruktur beginnt allmählich, sich wieder zu normalisieren, denn von Jahr zu Jahr sinkt dann die Zahl der Neu-Rentner. Allerdings wird die Gesamtzahl der Rentner langsamer sinken, da die Lebenserwartung allen Prognosen zufolge weiter ansteigen wird. Dennoch könnte das Problem im Jahr 2050 als überstanden gelten.

3   Niedergang der Familie durch Individualisierung?

Um das Jahr 1983 begann die Erfolgsgeschichte der Individualisierungstheorie. Damals erschien eine Reihe von Publikationen, die sich alle darin einig waren, dass dem Individuum bzw. dem Subjekt mehr Bedeutung zustünde als die soziologische Theorie ihm bis dahin zugestanden hatte. Damit verbunden war die Zeitdiagnose der „Individualisierung".[5] Mit diesem Begriff wurde eine Reihe von unterschiedlichen Entwicklungen zusammengefasst, zum Beispiel: eine wachsende Optionsvielfalt und damit mehr Entscheidungsmöglichkeiten für das Individuum; weniger soziale Einbindungen des Einzelnen in Gemeinschaften und Sozialverbände; eine stärkere individuelle Zuschreibung: was mit dem Einzelnen passiert, wird stärker als früher als Folge seiner Entscheidungen betrachtet; ein höheres Maß an Selbstreflexion – und vieles mehr.[6]

---

5   Einige der entsprechenden Aufsätze wurden später in einem Sammelband zusammengefasst (Beck/Beck-Gernsheim 1994).

6   Die Debatten, was mit diesem Begriff gemeint oder nicht gemeint sein sollte, waren ziemlich ausufernd, und wie immer bei solchen Debatten, bezog sich ein Großteil der Diskussionsbeiträge auf Missverstänt-

Als Zukunftsszenario interpretiert, ergibt sich aus der Individualisierungsthese unter anderem, dass der Anteil der Singles zunehmen wird. Vor allem wird die Bedeutung des ungebundenen, mobilen und flexiblen Individuums ansteigen, weil es für die neue Zeit besser gerüstet ist als das in feste Strukturen eingebundene Individuum. So schreiben etwa Boltanski/Chiapello (2003: 169), man verzichte darauf, „lebenslang ein einziges Projekt (eine Berufung, einen Beruf, eine Ehe etc.) zu verfolgen". Man ist mobil und ungebunden, immer offen für neue Kontakte. In einer vernetzten Welt besteht das Sozialleben aus temporären Kontakten. Das gilt besonders für die Arbeitswelt. Die Flexibilisierung der Arbeit wird zwar manchmal als positiv angesehen, weil sie verspricht, die Vereinbarkeitsproblematik (von Familie und Beruf) zu entschärfen. Doch sie kann auch dazu führen, dass die Familien unter Rationalisierungs- und Vermarktungsdruck geraten, nach dem Muster der Rationalisierung der Arbeit, wie Arlie Hochschild (1997) betont hat: *When work becomes home, and home becomes work.* In dieser Studie beschreibt sie, wie zu Hause immer mehr die Zeitplanung und der Termindruck herrschen, während es im „familienfreundlichen Unternehmen" Möglichkeiten des Ausspannens und Auszeiten gibt.

Am Ende steht die Vision einer Netzwerkgesellschaft, in der flexible, mobile Individuen locker miteinander verknüpft sind, aber kaum noch feste, stabile Beziehungen eingehen. Ein Indikator hierfür ist der wachsende Anteil mobiler Lebensformen (Schneider/Limmer/Ruckdeschel 2002a; Limmer 2005). Ein anderer ist der große Erfolg des Mobiltelefons, das für den Trend steht, Beziehungen und Bindungen flexibler zu gestalten, eher flexible Netzwerke als feste Gruppenbindungen zu favorisieren (Burkart 2007a).

Individualisierung würde also heißen: Es kommt zu einer Abnahme von klassischen Familienhaushalten und einer Zunahme von Einpersonenhaushalten, von nichtehelichen Lebensgemeinschaften, von Kinderlosigkeit, von Scheidungen, von Alleinerziehenden. Das alles ist bereits in Gang, die Frage ist, ob es damit immer so weiter geht oder wie weit es gehen kann. Bei einer einfachen Extrapolation wäre man im Jahr 2030 bei einer Scheidungsrate von etwa 50 Prozent, einer Kinderlosigkeit von mindestens 30 Prozent, einem Anteil Alleinwohnender von 30 Prozent, einer Alleinerziehendenquote von 30 Prozent, einer Mehrheit von unverheirateten Paaren. Die bisher als „Normalfamilienhaushalt" bezeichnete Lebensform – ein Ehepaar mit zwei wohlgeratenen Kindern – könnte dann auf weniger als 20 Prozent abgesunken sein.

Gegen eine einfache lineare Entwicklung spricht zunächst alle bisherige Erfahrung; sozio-kulturelle Prozesse verlaufen häufig überraschend und sprunghaft. Dagegen spricht auch, dass es schon in früheren Zeiten zum Beispiel ein hohes Maß an Kinderlosigkeit oder eine hohe Ledigenquote gegeben hat (Burkart 1997; Konietzka/Kreyenfeld 2007). Das heißt, wenn man als Ausgangspunkt der Betrachtung nicht die heile Familienwelt der späten 1950er und frühen 60er Jahre nimmt, sondern die ersten Dekaden des 20. Jahrhunderts, dann erscheinen der Babyboom und die starke Bedeutung der Normalfamilie nach dem Zweiten Weltkrieg eher als Ausnahmesituation und die Pluralität von Lebensformen als historische Normalität. Manche der Kurven (Geburtenrückgang, Rückgang der Heiratsquoten, Anstieg der Scheidungen) sind seit Mitte der 1980er Jahre relativ flach ver-

nisse, die man bei den Beiträgen anderer Autoren entdeckt zu haben glaubte (Beck/Beck-Gernsheim 1993; Burkart 1993a; ders. 1993b). Zur allgemeinen Diskussion vgl. auch Friedrichs (1998).

laufen, nach den schnellen und starken Veränderungen zwischen 1965 und 1975. Sie könnten in der Zukunft noch weiter abflachen und vielleicht sogar die Richtung ändern.

Gleichwohl sind einige der Veränderungen seit der „kulturellen Revolution" der 1960er und 70er Jahre wahrscheinlich irreversibel, jedenfalls für die nächsten Jahrzehnte. Die Anteile von Einpersonenhaushalten, nichtehelichen Lebensgemeinschaften und anderen alternativen Lebensformen werden weiter ansteigen, wenn auch vielleicht langsamer als bisher. Der Anteil an Scheidungen wird wahrscheinlich weiter wachsen, und vermutlich wird auch die Kinderlosigkeit weiter zunehmen, besonders bei mobilen Akademikern. Dies alles wirft die Frage auf, wie eine relativ große Bevölkerungsgruppe von mobilen Singles in Zukunft leben wird.

Stellen wir uns zum Beispiel die Generation vor, deren Mitglieder in den 1970er Jahren geboren wurden. Sie werden im Jahr 2030 zwischen 50 und 60 Jahre alt sein. Wer von ihnen dann noch kinderlos ist, wird es wahrscheinlich auch bleiben. Nach heutigen Schätzungen könnte dies auf 30 Prozent dieser Altersgruppe zutreffen. Unter Akademikerinnen und Akademikern wird die Quote wohl noch höher sein, 40 Prozent erscheinen durchaus als möglich. Wie auch immer: Es wird sich um eine recht große Gruppe von Männern und Frauen handeln, die keine eigenen Kinder haben; die häufig auch keine stabile, langjährige Beziehung haben; die meist nicht dort wohnen, wo sie aufgewachsen sind. Es sind vorwiegend Großstadtbewohner, sie werden häufig keinen festen Beruf haben, sondern auf eine „Projekt"-Biografie zurückblicken, an der sie weiter basteln müssen. Sie haben sich in den 1990er Jahren an „prekäre Beschäftigungsverhältnisse" gewöhnt. Sie sind nicht mehr fest in ihrer Herkunftsfamilie verankert, haben häufig den Wohnort gewechselt, ihr persönliches Netzwerk wird eher durch wechselnde Kontakte als durch stabile Beziehungen gekennzeichnet sein. Manche werden eine langjährige Beziehung hinter sich haben, aber nun sind sie wieder Single. Dabei können sie damit rechnen, noch etwa 30 Jahre Lebenszeit vor sich zu haben. Sie fühlen sich noch nicht wirklich alt.

Es ist vorstellbar, dass sich in dieser Generation eine neue Lebensform entwickelt, in der verschiedene Elemente aus den alten Lebensformen flexibel kombiniert werden – Elemente des Alleinlebens, von Familie und Wohngemeinschaft, von Projektwohnkollektiv, „Hausfamilie" (Fuchs 2003) oder vielleicht auch dem „Generationenhaus" der Ministerin von der Leyen. Da es sich vermutlich um überwiegend wohlhabende Personen handelt (zwar haben die wenigsten ein sicheres Gehalt und eine sichere Rente, aber die meisten haben eine relativ große Erbschaft gemacht), werden sie häufig eine größere Immobilie gekauft haben, in der neben einigen Eigentumswohnungen auch eine Gemeinschaftswohnung existiert, die auch für gemeinsame Projekte genutzt werden kann. Es wird eine große Wohnküche für das ganze Haus geben, aber natürlich hat auch jeder seine eigene kleine Individualküche. Vielleicht wird man von „Projektfamilie" sprechen, in der die Verwandtschaftsbeziehungen – die in patriarchalen Kulturen den Kern von „Familie" darstellten – gegenüber der modernen westlichen Familie noch stärker an Bedeutung verloren haben. Der Begriff „Familie" wird dann weiter aufgeweicht sein, es handelt sich um ein flexibles Netzwerk von Freunden, mit denen man Projekte macht, in denen Privatleben und Beruf nur schwer zu trennen sind.

4   Die postmoderne Familie, das postmoderne Paar

Der Historiker Edward Shorter veröffentlichte 1975 ein Buch über die Geschichte der Familie, das zahlreiche Diskussionen auslöste, weil es manche provokative These enthielt. Es ging um die „Geburt der modernen Familie", um Sexualität und die Entstehung von Liebe. Besonders seine Thesen zur Gefühlsbasis des Familienlebens waren umstritten. Shorters Buch bezog sich vor allem auf das 18. Jahrhundert. Doch er fügte seinem Werk noch ein Abschlusskapitel hinzu. Die moderne Familie, die im 18. Jahrhundert entstanden war, sei nun dabei, unterzugehen, und am Horizont tauchten die Konturen einer „postmodernen Familie" auf.

Shorter überschrieb dieses Kapitel mit „Towards the Postmodern Family (or, Setting the Course for the Heart of the Sun)". Die Textzeile in Klammern bezog sich auf ein Stück der Gruppe Pink Floyd, die damals sehr experimentelle Musik machte.[7] Die Formel sollte uns eine Ahnung davon verschaffen, wohin die Reise der modernen Familie gehe: ins Unbekannte. In der Sonnen-Metapher kommt die ganze Ambivalenz zum Ausdruck, die in dieser Reise steckt: Sie führt entweder ins Zentrum der Sehnsüchte (Selbstverwirklichung, Glück) oder aber in den Untergang. Shorter hob drei Aspekte des modernen Familienlebens hervor, für die es keine historischen Vorläufer gebe. Zum einen würden die Bindungen zwischen den Generationen zerschnitten. Zum anderen prognostizierte Shorter eine anhaltende Instabilität der Paarbeziehung, die permanent von Trennung und Scheidung bedroht sei. Und schließlich sei die Zerstörung des „Nestes", der familiären Geborgenheit, zu erwarten. Im Unterschied zu konservativen Familiensoziologen (z.B. Popenoe 1988, der ebenfalls von der „Zerstörung des Nestes" sprach) ist dies für die Vertreter der postmodernen Theorie aber keine bedauerliche Entwicklung, da sie mit zunehmender Selbstbestimmung und Selbstverwirklichung des Individuums einhergeht.

Philippe Ariès (1980) verwendete zwar nicht den Begriff Postmoderne, aber seine Erklärung für den Geburtenrückgang nach dem Zweiten Weltkrieg passt gut zu Shorters Überlegungen. Während der erste Geburtenrückgang im letzten Drittel des 19. Jahrhunderts verständlich wird vor dem Hintergrund des Übergangs von einem Familientypus mit Wirtschaftsorientierung zu einem modernen Typus, wo das Kind und seine Zukunft im Mittelpunkt stehen (kindzentrierte konjugale Familie), gehe es nun, im späten 20. Jahrhundert, immer weniger um das Kind, sondern um die Selbstverwirklichung der Erwachsenen. „König Kind" sei entthront worden. Andere sprechen in ähnlicher Weise vom „Verschwinden der Kindheit" (Postman 1983). Auch Shorter meinte, man brauche keine Kinder mehr zum Lebensglück. Oder man brauche allenfalls *ein* Kind: „Das ist der Kern der Postmoderne" (Shorter 1989: 229). Er verwies in diesem Zusammenhang auf das Geburtserlebnis als Ausdruck der „körperlichen Selbstverwirklichung" von Frauen (er bezog sich dabei auf eine bestimmte Gruppe von Feministinnen, die das Geburtserlebnis angeblich als „totalen weiblichen Selbstverwirklichungsprozess" betrachteten).

Die postmoderne Diagnose ist umstritten, sowohl hinsichtlich der Brüchigkeit der Generationsbeziehungen, als auch bezogen auf die behauptete Dethronisation des Kindes. Die Konzeption der postmodernen Familie (mit *Selbstverwirklichung* als Schlüsselwert)

---

7   *Set the Controls for the Heart of the Sun* war der Titel des Stücks auf der Platte *A Saucerful of Secrets* von 1968.

wurde an der kalifornisch-alternativen Subkultur der späten 1960er Jahre abgelesen. Daraus haben Kritiker die Vermutung abgeleitet, die Hinwendung zu postmodernen Lebensformen sei kein allgemeiner Trend, sondern bleibe auf bestimmte Milieus beschränkt – etwa das Selbstverwirklichungsmilieu (Schulze 1992) oder das individualisierte Milieu (Burkart et al. 1999). Andere haben Hinweise gefunden, dass auch in der Arbeiterklasse postmoderne Lebensformen Zuspruch fanden (Stacey 1991).[8]

Betrachtet man die Entwicklung seit damals, so ist es fraglich, bereits von einer *Dethronisation des Kindes* zu sprechen. Viele Indizien sprechen für eine immer noch starke – vielleicht sogar stärker werdende – Zuwendung zur Persönlichkeit des einzelnen Kindes. Das gilt zumindest für jene, die noch Kinder bekommen. Manches deutet auch hier auf Polarisierung hin: Auf der einen Seite ist ein weiterer Anstieg von Kinderlosigkeit zu erwarten, da es für viele Erwachsene immer schwerer wird, „Selbstverwirklichungsinteressen" und Elternschaft biografisch zu integrieren. Auf der anderen Seite aber gibt es eine ungebrochene Aufmerksamkeit gegenüber dem individuellen Kind.

Auch Shorter sieht im Binnenverhältnis der postmodernen Familie nicht in erster Linie einen Rückgang der emotionalen Mutter-Kind-Beziehung: „Die Verbindungen zwischen postmodernen Eltern und *Kleinkindern* bleiben im Vergleich zu denjenigen der modernen Familien unverändert" (Shorter 1989: 226). Was sich gelockert habe, sei vor allem das Verhältnis der *heranwachsenden* Kinder (in der Adoleszenz) zu ihren Eltern, also die Verbindung zwischen den Generationen. Dazu ließe sich als Gegenthese der derzeit beobachtbare biografische Aufschub der Ablösung vom Elternhaus anführen. In den letzten Jahren blieben die jungen Erwachsenen im Durchschnitt immer länger bei ihren Eltern wohnen, was nicht gerade auf einen großen Generationenkonflikt hinweist („Hotel Mama"). Bis zum Alter von 22 Jahren lebt die Mehrheit der jungen Deutschen – zumindest offiziell – noch bei ihren Eltern, und bis etwa zum 25. Lebensjahr ist dies die häufigste Lebensform (Statistisches Bundesamt 2005: 29).

5 Zurück zur Familie?

Die beiden zuletzt genannten Ansätze – Individualisierungs- und Postmoderne-Theorie – gehen mit großer Selbstverständlichkeit davon aus, dass der Zusammenhalt von Verwandtschaftsverbänden und Familien geringer wird, dass der Einzelne stärker im Mittelpunkt steht, auch für sich selbst: Selbstverwirklichung und Selbstthematisierung werden immer wichtiger.[9] Diese Perspektive wurde oft kritisiert, so hat beispielsweise die neuere Generationenforschung gezeigt, dass der Zusammenhalt zwischen den Generationen in den Familien viel größer ist, als diese beiden Theorien annehmen (z.B. Kohli/Szydlik 2000; Bertram 2000; Lüscher/Liegle 2003; Lauterbach 2004). An dieser Stelle soll es jedoch nicht weiter um eine Kritik dieser Theorien in dem Sinn gehen, sie würden die Wirksamkeit traditionaler Elemente unterschätzen oder einen speziellen Trend zu schnell

---

8   In der deutschsprachigen Familiensoziologie hat vor allem Kurt Lüscher den Begriff der postmodernen Familie aufgegriffen und sich um weitere Klärungen bemüht (Lüscher et al. 1988).

9   Zur Bedeutungssteigerung von Selbstthematisierung im Rahmen einer Bekenntniskultur vgl. Burkart (2006a).

verallgemeinern. Vielmehr fragen wir, ob es Hinweise für Entwicklungen gibt, die zu einer Renaissance der Familie führen könnten.

Ein deutliches Zeichen eines Wiedererstarkens der Familie wäre ein Anstieg der Kinderzahl in den Familien, also ein Anstieg des Anteils von Familien mit drei, vier oder noch mehr Kindern. Eine Bedingung, unter der eine solche Entwicklung durchaus vorstellbar wäre, ist ein Wiedererstarken von Religiosität. Zwar leben wir heute in einer weitgehend säkularisierten Gesellschaft, aber manche Anzeichen einer Renaissance des Religiösen werden seit Längerem registriert. Gläubige Menschen hatten meist eine höhere Geburtenrate, das wurde auch vor kurzem wieder betont (Brose 2006). Es ist also denkbar, dass eine neue Religiosität auch wieder zu mehr Kindern führt. Es ist aber wenig wahrscheinlich, dass dies alle betrifft. Ein Teil wird weiterhin kinderlos bleiben.

Ein anderer Trend ist das Wiedererstarken des Glaubens, dass Familie eine „natürliche" Angelegenheit sei, dass es unserer menschlichen Natur eher entspreche, in Familien zu leben und Gemeinschaften zu bilden als allein zu leben oder ohne Kinder. Es könnte sein, dass in absehbarer Zeit durch weitere Erkenntnisse der Genetik, der Gehirnforschung, der Soziobiologie oder der Evolutionspsychologie – sie werden inzwischen gern mit dem Terminus „Lebenswissenschaften" zusammengefasst – sich in der Öffentlichkeit immer stärker die Ansicht durchsetzt, dass Familie und Verwandtensolidarität stärker biologisch-genetisch vorbestimmt sind als die Soziologie oder die Kulturwissenschaften behaupteten. Das gilt auch für die Geschlechterdifferenz und die Heterosexualität. Anzeichen eines neuen Konservativismus in dieser Hinsicht auch unter Intellektuellen sind bereits sichtbar.[10] Insgesamt könnte dies zu einem Erstarken des Profamilismus führen, d.h. jener Ideologie, die sich aktiv und normativ für die Familie einsetzt, weil sie als eine höherwertige und „natürliche" Lebensform betrachtet wird. Auch die nichtehelichen Familienformen könnten wieder stärker unter ideologischen Druck geraten. Vielleicht wird man sich im Jahr 2030 dann wundern, dass um die Jahrtausendwende in familiensoziologischen Standardwerken die Geschlechter-Differenz und die Vateranwesenheit aus der Definition von Familie getilgt worden waren (Nave-Herz 2004). Als Grund dafür könnte dann erscheinen, dass es „damals" in erster Linie darum gegangen war, Alleinerziehende oder homosexuelle Paare mit Kindern als vollwertige Familien zu legitimieren. Und man wird dies im Jahr 2030 als „damals" politisch korrekt einstufen, als inzwischen jedoch biowissenschaftlich widerlegt kritisieren.

Im Augenblick ist zwar offen, ob es zu einer starken Re-Biologisierung von Familie und Geschlechtsrollen durch Hirnforschung, Genetik und Evolutionsbiologie kommt, aber es ist doch sehr wahrscheinlich, dass der soziokulturelle Konstruktivismus weiter zurückgedrängt wird und zum Beispiel die frühkindliche Mutterbindung als so wichtig angesehen wird (vgl. dazu den Beitrag von Widmer und Bodenmann in diesem Band), dass die Toleranz gegenüber erwerbstätigen Müttern weiter sinken könnte. „Weiter" – denn sie sinkt bereits: So ist zum Beispiel in Westdeutschland zwischen 2000 und 2006 der Anteil von Befragten leicht angestiegen, die meinten, die Beziehung zum Kind leide, wenn die Mutter berufstätig ist (Scheuer/Dittmann 2007; Ostner in diesem Band).

Moderatere Positionen, die nicht an das Verschwinden der Familie glauben, aber auch nicht an eine Restaurierung des alten Familienmodells mit Versorgerehe, gehen im All-

---

10   Ich denke hier an die Bücher von Schirrmacher (2006) oder Bolz (2006).

gemeinen von einer kontinuierlichen Modernisierung aus. Heute spricht man gern von „Nachhaltigkeit", wenn langfristige Verbesserungen und sinnvolle Anpassungen an künftige Entwicklungen erwünscht sind. Deshalb ist immer häufiger von einer „nachhaltigen Familienpolitik" die Rede, die dafür sorgen soll, dass es auch unter modernisierten gesellschaftlichen Bedingungen weiterhin möglich sein soll, als Familie zu leben. Diese Vorstellung prägt auch den jüngsten Familienbericht. Das Familienministerium beauftragte im Jahr 2003 eine Expertenkommission, den Siebten Familienbericht zu erstellen, mit Blick auf die „Zukunft der Familie" und deren Beitrag zur sozialen Integration. Ziel des Berichts sollte sein, wie in der vorangestellten Stellungnahme der Bundesregierung formuliert wird, „grundlegende und längerfristige Trends zu prüfen und Empfehlungen zu entwickeln". Der Bericht sollte „ein Zeitfenster für die nächsten 10 bis 15 Jahre öffnen und eine Grundlage für koordiniertes gesellschaftliches Handeln liefern" (BMFSFJ 2006: XXIII).

Zwar interpretierte die Kommission dies nicht als Auftrag, Zukunftsphantasien und Utopien zu entwerfen. Die Autorengruppe grenzte sich sogar explizit von einer solchen Vorgehensweise ab. Man habe sich „bewusst darum bemüht, nicht weit reichende Utopien zu formulieren, sondern (...) Entwicklungslinien zu skizzieren, die durchaus bereits in anderen Ländern diskutiert werden oder teilweise sogar schon realisiert sind" (BMFSFJ 2006: 3). Gleichwohl lassen sich im Siebten Familienbericht einige Ansätze für Zukunftsszenarien finden. Der Bericht skizziert die Grundlinien einer nachhaltigen Familienpolitik, deren wichtigstes Ziel es sein soll, auch in einer sich verändernden Welt weiterhin die Möglichkeit zu haben, Familie zu leben. Die Kommission geht davon aus, dass wir uns derzeit in einer Übergangsphase von der Industrie- zur „Dienstleistungs- und Wissensgesellschaft" befinden. Daraus ergeben sich einige Konsequenzen für Familie, Geschlechterverhältnis und Lebenslauf.

Auf ihrem Weg in diese Zukunft bewege sich die Familie zwischen Flexibilität und Verlässlichkeit. Sie müsse einerseits bereit sein, sich den neuen Anforderungen zu stellen. Andererseits sollten wir uns weiterhin darauf verlassen können, dass Familie ein ausreichendes Maß an Verbindlichkeit, Solidarität und stabilen Gemeinschaftsformen bietet. Im Unterschied zur Individualisierungsthese steht hier nicht der vollmobile Single im Mittelpunkt, sondern immer noch die Familie.

Aber die Familie steht unter Druck. Die alten Familienstrukturen geraten immer stärker in Spannung zu den Anforderungen der neuen Arbeitswelt im Zeitalter der Globalisierung. Vor allem die Lösung des Vereinbarkeitsproblems wird von der Kommission als entscheidend angesehen, da sowohl die klassische Versorgerehe als auch das alte Lebenslaufregime (der Standardlebenslauf) nicht mehr zukunftsfähig seien. Für die alte Industriegesellschaft waren das bürgerliche Geschlechterverhältnis und der standardisierte Lebenslauf, der für die Männer ganz anders aussah als für die Frauen, noch passend. Der Mann sorgte für den Unterhalt, die Frau für das gute Familienklima. Der Mann hatte einen festen und sicheren Beruf. Doch in der neuen *feminisierten* Dienstleistungs- und Wissensgesellschaft sind diese Bedingungen immer weniger gegeben. Optionsvielfalt, häufiger Arbeitsplatzwechsel und ein flexibles Zeitregime werden die Arbeitswelt immer stärker dominieren, daher sind flexible Arbeitszeiten und Möglichkeiten für flexiblen Wechsel zwischen Familien- und Arbeitszeiten, für flexible Lebensphasengestaltung, nötig – vor allem, wenn auch immer mehr Frauen einbezogen werden, die sich nicht länger auf Familie beschränken wollen.

Die wichtigsten Erfordernisse für die Zukunft seien deshalb Egalität im Geschlechterverhältnis sowie eine neue Zeitordnung, um eine Balance zwischen Familienarbeit und
Erwerbsarbeit zu finden. Besonders in Deutschland, so stellte die Kommission fest, sei
der Lebenslauf noch stark am klassischen Modell orientiert, die mittlere Phase werde als
Erwerbsphase überbetont und überlastet, was zu einem Aufschub der Familiengründung
und zu einer Orientierung an unterschiedlichen Lebensläufen und Vereinbarkeitsmustern
für Frauen und Männer geführt habe. Deshalb müssten „Wunschzeitenmodelle" gefördert
werden, und eine Entzerrung der „rushhour" des Lebens sei dringend notwendig. „Keine
Zeit für Kinder zu haben" sei eines der größten Probleme, das durch inflexible Strukturen
im Erwerbssystem und im herrschenden Lebenslaufregime verstärkt werde. Als praktische Maßnahme wird u.a. die seit 2003 bestehende „Allianz für Familie" genannt, die dazu beitragen könne, Verbesserungen in der Work-Life-Balance zu erzielen. Außerdem
sollten familienfreundliche Unternehmen und „lokale Bündnisse für Familie" gefördert
werden.

6   Szenarien zum Verhältnis von Mann und Frau

Ein Großteil des Wandels der privaten Lebensführung seit den späten 1960er Jahren ist
auf Veränderungen im Geschlechterverhältnis zurückzuführen, die hauptsächlich durch
die Bildungsexpansion und die Frauenbewegung in Gang gekommen sind. Art und Richtung der Veränderung des Geschlechterverhältnisses stellen daher eine wesentliche Bedingung für die zukünftige Situation der Familie dar. Wie wird sich das Verhältnis von
Mann und Frau in den Paarbeziehungen und Familien in Zukunft gestalten? Drei Szenarien sind vorstellbar.[11]

In einem ersten Szenario gehört das alte Familienmodell mit der männlichen Ernährerrolle endgültig der Vergangenheit an, und zwischen Mann und Frau in Paarbeziehungen ist *Gleichheit* hergestellt, die sich auf Gleichverteilung sowohl von Familienarbeit als
auch von Erwerbs- und Karrierechancen bezieht. An diesem *Szenario der Geschlechtergleichheit* wird seit mehreren Jahrzehnten gearbeitet, und im öffentlichen Diskurs ist es
heute das weithin anerkannte Zielmodell (siehe den Beitrag von Ostner in diesem Band).
Allerdings ist erkennbar, dass es sich dabei häufig eher um eine normative Setzung und
eine politische Zielformulierung als um eine empirisch fundierte Prognose handelt. Empirisch gibt es zahlreiche Hinweise auf zwei andere Entwicklungen, denen eine jeweils unterschiedliche Asymmetrie zwischen den Geschlechtern zugrunde liegt.

Zunächst deutet manches auf ein Wiedererstarken patriarchaler Strukturen oder
männlicher Dominanz – zumindest: auf ein Weiterbestehen der klassischen Arbeitsteilung zwischen den Geschlechtern und der männlichen Führungsrolle – hin. Das zweite
Szenario geht deshalb von einer *Modernisierung des Patriarchats* und einer *Restabilisie-
rung der Geschlechterdifferenz* aus. Die seit den 1970er Jahren gestiegenen Erziehungsansprüche könnten, in Kombination mit der schon erwähnten Re-Biologisierung, die Vor-

---

11   Dieser Abschnitt greift auf die Überlegungen zurück, die ich in einem Kommentar zum Siebten Fami-
     lienbericht formuliert habe (Burkart 2007d).

stellung stärken, es läge in der Natur der Frau, die „Familienarbeit" zu übernehmen, das heißt die Gesamtheit unbezahlter privater Arbeiten im Haushalt, einschließlich Kindererziehung und Altenpflege (*care work*).[12]

In den 1970er Jahren setzten sich, wie auch der Siebte Familienbericht betont, nicht nur Tendenzen der Liberalisierung und Feminisierung durch, sondern auch Entwicklungen, die unfreiwillig zur Stabilisierung der Versorger-Ehe beitrugen. Neben der Steigerung der Erziehungsansprüche lässt sich auch deren Feminisierung feststellen, etwa durch eine Steigerung der „Verfügungsansprüche" der Kinder gegenüber ihren Müttern. Das heißt, die Kinder verlangen stärker als früher, dass es *die Mutter* sein soll, die sich um bestimmte Dinge kümmert.[13] Auch die immer wieder festgestellten Retraditionalisierungstendenzen beim Übergang in die Elternschaft, die sich auch in neuesten Untersuchungen finden (BMFSFJ 2006: 106ff.), lassen ein Wiedererstarken patriarchaler Strukturen als möglich erscheinen.[14] Darüber hinaus ist im Ansatz eine neue Tendenz einer allgemeinen Retraditionalisierung in der jüngeren Generation sichtbar: Neuere Ergebnisse der Sozialisationsforschung (ebd.: 128ff.) deuten darauf hin, dass bei Kindern keine wirkliche Neudefinition der Geschlechtsrollen in Gang gekommen ist, die dem Gleichheitsmodell entsprechen würde. Zum Beispiel helfen Mädchen häufiger im Haushalt als Jungen. Es ist nicht unwahrscheinlich, dass diese Tendenz durch weitere Meldungen über biologische Geschlechtsunterschiede verstärkt wird. Bei Daten zur Zeitverwendung im Haushalt zeigt sich, dass seit Beginn der 1990er Jahre der Anteil junger Männer anstieg, die sich von Frauen – zuerst von der Mutter, dann von Freundin oder Ehefrau – versorgen lassen (BMFSFJ ebd.: 217). Und deutlich wird auch, dass weder Eltern noch junge Paare das allzu schlimm finden. Anders gesagt: Die strikte Gleichheitsnorm ist doch nicht so weit verbreitet. Sie wird in der Bildungselite stärker beachtet, aber in Milieus mit geringerer Bildungbeteiligung bleibt die Versorgerehe durchaus eine erwünschte Option.[15]

Es gibt jedoch auch Hinweise für eine ganz andere Tendenz: Die Frauen holen weiter auf, nicht nur im Bildungssystem, sondern zunehmend auch im Dienstleistungssektor – und irgendwann überholen sie die Männer. Im *dritten Szenario* wird daher eine *Umkehr der bisherigen Geschlechterasymmetrie* angenommen, eine *Feminisierung der Kultur* im Sinne einer Übernahme der Führungsrolle durch die Frauen. Bekanntlich profitierten von der Bildungsexpansion seit den 1970er Jahren besonders die Frauen der Mittelschichten, und die Frauen gehören auch zu den Umstrukturierungsgewinnern beim Übergang zur Dienstleistungsgesellschaft (ebd.: 83ff.). Seit einiger Zeit machen sich Pädagogen und Bildungsforscher Sorgen um die „abgehängten" Jungs, besonders, wenn sie aus Migrationsfamilien oder aus sozial schwachen Familien stammen. Zwar spricht gegen ein schnelles Umkippen zugunsten der Frauen, dass sie in den oberen Rängen der Positionshierarchien noch weitgehend unterrepräsentiert sind. Aber das kann sich bald ändern. Warum sollten Frauen nicht zu Haupt- oder gar Alleinverdienern in Familien werden, wenn sie Spitzenleistungen in Studium und Berufseingangsphase bringen? Wenn das Erfolgsmo-

---

12 Der englische Ausdruck *care work* bezieht sich auf beides, Kindererziehung und Altenpflege.

13 BMFSFJ (2006: 76). Auch die Renaissance der Bindungstheorie hat dazu beigetragen (Hopf 2005).

14 Immer wieder wurde festgestellt, dass die Mütter nach der Familiengründung die Erwerbsarbeit aufgeben oder reduzieren, während die Väter ihre Arbeitszeiten oft noch ausdehnen. Das gilt auch für Akademikerpaare.

15 Burkart/Kohli (1992), Koppetsch/Burkart (1999), Hopf/Hartwig (2001).

dell „Kanzlerin Merkel" weiter Schule macht, werden bald deutlich mehr Frauen in Führungspositionen sein.

Für eine solche Entwicklung gibt es noch zahlreiche strukturelle Hindernisse, gerade in den Führungsetagen von Wirtschaftsunternehmen (Hördt 2006). Auch auf privater Ebene, innerhalb der Paarbeziehungen, gibt es noch Hindernisse. Eine wichtige Bedingung dafür, dass Frauen zu Hauptverdienern in Familien werden könnten, wäre eine Veränderung des bisher dominanten Paarbildungsmusters, dem zufolge der Mann in einer Paarbeziehung meist etwas älter, etwas größer und etwas erfolgreicher im Beruf ist. In Zukunft würde sich die Karrierefrau einen Mann suchen, der etwas weniger karriereorientiert ist als sie selber, einen „neuen Mann", der sich gut als Vater und Hausmann eignet. Deren Zahl ist zwar noch klein, aber sie wächst. Amerikanische Studien dokumentieren bereits solche Heiratsstrategien von Frauen (BMFSFJ 2006: 131). Und in der Diskussion um Kinderlosigkeit in Deutschland gewinnt das Argument an Boden, dass viele Frauen, auch Akademikerinnen, zur Familiengründung bereit wären, wenn nur ein Partner zur Verfügung stünde, der auch eine Bereitschaft zur aktiven Vollzeitvaterschaft mitbrächte. Ob Männer zugunsten der Frau auf Karriere verzichten und sich stärker um ihre Kinder kümmern, ist primär eine Frage kultureller Wertigkeit; aber es ist auch eine Frage der unterschiedlichen Karrierechancen in einer Partnerschaft. Wenn immer mehr hoch qualifizierte Frauen sich einen Mann suchen würden, der nicht ganz so weit die Bildungsleiter hinaufgeklettert ist wie sie und gleichzeitig erkennen lässt, dass er nicht abgeneigt wäre, die Vaterrolle aktiv zu verstehen, hätten sie die besseren Chancen auf höheren Verdienst und könnten zum Hauptverdiener ihrer Familie werden (Burkart 2007c).

7   Auf dem Weg zur Professionalisierung der Elternschaft?

Bisher haben wir das Geschlechterverhältnis isoliert betrachtet – so, als ob es nur Männer und Frauen, aber keine sozialen Schichten oder Klassen gäbe, keine soziale Ungleichheit zwischen Paaren in unterschiedlichen Lebenslagen. Wenn wir dies aber berücksichtigen, werden zwei Unterstellungen fraglich, die dem Gleichheitsmodell zugrunde liegen, nämlich erstens die Annahme, Gleichheit in Paarbeziehungen sei ein Ziel aller Paare, und zweitens die Überzeugung, Geschlechtergleichheit sei auch für das Beschäftigungssystem ein wichtiges Anliegen. Ökonomisch gesehen ist es fraglos besser, das weibliche Arbeitsvermögen zu nutzen, erst recht in einer Dienstleistungsgesellschaft. Aber wichtiger noch für die Wirtschaft ist es, die Bildungsqualifikationen aller Personen zu nutzen, unabhängig vom Geschlecht oder sonstiger askriptiver Merkmale. Wenn immer mehr Frauen gut ausgebildet sind, werden sie für bestimmte Segmente des Arbeitsmarktes attraktiv. Aber das gilt natürlich weiterhin auch für die gut ausgebildeten Männer. Aus Sicht der Wirtschaft wäre es besser, wenn sowohl gut ausgebildete Männer als auch hoch qualifizierte Frauen vollerwerbstätig wären, statt sich zu Hause um die Familie zu kümmern.

Somit kommt, wenn Strukturen sozialer Ungleichheit mit einbezogen werden, ein Spannungsverhältnis zwischen den Paaren der Bildungselite und solchen aus „bildungsfernen" Schichten in den Blick. Im Folgenden werden in diesem Sinn drei weitere Szenarien konstruiert. Das erste Szenario geht davon aus, dass hochgebildete Paare einen erheblichen Teil der Familienarbeit an Paare bzw. Familien mit wenig Bildung und geringen Einkommensaussichten delegieren. Damit wird die Professionalisierung der Familienarbeit und der Elternrollen forciert. Das wird besonders deutlich, wenn man – im zweiten Szenario – von einer anhaltenden Kinderlosigkeit von Akademikern ausgeht. Denkt man dies radikal zu Ende, kommt man zu einem dritten Szenario: Elternschaft als Beruf.

Wenn wir also das Geschlechterverhältnis mit der über Bildung hergestellten und reproduzierten sozialen Ungleichheit verknüpfen, verschiebt sich das Problem von der Frage, welches Geschlecht für die Familienarbeit zuständig ist, auf die Frage: Welche Paare machen die Familienarbeit weitgehend selbst und welche delegieren sie bzw. Teile davon? Es sind inzwischen Tendenzen der Auslagerung, Technisierung und Professionalisierung von Familien- und Pflegearbeit erkennbar (BMFSFJ 2006: 88ff.), die sich zu einem Szenario verdichten lassen, in dem es zu einer *Segmentierung* oder *Polarisierung* zwischen Doppelkarriere-Paaren der Bildungselite und Paaren der unteren Schichten kommt. Auf der einen Seite haben wir hoch qualifizierte Paare, die einen Teil der Familienarbeit auf kommerzielle Dienste oder auf private Dienstleistungen durch weniger qualifizierte Paare oder Frauen verlagern.[16] Wohlhabende Doppelkarriere-Paare der Bildungselite haben heute vielfach zum Beispiel eine polnische Putzfrau und ein chilenisches Kindermädchen. Weitere Familienarbeiten werden vielleicht fallweise delegiert, etwa Einkäufe, Reparaturen, Nachhilfestunden für das Kind, Gartenarbeiten und so weiter. Den verbleibenden Rest der Familienarbeit teilen sie sich partnerschaftlich. Auf der anderen Seite haben wir Paare, die weiterhin den Großteil der Familienarbeit selbst übernehmen und dabei der Frau den Hauptanteil zuweisen – darüber hinaus erledigen sie zum Teil in Akademikerhaushalten Putzarbeiten, Altenpflege und Kinderbetreuung. Ein erheblicher Teil der Familienarbeit ist für hoch qualifizierte Paare ungleich weniger attraktiv als für Paare mit geringen Qualifikationsniveaus beider Partner. Die „Haus- und Sorgearbeit" hat unterschiedliche Wertigkeit für diese beiden Extremgruppen. Deshalb wird zumindest der Teil der Hausarbeit ausgelagert, der dem eigenen Qualifikationsniveau am wenigsten entspricht.

In den Arbeiten Arlie Hochschilds finden sich manche Hinweise für die Auslagerung einzelner Tätigkeiten im Rahmen der Elternschaft, besonders bei Akademikerpaaren – und eben auch für die Tendenz, dass die Paare der Bildungselite Personal aus anderen sozialen Schichten im Haushalt beschäftigen. Hochschild (2001; dies. 2003) geht es dabei gleichzeitig um die Auswirkungen der Globalisierung auf diese Entwicklung. Sie spricht deshalb von einer *global chain of caring*, einer globalen Kette der Kinderbetreuung. Eines ihrer realen Beispiele, das auch hierzulande bald häufiger vorkommen könnte: Die Kinder einer armen Familie auf den Philippinen werden dort von deren ältester Schwester betreut, denn ihre Mutter lebt in den USA, wo sie als Babysitter arbeitet – und zwar für eine andere philippinische Immigrantin. Diese wiederum hat eine Vollzeitstelle bei einer reichen amerikanischen Doppel-Verdiener-Familie, wo sie den Haushalt und die Kinderbetreuung macht.

Die Auslagerung von Familienarbeiten verweist auf Professionalisierung. Neben der schon lange etablierten öffentlichen Übernahme von Kinderbetreuung, Erziehung und Al-

---

16 Die Rolle des Staates als Umverteiler bzw. die Möglichkeit einer „sozialistischen" Familienpolitik lassen
    wir hier außer Acht, also auch die subventionierte öffentliche Kinderbetreuung.

tenpflege – die aber in Zukunft stärker privatisiert sein wird – gibt es also neue Tendenzen der Professionalisierung bei Wohlhabenden und Hochqualifizierten in zwei Ausprägungen: Auslagerung der Familienarbeit an professionelle Dienste (besonders in der Altenpflege) und Übernahme von solchen Arbeiten (insbesondere Putzen und einfache Kinderbetreuung) durch ausländisches und gering qualifiziertes Personal.

Nun ist es aber nicht unwahrscheinlich, dass trotz dieser Möglichkeiten der Auslagerung von Haus- und Familienarbeit die hoch qualifizierten Doppelkarriere-Paare weiterhin weniger Kinder bekommen und weiterhin zu einem hohen Anteil kinderlos bleiben. Dies führt uns zu einem weiteren Szenario, bei dem es zu einer *Polarisierung zwischen kinderloser Bildungselite und nicht akademischen Elternpaaren* kommt.[17] Es liegt in der Logik funktionaler Differenzierung, und auch aus der Perspektive der Ökonomie lässt sich argumentieren: Warum sollten sich nicht die einen auf die Karriere konzentrieren – und die anderen aufs Kinderkriegen? Spezialisierung – und letztlich: Professionalisierung – war schon immer ein Mittel zur Lösung der Folgeprobleme von zu viel Komplexität. Und das Vereinbarkeitsproblem ist in erster Linie ein Problem der Überkomplexität von Lebensaufgaben. Für Haushaltsökonomen, die in Kategorien wie Opportunitätskosten denken, wäre das eine sinnvolle Lösung: Für hochgebildete Frauen und Männer ist die Lebenszeit viel zu teuer um sie mit einer so schlecht bezahlten Tätigkeit wie Mutter und Hausfrau oder Vater und Hausmann auszufüllen. Es ist also – in letzter Konsequenz – denkbar, dass die zukünftige Generation der Führungselite in den westlichen Ländern keine eigenen Kinder mehr bekommt. Sie wäre von der Reproduktionsaufgabe entlastet, die von anderen wahrgenommen würde. Das ist gerade dann nicht unwahrscheinlich, wenn sich in der Bildungselite Gleichheit zwischen den Geschlechtern durchsetzen würde. Beide Partner, Mann und Frau, könnten sich dann ganz auf die Karriere konzentrieren.

Man mag angesichts eines solchen Szenarios ein starkes Unbehagen spüren, und vielleicht ist seine Realisierung auch nicht sehr wahrscheinlich. Es würde sich dann eher um eine *Wild Card* handeln. Es ist aber auch nicht aus der Luft gegriffen: Schon heute wird es als sozialpolitisches Problem gesehen, dass Akademiker immer häufiger kinderlos bleiben, während Paare ohne Hochschulabschluss weiterhin in der Regel zwei oder auch drei Kinder bekommen. Noch wird es nicht offen ausgesprochen, aber vielleicht entzündet sich bald eine Debatte darüber, was es bedeuten würde, wenn „die Besten" keine Kinder mehr bekämen. Die Familienpolitik hat schon zu reagieren begonnen, etwa mit den neuen steuerlichen Absetzmöglichkeiten für Kinderbetreuung im eigenen Haushalt oder dem vor kurzem eingeführten Elterngeld. Beide Maßnahmen lassen sich interpretieren als Anreiz für die Bildungselite, (mehr) Kinder zu bekommen – und auch als Versuch, das Polarisierungs-Szenario zu verhindern. Das Elterngeld ist ausdrücklich als „Lohnersatzleistung" deklariert. Wer vor der Elternzeit mehr verdient hat, bekommt auch ein höheres Elterngeld.[18]

---

17 Eine Polarisierung zwischen Kinderlosigkeit und Zwei-Kind-Familien lässt sich schon seit längerem beobachten. Das heißt, es gibt keinen Trend zur Ein-Kind-Familie; wer ein Kind bekommt, bekommt meist auch ein zweites (Huinink 1989a). Klammerte man die Kinderlosen aus, läge die Fertilität in Deutschland etwa beim Reproduktionsniveau von zwei Kindern pro Frau (Kaufmann 2005). Die Polarisierungstendenz hängt mit der Bildungsexpansion zusammen: Akademiker bleiben heute häufiger kinderlos, während Paare mit geringerem Bildungsniveau in der Regel zwei oder drei Kinder bekommen.

18 Das Elterngeld ersetzt Müttern oder Vätern, die Elternzeit nehmen und mit der Erwerbsarbeit aussetzen, ein Jahr bzw. 14 Monate lang zwei Drittel ihres bisherigen Nettoeinkommens. Allerdings wurde eine so-

Hier wird ein grundsätzlicher Konflikt sichtbar zwischen einer Familienpolitik, die auf soziale Umverteilung zugunsten der Unterprivilegierten zielt (z.B. Unterstützung kinderreicher Familien mit geringem Einkommen), und einer solchen, die auf den Abbau der Kinderlosigkeit bei Akademikern zielt. Das Elterngeld wurde bei seiner Einführung Anfang 2007 in diesem Sinn kritisiert. Und bei ersten Bewertungen nach einem Jahr bemängelten Journalisten und Oppositionspolitiker, das Elterngeld habe weder zur Fertilitätssteigerung noch zur Geschlechtergleichheit beigetragen, stattdessen habe es die soziale Ungleichheit verstärkt.

Noch konfliktträchtiger wird die Problematik, wenn man die hohen Erziehungsansprüche mit in Betracht zieht. Es gibt Hinweise dafür, dass die Kinderlosigkeit in Deutschland viel mit überhöhten Erziehungsansprüchen zu tun hat und mit dem dadurch weit verbreiteten Zweifel bei jungen Paaren, ob sie die Kompetenz zur Elternschaft besitzen (Burkart 2006b; ders. 2007b). In der Stellungnahme der Bundesregierung zum Siebten Familienbericht wird die Notwendigkeit betont, die „Erziehungskompetenz" von Eltern zu stärken, damit Kinder gute Entwicklungschancen haben. Dahinter stecken Annahmen, die Konfliktstoff bergen, etwa die Überzeugung, dass es bestimmte Milieus gibt, in denen Eltern eine mangelhafte „Erziehungskompetenz" und unzureichende Übernahme elterlicher „Erziehungsverantwortung" zugeschrieben wird. Aber man muss gar nicht an besondere Problemfamilien denken. Die kompetente Ausübung der elterlichen Verantwortung wird generell als schwierig betrachtet. Daher wird viel über Elternbildung diskutiert, das Angebot an Kursen und Nachhilfeangeboten für Eltern wird ausgebaut (BMFSFJ 2006: XXVIII).

Eine Ausbildung für Eltern, eine staatlich unterstützte Verbesserung elterlicher Erziehungskompetenz: Das läuft auf eine Professionalisierung der Elternrolle hinaus. Am Ende stünde das Szenario *Elternschaft als hoch qualifizierter Beruf.* Wenn die Kinderlosigkeit von Akademikern oder überhaupt die Kinderlosigkeit nicht wieder zurückgeht, weil keine pro-natalistische Maßnahme fruchtet, wird Professionalisierung fast unvermeidlich. Professionalisierung heißt: Nicht alle bekommen Kinder, sondern nur die Angehörigen einer spezialisierten Gruppe. Das gilt erst recht, wenn Ansprüche an Elternkompetenz immer weiter hochgeschraubt werden. Erziehung wird dann zu einer so anspruchsvollen Aufgabe, dass sie nur noch als Beruf mit Zertifikat kompetent zu erfüllen ist. Eltern sollten etwas von Entwicklungspsychologie verstehen, aber auch von pädagogischen Techniken, sie sollten in der Lage sein, über ihren Erziehungsstil zu reflektieren, es wäre auch nützlich, sie wüssten etwas über Suchtprävention oder Narzissmus-Theorien. Damit würde sich allmählich ein Ausbildungssystem für Eltern durchsetzen, und schließlich würde Elternschaft zu einem zertifizierten Beruf. Man kann sich auch ein differenziertes professionalisiertes Berufsfeld vorstellen, mit zahlreichen Spezialberufen und vielfältigen Verbindungen zum Gesundheits- und zum Erziehungssystem: gut getestete Samenspender, Spezialistinnen fürs Gebären („Leih-Mütter"), genetisch getestet und gut überwacht; vielleicht ein neuer, professioneller Ammentypus, Spezialistinnen für Baby-Pflege, für die Betreuung und Erziehung in Kindergarten und Vorschule, pädagogisch examiniert; Spezialisten für die Zeitorganisation in Familien, mit einem BA-Titel für Zeitmanagement.

---

zialpolitische Abfederung eingebaut, indem es sowohl einen Mindestbetrag (300 Euro) als auch eine Obergrenze (1.800 Euro) gibt.

Man mag dies für ein Horrorszenario halten, und es spricht auch manches dagegen, dass in Zukunft so viele Menschen auf eigene Kinder verzichten wollten. Es spricht auch manches dagegen, dass die Erziehungsansprüche weiter ansteigen. Überwachung und Evaluation der elterlichen Praxis durch Experten oder sogar Verberuflichung der Elternschaft erscheint nur dann notwendig, wenn überzogene Ansprüche aus einer einstmals lebenspraktischen Kompetenz eine verwissenschaftlichte Spezialaufgabe machen wollen. Man könnte also zur Beruhigung sagen: Seit Jahrtausenden wird von allen Menschen Nachwuchs gezeugt und erfolgreich großgezogen, seit Jahrhunderten wird er sozialisiert und erzogen. Warum soll das plötzlich nicht mehr gehen? Eine Maßnahme wäre also, den potenziellen Eltern wieder Mut zu machen: „Ihr müsst nicht erst Entwicklungspsychologie, Ernährungswissenschaft und Kleinkindpädagogik studieren, wenn ihr Kinder haben wollt!" Soziobiologen könnten unterstützend ergänzen: „Elternschaft ist von der Natur geregelt, da muss die Kultur nicht unnötig eingreifen. Tiere wissen von Natur aus, was gut für ihren Nachwuchs ist, und sie wollen von Natur aus das Beste für ihn."[19] Und die junge Bildungselite könnte man ermutigen: „Bekommt doch gleich am Anfang des Studiums Kinder, da seid ihr noch unbefangen, und außerdem seid ihr dann beim Eintritt ins Berufsleben aus dem Gröbsten raus!" Die „familienfreundliche Hochschule" steht schon auf der Agenda. Im neuen differenzierten Hochschulsystem sind durchaus Spezialhochschulen für junge Eltern vorstellbar. Nicht jede Universität kann sich an Exzellenz-Wettbewerben beteiligen. Gerade kleine Universitäten könnten mit einer besonders kinderfreundlichen Campus-Kultur Aufmerksamkeit und Anerkennung gewinnen.

8   Biotechnologische Ausblicke für eine Gesellschaft ohne Familie

Es hat in der Familienforschung der letzten Jahre immer wieder Diskussionen um den Familienbegriff gegeben. Seit Aufkommen der Individualisierungsdiskussion wurde die Familiensoziologie kritisiert, sie halte an einem überholten Familienbegriff fest. Eine radikalere Kritik forderte, den Familienbegriff überhaupt aufzugeben.[20] Damit stellt sich aber die Frage: Ist eine Gesellschaft ohne Familie überhaupt denkbar? Wir haben mit dem Modell der Professionalisierung der Elternschaft bereits eine mögliche Entwicklung in diese Richtung skizziert. Eine Variante davon ist die Kollektivierung der Erziehung, eine weitgehend öffentliche Kinderbetreuung durch gesellschaftlich anerkannte Erzieherinnen und Erzieher. Dieses Modell wurde bekanntlich in Ansätzen historisch schon praktiziert, in den sozialistischen Staaten, auch wenn dort die Familie noch nicht aufgelöst wurde. Das Modell der Kollektivierung ist auch für den Kapitalismus denkbar. Arlie Hochschild (1997) etwa konstatiert, dass es nun der Kapitalismus selbst ist, der die Erziehung kollektiviert, sozusagen in Kooperation mit dem Feminismus: Um die zunehmend kostbare Arbeitskraft der Frauen nicht zu verschwenden (für einfache Hausarbeit) und auch die Frauen besser in die Arbeit integrieren zu können, stellen Betriebe zunehmend Kinderhorte

---

19   Vgl. zu einer sehr differenzierten Position dieser Art Hrdy (2002).
20   Vgl. dazu die Artikel von Lenz (2003) und Schneider (2002), sowie die Diskussionen dazu, die sich an den jeweiligen Publikationsorten anschließen.

zur Verfügung oder bieten Müttern – und auch Vätern – andere Möglichkeiten, mit ihren Kindern auch im Rahmen der Arbeitszeit in Kontakt zu bleiben.

Die radikale Professionalisierung der Elternschaft würde Familie in der heutigen Form in der Tat überflüssig machen. Zwar erscheint dieses Modell aus heutiger Sicht ziemlich utopisch – und auch bedrohlich, weil es eine bisher gültige Antwort auf eine existenzielle Grundfrage des Menschen außer Kraft setzen würde – die Antwort auf die Frage: Wo komme ich her, wo ist mein Ursprung? Bisher war die Familie für jedes Individuum der Bezugspunkt, allein schon durch den biografischen Hintergrund. Fast alle Individuen haben eine *Herkunftsfamilie*, jede individuelle Lebensform hat ihren Ursprung in einer Familie (und jene, die ihre Herkunft nicht kennen, wie etwa Adoptiv- oder Heimkinder, suchen oft ein Leben lang danach). Der moderne Mythos des Individualismus braucht zwar keine Gesellschaft (das moderne Individuum definiert sich gern als völlig autonom); aber wenn das Individuum seine Biografie schreibt, kommt es zwangsläufig auf seinen familialen Ursprung zurück. Erst wenn es keinerlei Herkunftsfamilie mehr geben würde, das heißt: keine dauerhafte soziale Bindung mehr zur biologischen Mutter und keine dauerhaften sozialen Bindungen zu den Verwandten (und Angeheirateten) der biologischen Mutter, also auch den biologischen Vater und/oder den sozialen Vater – erst dann könnte die Gesellschaft auf Familien verzichten.

Dies ist nun in der Tat eine mögliche Entwicklung, wenn man an die Fortschritte der Genetik und der Biotechnologie denkt. Mit der Formel „Vom Sex ohne Zeugung zur Zeugung ohne Sex" lässt sich die Entwicklung seit den 1960er Jahren gut auf den Punkt bringen. Und die weitere Konsequenz liegt auf der Hand: „... zur Zeugung ohne Familien". Geburten könnten sich durch „Leihmutterschaft" vollständig von der Elternschaft lösen, biologische und soziale Elternschaft könnten gänzlich auseinander fallen. Als Erstes würde der Vater überflüssig – jedenfalls im Sinne des bisherigen Zeugungsaktes. Die Männer würden immer stärker auf eine reine Samenspender-Rolle reduziert, von der Sexualität abgelöst (die dann vollständig von der Nachwuchserzeugung abgelöst wäre), und bald wären nicht mehr alle Männer als Samenspender zugelassen, sondern nur noch jene, die einen Samen-Qualitätstest erfolgreich absolviert hätten.

Doch warum sollte es den Frauen überlassen bleiben, ob sie Kinder bekommen wollen oder nicht? Die Fortschritte der Gentechnologie, der Pränatal- und der Präimplantationsdiagnostik werden bald zu Debatten darüber führen, wie eine Frau genetisch ausgestattet sein sollte, wenn sie ein Kind gebären will. Schließlich könnte es zu einem gesetzlichen Verbot der unkontrollierten Zeugung kommen. Die Zeugung von Nachwuchs wäre dann von einer staatlich-wissenschaftlichen Instanz überwacht, die festlegt, welche genetischen Risiken eine Geburt noch zulassen und welche nicht. Wo jetzt noch eine Präimplantationsdiagnostik ausreicht, bei der nach einer In-vitro-Befruchtung Embryonen vor der Einpflanzung in den Mutterleib untersucht werden, wäre dann eine genetische Vorselektion der biologischen Mütter – der Eispenderin ebenso wie der Austragemutter – zwingend vorgeschrieben. Dies wäre auch deshalb notwendig, weil aufgrund der Fortschritte der Stammzellenforschung und der Technik des Klonens zum Beispiel entschieden werden müsste, ob ein Embryo auf der Grundlage von tierischen Stammzellen zum Menschen heranreifen darf.

Auch die Partnerwahl könnte bald ihre romantische Unschuld verlieren. Dank der rasanten Fortschritte der Genetik wissen wir immer besser Bescheid über genetische Dispositionen. Wird man eines Tages seinen Lebenspartner nur dann heiraten oder nur dann Kinder mit ihm zeugen, wenn man seinen genetischen Code kennt? Und was wird aus Personen, deren genetischer Code hohe Krankhcitsrisiken anzeigt? Seit Craig Venter (der sich mit seiner privaten Firma Celera mit dem ungleich finanzstärkeren öffentlich geförderten internationalen Genom-Projekt einen Wettlauf um die Entzifferung des genetischen Codes lieferte) im September 2007 verkündete, er sei der erste Mensch, dessen Erbgut komplett entziffert ist, wird es als wahrscheinlich angesehen, dass bald für jede Person eine relativ preiswerte Information über das vollständige eigene Genom verfügbar sein wird. Am Ende stünde eine Gesellschaft, in der nicht nur die Zeugung von Nachwuchs genetisch kontrolliert würde, sondern auch die Partnerwahl stünde unter Beobachtung einer staatlichen Instanz, die festlegt, welche genetische Disposition zu einem Heirats- und Zeugungsverbot führen muss. Die alten Heiratsverbote aus politischen und ökonomischen Gründen würden durch neue Heiratsverbote aus genetischen Gründen ersetzt.

An dieser Stelle sei nochmals an das erste Kapitel dieses Beitrags erinnert. Zukunftsforschung ist keine seriöse Wissenschaft in dem Sinne, dass man sagen könnte, was wirklich kommt. Auch Wahrscheinlichkeitsberechnungen sind in höchstem Maße unsicher. Über manch alte Prognose können wir heute nur milde lächeln. Das könnte auch das zukünftige Schicksal der Ausführungen dieses Beitrages sein. Es geht bei Zukunftsszenarien vor allem um eines: Auf der Grundlage gegenwärtiger Entwicklungen *mögliche* Zukünfte zu ahnen und *aktiv* an der Verwirklichung einer erwünschten Zukunft oder an der Verhinderung einer unerwünschten Entwicklung zu arbeiten. Horrorszenarien, wie sie in vielen Science-Fiction-Filmen üblich sind, sind dafür nicht geeignet, weil sie letztlich nicht beunruhigen: „Ist ja nur Science Fiction!" Szenarien und Wild Cards aber müssen beunruhigen, damit sie uns herausfordern, an einer wünschenswerten Zukunft zu arbeiten.

Literaturverzeichnis

Abraham, Martin (2006): Empirische Forschung und theoretischer Fortschritt in der Familiensoziologie. Korreferat zu Johannes Huininks Beitrag. *Zeitschrift für Familienforschung*, 18, 2, 253- 259

Abramovitch, Rona; Corter, Carl und Lando, Bella (1979): Sibling interaction in the homes. *Child Development*, 50, 4, 997-1003

Abramovitch, Rona; Corter, Carl; Pepler, Debra und Stanhope, Linda (1986): Sibling and peer interaction: A final follow-up and a comparison. *Child Development*, 57, 1, 217-229

Adler, Marina A. (1997): Social change and decline in marriage and fertility in Eastern Germany. *Journal of Marriage and the Family,* 59, 1, 37-49

Adorno, Theodor W.; Frenkel-Brunswik, Else; Levinson, Daniel und Sanford, Nevitt R. (1950): The authoritarian personality. New York: Harper & Row

Ågerup, Martin (2000): Von Szenarien zu Wild Cards. Das Kopenhagener Institut für Zukunftsforschung. In: Karlheinz Steinmüller; Rolf Kreibich und Christoph Zöpel (Hg.): Zukunftsforschung in Europa. Ergebnisse und Perspektiven. Baden-Baden: Nomos, 111-114

Agresti, Alan (1990): Categorical data analysis. New York: Wiley

Ahnert, Liselotte (Hg.) (2004): Frühe Bindung. Entstehung und Entwicklung. München: Ernst Reinhardt

Ainsworth, Mary D. Salter (1985): Patterns of infant-mother attachments: Antecedents and effects on development. *Bulletin of the New York Academy of Medicine*, 61, 9, 771-791

Ainsworth, Mary D. Salter; Blehar, Mary C.; Waters, Everett und Wall, Sally (1978): Patterns of attachment. A psychological study from the strange situation. Hillsdale: Erlbaum

Aken, Deborah B. van (1999): Exploration of sibling relationships in middle childhood. Dissertation Abstracts International: Section B: The Sciences and Engineering, 59/10, 5623-5751

Aldous, Joan (1996): Family careers. Rethinking the developmental perspective. Thousand Oaks: Sage

Allmendinger, Jutta (2003): Soziale Herkunft, Schule und Kompetenzen. *Politische Studien*. Zweimonatszeitschrift für Politik und Zeitgeschehen, Sonderheft 3, 79-90

Allmendinger, Jutta; Ludwig-Mayerhofer, Wolfgang; von Stebut, Janina und Wimbauer, Christine (2001): Gemeinsam leben, getrennt wirtschaften? Chancen und Grenzen der Individualisierung in Paarbeziehungen. In: Ulrich Beck und Wolfgang Bonß (Hg.): Die Modernisierung der Moderne. Frankfurt am Main: Suhrkamp, 203-215

Allmendinger, Jutta und Nikolai, Rita (2006): Bildung und Herkunft. *Aus Politik und Zeitgeschichte*, 44/45, 32-38

Amato, Paul R. (2007): Studying marriage and commitment with survey data. In: Sandra L. Hofferth und Lynne M. Casper (eds.): Handbook of measurement issues in family research. Mawah: Lawrence Erlbaum, 53- 65

Amato, Paul R. und Hohmann-Marriott, Bryndl (2007): A comparison of high- and low-distress marriages that end in divorce. *Journal of Marriage and the Family*, 69, 3, 621- 638

Anderson, Michael (1972): Household structure and the Industrial Revolution; Mid-19th Century Preston in comparative perspective. In: Peter Laslett und Richard Wall (eds.): Household and family in past time. Cambridge: Cambridge University Press, 215-235

Andreß, Hans- Jürgen (2004): Die wirtschaftlichen Folgen von Trennung und Scheidung insbesondere für Familien. *Gewerkschaftliche Monatshefte*, 55, 7-8, 474-482

Andreß, Hans-Jürgen (2000): Die wirtschaftlichen Folgen von Trennung und Scheidung. Gutachten im Auftrag des Bundesministeriums für Familie, Senioren, Frauen und Jugend. Stuttgart: Kohlhammer

Andreß, Hans-Jürgen; Borgloh, Barbara; Güllner, Miriam und Wilking, Katja (2003): Wenn aus Liebe rote Zahlen werden. Über die wirtschaftlichen Folgen von Trennung und Scheidung. Wiesbaden: VS

Andreß, Hans-Jürgen; Hagenaars, Jacques A. und Kühnel, Steffen (1997): Analyse von Tabellen und kategorialen Daten. Log-lineare Modelle, latente Klassenanalyse, logistische Regression und GSK-Ansatz. Berlin: Springer

Andreß, Hans-Jürgen und Lipsmeier, Gero (2001): Kosten von Kindern – Auswirkungen auf die Einkommensposition und den Lebensstandard der betroffenen Haushalte. In: Andreas Klocke und Klaus Hurrelmann (Hg.): Kinder und Jugendliche in Armut. Umfang, Auswirkungen und Konsequenzen. Wiesbaden: Westdeutscher Verlag, 29-35

Arbeiterwohlfahrt (AWO) (2000): Der Sozialbericht der Arbeiterwohlfahrt e.V. Gute Kindheit – schlechte Kindheit. Armut und Zukunftschancen von Kindern und Jugendlichen. Bonn: Eigenverlag

Ariès, Philippe (1975): Geschichte der Kindheit. München: dtv

Ariès, Philippe (1980): Two successive motivations for the declining birth rate in the West. *Population and Development Review*, 6, 4, 645-650

Arn, Christof und Walter, Wolfgang (2004): Wer leistet die andere Hälfte der Arbeit? Die Beteiligung von Männern an der Hausarbeit als Bedingung eines „integralen" Modells der Zwei-Verdiener-Familie. In: Sigrid Leitner; Ilona Ostner und Margit Schratzenstaller (Hg.): Wohlfahrtsstaat und Geschlechterverhältnis im Umbruch. Was kommt nach dem Ernährermodell? Wiesbaden: VS, 132-155

Arranz Becker, Oliver; Hill, Paul B. und Rüssmann, Kirsten (2004): Interaktions- und Kommunikationsstile. Theoretische Orientierungen und Forschungsmodell. In: Paul B. Hill (Hg.): Interaktion und Kommunikation. Eine empirische Studie zu Alltagsinteraktionen, Konflikten und Zufriedenheit in Partnerschaften. Würzburg: Ergon, 11-38

Auspurg, Katrin und Abraham, Martin (2007): Die Umzugsentscheidungen von Paaren als Verhandlungsproblem. Eine quasi-experimentelle Überprüfung des Bargaining-Modells. *Kölner Zeitschrift für Soziologie und Sozialpsychologie*, 59, 2, 318- 339

Aviezer, Ora; Sagi-Schwartz, Abraham und Koren-Karie, Nina (2003): Ecological constraints on the formation of infant-mother attachment relations. When maternal sensitivity becomes ineffective: Special section on infant day care. *Infant Behavior and Development*, 26, 285-299

Babka von Gostomski, Christian; Hartmann, Josef und Kopp, Johannes (1999): Soziostrukturelle Bestimmungsgründe der Ehescheidung. Eine empirische Überprüfung einiger Hypothesen der Familienforschung. In: Thomas Klein und Johannes Kopp (Hg.): Scheidungsursachen aus soziologischer Sicht. Würzburg: Ergon, 43-62

Bachofen, Johann J. (1975) [1861]: Das Mutterrecht. Frankfurt am Main: Suhrkamp

Badinter, Elisabeth (1981): Die Mutterliebe. Geschichte eines Gefühls vom 17. Jahrhundert bis heute. München: Piper

Baerwolf, Astrid und Thelen, Tanja (2006): Familienbeziehungen in Ostdeutschland. Ein Forschungsbericht. In: Rüdiger Fikentscher (Hg.): Europäische Gruppenkulturen. Halle: Mittel-
deutscher Verlag, 163-188

Bahle, Thomas (1995): Familienpolitik in Westeuropa. Ursprünge und Wandel im internationalen
Vergleich. Frankfurt am Main: Campus

Bahr, Stephen J. (1992): Trends and needs in family research. In: Stephen J. Bahr (ed.): Family research. A sixty-year review, 1930-1990. Vol. 2. New York: Lexington, 377- 386

Balsam, Monique (2006): Sibling relationships in remarried families. Dissertation Abstracts International Section A: Humanities and Social Sciences, 66, 4196

Bane, Mary Jo (1988): Politics and policies of the feminization of poverty. In: Margaret Weir; Ann
Shola Orloff und Theda Skocpol (eds.): The politics of social policy. Princeton: Princeton
University Press, 381-390

Barrett, Michèle und McIntosh, Mary (1982): The anti-social family. London: Verso

Bastl, Beatrix (2000): Tugend, Liebe, Ehre. Die adelige Frau in der Frühen Neuzeit. Wien: Böhlau

Bäumer, Gertrud (1933): Familienpolitik. Probleme, Ziele und Wege. Berlin: Verlag für Standes-
amtswesen

Baumert, Jürgen (2003): PISA 2000. Die Studie im Überblick. Grundlagen, Methoden und Ergebnisse. *Politische Studien*. Zweimonatszeitschrift für Politik und Zeitgeschehen, Sonderheft 3,
8-35

Baumrind, Diana (1971): Current patterns of parental authority. *Developmental Psychology Mo-
nograph*, 4, 1-103

Beck, Michael und Opp, Karl-Dieter (2001): Der faktorielle Survey und die Messung von Normen.
Kölner Zeitschrift für Soziologie und Sozialpsychologie, 53, 2, 283- 306

Beck, Rainer (1992): Frauen in der Krise. Eheleben und Ehescheidung in der ländlichen Gesellschaft Bayerns während des Ancien régime. In: Richard van Dülmen (Hg.): Dynamik der Tradition. Studien zur historischen Kulturforschung. Frankfurt am Main: Fischer, 137-213

Beck, Ulrich (1983): Jenseits von Stand und Klasse? Soziale Ungleichheit, gesellschaftliche Indi-
vidualisierungsprozesse und die Entstehung neuer sozialer Formationen und Identitäten. In:
Reinhard Kreckel (Hg.): Soziale Ungleichheiten. *Soziale Welt*. Sonderband 2. Göttingen:
Schwartz, 35-74

Beck, Ulrich (1986): Risikogesellschaft. Auf dem Weg in eine andere Moderne. Frankfurt am
Main: Suhrkamp

Beck, Ulrich und Beck-Gernsheim, Elisabeth (1989): Das ganz normale Chaos der Liebe. Frankfurt am Main: Suhrkamp

Beck, Ulrich und Beck-Gernsheim, Elisabeth (1993): Nicht Autonomie, sondern Bastelbiographie.
Anmerkungen zur Individualisierungsdiskussion am Beispiel des Aufsatzes von Günter Burkart. *Zeitschrift für Soziologie,* 22, 3, 178-187

Beck, Ulrich und Beck-Gernsheim, Elisabeth (Hg.) (1994): Riskante Freiheiten. Individualisierung
in modernen Gesellschaften. Frankfurt am Main: Suhrkamp

Becker, Gary S. (1976): The economic approach to human behavior. Chicago: University of Chicago Press

Becker, Gary S. (1981): A treatise on the family. Cambridge: Harvard University Press

Becker, Gary S. (1993): Der ökonomische Ansatz zur Erklärung menschlichen Verhaltens. Tübingen: Mohr

Becker, Rolf (2000): Klassenlage und Bildungsentscheidungen. Eine empirische Anwendung der
Wert-Erwartungstheorie. *Kölner Zeitschrift für Soziologie und Sozialpsychologie*, 52, 3, 450-475

Becker, Rolf und Lauterbach, Wolfgang (2002): Familie und Armut in Deutschland. In: Rosemarie
Nave-Herz (Hg.): Kontinuität und Wandel der Familie in Deutschland. Stuttgart: Lucius &
Lucius, 159-182

Becker, Thomas (2005): Liebe: Medium der Kommunikation oder symbolisches Kapital der sozialen Reproduktion: Ein Vergleich zwischen Systemtheorie und Feldsoziologie. *Kölner Zeitschrift für Soziologie und Sozialpsychologie*, 57, 4, 624-643

Beck-Gernsheim, Elisabeth (1986): Von der Liebe zur Beziehung? In: Johannes Berger (Hg.): Die Moderne – Kontinuitäten und Zäsuren. *Soziale Welt.* Sonderband 4. Göttingen: Schwartz, 209-233

Beck-Gernsheim, Elisabeth (1997): Geburtenrückgang und Kinderwunsch – die Erfahrung in Ostdeutschland. *Zeitschrift für Bevölkerungswissenschaft*, 22, 59-71

Beer, Ursula (1990): Geschlecht, Struktur, Geschichte. Soziale Konstituierung des Geschlechterverhältnisses. Frankfurt am Main: Campus

Belsky, Jay (1985): Exploring individual differences in marital change across the transition to parenthood: The role of violated expectations. *Journal of Marriage and the Family*, 47, 4, 1037-1044

Belsky, Jay und Pensky, Emily (1988): Marital change across the transition to parenthood. *Marriage and Family Review*, 12, ¾, 133-156

Bengtson, Vern L.; Acock, Alan C.; Allen, Katherine R.; Dilworth-Anderson, Peggy und Klein, David M. (eds.) (2005): Sourcebook of family theory and research. Thousand Oaks: Sage

Bengtson, Vern L. und Allen, Katherine R. (1993): The life course perspective applied to families over time. In: Pauline G. Boss; William J. Doherty; Ralph LaRossa; Walter R. Schumm und Suzanne K. Steinmetz (eds.): Sourcebook of family theories and methods. A contextual approach. New York: Plenum Press, 469-499

Bengtson, Vern L.; Biblarz, Timothy J. und Roberts, Robert E. L. (2002): How families still matter – a longitudinal study of youth in two generations. Cambridge: Cambridge University Press

Berger, Horst und Hinrichs, Wilhelm (1999): Haushaltsarbeit in West- und Ostdeutschland in den neunziger Jahren. *Hauswirtschaft und Wissenschaft*, 47, 2, 54-64

Berger, Peter L. und Kellner, Hansfried (1965): Die Ehe und die Konstruktion der Wirklichkeit. Eine Abhandlung zur Mikrosoziologie des Wissens. *Soziale Welt*, 16, 3, 220-235

Berk, Laura E. (2005): Entwicklungspsychologie. 3. Auflage. München: Pearson

Berkner, Lutz K. (1972): The stem family and the developmental cycle of the peasant household: An eighteenth century Austrian example. *American Historical Review*, 77, 398-418

Bernand, Jessie S. (1972): The future of marriage. New York: Bantam Books

Berndt, Heide (1969): Kommune und Familie. Kursbuch, 17, 129-146

Bernstein, Basil (1972): Studien zur sprachlichen Sozialisation. Düsseldorf: Pädagog. Verlag Schwan

Bertram, Hans (2000): Die verborgenen familiären Beziehungen in Deutschland: Die multilokale Mehrgenerationenfamilie. In: Martin Kohli und Marc Szydlik (Hg.): Generationen in Familie und Gesellschaft. Opladen: Leske + Budrich, 97-121

Bertram, Hans (2002): Die multilokale Mehrgenerationenfamilie. Von der neolokalen Gattenfamilie zur multilokalen Mehrgenerationenfamilie. *Berliner Journal für Soziologie*, 12, 4, 517-529

Bertram, Hans (2006): Zur Lage der Kinder in Deutschland. Politik für Kinder als Zukunftsgestaltung. Innocenti Working Paper No. 2006-02. Florence: UNICEF Innocenti Research Centre Eigenverlag

Bien, Walter (2007): Familien in EU 15. Eine Synthese der nationalen Länderberichte. www-Dokument, http://www.oif.ac.at/sdf/FinalGenMon-Synthese-Bien_D.pdf, (14.08.2007)

Bien, Walter und Marbach, Jan (1991): Haushalt – Verwandtschaft – Beziehung. Familienleben als Netzwerk. In: Hans Bertram (Hg.): Die Familie in Westdeutschland. Stabilität und Wandel familialer Lebensformen. Opladen: Leske + Budrich, 3- 44

Bien, Walter und Marbach, Jan H. (Hg.) (2003): Partnerschaft und Familiengründung. Ergebnisse der dritten Welle des Familien-Survey. Opladen: Leske + Budrich

Bien, Walter und Schneider, Norbert F. (Hg.) (1998): Kind ja – Ehe nein? Status und Wandel der Lebensverhältnisse von nichtehelichen Kindern und von Kindern in nichtehelichen Lebensgemeinschaften. Opladen: Leske + Budrich

Bien, Walter und Weidacher, Alois (Hg.) (2004): Leben neben der Wohlfahrtsgesellschaft. Familien in prekären Lebenslagen. Wiesbaden: VS

Birg, Herwig (2000): Trends der Bevölkerungsentwicklung. Frankfurt am Main: Knapp

Birg, Herwig (2003): Demographische Zeitenwende. In: Hessische Staatskanzlei (Hg.): Die Familienpolitik muss neue Wege gehen! Der „Wiesbadener Entwurf" zur Familienpolitik. Referate und Diskussionsbeiträge. Wiesbaden: Westdeutscher Verlag, 157-188

Björnberg, Ulla (2004): Sind Zwei-Verdiener-Familien „partnerschaftliche" Familien? Sozialpolitik und Geschlechtergleichheit in schwedischen Familien. In: Sigrid Leitner; Ilona Ostner und Margit Schratzenstaller (Hg.): Wohlfahrtsstaat und Geschlechterverhältnis im Umbruch. Was kommt nach dem Ernährermodell? Wiesbaden: VS, 356-380

Björnberg, Ulla (2006): Paying for the costs of children in eight North European countries. Ambivalent trends. In: Jane Lewis (ed.): Children, changing families and welfare states. London: Edgar Elgar, 90-109

Blasius, Dirk (1997): Reform gegen die Frau: Das preußische Scheidungsrecht im frühen 19. Jahrhundert. In: Ute Gerhard (Hg.): Frauen in der Geschichte des Rechts. Von der Frühen Neuzeit bis zur Gegenwart. München: Beck, 659-669

Blau, Peter M. (1964): Exchange and power in social life. New York: Wiley

Blau, Peter M. (1994): Structural contexts of opportunities. Chicago: University of Chicago Press

Bleich, Christiane (1991): Übergang zur Elternschaft: Die Paarbeziehung unter Stress? Frankfurt am Main: Verlag für Akademische Schriften

Block, Cindy (2000): Dyadic and gender differences in perceptions of the grandparent-grandchild relationship. *International Journal of Aging and Human Development*, 51, 2, 85-104

Blood, Robert O. und Wolfe, Donald M. (1960): Husbands and wives. The dynamics of married living. Glencoe: Free Press

Blossfeld, Hans-Peter (1995): The new role of women. Family formation in modern societies. Boulder: Westview Press

Blossfeld, Hans-Peter; Buchholz, Sandra und Hofäcker, Dirk (2007): Globalisierung, struktureller Wandel und die Veränderung später Erwerbskarrieren – Deutschland im internationalen Vergleich. *Deutsche Rentenversicherung*, 62, 4-5, 197-215

Blossfeld, Hans-Peter; DeRose, Alessandra; Hoem, Jan M. und Rohwer, Götz (1995): Education, modernization, and the risk of marriage disruption. In: Mason Karen Oppenheim and An-Magritt Jensen (eds.): Gender and family change in industrialized countries. Oxford: Clarendon Press, 200-222

Blossfeld, Hans-Peter und Drobnič, Sonja (2001): Careers of couples in contemporary societies. Oxford: Oxford University Press

Blossfeld, Hans-Peter und Hakim, Catherine (eds.) (1997): Between equalization and marginalization. Women working part-time in Europe and the United States of America. Oxford: Oxford University Press

Blossfeld, Hans-Peter und Hofmeister, Heather (2006): Globalization, uncertainty and women's careers in international comparison. Cheltenham, MA: Edward Elgar

Blossfeld, Hans-Peter und Huinink, Johannes (1989): Die Verbesserung der Bildungs- und Berufschancen von Frauen und ihr Einfluss auf den Prozess der Familienbildung. *Zeitschrift für Bevölkerungswissenschaft*, 15, 4, 383-404

Blossfeld, Hans-Peter und Huinink, Johannes (1991): Human capital investments or norms of role transition? How women's schooling and career affects the process of family-formation. *American Journal of Sociology*, 97, 1, 143-168

Blossfeld, Hans-Peter; Huinink, Johannes und Rohwer, Götz (1993): Wirkt sich das steigende Bildungsniveau der Frauen tatsächlich negativ auf den Prozess der Familienbildung aus? Eine Antwort auf die Kritik von Josef Brüderl und Thomas Klein. In: Andreas Diekmann (Hg.): Der Familienzyklus als sozialer Prozeß. Berlin: Duncker & Humblot, 216-233

Blossfeld, Hans-Peter; Klijzing, Erik; Pohl, Katharina und Rohwer, Götz (1999): Modeling parallel processes in demography: An application example of the causal approach to interdependent systems. *Quality & Quantity*, 33, 3, 229-242

Blossfeld, Hans-Peter; Manting, Dorien und Rohwer, Götz (1994): Patterns of change in family formation in the FRG and the NL: Some consequences for solidarity between generations (PDOP-Paper No. 18, Amsterdam). In: Henk Becker und Piet Hermkens (eds.): Demographic, economic and social change, and its consequences. Amsterdam: Thesis Publishers, 175-196

Blossfeld, Hans-Peter und Mills, Melinda (2001): A causal approach to interrelated family events: A cross-national comparison of cohabitation, nonmarital conception, and marriage. *Canadian Journal of Population*, 28, 2, 409-437

Blossfeld, Hans-Peter; Mills, Melinda und Bernardi, Fabrizio (2006): Globalization, uncertainty and men's careers in international comparison. Cheltenham: Edward Elgar

Blossfeld, Hans-Peter; Mills, Melinda; Klijzing, Erik und Kurz, Karin (2005): Globalisation, uncertainty and youth in society. London: Routledge

Blossfeld, Hans-Peter und Müller, Rolf (2003): Union disruption in comparative perspective: the role of assortative partner choice and careers of couple. *International Journal of Sociology*, 32, 4, 3-35

Blossfeld, Hans-Peter und Rohwer, Götz (1995): Techniques of event history modeling: New approaches to causal analysis. New York: Lawrence Erlbaum

Blossfeld, Hans-Peter und Timm, Andreas (1997): Das Bildungssystem als Heiratsmarkt. Eine Längsschnittanalyse der Wahl von Heiratspartnern im Lebenslauf. *Kölner Zeitschrift für Soziologie und Sozialpsychologie*, 49, 3, 440-476

Blossfeld, Hans-Peter und Timm, Andreas (Hg.) (2003): Who marries whom? – Educational systems as marriage markets in modern societies. Dordrecht: Springer

Blumer, Herbert (1973): Der methodologische Standort des symbolischen Interaktionismus. In: Arbeitsgruppe Bielefelder Soziologen (Hg.): Alltagswissen, Interaktion und gesellschaftliche Wirklichkeit. Reinbek: Rowohlt, 80-146

Bodenmann, Guy (2000): Stress und Coping bei Paaren. Göttingen: Hogrefe

Bodenmann, Guy (2002a): Die Bedeutung von Stress für die Familienentwicklung. In: Brigitte Rollett und Harald Werneck (Hg.): Klinische Entwicklungspsychologie der Familie. Göttingen: Hogrefe, 243-265

Bodenmann, Guy (2002b): Beziehungskrisen: erkennen, verstehen und bewältigen. Bern: Huber

Bodenmann, Guy; Ledermann, Thomas und Bradbury, Thomas N. (2007): Stress, sex, and satisfaction in marriage. *Personal Relationships*, 14, 3, 407-425

Bohnen, Alfred (2000): Handlungsprinzipien oder Systemgesetze. Über Traditionen und Tendenzen theoretischer Sozialerklärung. Tübingen: Mohr

Boltanski, Luc und Chiapello, Eve (2003): Der neue Geist des Kapitalismus. Konstanz: UVK (Original: Le nouvel ésprit du capitalisme, Paris 1999)

Bolz, Norbert (2006): Die Helden der Familie. München: Fink

Bongaarts, John und Feeney, Griffith (1998): On the quantum and tempo of fertility. *Population and Development Review* 24, 2, 271-291

Booth, Alan; Johnson, David R. und Edwards, John N. (1983): Measuring marital instability. *Journal of Marriage and the Family*, 45, 2, 387-394

Booth, Alan; Johnson, David R.; White, Lynn K. und Edwards, John N. (1985): Predicting divorce and permanent separation. *Journal of Family Issues*, 6, 3, 331-346

Booth, Alan; Johnson, David R.; White, Lynn K. und Edwards, John N. (1986): Divorce and marital instability over life course. *Journal of Family Issues*, 7, 4, 421-442

Boss, Pauline G.; Doherty, William J.; LaRossa, Ralph; Schumm, Walter R. und Steinmetz, Suzanne K. (eds.) (1993): Sourcebook of family theories and methods. A contextual approach. New York: Plenum Press

Bourdieu, Pierre (1983): Ökonomisches Kapital, kulturelles Kapital, soziales Kapital. In: Reinhard Kreckel (Hg.): Soziale Ungleichheiten. *Soziale Welt*. Sonderband 2. Göttingen: Schwartz, 183-198

Bourdieu, Pierre (1987) [1979]: Die feinen Unterschiede. Kritik der gesellschaftlichen Urteilskraft. Frankfurt am Main: Suhrkamp

Bowlby, John (1975): Bindung. Eine Analyse der Mutter-Kind-Beziehung. München: Kindler

Braun, Sebastian (2001): Bürgerschaftliches Engagement – Konjunktur und Ambivalenz einer gesellschaftspolitischen Debatte. *Leviathan*, 29, 1, 83-109

Brekel, Hans van den (1999): Sex, Dood en Passie, Vastgepakt in Indices. In: Anton Kuijsten; Henk de Gans und Henk de Fejter (eds.): The joy of demography…and other disciplines. Essays in honour of Dirk van de Kaa. Amsterdam: Thela Thesis, 3-67

Brewster, Karen L. und Padavic, Irene (2000): Change in gender-ideology, 1977-1996: The contributions of intercohort change and population turnover. *Journal of Marriage and the Family* 62, 2, 477-487

Brines, Julie (1994): Economic dependency, gender, and division of labour at home. *American Journal of Sociology,* 100, 3, 652-688

Brody, Gene (1998): Sibling relationship quality: Its causes and consequences. *Annual Review of Psychology*, 49, 1, 1-24

Brody, Gene; Stoneman, Zolinda und Burke, Michelle (1987): Child temperament, maternal differential behavior, and sibling relationships. *Developmental Psychology*, 23, 3, 354-362

Bronfenbrenner, Urie (1979): The ecology of human development: experiments by nature and design. Cambridge: Harvard University Press

Brooke, Christopher (1989): The medieval idea of marriage, Oxford: Oxford University Press

Brose, Nicole (2006): Gegen den Strom der Zeit? Vom Einfluss der religiösen Zugehörigkeit und Religiosität auf die Geburt von Kindern und die Wahrnehmung des Kindernutzens. *Zeitschrift für Bevölkerungswissenschaft*, 31, 2, 257-282

Brückner, Peter (1970): Nachruf auf die Kommunebewegung. In: Diethart Kerbs (Hg.): Die hedonistische Linke. Neuwied: Luchterhand, 124-142

Brüderl, Josef (2000): Regressionsverfahren in der Bevölkerungswissenschaft. In: Ulrich Müller; Bernhard Nauck und Andreas Diekmann (Hg.): Handbuch der Demographie. Berlin: Springer, 589- 642

Brüderl, Josef (2004): Die Pluralisierung partnerschaftlicher Lebensformen in Westdeutschland und Europa. *Aus Politik und Zeitgeschichte*, 19, 3-10

Brüderl, Josef (2006): Was kann familiensoziologische Theorie? Korreferat zum Beitrag von Günter Burkart. *Zeitschrift für Familienforschung*, 18, 2, 206-212

Brüderl, Josef; Diekmann, Andreas und Engelhardt, Henriette H. (1997): Erhöht eine Probeehe das Scheidungsrisiko? Eine empirische Untersuchung mit dem Familiensurvey. *Kölner Zeitschrift für Soziologie und Sozialpsychologie,* 49, 2, 205-222

Brüderl, Josef und Klein, Thomas (2003): Die Pluralisierung partnerschaftlicher Lebensformen in Westdeutschland 1960-2000. Eine empirische Untersuchung mit dem Familiensurvey 2000. In: Walter Bien und Jan H. Marbach (Hg.): Partnerschaft und Familiengründung. Ergebnisse der dritten Welle des Familien-Survey. Opladen: Leske + Budrich, 189-217

Brunhöber, Hannelore (1983): Wohnen. In: Wolfgang Benz (Hg.): Die Bundesrepublik Deutschland. Geschichte in 3 Bänden. Band. 2: Gesellschaft. Frankfurt am Main: Fischer, 183-208

Bryant, Brenda und Crockenberg, Susan (1980): Correlates and dimensions of prosocial behaviour: A study of female siblings with their mothers. *Child Development*, 51, 2, 529-544

Bubolz, Margaret M. und Sontag, M. Suzanne (1993): Human ecology theory. In: Pauline G. Boss; William J. Doherty; Ralph LaRossa; Walter R. Schumm und Suzanne K. Steinmetz (eds.): Sourcebook of family theories and methods. A contextual approach. New York: Plenum Press, 419-448

Büchel, Felix und Trappe, Heike (2001): Die Entwicklung der Einkommensposition kinderreicher Familien in Deutschland. *Zeitschrift für Familienforschung*, 13, 2, 5-28

Buchholz, Sandra (2007): Unsicherer Job – keine Kinder. *Ifb-Materialien*, 3, 17-39

Bude, Heinz (1998): Die Überflüssigen als transversale Kategorie. In: Peter A. Berger und Michael Vester (Hg.): Alte Ungleichheiten – Neue Spaltungen. Opladen: Leske + Budrich, 363-382

Bundesinstitut für Bevölkerungsforschung (1999): Altersspezifische Geburtenziffern für Ostdeutschland. Wiesbaden: BiB. (bereitgestellt durch Jürgen Dorbritz)

Bundesinstitut für Bevölkerungsforschung und Robert Bosch Stiftung (2005): The demographic future of Europe – facts, figures, policies. Ergebnisse der Population Policy Acceptance Study. Wiesbaden: BiB

Bundesministerium für Familie und Jugend (BMFJ) (1968): Erster Familienbericht. Bericht der Bundesregierung über die Lage der Familien in der Bundesrepublik Deutschland. Bonn

Bundesministerium für Familie und Senioren (BMFuS) (1994): Fünfter Familienbericht: Familien und Familienpolitik im geeinten Deutschland - Zukunft des Humanvermögens. Bonn

Bundesministerium für Familie, Senioren, Frauen und Jugend (BMFSFJ) (2000): Sechster Familienbericht. Familien ausländischer Herkunft in Deutschland. Berlin

Bundesministerium für Familie, Senioren, Frauen und Jugend (BMFSFJ) (2003): Mehr Schutz bei häuslicher Gewalt. Informationen zum Gewaltschutzgesetz. Berlin: Eigenverlag

Bundesministerium für Familie, Senioren, Frauen und Jugend (BMFSFJ) (2006): Siebter Familienbericht. Familie zwischen Flexibilität und Verlässlichkeit. Perspektiven für eine lebenslaufbezogene Familienpolitik. Berlin

Bundesministerium für Familie, Senioren, Frauen und Jugend (BMFSFJ) (2007): Wirksamer Kinderschutz muss früh ansetzen. www-Dokument, http://www.bmfsfj.de/Kategorien/Presse/pressemitteilungen,did=99392.html (30.7.2007)

Bundesministerium für Gesundheit und soziale Sicherung (BMGS) (2005): Der zweite Armuts- und Reichtumsbericht der Bundesregierung. Lebenslagen in Deutschland. Berlin: Eigenverlag

Bundesministerium für Jugend, Familie und Gesundheit (BMJFG) (1975): Zweiter Familienbericht. Familie und Sozialisation. Leistungen und Leistungsgrenzen der Familie hinsichtlich der Erziehungs- und Bildungsprozesse der jungen Generation. Bonn

Bundesministerium für Jugend, Familie und Gesundheit (BMJFG) (1979): Dritter Familienbericht. Die Lage der Familie in der Bundesrepublik Deutschland. Bundestagsdrucksache 8/3121.Bonn

Bundesministerium für Jugend, Familie, Frauen und Gesundheit (BMJFFG) (1986): Vierter Familienbericht: Die Situation der älteren Menschen in der Familie. Bonn

Burgess, Ernest W. und Cottrell, Leonard S. (1936): The prediction of adjustment in marriage. *American Sociological Review*, 1, 5, 737- 751

Burguière, André u.a. (Hg.) (1996-98): Geschichte der Familie. 4 Bände. Frankfurt am Main: Campus

Burkart, Günter (1993a): Individualisierung und Elternschaft - Das Beispiel USA. *Zeitschrift für Soziologie*, 22, 3, 159-177

Burkart, Günter (1993b): Eine Gesellschaft von nicht-autonomen biographischen Bastlerinnen und Bastlern? - Antwort auf Beck/Beck-Gernsheim. *Zeitschrift für Soziologie,* 22, 3, 188-191

Burkart, Günter (1994): Die Entscheidung zur Elternschaft. Eine empirische Kritik von Individua-lisierungs- und Rational-Choice-Theorien. Stuttgart: Enke

Burkart, Günter (1997): Lebensphasen - Liebesphasen. Vom Paar zur Ehe zum Single und zurück? Opladen: Leske + Budrich

Burkart, Günter (2002): Entscheidung zur Elternschaft revisited. Was leistet der Entscheidungs-begriff für die Erklärung biographischer Übergänge? In: Norbert F. Schneider und Heike Mat-thias-Bleck (Hg.): Elternschaft heute. *Zeitschrift für Familienforschung.* Sonderheft 2. Opla-den: Leske + Budrich, 23-49

Burkart, Günter (Hg.) (2006a): Die Ausweitung der Bekenntniskultur - neue Formen der Selbst-thematisierung? Wiesbaden: VS

Burkart, Günter (2006b): Zaudernde Männer, zweifelnde Frauen, zögernde Paare: Wer ist schuld an der Kinderlosigkeit? In: Peter A. Berger und Heike Kahlert (Hg.): Der demographische Wandel. Chancen für die Neuordnung der Geschlechterverhältnisse. Frankfurt am Main: Campus, 111-135

Burkart, Günter (2006c): Positionen und Perspektiven. Zum Stand der Theoriebildung in der Fami-liensoziologie. *Zeitschrift für Familienforschung,* 18, 2, 175- 205

Burkart, Günter (2007a): Handymania. Wie das Mobiltelefon unser Leben verändert hat. Frankfurt am Main: Campus

Burkart, Günter (2007b): Eine Kultur des Zweifels: Kinderlosigkeit und die Zukunft der Familie. In: Dirk Konietzka und Michaela Kreyenfeld (Hg.): Ein Leben ohne Kinder. Kinderlosigkeit in Deutschland. Wiesbaden: VS, 401-423

Burkart, Günter (2007c): Das modernisierte Patriarchat. Neue Väter und alte Probleme. *WestEnd. Neue Zeitschrift für Sozialforschung,* 4, 1, 82-91

Burkart, Günter (2007d): Zukünfte des Geschlechterverhältnisses. Kommentar zum Siebten Fami-lienbericht. *Zeitschrift für Soziologie,* 36, 5, 401-405

Burkart, Günter und Kohli, Martin (1992): Liebe, Ehe, Elternschaft. Die Zukunft der Familie. München: Piper

Burkart, Günter und Koppetsch, Cornelia (2001): Geschlecht und Liebe. Überlegungen zu einer Soziologie des Paares. In: Bettina Heintz (Hg.): Geschlechtersoziologie. *Kölner Zeitschrift für Soziologie und Sozialpsychologie.* Sonderheft 41. Wiesbaden: Westdeutscher Verlag, 431-453

Burkart, Günter; Koppetsch, Cornelia und Maier, Maja S. (1999): Milieu, Geschlechterverhältnis und Individualität. In: Hans Rudolf Leu und Lothar Krappmann (Hg.): Zwischen Autonomie und Verbundenheit. Bedingungen und Formen der Behauptung von Subjektivität. Frankfurt am Main: Suhrkamp, 158-190

Burnett, John (1978): A social history of housing, 1815-1970. Newton Abbott: David and Charles

Buroway, Michael (2005): For public sociology. *American Sociological Review,* 70, 4- 28

Burr, Wesley; Hill, Reuben; Nye, Frank und Reiss, Ira (eds.) (1979): Contemporary theories about the family. Vol. I and II. New York: Free Press

Busby, Dean M. (1991): Violence in the family. In: Stephen J. Bahr (ed.): Family research. A sixty-year review, 1930-1990. Vol. 1. New York: Lexington, 335- 385

Bussmann, Kai Dieter (2005): FamilienGewaltReport. www-Dokument, http://bussmann2.jura.uni-halle.de/FamG/Bussmann_FamilienGewaltReport.pdf, (9.5.2007)

Büttner, Thomas und Lutz, Wolfgang (1990): Estimating fertility responses to policy measures in the German Democratic Republic. *Population and Development Review* 16, 3, 539-555

Cantero, M.-Jose und Cerezo, M.-Angeles (2001): Mother-infant interaction as predictor of at-tachment behaviours: Two causal models. *Infancia y Aprendizaje,* 24, 1, 113-132

Carter, Betty und McGoldrick, Monica (1988): Overview. The changing family life cycle: A framework for family therapy. In: Betty Carter und Monica McGoldrick (eds.): The changing family cycle. A framework for family therapy. New York: Gardner Press, 3-28

Cheal, David (2003): Family: Critical concepts in sociology. London: Routledge

Cherlin, Andrew J. (1992): Marriage, Divorce, Remarriage. Cambridge, Mass.: Harvard University Press

Cherlin, Andrew J. und Furstenberg, Frank (1988): The changing European family. *Journal of Family Issues,* 9, 3, 291-297

Chibucos, Thomas R.; Leite, Randall W. und Weis, David L. (2005): Readings in family theory. Thousand Oaks: Sage

Christensen, Andrew und Shenk, James (1991): Communication, conflict and psychological distance in non-distressed, clinic and divorcing couples. *Journal of Consulting and Clinical Psychology*, 59, 458-463

Christensen, Harold T. (1964): Development of the field of study. In: ders. (ed.): Handbook of marriage and the family. Chicago: Rand McNally, 3- 32

Clark, Margaret und Reis, Harry (1988): Interpersonal processes in close relationships. *Annual Review of Psychology*, 39, 609-672

Clarkwest, Andrew (2007): Spousal dissimilarity, race and marital dissolution. *Journal of Marriage and the Family*, 69, 3, 639- 653

Cohen, Albert K. (1955): Delinquent boys. The culture of the gang. Glencoe: Free Press

Cohen, Philip N. und MacCartney, Danielle (2004): Inequality and the Family. In: Jacqueline Scott; Judith Treas und Martin Richard (eds.): The Blackwell Companion to the sociology of families. Oxford: Blackwell, 181-190

Collins, Randall (1994): Four sociological traditions. New York: Oxford University Press

Comaille, Jacques und Singly, François de (1997): Rules of comparative method in the family sphere. The meaning of comparison. In: Jacques Comaille und François de Singly (eds.): The European family: the family question in the European Community, 3-22

Conrad, Christoph; Lechner, Michael und Welf, Werner (1996): East German fertility after unification: Crisis or adaptation? *Population and Development Review,* 22, 2, 331-358

Cooper, Katherine Elizabeth (2000): Last but not least: A qualitative study of lastborn children's sibling experiences. Dissertation Abstracts International: Section B: The Sciences and Engineering, 61, 2240

Cornelißen, Waltraud (2005): Gender-Datenreport. Kommentierter Datenreport zur Gleichstellung von Frauen und Männern in der Bundesrepublik Deutschland. München: BMFSFJ

Coulter, Philip B. (1989): Measuring inequality. A methodological handbook. Boulder: Westview Press

Cox, Martha; Paley, Blair und Harter, Kristina (2001): Interparental conflict and parent-child relationships. In: John Grych und Frank Fincham (eds.): Interparental conflict and child development. Cambridge: University Press, 249–272

Cromm, Jürgen (1998): Familienbildung in Deutschland. Soziodemographische Prozesse, Theorie, Recht und Politik unter besonderer Berücksichtigung der DDR. Opladen: Westdeutscher Verlag

Crouter, Ann C.; Bumpus, Matthew F.; Head, Melissa R. und McHale, Susan M. (2001): Implications of overwork and overload for the quality of men's family relationships. *Journal of Marriage and the Family,* 63, 2, 404-416

Cuff, Meghan Elizabeth (2006): Gender differences in the relationships of adult siblings. Dissertation Abstracts International: Section B: the Sciences and Engineering, 67, 2828

Cummings, E. Mark und Davies, Patrick (1994): Children and marital conflict: The impact of family dispute and resolution. New York: Guilford Press

Cummings, E. Mark und Davies, Patrick (2002): Effects of marital conflict on children. Recent advances and emerging themes in process-oriented research. *Journal of Child Psychology and Psychiatry,* 43, 31-63

Daly, Mary (2004): Changing conceptions of family and gender relations in European welfare states and the third way. In: Jane Lewis und Rebecca Surender (eds.): Welfare state change. Towards a third way? Oxford: Oxford University Press, 135-156

Darling, Nancy und Steinberg, Laurence (1993): Parenting style as context: An integrative model. *Psychological Bulletin*, 113, 3, 487-496

Dathe, Dietmar (1999): Familienlebenszyklus und Erwerbsbeteiligung der Ehepartner in Ehen mit Kindern in West- und Ostdeutschland. In: Paul Lüttinger (Hg.): Sozialstrukturanalyse mit dem Mikrozensus. ZUMA-Nachrichten spezial 6. Mannheim: ZUMA

Davies, Patrick; Sturge-Apple, Melissa; Winter, Marcia; Cummings, E. Mark und Farrell, Deirdre (2006): Child adaptational development in contexts of interparental conflict over time. *Child Development*, 77, 1, 218-233

Deegener, Günther (2006): Erscheinungsformen und Ausmaße von Kindesmisshandlung. In: Wilhelm Heitmeyer und Monika Schröttle (Hg.): Gewalt. Beschreibungen, Analysen, Prävention. Bonn: Bundeszentrale für politische Bildung, Schriftenreihe Band 563. Eigenverlag

destatis (2007a):
http://www.destatis.de/jetspeed/portal/cms/Sites/destatis/Internet/DE/Presse/pm/2004/ 04/PD04__191__132,templateId=renderPrint.psml

destatis (2007b): http://www.destatis.de/jetspeed/portal/cms/Sites/destatis/Internet/DE/Content/ Statistiken/Bevoelkerung/GeburtenSterbefaelle/Tabellen/Content75/GeburtenMutteralter, templateId= renderPrint.psml

Deutsches Pisa-Konsortium (Hg.) (2001): PISA 2000. Basiskompetenzen von Schülerinnen und Schülern im internationalen Vergleich. Opladen: Leske + Budrich

Deutsches Pisa-Konsortium (Hg.) (2003): PISA 2000. Ein differenzierter Blick auf die Länder der Bundesrepublik Deutschland. Opladen: Leske + Budrich

Deutsches Pisa-Konsortium (Hg.) (2007): Pisa 2006. Die Ergebnisse der dritten internationalen Vergleichsstudie. Zusammenfassung. www-Dokument (01.12.2007) http://www.ipn.uni-kiel.de/ aktuell/publikationen.html

Dickmann, Nicola (2004): Einkommenslagen von Familien im internationalen Vergleich. *Sozialer Fortschritt*, 53, 7, 165-173

Diekmann, Andreas (1993): Auswirkungen der Kohortenzugehörigkeit, der schulischen Bildung und der Bildungsexpansion auf das Heiratsverhalten. In: Andreas Diekmann und Stefan Weick (Hg.): Der Familienzyklus als sozialer Prozeß. Bevölkerungssoziologische Untersuchungen mit den Methoden der Ereignisanalyse. Berlin: Duncker & Humblot, 136-164

Diekmann, Andreas (2003): Empirische Sozialforschung. Reinbeck: Rowohlt

Diekmann, Andreas und Weick, Stefan (Hg.) (1993): Der Familienzyklus als sozialer Prozeß. Bevölkerungssoziologische Untersuchungen mit den Methoden der Ereignisanalyse. Berlin: Duncker & Humblot

Diewald, Martin und Sørensen, Annemette (1995): Lebensform und Familienverlauf als Determinanten sozialer Ungleichheit. In: Uta Gerhardt (Hg.): Familie der Zukunft. Lebensbedingungen und Lebensformen. Opladen: Leske + Budrich, 129-148

Diewald, Martin und Wehner, Sigrid (1996): Verbreitung und Wechsel von Lebensformen im jüngeren Erwachsenenalter - Der Zeitraum von 1984 bis 1993. In: Wolfgang Zapf; Jürgen Schupp und Roland Habich (Hg.): Lebenslagen im Wandel: Sozialberichterstattung im Längsschnitt. Frankfurt am Main: Campus, 125-146

Dingeldey, Irene (2000): Erwerbstätigkeit und Familie in Steuer- und Sozialversicherungssystemen. Begünstigungen und Belastungen verschiedener familialer Erwerbsmuster im Ländervergleich. Opladen: Leske + Budrich

Dingeldey, Irene (2002): Das deutsche System der Ehegattenbesteuerung im europäischen Vergleich. *WSI-Mitteilungen,* 3, 154-160

Dölling, Irene; Hahn, Daphne und Scholz, Sylka (2000): Birth strike in the new federal states: is sterilization an act of resistance? In: Susan Gal und Gail Kligman (eds.): Reproducing gender: Politics, publics, and everyday life after socialism. Princeton: Princeton University Press, 118-148

Donzelot, Jacques (1979): Die Ordnung der Familie. Frankfurt am Main: Campus

Dorbritz, Jürgen (1997): Der demographische Wandel in Ostdeutschland − Verläufe und Erklärungsansätze. *Zeitschrift für Bevölkerungswissenschaft,* 22, 2/3, 239-268

Dorbritz, Jürgen (2004): Demographisches Wissen, Einstellung zum demographischen Wandel und Ursachen des Geburtenrückgangs. *Zeitschrift für Bevölkerungswissenschaft,* 29, ¾, 329-362

Dorbritz, Jürgen und Gärtner, Karla (1995): Die demographische Bedeutung des Familienstandes. Schriftenreihe des Bundesministeriums für Familie, Senioren, Frauen und Jugend. Band 44, Stuttgart: Kohlhammer

Dorbritz, Jürgen; Lengerer, Andrea und Ruckdeschel, Kerstin (2005): Einstellungen zu demographischen Trends und zu bevölkerungsrelevanten Politiken. Ergebnisse der Population Policy Acceptance Study in Deutschland. Sonderheft der Schriftenreihe des Bundesinstituts für Bevölkerungsforschung. Wiesbaden: BIB

Dorbritz, Jürgen und Philipov, Dimiter (2002): Der Wandel in den Mustern der Familienbildung und der Eheschließung in den Reformstaaten Mittel- und Osteuropas – Die Folge des Austauschs der Wirtschafts- und Sozialordnung. *Zeitschrift für Bevölkerungswissenschaft,* 27, 4, 427-463

Dorbritz, Jürgen und Schwarz, Karl (1996): Kinderlosigkeit in Deutschland. Ein Massenphänomen? *Zeitschrift für Bevölkerungswissenschaft,* 23, 3, 231-261

Dornseiff, Jann-Michael und Sackmann, Reinhold (2002): Zwischen Modernisierung und Re-Traditionalisierung. Die Transformation von Familienbildungsmustern im Lebenslauf ostdeutscher Frauen am Beispiel der Geburt des zweiten Kindes. *Zeitschrift für Bevölkerungswissenschaft,* 27, 1, 87-114

Dornseiff, Jann-Michael und Sackmann, Reinhold (2003): Familien-, Erwerbs- und Fertilitätsdynamiken in Ost- und Westdeutschland. In: Walter Bien und Jan H. Marbach (Hg.): Partnerschaft und Familiengründung. Ergebnisse der dritten Welle des Familien-Survey. Opladen: Leske + Budrich, 309–348

Doyle Anna Beth und Markiewicz, Dorothy (2005): Parenting, marital conflict and adjustment from early- to mid-adolescence: Mediated by adolescent attachment style? *Journal of Youth and Adolescence,* 34, 2, 97-110

Drabek, Angelika (2000): Familienpsychologische Theorien. In: Harald Werneck und Sonja Rohrer-Werneck (Hg.): Psychologie der Familie. Theorien, Konzepte, Anwendungen. Wien: Universitätsverlag, 43-48

Dragano, Nico (2007): Gesundheitliche Ungleichheit im Lebenslauf. *Aus Politik und Zeitgeschichte,* 42, 18-25

Dronkers, Jaap (1999): The Effects of Parental Conflicts and Divorce on the Well-being of Pupils in Dutch Secondary Education. *European Sociological Review,* 15, 2, 195-212

Dunn, Judy; Kendrick, Carol und MacNamee, Rosanne (1981): The reaction of first born children to the birth of a sibling: mothers' reports. *Journal of Child Psychology and Psychiatry,* 22, 1, 1-18

Durkheim, Emile (1888): Introduction à la sociologie de la famille. Extrait des Annales de la Faculté des lettres de Bordeaux, 10, 257-281

Durkheim, Emile (1921): La famille conjugale. *Revue Philosophique,* 91, 1, 1-14

Durkheim, Emile (1981) [1888]: Einführung in die Soziologie der Familie. In: Emile Durkheim (Hg.): Frühe Schriften zur Begründung der Sozialwissenschaft. Darmstadt: Luchterhand, 53- 76

Duvall, Evelyn Mills und Miller, Brent (1985): Marriage and family development. New York: Harper & Row

Eberstadt, Nicholas (1994): Demographic shocks after communism: Eastern Germany, 1989-93. *Population and Development Review,* 20, 1, 137-152

Ecarius, Jutta (Hg.) (2007): Handbuch Familie. Ein erziehungswissenschaftliches Handbuch. Wiesbaden: VS

Eggen, Bernd (2005): Kinder in gleichgeschlechtlichen Lebensgemeinschaften. In: Das Online-Familienhandbuch. http://www.familienhandbuch.de (28.02.2005)

Eggen, Bernd und Rupp, Marina (2006): Kinderreiche Familien. Wiesbaden: VS

Ehmer, Josef (1980): Familienstruktur und Arbeitsorganisation im frühindustriellen Wien. Wien: Böhlau

Ehmer, Josef (1991): Heiratsverhalten, Sozialstruktur, ökonomischer Wandel. England und Mitteleuropa in der Formationsperiode des Kapitalismus. Göttingen: Vandenhoek & Ruprecht

Ehmer, Josef (2004): Bevölkerungsgeschichte und historische Demographie. München: Oldenbourg

Eickelpasch, Rolf (1974): Ist die Kernfamilie universal? *Zeitschrift für Soziologie,* 3, 4, 323-338

Ekeh, Peter P. (1974): Social exchange theory. The two traditions. Cambridge: Harvard University Press

Elder, Glen Jr. (1974): Children of the great depression. Social change in life experience. Chicago: Chicago University Press

Elder, Glen Jr. und Caspi, Avsholm (1990): Persönliche Entwicklung und sozialer Wandel. Die Entstehung der Lebensverlauforschung. In: Karl Ulrich Mayer (Hg.): Lebensverläufe und sozialer Wandel. *Kölner Zeitschrift für Soziologie und Sozialpsychologie.* Sonderheft 31. Opladen: Westdeutscher Verlag, 22-57

El-Giamal, Muna (1999): Wenn ein Paar zur Familie wird. Alltag, Belastungen und Belastungsbewältigung beim ersten Kind. Bern: Huber

Ellingsaeter, Anne Lise und Leira, Arnlaug (2006): Introduction: Politicising parenthood in Scandinavia. In: dies. (eds.): Politicising parenthood in Scandinavia. Bristol: Policy Press, 1-24

Elshtain, Jean Bethke (1981): Public man, private woman. Women in social and political thought. Princeton: Princeton University Press

Elshtain, Jean Bethke (1990): Power trips and other journeys. Essays in feminism as civic discourse. Madison: University of Wisconsin Press

Emery, Robert E. (1989): Family violence. *American Psychologist,* 44, 2, 321- 328

Enders, Walter (2004): Applied econometric time series. 2nd edition. Hoboken: J. Wiley

Engel, Uwe (1998): Einführung in die Mehrebenenanalyse. Grundlagen, Auswertungsverfahren und praktische Beispiele. Opladen: Westdeutscher Verlag

Engelbrech, Gerhard und Reinberg, Alexander (1997): Frauen und Männer in der Beschäftigungskrise der 90er Jahre: Entwicklung der Erwerbstätigkeit in West und Ost nach Branchen, Berufen und Qualifikationen. IAB Werkstattbericht 11

Engelhardt, Henriette (1998): Zur Dynamik von Ehescheidungen. Theoretische und empirische Analysen. Bern: Rechts- und Wirtschaftsstatistische Fakultät der Universität Bern

Engelhardt, Henriette (2002): Zur Dynamik von Ehescheidungen – Theoretische und empirische Analysen. Berlin: Duncker & Humblot

Engels, Friedrich (1984) [1884]: Der Ursprung der Familie, des Privateigentums und des Staats. Im Anschluß an Lewis H. Morgans Forschungen. MEW, 21, 25-173

England, Paula und Farkas, George (1986): Households, employment, and gender: A social economic, and demographic view. New York: Aldine

Engstler, Heribert (1998): Die Familie im Spiegel der amtlichen Statistik. Bonn: BMFSFJ

Engstler, Heribert und Menning, Sonja (2003): Die Familie im Spiegel der amtlichen Statistik. Lebensformen, Familienstrukturen, wirtschaftliche Situation der Familien und familiendemographische Entwicklung in Deutschland. Herausgegeben vom Bundesministerium für Familie, Senioren, Frauen und Jugend. Berlin

Erel, Osnat und Burman, Bonnie (1995): Interrelatedness of marital relations and parent-child relations: A meta-analytic review. *Psychological Bulletin*, 118, 1, 108-132

Erikson, Robert und Goldthorpe, John H. (1992): The constant flux: A study of class mobility in industrial societies. Oxford: Clarendon

Ernst, Cecile und von Luckner, Nikolaus (1985): Stellt die Frühkindheit die Weichen? Eine Kritik an der Lehre von der schicksalhaften Bedeutung erster Erlebnisse. Stuttgart: Enke

Esping-Andersen, Gosta (1990): The three worlds of welfare capitalism. Cambridge, UK: Polity Press

Esping-Andersen, Gosta (1999): Social foundations of postindustrial economies. Oxford: Oxford University Press

Esping-Andersen, Gosta (2002a): A child-centred social investment strategy. In: ders. (ed.): Why we need a new welfare state. Oxford: Oxford University Press, 26-67

Esping-Andersen, Gosta (2002b): A new gender contract. In: ders. (ed.): Why we need a new welfare state. Oxford: Oxford University Press, 68-95

Esser, Hartmut (1991): Alltagshandeln und Verstehen. Zum Verhältnis von erklärender und verstehender Soziologie am Beispiel von Alfred Schütz und „Rational Choice". Die Einheit der Gesellschaftswissenschaften. Studien in den Grenzbereichen der Wirtschafts- und Sozialwissenschaften. Band 73, Tübingen: Mohr

Esser, Hartmut (1999): Soziologie. Spezielle Grundlagen. Band 1: Situationslogik und Handeln. Frankfurt am Main: Campus

Esser, Hartmut (2001): Das „Framing" der Ehe und das Risiko zur Scheidung. In: Johannes Huinink; Klaus Peter Strohmeier und Michael Wagner (Hg.): Solidarität in Partnerschaft und Familie. Zum Stand familiensoziologischer Theoriebildung. Würzburg: Ergon, 103-126

Esser, Hartmut (2002a): In guten wie in schlechten Tagen? Das Framing der Ehe und das Risiko zur Scheidung. Eine Anwendung und ein Test des Modells der Frame-Selektion, *Kölner Zeitschrift für Soziologie und Sozialpsychologie,* 54, 1, 27-63

Esser, Hartmut (2002b): Ehekrisen: Das (Re-)Framing der Ehe und der Anstieg der Scheidungsraten. *Zeitschrift für Soziologie*, 31, 6, 472-496

Europäische Kommission (1995): Weißbuch Europäische Sozialpolitik. Ein zukunftsweisender Weg für die Union. Luxemburg: Eigenverlag

Europäische Kommission (2006): Bevölkerungsstatistik. Detaillierte Tabellen. Luxemburg: Eurostat

Fahey, Tony (2006): Fertility patterns and aspirations in Europe. In: Jens Alber und Wolfgang Merkel (Hg.): WZB-Jahrbuch 2005. Europas Osterweiterung. Das Ende der Vertiefung, Berlin: Ed. Sigma, 35-55

Fanning, Brian; Kennedy, Patricia; Kiely, Gabriel und Quin, Suzanne (2004): Theorizing Irish social policy. Dublin: University College Press

Farneti, Alessandra und Cadamuro, Alessia (2005): Grandparents-grandchildren relationship: Their representation across lifespan. *Eta Evolutiva*, 80, 74-81

Fehr, Beverley und Russel, James (1991): The concept of love viewed from a prototype perspective. *Journal of Personality and Social Psychology*, 60, 3, 425-438

Feldhaus, Michael und Huinink, Johannes (2005): Längsschnittliche Beziehungs- und Familienforschung. Darstellung eines Forschungsprogramms. In: Friedrich W Busch und Rosemarie Nave-Herz (Hg.): Familie und Gesellschaft. Beiträge zur Familienforschung. Oldenburg: BIS, 187- 205

Fenstermaker, Sarah; West, Candance und Zimmerman, Don H. (1991): Gender inequality. In: Rae Lesser Blumberg (ed.): Gender, family, and economy: The triple overlap. Newbury Park, CA: Sage, 289-307

Finch, Naomi (2006): Gender equity and time use: How do mothers and fathers spend their time? In: Jonathan Bradshaw und Aksel Hatland (eds.): Social policy, employment and family change in comparative perspective. Cheltenham: Edward Elgar, 255-281

Finkel, Steven E. (1995): Causal analysis with panel data. Thousand Oaks: Sage

Flick, Uwe; von Kardorff, Ernst und Steinke, Ines (Hg.) (2003): Qualitative Sozialforschung. Ein Handbuch. 2. Auflage. Reinbek: Rowohlt

Förster, Michael (2003): Kinderarmut im OECD-Raum: Entwicklungen und Bestimmungsfaktoren. In: Renate Kränzl-Nagl; Johanna Mierendorff und Thomas Olk (Hg.): Kindheit im Wohlfahrtsstaat. Gesellschaftliche und politische Herausforderungen. Frankfurt am Main: Campus, 269-298

Fourier, Charles (1978) [1808]: Isolierter und progressiver Haushalt. In: Franz Filser (Hg.): Einführung in die Familiensoziologie: mit Quellentexten. Paderborn: Schöningh, 96-113

Fraser, Nancy (1994): Die Gleichheit der Geschlechter und das Wohlfahrtssystem: Ein postindustrielles Gedankenexperiment. In: Axel Honneth (Hg.): Pathologie des Sozialen. Frankfurt am Main: Fischer, 351-376

Fraser, Nancy und Gordon, Linda (1994): „Dependency" demystified: Inscriptions of power in a keyword of the welfare state. *Social Politics*, 1, 1, 4-31

Frejka, Tomas und Calot, Gérard (2001): Cohort reproductive patterns in low-fertility countries. *Population and Development Review* 27, 1, 103-132

Frerich, Johannes und Frey, Martin (1993): Handbuch der Geschichte der Sozialpolitik in Deutschland. Band 2: Sozialpolitik in der Deutschen Demokratischen Republik. München: Oldenbourg

Friedan, Betty (1963): The feminine mystique. New York: W. W. Norton

Friedan, Betty (1981): The second stage. New York: Harvard University Press

Friedrichs, Jürgen (Hg.) (1998): Die Individualisierungsthese. Opladen: Leske + Budrich

Fuchs, Marek (2003): Hausfamilien. Nähe und Distanz in unilokalen Mehrgenerationenkontexten. Opladen: Leske + Budrich

Fuhrer, Urs (2005): Lehrbuch der Erziehungspsychologie. Bern: Huber

Furman, Wyndol und Buhrmester, Duane (1985): Children's perceptions of the quality of sibling relationships. *Child Development*, 56, 2, 448-461

Furstenberg, Frank F.; Cook, Thomas D.; Eccles, Jacquelynne; Elder, Glen H. und Sameroff, Arnold (1999): Managing to make it. Chicago: University of Chicago Press

Galler, Heinz P. und Ott, Notburga (1993): Empirische Haushaltsforschung. Erhebungskonzepte und Analyseansätze angesichts neuer Lebensformen. Frankfurt am Main, New York: Campus

Garfinkel, Harold (1973): Das Alltagswissen über soziale und innerhalb sozialer Strukturen (Common sense knowledge of social structures). In: Arbeitsgruppe Bielefelder Soziologen (Hg.): Alltagswissen, Interaktion und gesellschaftliche Wirklichkeit. Band 1, Reinbek: Rowohlt, 189-262

Gauthier, Anne (1996): The state and the family: a comparative analysis of family policies in industrialized countries. Oxford: Clarendon Press

Geißler, Rainer (1992): Die Sozialstruktur Deutschlands. Ein Studienbuch zur sozialstrukturellen Entwicklung im geteilten und vereinten Deutschland. Opladen: Westdeutscher Verlag

Gelles, Richard J. (1995): Contemporary families. A sociological view. Thousand Oaks: Sage

Gelles, Richard J. und Conte, Jon R. (1990): Domestic violence and sexual abuse of children. A review of research in the eighties. *Journal of Marriage and the Family*, 52, 4, 1045- 1058

George, Linda K. (1993): Sociological perspectives on life transitions. *Annual Review of Sociology*, 19, 353- 373

Gerson, Kathleen (1985): Hard choices: How women decide about work, career, and motherhood. Berkeley: University of California Press

Gestrich, Andreas (1999): Geschichte der Familie im 19. und 20. Jahrhundert. Enzyklopädie Deutscher Geschichte. Band 50. München: Oldenbourg

Gestrich, Andreas (2003): Neuzeit. In: ders.; Jens-Uwe Krause und Michael Mitterauer: Geschichte der Familie, Stuttgart: Kröner, 364-652

Gestrich, Andreas; Krause, Jens-Uwe und Mitterauer, Michael (2003): Geschichte der Familie. Stuttgart: Kröner

Giddens, Anthony (1993): Wandel der Intimität. Sexualität, Liebe und Erotik in modernen Gesellschaften. Frankfurt am Main: Suhrkamp

Giddens, Anthony (2001): Entfesselte Welt. Wie die Globalisierung unser Leben verändert. Frankfurt am Main: Suhrkamp

Gigerenzer, Gerd und Todd, Peter M. (1999): Simple heuristics that make us smart. New York: Oxford University Press

Gleichmann, Peter Reinhart (1982): Die Verhäuslichung körperlicher Verrichtungen. In: ders. u.a. (Hg.): Materialien zu Norbert Elias' Zivilisationstheorie (1977). Frankfurt am Main: Suhrkamp, 254-278

Glick, Paul C. (1947): The family cycle. *American Sociological Review*, 12, 2, 164-174

Glick, Paul C. (1989): The family life cycle and social change, *Family Relations*, 38, 2, 123-129

Goffman, Erving (1977): The arrangement between the sexes. *Theory and Society*, 4, 3, 301-331

Gonzalez, Richard und Griffin, Sale (1997): On the statistics of interdependence: Treating dyadic data with respect. In: Steve Duck (ed.): Handbook of personal relationships. 2nd edition. Chichester: Wiley, 271- 302

Goode, William J. (1949): Problems in postdivorce adjustment. *American Sociological Review*, 14, 4, 394- 401

Goode, William J. (1956): After divorce. Glencoe: Free Press

Goode, William J. (1982): The family. 2nd edition. Englewood Cliffs: Prentice-Hall

Goode, William J. (1993): World changes in divorce patterns. New Haven:Yale University Press

Goody, Jack (1976): Introduction. In: ders.; Joan Thirsk und Edward P. Thompson (eds.): Family and inheritance. Rural society in Western Europe 1200–1800. Cambridge: Cambridge University Press, 1-9

Görgen, Thomas; Herbst, Sandra und Rabold, Susann (2006): Kriminalitäts- und Gewaltgefährdungen im höheren Lebensalter und in der häuslichen Pflege. Zwischenergebnisse der Studie Kriminalität und Gewalt im Leben alter Menschen. Kriminologisches Institut Niedersachen. Forschungsbericht Nr. 98. Eigenverlag

Götting, Albrecht (1986): The developmental tasks of siblingship over the love cycle. *Journal of Marriage and the Family*, 48, 4, 703-714

Gottman, John M. (1979): Marital interaction: Experimental investigations. New York: Academic Press

Gottman, John M. (1994a): What predicts divorce? The relationship between marital processes and marital outcomes. Hillsdale: Lawrence Erlbaum

Gottman, John M. (1994b): Why marriages succeed or fail: What you can learn from the breakthrough research to make your marriage last. New York: Simon & Schuster

Grabka, Markus und Krause, Peter (2005): Einkommen und Armut von Familien und älteren Menschen. *DIW Wochenbericht*, 72, 9, 155-162

Greenstein, Theodore N. (2006): Methods of family research. 2nd edition. Thousand Oaks: Sage

Grob, Alexander und Jaschinski, Uta (2003): Erwachsen werden. Entwicklungspsychologie des Jugendalters. Berlin: Beltz

Grossbard-Shechtman, Shoshana (1995): Marriage market models. In: Mariano Tommasi und Kathryn Ierulli (eds.): The new economics of human behavior. Cambridge: University Press, 92-112

Grundmann, Matthias und Lüscher, Kurt (Hg.) (2000): Sozialökologische Sozialisationsforschung. Konstanz: UVK

Grunow, Daniela; Schulz, Florian und Blossfeld, Hans-Peter (2007): Was erklärt die Traditionalisierungsprozesse häuslicher Arbeitsteilung im Eheverlauf: soziale Normen oder ökonomische Ressourcen? *Zeitschrift für Familienforschung,* 19, 3, 161-181

Grych, John und Fincham, Frank (1990): Marital conflict and children's adjustment: A cognitive-contextual framework, *Psychological Bulletin,* 108, 2, 267-290

Gubrium, Jaber F. und Holstein, James A. (1993): Phenomenology, ethnomethodology and family discourse. In: Pauline G. Boss; William J. Doherty; Ralph LaRossa; Walter R. Schumm und Suzanne K. Steinmetz (eds.): Sourcebook of family theories and methods: A contextual approach. New York: Plenum Press, 651- 672

Gysi, Jutta und Speigner, Wulfram (1983): Changes in the life patterns of families in the German Democratic Republic. Berlin: Institut für Soziologie und Sozialpolitik an der Akademie der Wissenschaft der Deutschen Demokratischen Republik

Haberkern, Klaus (2007): Zeitverwendung und Arbeitsteilung in Paarhaushalten. *Zeitschrift für Familienforschung,* 19, 2, 159-185

Haensch, Dieter (1974): Zerschlagt die Kleinfamilie. In: Dieter Claessens und Petra Milhofer (Hg.): Familiensoziologie - ein Reader als Einführung. Kronberg: Athenäum, 363-374

Hajnal, John (1965): European marriage pattern in perspective: In: David V. Glass und D.E.C. Eversley (eds.): Population in history. Essays in historical demography. London: Arnold, 101-143

Hajnal, John (1983): Two kinds of preindustrial household formation system. In: Richard Wall u.a. (eds.), Family forms in historic Europe. Cambridge: Cambridge University Press, 65-104

Hakim, Catherine (2004): Key issues in women's work. London: Routledge

Halleröd, Björn (2005): Sharing of housework and money among Swedish couples: Do they behave rationally? *European Sociological Review,* 21, 3, 273-288

Hans Böckler Stiftung (2003): Armut und Reichtum in Deutschland. Forschungsinitiativen für mehr Verteilungsgerechtigkeit. Düsseldorf. www-Dokument, http://www.boeckler.de/pdf/p_fo_arm_und_reich_2003.pdf (01.12.2007)

Hareven, Tamara K. (1976): Modernization and family history: Perspectives on social change. *Signs,* 2, 1, 190-206

Hauser, Richard (2003): Neue Armut – neuer Reichtum? Frankfurter Rundschau, 25.März, 11

Häußermann, Martin Carl (1995): Der württembergische Kirchenkonvent am Beispiel der Amtsstadt Waiblingen. Seine Geschichte, Bedeutung und Einflußnahme auf die Gesellschaft. Stuttgart. phil. Diss. [Mikrofiche]

Havighurst, Robert (1972): Developmental tasks and education. New York: McKay

Heidenreich, Hans-Joachim und Nöthen, Manuela (2002): Der Wandel der Lebensformen im Spiegel des Mikrozensus. *Wirtschaft und Statistik,* 1, 26-38

Heinz, Walter R. und Marshall, Victor M. (eds.) (2003): Social dynamics of the life course. Transitions, institutions, and interrelations. New York: Aldine de Gruyter

Hempel, Carl G. (1968): The logic of functional analysis. In: May Brodbeck (ed.): Readings in the philosophy of social sciences. London: MacMillan, 179-210

Henz, Ursula und Jonsson, Jan O. (2003): Union disruption in Sweden. *International Journal of Sociology,* 33, 1, 3-39

Herlth, Alois und Kaufmann, Franz-Xaver (1982): Zur Einführung: Familiale Probleme und sozialpolitische Intervention. In: Franz-Xaver Kaufmann (Hg.): Staatliche Sozialpolitik und Familie. München: Oldenbourg, 1- 22

Herlth, Alois und Tyrell, Hartmann (1994): Partnerschaft versus Elternschaft. In: Alois Herlth; Ewald J. Brunner; Hartmann Tyrell und Jürgen Kriz (Hg.): Abschied von der Normalfamilie? Partnerschaft kontra Elternschaft. Heidelberg: Springer, 1-15

Hetherington, E. Mavis und Kelly, John (2002): For better or for worse – Divorce reconsidered. London: Norton & Company

Hill, Paul B. (1992): Emotionen in engen Beziehungen: Zum Verhältnis von „Commitment", „Liebe" und „Rational-Choice". *Zeitschrift für Familienforschung*, 4, 2, 125-146

Hill, Paul B. (1999): Segmentäre Beziehungen in modernen Gesellschaften. Zum Bestand familialer Lebensformen unter dem Einfluß gesellschaftlicher Differenzierung. In: Friedrich Busch; Bernhard Nauck und Rosemarie Nave-Herz (Hg.): Aktuelle Forschungsfelder der Familienwissenschaft. Würzburg: Ergon, 33-51

Hill, Paul B. (2004): Einleitung. In: ders. (Hg.): Interaktion und Kommunikation. Eine empirische Studie zu Alltagsinteraktion, Konflikten und Zufriedenheit in Partnerschaften. Würzburg: Ergon, 7-9

Hill, Paul B. (2005): Methodenprobleme in der Ehe- und Familienforschung. In: Friedrich W. Busch und Rosemarie Nave-Herz (Hg.): Familie und Gesellschaft. Beiträge zur Familienforschung. Oldenburg: BIS, 165- 186

Hill, Paul B. und Kopp, Johannes (2000): Entwicklungstendenzen, Erklärungsansätze und Forschungsbefunde zum Heiratsverhalten. In: Ulrich Müller; Bernhard Nauck und Andreas Diekmann (Hg.): Handbuch der Demographie. Band 2: Anwendungen. Berlin: Springer, 958-979

Hill, Paul B. und Kopp, Johannes (2006): Familiensoziologie. Grundlagen und theoretische Perspektiven. 4. Auflage. Wiesbaden: VS

Hille, Barbara (1985): Familie und Sozialisation in der DDR. Opladen: Leske + Budrich

Hiller, Dana Vannoy und Dyehouse, Janice (1987): A case for banishing "Dual career marriages" from research literature". *Journal of Marriage and the Family,* 49, 4, 787-795

Hirsch, Rolf D. und Brendebach, Christian (1999): Gewalt gegen alte Menschen in der Familie. Untersuchungsergebnisse der Bonner HsM Studie. *Zeitschrift für Gerontologie und Geriatrie*, 32, 6, 449-455

Hobson, Barbara (1990): No exit, no voice: Women's economic dependency and the welfare state. *Acta Sociologica,* 33, 3, 235-250

Hobson, Barbara (1994): Solo mothers, social policy regimes, and the logics of gender. In Diane Sainsbury (ed.): Gendering Welfare States. London: Sage, 170-188

Hochschild, Arlie R. (1997): The time bind. When home becomes work and work becomes home. New York: Holt

Hochschild, Arlie R. (2001): Globale Betreuungsketten und emotionaler Mehrwert. In: Will Hutton und Anthony Giddens (Hg.): Die Zukunft des globalen Kapitalismus. Frankfurt am Main: Campus, 157-176 (zuerst: On the edge. Living with global capitalism. London 2000)

Hochschild, Arlie R. (2003): The commercialization of intimate life: Notes from home and work. Berkeley: University of California Press

Hofäcker, Dirk (2006): Globalisierung und die Entwicklung von Erwerbs- und Familienverläufen im internationalen Vergleich. Kann Deutschland von anderen Ländern lernen? *Ifb-Materialien,* 3, 40-62

Hofer, Manfred (2002): Lehrbuch Familienbeziehungen. Eltern und Kinder in der Entwicklung. Göttingen: Hogrefe

Hoff, Andeas (2006): Intergenerationale Familienbeziehungen im Wandel. In: Clemens Tesch-Römer; Heribert Engstler und Susanne Wurm (Hg.): Altwerden in Deutschland – Sozialer Wandel und individuelle Entwicklung in der zweiten Lebenshälfte. Wiesbaden: VS, 231-287

Höhn, Charlotte (1982): Der Familienzyklus. Zur Notwendigkeit einer Konzepterweiterung. Boppard: Boldt

Höhn, Charlotte (2007): Bevölkerungsforschung und demographischer Wandel - Zur politischen Würdigung der Demographie seit den 1970er Jahren. *Zeitschrift für Bevölkerungswissenschaft*, 32: ½, 73-98

Höhn, Charlotte und Dorbritz, Jürgen (1995): Zwischen Individualisierung und Institutionalisierung – Familiendemographische Trends im vereinten Deutschland. In: Bernhard Nauck und Corinna Onnen-Isemann (Hg.): Familie im Brennpunkt von Wissenschaft und Forschung. Neuwied: Luchterhand, 149-174

Höhn, Charlotte; Mammey, Ulrich und Schwarz, Karl (1980): Die demographische Lage in der Bundesrepublik Deutschland. *Zeitschrift für Bevölkerungswissenschaft*, 6, 2, 141-225

Holweg, Heike (2005): Methodologie der qualitativen Sozialforschung. Eine Kritik. Bern: Haupt

Hopf, Christel (2005): Frühe Bindungen und Sozialisation. Eine Einführung. Weinheim: Juventa

Hopf, Christel und Hartwig, Myriam (Hg.) (2001): Liebe und Abhängigkeit. Partnerschaftsbeziehungen junger Frauen. Weinheim: Juventa

Höpflinger, François und Hummel, Cornelia (2006): Grandchildren and their grandparents: Gender specific differences. *Zeitschrift für Gerontologie und Geriatrie*, 39, 33-40

Hördt, Olga (2006): Spitzenpositionen für Spitzenleistungen? Eine empirische Untersuchung geschlechtsspezifischer beruflicher Entwicklungsverläufe in einem Wirtschaftsunternehmen. Wiesbaden: DUV

Horkheimer, Max (Hg.) (1936): Studien über Autorität und Familie. Fünfter Band der Schriften des Instituts für Sozialforschung. Paris: Félix Alcan

Hovestadt, Gertrud und Eggers, Nicole (2007): Soziale Ungleichheit in der allgemein bildenden Schule. Ein Überblick über den Stand der empirischen Forschung unter Berücksichtigung berufsbildender Wege zur Hochschulreife und der Übergänge zur Hochschule. Studie im Auftrag der Hans Böckler-Stiftung

Howard, Ronald L. (1981): A social history of American family sociology 1865-1940. Edited by John Mogey. Westport: Greenwood Press

Howe, George W. und Reiss, David (1993): Simulation and experimentation in family research. In: Pauline G. Boss; William J. Doherty; Ralph LaRossa; Walter R. Schumm und Suzanne K. Steinmetz (eds.): Sourcebook of family theories and methods: A contextual approach. New York: Plenum Press, 303- 321

Howell, Cicely (1976): Peasant inheritance customs in the Midlands, 1280-1700. In: Jack Goody; Joan Thirsk und Edward P. Thompson (eds.): Family and inheritance. Rural society in Western Europe 1200–1800. Cambridge: Cambridge University Press, 112-155

Hox, Joop; Kreft, Ita und Hermkens, Piet (1991): The analysis of factorial surveys. *Sociological Methods & Research*, 19, 4, 493- 510

Hradil, Stefan (1987): Sozialstrukturanalyse in einer fortgeschrittenen Gesellschaft von Klassen und Schichten zu Lagen und Milieus. Opladen: Leske + Budrich

Hradil, Stefan (1992): Einleitung. In: Stefan Hradil (Hg.): Zwischen Bewußtsein und Sein. Die Vermittlung „objektiver" Lebensbedingungen und „subjektiver" Lebensweisen. Opladen: Leske + Budrich, 9-12

Hradil, Stefan (1995): Die ,Single-Gesellschaft'. München: Beck

Hradil, Stefan (2001): Soziale Ungleichheit in Deutschland. 8. Auflage. Opladen: Leske + Budrich

Hradil, Stefan (2003): Vom Leitbild zum „Leidbild" – Singles, ihre veränderte Wahrnehmung und der ,Wandel des Wertewandels'. *Zeitschrift für Familienforschung*, 15, 1, 38-54

Hradil, Stefan (2004): Die Sozialstruktur Deutschlands im internationalen Vergleich. Opladen: Leske + Budrich.

Hrdy, Sarah Blaffer (2002): Mutter Natur. Die weibliche Seite der Evolution. Berlin: Verlag

Huinink, Johannes (1989a): Das zweite Kind. Sind wir auf dem Weg zur Ein-Kind-Familie? *Zeitschrift für Soziologie*, 18, 3, 192-207

Huinink, Johannes (1989b): Mehrebenensystem-Modelle in den Sozialwissenschaften. Wiesbaden: DUV

Huinink, Johannes (1995): Warum noch Familie? Zur Attraktivität von Partnerschaft und Elternschaft in unserer Gesellschaft. Frankfurt am Main: Campus

Huinink, Johannes (1997): Elternschaft in der modernen Gesellschaft. In: Karl Gabriel; Alois Herlth und Klaus Peter Strohmeier (Hg.): Modernität und Solidarität. Konsequenzen gesellschaftlicher Modernisierung. Festschrift für Franz-Xaver Kaufmann. Freiburg: Herder, 79-90

Huinink, Johannes (1999): Die Entscheidung zur Nichtehelichen Lebensgemeinschaft als Lebensform – Ein Vergleich zwischen Ost- und Westdeutschland. In: Thomas Klein und Wolfgang Lauterbach (Hg.): Nichteheliche Lebensgemeinschaften. Analysen zum Wandel partnerschaftlicher Lebensformen. Opladen: Leske + Budrich, 113- 204

Huinink, Johannes (2002): Polarisierung der Familienentwicklung in europäischen Ländern im Vergleich. In: Norbert F. Schneider und Heike Matthias-Bleck (Hg.): Elternschaft heute. Gesellschaftliche Rahmenbedingungen und individuelle Gestaltungsaufgaben. Opladen: Leske + Budrich, 49-74

Huinink, Johannes (2005): Ostdeutschland auf dem Weg zur Ein-Kind-Familie. In: Christiane Dienel (Hg.): Abwanderung, Geburtenrückgang und regionale Entwicklung: Ursachen und Folgen des Bevölkerungsrückgangs in Ostdeutschland. Wiesbaden: VS, 231-246

Huinink, Johannes und Konietzka, Dirk (2007): Familiensoziologie. Eine Einführung. Frankfurt am Main: Campus

Huinink, Johannes und Kreyenfeld, Michaela (2006): Family formation in times of social and economic change: An analysis of the East German cohort 1971. In: Martin Diewald; Anne Goedicke und Karl-Ulrich Mayer (eds.): After the fall of the wall. Life courses in the transformation of East Germany. Stanford: Stanford University Press, 170-190

Huinink, Johannes und Röhler, H.K. Alexander (2005): Liebe und Arbeit in Partnerschaften. Würzburg: Ergon

Huinink, Johannes und Wagner, Michael (1998): Individualisierung und die Pluralisierung von Lebensformen. In: Jürgen Friedrichs (Hg.): Die Individualisierungsthese. Opladen: Westdeutscher Verlag, 85- 106

Hurrelmann, Klaus (2002): Einführung in die Sozialisationstheorien. 8. Auflage. Weinheim: Beltz

Huston, Ted L. (2000): The social ecology of marriage and other intimate unions. *Journal of Marriage and the Family*, 62, 2, 298-320

Ihle, Wolfgang; Esser, Günter; Schmidt, Martin und Blanz, Bernhard (2002): Die Bedeutung von Risikofaktoren des Kindes- und Jugendalters für psychische Störungen von der Kindheit bis ins frühe Erwachsenenalter. *Kindheit und Entwicklung,* 11, 4, 201-211

Ijzendoorn, Marinus H. van; Goldberg, Susan; Kroonenberg, Pieter und Frenkel, Oded (1992): The relative effects of maternal and child problems on the quality of attachment: A meta-analysis of attachment in clinical samples. *Child Development*, 63, 4, 840-858

Institut für Demoskopie Allensbach (2004): Einflussfaktoren auf die Geburtenrate. Ergebnisse einer Repräsentativbefragung der 18- bis 44-jährigen Bevölkerung. www-Dokument, http://www.gesis. org/Information/SowiNet/sowiPlus/Gesellschaft/Materialien/Allensbach.pdf (11.10.2007)

Jackson, James H. (1981): Overcrowding and family life: Working class families and the housing crisis in late nineteenth-century Duisburg. In: Richard Evans und Robert Lee (eds.): The German family. London: Croom Helm, 194-220

Jouvenel, Hugues de (2000): Futuribles - ein Gesamtkonzept der Zukunftsforschung. In: Karlheinz Steinmüller; Rolf Kreibich und Christoph Zöpel (Hg.): Zukunftsforschung in Europa. Ergebnisse und Perspektiven. Baden-Baden: Nomos, 55-67

Jungnitz, Ludger; Lenz, Hans-Joachim und Puchert, Ralf (2007): Gewalt gegen Männer. Personale Gewaltwiderfahrnisse von Männern in Deutschland. Leverkusen: Verlag Barbara Budrich

Kaa, Dirk J. van de (1987): Europe's second demographic transition. *Population Bulletin, 42*, 1, 1-57

Kaa, Dirk J. van de (2004): Is the Second Demographic Transition a useful research concept – Questions and answers. *Vienna Yearbook of Population Research 2004*, 4–10

Kaczynski, Karen; Lindahl, Kristin; Malik, Neena und Laurenceau, Jean-Philippe (2006): Marital conflict, maternal and paternal parenting, and child adjustment: A test of mediation. *Journal of Family Psychology*, 20, 2, 199-208

Kaitz, Marsha und Katzir, Daphna (2004): Temporal changes in the affective experience of new fathers and their spouses. *Infant Mental Health Journal*, 25, 6, 540-555

Kamerman, Sheila B. und Kahn, Alfred J. (1981): Child care, family benefits, and working parents: a study in comparative policy. New York: Columbia University Press

Kasten, Hartmut (1993): Geschwisterbeziehung, Band I. Göttingen: Hogrefe

Kasten, Hartmut (1994): Geschwister: Vorbilder, Rivalen, Vertraute. Berlin: Springer

Katz, Lynn F. und Gottman, John (1996): Spillover effects of marital conflict: In search of parenting and coparenting mechanisms. In: James P. McHale und Philip A. Cowan (eds.): Understanding how family-level dynamics affect children's development: Studies of two-parent families. San Francisco: Jossey-Bass, 57-76

Kaufmann, Franz-Xaver (1981): Elemente einer soziologischen Theorie sozialpolitischer Intervention. In: ders.: Staatliche Sozialpolitik und Familie. München: Oldenbourg, 49-86

Kaufmann, Franz-Xaver (1988): Familie und Modernität. In: Kurt Lüscher; Franz Schultheis und Michael Wehrspaun (Hg.): Die „postmoderne" Familie – Familiale Strategien und Familienpolitik in einer Übergangszeit. Konstanz: Universitätsverlag, 391-416

Kaufmann, Franz-Xaver (1993): Familienpolitik in Europa. In: Bundesministerium für Familie und Senioren: 40 Jahre Familienpolitik in der BRD: Rückblick/Ausblick, Festschrift. Neuwied: Luchterhand

Kaufmann, Franz-Xaver (1994): Läßt sich Familie als gesellschaftliches Teilsystem begreifen? In: Alois Herlth; Ewald Johannes Brunner; Hartmann Tyrell und Jürgen Kriz (Hg.): Abschied von der Normalfamilie? Partnerschaft kontra Elternschaft. Berlin: Springer, 42-63

Kaufmann, Franz-Xaver (1995): Die Zukunft der Familie im vereinten Deutschland. München: Beck

Kaufmann, Franz-Xaver (2005): Eine folgenreiche Verletzung der Generationengerechtigkeit: Zu wenig Kinder. In: Bernhard Nacke und Elisabeth Jünemann (Hg.): Der Familie und uns zuliebe. Für einen Perspektivenwechsel in der Familienpolitik? Mainz: Grünewald, 48-63

Kaufmann, Franz-Xaver (2007): Zum Verhältnis von Makrosoziologie und Mikrosoziologie der Familie in mehrebenenanalytischer Perspektive. In: Frank Lettke und Andreas Lange (Hg.): Generationen und Familien. Analysen-Konzepte-gesellschaftliche Spannungsfelder. Frankfurt am Main: Suhrkamp, 312-335

Kaufmann, Franz-Xaver; Kuijsten, Anton; Schulze, Hans-Joachim und Strohmeier, Klaus Peter (Hg.) (1997): Family life and family policies in Europe. Vol. 1: Structures and trends in the 1980s. Oxford: Clarendon Press

Kaufmann, Franz-Xaver; Kuijsten, Anton; Schulze, Hans-Joachim und Strohmeier, Klaus Peter (Hg.) (2002): Family life and family policies in Europe. Vol. 2: Problems and issues in comparative perspectives. Oxford: University Press

Kaufmann, Jean-Claude (1994): Schmutzige Wäsche. Zur ehelichen Konstruktion von Alltag. Konstanz: UVK

Kaufmann, Jean-Claude (2004): Der Morgen danach. Wie eine Liebesgeschichte beginnt. Konstanz: UVK

Kelley, Harold H. (1983): Love and commitment. In: Harold H. Kelley; Ellen Berscheid; Andrew Christensen; John H. Harvey; Ted L. Huston; George Levinger; Evie McClintock; Letitia Anne Peplan und Donald R. Peterson (eds.): Close relationships. New York: Freeman, 265-314

Kendziora, Kimberly T. und O'Leary, Susan G. (1993): Dysfunctional parenting as a focus for prevention and treatment of child behaviour problems. *Advances in Clinical Child Psychology*, 15, 175-206

Kenny, David A. (1996): Models on non-independence in dyadic research. *Journal of Social and Personal Relationships*, 13, 2, 279- 294

Kenny, David A. und Cook, William (1999): Partner effects in relationship research: Conceptional issues, analytic difficulties, and illustrations. *Personal Relationships*, 6, 4, 433- 448

Kentler, Helmut (1970): Die Wohngruppe. Eine neue Form des Zusammenlebens? In: Reinhold Ruthe (Hg.): Ist die Ehe überholt? Aspekte und Prognosen. München: Claudius Verlag, 115-125

Keppler, Angela (1994): Tischgespräche. Über Formen kommunikativer Vergemeinschaftung am Beispiel der Konversation in Familien. Frankfurt am Main: Suhrkamp

Kerestes, Gordana (2006): Birth order and maternal ratings of infant temperament. *Studia Psychologica,* 48, 2, 95-106

Kharkova, Tatiana L. und Andreev, Evgueny M. (2000): Did the economic crisis cause the fertility decline in Russia: Evidence from the 1994 microcensus. *European Journal of Population,* 16, 3, 211-233

Kinsey, Alfred C.; Pomeroy, Wardell B. und Martin, Clyde E. (1948): Sexual behavior in the human male. Philadelphia: Saunders

Kinsey, Alfred C.; Pomeroy, Wardell B.; Martin, Clyde E. und Gebhard, Paul H. (1953): Sexual behavior in the human female. Philadelphia: Saunders

Kirchler, Erich (1988): Marital happiness and interaction in everyday surroundings. A time-sample diary approach for couples. *Journal of Social and Personal Relationships*, 5, 3, 375-382

Klapisch-Zuber, Christiane (1995): Das Haus, der Name, der Brautschatz. Strategien und Rituale im gesellschaftlichen Leben der Renaissance. Frankfurt am Main: Campus

Klaus, Daniela und Steinbach, Anja (2002): Determinanten innerfamilialer Arbeitsteilung. Eine Betrachtung im Längsschnitt. *Zeitschrift für Familienforschung*, 14, 1, 21- 43

Kleemann, Frank; Krähnke, Uwe und Matuschek, Ingo (2008): Interpretative Sozialforschung. Eine Einführung in die Praxis des Interpretierens. Wiesbaden: VS

Klein, David M. und White, James M. (1996): Family theories. An introduction. Thousand Oaks: Sage

Klein, Thomas (1999): Pluralisierung versus Umstrukturierung am Beispiel partnerschaftlicher Lebensformen. *Kölner Zeitschrift für Soziologie und Sozialpsychologie*, 51, 3, 469-490

Klein, Thomas und Kopp, Johannes (1999): Die Mannheimer Scheidungsstudie. In: Thomas Klein und Johannes Kopp (Hg.): Scheidungsursachen aus soziologischer Sicht. Würzburg: Ergon, 11- 22

Klein, Thomas und Zimmermann, Gunter E. (1991): Zur ökonomischen Mobilität von Individuen und Familien. Determinanten und Armutsrisiken. In: Ulrich Rendtel und Gert Wagner (Hg.): Lebenslagen im Wandel. Zur Einkommensdynamik in Deutschland seit 1984. Frankfurt am Main: Campus, 437-456

Kleinbaum, David G. und Klein, Mitchel (2005): Survival analysis. A self-learning text. 2nd edition. Berlin: Springer

Klijzing, Erik (2005): Globalization and the early life course. A description of selected economic and demographic trends. In: Hans-Peter Blossfeld; Melinda Mills; Erik Klijzing und Karin Kurz (eds.): Globalisation, uncertainty and youth in society. London: Routledge, 25-49

Klocke, Andreas (2000): Methoden der Armutsmessung. Einkommens-, Unterversorgungs-, Deprivations- und Sozialhilfekonzept. *Zeitschrift für Soziologie*, 29, 4, 313-329

Klocke, Andreas (2006a): Armut im Kontext: Die Gesundheit und das Gesundheitsverhalten von Kindern und Jugendlichen in deprivierten Lebenslagen. *Zeitschrift für Soziologie der Erziehung und Sozialisation,* 26, 2, 158-170

Klocke, Andreas (2006b): Gesundheitsrelevante Verhaltensweisen im Jugendalter. Sozioökonomische, kulturelle und geschlechtsspezifische Einflussfaktoren im internationalen Vergleich. In: Claus Wendt und Christof Wolf (Hg.): Soziologie der Gesundheit. *Kölner Zeitschrift für Soziologie und Sozialpsychologie,* Sonderheft 46. Wiesbaden: VS, 198-223

Klocke, Andreas und Hurrelmann, Klaus (Hg.) (2001): Kinder und Jugendliche in Armut. Wiesbaden: Westdeutscher Verlag

Klocke, Andreas und Lipsmeier, Gero (2008): Determinanten der Gesundheit im Kindes- und Jugendalter. Eine Mehrebenenanalyse. In: Matthias Richter; Klaus Hurrelmann; Andreas Klocke; Wolfgang Melzer und Ulrike Ravens-Sieberer (Hg.): Determinanten der Gesundheit im Jugendalter. Ergebnisse des 2. Jugendgesundheitssurveys. Weinheim: Juventa, 231-254

Knab, Jean Tansey (2005): Cohabitation: Sharpening a fuzzy concept. Working Paper. Princeton: Center for Research on Child Wellbeing

Knab, Jean Tansey und McLanahan, Sara (2007): Measuring cohabitation: Does how, when and who you ask matter? In: Sandra L. Hofferth und Lynne M. Casper (eds.): Handbook of measurement issues in family research. Mawah: Lawrence Erlbaum, 19- 33

Knodel, John (1988): Demographic behavior in the past. A study of fourteen German village populations in the eighteenth and nineteenth centuries. Cambridge: Cambridge University Press

Knudsen, Lisbeth (1997): Denmark: the Land of the Vanishing Housewife. In: Franz-Xaver Kaufmann; Anton Kuijsten; Hans-Joachim Schulze und Klaus Peter Strohmeier (Hg.): Family life and family policies in Europe. Vol. 1: Structures and trends in the 1980s. Oxford: Clarendon Press, 12-48

Kobak, R. Rogers; Cole, Holland E.; Ferenz-Gillies, Rayanne und Fleming, William (1993): Attachment and emotion regulation during mother-teen problem solving: A control theory analysis. *Child Development,* 64, 1, 231-245

Kohler, Hans-Peter; Billari, Francesco und Ortega, José Antonio C. (2002): The emergence of lowest-low fertility in Europe during the 1990s. *Population and Development Review* 28, 4, 641-680

Kohli, Martin und Szydlik Mark (Hg.) (2000): Generationen in Familie und Gesellschaft, Opladen: Leske + Budrich

Komarovsky, Mirra und Waller, Willard (1945): Studies of the family. *American Journal of Sociology,* 50, 6, 443- 451

Konietzka, Dirk und Huinink, Johannes (2003): Die De-Standardisierung einer Statuspassage? Zum Wandel des Auszugs aus dem Elternhaus und des Übergangs in das Erwachsenenalter in Westdeutschland. *Soziale Welt,* 54, 3, 285-312

Konietzka, Dirk und Kreyenfeld, Michaela (2002): Women's employment and non-marital childbearing: A comparison between East and West Germany in the 1990s. *Population,* 57, 2, 331-358

Konietzka, Dirk und Kreyenfeld, Michaela (2005a): Nichteheliche Mutterschaft und soziale Ungleichheit. Zur sozioökonomischen Differenzierung der Familienformen in Ost- und Westdeutschland. *Kölner Zeitschrift für Soziologie und Sozialpsychologie,* 57, 1, 32-61

Konietzka, Dirk und Kreyenfeld, Michaela (2005b): Nichteheliche Mutterschaft und soziale Ungleichheit. Zur sozioökonomischen Differenzierung der Familienformen in Ost- und Westdeutschland. Rostock: Max Planck Institute for Demographic Research, Working Paper

Konietzka, Dirk und Kreyenfeld, Michaela (Hg.) (2007): Ein Leben ohne Kinder. Kinderlosigkeit in Deutschland. Wiesbaden: VS

König, René (1946): Materialien zur Soziologie der Familie. Bern: Francke

König, René (1966): Alte Probleme und neue Fragen in der Familiensoziologie. *Kölner Zeitschrift für Soziologie und Sozialpsychologie*, 18, 1, 1-20

König, René (1969): Soziologie der Familie. In: René König (Hg.): Handbuch der empirischen Sozialforschung. Band 2. Stuttgart: Enke, 172-305

König, René (1974): Die Familie der Gegenwart. München: Beck

König, René (1976): Soziologie der Familie. In: René König und Leopold Rosenmayr (Hg.): Handbuch zur empirischen Sozialforschung. Band 7: Familie – Alter. 2. Auflage. Stuttgart: Enke, 1- 217

König, René (Hg.) (1958): Soziologie. Das Fischer-Lexikon. Frankfurt am Main: Fischer

Konsortium Bildungsberichterstattung im Auftrag der Ständigen Konferenz der Kultusminister der Länder in der Bundesrepublik Deutschland und des Bundesministeriums für Bildung und Forschung (Hg.) (2006): Bildung in Deutschland. Ein indikatorengestützter Bericht mit einer Analyse zu Bildung und Migration. Bielefeld: Bertelsmann

Kopp, Johannes (1997): Methodische Probleme der Familienforschung. Zu den praktischen Schwierigkeiten bei der Durchführung einer empirischen Untersuchung. Studienbücher zur quantitativen und qualitativen Wirtschafts- und Sozialforschung. Band 5. Frankfurt am Main: Campus

Koppetsch, Cornelia (2001): Die Pflicht zur Liebe und das Geschenk der Partnerschaft: Paradoxien in der Praxis von Paarbeziehungen. In: Johannes Huinink; Klaus Peter Strohmeier und Michael Wagner (Hg.): Solidarität in Partnerschaft und Familie. Zum Stand familiensoziologischer Theoriebildung. Würzburg: Ergon, 219-239

Koppetsch, Cornelia und Burkart, Günter, unter Mitarbeit von Maier, Maja S. (1999): Die Illusion der Emanzipation. Zur Wirksamkeit latenter Geschlechtsnormen im Milieuvergleich. Konstanz: UVK

Kreyenfeld, Michaela (2002): Parity specific birth rates for West Germany – An attempt to combine survey data and vital statistics. *Zeitschrift für Bevölkerungswissenschaft,* 27, 3, 327-357

Kreyenfeld, Michaela (2003): Crisis or adaption – reconsidered: a comparison of East and West German fertility patterns in the first six years after the Wende. *European Journal of Population*, 19, 3, 303-329

Kreyenfeld, Michaela (2004): Fertility in the FRG and the GDR. *Demographic Research* (Special Collection) S3, 11, 276-318

Kreyenfeld, Michaela (2007a): Das zweite Kind in Ostdeutschland: Aufschub oder Verzicht? In: Rembrandt Scholz und Marc Luy (Hg.): Die Bevölkerung in Ost- und Westdeutschland: demographische und ökonomische Aspekte 15 Jahre nach der Wende. Wiesbaden: DUV

Kreyenfeld, Michaela (2007b): Bildungsspezifische Unterschiede im Geburtenverhalten in Ost- und Westdeutschland. In: Eva Barlösius und Daniela Schiek (Hg.): Demographisierung des Gesellschaftlichen: Analysen und Debatten zur demographischen Zukunft Deutschlands. Wiesbaden: VS, 83-112

Kreyenfeld, Michaela und Geisler, Esther (2006): Müttererwerbstätigkeit in Ost- und Westdeutschland. Eine Analyse mit den Mikrozensen 1991-2002. *Zeitschrift für Familienforschung,* 18, 3, 333-357

Kreyenfeld, Michaela und Konietzka, Dirk (2007): Die Analyse von Kinderlosigkeit in Deutschland: Dimensionen - Daten - Probleme. In: Dirk Konietzka und Michaela Kreyenfeld (Hg.): Ein Leben ohne Kinder. Kinderlosigkeit in Deutschland. Wiesbaden: VS, 11-41

Kreyenfeld, Michaela; Konietzka, Dirk; Geisler, Esther und Böhm Sebastian (2007): Gibt es eine zunehmende bildungsspezifische Polarisierung der Erwerbsmuster von Frauen? Analysen auf Basis der Mikrozensen 1976-2004. Rostock: MPIDR Working Paper

Kriedte, Peter (1992): Eine Stadt am seidenen Faden: Haushalt, Hausindustrie und soziale Bewegung in Krefeld in der Mitte des 19. Jahrhunderts. 2. Auflage. Göttingen: Vandenhoeck & Ruprecht

Krishnakumar, Ambika und Buehler, Cheryl (2000): Interparental conflict and parenting behaviors: A meta-analytic review. *Family Relations*, 49, 1, 25–44

Kuijsten, Anton (2002): Variation and Change in the Forms of Private Life in the 1980s. In: Franz-Xaver Kaufmann; Anton Kuijsten; Hans-Joachim Schulze und Klaus Peter Strohmeier (Hg.): Family life and family policies in Europe. Vol. 2: Problems and issues in comparative perspective. Oxford: University Press, 19-68

Kuijsten, Anton und Schulze, Hans-Joachim (1997): The Netherlands: the Latent Family. In: Franz-Xaver Kaufmann; Anton Kuijsten; Hans-Joachim Schulze und Klaus Peter Strohmeier (Hg.): Family life and family policies in Europe. Vol. 1: Structures and trends in the 1980s. Oxford: Clarendon Press, 253-301

Künemund, Harald (2002): Die „Sandwich-Generation" – typische Belastungskonstellation oder nur gelegentliche Kumulation von Erwerbstätigkeit, Pflege und Kinderbetreuung? *Zeitschrift für Soziologie der Erziehung und Sozialisation,* 22, 4, 344-361

Künzler, Jan; Walter Wolfgang.; Reichart, Elisabeth und Pfister, Gerd (2001): Gender division of labour in unified Germany. Tilburg: Tilburg University Press

Kurdek, Lawrence A. (2007): The allocation of household labor by partners in gay and lesbian couples. *Journal of Family Issues*, 28, 1, 132-148

Laslett, Peter (1972): Mean household size in England since the 16th century. In: ders. und Richard Wall (eds.): Household and family in past time. Cambridge: Cambridge University Press, 125-158

Lauterbach, Wolfgang (1999): Die Dauer Nichtehelicher Lebensgemeinschaften. In: Thomas Klein und Wolfgang Lauterbach (Hg.): Nichteheliche Lebensgemeinschaften. Analysen zum Wandel partnerschaftlicher Lebensformen. Opladen: Leske + Budrich, 269- 308

Lauterbach, Wolfgang (2004): Die multilokale Mehrgenerationenfamilie - Zum Wandel der Familienstruktur in der zweiten Lebenshälfte. Würzburg: Ergon

LBS-Initiative Junge Familien (Hg.) (2003): Familien-Studie „Übergang zur Elternschaft". Report 1/2003, Konsequenzen sozialer und ökonomischer Benachteiligung. www-Dokument, http://www.lbs.de/west/die-lbs/initiative-junge-familie/veroeffentlichungen/report1-03, (11.10.2007)

Le Play, P. G. Fréderic (1855): Les ouvriers européens, études sur les travaux, la vie domestique et la condition morale des populations ouvrières de l'Europe, précédées d'un exposé de la méthode d'observation, 6 Bände. Paris

Lee, Gary R. und Haas, Linda (1993): Comparative research methods in family research. In: Pauline G. Boss; William J. Doherty; Ralph LaRossa; Walter R. Schumm und Suzanne K. Steinmetz (eds.): Sourcebook of family theories and methods: A contextual approach. New York: Plenum Press, 117- 131

Leibenstein, Harvey (1957): Economic backwardness and economic growth: Studies in the theory of economic development. New York: Wiley

Lengerer, Andrea; Janßen, Andrea und Bohr, Jeanette (2007): Familiensoziologische Analysepotenziale des Mikrozensus. *Zeitschrift für Familienforschung*, 19, 2, 186-209

Lenz, Karl (1998): Soziologie der Zweierbeziehung, Opladen: Westdeutscher Verlag

Lenz, Karl (2003): Familie - Abschied von einem Begriff? *Erwägen Wissen Ethik* (vormals Ethik und Sozialwissenschaften), 14, 3, 485-498

Lesthaeghe, Ron J. (1980): On the social control of human reproduction. *Population Development Review,* 6, 4, 527-548

Lesthaeghe, Ron J. (1992): Der zweite demographische Übergang in den westlichen Ländern – Eine Deutung. *Zeitschrift für Bevölkerungswissenschaft,* 18, 3, 313-354

Lettke, Frank (Hg.) (2003): Erben und Vererben – Gestaltung und Regulation von Generationenbeziehungen. Konstanz: UVK

Lewis, Jane (1992): Gender and the development of welfare regimes. *Journal of European Social Policy,* 2, 3, 159-173

Lewis, Jane (2001): The decline of the male breadwinner model: Implications for work and care. *Social Politics,* 8, 2, 152-169

Lewis, Robert A. und Spanier, Graham B. (1979): Theorizing about the quality and stability of marriage. In: Wesley R. Burr; Reuben Hill; Ivan F. Nye und Ira L. Reiss (eds.): Contemporary theories about the family. Vol. I. New York: Free Press, 268-294

Lieberson, Stanley (1969): Measuring Population Diversity. *American Sociological Review,* 34, 6, 850-862

Limbach, Jutta (1988): Die Entwicklung des Familienrechts seit 1949. In: Rosemarie Nave-Herz (Hg.): Wandel und Kontinuität der Familie in der Bundesrepublik Deutschland. Stuttgart: Enke, 11-35

Limmer, Ruth (2005): Berufsmobilität und Familie in Deutschland. *Zeitschrift für Familienforschung,* 17, 1, 8-26

Long, Scott J. (1997): Regression models for categorical and limited dependent variables. Thousand Oaks: Sage

Longest, Kyle C. und Shanahan, Michael J. (2007): Adolescent work intensity and substance use: The mediational and moderational role of parenting. *Journal of Marriage and the Family,* 69, 3, 703- 720

Luhmann, Niklas (1983): Lob der Routine. In: ders.: Politische Planung. Aufsätze zur Soziologie von Politik und Verwaltung. 3. Auflage. Opladen: Westdeutscher Verlag, 113-142

Lüscher, Kurt (1985): Moderne familiale Lebensformen als Herausforderung der Soziologie. In: Burkart Lutz (Hg.): Soziologie und gesellschaftliche Entwicklung. Verhandlungen des 22. Deutschen Soziologentages in Dortmund 1984. Frankfurt am Main: Campus, 110-127

Lüscher, Kurt und Liegle, Ludwig (2003): Generationenbeziehungen in Familie und Gesellschaft. Konstanz: UVK

Lüscher, Kurt; Schultheis, Franz und Wehrspaun, Michael (Hg.) (1988): Die „postmoderne" Familie. Familiale Strategien und Familienpolitik in einer Übergangszeit. Konstanz: UVK

Lüscher, Kurt; Wehrspaun, Michael und Lange, Andreas (1989): Begriff und Rhetorik von Familie. *Zeitschrift für Familienforschung,* 1, 2, 61-76

Maccoby, Eleanor (1992): The role of parents in the socialization of children: An historical overview. *Developmental Psychology,* 28, 4, 1006-1017

Maccoby, Eleanor und Martin, John A. (1983): Socialization in the context of the family. In: E. Mavis Hetherington und Paul Henry Mussen (eds.): Handbook of child psychology, Vol. 4: Socialization, personality and social development. New York: Wiley, 1-102

Macfarlane, Alan (1978): The origins of English individualism. The family, property and social transition. Oxford: Blackwell

Macfarlane, Alan (1986): Marriage and love in England. Modes of reproduction 1300–1840. Oxford: Blackwell

Macklin, Eleanor D. (1980): Nontraditional family forms: A decade of research. *Journal of Marriage and the Family,* 42, 4, 905-922

Maguire, Mary C. (1999): Treating the dyad as the unit of analysis: A primer on three analytic approaches. *Journal of Marriage and the Family,* 61, 1, 213- 223

Main, Mary (1996): Introduction to the special section on attachment and psychopathology: 2. Overview of the field of attachment. *Journal of Consulting and Clinical Psychology,* 64, 2, 237-243

Maneker, Jerry S. und Rankin, Robert P. (1985): Education, age at marriage, and marital duration: Is there a relationship? *Journal of Marriage and the Family,* 47, 3, 675-683

Manning, Wendy D.; Longmore, Monica A. und Giordano, Peggy C. (2007): The changing institution of marriage: Adolescents' expectations to cohabit and to marry. *Journal of Marriage and the Family,* 69, 3, 559- 575

Manning, Wendy D. und Smock, Pamela J. (2005): Measuring and modeling cohabitation: New perspectives from qualitative data. *Journal of Marriage and the Family*, 67, 4, 989- 1002

Marbach, Jan H. (2003): Familiale Lebensformen im Wandel. In: Walter Bien und Jan Marbach (Hg.) Partnerschaft und Familiengründung. Ergebnisse der dritten Welle des Familien-Surveys. DJI: Familien-Survey 11. Opladen: Leske + Budrich, 141-187

Matjasko, Jennifer L.; Grunden, Leslies N. und Ernst, Jody L. (2007): Structural and dynamic process family risk factors: Consequences for holistic adolescent functioning. *Journal of Marriage and the Family*, 69, 3, 654- 674

Matthias-Bleck, Heike (1997): Warum noch Ehe? Erklärungsversuche der kindorientierten Eheschließung. Bielefeld: Kleine

Matthias-Bleck, Heike (2005): Die gesellschaftliche Etablierung der nichtehelichen Lebensgemeinschaft. In: Friedrich W. Busch und Rosemarie Nave-Herz (Hg.): Familie und Gesellschaft: Beiträge zur Familienforschung. Oldenburg: BIS, 53-76

Matz, Klaus-Jürgen (1980): Pauperismus und Bevölkerung. Die gesetzlichen Ehebeschränkungen in den Süddeutschen Staaten während des 19. Jahrhunderts. Stuttgart: Klett-Cotta

Mau, Steffen (1994): Der demographische Wandel in den neuen Bundesländern. Familiengründung nach der Wende: Aufschub oder Verzicht? *Zeitschrift für Familienforschung*, 6, 3, 197-220

Mayer, Karl Ulrich (1990): Lebensverläufe und sozialer Wandel. In: Karl Ulrich Mayer (Hg.): Lebensverläufe und sozialer Wandel. *Kölner Zeitschrift für Soziologie und Sozialpsychologie*. Sonderheft 31. Opladen: Westdeutscher Verlag, 7- 21

Mayer, Karl Ulrich (1995): Gesellschaftlicher Wandel, Kohortenungleichheit und Lebensverläufe. In: Peter A. Berger und Peter Sopp (Hg.): Sozialstruktur und Lebenslauf. Opladen: Leske + Budrich, 27- 47

Mayer, Karl Urlich und Huinink, Johannes (1990): Alters-, Perioden- und Kohorteneffekte in der Analyse von Lebensverläufen oder: Lexis ade? In: Karl Ulrich Mayer (Hg.): Lebensverläufe und sozialer Wandel. *Kölner Zeitschrift für Soziologie und Sozialpsychologie*. Sonderheft 31. Opladen: Westdeutscher Verlag, 442-459

McRae, Susan (1990): Women and class analysis. In: John H. Goldthorpe und Jon Clark (eds.): Consensus and controversy. London: Falmer Press, 117-133

Meiners, Uwe (1987): Wandel von Wohnstrukturen und Wohnfunktionen in städtischen Haushalten vom 17. bis 19. Jahrhundert. In: Peter-Johannes Schuler (Hg.): Die Familie als sozialer und historischer Verband. Untersuchungen zum Spätmittelalter und zur frühen Neuzeit. Sigmaringen: Thorbecke, 187-202

Menaghan, Elizabeth und Godwin, Deborah D. (1993): Longitudinal research methods and family theories. In: Pauline G. Boss; William J. Doherty; Ralph LaRossa; Walter R. Schumm und Suzanne K. Steinmetz (eds.): Sourcebook of family theories and methods: A contextual approach. New York: Plenum Press, 259- 274

Merton, Robert K. (1968): Social theory and social structure. Enlarged edition. New York: Free Press.

Merton, Robert K. (1971): Social Problems and Sociological Theory. In: Robert K. Merton und Robert A. Nisbet (eds.): Contemporary social problems. New York: Harcourt, 793-845

Meyer, Sibylle und Schulze, Eva (1983): Nichteheliche Lebensgemeinschaften – Alternativen zur Ehe? Eine internationale Datenübersicht. *Kölner Zeitschrift für Soziologie und Sozialpsychologie*, 35, 4, 735-754

Meyer, Thomas (1992): Modernisierung der Privatheit. Differenzierungs- und Individualisierungsprozesse des familialen Zusammenlebens. Opladen: Westdeutscher Verlag

Meyer, Thomas (1993): Der Monopolverlust der Familie. Vom Teilsystem Familie zum Teilsystem privater Lebensformen. *Kölner Zeitschrift für Soziologie und Sozialpsychologie*, 45, 1, 23-40

Meyers, Diana Tietjens (2001): The rush to motherhood – Pronatalist discourse and women's autonomy. *SIGNS,* 26, 3, 735-773

Meyers, Marcia K.; Gornick, Janet C. und Ross, Kathrin E. (1999): Public childcare, parental leave, and employment. In: Diane Sainsbury (ed.): Gender and welfare state regimes. Oxford: Oxford University Press, 117-146

Mills, Melinda (2000): The transformation of partnerships. Canada, the Netherlands, and the Russian Federation in the age of modernity. Amsterdam: Thela Thesis Population Studies Series

Mills, Melinda und Blossfeld, Hans-Peter (2005): Globalization, uncertainty and changes in early life courses. In: Hans-Peter Blossfeld; Erik Klijzing und Melinda Mills (eds.): Globalization, uncertainty and youth in society. New York: Routledge, 1-24

Mincer, Jacob und Polachek, Solomon (1974): Family investments in human capital: Earnings of women. *Journal of Political Economy,* 82, 2, 76-108

Mitterauer, Michael (1979a): Zur familienbetrieblichen Struktur im zünftischen Handwerk. In: ders.: Grundtypen alteuropäischer Sozialformen. Haus und Gemeinde in vorindustriellen Gesellschaften. Stuttgart-Bad Cannstatt: Fromann-Holzboog, 98-122

Mitterauer, Michael (1979b): Vorindustrielle Familienformen. Zur Funktionsentlastung des ganzen Hauses im 17. und 18. Jahrhundert. In: ders.: Grundtypen alteuropäischer Sozialformen. Haus und Gemeinde in vorindustriellen Gesellschaften, Stuttgart-Bad Cannstatt: Fromann-Holzboog, 35-97

Mitterauer, Michael (1983): Ledige Mütter. Zur Geschichte illegitimer Geburten in Europa. München: Beck

Mitterauer, Michael (2003): Mittelalter. In: Andreas Gestrich; Jens-Uwe Krause und Michael Mitterauer: Geschichte der Familie. Stuttgart: Kröner, 160-363

Mitterauer, Michael und Sieder, Reinhard (1977): Vom Patriarchat zur Partnerschaft: Zum Strukturwandel der Familie. München: Beck

Moggi, Franz (2005): Folgen von Kindesmisshandlung. In: Günther Deegener und Wilhelm Körner (Hg.): Kindesmisshandlung und Vernachlässigung. Ein Handbuch. Göttingen: Hogrefe, 94-103

Morgan, Lewis H. (1966) [1871]: Systems of consanguinity and affinity of the human family. Oosterhout: Anthropological Publications

Morgan, Lewis H. (1987) [1877]: Die Urgesellschaft. Untersuchungen über den Fortschritt der Menschheit aus der Wildheit durch die Barbarei zur Zivilisation. Nachdruck der Ausgabe von 1908. Wien: Promedia

Mühling, Tanja; Rost, Harald; Rupp, Marina und Schulz, Florian (2006): Kontinuität trotz Wandel. Die Bedeutung traditioneller Familienleitbilder für die Berufsverläufe von Müttern und Vätern. Weinheim: Juventa

Müller, Hans-Peter (2003): Hauptwerke der Ungleichheitsforschung. Wiesbaden: Westdeutscher Verlag

Münnich, Margot und Krebs, Thomas (2002): Ausgaben für Kinder in Deutschland. Berechnungen auf der Grundlage der Einkommens- und Verbrauchsstichprobe 1998. *Wirtschaft und Statistik,* 12, 1080-1099

Murdock, George Peter (1949): Social structure. New York: Free Press

Nadolny, Sten (2003): Ullsteinroman. München: Ullstein

National Institute of Childhealth and Human Development (NICHD) (1999): Early child care research network: Child care and mother-child interaction in the first 3 years of life. *Developmental Psychology,* 35, 6, 1399-1413

Nauck, Bernhard und Schönpflug, Ute (1997): Familie in verschiedenen Kulturen. Stuttgart: Enke

Nave-Herz, Rosemarie (1988): Wandel und Kontinuität der Familie in der Bundesrepublik Deutschland. Stuttgart: Enke

Nave-Herz, Rosemarie (1997): Pluralisierung familialer Lebensformen – ein Konstrukt der Wissenschaft? In: Laszlo A. Vaskovics (Hg.): Familienleitbilder und Familienrealitäten. Opladen: Leske + Budrich, 36- 49

Nave-Herz, Rosemarie (1998): Die These über den „Zerfall der Familie". In: Jürgen Friedrichs; Mario Rainer Lepsius und Karl Ulrich Mayer (Hg.): Die Diagnosefähigkeit der Soziologie. *Kölner Zeitschrift für Soziologie und Sozialpsychologie.* Sonderheft 38. Opladen: Westdeutscher Verlag, 286-315

Nave-Herz, Rosemarie (1999): Die nichteheliche Lebensgemeinschaft als Beispiel gesellschaftlicher Differenzierung. In: Thomas Klein und Wolfgang Lauterbach (Hg.): Nichteheliche Lebensgemeinschaften. Analysen zum Wandel partnerschaftlicher Lebensformen. Opladen: Leske + Budrich, 37-59

Nave-Herz, Rosemarie (2004): Ehe- und Familiensoziologie. Eine Einführung in Geschichte, theoretische Ansätze und empirische Befunde. Weinheim: Juventa

Nave-Herz, Rosemarie (2007a): Familie heute. Wandel der Familienstrukturen und Folgen für die Erziehung. 2. Auflage. Darmstadt: Wissenschaftliche Buchgesellschaft

Nave-Herz, Rosemarie (2007b): Die soziologische Relevanz von Vererbungspraktiken in Deutschland. *Gesellschaft, Wirtschaft, Politik,* 56, 4, 505-516

Nazio, Tiziana und Blossfeld, Hans-Peter (2003): The diffusion of cohabitation among young women in West Germany, East Germany and Italy. *European Journal of Population,* 19, 1, 47-82

Neidhardt, Friedhelm (1970): Die Familie in Deutschland. Opladen: Leske

Neusser, Klaus (2006): Zeitreihenanalyse in den Wirtschaftswissenschaften. Wiesbaden: Teubner

Neyer, Franz J. (1998): Zum Umgang mit dyadischen Daten: Neue Methoden für die Sozialpsychologie. *Zeitschrift für Sozialspychologie,* 29, 4, 291- 306

Neyer, Franz J. (1999): Die Persönlichkeit junger Erwachsener in verschiedenen Lebensformen. *Kölner Zeitschrift für Soziologie und Sozialpsychologie,* 51, 3, 491-508

Niedersächsisches Ministerium für Frauen, Arbeit und Soziales zusammen mit dem Deutschen Kinderschutzbund Landesverband Niedersachsen e. V. (Hg.) (2002): Kindesvernachlässigung. Erkennen, Beurteilen, Handeln. Hannover: Eigenverlag

Niemeyer, Frank und Voit, Hermann (1995): Lebensformen der Bevölkerung 1993. *Wirtschaft und Statistik,* 6, 437-445

Niephaus, Yasemin (2002): Der Geburteneinbruch in Ostdeutschland. Eine Chance für die bundesdeutsche Familienpolitik. Opladen: Leske + Budrich

Niephaus, Yasemin (2003): Der Geburteneinbruch in Ostdeutschland nach 1990: Staatliche Regulierung generativen Handelns. Opladen: Leske + Budrich

Nock, Steven L. (1987): Sociology of the family. Englewood Cliffs: Prentice-Hall

Nock, Steven L. (1998): Marriage in men's lives. Oxford: Oxford University Press

Noriko, Shimizu (2004): Identity development of pre- and post-empty nest women. *Japanese Journal of Developmental Psychology,* 15, 1, 52-64

Nöthen, Manuela (2005): Von der „traditionellen Familie" zu „neuen Lebensformen". *Wirtschaft und Statistik,* 1, 25-40

Obertreis, Gesine (1986): Familienpolitik in der DDR 1946-1980. Opladen: Leske + Budrich

OECD (2001): OECD Employment Outlook. June, Paris: OECD

OECD (2005): Society at a glance: OECD social indicators 2005 edition. Paris: OECD

Oerter, Rolf und Montada, Leo (1998): Entwicklungspsychologie. Weinheim: Psychologie Verlags Union

Okin, Susan Moller (1989): Justice, gender, and the family. New York: Basic Books

Olson, David H.; McCubbin, Hamilton I.; Barnes, Howard; Larsen, Andrea; Muxen, Marla und Wilson, Marc (1989): Families. What makes them work. Updated edition. Newbury Park: Sage

Oppenheimer, Valery K. (1988): A theory of marriage timing. *American Journal of Sociology*, 94, 3, 563-591

Oppenheimer, Valery K. (1997): Women´s employment and the gain to marriage: The specialization and trading model. *Annual Review of Sociology*, 23, 431-453

Orel, Nancy Ann (2000): A qualitative analysis of grandchildren's experiences when the grandparent-grandchildren relationship is embedded in a caregiving environment. Dissertation Abstracts International Section A: Humanities and Social Sciences, 60/07, 2387- 2776

Orloff, Ann Shola (1993): Gender and the social rights of citizenship: The comparative analysis of gender relations and welfare states. *American Sociological Review*, 58, 3, 303-328

Osmond, Marie Withers und Thorne, Barrie (1993): Feminist theories. The social construction of gender in families and society. In: Pauline G. Boss; William J. Doherty; Ralph LaRossa; Walter R. Schumm und Suzanne K. Steinmetz (eds.): Sourcebook of family theories and methods. A contextual approach. New York: Plenum Press, 591-623

Ostner, Ilona (1999): Ehe oder Familie - Konvention oder Sonderfall. Ursachen, Probleme und Perspektiven des Wandels der Lebensformen. *Zeitschrift für Familienforschung*, 11, 1, 32-51

Ostner, Ilona und Schmitt, Christoph (2008): Introduction. In: dies. (Hg.): Family policies in the context of family change – The nordic countries in comparative perspective. *Zeitschrift für Familienforschung*. Sonderheft 6. Wiesbaden: VS, 9-35

Otis-Cour, Leah (2000): Lust und Liebe. Geschichte der Paarbeziehungen im Mittelalter. Frankfurt am Main: Fischer

Ott, Notburga (1989): Familienbildung und familiale Entscheidungsfindung aus verhandlungstheoretischer Sicht. In: Gert Wagner; Notburga Ott und Hans-Joachim Hoffmann-Nowotny (Hg.): Familienbildung und Erwerbstätigkeit im demographischen Wandel. Berlin: Springer, 97-116

Owen, Claire J. (2005): The empty nest transition: The relationship between attachment style and women's use of this period as a time for growth and change. Dissertation Abstracts International: Section B: The Sciences and Engineering, 65/07, 3747-3878

Padilla-Walker, Laura M. (2007): Characteristics of mother-child interactions related to adolescents' positive values and behaviours. *Journal of Marriage and the Family*, 69, 3, 675- 686

Parsons, Talcott (1955): The American family: Its relations to personality and the social structure. In: ders. und Robert F. Bales (eds.): Family, socialization and interaction process. New York: Free Press, 3-33

Parsons, Talcott (1964): Beiträge zur soziologischen Theorie. Neuwied: Luchterhand

Parsons, Talcott und Bales, Robert F. (1955): Family, socialization and interaction process. New York: Free Press

Pateman, Carole (1988): The patriarchal welfare state. In: Amy Gutmann (ed.): Democracy and the welfare state. Princeton: Princeton University Press, 231-260

Peet, Robert K. (1974): The measurement of species diversity. *Annual Review of Ecology and Systematics*, 5, 285-307

Perren, Sonja; Von Wyl, Agnes; Burgin, Dieter; Simoni, Heidi und von Klitzing, Kai (2005): Intergenerational transmission of marital quality across the transition to parenthood. *Family Process*, 44, 4, 441-459

Pesonen, Anu K.; Raikkonen, Katri; Keltikangas, Jarvinen Liisa; Strandberg, Timo und Jarvenpaa, Anna-Liisa (2003): Parental perception of infant temperament: Does parents' joint attachment matter*? Infant Behavior and Development*, 26, 2, 167-182

Peters, Elizabeth H. (1988): Retrospective versus panel data in analyzing lifecycle events. *The Journal of Human Resources*, 23, 4, 488- 513

Petzold, Matthias (1991): Paare werden Eltern. Eine familienpsychologische Längsschnittstudie. München: Quintessenz

Petzold, Matthias (1999): Entwicklung und Erziehung in der Familie. Familienentwicklungspsychologie im Überblick. Baltmannsweiler: Schneider

Peuckert, Rüdiger (1991): Familienformen im sozialen Wandel. Opladen: Leske + Budrich

Peuckert, Rüdiger (2005): Familienformen im sozialen Wandel, 6. Auflage. Wiesbaden: VS

Peuckert, Rüdiger (2007): Die Ehe – ein Auslaufmodell? *Gesellschaft, Wirtschaft, Politik*, 56, 1, 39-50

Pfeiffer, Christian; Wetzels, Peter und Enzmann, Dirk (1999): Innerfamiliäre Gewalt gegen Kinder und Jugendliche und ihre Auswirkungen. Forschungsbericht Nr. 80 des Kriminologischen Forschungsinstitut Niedersachsen. Hannover: Eigenverlag

Phillips, Roderick (1988): Putting asunder. A history of divorce in western society. Cambridge: Cambridge University Press

Pint, Barbara (2000): Geschwisterforschung. In: Hartmut Werneck und Sonja Rohrer-Werneck (Hg.): Psychologie der Familie. Theorien, Konzepte, Anwendungen. Wien: Universitätsverlag, 95-102

Popenoe, David (1988): Disturbing the nest. Family change and decline in modern societies. New York: Aldine de Gruyter

Postman, Neil (1983): Das Verschwinden der Kindheit. Frankfurt am Main: Fischer

Preston, Samuel H.; Heuveline, Patrick und Guillot, Michel (2001): Demography: Measuring and modeling population processes. Oxford: Blackwell Publishers

Price, Mickey J. (2004): Young couples' experience of change in their marital relationship across the transition to parenthood. Dissertation Abstracts International: Section B: The Sciences and Engineering, 64/08, 4057-4264

Prokop, Ulrike (1976): Weiblicher Lebenszusammenhang. Von der Beschränktheit der Strategien und der Unangemessenheit der Wünsche. Frankfurt am Main: Suhrkamp

Proulx, Christine M.; Helms, Heather M. und Buehler, Cheryl (2007): Marital quality and personal well-being: A meta-analysis. *Journal of Marriage and the Family*, 69, 3, 576- 593

Putnam, Robert D. (1995): Bowling alone. America´s declining social capital. *Journal of Democracy*, 6, 1, 65-78

Reichle, Barbara (2002): Partnerschaftsentwicklung junger Eltern: Wie sich aus der Bewältigung von Lebensveränderungen Probleme entwickeln. In: Norbert F. Schneider und Heike Matthias-Bleck (Hg.): Elternschaft heute. Gesellschaftliche Rahmenbedingungen und individuelle Gestaltungsaufgaben. *Zeitschrift für Familienforschung*. Sonderheft 2. Opladen: Leske + Budrich, 75-93

Reif, Heinz (1979): Westfälischer Adel 1770 - 1860. Vom Herrschaftsstand zur regionalen Elite. Göttingen: Vandenhoeck & Ruprecht

Riehl, Wilhelm Heinrich (1855): Die Familie. Die Naturgeschichte des Volkes als Grundlage einer deutschen Social-Politik, Band. 3. Stuttgart: Cotta

Riehl, Wilhelm Heinrich (1978) [1855]: Die Familie ein Heiligtum. In: Franz Filser: Einführung in die Familiensoziologie: Mit Quellentexten. Paderborn: Schöningh, 117- 121

Rodger, Richard G. (1985): Die Krise des britischen Wohnungswesens 1830-1920. In: Hans-Jürgen Teuteberg (Hg.): Homo Habitans. Zur Sozialgeschichte des ländlichen und städtischen Wohnens in der Neuzeit, Münster: Coppenrath, 301-332

Rohde, Percy A.; Atzwanger, Klaus; Butovskayad, Marina; Lampert, Ada; Mysterud, Iver; Sanchez-Andres, Angeles und Sulloway, Frank J. (2003): Perceived parental favoritism, closeness to kin, and the rebel of the family: The effects of birth order and sex. *Evolution and Human Behavior*, 24, 4, 261-276

Rohwer, Götz (2003): Modelle ohne Akteure. Hartmut Essers Erklärung von Scheidungen. *Kölner Zeitschrift für Soziologie und Sozialpsychologie*, 55, 2, 340-358

Rosen, Emily; Ackerman, Lynn und Zosky, Diane (2002): The sibling empty nest syndrome: The experience of sadness as siblings leave the family home. *Journal of Human Behavior in the Social Environment*, 6, 1, 65-80

Rosenbaum, Heidi (1982): Formen der Familie. Untersuchungen zum Zusammenhang von Familienverhältnissen, Sozialstruktur und sozialem Wandel in der deutschen Gesellschaft des 19. Jahrhunderts. Frankfurt am Main: Suhrkamp

Rosenblatt, Paul C.; Boss, Pauline G.; Doherty, William J.;LaRossa, Ralph; Schumm, Walter R.; Steinmetz, Suzsanne K. und Fischer, Lucy Rose (1993): Qualitative Family Research. In: Pauline G. Boss; William J. Doherty; Ralph LaRossa; Walter R. Schumm und Suzanne K. Steinmetz (eds.): Sourcebook of family theories and methods: A contextual approach. New York: Plenum Press, 167-177

Rosenfeld, Rachel A.; Trappe, Heike und Gornick, Jane C. (2004): Gender and work in Germany: Before and after unification. *Annual Review of Sociology,* 30, 103-124

Rothman, Alexia D. (2004): The nature and prediction of marital change across the transition to parenthood. Dissertation Abstracts International: Section B: The Sciences and Engineering, 65, 1038

Rowbotham, Sheila (1973): Woman's consciousness, man's world. Baltimore: Penguin Books

Rubin, Kenneth und Burgess, Kim (2002): Parents of aggressive and withdrawn children. In: Marc H. Bornstein (ed.): Handbook of Parenting. 2nd edition. Vol. 1. Hillsdale, N. J.: Lawrence Erlbaum Associates, 383-418

Rüling, Anneli (2007): Jenseits der Traditionalisierungsfallen. Wie Eltern sich Familien- und Erwerbsarbeit teilen. Frankfurt am Main: Campus

Rupp, Marina (1999): Die nichteheliche Lebensphase als Bindungsphase. Paarkonstellationen und Bindungsprozesse. Hamburg: Kovac

Rupp, Marina (Hg.) (2005): Rechtstatsächliche Untersuchung zum Gewaltschutzgesetz. Köln: Bundesanzeiger Verlag

Rürup, Bert und Gruescu, Sandra (2005): Nachhaltige Familienpolitik. *Aus Politik und Zeitgeschichte* 23/24, 3-6

Rusbult, Caryl E. (1980): Commitment and satisfaction in romantic associations: a test of the investment model. *Journal of Experimental Social Psychology*, 16, 2,172-186

Rusbult, Caryl E. (1983): A longitudinal test of the investment model: The development (and deterioration) of satisfaction and commitment in heterosexual involvements. *Journal of Personality and Social Psychology*, 45, 1, 101-117

Rusbult, Caryl E.; Agnew, Christopher A. und Foster, Craig A. (1999): Commitment, prorelationship behavior, and trust in close relationships. *Journal of Personality and Social Psychology*, 77, 5, 942-966

Rusbult, Caryl E. und Buunk, Bram P. (1993): Commitment processes in close relationships: An interdependence analysis. *Journal of Social and Personal Relationships*, 10, 2, 175-204

Sackmann, Reinhold (1999): Ist ein Ende der Fertilitätskrise in Ostdeutschland absehbar? *Zeitschrift für Bevölkerungswissenschaft,* 24, 2, 187-211

Sainsbury, Diane (1997): Taxation, family responsibilities and employment. In: dies. (ed.): Gender and welfare state regimes. Oxford: Oxford University Press, 185-209

Schäfers, Bernhard (1998): Sozialstruktur und sozialer Wandel in Deutschland. 7. Auflage. Stuttgart: Enke

Sartir, Virginia (1990): Kommunikation, Selbstwert, Kongruenz: Konzepte und Perspektiven familientherapeutischer Praxis. Paderborn. Junfermann.

Schaffer, H. Rudolph (1992): Und was geschieht mit den Kindern? Bern: Huber

Scharein, Manfred und Unger, Rainer (2005): Kinderlosigkeit bei Akademikerinnen. Die Aussagekraft empirischer Daten zur Kinderlosigkeit bei Akademikerinnen. *BIB-Mitteilungen*, 2, 6-13

Schelsky, Helmut (1953): Wandlungen der deutschen Familie in der Gegenwart. Stuttgart: Enke

Schelsky, Helmut (1954): Der Irrtum eines Familienministers. Frankfurter Allgemeine Zeitung, 8. Juni, 6

Schelsky, Helmut (1967): Wandlungen der deutschen Familie in der Gegenwart. Darstellungen und Deutungen einer empirisch-soziologischen Tatbestandsaufnahme. 5. Auflage. Stuttgart: Enke

Scheuer, Angelika und Dittmann, Jörg (2007): Berufstätigkeit von Müttern bleibt kontrovers. Einstellungen zur Vereinbarkeit von Beruf und Familie in Deutschland und Europa. *Informationsdienst Soziale Indikatoren (ISI)*, 38, 1-5

Schimpl-Neimanns, Bernhard (2002): Anwendungen und Erfahrungen mit dem scientific use file des Mikrozensus. ZUMA-Arbeitsbericht 01

Schindler, Hans; Wacker, Ali und Wetzels, Peter (Hg.) (1990): Familienleben in der Arbeitslosigkeit. Ergebnisse neuer europäischer Studien. Heidelberg: Asanger

Schirrmacher, Frank (2006): Minimum. Vom Vergehen und Neuenstehen unserer Gemeinschaft. München: Blessing

Schlumbohm, Jürgen (1994): Lebensläufe, Familien, Höfe. Die Bauern und Heuerleute des Osnabrückischen Kirchspiels Belm in proto-industrieller Zeit, 1650-1860. Göttingen: Vandenhoeck & Ruprecht

Schmidt, Uwe (2002): Deutsche Familiensoziologie. Entwicklung nach dem Zweiten Weltkrieg. Wiesbaden: Westdeutscher Verlag

Schmidt, Uwe (2006): Wissenschaftshistorische Ortsbestimmungen – die deutsche Familiensoziologie der Nachkriegszeit. In: Michael Klein (Hg.): Themen und Konzepte in der Familiensoziologie der Nachkriegszeit. Würzburg: Ergon, 13-47

Schneewind, Klaus A. (1991): Familienpsychologie. Stuttgart: Kohlhammer

Schneewind, Klaus A. (1995): Familienentwicklung. In: Rolf Oerter und Leo Montada (Hg.): Entwicklungspsychologie. 3. Auflage. Weinheim: Psychologie Verlags Union, 128-166

Schneewind, Klaus A. (1999): Familienpsychologie. Stuttgart: Kohlhammer

Schneewind, Klaus A.; Vaskovics, Laszlo A.; Gotzler, Petra; Hofmann, Barbara; Rost, Harald; Sierwald, Wolfgang und Weiß, Joachim (1996): Optionen der Lebensgestaltung junger Ehen und Kinderwunsch. Stuttgart: Bundesministerium für Familie, Senioren, Frauen und Jugend

Schneider, Norbert F. (1994): Familie und private Lebensführung in West- und Ostdeutschland: eine vergleichende Analyse des Familienlebens 1970 bis 1992. Stuttgart: Enke

Schneider, Norbert F. (2001): Pluralisierung der Lebensformen – Fakt oder Fiktion? *Zeitschrift für Familienforschung*, 13, 2, 85-90

Schneider, Norbert F.; Krüger, Dorothea; Lasch, Vera; Limmer, Ruth und Matthias-Bleck, Heike (2001): Alleinerziehen. Vielfalt und Dynamik einer Lebensform. Weinheim: Juventa

Schneider, Norbert F.; Limmer, Ruth und Ruckdeschel, Kerstin (2002a): Mobil, flexibel, gebunden. Familie und Beruf in der mobilen Gesellschaft. Frankfurt am Main: Campus

Schneider, Norbert F.; Limmer, Ruth und Ruckdeschel, Kerstin (2002b): Berufsmobilität und Lebensform. Sind berufliche Mobilitätserfordernisse in Zeiten der Globalisierung noch mit Familie vereinbar? Stuttgart: Bundesministerium für Familie, Senioren, Frauen und Jugend

Schneider, Norbert F.; Rosenkranz, Doris und Limmer, Ruth (1998): Nichtkonventionelle Lebensformen. Entstehung, Entwicklung, Konsequenzen. Opladen: Leske + Budrich

Schneider, Norbert F. und Ruckdeschel, Kerstin (2003): Partnerschaften mit zwei Haushalten. Eine moderne Lebensform zwischen Partnerschaftsideal und beruflichen Erfordernissen. In: Walter Bien und Jan Marbach (Hg.): Partnerschaft und Familiengründung. Ergebnisse der dritten Welle des Familien-Survey. Opladen: Leske + Budrich, 245-258

Schneider, Norbert F. und Rüger, Heiko (2007): Der subjektive Sinn der Ehe und die Entscheidung zur Heirat. *Zeitschrift für Soziologie,* 36, 2, 131-152

Schneider, Werner (2002): Von der familiensoziologischen Ordnung der Familie zu einer Soziologie des Privaten? *Soziale Welt,* 53, 4, 375-396

Schneider, Werner; Wimbauer, Christine und Hirseland, Andreas (2007): Das eigene Geld von Frauen – Individualisierung, Geschlechterungleichheit und die symbolische Bedeutung von Geld in Paarbeziehungen. In: Hans Bertram; Helga Krüger und Katherina C Spiess. (Hg.): Wem gehört die Familie der Zukunft? Expertisen zum 7. Familienbericht der Bundesregierung. Opladen: Verlag Barbara Budrich, 279-300

Schnell, Rainer (1994): Graphisch gestützte Datenanalyse. München: Oldenbourg

Schnell, Rainer; Hill, Paul B. und Esser, Elke (2005): Methoden der empirischen Sozialforschung. 7. Auflage. München: Oldenbourg

Schomerus, Heilwig (1981): The family life-cycle: A study of factory workers in nineteenth-century Württemberg. In: Richard J. Evans und Robert W. Lee (eds.): The German family. Essays on the social history of the family in nineteenth- and twentieth-century Germany. London: Croom Helm, 175-193

Schorn-Schütte, Luise (1997): Wirkungen der Reformation auf die Rechtsstellung der Frau im Protestantismus. Ute Gerhard (Hg.): Frauen in der Geschichte des Rechts. Von der Frühen Neuzeit bis zur Gegenwart. München: Beck, 94-104

Schott, Jürgen (1992): Zur Analyse der Fertilität in der DDR im Zeitraum 1968 bis 1986. *Acta Demographica,* 1, 223-235

Schultz, Theodore W. (1986): In Menschen investieren. Tübingen: Mohr

Schultz, Theodore W. (ed.) (1974a): Economics of the family. Marriage, children, and human capital. Chicago: University of Chicago Press

Schultz, Theodore W. (ed.) (1974b): Marriage, family human capital, and fertility. *Journal of Political Economy,* 82, 2, part 2 (Supplement)

Schulz, Florian und Blossfeld, Hans-Peter (2006): Wie verändert sich die häusliche Arbeitsteilung im Eheverlauf. Eine Längsschnittstudie der ersten 14 Ehejahre in Westdeutschland. *Kölner Zeitschrift für Soziologie und Sozialpsychologie,* 58, 1, 23-49

Schulz, Florian und Grunow, Daniela (2007): Tagebuch versus Zeitschätzung. Ein Vergleich zweier unterschiedlicher Methoden zur Messung der Beteiligung an der Hausarbeit. *Zeitschrift für Familienforschung,* 19, 1, 106- 128

Schulze, Alexander (2008): Sozioökonomische Konsequenzen generativen Handelns. Folgen der Geburt von Kindern für die Wohlfahrt von Paarhaushalten. Dissertation, Johannes Gutenberg-Universität Mainz

Schulze, Gerhard (1992): Die Erlebnisgesellschaft. Kultursoziologie der Gegenwart. Frankfurt am Main: Campus

Schulze, Hans-Joachim und Künzler, Jan (1997): Familie und Modernisierung: kein Widerspruch. In: Karl Gabriel; Alois Herlth und Peter K. Strohmeier (Hg.): Modernität und Solidarität. Konsequenzen gesellschaftlicher Modernisierung. Für Franz-Xaver Kaufmann. Freiburg: Herder, 91-105

Schulze, Hans-Joachim; Tyrell, Hartmann und Künzler, Jan (1989): Vom Strukturfunktionalismus zur Systemtheorie der Familie. In: Rosemarie Nave-Herz und Manfred Markefka (Hg.): Handbuch der Familien- und Jugendforschung. Band 1: Familienforschung. Neuwied: Luchterhand, 31-44

Schuster, Beate H.; Kuhn, Hans-P. und Uhlendorff, Harald (2005): Entwicklung in sozialen Beziehungen. Der Mensch als soziales u. personales Wesen, Band 21. Heranwachsende in ihrer Auseinandersetzung mit Familie, Freunden und Gesellschaft. Stuttgart: Lucius & Lucius

Schütze, Yvonne (1992): Geburtenrückgang und Kinderwunsch. In: Eckart Voland (Hg.): Fortpflanzung: Natur und Kultur im Wechselspiel. Versuch eines Dialogs zwischen Biologen und Sozialwissenschaftlern. Frankfurt am Main: Suhrkamp, 170-188

Schwägler, Georg (1970): Soziologie der Familie. Ursprung und Entwicklung. Tübingen: Mohr

Segalen, Martine (1998): Die industrielle Revolution: Vom Proletarier zum Bürger: In: André Burguière u.a. (Hg.): Geschichte der Familie, Bd. 4. [1986], Frankfurt am Main: Fischer, 13-58

Segatto, Barbara und Di Filippo, Lucia (2003): Relational style and emotions in the empty nest and/or retired couples. *Eta Evolutiva*, 74, 1, 5-20

Shaver, Phillip R. und Hazan, Cindy (1987): Being lonely, falling in love: Perspectives from attachment theory. *Journal of Social Behavior and Personality*, 2, 2, 105-124

Shavit, Yossi und Blossfeld, Hans-Peter (Hg.) (1993): Persistent inequality. Changing educational attainment in thirteen countries. Boulder: Westview

Shear, M. Katherine (1996): Factors in the etiology and pathogenesis of panic disorder: Revisiting the attachment-separation paradigm. *American Journal of Psychiatry*, 153, 7, 125-136

Shin, Hyunjeong; Park, Young-Joo und Kim, Mi-Ja (2006): Predictors of maternal sensitivity during the early postpartum period. *Journal of Advanced Nursing*, 55, 4, 425-434

Shorter, Edward (1975): The making of the modern family. New York: Basic Books

Shorter, Edward (1977): Die Geburt der modernen Familie. Reinbek: Rowohlt

Shorter, Edward (1989): Einige demographische Auswirkungen des postmodernen Familienlebens. *Zeitschrift für Bevölkerungswissenschaft*, 15, 3, 221-233

Sieder, Reinhard (1987): Sozialgeschichte der Familie. Frankfurt am Main: Suhrkamp

Silver, Catherine Bodard (ed.) (1982): Introduction. In: Frédéric Le Play on family, work, and social change. Chicago: University of Chicago Press, 3- 134

Skevik, Anne (2006): Lone motherhood in the nordic countries: sole providers in dual-breadwinner regimes. In: Anne Lise Ellingsaeter und Arnlaug Leira (eds.): Politicising parenthood in Scandinavia. Bristol: Policy Press, 241-264

Skopek, Jan (2006): Der spezifische Marktwert von Männern und Frauen im Online-Dating. Eine kurze Übersicht der Ergebnisse einer Pilotstudie. Arbeitspapier. Bamberg: Universität Bamberg

Skopek, Jan und Blossfeld, Hans-Peter (2007): Wer sucht wen? Geschlechtsspezifische Partnerpräferenzen bei der Online-Partnersuche. Arbeitspapier. Bamberg: Universität Bamberg

Snijders, Tom A. B. und Bosker, Roel J. (1999): Multilevel analysis. An introduction to basic and advanced modeling. London: Sage

Sobotka, Tomáš (2004): Is lowest-low fertility in Europe explained by the postponement of childbearing? *Population and Development Review,* 30, 2, 195-220

Sobotka, Tomáš; Zeman, Kryštof und Kantorová, Vladimíra (2003): Demographic shifts in the Czech Republic after 1989: A second demographic transition view. *European Journal of Population,* 19, 3, 249-277

South, Scott J. (1985): Economic conditions and the divorce rate: A time-series analysis of the post-war United States. *Journal of Marriage and the Family*, 47, 1, 31-41

Spence, Susan H. (1998): Preventive interventions. In: Thomas Ollendick (ed.): Comprehensive clinical psychology, Vol. 5. Children and adolescents: Clinical formulation and treatment. Amsterdam: Elsevier, 295-317

Spiegel, Erika (1983): Neue Haushaltstypen – Alternativen zu Ehe und Familie? In: Martin Baethge und Wolfgang Eßbach (Hg.): Soziologie: Entdeckungen im Alltäglichen. Hans Paul Bahrdt – Festschrift zu seinem 65. Geburtstag. Frankfurt am Main: Campus, 65-87

Spufford, Margaret (1976): Peasant inheritance customs and land distribution in Cambridgeshire from the sixteenth to the eighteenth centuries. In: Jack Goody; Joan Thirsk und Edward P. Thompson (eds.): Family and inheritance. Rural society in Western Europe 1200–1800. Cambridge: Cambridge University Press, 156-176

Stacey, Judith (1991): Zurück zur postmodernen Familie: Geschlechterverhältnisse, Verwandtschaft und soziale Schicht im Silicon Valley. *Soziale Welt*, 42, 3, 300-322

Statistisches Bundesamt (Hg.) (1993): Bevölkerungsstatistische Übersichten 1946-1989. Heft 3. Sonderreihe mit Beiträgen für das Gebiet der ehemaligen DDR. Wiesbaden

Statistisches Bundesamt (Hg.) (2001a): Bevölkerung und Erwerbstätigkeit. Gebiet und Bevölkerung 1999. Fachserie 1, Reihe 1. Wiesbaden

Statistisches Bundesamt (Hg.) (2001b): Bevölkerung und Erwerbstätigkeit. Gebiet und Bevölkerung 1999. Fachserie 1, Reihe 1. Sonderreihe mit Beiträgen für das Gebiet der ehemaligen DDR. Stuttgart

Statistisches Bundesamt (Hg.) (2005): Leben und Arbeiten in Deutschland - Ergebnisse des Mikrozensus 2004. Wiesbaden

Statistisches Bundesamt (Hg.) (2006a): Armut und Lebensbedingungen – Ergebnisse aus ‚Leben in Europa' für Deutschland 2005. Wiesbaden

Statistisches Bundesamt (Hg.) (2006b): Leben und Arbeiten in Deutschland. Sonderheft 1. Familien und Lebensformen – Ergebnisse des Mikrozensus 1996-2004. Wiesbaden

Statistisches Bundesamt (Hg.) (2006c): Bevölkerung Deutschlands bis 2050. Elfte koordinierte Bevölkerungsvorausberechnung. Wiesbaden

Statistisches Bundesamt (Hg.) (2007): Geburten in Deutschland. Wiesbaden

Statistisches Bundesamt; WZB und ZUMA (Hg.) (2002): Datenreport 2002. Zahlen und Fakten über die Bundesrepublik Deutschland. Bonn: Bundeszentrale für politische Bildung

Statistisches Bundesamt; WZB und ZUMA (Hg.) (2006): Datenreport 2006. Zahlen und Fakten über die Bundesrepublik Deutschland. Bonn: Bundeszentrale für politische Bildung

Stecher, Ludwig (2001): Die Wirkung sozialer Beziehungen: Empirische Ergebnisse zur Bedeutung sozialen Kapitals für die Entwicklung von Kindern und Jugendlichen. Weinheim: Juventa

Steinkamp, Günter (1980): Klassen- und schichtenanalytische Ansätze in der Sozialisationsforschung. In: Klaus Hurrelmann und Dieter Ulich (Hg.): Handbuch der Sozialisationsforschung. Weinheim: Beltz, 253-284

Steinkamp, Günter und Stief, Wolfgang H. (1978): Lebensbedingungen und Sozialisation. Die Abhängigkeit von Sozialisationsprozessen in der Familie von ihrer Stellung im Verteilungssystem ökonomischer, sozialer und kultureller Ressourcen und Partizipationschancen. Opladen: Westdeutscher Verlag

Sternberg, Robert und Barnes, Michael (1988): Psychology of love. New Haven: University Press

Stone, Lawrence (1977): The family, sex and marriage in England 1500-1800. Harmondsworth: Penguin

Story, Lisa und Bradbury, Thomas (2004): Understanding marriage and stress: Essential questions and challenges. *Clinical Psychology Review*, 23, 8, 1139-1162

Straus, Murray A. (1990): Measuring intrafamily conflict and violence: The conflict tactics (CT) scales. In: Murray A. Straus und Richard J. Gelles (eds.): Physical violence in American families. Risk factors and adaptations to violence in 8,145 families. New Brunswick: Transaction Publisher, 29- 47

Straus, Murray A. und Gelles, Richard J. (eds.) (1990): Physical violence in American families. Risk factors and adaptations to violence in 8145 families. New Brunswick: Transaction Publisher

Strohmeier, Henrika; Strohmeier, Klaus Peter und Schulze, Hans-Joachim (2006): Familienpolitik und Familie in Europa. Düsseldorf. Ministerium für Generationen, Familie, Frauen und Integration des Landes NRW

Strohmeier, Klaus Peter (1993): Pluralisierung und Polarisierung der Lebensformen im Lebensverlauf. *Aus Politik und Zeitgeschichte*, 17, 11-22

Strohmeier, Klaus Peter (2002): Family policy – How does it work? In: Franz-Xaver Kaufmann; Anton Kuijsten; Hans-Joachim Schulze und Klaus Peter Strohmeier (Hg.): Family life and family policies in Europe. Vol. 2: Problems and issues in comparative perspectives. Oxford: University Press, 321-362

Sussman, Marvin B. und Hanks, Roma S. (1997): Intercultural variation in family research and theory: Implications for cross-national studies. New York: Haworth Press

Szydlik, Marc (2000): Lebenslange Solidarität? Generationenbeziehungen zwischen erwachsenen Kindern und Eltern. Opladen: Leske + Budrich

Szydlik, Marc (2006): Soziale Mobilität? Lebensqualität in Kindheit, Jugend und Erwachsenenalter. *Gesellschaft, Wirtschaft, Politik*, 55, 3, 377-387

Szydlik, Marc und Schupp, Jürgen (2004a): Zukünftige Vermögen – wachsende Ungleichheit. In: Marc Szydlik (Hg.): Generation und Ungleichheit. Wiesbaden: VS, 243-264

Szydlik, Marc und Schupp, Jürgen (2004b): Wer erbt mehr? Erbschaften, Sozialstruktur und Alterssicherung. *Kölner Zeitschrift für Soziologie und Sozialpsychologie*, 56, 4, 609-629

Terman, Lewis M. (1938): Psychological factors in marital happiness. New York: McGraw-Hill

Thomas, Darwin L. und Wilcox, Jean Edmondson (1987): The rise of family theory. A historical and critical analysis. In: Marvin B. Sussman und Suzanne K. Steinmetz (eds.): Handbook of marriage and the family. New York: Plenum Press, 81-102

Timm, Andreas (2004): Partnerwahl- und Heiratsmuster in modernen Gesellschaften. Der Einfluss des Bildungssystems. Wiesbaden: DUV

Tjøtta, Sigve und Vaage, Kjell (2003): Union disruption in Norway. *International Journal of Sociology*, 33, 1, 40- 63

Tölke, Angelika und Hank, Karsten (Hg.) (2005): Männer – Das „vernachlässigte" Geschlecht in der Familienforschung. *Zeitschrift für Familienforschung*. Sonderheft 4. Wiesbaden: VS

Touliatos, John; Perlmutter, Barry F. und Straus, Murray A. (eds.) (1990): Handbook of family measurement techniques. Newbury Park: Sage

Trappe, Heike (1995): Emanzipation oder Zwang? Frauen in der DDR zwischen Beruf, Familie und Sozialpolitik. Berlin: Akademie Verlag

Trent, Katherine und South, Scott J. (1989): Structural determinants of the divorce rate: A cross-societal analysis. *Journal of Marriage and the Family*, 51, 2, 391-404

Treue, Wilhelm (1969): Haus und Wohnung im 19. Jahrhundert. In: Walter Artelt u.a. (Hg.): Städte-, Wohnungs- und Kleiderhygiene des 19. Jahrhunderts in Deutschland. Stuttgart: Enke, 34-51

Trommsdorff, Gisela und Nauck, Bernhard (eds.) (2005): The value of children in cross-cultural perspective. Case studies from eight societies. Lengerich: Pabst

Turner, Bryan (2005): The sociology of the family. In: The Sage handbook of sociology. London: Sage, 135-153

Tyrell, Hartmann (1976): Probleme einer Theorie der gesellschaftlichen Ausdifferenzierung der privatisierten modernen Kernfamilie. *Zeitschrift für Soziologie*, 5, 3, 393-417

Tyrell, Hartmann (1977): Historische Familienforschung und Familiensoziologie. Versuch einer Zwischenbilanz der historischen Familienforschung und Kritik eines Forschungsprogramms. *Kölner Zeitschrift für Soziologie und Sozialpsychologie*, 29, 4, 677-701

Tyrell, Hartmann (1979): Familie und gesellschaftliche Differenzierung. In: Helge Pross (Hg.): Familie wohin? Leistungen, Leistungsdefizite und Leistungswandlungen der Familien in hochindustrialisierten Gesellschaften. Reinbek: Rowohlt, 13-77

Tyrell, Hartmann (1988): Ehe und Familie - Institutionalisierung und Deinstitutionalisierung. In: Kurt Lüscher; Franz Schultheis und Michael Wehrspaun (Hg.): Die ‚postmoderne' Familie. Konstanz: UVK, 145-156

Vanberg, Viktor (1975): Die zwei Soziologien. Individualismus und Kollektivismus in der Sozialtheorie. Tübingen: Mohr

Vaskovics, Laszlo A. (2004): Familiale Perpetuierung sozialer Ungleichheit in der Moderne. In: Marc Szydlik (Hg.): Generation und Ungleichheit. Wiesbaden: VS, 128-143

Vaskovics, Laszlo A.; Rupp, Marina und Hofmann, Barbara (1997): Lebensverläufe in der Moderne. Nichteheliche Lebensgemeinschaften. Eine soziologische Längsschnittstudie. Opladen: Leske + Budrich

Wagner, Michael (1997): Scheidung in Ost- und Westdeutschland. Zum Verhältnis von Ehestabilität und Sozialstruktur seit den 30er Jahren. Frankfurt am Main: Campus

Wagner, Michael (2001): Soziale Differenzierung, Gattenfamilie und Ehesolidarität. Zur Familien-soziologie Emile Durkheims. In: Johannes Huinink; Klaus Peter Strohmeier und Michael Wagner (Hg.): Solidarität in Partnerschaft und Familie. Zum Stand familiensoziologischer Theoriebildung. Würzburg: Ergon, 19-42

Wagner, Michael und Franzmann, Gabriele (2000): Die Pluralisierung der Lebensformen. *Zeitschrift für Bevölkerungswissenschaft*, 25, 1, 151-173

Wagner, Michael und Weiß, Bernd (2003): Bilanz der deutschen Scheidungsforschung. Versuch einer Meta-Analyse. *Zeitschrift für Soziologie*, 32, 1, 29-49

Wagner, Susanne (1999): Familie und soziale Ungleichheit. Deutschland und Großbritannien im Vergleich. München: tuduv

Wall, Richard (1997): Zum Wandel der Familienstrukturen im Europa der Neuzeit. In: Josef Ehmer; Tamara Hareven und Richard Wall (Hg.): Historische Familienforschung. Ergebnisse und Kontroversen. Frankfurt am Main: Campus, 255-282

Wallace, Pamela und Gotlib, Ian (1990): Marital adjustment during the transition to parenthood: stability and predictors of change. *Journal of Marriage and the Family*, 52, 1, 21-29

Walper, Sabine (2001): Ökonomische Knappheit im Erleben ost- und westdeutscher Kinder und Jugendlicher: Einflüsse der Familienstruktur und Auswirkungen auf die Befindlichkeit. In: Andreas Klocke und Klaus Hurrelmann (Hg.): Kinder und Jugendliche in Armut. Umfang, Auswirkungen und Konsequenzen. Opladen: Westdeutscher Verlag, 272-290

Wampler, Karen S. und Halverson, Charles F. (1993): Quantitative measurement in family research. In: Pauline G. Boss; William J. Doherty; Ralph LaRossa; Walter R. Schumm und Suzanne K. Steinmetz (eds.): Sourcebook of family theories and methods: A contextual approach. New York: Plenum Press, 181- 194

Ward, James Patrick (2005): Identifying factors associated with successful transition to parenthood. Dissertation Abstracts International Section A: Humanities and Social Sciences, 65/10, 4009-4138

Warren, Elizabeth und Warren-Tyagi, Amelia (2003): The two-income gap. Why middle-class mothers and fathers are going broke. New York: Basic Books

Wehrspaun, Michael (1988): Alternative Lebensformen und postmoderne Identitätskonstruktion. In: Kurt Lüscher; Franz Schultheis und Michael Wehrspaun (Hg.): Die ‚postmoderne‘ Familie. Familiale Strategien und Familienpolitik in der Übergangszeit. Konstanz: UVK, 157- 168

Weick, Stefan (2004): Eheschließung und Ehestabilität im Lebensverlauf. In: Rüdiger Schmitt-Beck; Martina Wasmer und Achim Koch (Hg.): Sozialer und politischer Wandel in Deutschland. Analysen mit ALLBUS-Daten aus zwei Jahrzehnten. Wiesbaden: VS, 43-68

Wendt, Hartmut (1997): The former German Democratic Republic: The standardized family. In: Franz-Xaver Kaufmann; Anton Kuijsten; Hans-Joachim Schulze und Klaus Peter Strohmeier (Hg.): Family life and family policies in Europe. Vol. I: Structures and trends in the 1980s. Oxford: Clarendon Press, 114-154

Wernhardt, Georg und Neuwirth, Norbert (2007): Geschlechterrollenwandel und Familienwerte (1988-2002). Österreich im Europäischen Vergleich. Working Paper Nr. 54. Wien: Österreichisches Institut für Familienforschung

Wesel, Uwe (1999): Der Mythos vom Matriarchat. Über Bachofens Mutterrecht und die Stellung von Frauen in frühen Gesellschaften. 8. Auflage. Frankfurt am Main: Suhrkamp

West, Candance und Zimmerman, Don H. (1987): Doing Gender. *Gender and Society,* 1, 2, 125-151

Wetzels, Peter (1997): Gewalterfahrungen in der Kindheit. Sexueller Missbrauch, körperliche Misshandlung und deren langfristige Konsequenzen. Baden-Baden: Nomos

Weymann, Ansgar (1995): Modernisierung, Generationenverhältnisse und die Ökonomie der Lebenszeit. *Soziale Welt*, 46, 4, 369-384

Weymann, Ansgar (2001): The Polish peasant in Europe and America. In: Sven Papcke und Georg W. Oesterdiekhoff (Hg.): Schlüsselwerke der Soziologie. Wiesbaden: Westdeutscher Verlag, 485-488

White, James M. (2005): Advancing family theories. Thousand Oaks: Sage

Whiting, Beatrice und Edwards, Carolyne P. (1973): A cross-cultural analysis of sex differences in the behavior of children aged three through eleven. Journal of Social Psychology, 9, 2, 171-188

Wilson, Thomas P. (1973): Theorie der Interaktion und Modelle soziologischer Erklärung. In: Arbeitsgruppe Bielefelder Soziologen (Hg.): Alltagswissen, Interaktion und gesellschaftliche Wirklichkeit. Band 1. Reinbek: Rowohlt, 54-79

Wirth, Heike (2000): Bildung, Klassenlage und Partnerwahl. Eine empirische Analyse zum Wandel der bildungs- und klassenspezifischen Heiratsbeziehungen. Opladen: Leske + Budrich

Wirth, Heike (2007): Kinderlosigkeit von hochqualifizierten Frauen und Männern im Paarkontext – eine Folge von Bildungshomogamie? In: Dirk Konietzka und Michaela Kreyenfeld (Hg.): Ein Leben ohne Kinder. Kinderlosigkeit in Deutschland. Wiesbaden: VS, 167-200

Wirth, Heike und Lüttinger, Paul (1998): Klassenspezifische Heiratsbeziehungen im Wandel die Klassenzugehörigkeit von Ehepartnern 1970 und 1993. *Kölner Zeitschrift für Soziologie und Sozialpsychologie*, 50, 1, 47-77

Wirth, Heike und Schmidt, Simone (2003): Bildungspartizipation und Heiratsneigung, ZUMA-Nachrichten, 27, 52 , 89-124

Witte, James C. und Wagner, Gert G. (1995): Declining fertility in East Germany after unification: A demographic response to socioeconomic change. *Population and Development Review,* 21, 2, 387-397

Wu, Zheng (2000): Cohabitation. An alternative form of family living. Oxford: Oxford University Press

Wu, Zheng und Hart, Randy (2003): Union disruption in Canada. *International Journal of Sociology,* 32, 1, 51-75

Wurzbacher, Gerhard (1987): Zur bundesdeutschen Familien- und Sozialisationsforschung in den Nachkriegsjahren. *Zeitschrift für Soziologie,* 16, 3, 223- 231

Zakharov, Sergei V. (2000): Fertility trends in Russia and the European newly independent states: Crisis of turning point? *Population Bulletin of the United Nations,* Special Issue 40/41, 292-309

Zapf, Wolfgang; Breuer, Sigrid; Hampel, Jürgen; Krause, Peter; Mohr, Hans-Michael und Wiegand, Erich (1987): Individualisierung und Sicherheit. Untersuchungen zur Lebensqualität in der Bundesrepublik Deutschland. München: Beck

Zelditch, Morris Jr. (1955): Role differentiation in the nuclear family: A comparative study. In: Talcott Parsons und Robert F. Bales (eds.): Family, socialization and interaction process. Glencoe: Free Press, 307-351

Sachregister

Personenregister

Kurzporträts der Autorinnen und Autoren

Abraham, Martin (1964), Dipl.-Sozialwirt, Professor für Soziologie und empirische Sozialforschung an der Rechts- und Wirtschaftswissenschaftlichen Fakultät der Friedrich-Alexander-Universität Erlangen-Nürnberg; Forschungsschwerpunkte: Arbeitsmarkt, Wirtschafts- und Organisationssoziologie, Familie und Haushalt.

Blossfeld, Hans-Peter (1954), Dipl.-Soziologe, Professor für Soziologie an der Universität Bamberg und seit 2003 Leiter des Staatsinstituts für Familienforschung an der Universität Bamberg; Forschungsschwerpunkte: Sozialstrukturanalyse, Bildungssoziologie, Arbeitsmarktforschung, Familiensoziologie, Globalisierungsforschung, Soziologie des internationalen Vergleichs.

Bodenmann, Guy (1962), Lizentiat, Doktorat und Habilitation in Klinischer Psychologie, Professor für Klinische Psychologie mit Schwerpunkt Kinder/Jugendliche und Paare/Familien an der Universität Zürich (Schweiz); Forschungsschwerpunkte: Stress und Coping bei Paaren, Scheidungsvorhersage, Prävention von Beziehungsstörungen, Paartherapie sowie klinische Störungen in Partnerschaften.

Burkart, Günter (1950), Dipl.-Soziologe, Professor für Soziologie an der Leuphana-Universität Lüneburg; Forschungsschwerpunkte: Familiensoziologie, Paar- und Geschlechterbeziehungen, Kultursoziologie, Medien und Kommunikation.

Gestrich, Andreas (1952), Geschichte und Latein für Lehramt an Gymnasien, Professor für Neuere Geschichte an der Universität Trier, z.Z. beurlaubt, Direktor des Deutschen Historischen Instituts London; Forschungsschwerpunkte: Geschichte von Kindheit, Jugend und Familie, Armut und Philanthropie, Medien und politische Öffentlichkeit in der Frühen Neuzeit.

Hill, Paul Bernhard (1953), Dipl.-Sozialwissenschaftler, Professor für Soziologie an der RWTH Aachen; Forschungsschwerpunkte: Familiensoziologie, Minoritätensoziologie, Methoden der empirischen Sozialforschung.

Hradil, Stefan (1946), Soziologe M.A., Professor für Soziologie an der Johannes Gutenberg-Universität Mainz; Forschungsschwerpunkte: Sozialstruktur, soziale Ungleichheit, sozialer Wandel.

Huinink, Johannes (1952), Dipl.-Mathematiker, Dipl.-Soziologe, Professor für Soziologie mit Schwerpunkt „Theorie und Empirie der Sozialstruktur" am Institut für empirische und angewandte Soziologie der Universität Bremen; Forschungsschwerpunkte: Lebenslauf-, Familien- und Sozialstrukturforschung.

Klocke, Andreas (1958), Dipl.-Soziologe, Professor für Soziologie am Fachbereich Soziale Arbeit und Gesundheit und seit 2007 Geschäftsführender Direktor des Forschungszentrums Demografischer Wandel an der Fachhochschule Frankfurt am Main; Forschungsschwerpunkte: Armutsforschung, Jugend- und Gesundheitssoziologie.

Konietzka, Dirk (1965), Dipl.-Soziologe, derzeit Verwaltung einer Professur für Soziologie an der TU Braunschweig; Forschungsschwerpunkte: Sozialstruktur und soziale Ungleichheit, Lebenslauf- und Familienforschung.

Kopp, Johannes (1961), Dipl.-Soziologe, Professor für empirische Sozialforschung am Institut für Soziologie der TU Chemnitz; Forschungsschwerpunkte: Familiensoziologie, Intergenerationale Beziehungen, Bildungssoziologie.

Kreyenfeld, Michaela (1969), Dipl.-Sozialwissenschaftlerin, Juniorprofessorin am Institut für Soziologie und Demographie, Universität Rostock und MPI für demografische Forschung Rostock; Forschungsschwerpunkte: Familiensoziologie und -demografie, Lebenslaufforschung.

Masson, Silke (1981), Dipl.-Soziologin, Lehrkraft für besondere Aufgaben am Institut für Soziologie an der Johannes Gutenberg-Universität Mainz, Forschungsschwerpunkte: Soziale Ungleichheit, Bildungssoziologie.

Ostner, Ilona (1947), Soziologin M.A., Professorin für Vergleichende Sozialpolitik an der Georg-August-Universität Göttingen; Forschungsschwerpunkte: Familie und Sozialpolitik im Ländervergleich, Arbeitsmarkt und Sozialpolitik, Wandel wohlfahrtsstaatlicher Institutionen.

Rupp, Marina (1958), Dipl.-Soziologin, stellv. Leiterin des Staatsinstituts für Familienforschung an der Universität Bamberg; Forschungsschwerpunkte: Gesellschaftliche Veränderungen und Familienentwicklung, aktuelle Situation von Lebens- und Familienformen, Familienbildung.

Schneider, Norbert F. (1955), Dipl.-Soziologe, Professor für Soziologie an der Johannes Gutenberg-Universität Mainz; Forschungsschwerpunkte: Soziologie der Familie und der privaten Lebensführung, Konsumsoziologie, berufliche Mobilitätsforschung.

Strohmeier, Klaus Peter (1948), Dipl.-Soziologe, Professor für Soziologie an der Ruhr-Universität Bochum und seit 1997 geschäftsführender Direktor des Zentrums für interdisziplinäre Ruhrgebietsforschung; Forschungsschwerpunkte: Familie und Sozialpolitik, Sozial- und Gesundheitsberichterstattung, Demografie, Stadt- und Regionalentwicklung.

Wagner, Michael (1955), Dipl.-Soziologe, Professor für Soziologie an der Wirtschafts- und Sozialwissenschaftlichen Fakultät der Universität zu Köln; Forschungsschwerpunkte: Familien- und Bildungssoziologie, Methoden der empirischen Sozialforschung.

Widmer, Mirjam (1980), Lizentiat in Entwicklungspsychologie, Psychologie der Entwicklungsstörungen und Klinischer Psychologie; Forschungsassistentin im Projekt „Kinder vor Gericht" an der Universität Fribourg (Schweiz); Forschungsschwerpunkte: Wahrnehmung des Kindes vor Gericht, Einflussfaktoren der richterlichen Entscheidfindung, Familienforschung.

FachZeitschriften
im Verlag Barbara Budrich

BIOS
Zeitschrift für Biographieforschung, Oral History und Lebensverlaufsanalysen
BIOS erscheint halbjährlich mit einem Jahresumfang von rund 320 Seiten.
BIOS ist seit 1987 *die* wissenschaftliche Zeitschrift für Biographieforschung, Oral History
Studien und – seit 2001 – auch für Lebensverlaufsanalysen. In ihr arbeiten über
Disziplin- und Landesgrenzen hinweg Fachleute u.a. aus der Soziologie, der
Geschichtswissenschaft, der Pädagogik, der Volkskunde, der Germanistik.

dms – der moderne staat
Zeitschrift für Public Policy, Recht und Management

dms erscheint halbjährlich mit insgesamt rd. 480 Seiten.
Die neue Zeitschrift ist interdisziplinär angelegt und beschäftigt sich mit dem seit drei
Jahrzehnten international zu beobachtenden massiven Wandel der Erfüllung öffentlicher
Aufgaben nach Inhalt, Struktur und Organisation, Prozessen und Ergebnissen. Dieser
Wandel fordert alle Fachwissenschaften heraus, bei Erhaltung der jeweiligen
disziplinären Kompetenz nach integrierbaren Untersuchungen und Erklärungen zu
suchen.

Diskurs Kindheits- und Jugendforschung
Der neue „Diskurs Kindheits- und Jugendforschung" widmet sich dem Gegenstandsfeld
der Kindheits- und Jugendforschung unter der integrativen Fragestellung von
Entwicklung und Lebenslauf; er arbeitet fächerübergreifend und international mit
deutschen und internationalen AutorInnen aus den einschlägigen Disziplinen wie z.B.
der Psychologie, Soziologie, Erziehungswissenschaft, der Ethnologie,
Verhaltensforschung, Psychiatrie und der Neurobiologie.

FachZeitschriften
im Verlag Barbara Budrich

Erziehungswissenschaft
Mitteilungsblatt der Deutschen Gesellschaft für Erziehungswissenschaft

Erziehungswissenschaft ist das offizielle Mitteilungsblatt der Deutschen Gesellschaft für Erziehungswissenschaft. Die Zeitschrift trägt den Informationsaustausch innerhalb der Gesellschaft und fördert die Diskussion über die Entwicklung des Faches.

femina politica
Zeitschrift für feministische Politik-Wissenschaft

femina politica ist die einzige Zeitschrift für feministische Politik-Wissenschaft im deutschsprachigen Raum. Sie wendet sich an politisch und politikwissenschaftlich Arbeitende, die den Gender-Aspekt bei ihrer Arbeit berücksichtigen. *femina politica* analysiert und kommentiert tagespolitische und politikwissenschaftliche Themen aus feministischer Perspektive, berichtet über Forschungsergebnisse, Projekte, Tagungen und einschlägige Neuerscheinungen.

Gesellschaft. Wirtschaft. Politik (GWP)
Sozialwissenschaften für politische Bildung

GWP ist die älteste Fachzeitschrift in der Bundesrepublik für Studium und Praxis des sozialwissenschaftlichen Unterrichts. Als sozialwissenschaftliches Magazin ist sie der Aktualität wie dem Grundsätzlichen verpflichtet, der sorgfältigen Fundierung wie der lebendig wechselnden Stilistik.
GWP finden Sie im Interent unter www.gwp-pb.de

Politics, Culture and Socialization

Politics, Culture and Socialization is a new quarterly, comprising some 480 pages per year. The journal pulbishes new and significatn work in all areas of political socialization in order to achieve a better scientific understanding of the origins of political behavior and orientations of individuals and groups.

Weitere Informationen unter www.budrich-verlag.de

FachZeitschriften
im Verlag Barbara Budrich

Spirale der Zeit – Spiral of Time
Frauengeschichte sichtbar machen –
Making Women's History visible

Die zweisprachige Zeitschrift erzählt anschaulich unsere Geschichte von ihren Anfängen bis zu unserer Gegenwart neu. Mit dieser umfassenderen Sicht begegnet die Zeitschrift der bildungspolitischen Herausforderung an eine geschlechtergerechte Vermittlung von Geschichte in Schulen und öffentlichen Einrichtungen als Voraussetzung für eine geschlechterdemokratische Politik. Die Spirale der Zeit – Spiral of Time erscheint zweimal jährlich, je Heft 64 Seiten (A4) mit vielen farbigen Abbildungen, deutsch und englisch.

Zeitschrift für Familienforschung (ZfF)
Beträge zu Haushalt, Verwandtschaft und Lebenslauf
Die ZfF erscheint dreimal jährlich. Die ZfF fördert die interdisziplinäre Kommunikation und Diskussion. Dies geschieht durch die Veröffentlichung von Beiträgen zur Familien- und Haushaltsforschung aus den Fachdisziplinen: Familiensoziologie, Familiendemographie, Familienpsychologie, Familienpolitik, Haushaltswissenschaft, historische Familienforschung sowie aus Nachbargebieten. Die Zeitschrift für Familienforschung möchte auch ein Forum sein für die Diskussion über Familie und Gesellschaft bzw. Familie in der Gesellschaft. Dabei sollen auch aktuelle Entwicklungen hinsichtlich der Familienformen und der Lebenslagen von Familien aufgegriffen werden.

ZQF
Zeitschrift für Qualitative Forschung
Vormals ZBBS – Zeitschrift für qualitative Bildung-, Beratungs- und sozialforschung.
Die ZQF erscheint halbjährlich.
Das Team der HerausgeberInnen setzt sich aus den Vorstandsmitgliedern des Magdeburger Zentrums für Bildungs-, Beratungs- und Sozialforschung zusammen und gewährleistet durch diese Konstellation die Repräsentanz der wichtigsten an der qualitativen Forschung beteiligten Fachdisziplinen.

Weitere Informationen unter www.budrich-verlag.de

Stadt, Raum, Zeit

Martina Löw, Silke Steets, Sergej Stoetzer
Einführung In die Stadt- und Raumsoziologie
UTB L. 2., durchgesehene Auflage 2008. 214 S. Kt. 16,90 € (D), 17,40 € (A), 31,00 SFr. ISBN 978-3-8252-8348-3
Das Buch bietet einen Überblick über den aktuellen Stand der Forschung Stadt und Raum aus soziologischer Perspektive. Die gängigen Konzepte der Stadtsoziologie werden durch die aktuelle Raumsoziologie ergänzt und mit den wichtigsten Vertreter-Innen, Konzepten und Anwendungsbereichen vorgestellt. Ein Empirie-Teil sowie Tipps für Studierende runden das Ganze ab. Eine zeitgemäße und zugleich „klassische" Stadt-Einführung.

Martina Heitkötter
Karin Jurczyk
Andraes Lange
Uta Meier-Gräwe (Hrsg.)
Zeit für Beziehungen?
Zeit und Zeitpolitik für Familien
2008. Ca. 360 Seiten. Kart.
Ca. 33,00 € (D), 34,00 € (A), 56,50 SFr
ISBN 978-3-86649-187-8

Ulrich Mückenberger
Dieter Läpple
Jürgen Oßenbrügge
(Hrsg.)
Zeiten und Räume der Stadt
Theorie und Praxis
2008. Ca. 200 Seiten. Kart.
Ca. 19,90 € (D), 20,50 € (A), 35,90 SFr
ISBN 978-3-86649-175-5

Jan Wehrheim
Die überwachte Stadt
Sicherheit, Segregation und Ausgrenzung.
2., völlig überarbeitete und aktualisierte Auflage 2006. 251 S. Kart.
28,00 € (D), 28,80 € (A), 49,50 SFr
ISBN 978-3-938094-47-1

In Ihrer Buchhandlung oder direkt bei

Verlag Barbara Budrich • Barbara Budrich Publishers
Stauffenbergstr. 7. D-51379 Leverkusen Opladen
Tel +49 (0)2171.344.594 • Fax +49 (0)2171.344.693 • info@budrich-verlag.de
US-office: Uschi Golden • 28347 Ridgebrook • Farmington Hills, MI 48334 • USA •
ph +1.248.488.9153 • info@barbara-budrich.net • www.barbara-budrich.net

Weitere Bücher und Zeitschriften unter www.budrich-verlag.de